지장보살 다라니 수행법

無 通 編著

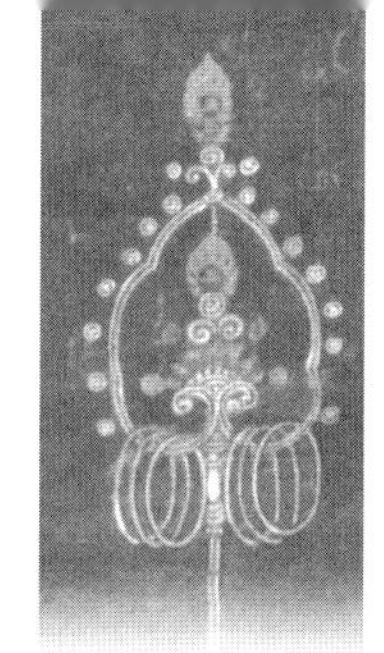

펴내며

대승불교 운동을 지지하고 외호했던 많은 일반대중의 신도들이 고매한 대승사상을 이해하고 실천하는 것과 방대한 대승경전을 읽고 그 뜻을 이해한다는 것은 거의 불가능 하였습니다. 그러나 이들이 교단에 미치는 영향력은 무시할 수 없었는데 이는 교단의 운영은 거의 이들이 시납하는 보시행에 의지하고 있었기 때문입니다. 이에 손쉬운 경전의 수지독송과 사경 등의 수행법이 일어나고 이것들의 실천 공덕이 강조되기에 이르렀습니다.

그리하여 대다수 재가신도들은 대승경전의 고매한 사상을 이해하기보다 경전의 수지 독송 · 사경 · 청문 등으로 그들의 소원이 이루어지기를 기대하였습니다.

따라서 대승경전들의 다라니에 대한 기능과 의미의 변화과정에서 대승불교의 교법을 수지하는 기능을 통하여 이를 잘 간직하고 기억할 수 있도록 한다는 의미의 기능을 설하고 있는 것입니다. 그렇다면 수지하는 내용으로는 물론 대승의 교법이 되겠지만, 이것을 구체적인 행위로 표현한다면 '들은바 교법을 수지' 한다는 의미인 문지聞持라는 용어를 사용하고 있다는 것인데, 부연하면 부처님께서 설법하신 경전의 내용을 잘 받아들여 잊지 않는다는 의미로 문지의 다라니로 표현되며, 잊지 않고 지닌다는 점에서는 억지憶持의 기능을 가진 것입니다. 따라서 문지와 억지의 기능 등을 모두 갖춘 다라니 수행이야말로 속히 대승의 지혜를 증득하게 하는 것으로 표현해야 할 것입니다.

결국, 그 목표에 도달하기 위하여 거쳐야 하는 입구 또는 관문을 의미하기에 다라니를 통한 실천수행, 즉 대승불교의 경법과 교법을 문지하고 억지하는 것을 의미하기도 하는 것입니다. 그래서 『대반야경』28권에서는 반야바라밀의 지혜가 대신주 · 대명주 · 무상주 · 무등등주임을 설함으로써 다라니가 반야, 즉 지혜임을 밝히고 있는 것입니다.

더구나 다라니 수행은 억지나 문지 등의 의미에서 재앙을 제거하고 제재除災를 의미하는 주呪의 기능을 갖추게 되는 것을 말하며, 이러한 변화는 『반야경』 이후의 다라니에 대한 새로운 의미로 부가되었습니다.

그리고 『묘법연화경』 「다라니품」 마지막 부분에서는 "이 다라니품을 설할 때에 6만 8천 인이 무소종생無所從生의 법인法印을 얻었다."라고 하고 있습니다. 이 내용 또한 다라니는 옹호나 수호를 위한 것이어서 정각과 관련한 삼매의 상태를 그대로 의미하는 것입니다. 이러한 삼매의 상태는 곧 청정하므로 모든 재앙을 물리치는 기능을 갖추게 되며 이런 점에서 문지나 억지의 기능에서 더욱 발전된 주화呪化한 신앙적인 다라니로써 불법과 법사를 옹호하는 기능도 갖게 되는 것입니다.

결론하여 대승경전을 억지 · 문지하고, 불법을 널리 지녀서 이를 이용한 불교수행으로 인식하게 되었고 나아가 성불할 수 있는 대승불교의 참된 수행덕목으로까지 그 의미가 확장된 것입니다.

이에 원효대사는 자신의 「금강삼매경론」에서 "지장보살은 이미 동체대비를 얻어서 일체중생의 선근을 생장케 하므로, 흡사 대지가 모든 초목을 생장시키는 것과 같다. 또한 다라니로써 모든 공덕을 간직하고 일체중생에게 혜택을 베풀어 주되 끝내 다함이 없으니, 마치 큰 보배창고에 진귀한 보배가 언제나 가득 차 있음과 같다. 이러한 두 가지 뜻이 있기 때문에 지장地藏이라 이름 한다."고 하였습니다.

지장보살이 설한 다라니가 들어 있는 최초경전 군群에서는 특히 다라니주의 공능과 참회를 강조하고 있는데, 이는 말법 시대 중생들에게 자신들이 지은 죄업을 참회하게 하여 선을 증장시키는 것을 전제로 하고 여기에 다라니주의 염송으로 철저한 현세이익 증장이 있음을 설하고 있는 것입니다.

따라서 지장신앙의 원류 수행법이라고 할 수 있는 『지장보살다라니 수행』은 주로 망자추선의 의식으로만 엮어져 있는 기존의 지장의식에서 나아가, 오히려 각박한 시대를 살아가는 현대인들에게 고단한 현실을 극복할 수 있는 수행법이 되기를 이 책을 통하여 기대해 봅니다. 또한, 대원의 본존이신 지장보살다라니주呪의 큰 공능과 공덕이 이 땅의 불교도들에게 면면이 가피되기를 축원 드립니다.

이 책이 나오기까지 승가의 은사이시고 해동불교대학 학장이신 '대은大隱' 큰스님의 격려와 응원은 큰 힘이 되었습니다. 크나큰 경배를 올립니다. 또한, 오늘의 불연佛緣을 맺게 해 주신 미국법인 '효예불교연합회' 이사장 '지안志眼' 큰스님께 보은의 큰절을 올립니다.

그리고 진언다라니 자료의 보고인 한국 밀교종단 진각종립 위덕대 밀교문화연구원과 불교학과 교수님들께 깊은 감사를 드립니다. 무엇보다도 진각종 교육원장이신 경정 정사님의 추천과 그동안의 지도에 감사드리며 님의 큰 공덕은 이 책을 통한 지장보살다라니 수행이 모든 불교도에게 꽃과 열매로 회향 되면서 지장보살의 분신들로 화현 하리라 확신합니다.

불기 2556(2012)년 5월 28일 부처님 오신 날 육화六和 도량에서
지장보살다라니행자 무통無通 삼가 씀

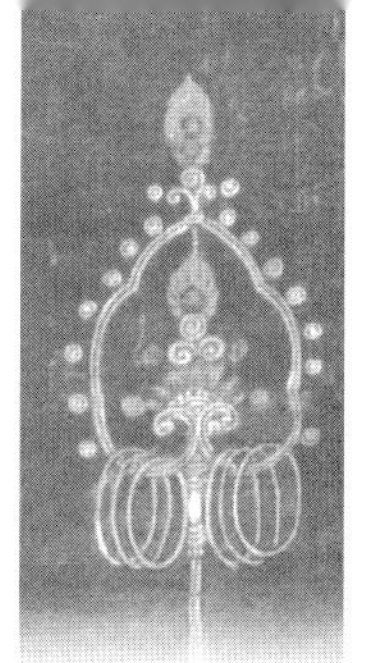

목차

일러두기

1. 북량北凉본 「대방광십륜경」의 '중덕구경기별주술다라니신주衆德究竟記莂呪術陀羅尼神呪' 와 현장玄奘역 『대승대집지장십륜경』의 '구족수화길상광명대기명주具足水火吉祥光明大記明呪' 는 같은 다라니지만 역자譯者 간의 구수句數 차이를 확인하였다.

2. 이 책에서는 혜림慧琳의 『일체경음의一切經音義』를 전거典據하고 대승경전에서 설하는 다라니의 기본 형식인 귀경구歸敬句(나모라 다나다라 야야 나막아리야 크시티카르바야 모지사다바야 마하사다바야 마하가로니가야)와 본문本文(다냐타tadyatha ……)과 결문結文(사바하svaha)을 넣었다.

3. 북량본에는 귀경구가 없고 결문(축원문)은 있으며, 그 본문이 로마나이즈[romanize]화 되어 있는 대만臺灣의 '임광명' 이 편수한 『신편대장전주新編大藏全咒』를 인용하였다.
   현장본에는 귀경구와 결문이 없고, 본문은 북량본과 같다는 것이 임광명의 견해다. 혜림본에서는 귀경구, 본문, 결문이 완성되어 있으나 로마나이즈[romanize]가 없다.

4. 따라서 이 책의 지장보살다라니를 완성함에 북량본에서는 본문, 결문, 로마나이즈[romanize]를, 혜림본에서는 귀경구를 빌려 '중덕구경기별주술다라니신주' 를 실었다.
   또한, 그동안 【츰부다라니】로 지송하고 있는 지장신앙다라니의 순기능을 간과할 수 없으므로 귀경구와 결문(축원문)은 위와 같게 적용하였다.

5. 『대방광십륜경』, 『대승대집지장십륜경』, 『불설지장보살다라니경佛說地藏菩薩陀羅尼經』『일체경음의』에 나오는 지장보살다라니는 같은 것으로 확인하였다.
다만, 이 네 곳에 있는 것을 대승경전에서 설하는 다라니의 기본 형식에 따라 서로 보완하여 두 가지로 실은 연유는 지장보살 최초경전의 원문도 존중하고 그동안 신앙했던 '츰부다라니'의 순기능 또한 가볍다 할 수 없고, 다라니의 구성 또한 대동소이하므로 어느 것이든 택일하여 염송할 수 있도록 선택의 장을 열어 놓았다.

6. 참회행법은 『지장보살본원경』을 전거로 하는 중국 청나라 때의 자료를 번역하여 실었다. 원문을 그대로, 또 그 원문을 직역 부록하여 참고토록 하였다. 단, 참회수행에 있어서는 우리 정서에 맞게 의역하였다. 그 한 예로, "자귀의불 당원중생 체해대도 발무상심自歸依佛 當願衆生 體解大道 發無上心"을 "귀의불 양족존(거룩하신 부처님께 귀의합니다.)"으로 의역하였다.

1. 지장청(地藏請)

● 지장보살은 십지十地의 보살만이 들 수 있는 여래如來의 경계인 '수능엄삼매'의 선정에 항상 계시면서 육도로 분신도탈·분형산체分身度脫·分形散體하시어 말법의 무불시대無佛時代 중생들을 남김없이 성숙시켜 성불로 이끄는 보살님이다.

매월 음력 18일은 지장재일로, 영가를 위한 지장 불공을 드리기도 하지만 비단 명부冥府의 망자뿐 아니라 예토穢土[사바세계]의 중생들을 위한 현세이익 증장의 특별한 공양·참회·소구·소원 하는 모든 생자 축원기도를 할 수 있다.

보례진언普禮眞言

아금일신중 즉현무진신 변재지장전 일일무수례
我今一身中 卽現無盡身 遍在地藏前 一一無數禮

옴 바아라 믹(3번)

천수경 千手經

● 도량교주이신 관세음보살님의 위신력으로 지장보살의 강림을 위한 기도도량으로 결계結界하여 청정하게 하므로 대중들의 동음창으로 독송한다.

정구업진언 淨口業眞言

수리수리 마하수리 수수리 사바하(3번)

오방내외안위제신진언 五方內外安慰諸神眞言

나무사만다 못다남 옴 도로도로지미 사바하(3번)

개경게 開經偈

무상심심미묘법 백천만겁난조우
無 上 甚 深 微 妙 法 百 千 萬 劫 難 遭 隅

아금문견득수지 원해여래진실의
我 今 聞 見 得 修 持 願 解 如 來 眞 實 義

개법장진언 開法藏眞言

옴 아라남 아라다(3번)

천수천안관자재보살 광대원만무애대비심대다라니 계청
千手千眼觀自在菩薩 廣大圓滿無碍大悲心大多羅尼 啓請

계수관음대비주 원력홍심상호신 천비장엄보호지
稽首觀音大悲呪 願力弘深相好身 千臂莊嚴普護持

천안광명변관조 진실어중선밀어 무위심내기비심
千眼光明便觀照 眞實語中宣密語 無爲心內起悲心

속령만족제희구 영사멸제제죄업 천룡중성동자호
速令滿足諸希求 永使滅除諸罪業 天龍衆聖同慈護

백천삼매돈훈수 수지신시광명당 수지심시신통장
百千三昧頓薰修 受持身是光明幢 受持心是神通藏

세척진로원제해 초증보리방편문 아금칭송서귀의
洗滌塵勞願濟海 超證菩提方便門 我今稱誦誓歸依

소원종심실원만 나무대비관세음 원아속지일체법
所願從心悉圓滿 南無大悲觀世音 願我速知一切法

나무대비관세음 원아조득지혜안 나무대비관세음
南無大悲觀世音 願我早得智慧眼 南無大悲觀世音

원아속도일체중 나무대비관세음 원아조득선방편
願我速度一切衆 南無大悲觀世音 願我早得善方便

나무대비관세음 원아속승반야선 나무대비관세음
南無大悲觀世音 願我速乘般若船 南無大悲觀世音

원아조득월고해 나무대비관세음 원아속득계정도
願我早得越苦海 南無大悲觀世音 願我速得戒定道

나무대비관세음 원아조등원적산 나무대비관세음
南無大悲觀世音 願我早登圓寂山 南無大悲觀世音

원아속회무위사 나무대비관세음 원아조동법성신
願我速會無爲舍 南無大悲觀世音 願我早同法性身

아약향도산 도산자최절 아약향화탕 화탕자고갈
我若向刀山 刀山自摧折 我若向火湯 火湯自枯渴

아약향지옥 지옥자소멸 아약향아귀 아귀자포만
我若向地獄 地獄自消滅 我若向我歸 我歸自飽滿

아약향수라 악심자조복 아약향축생 자득대지혜
我若向修羅 惡心自調伏 我若向畜生 自得大智慧

나무관세음보살마하살 나무대세지보살마하살
南無觀世音菩薩摩訶薩 南無大勢至菩薩摩訶薩

나무천수보살마하살 나무여의륜보살마하살
南無千手菩薩摩訶薩 南無如意輪菩薩摩訶薩

나무대륜보살마하살 나무관자재보살마하살
南無大輪菩薩摩訶薩 南無觀自在菩薩摩訶薩

나무정취보살마하살 나무만월보살마하살
南無正趣菩薩摩訶薩 南無滿月菩薩摩訶薩

나무수월보살마하살 나무군다리보살마하살
南無水月菩薩摩訶薩 南無軍茶利菩薩摩訶薩

나무십일면보살마하살 나무제대보살마하살
南無十一面菩薩摩訶薩 南無諸大菩薩摩訶薩

나무본사아미타불
南無本師阿彌陀佛 (3번)

신묘장구대다라니 神妙章句大陀羅尼

나모라 다나다라 야야 나막알약 바로기제 새바라야 모지사다바야 마하사다바야 마하가로 니가야 옴 살바 바예수 다라나 가라야다사명 나막 가리다바 이맘알야 바로기제 새바라 다바 니라간타 나막하리나야 마발다 이사미 살발타 사다남 수반아예염 살바보다남 바바말야 미수다감 다냐타 옴 아로계 아로가 마지로가 지가란제 혜혜하례 마하모지 사다바 사마라 사마라 하리나야 구로구로 갈마 사다야 사다야 도로도로 미연제 마하미연제다라다라 다린나례 새바라 자라자라 마라미마라 아마라 몰제 예혜혜 로계 새바라 라아 미사미 나사야 나베 사미사미 나사야 모하자라 미사미 나사야 호로호로 마라호로 하례 바나마 나바 사라사라 시리시리 소로소로 못쟈못쟈 모다야 모다야 매다라야 니라간타 가마사 날사남 바라 하라나야 마낙사바하 싯다야 사바하 마하싯다야 사바하 싯다유예 새바라야 사바하 니라간타야 사바하 바라하 목카싱하 목카야 사바하 바나마 하따야 사바하 자가라 욕다야 사바하 상카섭나네 모다나야 사바하 마하라 구타다라야 사바하 바마사간타 이사시체다 가릿나 이나야 사바하 먀가라 잘마이바 사나야 사바하

나모라 다나다라 야야 나막알야 바로기제 새바라야 사바하(3번)

일쇄동방결도량 이쇄남방득청량
一 灑 東 方 潔 道 場　二 灑 南 方 得 淸 凉

삼쇄서방구정토 사쇄북방영안강
三 灑 西 方 俱 淨 土　四 灑 北 方 永 安 康

도량청정무하예 삼보천룡강차지
道 場 淸 淨 無 瑕 穢　三 寶 天 龍 降 此 地

아금지송묘진언 원사자비밀가호
我 今 持 誦 妙 眞 言　願 賜 慈 悲 密 加 護

아석소조제악업 개유무시탐진치
我 昔 所 造 諸 惡 業　皆 有 無 始 貪 瞋 癡

종신구의지소생 일체아금개참회
從 身 口 意 之 所 生　一 切 我 今 皆 懺 悔

나무참제업장보승장불 보광왕화렴조불
南 無 懺 除 業 障 寶 勝 藏 佛　寶 光 王 火 簾 照 佛

일체향화자재력왕불 백억항하사결정불
一 切 香 華 自 在 力 王 佛　百 億 恒 河 沙 決 定 佛

진위덕불 금강견강소복괴산불
振 威 德 佛　金 綱 堅 强 消 伏 壞 散 佛

보광월전묘음존왕불 환희장마니보적불
寶 光 月 殿 妙 音 尊 王 佛　歡 喜 藏 摩 尼 寶 積 佛

무진향승왕불 사자월불 환희장엄주왕불
無 盡 香 勝 王 佛　獅 子 月 佛　歡 喜 莊 嚴 珠 王 佛

제보당마니승광불
帝 寶 幢 摩 尼 勝 光 佛

살생중죄금일참회 투도중죄금일참회
殺生重罪今日懺悔 偷盜重罪今日懺悔

사음중죄금일참회 망어중죄금일참회
邪淫衆罪今日懺悔 妄語衆罪今日懺悔

기어중죄금일참회 양설중죄금일참회
綺語衆罪今日懺悔 兩舌衆罪今日懺悔

악구중죄금일참회 탐애중죄금일참회
惡口衆罪今日懺悔 貪愛衆罪今日懺悔

진애중죄금일참회 치암중죄금일참회
瞋碍衆罪今日懺悔 癡暗衆罪今日懺悔

백겁적집죄 일념돈탕진 여화분고초
百劫積集罪 一念頓蕩盡 如火焚枯草

멸진무유여 죄무자성종심기 심약멸시죄역망
滅盡無有餘 罪無自性從心起 心若滅是罪亦忘

죄망심멸양구공 시즉명위진참회
罪忘心滅兩俱空 是卽名爲眞懺悔

참회진언 懺悔眞言

옴 살바 못자모지 사다야 사바하 (3번)

준제공덕취 적정심상송 일체제대난
准提功德聚 寂靜心常誦 一切諸大難

무능침시인 천상급인간 수복여불등
無能侵是人 天上及人間 受福如佛等

우차여의주 정획무등등
遇此如意珠 定獲無等等

나무칠구지불모대준제보살 (3번)
南無七俱胝佛母大准提菩薩

정법계진언 淨法界眞言

옴 남 (3번)

호신진언 護身眞言

옴 치림 (3번)

관세음보살본심미묘육자대명왕진언
觀世音菩薩本心微妙六字大明王眞言

옴 마니반메 훔 (3번)

준제진언 准提眞言

나무사다남 삼먁 삼못다 구치남 다냐타

옴 자례주례 준제 사바하 부림(3번)

아금지송대준제 즉발보리광대원 원아정혜속원명
我今持誦大准提 卽發菩提廣大願 願我定慧速圓明

원아공덕개성취 원아승복변장엄 원공중생성불도
願我功德皆成就 願我勝福遍莊嚴 願共衆生成佛道

여래십대발원문 如來十大發願文

원아영리삼악도 원아속단탐진치
願我永離三惡道 願我速斷貪瞋癡

원아상문불법승 원아근수계정혜
願我常聞佛法僧 願我勤修戒定慧

원아항수제불학 원아불퇴보리심
願我恒修諸佛學 願我不退菩提心

원아결정생안양 원아속견아미타
願我決定生安養 願我速見阿彌陀

원아분신변진찰 원아광도제중생
願我分身遍塵刹 願我廣度諸衆生

발사홍서원 發四弘誓願

중생무변서원도 번뇌무진서원단
衆生無邊誓願度 煩惱無盡誓願斷

법문무량서원학 불도무상서원성
法門無量誓願學 佛道無上誓願成

자성중생서원도 자성번뇌서원단
自性衆生誓願度 自性煩惱誓願斷

자성법문서원학 자성불도서원성
自性法門誓願學 自性佛道誓願成

원이발원이 귀명례삼보 願已發願已 歸命禮三寶

나무상주시방불 나무상주시방법
南 無 常 住 十 方 佛 南 無 常 住 十 方 法

나무상주시방승 (3번)
南 無 常 住 十 方 僧

거불 擧佛

나무 유명교주 지장보살
南 無 幽 冥 教 主 地 藏 菩 薩

나무 남방화주 지장보살
南 無 南 方 化 主 地 藏 菩 薩

나무 대원본존 지장보살
南 無 大 願 本 尊 地 藏 菩 薩

보소청진언 普召請眞言 - 요령 -

나무 보보제리 가리다리 다타 아다야 (3번)

유치 –합장–
由致

앙유 지장대성자 만월진용 징강정안 장마니이시원과위
仰惟 地藏大聖者 滿月眞容 澄江淨眼 掌摩尼而示圓果位

제함담이 유섭인문 보방자광 상휘혜검 조명음로
蹐菡萏而 猶攝因門 普放慈光 常揮慧劍 照明陰路

육도분형 단멸죄근 당절귀의 해지감응 시 이 사바세계
六道分形 斷滅罪根 倘切歸依 奚遲感應 是 以 娑婆世界

차사천하 남섬부주 동양 대한민국 모도 모군 모산 모
此四天下 南贍部洲 東洋 大韓民國 某道 某郡 某山 某

사 청정지도량 금차지성 불기 ○년 ○월○일 제당 ○○
寺 淸淨之道場 今此至誠 佛紀 ○년 ○월○일 第當 ○○

○지신 천혼재자 모처거주 행효자 모인 복위 소천망
○之辰 薦魂齋者 某處居住 行孝子 某人 伏爲 所薦亡

○○○영가 왕생극락지대원
○○○靈駕 往生極樂之大願

금차지극지성(사업·학업·시험·입시·건강 등) 발심
今此至極至誠(事業·學業·試驗·入試·健康 等) 發心

대원 생축재자 모도 모군 모처거주 모인(○○○보체)
大願 生祝齋者 某道 某郡 某處居住 某人(○○○保體)

이차인연공덕 지장보살 가피지묘력 각기 심중소구소원
以此因緣功德 地藏菩薩 加被之妙力 各其 心中所求所願

여의원만 성취지대원
如意圓滿 成就之大願

이 금월금일 건설법연 정찬공양 남방화주
以 今月今日 虔設法筵 淨饌供養 南方化主

지장대성 서회자감 곡조미성 앙표일심 선진삼청
地藏大聖 庶回慈鑑 曲照薇誠 仰表一心 先陣三請

유치우리말 -합장-

우러러 생각하옵건대, 지장보살님께서는 만월 같으신 얼굴과 맑은 강물 같은 눈을 가지셨으며, 마니구슬을 손에 들어 원만한 과위를 보이시고 연꽃 송이에 앉으사 인행의 문을 여의지 않으시며, 자비의 광명을 두루 놓으시고 항상 지혜로운 검을 휘두르사 저승의 길을 밝히시고 육도에 몸을 나눠 죄악의 뿌리를 끊으신다 하오니, 귀의하는 정성 간절하면 그 감응 어찌 더디겠나이까? 그러하옵기에, 오늘 사바세계 이사천하 남섬부주 동양 대한민국 ○○도 ○○산 ○○사 청정도량에서,

금일영가의 사후 49일(또는 다른 날짜)에 임하여 ○○에 거주하는 ○○○가 그의 어머니·아버지(또는 다른 관계) ○○○영가의 '왕생극락'을 발원합니다.
또한, 금일 지극지성으로 (사업·학업·시험·입시·건강 등)발심 생축재자 ○○○도 ○○○군 ○○○모처에 거주하는 모인(○○○보체)가 오늘 올리는 공양발원 인연공덕과 지장보살님의 가피와 대원력으로 각기 심중의 소구소원이 원만히 성취되기를 축원합니다.

이에 법연을 정성껏 마련하고 청정한 공양구를 장만하여 남방화주 지장대성께 공양드리오니, 부디 자비의 광명을 비추시어 가냘픈 정성 굽어 감응하소서. 간절한 정성을 모아 지장보살께서 강림하심을 청하나이다.

第 1 請詞 청사

❶ 南無 一心奉請 慈因積善 誓救衆生 手中金錫 振開地獄之門
나무 일심봉청 자인적선 서구중생 수중금석 진개지옥지문

掌上明珠 光攝大千之界 閻王殿上 業鏡臺前 爲 南閻浮提衆
장상명주 광섭대천지계 염왕전상 업경대전 위 남염부제중

生作個證明功德主 大悲大願 大聖大慈 本尊地藏王菩薩摩訶
생작개증명공덕주 대비대원 대성대자 본존지장왕보살마하

薩 唯願慈悲 降臨道場 受此供養[1)]
살 유원자비 강림도량 수차공양

① 香化請 歌詠 향화청 가영

掌上明珠一顆寒 自然隨色辯來端 幾回提起親分付 暗室兒孫
장상명주일과한 자연수색변래단 기회제기친분부 암실아손

1) 지장보살님께 귀의하오며 일심으로 받들어 청하옵니다. 자비하신 인행으로 선을 쌓으시며 주생구제를 서원하셨고, 손에 드신 석장을 흔들어 지옥의 문을 여시고, 바른 손 위의 明珠는 그 빛이 삼천대천세계를 두루 하나이다. 염라왕의 궁전 업경대 앞에서 남염부제 중생들을 위하여 (그들의 諸行業)을 낱낱이 증명해 주시는 공덕의 주인이십니다. 그 큰 원, 크신 서원, 크신 어지심, 크신 자애의 본존이신 지장보살 마하살님이시여 오직 바라오니 자비로써 이 도량에 강림하시어 이 공양을 받으소서.

向外看 故我一心 歸命頂禮[2)]
향외간 고아일심 귀명정례

第 2 請詞 청사

❷ 南無 一心奉請 閻魔羅 幽冥界 毳衣圓頂示相沙門 執錫持珠
나무 일심봉청 염마라 유명계 취의원정시상사문 집석지주

顏如秋月 齒排珂雪眉秀垂楊 悲心而長救三途 弘願而每遊六
안여추월 치배가설미수수양 비심이장구삼도 홍원이매유육

趣衆生度盡方證菩提 地獄未除誓不成佛 大悲大願大聖大慈
취중생도진방증보리 지옥미제서불성불 대비대원대성대자

本尊地藏王菩薩摩訶薩 唯願慈悲 降臨道場受此供養[3)]
본존지장왕보살마하살 유원자비 강림도량수차공양

② 香化請 歌詠 향화청 가영

十九生來爲善女 脫衣八地號地藏
십구생래위선녀 탈의팔지호지장

---

2) 손에 쥐신 보주하나 보기에는 싸늘하나, 중생의 원 따를 때는 제빛이 절로 나타나네, (중생들의) 문제됨을 몸소 일러 일일이 당부(當付)함이 얼마던가, 어두운 곳 어린중생 밝은 곳을 보게 하려, 하옵기로 저희들은 일심으로 귀명하오며 정례하나이다.

3) 지장보살님께 귀의하오며 일심으로 받들어 청하옵니다. 염라왕이 다스리는 곳 명부세계에 계시며 가사를 수하시고 둥그신 이마로 나투신 상호는 사문(스님)이십니다. 손에는 석장을 드시고 명주를 쥐셨는데 그 얼굴은 맑은 가을하늘 같으시며, 치아는 희디흰 눈을 배열한 듯 보이고, 눈썹의 아름다움은 수양버들 같사옵니다. 대비심으로 언제나 삼악도의 중생을 구제하시고, 크신 원력으로 마냥 육도에 머무시며, 중생을 남김없이 제도해야만 바야흐로 정각을 증득하시고, 지옥이 없어지지 않는 한 서원코 성불하지 않으리라 하신 크신 슬픔, 크신 원, 크신 어지심, 크신 자애이신 본존 지장보살님 크나큰 보살님이시여 오직 바라옵건대 자비로써 이 도량에 강림하시어 저희들의 공양을 받아 주옵소서.

冥間爲主度生願　地獄門前淚萬行[4)]
명간위주도생원　지옥문전루만행

故我一心 歸命頂禮
고아일심 귀명정례

第 3 請詞 청사

❸ 南無 一心奉請悲增示跡 苦趣留形 救六途之群生 滿四弘之
나무 일심봉청비증시적 고취유형 구육도지군생 만사홍지

誓願 大悲大願大聖大慈 本尊地藏王菩薩摩訶薩 唯願慈悲
서원 대비대원대성대자 본존지장왕보살마하살 유원자비

降臨道場受此供養[5)]
강림도량수차공양

③ 香化請　歌詠 향화청　가영

莫言地藏得閑遊　地獄門前淚不收
막언지장득한유　지옥문전루불수

造惡人多修善少　南方敎化幾時休[6)]
조악인다수선소　남방교화기시휴

4) 十九生 동안 선녀로 태어나, 드디어 8地 보살의 옷을 벗어 地藏이라 불리네. 명간(冥間-명부와 사바세계)의 주인 되어 중생 제도 원할진대, 지옥문 앞에서 눈물 흘리며 만행을 닦네.

5) 지장보살님께 귀의하오며 일심으로 받들어 청하옵니다. 중생을 제도하시고자 짐짓, 자취를 보이며 삼악도에 모습을 머무시어 육도의 많은 중생 구제하시고 네 가지 크디크신 서원을 원만히 하시는 크신 슬픔, 크신 원, 크신 어지심, 크신 자애이신 본존 지장보살님이시여! 오직 바라옵건대 자비로써 이 도량에 강림하시어 저희들의 공양을 받아 주옵소서.

故我一心 歸命頂禮
고아일심 귀명정례

헌좌진언 – 목탁, 요령 –
獻座眞言

묘보리좌승장엄 제불좌이성정각 아금헌좌역여시
妙菩提座勝莊嚴 諸佛坐已成正覺 我今獻座亦如是

자타일시성불도
自他一時成佛道

옴 바아라 미나야 사바하 (3번)

정법계진언 – 목탁 –
淨法界眞言

옴 남 (7, 21번)

다게 – 목탁 –
茶偈

금장감로다 봉헌지장전 감찰건간심
今將甘露茶 奉獻地藏前 鑑察虔墾心

원수애납수 원수애납수 원수자비애납수
願垂哀納受 願垂哀納受 願垂慈悲哀納受

6) 지장이 한가히 노닌다고 말하지 마라. 지옥문 앞에서 눈물 거두지 못하리. 악을 지은 사람 많고 선을 닦은 사람 적으니, 남방세계에서 교화하기를 몇 시기던가. 그러하시기에 저희들이 일심으로 귀명정례하나이다.

사다라니(진언권공) –요령–
四陀羅尼(眞言勸供)

향수나열 재자건성 욕구공양지주원
香羞羅列 齋者虔誠 欲求供養之周圓

수장가지지변화 앙유삼보 특사가지
須仗加持之變化 仰惟三寶 特賜加持

나무시방불 나무시방법 나무시방승 (3번)
南無十方佛 南無十方法 南無十方僧

무량위덕 자재광명승묘력 변식진언
無量威德 自在光明勝妙力 變食眞言

나막 살바다타 아다 바로기제 옴 삼마라 삼마라 훔 (3번)

시감로수진언 **施甘露水眞言**

나무 소로바야 다타아다야 다냐타 옴 소로소로 바라소로
바라소로 사바하 (3번)

일자수륜관진언 **一字水輪觀眞言**

옴 밤 밤 밤밤 (3번)

유해진언 **乳海眞言**

나무 사만다 못다남 옴 밤 (3번)

예참 – 목탁 –
禮懺

지심정례공양 지장원찬 이십삼존 제위여래불
至心頂禮供養 地藏願讚 二十三尊 諸位如來佛

지심정례공양 유명교주 지장보살 마하살
至心頂禮供養 幽冥敎主 地藏菩薩 摩訶薩

지심정례공양 좌우보처 도명존자 무독귀왕
至心頂禮供養 左右補處 道明尊者 無毒鬼王

유원 지장대성 수차공양 명훈가피력
唯願 地藏大聖 受此供養 冥熏加被力

원공법계제중생 동입미타대원해
願共法界諸衆生 同入彌陀大願海

보공양진언 普供養眞言

옴 아아나 삼바바 바아라 훔 (3번)

보회향진언 普回向眞言

옴 삼마라 삼마라 미만나 사라마하 자거라바 훔 (3번)

지장보살 사대주 地藏菩薩 四大呪

① 나무대불정여래밀인수증요의제보살만행수능엄신주
南無大佛頂如來密印修證了義諸菩薩萬行首楞嚴神呪

「다냐타 옴 아나례 비사제 비사제 비라 바아라 다리
반다반다니 바아라 바니반 호옴 다로 옴박 사바하」

② 지장보살 구족수화길상광명대기명주 – [츰부다라니]
地藏菩薩 具足水火吉祥光明大記明呪 – [讖蒱陀羅尼]

「나모라 다나다라 야야 나막아리야 크시티카르바야 모지사다바야 마하사다바야 마하가로니가야 다냐타
츰부 츰부 츰츰부 아가셔츰부 바결랍츰부 암벌랍츰부 비러츰부 발절랍츰부 아루가츰부 담뭐츰부 살더뭐츰부 살더닐허머츰부 비바루가찰뭐츰부 우버셤뭐츰부 내여나츰부 뷜랄여삼무지랄나츰부 찰나츰부 비실바리여츰부 셔랄더랄바츰부 비어자수재 맘히리담미셤미 잡결랍시 잡결랍 믜 스리 치리 시리결랄뷔 벌러 발날디 히리벌날비 벌랄저러니달니 헐 날달니 붜러져져 져져 히리미리 이결타 탑기탑규루 탈리탈리 미리 뭐대 더대 구리미리 앙규즈 더비 얼리 기리 붜러기리 규차섬뮈리 징기둔기 둔규리 후루 후루 후루규루 술두미리 미리디 미리대 뷘자더 허러히리 후루 후루루
바바사비 슈단녜 사바하 마하부다 루가사 비뉴녜사바하 가루사라사비 슈단녜사바하 가루사오사비 슈단녜사바하 살바아사파리 부라단녜사바하 살바사사 야삼바타니사바하 살바다타 가다아권디사바

하 살바보리살타 아권디 아누무지디사바하」7) 8)

③ 지장보살 마도대다라니
地藏菩薩 磨刀大陀羅尼

「나모라 다나다라 야야 나막아리야 크시티카르바야 모지사다바야 마하사다바야 마하가로니가야 다냐타 나비 마하나비 초하라나비 아비구나비 싱수사나나비 미하자카비 아바라모니 다로나호로혜 나타바뎨 리자바도미마라바뎨 뎨미라바뎨 리건다녜리아례 자초바사카나비미기 뎨도상 사바하 앙구라기 사바하 베소바야미 사바하 바라임비 사바하 살지야도혜 사바하 사리라 나바가라마비사 사바하」9)

④ 지장보살 당장대다라니
地藏菩薩 幢杖大陀羅尼

「나모라 다나다라 야야 나막아리야 크시티카르바야 모지사다바야 마하사다바야 마하가로니가야 다냐타 붕가바 마뎨아노바 마뎨기다라부 혁바나건디 구나마기례 마차노례 교하라나디 나사바미반타하라수미 비가라기리미 로혜다하라비 녕가라소 바가나 자리니안타 자서리가라부서 계사로혜 사마디두바리 사바하」차 다라니구 ○○○ (이름) 옹호령이포외 사바하10)

---

7) 안진호, 『석문의범』, 법륜사, 1982, pp.92~93.
8) 『대승대집지장십륜경』권1, 『대정장』13, p.726中~下.
9) 『대방등대집경』권57, 「멸비시풍우품」, 『대정장』13, p.387下.

원성취진언 願成就眞言

옴 아모카 살바다라 사다야 시베 훔 (3번)

보궐진언 補闕眞言

옴 호로호로 사야모케 사바하 (3번)

지장대성서원력 항사중생출고해
地藏大聖誓願力 恒沙衆生出苦海

십전조율지옥공 업진중생방인간
十殿照律地獄空 業盡衆生放人間

정근 – 목탁 –
精勤

* 지장보살명호를 부르며 시간에 따라 알맞게 정근함.

나무 남방화주 대원본존
南無 南方化主 大願本尊

"지장보살 … 지장보살 … 지장보살 ……"
地藏菩薩 地藏菩薩 地藏菩薩

10) 『대방등대집경』 권58, 「다라니품」, 『대정장』 13, p.391中. 此陀羅尼句 (某甲:이름) 擁護令離怖畏 莎波呵. 이 다라니의 주문이 OOO를 옹호하여 두려움을 여의게 하소서 사바하.

지장보살 멸정업진언 地藏菩薩 滅定業眞言

옴 바라 마니다니 사바하 (3번)

지장대성위신력 항하사겁설난진
地藏大聖威神力 恒河沙劫說難盡

견문첨례일념간 이익인천무량사
見聞瞻禮一念間 利益人天無量事

祝願(亡祝) 축원(망축)

仰告 幽冥教主 大願本尊 地藏菩薩 佛捨慈悲 許垂朗鑑
앙고 유명교주 대원본존 지장보살 불사자비 허수낭감

願我今此今日 上來所修 功德海 回向三處悉圓滿 裟婆
원아금차금일 상래소수 공덕해 회향삼처실원만 사바

世界 南贍部洲 東洋 大韓民國 某處 (住所 第當 百日之
세계 남섬부주 동양 대한민국 모처 (주소 제당 백일지

辰 薦魂齋者 行孝子 某生 某人伏爲 所薦先亡 某貫 某
진 천혼재자 행효자 모생 모인복위 소천선망 모관 모

人靈駕) 以此因緣功德 地藏大聖 加護之妙力 不踏冥路
인영가) 이차인연공덕 지장대성 가호지묘력 불답명로

卽往極樂世界 上品上生之大願 靈駕 爲主 上世先亡 師
즉왕극락세계 상품상생지대원 영가 위주 상세선망 사

尊父母 累世宗親 諸兄叔伯 姉妹姪孫 一切親族等 各 列
존부모 누세종친 제형숙백 자매질손 일체친족등 각 열

位列名靈駕 此道場內外 洞上洞下 有主無主 沈魂滯魄
위열명영가 차도량내외 동상동하 유주무주 침혼체백

一切哀魂 諸佛子等 各 列位靈駕 至於鐵圍山間 五無間獄
일체애혼 제불자등 각 열위영가 지어철위산간 오무간옥

一日一夜 萬死萬生 受苦含靈等衆 各 列位列名靈駕 兼及
일일일야 만사만생 수고함영등중 각 열위열명영가 겸급

法界 四生七趣 三途八難 四恩三有 有情無情 一切孤魂
법계 사생칠취 삼도팔난 사은삼유 유정무정 일체고혼

諸佛子等 各 列位靈駕 咸脫三界之苦惱 超生九品之樂
제불자등 각 열위영가 함탈삼계지고뇌 초생구품지낙

邦 獲蒙諸佛 甘露灌頂 般若朗智 豁然開悟 得無上法
방 획몽제불 감로관정 반야낭지 활연개오 득무상법

忍之大願[11)]
인지대원

祝 願(生祝) 축원(생축)

抑願 同共今日至誠發心生祝齋者 某等 各各 等 保體
억원 동공금일지성발심생축재자 모등 각각 등 보체

(今日某某 佛供·某某 齋後) 大願本尊地藏菩薩 加被之
(금일 모모 불공·모모 재후) 대원본존지장보살 가피지

妙力 各己 東西四方 出入諸處 相逢吉慶 不逢災害 距離
묘력 각기 동서사방 출입제처 상봉길경 불봉재해 거리

11) 亡者祝願文; 安震湖, 『釋門儀範』, 法輪社, 1982, pp.410~421, 대한불교조계종포교원, 『통일법요집』, 조계종출판사, 2004, pp.164~166, 鄭大隱 編 『釋門儀式』, 해동불교범음대학, 1992, pp.269~440에서 발췌 보충하였음.

橫厄 永爲消滅 四大强健 六根淸淨 四百四病 一時消滅
횡액 영위소멸 사대강건 육근청정 사백사병 일시소멸

各己 心中 所求所望 如意圓滿成就之大願 然後願 恒沙
각기 심중 소구소망 여의원만성취지대원 연후원 항사

法界 無量佛子等 同遊華藏莊嚴海 同入菩提大道場 相逢
법계 무량불자등 동유화장장엄해 동입보제대도량 상봉

華嚴佛菩薩 恒蒙諸佛大光明 消滅無量重罪障 獲得無量
화엄불보살 항몽제불대광명 소멸무량중죄장 획득무량

大智慧 頓成無上最正覺 廣度法界諸衆生 以報諸佛莫大
대지혜 돈성무상최정각 광도법계제중생 이보제불막대

恩 世世常行菩薩道 究竟圓成薩婆若 摩訶般若波羅蜜[12)]
은 세세상행보살도 구경원성살바야 마하반야바라밀

나무석가모니불 나무석가모니불
南無釋迦牟尼佛 南無釋迦牟尼佛

나무시아본사석가모니불
南無是我本師釋迦牟尼佛

12) 生者祝願文; 위의 『釋門儀範』, 『통일법요집』, 『釋門儀式』에서 발췌 보충.

2. 지장보살 예찬문

전경 轉經

정구업진언 淨口業眞言

수리수리 마하수리 수수리 사바하(3번)

오방내외안위제신진언 五方內外安慰諸神眞言

나무사만다 못다남 옴 도로도로지미 사바하(3번)

개경게 開經偈

무상심심미묘법 백천만겁난조우
無 上 甚 深 微 妙 法 百 千 萬 劫 難 遭 隅

아금문견득수지 원해여래진실의
我 今 聞 見 得 修 持 願 解 如 來 眞 實 義

개법장진언 開法藏眞言

옴 아라남 아라다(3번)

예불문 禮佛文

계향 정향 혜향 해탈향 해탈지견향
戒香 定香 慧香 解脫香 解脫知見香

광명운대 주변법계 공양시방 무량 불법승
光明雲臺 周邊法界 供養十方 無量 佛法僧

헌향진언 獻香眞言

옴 바아라 도비야 훔 (3번)

다게 茶偈 – 차를 올릴 때

아금청정수 변위감로다 봉헌지장전
我今淸淨水 變爲甘露茶 奉獻地藏前

원수(자비)애납수 願垂慈悲哀納受

지심귀명례 지장원찬 이십삼존 제위여래불
至心歸命禮 地藏願讚 二十三尊 諸位如來佛

지심귀명례 유명교주 지장보살 마하살
至心歸命禮 幽冥敎主 地藏菩薩 摩訶薩

지심귀명례 좌우보처 도명존자 무독귀왕
至心歸命禮 左右補處 道明尊者 無毒鬼王

지장대성위신력 항하사겁설난진
地 藏 大 聖 威 神 力　恒 河 沙 劫 設 難 盡

견문첨례일념간 이익인천무량사
見 聞 瞻 禮 一 念 間　利 益 人 天 無 量 事

고아일심 귀명정례
故 我 一 心　歸 命 頂 禮

{지장보살 예찬문}

(합장하고 서서)

저희들이 엎드려서 지성 다하여 향로 위에 향 한줄기
사르고 나니 향기는 온 법계를 진동 하옵고
이 땅에서 불국토로 고루 퍼지매 곳곳마다 상서구름
피어나오니 저희들의 간절한 뜻 살펴 주시사
자비하신 부처님 강림 하소서. (반배)

지심귀명례 시방법계 상주삼보
至心歸命禮 十方法界 常主三寶 - (절)

(무릎 꿇어 합장하여)

나무대원본존지장보살마하살
南無大願本尊地藏菩薩摩訶薩 (반배)

대비대원 대성대자 지장보살께서는
미묘하온 온갖공덕 갖추었으며
대해탈의 큰보배가 나는곳이고

보살들의 맑고밝은 안목이시며
열반으로 인도하는 도사이어라
온갖보배 비내리는 여의주처럼
구하는바 그모두를 만족케하며
온갖보배 고루갖춘 섬이시오며
모든선근 키워주는 좋은밭이며
대해탈의 낙을담을 그릇이오며
신묘하온 공덕내는 화수분이라
착한이를 비춰주는 햇빛이시며
더운번뇌 식혀주는 달빛이시며
번뇌도적 격파하는 날쌘칼이며
더운여름 나그네의 정자나무며
다리없는 사람에겐 수레와같고
머나먼길 가는이의 자량이시며
길을잃은 나그네의 길잡이시며
미친사람 마음잡는 묘한약이며
병고중의 사람에겐 의사이시며
늙은이들 의지하올 지팡이시며
고달픈이 편히쉬실 평상이시며
생노병사 건네주는 다리이시며

불국토로 가는이의 보벌이어라
삼대선근 두루닦은 공덕신이며
모든선근 얻게되는 등류과시며
수레바퀴 구르듯이 항상베풀고
청정계행 견고함은 수미산같고
용맹정진 불퇴전은 금강보배며
안온하고 부동하기 대지이시며
정밀하온 대선정은 비밀장이며
화려하온 삼매장엄 화만과같고
깊고넓은 대지혜는 바다와같고
물들잖고 집착않음 허공같으며
묘한과보 가까움은 화엽같으며
일체외도 조복함은 사자왕이며
일체마군 굴복시킴 용상이시며
번뇌도적 모두베는 신검이시며
번잡함을 싫어함은 독각이시며
번뇌의때 씻어줌은 맑은물이며
모든악취 없애줌은 선풍과같고
온갖결박 끊으심은 칼날같으며
온갖공포 막으심은 아버지같고

온갖원적 막으심은 성곽같으며
온갖액난 구하심은 부모와같고
겁약한이 숨겨줌은 숲과같아라.
목 마 른 사람에겐 청량수되고
굶 주 린 사람에겐 과실이되며
헐 벗 은 사람에겐 의복이되고
더 위 속 사람에겐 큰구름되고
가 난 한 사람에겐 여의보되고
두 려 워 떠는이엔 의지처되며
농사짓는 이에게는 단비가되고
흐린물을 맑힘에는 월애주되어
모든중생 모든선근 두호하시며
묘한경계 나타내어 즐겁게하며
중생들의 참괴심을 더하게하며
복과지혜 구하는이 장엄갖추며
번 뇌 를 씻어내기 폭포수같고
산란심을 거두기는 삼매경계며
걸림없는 대변재는 수차같으며
깊은삼매 부동함은 묘색복같고
대인욕에 안주함은 수미산같고

온갖법을 갈 무 리 심바다와같고
대신족이 자재함은 허공같으며
햇 빛 에 얼음녹듯 미혹없애며
선정도와 지혜섬에 항상노닐며
무공용의 대법륜을 항상굴리는
수승하온 큰공덕은 측량못해라.
오래닦아 견고하온 크신원력과
대자대비 용맹정진 크신공덕은
일체보살 뛰어넘어 비할데없어
잠시라도 쉼 없 이 귀의하옵고
염불하고 예불하고 공양하올 때
모든중생 온갖고통 모두여의며
온갖소원 지체없이 거둬주시어
천상나고 열반길에 들게하시니,

저희들이 일심으로 정례합니다. (일배 후 – 일어서면서)

지심귀명례 본사 석가모니불
至心歸命禮 本師 釋迦牟尼佛 – (절)

지심귀명례 극락세계 아미타불
至心歸命禮 極樂世界 阿彌陀佛 – (절)

지심귀명례 사자분신구족만행불
至 心 歸 命 禮　獅 子 奮 迅 具 足 萬 行 佛　- (절)

지심귀명례 각화정자재보살
至 心 歸 命 禮　覺 華 定 自 在 菩 薩　- (절)

지심귀명례 일체지성취불
至 心 歸 命 禮　一 切 智 成 就 佛　- (절)

지심귀명례 청정연화목불
至 心 歸 命 禮　淸 淨 蓮 華 目 佛　- (절)

지심귀명례 무변신불
至 心 歸 命 禮　無 邊 身 佛　- (절)

지심귀명례 다보불
至 心 歸 命 禮　多 寶 佛　- (절)

지심귀명례 보승불
至 心 歸 命 禮　寶 勝 佛　- (절)

지심귀명례 파두마승불
至 心 歸 命 禮　波 頭 摩 勝 佛　- (절)

지심귀명례 사자후불
至 心 歸 命 禮　獅 子 吼 佛　- (절)

지심귀명례 구류손불
至 心 歸 命 禮　拘 留 孫 佛　- (절)

지심귀명례 비바시불
至 心 歸 命 禮　毗 婆 尸 佛　- (절)

지심귀명례 보상불
至 心 歸 命 禮　寶 相 佛　- (절)

지심귀명례 가사당불
至 心 歸 命 禮　袈 裟 幢 佛　- (절)

지심귀명례 대통산왕불
至 心 歸 命 禮 大 通 山 王 佛 – (절)

지심귀명례 정월불
至 心 歸 命 禮 淨 月 佛 – (절)

지심귀명례 지승불
至 心 歸 命 禮 智 勝 佛 – (절)

지심귀명례 정명왕불
至 心 歸 命 禮 淨 名 王 佛 – (절)

지심귀명례 지성취불
至 心 歸 命 禮 智 成 就 佛 – (절)

지심귀명례 산왕불
至 心 歸 命 禮 山 王 佛 – (절)

지심귀명례 무상불
至 心 歸 命 禮 無 上 佛 – (절)

지심귀명례 묘성불
至 心 歸 命 禮 妙 聲 佛 – (절)

지심귀명례 만월불
至 心 歸 命 禮 滿 月 佛 – (절)

지심귀명례 월면불
至 心 歸 命 禮 月 面 佛 – (절)

지심귀명례 보광불
至 心 歸 命 禮 普 光 佛 – (절)

지심귀명례 보명불
至 心 歸 命 禮 普 明 佛 – (절)

지심귀명례 보정불
至 心 歸 命 禮 普 淨 佛 – (절)

지심귀명례 다마라 발전단향불
至心歸命禮 多摩羅 跋栴檀香佛 – (절)

지심귀명례 전단광불
至心歸命禮 栴檀光佛 – (절)

지심귀명례 마니당불
至心歸命禮 摩尼幢佛 – (절)

지심귀명례 환희장마니보적불
至心歸命禮 歡喜藏摩尼寶積佛 – (절)

지심귀명례 일체세간락견상대정진불
至心歸命禮 一切世間樂見上大精進佛 – (절)

지심귀명례 마니당 등광불
至心歸命禮 摩尼幢 燈光佛 – (절)

지심귀명례 혜거조불
至心歸命禮 慧炬照佛 – (절)

지심귀명례 해덕광명불
至心歸命禮 海德光明佛 – (절)

지심귀명례 금강뢰강보산금광불
至心歸命禮 金剛牢强普散金光佛 – (절)

지심귀명례 대강정진용맹불
至心歸命禮 大强精進勇猛佛 – (절)

지심귀명례 대비광불
至心歸命禮 大悲光佛 – (절)

지심귀명례 자력왕불
至心歸命禮 慈力王佛 – (절)

지심귀명례 자장불
至心歸命禮 慈藏佛 – (절)

지심귀명례 전단굴 장엄승불
至心歸命禮 栴檀窟 莊嚴勝佛 – (절)

지심귀명례 현선수불
至心歸命禮 賢善首佛 – (절)

지심귀명례 선의불
至心歸命禮 善意佛 – (절)

지심귀명례 광장엄왕불
至心歸命禮 廣莊嚴王佛 – (절)

지심귀명례 금화광불
至心歸命禮 金華光佛 – (절)

지심귀명례 보개조공 자재력왕불
至心歸命禮 寶蓋照空 自在力王佛 – (절)

지심귀명례 허공보화광불
至心歸命禮 虛空寶華光佛 – (절)

지심귀명례 유리장엄왕불
至心歸命禮 琉璃莊嚴王佛 – (절)

지심귀명례 보현색신광불
至心歸命禮 普賢色身光佛 – (절)

지심귀명례 부동지광불
至心歸命禮 不動智光佛 – (절)

지심귀명례 항복중마왕불
至心歸命禮 降伏衆魔王佛 – (절)

지심귀명례 재광명불
至心歸命禮 才光明佛 – (절)

지심귀명례 지혜승불
至心歸命禮 智慧勝佛 – (절)

지심귀명례 미륵선광불
至心歸命禮 彌勒仙光佛 - (절)

지심귀명례 선적월음 묘존지왕불
至心歸命禮 善寂月音 妙尊智王佛 - (절)

지심귀명례 세정광불
至心歸命禮 世淨光佛 - (절)

지심귀명례 용존상존왕불
至心歸命禮 龍尊上尊王佛 - (절)

지심귀명례 일월광불
至心歸命禮 日月光佛 - (절)

지심귀명례 일월주광불
至心歸命禮 日月珠光佛 - (절)

지심귀명례 혜당승왕불
至心歸命禮 慧幢勝王佛 - (절)

지심귀명례 사자후 자재력왕불
至心歸命禮 獅子吼 自在力王佛 -(절)

지심귀명례 묘음승불
至心歸命禮 妙音勝佛 - (절)

지심귀명례 상광당불
至心歸命禮 常光幢佛 - (절)

지심귀명례 관세등불
至心歸命禮 觀世燈佛 - (절)

지심귀명례 혜위등왕불
至心歸命禮 慧威燈王佛 - (절)

지심귀명례 법승왕불
至心歸命禮 法勝王佛 - (절)

지심귀명례 수미광불
至心歸命禮 須彌光佛 – (절)

지심귀명례 수만나화광불
至心歸命禮 須曼那華光佛 – (절)

지심귀명례 우담발라화수승왕불
至心歸命禮 優曇鉢羅華殊勝王佛 – (절)

지심귀명례 대혜력왕불
至心歸命禮 大慧力王佛 – (절)

지심귀명례 아축비환희광불
至心歸命禮 阿閦毘歡喜光佛 – (절)

지심귀명례 무량음성왕불
至心歸命禮 無量音聲王佛 – (절)

지심귀명례 재광불
至心歸命禮 才光佛 – (절)

지심귀명례 금해광불
至心歸命禮 金海光佛 – (절)

지심귀명례 산해혜 자재통왕불
至心歸命禮 山海慧 自在通王佛 – (절)

지심귀명례 대통광불
至心歸命禮 大通光佛 – (절)

지심귀명례 일체법상 만왕불
至心歸命禮 一切法常 滿王佛 – (절)

지심귀명례 진시방삼세 일체제불
至心歸命禮 盡十方三世 一切諸佛 – (절)

지심귀명례 지장보살본원경
至心歸命禮 地裝菩薩本願經 – (절)

지심귀명례 대승대집지장십륜경
至 心 歸 命 禮 大 乘 大 集 地 藏 十 輪 俓 - (절)

지심귀명례 점찰선악업보경
至 心 歸 命 禮 占 察 善 惡 業 報 俓 - (절)

지심귀명례 진시방삼세 일체존불
至 心 歸 命 禮 盡 十 方 三 世 一 切 尊 法 - (절)

지심귀명례 입능발지정 지장보살
至 心 歸 命 禮 入 能 發 智 定 地 藏 菩 薩 - (절)

지심귀명례 입구족무변지정 지장보살
至 心 歸 命 禮 入 具 足 無 邊 智 定 地 藏 菩 薩 - (절)

지심귀명례 입구족청정지정 지장보살
至 心 歸 命 禮 入 具 足 淸 淨 智 定 地 藏 菩 薩 - (절)

지심귀명례 입구족참괴지정 지장보살
至 心 歸 命 禮 入 具 足 慙 愧 智 定 地 藏 菩 薩 - (절)

지심귀명례 입구족제승명정 지장보살
至 心 歸 命 禮 入 具 足 諸 乘 明 定 地 藏 菩 薩 - (절)

지심귀명례 입무우신통명정 지장보살
至 心 歸 命 禮 入 無 憂 神 通 明 定 地 藏 菩 薩 - (절)

지심귀명례 입구족승통명정 지장보살
至 心 歸 命 禮 入 具 足 乘 通 明 定 地 藏 菩 薩 - (절)

지심귀명례 입보조제세간정 지장보살
至 心 歸 命 禮 入 普 照 諸 世 間 定 地 藏 菩 薩 - (절)

지심귀명례 입제불등거명정 지장보살
至 心 歸 命 禮 入 諸 佛 燈 炬 明 定 地 藏 菩 薩 - (절)

지심귀명례 입금강광정 지장보살
至 心 歸 命 禮 入 金 剛 光 定 地 藏 菩 薩 - (절)

지심귀명례 입구족살묘미정 지장보살
至心歸命禮 入具足上妙味定 地藏菩薩 - (절)

지심귀명례 입구족승정기정 지장보살
至心歸命禮 入具足勝精氣定 地藏菩薩 - (절)

지심귀명례 입상묘제자기정 지장보살
至心歸命禮 入上妙諸資具定 地藏菩薩 - (절)

지심귀명례 입무쟁지정 지장보살
至心歸命禮 入無諍智定 地藏菩薩 - (절)

지심귀명례 입구족세로광정 지장보살
至心歸命禮 入具足世路光定 地藏菩薩 - (절)

지심귀명례 입선주승금강정 지장보살
至心歸命禮 入善住勝金剛定 地藏菩薩 - (절)

지심귀명례 입구족자비성정 지장보살
至心歸命禮 入具足慈悲聲定 地藏菩薩 - (절)

지심귀명례 입인집제복덕정 지장보살
至心歸命禮 入引集題福德定 地藏菩薩 - (절)

지심귀명례 입해전광정 지장보살
至心歸命禮 入海電光定 地藏菩薩 - (절)

지심귀명례 이제정력제도병겁 지장보살
至心歸命禮 以諸定力除刀兵劫 地藏菩薩 - (절)

지심귀명례 이제정력제질병겁 지장보살
至心歸命禮 以諸定力除疾病劫 地藏菩薩 - (절)

지심귀명례 이제정력제기근겁 지장보살
至心歸命禮 以諸定力除饑饉劫 地藏菩薩 - (절)

지심귀명례 현불타신 지장보살
至心歸命禮 現佛陀身 地藏菩薩 - (절)

지심귀명례 현보살신 지장보살
至 心 歸 命 禮 現 菩 薩 身 地 藏 菩 薩 - (절)

지심귀명례 현독각신 지장보살
至 心 歸 命 禮 現 獨 覺 身 地 藏 菩 薩 - (절)

지심귀명례 현성문신 지장보살
至 心 歸 命 禮 現 聲 聞 身 地 藏 菩 薩 - (절)

지심귀명례 현 대자재천신 지장보살
至 心 歸 命 禮 現 大 自 在 天 身 地 藏 菩 薩 - (절)

지심귀명례 현 대범천신 지장보살
至 心 歸 命 禮 現 大 梵 天 身 地 藏 菩 薩 - (절)

지심귀명례 현 타화자재천신 지장보살
至 心 歸 命 禮 現 他 化 自 在 天 身 地 藏 菩 薩 - (절)

지심귀명례 현 야마천신 지장보살
至 心 歸 命 禮 現 夜 摩 天 身 地 藏 菩 薩 - (절)

지심귀명례 현 도솔천신 지장보살
至 心 歸 命 禮 現 兜 率 天 身 地 藏 菩 薩 - (절)

지심귀명례 현 제석천신 지장보살
至 心 歸 命 禮 現 帝 釋 天 身 地 藏 菩 薩 - (절)

지심귀명례 현 사대천왕신 지장보살
至 心 歸 命 禮 現 四 大 天 王 身 地 藏 菩 薩 - (절)

지심귀명례 현 전륜왕신 지장보살
至 心 歸 命 禮 現 轉 輪 王 身 地 藏 菩 薩 - (절)

지심귀명례 현 장부신 지장보살
至 心 歸 命 禮 現 丈 夫 身 地 藏 菩 薩 - (절)

지심귀명례 현부녀신 지장보살
至 心 歸 命 禮 現 婦 女 身 地 藏 菩 薩 - (절)

지심귀명례 현 동남신 지장보살
至心歸命禮 現 童男身 地藏菩薩 – (절)

지심귀명례 현동녀신 지장보살
至心歸命禮 現童女身 地藏菩薩 – (절)

지심귀명례 현 용신 지장보살
至心歸命禮 現 龍身 地藏菩薩 – (절)

지심귀명례 현야차신 지장보살
至心歸命禮 現夜叉身 地藏菩薩 – (절)

지심귀명례 현나찰신 지장보살
至心歸命禮 現羅察身 地藏菩薩 – (절)

지심귀명례 현아귀신 지장보살
至心歸命禮 現餓鬼身 地藏菩薩 – (절)

지심귀명례 현사자신 지장보살
至心歸命禮 現獅子身 地藏菩薩 – (절)

지심귀명례 현향상신 지장보살
至心歸命禮 現香象身 地藏菩薩 – (절)

지심귀명례 현마신우신 지장보살
至心歸命禮 現馬身牛身 地藏菩薩 – (절)

지심귀명례 현종종금수자신 지장보살
至心歸命禮 現種種禽獸之身 地藏菩薩 – (절)

지심귀명례 현염마왕신 지장보살
至心歸命禮 現閻魔王身 地藏菩薩 – (절)

지심귀명례 현지옥졸신 지장보살
至心歸命禮 現地獄卒身 地藏菩薩 – (절)

지심귀명례 현지옥제유정신 지장보살
至心歸命禮 現地獄諸有情身 地藏菩薩 – (절)

지심귀명례 증장사중수명 지장보살
至心歸命禮 增長四衆壽命 地藏菩薩 - (절)

지심귀명례 증장사중무명 지장보살
至心歸命禮 增長四衆無病 地藏菩薩 - (절)

지심귀명례 증장사중 색력명문 지장보살
至心歸命禮 增長四重 色力名聞 地藏菩薩 - (절)

지심귀명례 증장사중 정계다문 지장보살
至心歸命禮 增長四重 淨戒多聞 地藏菩薩 - (절)

지심귀명례 증장사중자구재보 지장보살
至心歸命禮 增長四衆資具財寶 地藏菩薩 - (절)

지심귀명례 증장사중 혜사 지장보살
至心歸命禮 增長四衆 慧捨 地藏菩薩 - (절)

지심귀명례 증장사중 묘정 지장보살
至心歸命禮 增長四衆 妙定 地藏菩薩 - (절)

지심귀명례 증장사중안인 지장보살
至心歸命禮 增長四衆安忍 地藏菩薩 - (절)

지심귀명례 증장사중 방편 지장보살
至心歸命禮 增長四衆 方便 地藏菩薩 - (절)

지심귀명례 증장사중 각분성제광명 지장보살
至心歸命禮 增長四衆 覺分聖諦光明 地藏菩薩 - (절)

지심귀명례 증장사중 취입대승정도 지장보살
至心歸命禮 增長四衆 趣入大乘正道 地藏菩薩 - (절)

지심귀명례 증장사중 법명 지장보살
至心歸命禮 增長四衆 法明 地藏菩薩 - (절)

지심귀명례 증장사중성숙유정 지장보살
至心歸命禮 增長四衆成熟有情 地藏菩薩 - (절)

지심귀명례 증장사중 대자대비 지장보살
至心歸命禮 增長四衆 大慈大悲 地藏菩薩 – (절)

지심귀명례 증장사중 묘칭변만삼계 지장보살
至心歸命禮 增長四衆 妙稱변滿三界 地藏菩薩 – (절)

지심귀명례 증장사중 법우보윤삼계 지장보살
至心歸命禮 增長四衆 法雨普潤三界 地藏菩薩 – (절)

지심귀명례 증장사중 일체대지정기자미 지장보살
至心歸命禮 增長四衆 一切大地精氣滋味 地藏菩薩 – (절)

지심귀명례 증장사중 일체종자정기자미 지장보살
至心歸命禮 增長四衆 一切種子精氣滋味 地藏菩薩 – (절)

지심귀명례 증장사중 일체선작사업 지장보살
至心歸命禮 增長四衆 一切善作事業 地藏菩薩 – (절)

지심귀명례 증장사중 정법정기선행 지장보살
至心歸命禮 增長四衆 正法精氣善行 地藏菩薩 – (절)

지심귀명례 증장사중 유익지수화풍 지장보살
至心歸命禮 增長四衆 有益地水火風 地藏菩薩 – (절)

지심귀명례 증장사중 육도피안묘행 지장보살
至心歸命禮 增長四衆 六到彼岸妙行 地藏菩薩 – (절)

지심귀명례 영리우고 희구만족 지장보살
至心歸命禮 令離憂苦 希求滿足 地藏菩薩 – (절)

지심귀명례 영리우고 음식충족 지장보살
至心歸命禮 令離憂苦 飮食充足 地藏菩薩 – (절)

지심귀명례 영리우고 자구비족 지장보살
至心歸命禮 令離憂苦 資具備足 地藏菩薩 – (절)

지심귀명례 영리원증 애락합회 지장보살
至心歸命禮 令離怨憎 愛樂合會 地藏菩薩 – (절)

지심귀명례 영리중병 심신안온 지장보살
至心歸命禮 令愈重病 身心安穩 地藏菩薩 - (절)

지심귀명례 영사독심 자심상향 지장보살
至心歸命禮 令捨毒心 慈心相向 地藏菩薩 - (절)

지심귀명례 영해뇌옥 자재환희 지장보살
至心歸命禮 令解牢獄 自在歡喜 地藏菩薩 - (절)

지심귀명례 영리수집 편달가해 지장보살
至心歸命禮 令離囚執 鞭撻加害 地藏菩薩 - (절)

지심귀명례 영창신심 기력강성 지장보살
至心歸命禮 令暢身心 氣力强盛 地藏菩薩 - (절)

지심귀명례 영구제근 무유손괴 지장보살
至心歸命禮 令具諸根 無有損壞 地藏菩薩 - (절)

지심귀명례 영리요뇌 심무광란 지장보살
至心歸命禮 令離擾惱 心無狂亂 地藏菩薩 - (절)

지심귀명례 영리탐욕 신심안락 지장보살
至心歸命禮 令離貪慾 身心安樂 地藏菩薩 - (절)

지심귀명례 영리위난 안온무손 지장보살
至心歸命禮 令離危難 安穩無損 地藏菩薩 - (절)

지심귀명례 영리포외 본전신명 지장보살
至心歸命禮 令離畏怖 保全身命 地藏菩薩 - (절)

지심귀명례 영리우고 만족다문 지장보살
至心歸命禮 令離憂苦 滿足多聞 地藏菩薩 - (절)

지심귀명례 우살생자 설숙앙단명보 지장보살
至心歸命禮 遇殺生者 說宿殃短命報 地藏菩薩 - (절)

지심귀명례 우절도자 설빈궁고초보 지장보살
至心歸命禮 遇竊盜者 說貧窮苦楚報 地藏菩薩 - (절)

지심귀명례 우사음자 설작합원앙보 지장보살
至心歸命禮 遇邪淫者 說雀합鴛鴦報 地藏菩薩 - (절)

지심귀명례 우악구자 설권속투쟁보 지장보살
至心歸命禮 遇惡口者 說眷屬鬪爭報 地藏菩薩 - (절)

지심귀명례 우훼방자 설무설창구보 지장보살
至心歸命禮 遇毁妨者 說無舌瘡口報 地藏菩薩 - (절)

지심귀명례 우진에자 설추루륭잔보 지장보살
至心歸命禮 遇瞋에者 說醜陋癃殘報 地藏菩薩 - (절)

지심귀명례 우간린자설 소구위원보 지장보살
至心歸命禮 遇慳悋者說 所求違願報 地藏菩薩 - (절)

지심귀명례 우음식무 도자설기 갈인병보 지장보살
至心歸命禮 遇飮食無 道者說飢 渴咽病報 地藏菩薩 - (절)

지심귀명례 우전렵자정자설 경광상명보 지장보살
至心歸命禮 遇前獵者情者說 驚狂喪命報 地藏菩薩 - (절)

지심귀명례 우패역 부모자설 천지재살보 지장보살
至心歸命禮 遇悖逆 父母者說 天地災殺報 地藏菩薩 - (절)

지심귀명례 우소림자설 광미치사보 지장보살
至心歸命禮 遇燒林者說 狂迷取死報 地藏菩薩 - (절)

지심귀명례 우망포생추자설 골육분리보 지장보살
至心歸命禮 遇網捕生雛者說 骨肉分離報 地藏菩薩 - (절)

지심귀명례 우훼방 삼보자설 맹롱음아보 지장보살
至心歸命禮 遇毁謗 三寶者說 盲聾瘖瘂報 地藏菩薩 (절)

지심귀명례 우경법만교자설 영처악도보 지장보살
至心歸命禮 遇輕法慢敎者說 永處惡道報 地藏菩薩 - (절)

지심귀명례 우파용상주자설 윤회지옥보 지장보살
至心歸命禮 遇破用常住者說 輪廻地獄報 地藏菩薩 - (절)

지심귀명례 우오범무승자설 영재축생보 지장보살
至心歸命禮 遇汚梵誣僧者說 永在畜生報 地藏菩薩 (절)

지심귀명례 우탕화참작상생자설 체상보 지장보살
至心歸命禮 遇湯火斬斫傷生者說 遞償報 地藏菩薩 - (절)

지심귀명례 우파계범재자설 금수기아보 지장보살
至心歸命禮 遇破戒犯齋者說 禽獸飢餓報 地藏菩薩 - (절)

지심귀명례 우비리훼용자설 소구궐절보 지장보살
至心歸命禮 遇非理毁用者說 所求闕絶報 地藏菩薩 - (절)

지심귀명례 우오아공고자설 비사하천보 지장보살
至心歸命禮 遇吾我貢高者說 卑使下賤報 地藏菩薩 - (절)

지심귀명례 우양설투란자설 무설백설보 지장보살
至心歸命禮 遇兩舌鬪亂自說 無舌百舌報 地藏菩薩 - (절)

지심귀명례 우사견자설 변지수생보 지장보살
至心歸命禮 遇邪見者說 邊地受生報 地藏菩薩 - (절)

지심귀명례 우백천 방편교화중생 지장보살
至心歸命禮 遇百千 方便敎化衆生 地藏菩薩 - (절)

지심귀명례 문수사리보살
至心歸命禮 文殊師利菩薩 - (절)

지심귀명례 보현보살
至心歸命禮 普賢菩薩 - (절)

지심귀명례 관세음보살
至心歸命禮 觀世音菩薩 - (절)

지심귀명례 대세지보살
至心歸命禮 大勢至菩薩 - (절)

지심귀명례 아일다보살
至心歸命禮 阿逸多菩薩 - (절)

지심귀명례 재수보살
至 心 歸 命 禮 財 數 菩 薩 - (절)

지심귀명례 정자재왕보살
至 心 歸 命 禮 定 自 在 王 菩 薩 - (절)

지심귀명례 광목보살
至 心 歸 命 禮 光 目 菩 薩 - (절)

지심귀명례 일광보살
至 心 歸 命 禮 日 光 菩 薩 - (절)

지심귀명례 월광보살
至 心 歸 命 禮 月 光 菩 薩 - (절)

지심귀명례 무진의보살
至 心 歸 命 禮 無 盡 意 菩 薩 - (절)

지심귀명례 해탈보살
至 心 歸 命 禮 解 脫 菩 薩 - (절)

지심귀명례 보광보살
至 心 歸 命 禮 普 廣 菩 薩 - (절)

지심귀명례 진시방삼세일체보살
至 心 歸 命 禮 盡 十 方 三 世 一 切 菩 薩 - (절)

지심귀명례 발양계교권선대사 도명존자
至 心 歸 命 禮 發 揚 啓 敎 勸 善 大 師 道 明 尊 者 - (절)

지심귀명례 진시방삼세 일체현성승
至 心 歸 命 禮 盡 十 方 三 世 一 切 賢 聖 僧 - (절)

(마지막 절을 하고 무릎 꿇어 합장하고)

예배하온 큰 공덕과 뛰어나신 원행으로
가없는 수승한 복 회향 하오니
바라건대 고에 빠진 모든 유정이
어서 바삐 극락국에 나가지이다.

(고두배 하고 일어서면서)

나무 유명교주 지장보살 (절)
나무 남방화주 지장보살 (절)
나무 대원본존 지장보살 마하살 (절)

(절한 후 다음 3장의 지장보살 다라니수행을 시작한다)

'중덕구경기별주술다라니신주', '구족수화길상광명대기명주 〔츰부다라니〕', '마도대다라니', '당장대다라니', '수풍마니궁다라니'중 인연따라 택일하여 108독 또는 1,080독, 10,800독 …… 십만팔천독 등 고성高聲으로 염송한다.

3. 지장보살 다라니 수행

다라니陀羅尼는 범어 dhāraṇī의 음사어音寫語이다. 고대 인도인들은 범아일여의 경지에 도달하기 위하여 외계와의 관계를 끊고 자심을 내관內觀하는 유가행을 종교적 수행방편으로 삼았다.

다라니는 바로 이 유가행의 중요한 하나의 실천단계로 정신적 동요를 막고 정신통일을 하여 통일된 정신 상태를 지속하는 것이다. 다라니는 또 대승경전에서 최초로 등장하는 특수한 술어이다. 즉 기억하여 잊지 않기 위한 다라니의 억지수행憶持修行에 대해서 『대지도론』5 「보살공덕석론」에서는

> **다라니는 한역으로 능지**能持, **혹은 능차**能遮**라고 한다. 능지는 여러가지 선법을 모아 능히 간직하여 흩어지거나 잃지 않는 것이다. 비유하면 완전한 그릇에 물을 가득 담으면 물이 새지 않는 것과 같다. 능차라는 것은 선하지 않은 마음이 생기는 것을 싫어하여 능히 이것이 생하지 않도록 가려서, 만약 악한 죄를 저지르고 싶어도 행하지 못하도록 잡는 것이다. 이것을 '다라니'라 이름 한다.**[13)]

> **이미 동체대비를 얻어서 일체 중생의 선근을 생장케 하므로**

13) 『대지도론』권5, 「보살공덕석론」, 『대정장』25, p.95下.

그것은 흡사 대지가 모든 초목을 생장하게 함과 같다. 다라니로써 모든 공덕을 간직하고 일체 중생에 혜택을 베풀어 주되 끝내 다함이 없으니, 마치 큰 보배 창고에 진귀한 보배가 언제나 가득 차 있음과 같다. 이러한 두 가지 뜻이 있기 때문에 지장이라 이름 한다.[14)]

'말법시대 불교는 다라니로써 흥왕함'

다라니를 내 마음에 새겨있는 불심인은 능히 선을 나게 하고 능히 악을 막는도다.
누구라도 악한 일을 안 하려고 작정하면 능지능차 다라니는 능히 악을 막아낸다. [15)]

다라니는 처음에 교법을 억지憶持하는 정신상태, 교법을 억지하는 정신적 능력, 또는 뇌중腦中에 억지된 교법, 불지佛智의 총합 등을 지칭하는 보통명사이다. 이것이 총지總持(불지의 체득)를 위하여 주구呪句를 외우게 되고 드디어 이 주구도 다라니라 부르게 되었다. 또한, 경전의 양이 방대하게 되면서 이를 억지하고 독송하는 데는 정신적 부담이 가중되었다. 이에 억지의 필요성이 증대되었고 그리하여 억지 자체를 수련해야할 하나의 과목으로 생각하여 다라니라는 고유명사를 붙이게 되었다. 또한 대승불교의 후기에 이르면 이 다라니에 의해서 억지되어지는 교설 및 법문 자체를 다라니라 부르게

---

14) 원효, 『금강삼매경론』, 『大正藏』34, p.1001中. 是人已得同體大悲 生長一切衆生善根 猶如大地 生諸草木 以陀羅尼持諸功德 惠施一切而無窮盡 如大寶藏珍寶無盡 由是二義名爲地藏.

15) 대한불교진각종, 『진각교전』, 「다라니편」, 해인행, 1986, p.53.

되었다.

이와 같이 정신통일 교법억지의 방편으로 사용되는 특정한 문자를 다라니라 부르게 됨으로써 대승불교에서는 이것을 크게 발전시켰다. 이들 문자에는 무량의 의미가 함축되어 있으며 이를 관함으로써 불지의 체득과 무량한 공덕을 얻게 되는 것이다. 이처럼 정신통일과 교법억지의 방편으로서 특정한 문자를 사용한 다라니는 정신집중으로 지혜를 일으켜서 특수한 효력을 가지는 것으로 이해하는 것이다.

이러한 다라니의 호칭에 관해서 진언·명주·다라니의 어원은 다르나 동의어로 쓰인다고 전제하고, "여래의 진실을 나타내기 때문에 진언이라 하고, 무명을 없애기 때문에 명주라 하고, 마음을 한 곳에 통일하여 여래의 가르침을 억지하게 하기 때문에 다라니라 한다."고 말한다. 그래서 대승불교 이후 진언과 다라니는 그 호칭에 대해서 진언·다라니 내지 '진언다라니'라는 형식으로 불리면서 다라니라는 호칭도 같이 쓰게 되었다.

이상에서 다라니는 유가행의 일단계인 정신통일의 방법이었으나 불교에서는 정신통일의 상태인 교문억지教門憶持를 의미하였다. 이것이 정신통일의 방법으로 쓰이는 성구聖句를 다라니라 하게 되었고 나아가서는 불지佛智의 경지를 일컫게도 된 것이다.

따라서 다라니는 불교의식과 불법의 수행에 있어서 필수불가결의 것으로 실천되고 있다.

1) 중덕구경기별주술다라니신주
衆德究竟記莂呪術陀羅尼神呪

'중덕구경기별주술다라니'에서 모든 공덕의 본원이 이른 바 중덕衆德이다. 기별記莂은 구별, 분석, 발전이라는 뜻이며 기記, 수기授記·受記 등으로 한역하고 본래, 교설을 분석하거나 문답 방식으로 제자가 증득한 것이 사후 생처生處 등을 예언하는 것으로 변하였다. 특히 미래세의 증과와 성불하였을 때의 명호를 예언하는 말, 즉 성불수기를 뜻한다.

다시 말해서 지장보살이 설한 이 다라니의 공능으로 구경에는 성불할 수 있다는 수기의 기능인 것이다. 지장신앙을 중점적으로 설하고 있는 『대방광십륜경』은 이승二乘, 즉 대·소승의 융화를 설함으로써 지장보살의 본원이 철저한 현세이익증장으로 이루어 질 것을 강조하고 있다. 그 수많은 이익 중에서도 불법을 증장하여 특히 기업基業과 산업産業, 그리고 재물을 증장 시키는 신주神呪에서 나아가 번뇌의 속박까지지도 풀어준다고 하였다.

「나모라 다나다라 야야 나막아리야 크시티카르바야 모지사다바야 마하사다바야 마하가로니가야 다냐타
촉부 촉부 촉촉부 아함촉부 바타가라촉부 암라촉부 비라촉부 바사라촉부 아로가촉부 달마촉부 바타마촉부 바제야니리가라촉부 비바노가차마촉부 우바사마촉부 나야나

촉부 사나사모치라나 촉부촉부촉부 비니리야나촉부 사다바촉부 사차수치 마혜리 타미 사미 자가라사 자가마사리 차리 혜례 가라사라사제 가리바라베 바자라바타녜 나자타녜 바라 자자자 혜리 마리 이가타타선 타구루 타리 사리미리 마차 다차구리 미리 앙구지다비 알리지리 바라지리 구타고바리 진지진 진구리 휴루휴루휴루 구류황미리 미리차 바다바다 라규규리 노류노루류
바바사비 슈단녜 사바하 마하부다 루가사 비뉴녜사바하 가루사라사비 슈단녜사바하 가루사오사비 슈단녜사바하 살바아사파리 부라단네사바하 살바사사 야삼바타니사바하 살바다타 가다아권디사바하 살바보리살타 아권디 아누무지디사바하」 *이상은 한글대장경 발음

2) 구족수화길상광명대기명주 具足水火吉祥光明大記明呪 〔츰부다라니〕

현장 역『대승대집지장십륜경』의 '구족수화길상광명대기명주'는『대방광십륜경』'중덕구경기별주술다라니신주'와 같은 다라니로서 명칭과 글자 수에 약간의 차이가 있다. 다만 두 가지를 동시에 신

는 이유는 비록 같은 종류의 경에서 나온 다라니지만 한역자간의 견해차이도 있듯이 수행자의 신앙 의지도 다를 수 있으므로 선택의 폭을 열어놓기 위해서다. 여기서의 대기大記역시 기별記莂과 같은 뜻으로 '구족수화길상광명具足水火吉祥光明'으로 가지加持하는 대기大記로 의역하여 이 다라니의 공능이 중생들의 현세이익을 증장해 주는 명주明呪로써 구경성불究竟成佛을 예언하고 있음을 강조하고 있다.

* '중덕구경기별주술다라니신주' 와 '구족수화길상광명대기명주'의 자세한 공능과 공덕은 〈지장보살신앙연구〉 제4장 2절 1)항 및 ① 참조

「나모라 다나다라 야야 나막아리야 크시티카르바야 모지사다바야 마하사다바야 마하가로니가야 다냐타

츰부 츰부 츰츰부 아가셔츰부 바결랍츰부 암벌랍츰부 비러츰부 발절랍츰부 아루가츰부 담뭐츰부 살더뭐츰부 살더닐허머츰부 비바루가찰뭐츰부 우버셤뭐츰부 내여나츰부 뷜랄여삼무지랄나츰부 찰나츰부 비실바리여츰부 셔랄더랄바츰부 비어자수재 맘히리담미셤미 잡결랍시 잡결랍믜 스리 치리 시리결랄붜 벌러 발날디 히리벌날비 벌랄저러니달니 헐 날달니 붜러져져 져져 히리미리 이결타탑기탑규루 탈리탈리 미리 뭐대 더대 구리미리 앙규즈더비 얼리 기리 붜러기리 규차섬뮈리 징기둔기 둔규리후루 후루 후루규루 술두미리 미리디 미리대 뷘자더 허

러히리 후루 후루루
바바사비 슈단녜 사바하 마하부다 루가사 비뉴녜사바하 가루사라사비 슈단녜사바하 가루사오사비 슈단녜사바하 살바아사파리 부라단네사바하 살바사사 야삼바타니사바하 살바다타 가다아권디사바하 살바보리살타 아권디 아누무지디사바하」

3) 지장보살 마도대다라니 地藏菩薩 磨刀大陀羅尼

지장보살 '마도대다라니'는 대지大地와 밀접하게 관계함으로써 땅에서 풍부한 물자와 지미地味를 생기게 하여 그 맛을 더욱 아름답게 하고, 독도 없고, 해도 없으며, 바람과 비를 조화롭게 하며 또한 호국護國의 원력도 있다. 부처님께서 지장보살을 찬탄하시며 말씀하시기를 "뛰어나도다! 뛰어나도다! 지장이여! 네가 지금 중생을 위하는 것이 대묘락大妙樂과 같다. 이'마도대다라니'에는 대단히 심오한 법력이 있구나! 이것은 중생이 대지의 맛과 정기를 손상시키지 않게 하며, 능히 중생의 먹을 것을 풍족하게 성취시켜주고, 일체중생에게 모든 즐거움을 남김없이 구족시킨다."라고 하셨다.

「나모라 다나다라 야야 나막아리야 크시티카르바야 모

지사다바야 마하사다바야 마하가로니가야 다냐타 나비 마하나비 초하라나비 아비구나비 싱수사나나비 비하자카비 아바라모니 다로나호로혜 나타 바뎨 리자바도미마라바뎨 뎨미라바뎨 리건다녜리아례 자초바사카나 비미기뎨도상 사바하 앙구라기 사바하 베소바야미 사바하 바라임비 사바하 살지야도혜 사바하 사리라 나바가라마비사 사바하」 *이상은 한글대장경 발음

※ 마도대다라니의 자세한 공능과 공덕은 〈지장보살신앙연구〉 제4장 3절 3)항 참조

4) 지장보살 당장대다라니 地藏菩薩 幢杖大陀羅尼

지장보살 '당장대다라니'는 우리의 이근耳根과 관련된 특이한 다라니주문이다. 지장보살이 설하기를 단지 이 다라니를 한 번 듣기를 원하는 것만으로도 능히 일체의 귓병을 없앨 수 있고, 청력을 신장시켜 세간의 소리를 다스릴 수 있다. 또한 탐·진·치 삼독과 같은 번뇌의 병을 모두 없앨 수 있으며, 이를 듣는 사람까지도 삼독으로 인한 일체 번뇌가 남김없이 사라지며, 청정심을 얻을 수 있고, 법[진리]에 따라 용맹하게 행동하게 된다고 설하고 있다.

「나모라 다나다라 야야 나막아리야 크시티카르바야 모

지사다바야 마하사다바야 마하가로니가야 다냐타 붕가바 마뎨아노바 마뎨기다라부 혁바나건디 구나마기례 마차노례 교하라나디 나사바미 반타하라수미 비가라기리미 로혜다하라비 녕가라소 바가나 자리니안타 자서리가라부서 계사로혜 사마디두바리 사바하」 차 다라니구 ○○○ (이름) 옹호령이포외 사바하」 16) *이상은 한글대장경 발음

* 당장대다라니의 자세한 공능과 공덕은 〈지장보살신앙연구〉 제4장 3절 4)항 참조

5) 수풍마니궁다라니 地藏菩薩 水風摩尼宮陀羅尼

'수풍마니궁다라니'는 공덕천녀가 지장보살에게 청원하고, 지장보살이 이 '수풍마니궁다라니'를 부처님께서 직접 설해 주실 것을 청하여 이루어진 것이다. 이 다라니는 삼세의 부처님이 가지加持하는 것으로 모든 주술의 말씀을 모으는 다라니바퀴 - 一切呪術陀羅尼 輪 - 로써 일체의 독귀毒鬼를 제압하고 바람과 더위, 추위, 가뭄, 홍수 등을 없앨 수 있는 공능이 있는데, 또 한 가지 특징은 국왕(나라의 대표자)과 그 권속들의 평화와 행복을 기원하는 축문이 들어 있다.

---

16) 此陀羅尼句 (某甲:이름) 擁護令離怖畏 莎波呵. 이 다라니의 주문이 OOO를 옹호하여 두려움을 여의게 하소서 사바하.

「나모라 다나다라 야야 나막아리야 크시티카르바야 모지사다바야 마하사다바야 마하가로니가야 다냐타 소바라바라뎨 나야바라뎨뎨 사타바라뎨 아나바라뎨 사바다갈라바라뎨 사라나바라뎨 구모니바라뎨 산디라바라뎨 뎨타사라바라뎨 사라바라뎨 사라바리하리 사라바라다 바리하리 나야바리하리 비비가바리하리 야야바리하리 소바라바리하리 빈두바리하리 자라바리하리 게다라바리하리 트사바리하리 산니마바리하리 소바바바디리 구마야바 미타소계 아나야바로서 미라발리 아라나쿠사카라 비자비 나라연나 비심림비 우라사아니미사궁자라바 호미 하자임비 갈마비 라리사라마나바리리 카가라가사미아시나미 아기니바뎨리 낭구탐비리 바야차바유니칸타임비리 석가라시야예아나치 디뎨리 나야나니리 뎨리야두바몯아하디자슬치데 사바하 ○○○ (이름) 사바하 나라연나 니라니사바하 자가라발다가라미 사바하」 *이상은 한글대장경 발음

* 수풍마니궁다라니의 자세한 공능과 공덕은 〈지장보살신앙연구〉 제4장 3절 2)항 참조

(지장보살다라니 주력기도를 끝낼 때 하는 게송)

지장보살 신묘위력 비할데 없네
금색화신 곳곳마다 고루 나투사
삼도육도 중생에게 묘법 설하여
사생십류 모든중생 자은을 입네
장상명주 천당길을 밝게 비추고
금석떨쳐 지옥문을 활짝 여시고
누세종친 친척들을 이끌어 내어
구품연대 부처님께 예배케 하네

나무대원본존지장보살마하살

4. 참회행법 참회 수행하는 법

참회의 참懺은 범어의 크샤마(Ksama-참마懺摩)를 음약音略한 것으로 '죄를 뉘우치고 용서를 구한다.' 는 뜻을 가진 말이다, 회悔는 '크샤마'의 의역으로 다른 사람에게 자신의 죄를 고백하여 죄를 없애는 설죄說罪라고 했다. 『대승본생심지관경大乘本生心地觀經』에서는 참회의 십종 공덕을 다음과 같이 설하고 있다.

> "만약 능히 법답게 참회하면 번뇌는 잠시 사이에 제거된다. ①참회는 능히 번뇌의 섶薪을 태우고, ②참회는 능히 천상에 태어나게 하며, ③참회는 능히 사선四禪(항상 즐거움만 있는 사선천四禪天에 태어남)의 즐거움을 얻고, ④참회는 마니보주摩尼寶珠(재앙을 없애고 소원을 성취해주는 보배구슬)를 내리게 하며, ⑤참회는 능히 금강金剛의 수명을 늘리고, ⑥참회는 능히 상락궁常樂宮에 들게 하며, ⑦참회는 능히 보리菩提의 꽃을 피우며, ⑧참회는 능히 삼계三界의 감옥을 벗어나며, ⑨참회는 능히 부처님의 대원경지大圓鏡智(원만하고 분명한 지혜)를 보게 하며, ⑩참회는 능히 보소寶所(열반의 경지)에 이르게 한다."17)

고 하였다. 또 6조 혜능대사께서는

무상참회無相懺悔를 설파하여 삼세의 죄와 허물을 없애고 몸과 말

17) 唐, 삼장 반야(般若), (AD.790), 『대승본생심지관경』권3, 「보은품」 2, (『대정장』3, p.303하).

과 생각의 세 가지 업을 청정하게 하는 참회문을 따라 부르도록 하였다.

「제가 순간순간마다 미련하고 어리석은 것에 빠지지 않게 하소서. 이전부터 지어온 나쁜 짓과 미련한 죄를 모두 참회하오니 단번에 소멸하여 다시는 일어나지 않게 하소서. 제가 순간순간마다 교만하고 진실하지 못한 것에 물들지 않게 하소서. 이전부터 지어온 나쁜 짓과 교만하고 진실하지 못한 죄를 모두 참회하오니 단번에 소멸하여 다시는 일어나지 않게 하소서. 제가 순간순간마다 질투에 물들지 않게 하소서. 이전부터 지어온 나쁜 짓과 질투한 죄를 모두 참회하오니 단번에 소멸하여 다시는 일어나지 않게 하소서.」

이것이 무상참회이다. 참회란 무엇인가. 참懺이란 지나간 허물을 뉘우침이다. 전에 지은 악업인 어리석고 교만하고 허황하고 시기 질투한 죄를 다 뉘우쳐 다시는 일어나지 않도록 하는 것이다. 회悔란 이다음에 오기 쉬운 허물을 조심하여 그 죄를 미리 깨닫고 아주 끊어 다시는 짓지 않겠다는 결심이다. 범부들은 어리석어 지나간 허물을 뉘우칠 줄은 알면서도 앞으로 있을 허물은 조심할 줄 모른다. 그러하기 때문에 지나간 죄도 없어지지 않고 새로운 허물이 연이어 생기게 되니, 이것을 어찌 참회라 할 것인가.[18]

원효대사께서도 자신의 『대승육정참회大乘六情懺悔』에서, 눈·귀·코·입·몸·뜻의 6정으로 여러 가지 번뇌를 만들어서 괴로워하지만

18) 혜능, 『육조단경』「참회품」(『대정장』48, pp. 353중~355상).

근본무명을 버리고 죄업의 체體가 없음을 관찰하면 합리적 일상생활을 할 수 있다고 설하고 있다.

그것은 우리가 생활하는 동작 하나하나에서 참회해야 할 것을 찾아야 하며 이는 곧 모든 부처님과의 합일을 향한 수행임을 밝히고 있다. 따라서 참회행자는 불국토를 떠난 일이 없지만 무명이 마음을 가려 죄업을 짓게 되고, 마음[一心]을 회복할 때 참회를 마치게 되며, 그 행법은 부처님의 자비에 의지하여 지성껏 참회하되 이미 지은 죄는 깊이 뉘우치고 아직 짓지 않은 죄는 앞으로 짓지 않을 것을 서원誓願하는 것이라고 하였다.19)

어떤 선각자가 큰 죄를 짓고 괴로워하는 사람에게는 큰 돌을 가져오게 하고, 작은 실수라 하여 죄의식을 느끼지 않고 오히려 합리화 시키는 이에게는 작은 돌들을 가져오게 하여 다시 제자리를 찾아 갖다 놓게 하였다. 큰 돌이 있던 자리는 쉽게 제자리를 찾을 수 있었지만 작고 많은 돌들은 원래의 자리도 찾기 어렵듯이, 큰 죄업이니 작은 허물이니 하고 어찌 분별할 수 있겠는가!

19) 원효, 『대승육정참회』, 권3 (『대정장』45, pp. 921하~922중).

1) 지장본원 참회수행

지장보살본원참의 地藏菩薩本願懺儀[20]

『지장경』에서는 다음과 같이 설하였다.

선남자 선여인이 넓고도 큰 자비심을 내어서 일체중생들을 제도하고자 하거나, 무상보리를 닦고자 하거나, 삼계를 벗어나고자 하거나, 서방극락세계에 태어나고자 하는 바람을 가진 이들은 지장보살 형상을 보고, 지장보살명호를 칭념하고, 지극한 마음으로 우러러 합장하여 귀의하고 예경하여야 한다. 나아가 소상을 만들거나, 불화로 그리거나, 금·은·동·철 등으로 형상을 만들어서 언제나 향화나 의복이나 음식이나 비단으로 된 당번幢旛을 세우고 유등을 밝히며 기악과 노래로 찬탄하기를 삼칠일 동안 공경하여 공양하고 지장보살 명호 염하기를 만 번 채우거나, 혹은 『지장보살본원경』을 세 번·일곱 번·백천만 번에 이르기 까지 전독하거나, 혹은 부처님 명호와 모든 보살들의 명호를 염하면서 앞에서처럼 공양하고 예배하고 참회하며, 혹은 스스로 짓고 다른 사람에게 짓기를 권하거나, 혹은 모든 사람이 이를 보고 즐겨 따르게 한다면 현재세 동안에 수명이 증장되고, 모든 천계의 선신이 밤낮으로 언

20) 朴世敏, 『韓國佛敎儀禮資料叢書』, 淸 菩薩比丘乘戒定慧敬集 初學沙彌戒香蓮根較梓: 청나라 때 보살비구 승계정혜가 삼가 모으고, 초학사미 계향연근이 교정하였다.

제나 호위하여 안락하고 쾌락하리라.

원하는 것과 구하는 것이 모두 다 뜻대로 되고 혹은 과거의 부모와 모든 권속들의 몸이 죽은 뒤 칠칠일 안에 널리 온갖 선행을 닦아서 공덕을 짓게 된다. 공양물로 재를 시설하여 부처님과 승가에 봉헌하고 혹 탑과 절을 짓고 경전을 찍어 보시하면 명계의 복을 짓게 되어 모든 선망자들이 큰 이익을 얻고 지은 죄업이 소멸되고 영원히 악도를 떠나며, 인간이나 천계에 태어나 수승한 묘락을 받으며 현재 권속들의 복과 이익을 모두 보호하리라. 만일 십재일에 모든 부처님과 보살의 형상 앞에서 장엄하게 향화와 공양을 시설하여 닦고 『지장본원경』을 세 번·일곱 번 전독하거나, 혹 보살명호를 백천만 번 염송하면 이러한 사람은 현세의 풍요를 이루고 머무는 집에서는 모든 재앙과 횡액이 사라지리라. 반드시 알아야 하니, 지장보살은 이와 같은 불가사의한 큰 위신력이 있어서 중생을 이롭게 한다. 이 보살은 염부제에 큰 인연이 있기에 미륵보살이 성불하여 올 때까지 육도의 중생들을 모두 제도하여 해탈시키리라. 경에서 설한대로 가르침에 의거하여 닦아 지니는 수행자는 몸과 입과 뜻 등의 삼업을 엄정히 하고 한 마음을 바로 잡아 자신의 입으로 다음과 같이 송한다.

나무대원본존지장보살 – 세 번
南無大願本尊地藏菩薩 – 三 稱

(지장보살의 성스러운 모습을 떠올릴 때는 항상 위에 계시는 것과 같다고 관상하고 대중의 화음으로 칭념하며 돌면서 단으로 나아간다. 지장보살의 존상에 의거하여 법구를 펼치고 손으로 향로를 잡아 향을 올리며 법주[首者]가 아뢰어 말씀드린다.)

오늘 모인 저희 모든 대중일체는 우러러 공경하오며, 한 마음으로 시방에 상주하시는 불·법·승 삼보께 귀명정례하옵니다.

(절하고 일어나서 법주는 말한다.)

"여기 모인 모든 대중들은 각각 호궤무릎으로 꿇어 앉아 엄숙하게 향과 꽃을 올려 여법하게 공양하세요."

(쟁반에 꽃을 올려 양손으로 받쳐 들고, 마음을 움직여 시방의 삼보를 관상하되 지성으로 봉헌하고 화음으로 다음과 같이 창하여 말한다.)

"원하옵건데 이 향과 꽃이 구름처럼 시방세계를 가득 채워서 모든 부처님의 존귀한 법과 모든 보살님 및 모든 천계의 신중님들에게 공양되어 무량한 향으로 장엄되어 보살도를 구족하고 여래의 향 또한 성취하여지이다."

(이렇게 창하고 나서 쟁반위에 꽃을 잡아 염하면서 허공중에 뿌리고 마음의 움직임 속에 지장보살의 형상이 있는 듯이 생각하고 말한다.)

아차향화변시방
我 此 香 華 遍 十 方　　내가 올린 향과 꽃이 시방에 두루하니

이위미묘광명대
以爲微妙光明臺　　이로써 미묘한 광명대를 이루네.

제천음악천보향
諸天音樂天寶香　　모든 천계의 음악과 천계의 보배향

제천효선천보의
諸天餚膳天寶衣　　온갖 천계의 희유한 음식과 천계의 보배옷은

불가사의묘법진
不可思議妙法塵　　불가사의 묘법의 티끌이어라.

일일진출일체진
一一塵出一切塵　　하나하나 티끌에 일체 티끌이 나고

일일진출일체법
一一塵出一切法　　하나하나 티끌이 일체 법을 내나니

시전무애호장엄
施轉無礙互莊嚴　　걸림 없이 베풀고 서로 굴러 장엄하네

편지십방삼보전
遍至十方三寶前　　시방의 삼보전에 두루 이르고

시방법계삼보전
十方法界三寶前　　시방법계 삼보전에 두루 이르니

실유아심수공양
悉有我心修供養　　모두가 나의 마음공양 닦음이어라.

일일개실변법계
一一皆悉徧法界　　하나하나가 모든 법계에 두루하고

피피무잡무장애
彼彼無雜無障礙　　각각이 어지럽지 않고 장애 없으니

진미래제작불사
盡 未 來 際 作 佛 事 미래제가 다하도록 불사 이루네

보훈법계제중생
普 熏 法 界 諸 衆 生 법계의 모든 중생 두루 덮으니

몽훈개발보리심
蒙 熏 皆 發 菩 提 心 훈습된 모두가 보리심 일으키고

동입무생증불지
同 入 無 生 證 佛 智 다함께 무생법인 들어가 부처지혜 증득하리

(마지막 구절은 대중들이 함께 염송하고 일어서서 손에 향을 쥐고 범패로 창한다. 향공양 후 일체가 공경하여 예배하고 일어난 뒤 꿇어앉아 한마음으로 합장하고 다음의 게송으로 찬탄한다.)

계수자비대교주
稽 首 慈 悲 大 敎 主 자비대교주 지장보살께 계수하나이다.

지언견후광함장
地 言 堅 厚 廣 含 藏 그 말씀 견고하고 두터워 온갖 덕을 함장하네

남방세계용향운
南 方 世 界 涌 香 雲 남방세계 향기로운 구름 솟아오르니

향우화운급화우
香 雨 華 雲 及 華 雨 향기로운 비와 꽃구름과 꽃비

보우보운무수종
寶 雨 寶 雲 無 數 種 보배비와 보배구름의 무수한 종류가

위상위서편장엄
爲 祥 爲 瑞 徧 莊 嚴 상서가 되어 두루 장엄하여라

천인문불시하인
天人問佛是何因 천과 인이 어떠한 원인인지 여쭈우니

불언지장보살지
佛言地藏菩薩至 부처님께서 지장보살 오신다 말씀하시네

삼세여래동찬앙
三世如來同讚仰 삼세여래도 똑같이 찬탄하고 우러르며

십방보살공귀의
十方菩薩共歸依 시방의 보살이 함께 귀의하고

견문첨례일념간
見聞瞻禮一念間 보고 듣고 우러러 예를 올리니 순식간에

이익인천무량사
利益人天無量事 인간과 천상의 무량한 일을 이익되게 하시고

수명전증제죄장
壽命轉增除罪障 수명은 늘어나고 죄장은 없어져

일체악사개소멸
一切惡事皆消滅 온갖 나쁜 일 모두 소멸한다네

아금숙식선인연
我今宿植善因緣 내가 지금 전생에 심은 착한 인연으로

칭양지장진공덕
稱揚地藏眞功德 지장보살님의 참된공덕 높이 찬탄합니다

절하고 일어나 차례로 분향하고, 합장하여 다음과 같이 칭하여 예를 올린다.

지심귀명례 시아본사 석가모니불
至心歸命禮 是我本師 釋迦牟尼佛

(오체투지 하여 삼배하고 다음과 같이 관상하여 말한다.)

예를 올리는 저희 대중이나 예를 받으시는 지장보살님께서는 성품이 모두 공적하고 그 감응하시는 길이 교차하니 생각키 어렵습니다. 저희들이 이 여의주의 도량에 있으니, 석가여래의 그림자 가운데 제 몸의 그림자 나타납니다. 석가여래부처님 전에 머리 숙여 귀명례 하나이다.

(이하 제불보살의 명호는 지위에 따라 명칭을 바꾸어 관상한다.)

지심귀명례 서방정토극락세계 아미타불
至心歸命禮 西方淨土極樂世界 阿彌陀佛 – (절)

지심귀명례 사자분신구족만행불
至心歸命禮 獅子奮迅具足萬行佛 – (절)

지심귀명례 각화정자재왕불
至心歸命禮 覺華定自在王佛 – (절)

지심귀명례 일체지성취불
至心歸命禮 一切智成就佛 – (절)

지심귀명례 청정연화목불
至心歸命禮 淸淨蓮華目佛 – (절)

지심귀명례 무변신불
至心歸命禮 無邊身佛 – (절)

지심귀명례 다보불
至 心 歸 命 禮 多 寶 佛 - (절)

지심귀명례 보승불
至 心 歸 命 禮 寶 勝 佛 - (절)

지심귀명례 파두마승불
至 心 歸 命 禮 波 頭 摩 勝 佛 - (절)

지심귀명례 사자후불
至 心 歸 命 禮 獅 子 吼 佛 - (절)

지심귀명례 구류손불
至 心 歸 命 禮 拘 留 孫 佛 - (절)

지심귀명례 비바시불
至 心 歸 命 禮 毗 婆 尸 佛 - (절)

지심귀명례 보상불
至 心 歸 命 禮 寶 相 佛 - (절)

지심귀명례 가사당불
至 心 歸 命 禮 袈 裟 幢 佛 - (절)

지심귀명례 대통산왕불
至 心 歸 命 禮 大 通 山 王 佛 - (절)

지심귀명례 정월불
至 心 歸 命 禮 淨 月 佛 - (절)

지심귀명례 산왕불
至 心 歸 命 禮 山 王 佛 - (절)

지심귀명례 지승불
至 心 歸 命 禮 智 勝 佛 - (절)

지심귀명례 정명왕불
至 心 歸 命 禮 淨 名 王 佛 - (절)

지심귀명례 지성취불
至 心 歸 命 禮 智 成 就 佛 – (절)

지심귀명례 무상불
至 心 歸 命 禮 無 上 佛 – (절)

지심귀명례 묘성불
至 心 歸 命 禮 妙 聲 佛 – (절)

지심귀명례 만월불
至 心 歸 命 禮 滿 月 佛 – (절)

지심귀명례 월면불
至 心 歸 命 禮 月 面 佛 – (절)

지심귀명례 무상불
至 心 歸 命 禮 無 相 佛 – (절)

지심귀명례 시방삼세 유여시등 불가설 일체제불
至 心 歸 命 禮 十 方 三 世 有 如 是 等 不 可 說 一 切 諸 佛 – (절)

지심귀명례 도리천궁 시방래집무량세계 불가설 일체제불
至 心 歸 命 禮 忉 利 天 宮 十 方 來 集 無 量 世 界 不 可 說 一 切 諸 佛

– (절)

지심귀명례 지장보살본원경
至 心 歸 命 禮 地 藏 菩 薩 本 願 經 **– (삼배)**

(삼배하고 관상하며 다음과 같이 말한다.)

진공법성여허공
眞 空 法 性 如 虛 空 참된 공의 법성은 허공과 같으며

상주법보난사의
常住法寶難思議　상주하는 법보는 생각키 어려워라

아신영현법보전
我身影現法寶前　내 몸의 그림자 법보 앞에 나타나니

일심여법귀명례
一心如法歸命禮　일심으로 여법하게 귀명례하나이다

지심귀명례 대승대집지장십륜경등 급 시방삼세일체존법
至心歸命禮 大乘大集地藏十輪敬等 及 十方三世一切尊法
– (절)

(관상함은 앞과 같다.)

지심귀명례 대원본존지장보살마하살
至心歸命禮 大願本尊地藏菩薩摩訶薩 – (절)

(위와 같이 관상하되, 다만 아래의 게송을 칭한다)

지장보살영현중
地藏菩薩影現中　지장보살 그림자 가운데

아신영현지장전
我身影現地藏前　내 몸의 그림자를 지장보살님 전에

위구멸장접족례
爲求滅障接足禮　접족례 하오니 장애 없어지기 구하나이다

(이하 지장보살이 분신하여 그림자처럼 나타낸 문수보살 등 모든 보살은 그 지위에 따라 칭명염송하며 관상한다.)

지심귀명례 불가사의무량아승지세계 소유지옥제처
至心歸命禮 不可思議無量阿僧祇世界 所有地獄諸處

분신지장보살마하살
分身地藏菩薩摩訶薩

지심귀명례 일광보살 월광보살마하살
至心歸命禮 日光菩薩 月光菩薩摩訶薩 – (절)

지심귀명례 문수사리보살마하살
至心歸命禮 文殊師利菩薩摩訶薩 – (절)

지심귀명례 아일다보살 재수보살마하살
至心歸命禮 阿逸多菩薩 財首菩薩摩訶薩 – (절)

지심귀명례 정자재왕보살 광목보살마하살
至心歸命禮 定自在王菩薩 光目菩薩摩訶薩 – (절)

지심귀명례 무진의보살 해탈보살마하살
至心歸命禮 無盡意菩薩 解脫菩薩摩訶薩 – (절)

지심귀명례 보현보살 보광보살마하살
至心歸命禮 普賢菩薩 普廣菩薩摩訶薩 – (절)

지심귀명례 관세음보살 대세지보살 허공장보살마하살
至心歸命禮 觀世音菩薩 大勢至菩薩 虛空藏菩薩摩訶薩
– (절)

지심귀명례 도리천궁 시방래집 일체제대보살마하살
至心歸命禮 忉利天宮 十方來集 一切諸大菩薩摩訶薩
– (절)

지심귀명례 마야부인 대변장자 급 천상인간 일체성문
至心歸命禮 摩耶婦人 大辯長者 及 天上人間 一切聲聞

연각현성승
緣覺賢聖僧 – (절)

지심귀명례 발양계교 권선대사 도명존자
至心歸命禮 發揚啓敎 勸善大師 道明尊者 - (절)

일심대위 도리천궁 개래집회 일체천중룡중 염라왕중
一心代爲 忉利天宮 皆來集會 一切天衆龍衆 閻羅王衆

귀신등중 정례삼보
鬼神等衆 頂禮三寶 - (절)

(각각 호궤무릎으로 꿇어 간절히 우러르며 간절하게 정진하고 지극한 마음으로 발원한다.)

나무대원지장왕 원아영리삼악도
南無大願地藏王 願我永離三惡道

나무대원지장왕 원아속단탐진치
南無大願地藏王 願我速斷貪嗔癡

나무대원지장왕 원아상문불법승
南無大願地藏王 願我常聞佛法僧

나무대원지장왕 원아근수계정혜
南無大願地藏王 願我勤修戒定慧

나무대원지장왕 원아항수제불학
南無大願地藏王 願我恒隨諸佛學

나무대원지장왕 원아불퇴보리심
南無大願地藏王 願我不退菩提心

나무대원지장왕 원아결정생안양
南無大願地藏王 願我決定生安養

나무대원지장왕 원아마정수성기
南無大願地藏王 願我摩頂受聖記

나무대원지장왕 원아분신변진찰
南 無 大 願 地 藏 王 願 我 分 身 徧 塵 刹

나무대원지장왕 원아광도제중생
南 無 大 願 地 藏 王 願 我 廣 度 諸 衆 生

나무유명교주남방화주대원본존지장보살마하살
南 無 幽 冥 教 主 南 方 化 主 大 願 本 尊 地 藏 菩 薩 摩 訶 薩 -10번

나무아미타불
南 無 阿 彌 陀 佛 - 10번

(참회행자는 자신이 이들 불보살 앞에 마주하고 있다고 관상하며, 불속에 있거나 물에 빠져 구제를 바라듯 간절한 마음으로 지장보살의 명호를 칭념한다.)

지장경에서 이르기를 선남자 선여인이 광대한 자비심을 일으켜 모든 중생을 제도하고자 하거나 무상보리를 닦고자 하거나, 삼계를 벗어나고자 하거나, 현재와 미래에 바라는 대로 얻고자 하는 사람들은 삼칠일 가운데 향화와 의복과 보배그릇과 음식으로 지장보살 형상에 공양드리고 우러러 예를 올려라. 그 명칭을 염하는 것이 만 번을 채우면 지장보살이 무한한 몸을 나타내어 정수리에 수기하거나 혹은 꿈속에서 큰 위신력을 나타내어 안온하게 덮어 보호하게 되어, 이 사람은 현세에 풍요하며 온갖 질병이나 고통이 없고 원하거나 구하는 것이 모두 다 성취되리라. 그러므로 저는 일심으로 성스러운 명호를 부르나이다.

나무대원본존지장보살마하살

지장보살 …… 지장보살 …… (108번 이상)

(목탁을 울리며 천 번을 칭념하라. 대중은 염주를 쥐고 천천히 걸으며 돌아라. 칭명할 때는 마음과 입이 상응케 하고 천 번을 채운 후 법주는 다음과 같이 말한다.)

지장보살이 부처님께 말씀 드렸다. 세존이시여, 현재와 미래의 모든 중생들인 천신이나 인간이나 남자나 여자가 다만 한 부처의 명호나 한 보살의 명호를 염할 수 있으면 공덕이 무량하온데, 하물며 많은 명호이겠습니까! 이러한 중생들은 살아있을 때나 죽었을 때나 스스로 큰 이익을 얻고 무량한 복을 획득하며 무량한 죄가 사라지나이다.

(절한 다음에 고요히 묵상하여 입정한 후 발원한다.)

저와 중생들은 무시이래로 언제나 삼업과 육근으로 지은 중죄가 장애가 되어 모든 부처님을 뵙지 못하고 생사에서 벗어나는 길을 알지 못합니다. 다만 생사에 따를 뿐 오묘한 그 이치를 모릅니다. 제가 지금 알고 있다는 것이 중생과 마찬가지여서 온갖 중죄로 장애가 많습니다. 지금 지장보살님과 시방의 부처님 앞에서 널리 중생들을 위하여 지극히 귀명하여 참회하오니 오직 바라옵건대 가호하시어 지금의 장애가 소멸하여지이다. 널리 사은삼유四恩三有[21]의

---

21) 四恩: 1. 부모은혜 2. 중생은혜 3. 국왕은혜 4. 삼보의 은혜,
三有: 1. 욕유(欲有) - 지옥, 아귀, 축생, 아수라, 인간, 천상(有情) 2. 색유(色有) -

법계중생을 위하여 모두 세 가지 장애를 끊어 없애기를 간절히 원하며 귀명참회하나이다.

(절한 다음에는 역순으로 진행하고 십심十心[22])을 고요히 하여 다음과 같이 관상한다.)

"저를 비롯한 모든 중생들은 무시이래 지금까지 집착으로 말미암아 안으로는 나와 남을 헤아리고 밖으로는 나쁜 벗과 더불어서 다른 사람의 한 터럭만한 善조차 수희하지 못하였습니다. 오직 삼업에 치우쳐 널리 무거운 죄를 짓고 일이 비록 넓지 않으나 악한 마음에 치우쳐 베풀어서 밤낮으로 상속하여 끊어질 사이가 없었습니다. 잘못된 과실을 덮어버리고 사람이 알지 못하게 하였으며, 악

안이비설신. 색성향미촉, 법처소섭; ①생유(生有): 태어나는 찰나 ②본유(本有): 태어나면서 죽음에 이르기까지의 금생존재 ③사유(死有): 죽을때 찰나 3. 무색유(無色有) - 물질을 초월한 세계로 물질적 비중이 큰 것.

22) 『화엄경』「이세간품」 『보살영락 본업경』, 십심(十心); 첫째 신심(信心)이라 함은 일심으로 나아가기를 결정하여 굳건히 믿는 마음이요, 둘째 염심(念心)이라 함은 육염(六念)을 닦는 것이니 불, 법, 승, 계, 시, 천을 생각하는 것이요, 셋째 정진심(精進心)이라 함은 끊임없는 정근을 통해 선업을 닦아 나가는 것이요. 넷째 정심(定心)이라 함은 정의, 정도에 마음을 두어 일체의 허위 분별을 여의는 것이요, 다섯째 혜심(慧心)이라 함은 일체 만법의 자성이 공적함을 아는 것이요, 여섯째 계심(戒心)이라 함은 청정한 율의를 수지하여 신·구·의가 청정하며, 모든 허물을 범하지 않고 만일 이를 범하면 뉘우쳐 제하는 것이요, 일곱째 회향심(廻向心)이라 함은 닦은 바 모든 공덕과 선근을 부처님께 회향하며 제유(諸有)를 원하지 않으며 모든 중생들에게 회시하여 자기를 위하지 않고 돌려서 실제를 구하여 명상에착하지 않는 것이요, 여덟째 호법심(護法心)이라 함은 자기의 마음을 방호하여 번뇌를 일으키지 않고 오로지 불법만을 호지함이요, 아홉째 사심이라 하음 몸과 재물을 아끼지 않고 능히 얻은 바를 버리는 것이요, 열째 원심(願心)이라 함은 정원(淨願)을 세워 끊임없이 나아가는 것이다.

도를 두려워하지 않고 부끄러워하지 않으며 인과를 없애려 하였습니다. 그래서 오늘 깊이 인과를 믿고 두텁게 부끄러워하는 마음을 내며 크게 두려워하는 마음을 내고 드러내어 참회함으로써 상속하는 마음을 끊겠습니다. 보리심을 발하여 악을 끊고 선을 닦아 부지런히 삼업을 단속하여 예전의 무거운 잘못을 반복하지 않겠으며, 범부와 성인의 한 터럭만큼의 선이라도 따라 기뻐하겠습니다. 큰 복과 지혜를 갖추신 시방의 부처님께서 저와 모든 중생을 구제하리라는 것을 믿고 염하나이다.

이사二死[23]의 바다로부터 삼계의 언덕에 이르기까지 무시이래로 제법의 본성이 공적함을 알지 못하여 널리 온갖 악을 지었으나, 지금은 공적함을 알고 보리를 구하고 중생을 위하기에 널리 모든 선을 닦고 두루 온갖 악을 끊겠습니다. 오직 바라옵건대 지장자존이시여, 자비로서 섭수하시어 저희들의 참회를 들어주소서.

지극한 마음으로 참회합니다. 저__________(이름)는 법계의 일체중생과 더불어 무시이래로부터 지금에 이르기까지 무명에 가려 전도되고 미혹하여 삼업과 육근으로 선하지 않는 법을 익히고 삼보를 훼방하며 경전을 공경하지 않고 계를 파하며 재齋를 파하며 탑과 절을 무너뜨리며 비구와 비구니를 욕되게 하고 청정한 범행을 부수었습니다. 혹은 가람 안에서 방자하게 음욕을 행하거나 죽이거나 해를 끼치거나 거짓으로 사문이 되어 마음은 사문이 아닌

23) 分段生死(분단생사) 와 변역생사(變易生死)

데 상주물을 깨뜨렸으며 신도들을 속였습니다. 계율을 위반하고 승가대중들의 음식과 재물을 훔치며 성식性識이 안정되지 않아 경계를 좇아 생하여서 널리 십악과 오무간죄를 지었습니다.

이와 같은 죄들은 무량하고 무변하여서 생사를 유랑하며 육도에서 고를 받으니 천만억겁동안 영원히 나올 기약이 없었습니다. 지금 다행히 지장본원경을 만나니 훌륭한 방편을 설하여 유정을 요익케 합니다. 이러한 인연으로 비로소 깨우침을 입어 큰 참괴심을 내고 간절히 참회하며 칭명하고 지송하여 설한대로 수행하고 예불하고 공양하면서 지장보살님과 시방의 부처님께 귀명정례하여 회향하나이다. 원컨대 가엾이 여기시어 증지하고 호념하소서. 모든 중생들과 더불어 간절히 참회를 구하옵니다. 무릇 저희들이 무시이래로부터 지어온 내가 짓거나 남으로 하여금 짓게 한 온갖 중죄를 필경에는 소멸시키고 상속심을 끊고 보리심을 발하오니, 지금 이후로는 맹세코 다시 짓지 않겠습니다. – 일배

오직 바라오니 지장보살마하살이시여, 대자비와 깊은 서원으로 저희들을 연민하시어 큰 신광을 내시며 저희의 몸과 마음을 비추시고 큰 신력을 나타내시어 저희의 죄 뿌리를 뽑으소서. 저희들로 하여금 현재 생 가운데에 본래의 오묘한 마음을 얻어 불지견을 열고 범행을 일찍 원만히 하며 보리에서 물러나지 않고 숙명통으로 장애를 떠나 생사의 흐름을 다하고 열반의 언덕에 오르게 하소서.

모든 세간에서 보살도를 행하고 이 몸을 버리게 되면 다시는 다른 세계에 태어나지 않으며 반드시 아미타불의 극락국토에 태어나

직접 수기를 받고 다시 이 땅에 돌아와서 널리 중생을 제도하고 함께 고통의 굴레를 벗어나며 함께 깨달음의 경지에 오르기를 원하옵니다.

지극한 마음으로 참회하고 발원하여 삼보께 귀명정례 하나이다."

(다음에는 법답게 돌고 회향한다. 혹 세 번이나 일곱 번 돌게 될 때는 몸을 단정히 하고 마음을 바르게 해서 이 도량이 법계와 같다고 관상하며 시방의 허공에 삼보가 두루 가득하다여기고 몸을 오른쪽으로 돌면서 삼보를 관상한다. 심성이 공적하면 시방에 그림자가 나타나리니, 마음속 생각은 꿈과 같고 범음은 메아리 같으며 육근을 모두 섭수하여 일념으로 돌아가리라. 주체와 객체가 모두 한가지로서 진여실제이니 손에 향을 들고 다음과 같이 창한다.)

십념 十念

나무시방불

나무시방법

나무시방승

나무시아본사석가모니불

나무아미타불

나무지장보살본원경

나무대원본존지장보살

나무일광월광변조보살

나무대지문수사리보살

나무대행보현보살

나무대자대비관세음보살

나무대희대사대세지보살

나무허공장보살

(다음에는 자리로 돌아가 손으로 향을 피워 잡고 본 성품으로 돌아가고자 발원하며 삼귀의로 회향한다.)

귀의불 양족존 - 거룩하신 부처님께 귀의합니다.
귀의법 이욕존 - 거룩하신 가르침에 귀의합니다.
귀의승 중중존 - 거룩하신 승가에 귀의합니다.

(일어나 예를 갖추어 지장보살께 여쭈듯 창하고 명호를 부르며 다시 관상에 들어가라. 지장보살상을 모신 전당에 서서 세 번 부르고 위를 향해 여쭙는 것을 마친 뒤에 행자는 예참하고 나서 방 가운데에 있으면서 혹은 다른 장소에 좌선하고 관을 닦거나 혹은 송경하고 염불하거나 혹은 보살의 명호를 염하라. 정진심을 내어 분명한 신심을 일으키고 가르침대로 수행하면 구하는 바가 원하는 대로 따르리라.)

지장경에서 이르기를, 부처님께서 허공장보살에게 말씀하셨다. 잘 듣고 잘 들어라. 내가 너를 위하여 분별하여 설명하리라. 만약 선남자 선여인이 지장보살의 형상을 보거나 지장보살의 명호를 듣거나 이 경을 듣고서 향화로 공경하며 보시하고 공양하며 찬탄하여 우러러 예를 올리거나 나아가 한 구절 한 게송이라도 수지하여 독송하면 이 사람은 곧 28가지의 이익을 얻으리라.

첫째는 천룡이 호념하고, 둘째는 선과가 날로 증장하고, 셋째는 성상聖上의 인因이 모이고, 넷째는 보리에서 물러나지 않는다. 다섯째는 의식衣食이 풍족하고, 여섯째는 질병에 걸리지 않고, 일곱째 홍수나 화재의 재앙을 떠나고, 여덟째는 도적의 위험이 없다. 아홉째는 사람들이 흠모와 존경을 보이며, 열째는 귀신이 돕고, 열한째는 여자가 남자 몸으로 바뀌며, 열두째는 왕이나 대신의 부인이 된다. 열셋째는 상호가 단정해지고, 열넷째는 천상에 나며, 열다섯째는 혹 제왕이 되기도 한다. 열여섯째는 숙명통이 생기고, 열일곱째는 구하는 것이 모두 따라오고, 열여덟째는 가족들이 환희한다. 열아홉째는 모든 횡액이 소멸하고, 스무째는 나쁜 업장이 영영 제거되고, 스물한째는 가는 곳마다 모두 소통하며, 스물두째는 밤에 안락한 꿈을 꾼다. 스물셋째는 선망조상이 고통을 벗어나고, 스물넷째는 과거의 복을 받아 태어나며, 스물다섯째는 모든 성인이 찬탄한다. 스물여섯째는 총명하여 육근이 조화롭고, 스물일곱째는 너그럽고 이웃을 불쌍히 여기는 마음을 지니며, 스물여덟째는 필경에 성불한다.

이때에 시방의 일체에서 온 불가설의 모든 불여래와 대보살과 천·용·8부가 석가모니부처님을 칭양하며 찬탄하였다.

"지장보살의 대위신력은 불가사의합니다. 일찍이 없었던 일을 찬탄합니다."

만일 법의를 입거나 재가에 속하는 사부대중 그리고 모든 착하고 신심 있는 사람들이 이 『지장본원경』과 그 본원참법에서 깊이 믿고 공경하며 염염히 수행하면 자연히 무상도에서 불퇴전을 얻고, 장차 목숨을 마치게 될 때에 이 보살의 위신력에 의지하여 곧바로 서방에 가서 동등하게 보리를 증득하리라.

2) 티벳불교 참회수행

(1) 참회수행

4대치력四對治力 ; 죄업을 없어지게 하는 네 가지 힘[24)]

우리가 짓는 죄에는 크게 두 가지가 있습니다. 위로는 불보살을 대상으로 지은 죄와 아래로는 중생을 대상으로 지은 죄입니다. 또한 이 두 가지는 신·구·의 삼업, 나아가 육근 -안·의·비·설·신·의- 에서 비롯되었다. 이 두 가지 죄를 없애기 위해서는 우선 귀의를 해야 하고 보리심에 의지해야 합니다. 이것이 첫 번째 의지처에 의지하는 힘입니다. 귀의를 해서 불보살님께 지은 죄를 없애기를

24) 계세 소남걀첸(Geshe Sonam Gyaltsen), 『해탈을 원하는 행운아가 날마다 해야 할 기도문』 참조, 한국티벳불교사원 광성사, 부산, 2011, p.185.

발원하고 보리심에 의지해서 중생에게 지은 죄를 없애는 것입니다.

두 번째, 마음 속 깊이 후회하는 힘입니다. 마치 치명적인 독약을 실수로 먹었을 때 후회하는 마음이 일어나는 것처럼 잘못된 죄에 대해 절절하게 후회해야 합니다.

세 번째, 다시는 죄를 짓지 않겠다고 결심하는 힘입니다. 다음에 목숨이 위험한 경우를 당하더라도 죄를 짓지 않겠다고 결심하는 마음의 힘을 말합니다. 처음부터 죄를 하나도 짓지 않는 것은 쉽지 않습니다. 그러나 한두 가지라도 버릴 수 있는 것이라면 완전하게 버리고 그렇지 못하다면 단 하루라도 계를 지키는 등의 연습으로 죄 짓는 업을 없애는 힘을 말합니다.

네 번째, 대치對治를 실천하는 힘입니다.

죄를 없애기 위해 신·구·의로 하는 모든 수행을 말합니다. 그 중에서도 중요한 여섯 가지 실천이 있습니다. 첫째, 부처님의 명호를 부르는 것둘째, 진언을 외우는 것 셋째, 경전을 독송하는 것 넷째, 공성空性을 관상하는 것 다섯째, 공양 올리는 것 여섯째, 부처님의 몸佛身에 의지하는 것입니다.

① 금강살타 백자진언

ཡིག་བརྒྱ།

익갸

ཨོཾ་བཛྲ་སཏྭ་སམཡ།མནུཔཱལཡ།བཛྲ་སཏྭ་ཏྭེནོཔ་ཏིཥྛ།དྲྀ་ཌྷོ་མེ་བྷ་ཝ།

སུ་ཏོཥྱོ་མེ་བྷ་ཝ།སུ་པོཥྱོ་མེ་བྷ་ཝ།ཨནུ་རཀྟོ་མེ་བྷ་ཝ།སརྦ་སིདྡྷི་མྨེ་པྲ་ཡཙྪ།

སརྦ་ཀརྨ་སུ་ཙ་མེ།ཙིཏྟཾ་ཤྲི་ཡཾ་ཀུ་རུ་ཧཱུྃ།ཧཧཧཧ་ཧོཿ་བྷ་ག་ཝཱན།

སརྦ་ཏཐཱ་གཏ་བཛྲ་མཱ་མེ་མུཉྩ།བཛྲཱི་བྷཝ།མཧཱ་ས་མ་ཡ་སཏྭ་ཨཱཿཧཱུྃ་ཕཊ།།

옴 뻰자 사뜨사마야 마누빨라야 벤자사뜨떼노빠 띡타 디도메바와 수또카요 메바와 수뽀카요 메바와 아누락또 메바와 사르와 싣디메따 야짜 사르와 까르마 수짜메 찐땀시리얌 꾸루훔 하하하하호 바가원 사르와 따타가따 벤자마메무짜 벤자바와 마하사마야 사뜨아 훔 펜

② 성스러운 삼온이라 하는 대승의 경(삼온경)

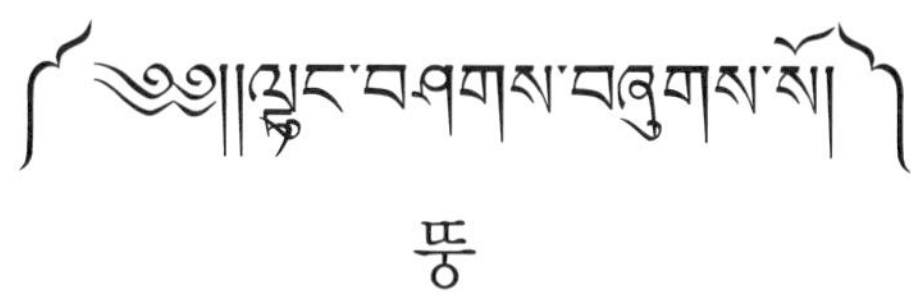

뚱

༈ ན་མོ་བྱང་ཆུབ་སེམས་དཔའི་ལྟུང་བ་བཤགས་པ།
나모 장춥 셈빠 뚱와 싹빠

།བདག་མིང་འདི་ཞེས་བགྱི་བ།།དུས་རྟག་ཏུ་བླ་མ་ལ་སྐྱབས་སུ་ཆིའོ།
닥 (밍디) 셰기와 뒤딱뚜 라말라 깝수치오

།སངས་རྒྱས་ལ་སྐྱབས་སུ་མཆིའོ།།ཆོས་ལ་སྐྱབས་སུ་མཆིའོ།
쌍곌라 깝수치오 최라 깝수치오

།དགེ་འདུན་ལ་སྐྱབས་སུ་མཆིའོ།
겐뒨라 깝수치오

།སྟོན་པ་བཅོམ་ལྡན་འདས་དེ་བཞིན་གཤེགས་པ་དགྲ་བཅོམ་པ་ཡང་དག་པར་
뙨빠 쫌덴데 데신쎽빠 다쫌빠 양닥빠르

རྫོགས་པའི་སངས་རྒྱས་དཔལ་རྒྱལ་བ་ཤཱཀྱ་ཐུབ་པ་ལ་ཕྱག་འཚལ་ལོ།
족빼 쌍계 뺄곌와 싸꺄 툽빨라 착첼로

།དེ་བཞིན་གཤེགས་པ་རྡོ་རྗེ་སྙིང་པོས་རབ་ཏུ་འཇོམས་པ་ལ་ཕྱག་འཚལ་ལོ།
데신쎽빠 도르제 닝뾔 랍뚜 좀빨라 착첼로

།དེ་བཞིན་གཤེགས་པ་རིན་ཆེན་འོད་འཕྲོ་ལ་ཕྱག་འཚལ་ལོ།
데신쎽빠 린첸 외톨라 착첼로

།དེ་བཞིན་གཤེགས་པ་ཀླུ་དབང་གི་རྒྱལ་པོ་ལ་ཕྱག་འཚལ་ལོ།
데신쎽빠 루왕기 곌뽈라 착첼로

།དེ་བཞིན་གཤེགས་པ་དཔའ་བོའི་སྡེ་ལ་ཕྱག་འཚལ་ལོ།
데신쎽빠 빠-왜 델라 착첼로

།དེ་བཞིན་གཤེགས་པ་དཔལ་དགྱེས་ལ་ཕྱག་འཚལ་ལོ།
데신쎽빠 뻴겔라 착첼로

།དེ་བཞིན་གཤེགས་པ་རིན་ཆེན་མེ་ལ་ཕྱག་འཚལ་ལོ།
데신쎽빠 린첸멜라 착첼로

།དེ་བཞིན་གཤེགས་པ་རིན་ཆེན་ཟླ་འོད་ལ་ཕྱག་འཚལ་ལོ།
데신쎽빠 린첸다왹라 착첼로

།དེ་བཞིན་གཤེགས་པ་མཐོང་བ་དོན་ཡོད་ལ་ཕྱག་འཚལ་ལོ།
데신쎽빠 통와 된욀라 착첼로

།དེ་བཞིན་གཤེགས་པ་རིན་ཆེན་ཟླ་བ་ལ་ཕྱག་འཚལ་ལོ།
데신쎽빠 린첸다왈라 착첼로

།དེ་བཞིན་གཤེགས་པ་དྲི་མ་མེད་པ་ཕྱག་འཚལ་ལོ།
데신쎽빠 디마메빠 착첼로

།དེ་བཞིན་གཤེགས་པ་དཔལ་སྦྱིན་ལ་ཕྱག་འཚལ་ལོ།
데신쎽빠 뻴진라 착첼로

།དེ་བཞིན་གཤེགས་པ་ཚངས་པ་ལ་ཕྱག་འཚལ་ལོ།
데신쎅빠 창빨라 착첼로

།དེ་བཞིན་གཤེགས་པ་ཚངས་པས་བྱིན་ལ་ཕྱག་འཚལ་ལོ།།
데신쎅빠 창빼진라 착첼로

།དེ་བཞིན་གཤེགས་པ་ཆུ་ལྷ་ལ་ཕྱག་འཚལ་ལོ།
데신쎅빠 추할라 착첼로

།དེ་བཞིན་གཤེགས་པ་ཆུ་ལྷའི་ལྷ་ལ་ཕྱག་འཚལ་ལོ།
데신쎅빠 추해할라 착첼로

།དེ་བཞིན་གཤེགས་པ་དཔལ་བཟང་ལ་ཕྱག་འཚལ་ལོ།
데신쎅빠 뻴상라 착첼로

།དེ་བཞིན་གཤེགས་པ་ཙན་དན་དཔལ་ལ་ཕྱག་འཚལ་ལོ།
데신쎅빠 쩬덴뻴라 착첼로

།དེ་བཞིན་གཤེགས་པ་གཟི་བརྗིད་མཐའ་ཡས་ལ་ཕྱག་འཚལ་ལོ།
데신쎅빠 시지 타옐라착첼로

།དེ་བཞིན་གཤེགས་པ་འོད་དཔལ་ལ་ཕྱག་འཚལ་ལོ།
데신쎅빠 외뻴라 착첼로

།དེ་བཞིན་གཤེགས་པ་མྱ་ངན་མེད་པའི་དཔལ་ལ་ཕྱག་འཚལ་ལོ།
데신쎅빠 냥엔메빼 뻴라 착첼로

།དེ་བཞིན་གཤེགས་པ་སྲེད་མེད་ཀྱི་བུ་ལ་ཕྱག་འཚལ་ལོ།
데신쎅빠 쎄메끼 불라 착첼로

།དེ་བཞིན་གཤེགས་པ་མེ་ཏོག་དཔལ་ལ་ཕྱག་འཚལ་ལོ།
데신쎽빠 메똑뻴라 착첼로

།དེ་བཞིན་གཤེགས་པ་ཚངས་པའི་འོད་ཟེར་རྣམ་པར་རོལ་བས་མངོན་པར་
데신쎽빠 창빼 외세르 남빠르 롤빠 왼빠르

མཁྱེན་པ་ལ་ཕྱག་འཚལ་ལོ།
켄빨라 착첼로

།དེ་བཞིན་གཤེགས་པ་པདྨའི་འོད་ཟེར་རྣམ་པར་མཁྱེན་པ་ལ་ཕྱག་འཚལ་ལོ།
데신쎽빠 뻿뫼 외세르 남빠르 켄빨라 착첼로

།དེ་བཞིན་གཤེགས་པ་ནོར་དཔལ་ལ་ཕྱག་འཚལ་ལོ།
데신쎽빠 노르뻴라 착첼로

།དེ་བཞིན་གཤེགས་པ་དྲན་པའི་དཔལ་ལ་ཕྱག་འཚལ་ལོ།
데신쎽빠 덴빼뻴라 착첼로

།དེ་བཞིན་གཤེགས་པ་མཚན་དཔལ་ཤིན་ཏུ་ཡོངས་གྲགས་ལ་ཕྱག་འཚལ་ལོ།
데신쎽빠 첸뻴씬뚜 용닥라 착첼로

།དེ་བཞིན་གཤེགས་པ་དབང་པོའི་ཏོག་གི་རྒྱལ་མཚན་གྱི་རྒྱལ་པོ་ལ་ཕྱག་འཚལ་ལོ།
데신쎽빠 왕빼똑기 겔첸기 겔뽈라 착첼로

།དེ་བཞིན་གཤེགས་པ་ཤིན་ཏུ་རྣམ་པར་གནོན་པའི་དཔལ་ལ་ཕྱག་འཚལ་ལོ།
데신쎽빠 씬뚜남빠르 뇐빼뻴라 착첼로

།དེ་བཞིན་གཤེགས་པ་གཡུལ་ལས་ཤིན་ཏུ་རྣམ་པར་རྒྱལ་བ་ལ་ཕྱག་འཚལ་ལོ།
데신쎽빠 율레 씬뚜남빠르 겔왈라 착첼로

།དེ་བཞིན་གཤེགས་པ་རྣམ་པར་གནོན་པའི་གཤེགས་པའི་དཔལ་ལ་ཕྱག་འཚལ་ལོ།
데신쎽빠 남빠르 뇐빼 쎽빼뻴라 착첼로

།དེ་བཞིན་གཤེགས་པ་ཀུན་ནས་སྣང་བ་བཀོད་པའི་དཔལ་ལ་ཕྱག་འཚལ་ལོ།
데신쎽빠 꾼네낭와 꼿빼뻴라 착첼로

།དེ་བཞིན་གཤེགས་པ་རིན་ཆེན་པདྨའི་རྣམ་པར་གནོན་པ་ལ་ཕྱག་འཚལ་ལོ།
데신쎽빠 린첸빼뫼 남빠르 뇐빨라 착첼로

།དེ་བཞིན་གཤེགས་པ་དགྲ་བཅོམ་པ་ཡང་དག་པར་རྫོགས་པའི་སངས་རྒྱས་
데신쎽빠 다쫌빠 양닥빠르 족빼 쌍계

རིན་པོ་ཆེ་དང་པདྨ་ལ་རབ་ཏུ་བཞུགས་པ་རི་དབང་གི་རྒྱལ་པོ་ལ་ཕྱག་འཚལ་ལོ།
린뽀체당 빼말라 랍뚜 슉빠 리왕기 곌뽈라 착첼로

།དེ་དག་ལ་སོགས་པ་ཕྱོགས་བཅུའི་འཇིག་རྟེན་གྱི་ཁམས་ཐམས་ཅད་ན་
데닥라쏙빠 촉쮜 직뗀기 캄탐쩨나

དེ་བཞིན་གཤེགས་པ་དགྲ་བཅོམ་པ་ཡང་དག་པར་རྫོགས་པའི་སངས་རྒྱས་
데신쎽빠 다쫌빠 양닥빠르 족빼 쌍계

བཅོམ་ལྡན་འདས་གང་ཇི་སྙེད་ཅིག་བཞུགས་ཏེ་འཚོ་ཞིང་གཞེས་པའི་སངས་རྒྱས་
쫌덴데 강지녜찍 슉떼 초싱 셰빼 쌍계

བཅོམ་ལྡན་འདས་དེ་དག་ཐམས་ཅད་བདག་ལ་དགོངས་སུ་གསོལ།
쫌덴데 데닥 탐쩨닥라 공쑤쏠

།བདག་གིས་སྐྱེ་བ་འདི་དང་ །སྐྱེ་བ་ཐོག་མ་མའི་ཐ་མ་མཆིས་པ་ནས་འཁོར་བ་ན་
닥기 꼐와디당 꼐와 톡매 타마 마치빠네 코르와나

འཁོར་བའི་སྐྱེ་གནས་ཐམས་ཅད་དུ་སྡིག་པའི་ལས་བགྱིས་པ་དང་ །
코르왜 꼐네 탐쩨두 딕빼 레기빠당

།བགྱིད་དུ་བསྩལ་བ་དང་ །།བགྱིད་པ་ལ་རྗེས་སུ་ཡི་རང་བའམ།
기두 쩰와당 깃빨라 젯쑤 이랑와암

།མཆོད་རྟེན་གྱི་དཀོར་རམ།།དགེ་འདུན་གྱི་དཀོར་རམ།།ཕྱོགས་བཅུའི་
최뗀기 꼬르람 겐뒨기 꼬르람 촉쮜

དགེ་འདུན་གྱི་དཀོར་ཕྲོགས་པ་དང་ །།འཕྲོག་ཏུ་བཅུག་པ་དང་ །འཕྲོག་པ་ལ་
겐된기 꼬르 톡빠당 톡뚜 쭉빠당 톡빨라

རྗེས་སུ་ཡི་རང་བའམ།།མཚམས་མ་མཆིས་པ་ལྔའི་ལས་བགྱིས་པ་དང་ །
젯쑤 이랑와아암 참마 치빠 엘레 기빠당

།བགྱིད་དུ་བསྩལ་བ་དང་ །།བགྱིད་པ་ལ་རྗེས་སུ་ཡི་རང་བའམ།
기두 쩰와당 기빨라 젯쑤 이랑와아암

།མི་དགེ་བ་བཅུའི་ལས་ཀྱི་ལམ་ཡང་དག་པར་བླང་བ་ལ་ཞུགས་པ་དང་ །
미게와쮜 레끼 람양닥빠르 랑왈라 슉빠당

།འཇུག་ཏུ་བསྩལ་བ་དང་ །།འཇུག་པ་ལ་རྗེས་སུ་ཡི་རང་བའམ།
죽뚜 쩰와당 죽빨라 젯쑤 이랑와아암

།ལས་ཀྱི་སྒྲིབ་པ་གང་གིས་བསྒྲིབས་ནས་བདག་སེམས་ཅན་དམྱལ་བར་མཆི་བའམ།
레끼 딥빠 강기 딥네 닥쎔쩬 넬와르 치와암

།དུད་འགྲོའི་སྐྱེ་གནས་སུ་མཆི་བའམ།།ཡི་དྭགས་ཀྱི་ཡུལ་དུ་མཆི་བའམ།
뒤되 꼐네 쑤치와암 이닥끼 윸두 치와암

།ཡུལ་མཐའ་འཁོབ་ཏུ་སྐྱེ་བའམ།།ཀླ་ཀློར་སྐྱེ་བའམ།།ལྷ་ཚེ་རིང་པོ་རྣམས་སུ་སྐྱེ་བའམ།
율타 콥뚜 계와아암 랄로르 꼐와아암 하체 링뽀 남쑤 계와암

།དབང་པོ་མ་ཚང་བར་འགྱུར་བའམ།།ལྟ་བ་ལོག་པར་འཛིན་པར་འགྱུར་བའམ།
왕뽀 마창 와르규르 와아암 따와 록빠르 진빠르 규르와아암

།སངས་རྒྱས་འབྱུང་བ་ལ་མཉེས་པར་མི་བགྱིད་པར་འགྱུར་བའི་ལས་ཀྱི་སྒྲིབ་པ་གང་
쌍계 중왈라 녜빠르 미기빠르 규르왜 레끼 딥빠강

ལགས་པ་དེ་དག་ཐམས་ཅད་སངས་རྒྱས་བཅོམ་ལྡན་འདས་ཡེ་ཤེས་སུ་གྱུར་པ།
락빠 데닥 탐쩨 쌍계 쫌덴데 예쎄 쑤규르빠

།སྤྱན་དུ་གྱུར་པ།།དཔང་དུ་གྱུར་པ་ཚད་མར་གྱུར་པ།།མཁྱེན་པས་གཟིགས་པ་
쪤두 규르빠 빵두 규르빠 체마르규르빠 켼뻬 식빠

དེ་དག་གི་སྤྱན་སྔར་འཐོལ་ལོ།།འཆགས་སོ།།མི་འཆབ་བོ།།མི་སྦེད་དོ།
데닥기 쪤아르퇼로 착쏘 미찹오 미베도

།སླན་ཆད་ཀྱང་གཅོད་ཅིང་སྡོམ་པར་བགྱིད་ལགས་སོ།།སངས་རྒྱས་བཅོམ་ལྡན་འདས་
렌체꺙 쬐찡 돔빠르기 락쏘 쌍계 쫌덴데

དེ་དག་ཐམས་ཅད་བདག་ལ་དགོངས་སུ་གསོལ།
데닥 탐쩨 닥라 공쑤쐴

།བདག་གིས་སྐྱེ་བ་འདི་དང་ །།སྐྱེ་བ་ཐོག་མའི་ཐ་མ་མ་མཆིས་པ་ནས་འཁོར་བ་ན་
닥기 꼐와 디당 꼐와 톡매 타마 마치빠네 코르와나

འཁོར་བའི་སྐྱེ་གནས་གཞན་དག་ཏུ་སྦྱིན་པ་ཐ་ན་དུད་འགྲོའི་སྐྱེ་གནས་སུ་སྐྱེས་པ་ལ་
코르왜 꼐네 센닥뚜 진빠 타나 뒤돼 꼐네쑤 꼐빨라

ཟས་ཁམ་གཅིག་ཙམ་སྩལ་བའི་དགེ་བའི་རྩ་བ་གང་ལགས་པ་དང་ །
세캄 찍짬 쩰왜 게왜짜와 강락빠당

།བདག་གིས་ཚུལ་ཁྲིམས་བསྲུངས་པའི་དགེ་བའི་རྩ་བ་གང་ལགས་པ་དང་ །
닥기 출팀 쑹빼 게왜 짜와 강락빠당

།བདག་གིས་ཚངས་པར་སྤྱོད་པའི་དགེ་བའི་རྩ་བ་གང་ལགས་པ་དང་ །
닥기 창빠르 쬐빼 게왜 짜와 강락빠당

།བདག་གིས་སེམས་ཅན་ཡོངས་སུ་སྨིན་པར་བགྱིས་པའི་དགེ་བའི་རྩ་བ་
닥기 쎔쩬 용쑤 민빠르 기빼 게왜 짜와

གང་ལགས་པ་དང་ །།བདག་གིས་བྱང་ཆུབ་མཆོག་ཏུ་སེམས་བསྐྱེད་པའི་དགེ་བའི་རྩ་བ་
강락빠당 닥기 장춥 촉뚜 쎔꼐빼 게왜 짜와

གང་ལགས་པ་དང་ །།བདག་གིས་བླ་ན་མེད་པའི་ཡེ་ཤེས་ཀྱི་དགེ་བའི་རྩ་བ་
강락빠당 닥기 라나메빼 예셰끼 게왜 짜와

གང་ལགས་པ་དེ་དག་ཐམས་ཅད་གཅིག་ཏུ་བསྡུས་ཤིང་བཟླུམས་ཏེ་བསྔོམས་ནས་
강락빠 데닥 탐쩨 찍뚜 뒤씽 담떼돔네

བླ་ན་མ་མཆིས་པ་དང་ །།གོང་ན་མ་མཆིས་པ་དང་ །།གང་མའི་ཡང་གོང་མ།
라나 마치빠당 공나 마치빠당 강매양 공마

།བླ་མའི་ཡང་བླ་མར་ཡོངས་སུ་བསྔོ་བས་བླ་ན་མེད་པ་ཡང་དག་པར་རྫོགས་པའི་
라매양 라마르 용쑤 오외 라나메빠 양닥빠르 족빼

བྱང་ཆུབ་ཏུ་ཡོངས་སུ་བསྔོ་བར་བགྱིའོ།།ཇི་ལྟར་འདས་པའི་སངས་རྒྱས་
장춥뚜 용쑤 오와르기오 지따르 데빼 쌍계

བཅོམ་ལྡན་འདས་རྣམས་ཀྱིས་ཡོངས་སུ་བསྔོས་པ་དང་ །།ཇི་ལྟར་མ་བྱོན་པའི་
쫌덴데 남끼 용쑤 외빠당 지따르 마죈빼

སངས་རྒྱས་བཅོམ་ལྡན་འདས་རྣམས་ཀྱིས་ཡོངས་སུ་བསྔོ་བར་འགྱུར་བ་དང་ །
쌍계 쫌덴데 남끼 용쑤 오와르 규르와당

།ཇི་ལྟར་ད་ལྟར་བཞུགས་པའི་སངས་རྒྱས་བཅོམ་ལྡན་འདས་རྣམས་ཀྱིས་ཡོངས་སུ་
지따르 다따르 슉빼 쌍계 쫌덴데 남끼 용쑤

བསྔོ་བར་མཛད་པ་དེ་བཞིན་དུ་བདག་གིས་ཀྱང་ཡོངས་སུ་བསྔོ་བར་བགྱིའོ།
오와르 젯빠 데신두 닥기꺙 용쑤 오와르기오

།སྡིག་པ་ཐམས་ཅད་ནི་སོ་སོར་བཤགས་སོ།།བསོད་ནམས་ཐམས་ཅད་ལ་ནི་
딕빠 탐쩨니 쏘쏘르 싹쏘 쐬남 탐쩰라니

རྗེས་སུ་ཡི་རང་ངོ་ །།སངས་རྒྱས་ཐམས་ཅད་ལ་ནི་བསྐུལ་ཞིང་གསོལ་བ་འདེབས་སོ།
젯쑤 이랑오 쌍계 탐쩰라니 꿀싱 쏠와 뎁쏘

།བདག་གིས་བླ་ན་མེད་པའི་ཡེ་ཤེས་ཀྱི་མཆོག་དམ་པ་ཐོབ་པར་གྱུར་ཅིག
닥기 라나메빼 예셰끼 촉담빠 톱빠르 규르찍

།མི་མཆོག་རྒྱལ་བ་གང་དག་ད་ལྟར་བཞུགས་པ་དང་ །།གང་དག་འདས་པ་དག་དང་
미촉 곌와 강닥 다따르 슉빠당 강닥 데빠 닥당

དེ་བཞིན་གང་མ་བྱོན།།ཡོན་ཏན་བསྔགས་པ་མཐའ་ཡས་རྒྱ་མཚོ་འདྲ་ཀུན་ལ།
데신 강마죈 욘뗀 악빠 타예 갸초 다꾼라

།ཐལ་མོ་སྦྱར་བར་བགྱིས་ཏེ་སྐྱབས་སུ་ཉེ་བར་མཆིའོ།
텔모 자르와르 기떼 깝쑤 녜와르치오

།འཕགས་པ་ཕུང་པོ་གསུམ་པ་ཞེས་བྱ་བ་ཐེག་པ་ཆེན་པའི་མདོ་རྫོགས་སོ།།།།
팍빠 풍뽀 쑴빠 셰자와 텍빠 첸빼 도족쏘

⊠ 성스러운 삼온이라 하는 대승의 경(삼온경)

보살의 죄업 참회경에 절합니다.

저 ________(이름)는 항상 언제든지 스승님께 귀의합니다. 부처님께 귀의합니다. 가르침에 귀의합니다. 승가에 귀의합니다.

1. 설법자, 세존, 여래이신 적을 물리치신 자[아라한], 원만구족하신 싸꺄무니 부처님께 절합니다.
2. 여래이신 바즈라 만다 쁘라마르딘 부처님께 절합니다.
3. 여래이신 라뜨나 아르치 부처님께 절합니다.
4. 여래이신 게야라자 부처님께 절합니다.
5. 여래이신 보르쎄나 부처님께 절합니다.
6. 여래이신 보라난딘 부처님께 절합니다.
7. 여래이신 라뜨나 그니 부처님께 절합니다.
8. 여래이신 라뜨나 짠다쁘라브하 부처님께 절합니다.
9. 여래이신 아모가 다르쉰 부처님께 절합니다.
10. 여래이신 라뜨나 짠드라 부처님께 절합니다.
11. 여래이신 비말라 부처님께 절합니다.
12. 여래이신 쉬리닷 따부처님께 절합니다.
13. 여래이신 브라흐마 부처님께 절합니다.
14. 여래이신 브라흐마닷따 부처님께 절합니다.
15. 여래이신 바루나 부처님께 절합니다.
16. 여래이신 바루나 데바 부처님께 절합니다.
17. 여래이신 쉬리브하드라 부처님께 절합니다.
18. 여래이신 찬단쉬리 부처님께 절합니다.
19. 여래이신 아난떼자스 부처님께 절합니다.
20. 여래이신 쁘라브하싸 쉬리 부처님께 절합니다.
21. 여래이신 아소까 쉬리부처님께 절합니다.

22. 여래이신 나라야나 부처님께 절합니다.
23. 여래이신 꾸쑤마 쉬리부처님께 절합니다.
24. 여래이신 브라흐마 죠띠르 비끄로 디따 비즈나 부처님께 절합니다.
25. 여래이신 빠드마 죠띠르 비끄로 디따 비즈나 부처님께 절합니다.
26. 여래이신 다나쉬리 부처님께 절합니다.
27. 여래이신 스므르띠 쉬리부처님께 절합니다.
28. 여래이신 브라흐마 쉬리 수빠리끼르띠 부처님께 절합니다.
29. 여래이신 인드라 께뚜 드바자 라자 부처님께 절합니다.
30. 여래이신 수비끄란따 쉬리 부처님께 절합니다.
31. 여래이신 윳다자야 부처님께 절합니다.
32. 여래이신 비 끄란따가미 쉬리 부처님께 절합니다.
33. 여래이신 싸만따 바브하 사뷰하 쉬리 부처님께 절합니다.
34. 여래이신 라뜨나 빠드마 비끄라민 부처님께 절합니다.
35. 여래이신 적을 물리치신 자[아라한], 원만구족하신 라뜨나 빠드마 수쁘라 띠스티따 샤일렌드라 라자 부처님께 절합니다.

시방의 모든 세계에 계시는 여래, 적을 물리치신 자, 원만구족하신 부처님, 세존이시여. 법신, 보신, 화신 갖추신 모든 부처님 세존시여, 다함없는 자비로 저를 보살펴 주시길 간청하옵니다.

제가 이번 생과 시작 없는 전생부터 사생(四生)과 윤회를 거듭하면

서 제가 직접 죄를 짓거나, 남에게 짓도록 시키거나, 남이 지은 죄를 따라 기뻐하거나,

불탑의 공양물, 승가의 공양물, 시방의 승가의 공양물을 훔치거나, 남에게 훔치게 하거나, 남이 훔친 것을 보고 따라 기뻐하거나,

오역죄를 짓거나, 남이 짓도록 시키거나, 남이 지은 것을 보고 따라 기뻐하거나,

십불선업을 짓거나, 남이 짓도록 시키거나, 남이 지은 것을 보고 따라 기뻐하는 등

이러한 업장에 가려서 지옥에 떨어지거나, 축생계에 떨어지거나, 아귀계에 떨어지거나, 변두리 땅에 태어나거나, 야만인으로 태어나거나, 장수천(長壽天)에 태어나거나, 육근을 온전히 갖추지 못하거나, 삿된 소견을 가지거나, 부처님이 오심을 기뻐하지 않는 악업, 모두 세존이신 부처님, 일체지를 갖추신 분, 오안(五眼)을 갖추신 분, 증명하시는 분, 기준이 되시는 분, 일체법 깨달으신 분, 큰 자비로 일체를 보시는 모든 부처님 앞에 낱낱이 드러내고 참회합니다. 숨기지 않겠습니다. 죄업을 감추지 않고 있는 대로 시인하겠습니다.

지금껏 지어온 죄업을 끊고 앞으로 계율을 지키기를 맹세하옵니다.

원하옵건데, 모든 부처님 세존들께서는 저를 거두시고 꼭 기억하시어 증명하소서.

제가 이번 생과 시작 없는 전생부터 사생(四生)과 윤회를 거듭하면서 제가 작게는 축생에게 한 입의 먹을 것을 보시한 선근과, 제가 계율을 지킨 선근과, 제가 사무량심으로 인욕한 선근과, 제가 중생들을 성숙시킨 정진의 선근과, 제가 위없는 보리심을 일으킨 선정의 선근과, 제가 지은 위없는 지혜의 선근 등 이 모든 것들 하나로 모으고, 남이 지은 선근도 모아, 제가 지은 선근과 남의 선근 모두 하나로 묶어

위없이 높고, 더없이 높으며, 위없는 높음보다 높고, 더없는 높음보다 높은 보리에 회향하며 위없고 원만구족한 보리를 성취키 위해 회향하옵니다. 그와 같이 과거의 부처님 세존들께서도 온전히 회향하시고 그와 같이 미래의 부처님 세존들께서도 온전히 회향하실 것이며 그와 같이 현재의 부처님 세존들께서도 온전히 회향하시니 그와 같이 저 또한 모든 선근들을 온전히 회향합니다.

모든 죄업을 낱낱이 참회하옵니다. 모든 선업을 뒤따라 기뻐합니다. 모든 부처님들께서 열반에 드시지 않고 법을 설하시길 청하오니 제가 위없는 최상의 지혜를 얻게 하소서. 사람 가운데 최고의 승리자이신 현재의 부처님과 과거의 부처님과 미래의 부처님, 한

량없는 신구의 공덕 갖추신 바다와 같이 무량한 삼세의 모든 부처님께 귀의합니다.

성스러운 삼온이라 하는 대승의 경을 마친다.
신업에 세 가지, 구업에 네 가지, 의업에 세 가지가 있으니 십불선업 각각을 참회하옵니다. 무시이래로부터 지금까지 십불선업과 오역죄 등 마음이 번뇌에 빠져 지은 모든 죄업을 참회하옵니다. 탐욕과 분노, 무지의 힘으로 몸과 말과 그와 같이 또 마음으로 제가 지은 모든 죄업을 각각 모두 참회하옵니다. 절하고 공양 올리며 참회하고 수희하고 권하고 청을 올린 제가 지은 작은 공덕들 모두 보리 위해 제가 회향하옵니다.

③ 일체 악업을 참회하는 기도문

마명보살이 유명한 외도였을 때 '나란다 대학'에 들어와 논쟁을 하자고 제안하였지만 대중 가운데 어느 누구도 나서지 못하고 마명 보살에게 수많은 대중들이 희롱 당하였습니다. 이때 나란다 대학의 마하깔라(호법신)가 당시 남인도에 있는 용수보살에게 도움을 청하였습니다.

용수보살은 자신의 제자 아리야데바를 나란다 대학에 보내 마명보살과의 논쟁에서 이기게 하였습니다. 논쟁에서 진 마명보살은 용수보살의 지시대로 서고에 갇히게 되었고 이때 화가 나 경전들을 흐트러뜨리다가 우연히 경전 한 장을 보게 됩니다. 그 경전 안에는 자신의 일을 부처님께서 이미 예견해 놓았던 것입니다. 그 순간 마명 보살은 크게 참회하여, 자신의 잘못을 뉘우치고 스스로 참회문을 지었는데 이것이 마명 보살이 지은 '일체악업을 한꺼번에 참회하는 기도문'입니다.

찌쌱

༄ཨུ་ཧུ་ལགས།བླ་མ་རྡོ་རྗེ་འཛིན་པ་ཆེན་པོ་ལ་སོགས་པ་ཕྱོགས་བཅུ་ན་བཞུགས་པའི་
아후락 라마 도르제 진빠 첸뽈 라쏙빠 촉쭈 나슉빼

སངས་རྒྱས་དང་བྱང་ཆུབ་སེམས་པ་ཐམས་ཅད་དང་།དགེ་འདུན་བཙུན་པ་
쌍계당 장춥쎔빠 탐쩨당 겐뒨쭌빠

རྣམས་བདག་ལ་དགོངས་སུ་གསོལ།།བདག་མིང་འདི་ཞེས་བགྱི་བས་ཚེ་རབས་
남닥라 공쑤쏠 닥 (밍디) 셰기외 체랍

འཁོར་བ་ཐོག་མ་མ་མཆིས་པ་ནས་ད་ལྟ་ལ་ཐུག་གི་བར་དུ་ཉོན་མོངས་པ་
코르와 톡마 마치빠네 다딸라 툭기 와르두 뇬뭉빠

འདོད་ཆགས་དང་ཞེ་སྡང་དང་གཏི་མུག་གི་དབང་གིས་ལུས་ངག་ཡིད་གསུམ་གྱི་
되착당 셰당당 띠묵기 왕기뤼악 이쑴기

སྒོ་ནས་སྡིག་པ་མི་དགེ་བ་བཅུ་བགྱིས་པ་དང་། མཚམས་མ་མཆིས་པ་ལྔ་བགྱིས་པ་དང་།
고네 딕빠 미게와 쭈기빠당 참마 치빠 아기빠당

དེ་དང་ཉེ་བ་ལྔ་བགྱིས་པ་དང་། སོ་སོར་ཐར་པའི་སྡོམ་པ་དང་འགལ་བ་དང་།
데당 녜와 아기빠당 쏘쏘르 타르빼 돔빠당 겔와당

བྱང་ཆུབ་སེམས་དཔའི་བསླབ་པ་དང་འགལ་བ་དང་། གསང་སྔགས་ཀྱི་དམ་ཚིག་དང་
장춥 셈빼 랍빠당 겔와당 쌍악끼 담칙당

འགལ་བ་དང་། ཕ་དང་མ་ལ་མ་གུས་པ་དང་། མཁན་པོ་དང་སློབ་དཔོན་ལ་
겔와당 파당 말라 마귀빠당 켄뽀당 롭뾘라

མ་གུས་པ་དང་། གྲོགས་ཚངས་པར་མཚུངས་པར་སྤྱོད་པ་རྣམས་ལ་མ་གུས་པ་དང་།
마귀빠당 독창빠르 충빠르 쬐빠남라 마귀빠당

དཀོན་མཆོག་གསུམ་ལ་གནོད་པའི་ལས་བགྱིས་པ་དང་། དམ་པའི་ཆོས་སྤངས་པ་དང་།
꼰촉 쑴라 뇟뻴 레기빠당 담빼 최빵빠당

འཕགས་པའི་དགེ་འདུན་ལ་སྐུར་བ་བཏབ་པ་དང་། སེམས་ཅན་ལ་གནོད་པའི་
팍빼 겐뒨라 꾸르와 땁빠당 셈젠라 뇌뻴

ལས་བགྱིས་པ་ལ་སོགས་པ་སྡིག་པ་མི་དགེ་བའི་ཚོགས་བདག་གིས་བགྱིས་པ་དང་།
레기빨 라쏙빠 딕빠 미게왜 촉닥기 기빠당

བགྱིད་དུ་བསྐུལ་བ་དང་།གཞན་གྱིས་བགྱིས་པ་ལ་རྗེས་སུ་ཡི་རང་བ་ལ་སོགས་པ་
기두 쩰와당 셴기 기빨라 젯쑤 이랑 왈라쏙빠

མདོར་ན་མཐོ་རིས་དང་ཐར་པའི་གེགས་སུ་གྱུར་ཅིང་འཁོར་བ་དང་ངན་སོང་གི་
도르나 토리당 타르빼 겍쑤 규르찡 코르와당 엔쏭기

རྒྱུར་གྱུར་པའི་ཉེས་ལྟུང་གི་ཚོགས་ཅི་མཆིས་པ་ཐམས་ཅད་བླ་མ་རྡོ་རྗེ་འཛིན་པ་
규르규르빼 녜뚱기 촉찌 치빠 탐쩨 라마 도르제 진빠

ཆེན་པོ་ལ་སོགས་པ་ཕྱོགས་བཅུ་ན་བཞུགས་པའི་སངས་རྒྱས་དང་བྱང་ཆུབ་
첸뽈 라쏙빠 촉쭈 나슉빼 쌍계당 장춥

སེམས་པ་ཐམས་ཅད་དང་།དགེ་འདུན་བཙུན་པ་རྣམས་ཀྱི་སྤྱན་སྔར་མཐོལ་ལོ།
셈빠 탐쩨당 겐뒨 쭌빠 남끼 쩬아르 퇼로

།མི་འཆབ་བོ༔འཆགས་སོ།།ཕྱིན་ཆད་ཀྱང་སྡོམ་པར་བགྱིད་ལགས་སོ༔
미찹오 착쏘 친체꺙 돔빠르 길락쏘

༔མཐོལ་ཞིང་བཤགས་ན་བདག་བདེ་བ་ལ་རེག་པར་གནས་པར་འགྱུར་གྱི།
툌싱 싹나 닥데 왈라 렉빠르 네빠르규르기

མ་མཐོལ་མ་བཤགས་ན་ནི་མི་འགྱུར་རོ༔
마퇼 마싹 나니 민규르로

⌘ 일체 악업을 참회하는 기도문

오호라! 위없는 스승이신 금강지불 등 시방에 계시는 모든 부처님과 보살님과 청정한 승가이시여, 저를 보아주소서.

저 ________ (이름)라고 부르는 이가 시작 없는 전생부터 지금까지 번뇌인 탐욕, 분노, 무지의 힘으로 몸, 말, 뜻으로 지은 불선의 죄 열 가지, 무간죄 다섯 가지, 이것과 가까운 죄 다섯 가지를 지은 것과 별해탈계를 어긴 것, 보살의 학처를 어긴 것, 밀교의 맹세를 어긴 것, 부모를 공경치 않은 것, 전승사와아사리를 공경하지 않은 것, 해탈을 추구하는 도반들을 공경치 않은 것과 삼보에게 해 끼친 업, 바른 법 버린 업, 승가를 비난한 업, 중생에게 해 끼친 업 등 제가 짓거나, 짓게 했거나, 남이 짓는 것을 뒤따라 기뻐한 것 등 삼선도와 해탈의 장애가 되고, 윤회와 삼악도의 원인이 되는 죄와 허물 모두 위없는 스승이신 금강지불 등 시방에 계신 모든 불보살과 청정한 승가의 눈앞에 드러내나이다.

이미 지은 죄업 감추지 않겠습니다. 깊이 참회합니다. 다시는 짓지 않겠습니다. 드러내고 참회하지 않으면 고통이 따를 것이니 드러내고 참회하여 저 행복에 머물겠나이다.

5. 지장보살본원경 地藏菩薩本願經

제1. 도리천궁 신통품 [第一 忉利天宮 神通品]

여시아문 일시 불 재도리천 위모설법 이시 시방무량
如是我聞 一時 佛 在忉利天 爲母說法 爾時 十方無量

세계불가설불가설일체제불 급대보살마하살 개래집회
世界不可說不可說一切諸佛 及大菩薩摩訶薩 皆來集會

찬탄 석가모니불 능어오탁악세 현불가사의 대지혜신
讚歎 釋迦牟尼佛 能於五濁惡世 現不可思議 大智慧神

통지력 조복강강중생 지고락법 각견시자 문신세존
通之力 調伏剛强衆生 知苦樂法 各遣侍者 問訊世尊

시시 여래함소 방백천만억대광명운 소위대원만광명운
是時 如來含笑 放百千萬億大光明雲 所謂大圓滿光明雲

대자비광명운 대지혜광명운 대반야광명운 대삼매광명
大慈悲光明雲 大智慧光明雲 大般若光明雲 大三昧光明

운 대길상광명운 대복덕광명운 대공덕광명운 대귀의
雲 大吉祥光明雲 大福德光明雲 大功德光明雲 大歸依

광명운 대찬탄광명운 방여시등불가설광명운이 우출종
光明雲 大讚歎光明雲 放如是等不可說光明雲已 又出種

종미묘지음 소위단바라밀음 시라바라밀음 찬제바라
種微妙之音 所謂檀波羅蜜音 尸羅波羅蜜音 羼提波羅

밀음 비리야바라밀음 선바라밀음 반야바라밀음 자비음
蜜音 毗離耶波羅蜜音 禪波羅蜜音 般若波羅蜜音 慈悲音

희사음 해탈음 무루음 지혜음 대지혜음 사자후음 대
喜捨音 解脫音 無漏音 智慧音 大智慧音 獅子吼音 大

사자후음 운뢰음 대운뢰음
獅子吼音 雲雷音 大雲雷音

출여시등불가설불가설음이 사바세계 급타방국토 유무
出如是等不可說不可說音已 娑婆世界 及他方國土 有無

량억천룡귀신 역집도도리천궁 소위사천왕천 도리천
量億天龍鬼神 亦集到忉利天宮 所謂四天王天 忉利天

수염마천 도솔타천 화락천 타화자재천 범중천 범보천
須燄摩天 兜率陀天 化樂天 他化自在天 梵衆天 梵輔天

대범천 소광천 무량광천 광음천 소정천 무량정천 변정
大梵天 少光天 無量光天 光音天 少淨天 無量淨天 遍淨

천 복생천 복애천 광과천 엄식천 무량엄식천 엄식과
天 福生天 福愛天 廣果天 嚴飾天 無量嚴飾天 嚴飾果

실천 무상천무번천 무열천 선견천 선현천 색구경천
實天 無想天無煩天 無熱天 善見天 善現天 色究竟天

마혜수라천 내지비상 비비상처천 일체천중 용중 귀신
摩醯首羅天 乃至非想 非非想處天 一切天衆 龍衆 鬼神

등중 실래집회
等衆 悉來集會

부유타방국토 급사바세계 해신강신 하신수신 산신지신
復有他方國土 及娑婆世界 海神江神 河神樹神 山神地神

천택신묘가신 주신야신 공신천신 음식신초목신 여시
川澤神描稼神 晝神夜神 空神天神 飮食神草木神 如是

등신 개래집회 부유타방국토 급사바세계제대귀왕 소
等神 皆來集會 復有他方國土 及娑婆世界諸大鬼王 所

위악목귀왕 담혈귀왕 담정기귀왕 담태란귀왕 행병귀왕
謂惡目鬼王 啗血鬼王 啗精氣鬼王 啗胎卵鬼王 行病鬼王

섭독귀왕 자심귀왕 복리귀왕 대애경귀왕 여시등귀왕
攝毒鬼王 慈心鬼王 福利鬼王 大愛敬鬼王 如是等鬼王

개래집회
皆來集會

이시 석가모니불 고 문수사리법왕자보살마하살 여관
爾時 釋迦牟尼佛 告 文殊師利法王子菩薩摩訶薩 汝觀

시일체제불보살 급천룡귀신 차세계타세계 차국토타국
是一切諸佛菩薩 及天龍鬼神 此世界他世界 此國土他國

토 여시금래 집회도도리천자 여지수부 문수사리백불
土 如是今來 集會到忉利天者 汝知數否 文殊師利白佛

언 세존 약이아신력 천겁측탁 불능득지
言 世尊 若以我神力 千劫測度 不能得知

불고문수사리 오이불안관 유부진수 차 개시지장보살
佛告文殊師利 吾以佛眼觀 猶不盡數 此 皆是地藏菩薩

구원겁래 이도당도미도 이성취당성취미성취 문수사리
久遠劫來 已度當度未度 已成就當成就未成就 文殊師利

백불언 세존 아이과거 구수선근 증무애지 문불소언 즉
白佛言 世尊 我已過去 久修善根 證無礙智 聞佛所言 卽

당신수 소과성문 천룡팔부 급미래세제중생등 수문여래
當信受 小果聲聞 天龍八部 及未來世諸衆生等 雖聞如來

성실지어 필회의혹 설사정수 미면흥방 유원세존 광설
誠實之語 必懷疑惑 設使頂受 未免興謗 唯願世尊 廣說

지장보살마하살 인지 작하행 입하원 이능성취부사의사
地藏菩薩摩訶薩 因地 作何行 立何願 而能成就不思議事

불고문수사리 비여삼천대천세계 소유초목총림 도마죽
佛告文殊師利 譬如三千大千世界 所有草木叢林 稻麻竹

위 산석미진 일물일수 작일항하 일항하사일사 일계
葦 山石微塵 一物一數 作一恒河 一恒河沙一沙 一界

일계지내 일진 일겁 일겁지내 소적진수 진충위겁 지장
一界之內 一塵 一劫 一劫之內 所積塵數 盡充爲劫 地藏

보살 증십지과위이래 천배다어상유 하황지장보살 재
菩薩 證十地果位以來 千倍多於上喩 何況地藏菩薩 在

성문벽지불지
聲聞辟支佛地

문수사리 차보살 위신서원 불가사의 약미래세 유선남
文殊師利 此菩薩 威神誓願 不可思議 若未來世 有善男

자선여인 문시보살명자 혹찬탄 혹첨례 혹칭명 혹공양
子善女人 聞是菩薩名字 或讚歎 或瞻禮 或稱名 或供養

내지채화각루소칠형상 시인 당득백반생어삼십삼천
乃至彩畵刻鏤塑漆形像 是人 當得百返生於三十三天

영불타악도
永 不 墮 惡 道

문수사리 시지장보살마하살 어과거구원불가설불가설
文 殊 師 利 是 地 藏 菩 薩 摩 訶 薩 於 過 去 久 遠 不 可 說 不 可 說

겁전 신위대장자자 시세유불 호왈사자분신구족만행
劫 前 身 爲 大 長 者 子 時 世 有 佛 號 日 獅 子 奮 迅 具 足 萬 行

여래 시 장자자견불상호천복 장엄 인문피불 작하행원
如 來 時 長 者 子 見 佛 相 好 千 福 莊 嚴 因 問 彼 佛 作 何 行 願

이득차상 시 사자분신구족만행여래고장자자 욕증차신
而 得 此 相 時 獅 子 奮 迅 具 足 萬 行 如 來 告 長 者 子 欲 證 此 身

당수구원 도탈일체수고중생
當 須 久 遠 度 脫 一 切 受 苦 衆 生

문수사리 시 장자자인발서언 아금진미래제불가계겁
文 殊 師 利 時 長 者 子 因 發 誓 言 我 今 盡 未 來 際 不 可 計 劫

위시죄고육도중생 광설방편 진령해탈 이아자신 방성
爲 是 罪 苦 六 道 衆 生 廣 設 方 便 盡 令 解 脫 以 我 自 身 方 成

불도 이시어피불전 입사대원우금백천만억나유타불가
佛 道 以 是 於 彼 佛 前 入 斯 大 願 于 今 百 千 萬 億 那 由 他 不 可

설겁 상위보살
說 劫 尙 爲 菩 薩

우어과거불가사의아승지겁 시세유불 호왈각화정자재왕
又 於 過 去 不 可 思 議 阿 僧 祇 劫 時 世 有 佛 號 日 覺 華 定 自 在 王

여래 피불수명 사백천만억아승지겁 상법지중 유일바
如 來 彼 佛 壽 命 四 百 千 萬 億 阿 僧 祇 劫 像 法 之 中 有 一 婆

라문녀 숙복 심후 중소흠경 행주좌와 제천 위호 기모
羅門女 宿福 深厚 衆所欽敬 行住座臥 諸天 衛護 其母

신사 상경삼보 시시성녀광설방편 권유기모 영생정견
信邪 常輕三寶 是時聖女廣設方便 勸誘其母 令生正見

이차여모 미전생신 불구명종 혼신 타재무간지옥
而此女母 未全生信 不久命終 魂神 墮在無間地獄

시 바라문녀지모재세 불신인과 계당수업 필생악취 수
時 婆羅門女知母在世 不信因果 計當隨業 必生惡趣 遂

매가택 광구향화 급제공구 어선불탑사 대흥공양 견각
賣家宅 廣求香華 及諸供具 於先佛塔寺 大興供養 見覺

화정자재왕여래 기형상 재일사중 소화위용 단엄필비
華定自在王如來 其形像 在一寺中 塑畵威容 端嚴畢備

시 바라문녀첨례존용 배생경앙 사자염언 불면대각 구
時 婆羅門女瞻禮尊容 倍生敬仰 私自念言 佛名大覺 具

일체지 약재세시 아모사후 당래문불 필지처소
一切智 若在世時 我母死後 當來問佛 必知處所

시 바라문녀수읍양구 첨련여래 홀문공중성왈읍자성녀
時 婆羅門女垂泣良久 瞻戀如來 忽聞空中聲日泣者聖女

물지비애 아금시여모지거처 바라문합장향공 이백공왈
勿至悲哀 我今示汝母之去處 婆羅門合掌向空 而白空日

시하신덕 관아우려 아자실모이래 주야억련 무처가문지
是何神德 寬我憂慮 我自失母已來 晝夜億戀 無處可問知

모생계 시 공중유성 재보녀왈아시여소첨례자 과거각화
母生界 時 空中有聲 再報女日我是汝所瞻禮者 過去覺華

정자재왕여래 견여억모배어상정중생지분 고래고시
定自在王如來 見汝億母培於常情衆生之分 故來告示

바라문녀문차성이 거신자박 지절개손 좌우부시 양구
婆羅門女 聞此聲已 擧身自撲 支節皆損 左右扶侍 良久

방소 이백공왈원불자민 속설아모생계 아금 신심 장사
方蘇 而白空日 願佛慈愍 速設我母生界 我今 身心 將死

불구 시 각화정자재왕여래고성녀왈여공양필 단조반사
不久 時 覺華定自在王如來告聖女日汝供養畢 但早返舍

단좌사유오지명호 즉당지모소생거처
端坐思惟吾之名號 卽當知母所生去處

시 바라문녀심례불이 즉귀기사 이억모고 단좌념각화
時 婆羅門女尋禮佛已 卽歸其舍 以億母故 端坐念覺華

정자재왕여래 경일일일야 홀견자신 도일해변 기수용비
定自在王如來 經一日一夜 忽見自身 到一海邊 其水湧沸

다제악수 진부철신 비주해상 동서치축 견제남자여인
多諸惡獸 盡復鐵身 飛走海上 東西馳逐 見諸男子女人

백천만수 출몰해중 피제악수 쟁취식담 우견야차기형
百千萬數 出沒海中 被諸惡獸 爭取食噉 又見夜叉其形

각이 혹다수다안 다족다두 구아외출 이인여구 구제죄
各異 或多手多眼 多足多頭 口牙外出 利刃如鉤 驅諸罪

인 사근악수 부자박확 두족상취 기형 만류 불감구시
人 使近惡獸 復自搏攫 頭足相就 其形 萬類 不敢久視

시 바라문녀 이염불력고 자연무구
時 婆羅門女 以念佛力故 自然無懼

유일귀왕 명왈무독 계수내영 백성녀왈선재 보살 하연
有一鬼王 名日無毒 稽首來迎 白聖女日善哉 菩薩 何緣

내차 시 바라문녀 문귀왕왈 차시하처 무독 답왈차시
來此 時 婆羅門女 問鬼王日 此是何處 無毒 答日此是

대철위산서면제일중해 성녀문왈아문철위지내 지옥재중
大鐵圍山西面第一重海 聖女問日我聞鐵圍之內 地獄在中

시사실부 무독 답왈실유지옥 성녀 문왈아금운하 득도
是事實不 無毒 答日實有地獄 聖女 問日我今云何 得到

옥소 무독 답왈약비위신 즉수업력 비차이사 종불능도
獄所 無毒 答日若非威神 卽須業力 非此二事 終不能到

성녀우문 차수 하연 이내용비 다제죄인 급이악수 무독
聖女又問 此水 何緣 而內湧沸 多諸罪人 及以惡獸 無毒

답왈차시남염부제조악중생 신사지자 경사십구일 무인
答日此是南閻浮提造惡衆生 新死之者 經四十九日 無人

계사위작공덕 구발고난 생시 우무선인 당거본업소감
繼嗣爲作功德 救拔苦難 生時 又無善因 當據本業所感

지옥 자연선도차해 해동십만유순 우유일해 기고배차
地獄 自然先渡此海 海東十萬由旬 又有一海 其苦倍此

피해지동 우유일해 기고부배 삼업악인지소초감 공호
彼海之東 又有一海 其苦復倍 三業惡因之所招感 共號

업해 기처시야
業海 其處是也

성녀 우문귀왕무독왈지옥 하재 무독 답왈삼해지내
聖女 又問鬼王無毒日地獄 何在 無毒 答日三海之內

시대지옥 기수백천 각각차별 소위대자 구유십팔 차유
是大地獄 其數百千 各各差別 所謂大者 具有十八 次有

오백 고독 무량 차유천백 역무량고 성녀우문대귀왕
五百 苦毒 無量 次有千百 亦無量苦 聖女又問大鬼王

왈아모사래미구 부지혼신 당지하취 귀왕 문성녀왈보살
日我母死來未久 不知魂神 當至何趣 鬼王 問聖女日菩薩

지모 재생 습하행업 성녀답왈아모사견 기훼삼보 설혹
之母 在生 習何行業 聖女答日我母邪見 譏毀三寶 設或

잠신 선우불경 사일천 미지하처 무독 문왈보살지모 성
暫信 旋又不敬 死日淺 未知何處 無毒 問日菩薩之母 姓

씨하등 성녀답왈아부아모 구바라문종 부호 사라선견
氏何等 聖女答日我父我母 俱婆羅門種 夫號 尸羅善見

모호 열제리
母號 悅帝利

무독 합장 계보살왈원성자 각반본처 무지우억비련 열
無毒 合掌 啓菩薩日願聖者 却返本處 無至憂億悲戀 悅

제리죄녀생천이래 경금삼일 운승효순지자위모 설공수
帝利罪女生天以來 經今三日 云承孝順之子爲母 設供修

복 보시각화정자재왕여래탑사 비유보살지모득탈지옥
福 布施覺華定自在王如來塔寺 非唯菩薩之母得脫地獄

응시무간 차일죄인 실득수락 구동생흘
應是無間 此日罪人 悉得受樂 俱同生訖

귀왕 언필 합장이퇴 바라문녀심여몽귀 오차사이 변
鬼王 言畢 合掌而退 婆羅門女尋如夢歸 悟此事已 便

어각화정자재왕여래탑상지전 입홍서원 원아진미래겁
於覺華定自在王如來塔像之前 立弘誓願 願我盡未來劫

응유죄고중생 광설방편 사령해탈
應有罪苦衆生 廣設方便 使令解脫

불고 문수사리시귀왕무독자 당금재수보살 시 바라문
佛告 文殊師利時鬼王無毒者 當今財首菩薩 是 婆羅門

여자 즉지장보살 시
女者 卽地藏菩薩 是

제2. 분신집회품 [分身集會品 第二]

이시 백천만억불가사 불가의불가량불가설무량아승지
爾時 百千萬億不可思 不可議不可量不可說無量阿僧祇

세계소유지옥처 분신지장보살 구래집재도리천궁 이여
世界所有地獄處 分身地藏菩薩 俱來集在忉利天宮 以如

래신력고 각이방면 여제득해탈 종업도출자 역각유천
來神力故 各以方面 與諸得解脫 從業道出者 亦各有千

만억나유타수 공지향화 내공양불 피제동래등배 개인
萬億那由他數 共持香華 來供養佛 彼諸同來等輩 皆因

지장보살교화 영불퇴전어아누다라삼먁삼보리 시제중등
地藏菩薩敎化 永不退轉於阿耨多羅三藐三菩提 是諸衆等

구원겁래 유랑생사 육도수고 잠무휴식 이지장보살 광
久遠劫來 流浪生死 六道受苦 暫無休息 以地藏菩薩 廣

대자비심서원고 각획과증 기지도리 심회용약 첨앙여
大慈悲深誓願故 各獲果證 旣至忉利 心懷踊躍 瞻仰如

래 목불잠사
來 目不暫捨

이시 세존 서금색비 마백천만억불가사불가의불가량
爾時 世尊 舒金色臂 摩百千萬億不可思不可議不可量

불가설무량아승지세계제화신지장보살마하살정 이작시
不可說無量阿僧祇世界諸化身地藏菩薩摩訶薩頂 而作是

언 오어오탁악세 교화여시강강중생 영심조복 사사귀정
言 吾於五濁惡世 敎化如是剛强衆生 令心調伏 捨邪歸正

십유일이 상재악습 오역분신천백억 광설방편
十有一二 尙在惡習 吾亦分身千百億 廣設方便

혹유이근 문즉신수 혹유선과 근권성취 혹유암둔 구화
或有利根 聞卽信受 或有善果 勤勸成就 或有暗鈍 久化

방귀 혹유업중 불생경앙 여시등배중생 각각차별 분신
方歸 或有業重 不生敬仰 如是等輩衆生 各各差別 分身

도탈 혹현남자신 혹현여인신 혹현천룡신 혹현귀신신
度脫 或現男子身 或現女人身 或現天龍身 或現鬼神身

혹현산림천원 하지천정 이급어인 실개도탈 혹현제석신
或現山林川源 河池泉井 利及於人 悉皆度脫 或現帝釋身

혹현범왕신 혹현전륜왕신 혹현거사신 혹현국왕신 혹
或現梵王身 或現轉輪王身 或現居士身 或現國王身 或

현재보신 혹현관속신 혹현비구비구니우바새우바이신
現宰輔身 或現官屬身 或現比丘比丘尼優婆塞優婆夷身

내지성문나한벽지불보살등신 이이화도 비단불신 독현
乃至聲聞羅漢辟支佛菩薩等身 而以化度 非但佛身 獨現

기신
其身

여관오누겁 근고도탈여시등난화강강 죄고중생 기유미
汝觀吾累劫 勤苦度脫如是等難化剛强 罪苦衆生 其有未

조복자수업보응 약타악취 수대고시 여당억념오재도리
調伏者隨業報應 若墮惡趣 受大苦時 汝當憶念吾在忉利

천궁 은근부촉 영사바세계 지미륵출세이래중생 실사
天宮 慇懃府囑 令娑婆世界 至彌勒出世已來衆生 悉使

해탈 영리제고 우불수기
解脫 永離諸苦 遇佛授記

이시 제세계화신지장보살 공복일형 체루애련 이백불언
爾時 諸世界化身地藏菩薩 共復一形 涕淚哀戀 而白佛言

아종구원겁래 몽불접인 사획불가사의신력 구대지혜
我從久遠劫來 蒙佛接引 使獲不可思議神力 具大智慧

아소분신 변만백천만억항하사세계 매일세계 화백천만
我所分身 遍滿百千萬億恒河沙世界 每一世界 度百千萬

억신 매일화신 도백천만 영귀경삼보 영리생사 지열반
億人 每一化身 度百千萬 令歸敬三寶 永離生死 至涅槃

락 단어불법중소위선사 일모일적 일사일진 혹호발허
樂 但於佛法中 所爲善事 一毛一滴 一沙一塵 或毫髮許

아점도탈 사획대리 유원세존 불이후세악업중생 위려
我漸度脫 使獲大利 唯願世尊 不以後世惡業衆生 爲慮

여시삼백불언 유원세존 불이후세악업중생 위려 이시
如是三白佛言 唯願世尊 不以後世惡業衆生 爲慮 爾時

불 찬지장보살언 선재선재 오조여희 여능성취구원겁
佛 讚地藏菩薩言 善哉善哉 吾助汝喜 汝能成就久遠劫

래 발홍서원 광도장필즉증보리
來 發弘誓願 廣度將畢卽證菩提

제3. 관중생업연품 [第三 觀衆生業緣品]

이시 불모마야부인 공경합장 문지장보살언 성자 염부
爾時 佛母摩耶夫人 恭敬合掌 問地藏菩薩言 聖者 閻浮

중생 조업차별 소수보응 기사운하 지장 답언 천만세
衆生 造業差別 所受報應 其事云何 地藏 答言 千萬世

계 내급국토 혹유지옥 혹무지옥 혹유여인 혹무여인
界 乃及國土 或有地獄 或無地獄 或有女人 或無女人

혹유불법 혹무불법 내지성문벽지불 역부여시 비단지
或有佛法 或無佛法 乃至聲聞辟支佛 亦復如是 非但地

옥 죄보일등
獄 罪報一等

마야부인 중백보살 차원문어염부죄보 소감악취 지장
摩耶夫人 重白菩薩 且願聞於閻浮罪報 所感惡趣 地藏

답언 성모 유원청수 아조설지 불모백언 원성자 설 이
答言 聖母 唯願聽受 我粗說之 佛母白言 願聖者 說 爾

시 지장보살 백성모언 남염부제 죄보명호 여시 약유
時 地藏菩薩 白聖母言 南閻浮提 罪報名號 如是 若有

중생 불효부모 혹지살생 당타무간지옥천만억겁 구출
衆生 不孝父母 或至殺生 當墮無間地獄千萬億劫 求出

무기 약유중생 출불신혈 훼방삼보 불경존경 역당타어
無期 若有衆生 出佛身血 毁謗三寶 不敬尊經 亦當墮於

무간지옥 천만억겁 구출무기 약유중생 침손상주 점오
無間地獄 千萬億劫 求出無期 若有衆生 侵損常住 點汚

승니 혹가람내 자행음욕 혹살혹해 여시등배 당타무간
僧尼 或伽藍內 恣行淫慾 或殺或害 如是等輩 當墮無間

지옥 천만억겁구출무기 약유중생 위작사문 심비사문
地獄 千萬億劫求出無期 若有衆生 僞作沙門 心非沙門

파용상주 기광백의 위배계율 종종조악 여시등배 당타
破用常住 欺狂白衣 違背戒律 種種造惡 如是等輩 當墮

무간지옥 천만억겁 구출무기 약유중생 투절상주 재물
無間地獄 千萬億劫 求出無期 若有衆生 偸竊常住 財物

곡미 음식의복 내지일물 불여취자 당타무간지옥 천만
穀米 飮食衣服 乃至一物 不與取者 當墮無間地獄 千萬

억겁 구출무기 지장 백언 성모 약유중생 작여시죄 당
億劫 求出無期 地藏 白言 聖母 若有衆生 作如是罪 當

타오무간지옥 구잠정고 일념부득
墮五無間地獄 求暫停苦 一念不得

마야부인 중백지장보살언 운하명위무간지옥 지장 백언
摩耶夫人 重白地藏菩薩言 云何名爲無間地獄 地藏 白言

성모 제유지옥재대철위산지내 기대지옥 유일십팔소
聖母 諸有地獄在大鐵圍山之內 其大地獄 有一十八所

차유오백 명호각별 차유천백 명자각별 무간옥자 기옥
次有五百 名號各別 次有千百 名字各別 無間獄者 其獄

성 주잡팔만여리 기성 순철 고 일만리 성상화취소유
城 周匝八萬餘里 其城 純鐵 高 一萬里 城上火聚少有

공궐 기옥성중 제옥 상련 명호각별 독유일옥 명왈무간
空闕 其獄城中 諸獄 相連 名號各別 獨有一獄 名曰無間

기옥 주잡만팔천리 옥장고 일천리 실시철위 상화철하
其獄 周匝萬八千里 獄墻高 一千里 悉是鐵爲 上火鐵下

하화철상 철사철구토화치축 옥장지상 동서이주 옥중
下火鐵上 鐵蛇鐵狗吐火馳逐 獄墻之上 東西而走 獄中

유상 변만만리 일인 수죄 자견기신 변와만상 천만인
有床 遍滿萬里 一人 受罪 自見其身 遍臥滿床 千萬人

수죄 역각자견신만상상 중업소감 획보여시
受罪 亦各自見身滿床上 衆業所感 獲報如是

우제죄인 비수중고 천백야차 급이악귀구아여검 안여
又諸罪人 備受衆苦 千百夜叉 及以惡鬼口牙如劍 眼如

전광 수부동조 추장좌참 부유야차 집대철극 중죄인신
電光 手復銅爪 抽腸剉斬 復有夜叉 執大鐵戟 中罪人身

혹중구비 혹중복배 포공번접 혹치상상 부유철응 담죄
或中口鼻 或中腹背 抛空飜接 或置床上 復有鐵鷹 啗罪

인목 부유철사 교죄인수 백지절내 실하장정 발설경려
人目 復有鐵蛇 繳罪人首 百肢節內 悉下長釘 拔舌耕犁

타예죄인 양동관구 열철전신 만사만생 업감여시 동경
拖拽罪人 洋銅灌口 熱鐵纏身 萬死萬生 業感如是 動經

억겁 구출무기 차계괴시 기생타계 타계차괴 전기타방
億劫 求出無期 此界壞時 寄生他界 他界次壞 轉寄他方

타방괴시 전전상기 차계성후 환부이래 무간죄보 기사
他方壞時 展轉相寄 此界成後 還復而來 無間罪報 其事

여시
如是

우오사업감 고칭무간 하등 위오 일자 일야수죄 이지
又五事業感 故稱無間 何等 爲五 一者 日夜受罪 以至

겁수 무시간절 고칭무간 이자 일인 역만 다인 역만 고
劫數 無時間絕 故稱無間 二者 一人 亦滿 多人 亦滿 故

칭무간 삼자 죄기차봉 응사낭견 대마거착 좌작확탕 철
稱無間 三者 罪器鐵棒 鷹蛇狼犬 碓磨鉅鑿 剉斫鑊湯 鐵

망철승 철려철마 생혁 낙수 열철 요신 기탄철환 갈음
網鐵繩 鐵驢鐵馬 生革 絡首 熱鐵 澆身 飢呑鐵丸 渴飮

철즙 종년경겁 수나유타 고초상련 갱무간단 고칭무간
鐵汁 從年竟劫 數那由他 苦楚相連 更無間斷 故稱無間

사자 불문남자여인 강호이적 노유귀천 혹용혹신 혹천
四者 不問男子女人 羌胡夷狄 老幼貴賤 或龍或神 或天

혹귀 죄행업감 실동수지 고칭무간 오자 약타차옥 종초
或鬼 罪行業感 悉同受之 故稱無間 五者 若墮此獄 從初

입시 지백천겁 일일일야 만사만생 구일념간 잠주부득
入時 至百千劫 一日一夜 萬死萬生 求一念間 暫住不得

제비업진 방득수생 이차연면 고칭무간
除非業盡 方得受生 以此連綿 故稱無間

지장보살 백성모언 무간지옥 조설여시 약광설지옥죄기
地藏菩薩 白聖母言 無間地獄 粗說如是 若廣說地獄罪器

등명 급제고사 일겁지중 구설부진 마야부인 문이 수
等名 及諸苦事 一劫之中 求說不盡 摩耶夫人 聞已 愁

우합장 정례이퇴
憂合掌 頂禮而退

제4. 염부중생업감품 [閻浮衆生業感品 第四]

이시 지장보살마하살 백불언 세존 아승불여래위신력고
爾時 地藏菩薩摩訶薩 白佛言 世尊 我承佛如來威神力故

변백천만억세계 분시신형 구발일체업보중생 약비여
遍百千萬億世界 分是身形 救拔一切業報衆生 若非如

래대자력고 즉불능작여시변화 아금 우몽불부촉 지아
來大慈力故 卽不能作如是變化 我今 又蒙佛付囑 至阿

일다성불이래 육도중생 견령해탈 유원세존 원불유려
逸多成佛已來 六道衆生 遣令解脫 唯願世尊 願不有慮

이시 불고지장보살 일체중생 미해탈자 성식 무정 악습
爾時 佛告地藏菩薩 一切衆生 未解脫者 性識 無定 惡習

결업 선습 결과 위선위악 축경이생 윤전오도 잠무휴
結業 善習 結果 爲善爲惡 逐境而生 輪轉五道 暫無休

식 동경진겁 미혹장난 여어유망 장시장류 탈입잠출
息 動經塵劫 迷惑障難 如魚遊網 將是長流 脫入暫出

우부조망 이시등배 오당우념 여기필시왕원누겁 중서
又復遭網 以是等輩 吾當憂念 汝旣畢是往願累劫 重誓

광도죄배 오부하려
廣度罪輩 吾復何慮

설시어시 회중 유일보살마하살 명 정자재왕 백불언
說是語時 會中 有一菩薩摩訶薩 名 定自在王 白佛言

세존 지장보살 누겁이래 각발하원 금몽세존 은근찬탄
世尊 地藏菩薩 累劫以來 各發何願 今蒙世尊 慇懃讚歎

유원세존 약이설지
唯願世尊 略而說之

이시 세존 고정자재왕보살 제청제청 선사념지 오당위
爾時 世尊 告定自在王菩薩 諦聽諦聽 善思念之 吾當爲

여 분별해설 내왕과거 무량아승지나유타불가설겁 이시
汝 分別解說 乃往過去 無量阿僧祇那由他不可說劫 爾時

유불 호 일체지성취여래응공정변지명행족선서세간해
有佛 號 一切智成就如來應供正遍知明行足善逝世間解

무상사조어장부천인사불세존 기불수명 육만겁 미출가
無上士調御丈夫天人師佛世尊 其佛壽命 六萬劫 未出家

시 위소국왕 여일인국왕 위우 동행십선 요익중생 기인
時 爲小國王 與一隣國王 爲友 同行十善 饒益衆生 其隣

국내 소유인민 다조중악 이왕 의계 광설방편 일왕 발
國內 所有人民 多造衆惡 二王 議計 廣設方便 一王 發

원 조성불도 당도시배 영사무여
願 早成佛道 當度是輩 令使無餘

일왕 발원 약불선도죄고 영시안락 득지보리 아종미원
一王 發願 若不先度罪苦 令是安樂 得至菩提 我終未願

성불 불고정자재왕보살 일왕 발원 조성불자 즉일체지
成佛 佛告 定自在王菩薩一王 發願 早成佛者 卽一切智

성취여래시 일왕 발원 영도죄고중생 미원성불자 즉
成就如來是 一王 發願 永度罪苦衆生 未願成佛者 卽

지장보살 시
地藏菩薩 是

부어과거무량아승지겁 유불출세 명 청정연화목여래 기
復於過去無量阿僧祇劫 有佛出世 名 淸淨蓮華目如來 其

불수명 사십겁 상법지중 유일나한 복도중생 인차교화
佛壽命 四十劫 像法之中 有一羅漢 福度衆生 因次敎化

우일여인 자왈광목 설식공양 나한 문지 욕원하등 광
遇一女人 字曰光目 設食供養 羅漢 問之 欲願何等 光

목 답언 아이모망지일 자복구발 미지아모생처하취 나
目 答言 我以母亡之日 資福救拔 未知我母生處何趣 羅

한 민지 위입정관 견광목여모 타재악취 수극대고 나한
漢 愍之 爲入定觀 見光目女母 墮在惡趣 受極大苦 羅漢

문광목언 여모재생 작하행업 금재악취수극대고 광목
問光目言 汝母在生 作何行業 今在惡趣受極大苦 光目

답왈아모소습 유호식담어별지속 소식어별 다식기자
答曰我母所習 唯好食噉魚鱉之屬 所食魚鱉 多食其子

혹초혹자 자정식담 계기명수 천만부배
或炒或煮 恣情食噉 計其命數 千萬復倍

존자 자민 여하애구 나한 민지 위작방편 권광목언 여가
尊者 慈愍 如何哀救 羅漢 愍之 爲作方便 勸光目言 汝可

지성 염청정연화목여래 겸소화형상 존망 획보 광목 문
志誠 念淸淨蓮華目如來 兼塑畵形像 存亡 獲報 光目 聞

이 즉사소애 심화불상 이공양지 부공경심 비읍첨례
已 卽捨所愛 尋畵佛像 而供養之 復恭敬心 悲泣瞻禮

홀어야후 몽견불신 금색황요 여수미산 방대광명 이고
忽於夜後 夢見佛身 金色晃耀 如須彌山 放大光明 而告

광목 여모불구 당생여가 재각기한 즉당언설
光目 汝母不久 當生汝家 纔覺飢寒 卽當言說

기후가내 비생일자 미만삼일 이내언설 계수비읍 고어
其後家內 婢生一子 未滿三日 而乃言說 稽首悲泣 告於

광목 생사업연 과보자수 오시여모 구처암명 자별여거
光目 生死業緣 果報自受 吾是汝母 久處暗冥 自別汝去

누타대지옥 금몽복력 당득수생 위하천인 우부단명 수
累墮大地獄 今蒙福力 當得受生 爲下賤人 又復短命 壽

년십삼 갱락악도 여유하계 영오탈면 광목 문설 지모무
年十三 更落惡道 汝有何計 令吾脫免 光目 聞說 知母無

의 경열비제이백비자 기시아모 합지본죄 작하행업 타
疑 硬咽悲啼而白婢子 旣是我母 合知本罪 作何行業 墮

어악도 비자답언 이살생훼매이업수보 약비몽복 구발
於惡道 婢子答言 以殺害毁罵二業受報 若非蒙福 救拔

오난 이시업고 미합해탈 광목 문언 지옥죄보기사운하
吾難 以是業故 未合解脫 光目 問言 地獄罪報其事云何

비자답언 죄고지사 불인칭설 백천세중 졸백난경
婢子答言 罪苦之事 不忍稱說 百千歲中 卒白難竟

광목 문이 제루호읍 이백공계 원아지모영탈지옥 필십
光目 聞已 啼淚號泣 而白空界 願我之母永脫地獄 畢十

삼세 갱무중죄 급력악도 시방제불 자애민아 청아위모
三歲 更無重罪 及歷惡道 十方諸佛 慈哀愍我 聽我爲母

소발광대서원 약득아모영리삼도 급사하천 내지여인
所發廣大誓願 若得我母永離三塗 及斯下賤 乃至女人

지신 영겁불수자 원아자금일후 대청정연화목여래상전
之身 永劫不受者 願我自今日後 對淸淨蓮華目如來像前

각후백천만억겁중 응유세계 소유지옥 급삼악도제죄고
却後百千萬億劫中 應有世界 所有地獄 及三惡道諸罪苦

중생 서원구발 영리지옥악취축생아귀등 여시죄보등인
衆生 誓願救拔 令離地獄惡趣畜生餓鬼等 如是罪報等人

진성불경연후 아방성정각 발서원이 구문청정연화목여
盡成佛竟然後 我方成正覺 發誓願已 具聞淸淨蓮華目如

래지설 이고지왈광목 여대자민 선능위모 발여시대원
來之說 而告之日光目 汝大慈愍 善能爲母 發如是大願

오관 여모십삼세필 사차보이 생위범지 수년백세 과시
吾觀 汝母十三歲畢 捨此報已 生爲梵志 壽年百歲 過是

보후 당생무우국토 수명 불가계겁 후성불과 광도인천
報後 當生無憂國土 壽命 不可計劫 後成佛果 廣度人天

수여항하사
數如恒河沙

불고정자재왕 이시 나한 복도광목자 즉 무진의보살 시
佛告定自在王 爾時 羅漢 福度光目者 卽 無盡意菩薩 是

광목모자 즉해탈보살 시 광목녀자 즉지장보살 시 과
光目母者 卽解脫菩薩 是 光目女者 卽地藏菩薩 是 過

거구원겁중 여시자민 발항하사원 광도중생 미래세중
去久遠劫中 如是慈愍 發恒河沙願 廣度衆生 未來世中

약유남자여인 불행선자 행악자 내지불신인과자 사음
若有男子女人 不行善者 行惡者 乃至不信因果者 邪淫

망어자 양설악구자 훼방대승자 여시제업중생 필타 악
妄語者 兩舌惡口者 毁謗大乘者 如是諸業衆生 必墮 惡

취 약우선지식 권령일탄지간 귀의지장보살 시제중생
趣 若遇善知識 勸令一彈指間 歸依地藏菩薩 是諸衆生

즉득해탈삼악도보
卽得解脫三惡道報

약능지심귀경 급첨례찬탄 향화의복 종종진보 혹부음식
若能至心歸敬 及瞻禮讚歎 香華衣服 種種珍寶 或復飮食

여시봉사자 미래백천만억겁중 상재제천 수승묘락 약
如是奉事者 未來百千萬億劫中 常在諸天 受勝妙樂 若

천복진 하생인간 유백천겁 상위제왕 능억숙명인과본
天福盡 下生人間 猶百千劫 常爲帝王 能憶宿命因果本

말 정자재왕 여시지장보살 유여차불가사의대위신력
末 定自在王 如是地藏菩薩 有如此不可思議大威神力

광리중생 여등제보살 당기시경 광선유포 정자재왕 백
廣利衆生 汝等諸菩薩 當記是經 廣宣流布 定自在王 白

불언 세존 원불유려 아등천만억보살마하살 필능승불
佛言 世尊 願不有慮 我等千萬億菩薩摩訶薩 必能承佛

위신 광연시경 어염부제 이익중생 정자재왕보살 백세
威神 廣演是經 於閻浮提 利益衆生 定自在王菩薩 白世

존이 합장공경 작례이퇴
尊已 合掌恭敬 作禮而退

이시 사방천왕 구종좌기 합장공경 백불언 세존 지장
爾時 四方天王 俱從座起 合掌恭敬 白佛言 世尊 地藏

보살 어구원겁래 발여시대원 운하지금 유도미절 갱발
菩薩 於久遠劫來 發如是大願 云何至今 猶度未絕 更發

광대서원 유원세존 위아등설 불고사천왕 선재선재 오
光大誓願 唯願世尊 爲我等說 佛告四天王 善哉善哉 吾

금 위여급미래현재천인중등 광이익고 설지장보살 어
今 爲汝及未來現在天人衆等 廣利益故 說地藏菩薩 於

사바세계염부제내생사도중 자애구발 도탈일체죄고중생
娑婆世界閻浮提內生死道中 慈哀救拔 度脫一切罪苦衆生

방편지사 사천왕 언 유연세존 원요욕문 불고사천왕
方便之事 四天王 言 唯然世尊 願樂欲聞 佛告四天王

지장보살 구원겁래 흘지우금 도탈중생 유미필원 자민
地藏菩薩 久遠劫來 迄至于今 度脫衆生 猶未畢願 慈愍

차세죄고중생 다관미래무량겁중 인만부단이시지고 우
此世罪苦衆生 多觀未來無量劫中 因蔓不斷以是之故 又

발중원 여시보살 어사바세계염부제중 백천만억방편
發 重 願 如 是 菩 薩 於 娑 婆 世 界 閻 浮 提 中 百 千 萬 億 方 便

이위교화
而 爲 教 化

사천왕 지장보살 약우살생자 설숙앙단명보 약우절도자
四 天 王 地 藏 菩 薩 若 遇 殺 生 者 說 宿 殃 短 命 報 若 遇 竊 盜 者

설빈궁고초보 약우사음자 설작합원앙보 약우악구자
說 貧 窮 苦 楚 報 若 遇 邪 淫 者 說 雀 鴿 鴛 鴦 報 若 遇 惡 口 者

설권속투쟁보 약우훼방자 설무설창구보 약우진에자
說 眷 屬 鬪 諍 報 若 遇 毁 謗 者 說 無 舌 瘡 口 報 若 遇 瞋 恚 者

설추루융잔보 약우간린자 설소구위원보 약우음식무도
說 醜 陋 癃 殘 報 若 遇 慳 悋 者 說 所 求 違 願 報 若 遇 飮 食 無 度

자 설기갈인병보 약우전렵자정자 설경광상명보 약우패
者 說 飢 渴 咽 病 報 若 遇 佃 獵 恣 情 者 說 驚 狂 喪 命 報 若 遇 悖

역부모자 설천지재살보 약우소산림목자 설광미취사보
逆 父 母 者 說 天 地 災 殺 報 若 遇 燒 山 林 木 者 說 狂 迷 取 死 報

약우전후부모악독자 설반생편달현수보 약우망포생추자
若 遇 前 後 父 母 惡 毒 者 說 返 生 鞭 撻 現 受 報 若 遇 網 捕 生 雛 者

설골육분리보 약우훼방삼보자 설맹농음아보 약우경법
說 骨 肉 分 離 報 若 遇 毁 謗 三 寶 者 說 盲 聾 瘖 啞 報 若 遇 輕 法

만교자 설영처악도보 약우파용상주자 설억겁윤회지옥
慢 教 者 說 永 處 惡 道 報 若 遇 破 用 常 住 者 說 億 劫 輪 迴 地 獄

보 약우오범무승자 설영재축생보 약우탕화참작상생자
報 若 遇 汚 梵 誣 僧 者 說 永 在 畜 生 報 若 遇 湯 火 斬 斫 傷 生 者

설윤회체상보 약우파계범재자 설금수기아보 약우비리
說輪廻遞像報 若遇破戒犯齋者 說禽獸飢餓報 若遇非理

훼용자 설소구궐절보 약우오아공고자 설비사하천보
毁用者 說所求闕絕報 若遇吾我貢高者 說卑使下賤報

약우양설투란자 설무설백설보 약우사견자 설변지수생
若遇兩舌鬪亂者 說無舌百舌報 若遇邪見者 說邊地受生

보 여시등염부제중생 신구의업악습결과 백천보응 금조
報 如是等閻浮提衆生 身口意業惡習結果 百千報應 今粗

약설 여시등염부제중생 업감차별 지장보살 백천방편
略說 如是等閻浮提衆生 業感差別 地藏菩薩 百千方便

이교화지 시제중생 선수여시등보 후타지옥 동경겁수
而敎化之 是諸衆生 先受如是等報 後墮地獄 動經劫數

무유출기 시고 여등 호인호국 무령시제중업 미혹중생
無有出期 是故 汝等 護人護國 無令是諸衆業 迷惑衆生

사천왕 문이 체루비탄 합장이퇴
四天王 聞已 涕淚悲歎 合掌而退

제5. 지옥명호품 [地獄名號品 第五]

이시 보현보살마하살 백지장보살언 인자 원위천룡팔
爾時 普賢菩薩摩訶薩 白地藏菩薩言 仁者 願爲天龍八

부 급미래현재일체중생 설사바세계 급염부제죄고중생
部 及未來現在一切衆生 說娑婆世界 及閻浮提罪苦衆生

소수보처지옥명호 급악보등사 사미래세말법중생 지시
所受報處地獄名號 及惡報等事 使未來世末法衆生 知是

과보 지장 답언 인자 아금 승불위신 급대사지력 약설
果報 地藏 答言 仁者 我今 承佛威神 及大士之力 若說

지옥명호 급죄보지사 인자 염부제동방 유산 호왈철위
地獄名號 及罪報之事 仁者 閻浮提東方 有山 號日鐵圍

기산 흑수 무 일월광 유대지옥 호 극무간
其山 黑邃 無 日月光 有大地獄 號 極無間

우유지옥 명왈대아비 부유지옥 명왈사각 부유지옥 명
又有地獄 名日大阿鼻 復有地獄 名日四角 復有地獄 名

왈비도 부유지옥 명왈화전 부유지옥 명왈협산 부유지
日飛刀 復有地獄 名日火箭 復有地獄 名日夾山 復有地

옥 명왈통창 부유지옥 명왈철거 부유지옥 명왈철상 부
獄 名日通槍 復有地獄 名日鐵車 復有地獄 名日鐵床 復

유지옥 명왈철우 부유지옥 명왈철의 부유지옥 명왈천
有地獄 名日鐵牛 復有地獄 名日鐵衣 復有地獄 名日千

인 부유지옥 명왈철려 부유지옥 명왈양동 부유지옥 명
刃 復有地獄 名日鐵驢 復有地獄 名日洋銅 復有地獄 名

왈포주 부유지옥 명왈유화 부유지옥 명왈경설 부유지
日抱柱 復有地獄 名日流火 復有地獄 名日耕舌 復有地

옥 명왈좌수 부유지옥 명왈소각 부유지옥 명왈담안 부
獄 名日剉首 復有地獄 名日燒脚 復有地獄 名日啗眼 復

유지옥 명왈철환 부유지옥명왈쟁론 부유지옥 명왈철수
有地獄 名日鐵丸 復有地獄名日諍論 復有地獄 名日鐵銖

부유지옥 명왈다진 지장보살 우언 인자 철위지내 유
復有地獄 名曰多瞋 地藏菩薩 又言 仁者 鐵圍之內 有

여시등지옥 기수무한 갱유규환지옥 발설지옥 분뇨지옥
如是等地獄 其數無限 更有叫喚地獄 拔舌地獄 糞尿地獄

동쇄지옥 화상지옥 화구지옥 화마지옥 화우지옥 화산
銅鎖地獄 火象地獄 火狗地獄 火馬地獄 火牛地獄 火山

지옥 화석지옥 화상지옥 화량지옥 화응지옥 거아지옥
地獄 火石地獄 火床地獄 火梁地獄 火鷹地獄 鋸牙地獄

박피지옥 음혈지옥 소수지옥 소각지옥 도자지옥 화옥
剝皮地獄 飮血地獄 燒手地獄 燒脚地獄 倒刺地獄 火屋

지옥 철옥지옥 화랑지옥 여시등지옥 기중 각각부유제
地獄 鐵屋地獄 火狼地獄 如是等地獄 其中 各各復有諸

소지옥 혹일혹이 혹삼혹사 내지백천 기중명호 각각부동
小地獄 或一或二 或三或四 乃至百千 其中名號 各各不同

지장보살 우고보현보살언 인자 차자 개시남염부제행
地藏菩薩 又告普賢菩薩言 仁者 此者 皆是南閻浮提行

악중생 업감 여시 업력 심대 능적수미 능심거해 능장
惡衆生 業感 如是 業力 甚大 能敵須彌 能深巨海 能障

성도 시고 중생 막경소악 이위무죄 사후유보 섬호수
聖道 是故 衆生 莫輕小惡 以爲無罪 死後有報 纖毫受

지 부자지친 기로각별 종연상봉 무긍대수 아금 승불
之 父子至親 岐路各別 縱然相逢 無肯代受 我今 承佛

위력 약설지옥죄보지사 유원인자 잠청시언 보현보살
威力 略說地獄罪報之事 惟願仁者 暫聽是言 普賢菩薩

답언 오수구지삼악도보 망인자설 영후세말법일체악행
答言 吾雖久知三惡道報 望仁者說 令後世末法一切惡行

중생 문인자설 사령귀향불법
衆生 聞仁者說 使令歸向佛法

지장보살 백언 인자 지옥죄보기사여시 혹유지옥 취죄
地藏菩薩 白言 仁者 地獄罪報其事如是 或有地獄 取罪

인설 사우경지 혹유지옥 취죄인심 야차식지 혹유지옥
人舌 使牛耕之 或有地獄 取罪人心 夜叉食之 或有地獄

확탕성비 자죄인신 혹유지옥 적소동주 사죄인포 혹유
鑊湯盛沸 煮罪人身 或有地獄 赤燒銅柱 使罪人抱 或有

지옥 비맹화취 진급죄인 혹유지옥 일향한빙 혹유지옥
地獄 飛猛火聚 진及罪人 或有地獄 一向寒氷 或有地獄

무한분뇨 혹유지옥 순비삽려 혹유지옥 다찬화창 혹유
無限糞尿 或有地獄 純飛鈒鑗 或有地獄 多攢火槍 或有

지옥 추당흉배 혹유지옥 구소수족 혹유지옥 반교철사
地獄 椎撞胸背 或有地獄 俱燒手足 或有地獄 盤繳鐵蛇

혹유지옥 구축철구 혹유지옥 진가철려 인자 여시등보
或有地獄 驅逐鐵狗 或有地獄 盡駕鐵驢 仁者 如是等報

각각 옥중유백천종업도지기 무비시동시철 시석시화 차
各各 獄中有百千種業道之器 無非是銅是鐵 是石是火 此

사종물 중업행감 약광설지옥죄보등사 일일옥중 갱유
四種物 衆業行感 若廣說地獄罪報等事 一一獄中 更有

백천종고초 하황다옥 아금 승불위신 급인자문 약설여
百千種苦楚 何況多獄 我今 承佛威神 及仁者問 略說如

시 약광해설 궁겁부진
是若 廣解說 窮劫不盡

제6. 여래찬탄품 [如來讚歎品 第六]

이시 세존 거신방대광명 변조백천억항하사등제불세계
爾時 世尊 擧身放大光明 遍照百千億恒河沙等諸佛世界

출대음성 보고제불세계 일체제보살마하살 급천룡귀신
出大音聲 普告諸佛世界 一切諸菩薩摩訶薩 及天龍鬼神

인비인등 청오금일 칭양찬탄지장보살마하살 어시방세
人非人等 聽吾今日 稱揚讚歎地藏菩薩摩訶薩 於十方世

계 현대불가사의위신자비지력 구호일체죄고지사 오멸
界 現大不可思議威神慈悲之力 救護一切罪苦之事 吾滅

도후 여등제보살대사 급천룡귀신등 광작방편 위호시경
度後 汝等諸菩薩大士 及天龍鬼神等 廣作方便 衛護是經

영일체중생 이일체고 증열반락
令一切衆生 離一切苦 證涅槃樂

설시어이 회중 유일보살 명왈보광 합장공경 이백불언
說是語已 會中 有一菩薩 名日普廣 合掌恭敬 而白佛言

금견세존 찬탄지장보살 유여시불가사의대위신덕 유원
今見世尊 讚歎地藏菩薩 有如是不可思議大威神德 唯願

세존 위미래세말법중생 선설지장보살 이익인천인과등
世尊 爲未來世末法衆生 宣說地藏菩薩 利益人天因果等

사 사제천룡팔부 급미래세중생 정수불어 이시 세존
事 使諸天龍八部 及未來世衆生 頂受佛語 爾時 世尊

고보광보살 급사중등 제청제청 오당위여 약설지장보살
告普廣菩薩 及四衆等 諦聽諦聽 吾當爲汝 若說地藏菩薩

이익인천복덕지사 보광 백언 유연세존 원요욕문
利益人天福德之事 普廣 白言 唯然世尊 願樂欲聞

불고보광보살 미래세중 약유선남자선녀인 문시지장보
佛告普廣菩薩 未來世中 若有善男子善女人 聞是地藏菩

살마하살명자 혹합장자 찬탄자 작례자 연모자 시인
薩摩訶薩名者 或合掌者 讚歎者 作禮者 戀慕者 是人

초월삼십겁죄 보광 약유선남자선녀인 혹채화형상 혹
超越三十劫罪 普廣 若有善男子善女人 或彩畵形像 或

토석교칠 금은동철 작차보살 일첨일례자 시인 백반생
土石膠漆 金銀銅鐵 作此菩薩 一瞻一禮者 是人 百返生

어삼십삼천 영불타어악도 가여천복 진고 하생인간 유
於三十三天 永不墮於惡道 假如天福 盡故 下生人間 猶

위국왕 부실대리 약유여인 염여인신 진심공양지장보
爲國王 不失大利 若有女人 厭女人身 盡心供養地藏菩

살화상 급토석교칠동철등상 여시일일불퇴 상이화향음
薩畵像 及土石膠漆銅鐵等像 如是日日不退 常以華香飮

식 의복증채 당번전보등물 공양 시선여인 진차일보여
食 衣服繒綵 幢幡錢寶等物 供養 是善女人 盡此一報女

신 백천만겁 갱불생유여인세계 하황부수여신제자비원
身 百千萬劫 更不生有女人世界 何況復受女身除慈非願

력고 요수여신 도탈중생 승사공양지장보살지력 급공
力故 要受女身 度脫衆生 承斯供養地藏菩薩之力 及功

덕력고 백천만겁 갱불부수여인지신
德力故 百千萬劫 更不復受女人之身

부차보광 약유여인 염시추루 다질병자 단어지장보살상
復次普廣 若有女人 厭是醜陋 多疾病者 但於地藏菩薩像

전 지심첨례식경지간 시인 천만겁중 소수생신 상모원
前 至心瞻禮食頃之間 是人 千萬劫中 所受生身 相貌圓

만 무제질병 시추루여인 여불염시여신 즉백천만억생중
滿 無諸疾病 是醜陋女人 如不厭是女身 卽百千萬億生中

상위왕녀 내급왕비 재보대성대장자녀 단정수생 제상
常爲王女 乃及王妃 宰輔大姓大長者女 端正受生 諸相

원만 유지심고 첨례지장보살 획복여시
圓滿 由至心故 瞻禮地藏菩薩 獲福如是

부차보광 약유선남자선녀인 능대지장보살상전 작제기
復次普廣 若有善男子善女人 能對地藏菩薩像前 作諸妓

악 급가영찬탄 향화공양 내지권어일인다인 여시등배
樂 及歌詠讚歎 香華供養 乃至勸於一人多人 如是等輩

현재세중 급미래세 상득백천귀신 일야위호 불령악사
現在世中 及未來世 常得百千鬼神 日夜衛護 不令惡事

첩문기이 하황친수제횡
輒聞其耳 何況親受諸橫

부차보광보살 미래세중 약유악인 급악신악귀견유선
復次普廣菩薩 未來世中 若有惡人 及惡神惡鬼見有善

남자선녀인 귀경공양찬탄첨례지장보살형상 혹망생기
男子善女人 歸敬供養讚歎瞻禮地藏菩薩形像 或妄生譏

훼 방무공덕 급이익사 혹로치소 혹배면비 혹권인공비
毁 謗無功德 及利益事 或露齒笑 或背面非 或勸人共非

혹일인비 혹다인비 내지일념 생기훼자 여시지인 지현
或一人非 或多人非 乃至一念 生譏毁者 如是之人 至賢

겁천불멸도지후 기훼죄보 상재아비지옥 수극중죄 과
劫千佛滅度之後 譏毁罪報 尙在阿鼻地獄 受極重罪 過

시겁이 방수아귀 우경천겁 부수축생 우경천겁 방득인
是劫已 方受餓鬼 又經千劫 復受畜生 又經千劫 方得人

신 종수인신 빈궁하천 제근 불구 다피악업 내결기신
身 縱受人身 貧窮下賤 諸根 不具 多被惡業 來結其身

불구지간 부타악도 시고 보광 기훼타인공양 상획차보
不久之間 復墮惡道 是故 普廣 譏毁他人供養 尙獲此報

하황별생악견훼멸
何況別生惡見毁滅

부차보광보살 약미래세 유남자여인 구환상침 구생구사
復次普廣菩薩 若未來世 有男子女人 久患牀枕 求生求死

요불가득 혹야몽 악귀내급가친 혹유험도 혹다염매 공
了不可得 或夜夢 惡鬼乃及家親 或遊險道 或多魘魅 共

귀신유 일월세심 전부왕채 수중규환 참처불락자 차개
鬼神遊 日月歲深 轉復尫瘵 睡中叫喚 慘悽不樂者 此皆

시업도론대 미정경중 혹난사수 혹부득유 남녀속안 불
是業道論對 未定輕重 或難捨壽 或不得愈 男女俗眼 不

변시사 단당대제불보살상전 고성전독차경일편 혹취병
辯是事 但當對諸佛菩薩像前 高聲轉讀此經一遍 或取病

인 가애지물 혹의복보패 장원사택 대병인전 고성창언
人 可愛之物 或衣服寶貝 莊園舍宅 對病人前 高聲唱言

아모갑등 위시병인 대경상전 사 제물등 혹공양경상 혹
我某甲等 爲是病人 對經像前 捨 諸物等 或供養經像 或

조불보살형상 혹조탑사 혹연유등 혹시상주 여시삼백
造佛菩薩形像 或造塔寺 或燃油燈 或施常住 如是三白

병인 견령문지 가사제식 분산 지기진자 일일이일삼일
病人 遣令聞知 假使諸識 分散 至氣盡者 一日二日三日

내지칠일 단고성백사 고성독경 시인 명종지후 숙앙중
乃至七日 但高聲白事 高聲讀經 是人 命終之後 宿殃重

죄 지우오무간죄 영득해탈 소수생처 상지숙명 하황선
罪 至于五無間罪 永得解脫 所受生處 常知宿命 何況善

남자선녀인 자서차경 혹교인서 혹자소화보살형상 내
男子善女人 自書此經 或敎人書 或自塑畵菩薩形像 乃

지교인소화 소수과보 필획대리 시고 보광 약견유인
至敎人塑畵 所受果報 必獲大利 是故 普廣 若見有人

독송시경 내지일념 찬탄시경 혹공경시경자 여수백천
讀誦是經 乃至一念 讚歎是經 或恭敬是經者 汝須百千

방편 권시등인 근심막퇴 능득미래현재 백천만억불가
方便 勸是等人 勤心莫退 能得未來現在 百千萬億不可

사의공덕
思議功德

부차보광 약미래세계 제중생등 혹몽혹매 견제귀신 내
復次普廣 若未來世界 諸衆生等 或夢或寐 見諸鬼神 乃

급제형 혹비혹제 혹수혹탄 혹공혹포 차 개시일생십생
及諸形 或悲或啼 或愁或歎 或恐或怖 此 皆是一生十生

백생천생 과거부모 남녀제매 부처권속 재어악취 미득
百生千生 過去父母 男女弟妹 付處眷屬 在於惡趣 未得

출리 무처희망복력 구발고뇌 당고숙세골육 사작방편
出離 無處希望福力 救拔苦惱 當告宿世骨肉 使作方便

원리악도 보광 여이신력 견시권속 영대제불보살상전
願離惡道 普廣 汝以神力 遣是眷屬 令對諸佛菩薩像前

지심 자독차경 혹청인독 기수삼편 혹지칠편 여시악도
至心 自讀此經 或請人讀 其數三遍 或至七遍 如是惡道

권속 경성 필시편수 당득해탈 내지몽매지중 영불부견
眷屬 經聲 畢是遍數 當得解脫 乃至夢寐之中 永不復見

부차보광 약미래세 유제하천등인 혹노혹비 내지제부
復次普廣 若未來世 有諸下賤等人 或奴或婢 乃至諸不

자유지인 각지숙업 요참회자지심첨례지장보살형상 내
自由之人 覺知宿業 要懺悔者至心瞻禮地藏菩薩形像 乃

어일칠일중 염보살명 가만만편 여시등인 진차보후천
於一七日中 念菩薩名 可滿萬遍 如是等人 盡此報後千

만생중 상생존귀 갱불경력삼악도고
萬生中 常生尊貴 更不經歷三惡道苦

부차보광 약미래세중염부제내 찰리바라문장자거사일
復次普廣 若未來世中閻浮提內 刹利婆羅門長者居士一

체인등 급이성종족 유신생자혹남혹녀 칠일지중 조여
切人等 及異姓種族 有新生者或男或女 七日之中 早與

독송차불가사의경전 갱위염보살명호 가만만편 시신생
讀誦此不可思議經典 更爲念菩薩名號 可滿萬遍 是新生

자 혹남혹녀 숙유앙보 변득해탈 안락이양 수명 증장
子 或男或女 宿有殃報 便得解脫 安樂易養 壽命 增長

약시승복생자 전증안락 급여수명
若是承福生者 轉增安樂 及與壽命

부차보광 약미래세중생 어월일일팔일 십사일십오일
復此普廣 若未來世衆生 於月一日八日 十四日十五日

십팔일이십삼 이십사이십팔일 이십구일 내지삼십일
十八日二十三 二十四二十八日 二十九三 乃至三十日

시제일등 제죄결집 정기경중 남염부제중생 거지동념
是諸日等 諸罪結集 定其輕重 南閻浮提衆生 擧止動念

무불시업 무불시죄 하황자정 살생절도 사음망어 백천
無不是業 無不是罪 何況恣情 殺生竊盜 邪淫妄語 百千

죄상 약능어시십재지일 대불보살 급제현성상전 전독
罪狀 若能於是十齋之日 對佛菩薩 及諸賢聖像前 轉讀

시경일편 동서남북백유순내 무제재난 당차거가 약장
是經一遍 東西南北百由旬內 無諸災難 當次居家 若長

약유 현재미래백천세중 영리악취 능어십재일 매전일
若幼 現在未來百千歲中 永離惡趣 能於十齋日 每轉一

편 현세 영차거가 무제횡병 의식 풍일 시고 보광 당
遍 現世 令此居家 無諸橫病 衣食 豊溢 是故 普廣 當

지 지장보살 유여시등불가설백천만억 대위신력 이익
知 地藏菩薩 有如是等不可說百千萬億 大威神力 利益

지사 염부중생 어차대사 유대인연 시제중생 문보살명
之事 閻浮衆生 於此大士 有大因緣 是諸衆生 聞菩薩名

견보살상 내지문시경삼자오자 혹일게일구자 현재 수
見菩薩像 乃至聞是經三字五字 或一偈一句者 現在 殊

묘안락 미래지세백천만생 상득단정 생존귀가
妙安樂 未來之世百千萬生 常得端正 生尊貴家

이시 보광보살 문불여래 칭양찬탄지장보살 호궤합장
爾時 普廣菩薩 聞佛如來 稱揚讚歎地藏菩薩 胡跪合掌

부백불언 세존 아구지시대사 유여차불가사의신력 급
復白佛言 世尊 我久知是大士 有如此不可思議神力 及

대서원력 위미래중생 유지이익고문여래 세존 당하명
大誓願力 爲未來衆生 遺知利益故問如來 世尊 當何名

차경사아 운하유포 유원정수 불고보광 차경 범유삼명
此經使我 云何流布 唯願頂受 佛告普廣 此經 凡有三名

일명 지장본원 역명지장본행 역명지장본서력경 연차
一名 地藏本願 亦名地藏本行 亦名地藏本誓力經 緣此

보살 구원겁래 발대중원 이익중생 시고 여등 의원유
菩薩 久遠劫來 發大重願 利益衆生 是故 汝等 依願流

포 보광보살 문이신수 합장공경 작례이퇴
布 普廣菩薩 聞已信受 合掌恭敬 作禮而退

제7. 이익존망품 [利益存亡品 第七]

이시 지장보살마하살 백불언 세존 아관시염부제중생
爾時 地藏菩薩摩訶薩 白佛言 世尊 我觀是閻浮提衆生

거족동념 무비시죄 약우선리 다퇴초심 혹우악연염념
擧足動念 無非是罪 若遇善利 多退初心 或遇惡緣念念

증익 시등배인 여리니도 부어중석 점곤점중 족섭심
增益 是等輩人 如履泥途 負於重石 漸困漸重 足涉深

수 약득우선지식 체여감부 혹전여부 시선지식 유대
邃 若得遇善知識 替與減負 或全與負 是善知識 有大

력고 부상부조 권령뇌각 약달평지 수성악로 무재경
力故 復相扶助 勸令牢脚 若達平地 須省惡路 無再經

력 세존 습악중생 종섬호간 변지무량 시제중생 유여
歷 世尊 習惡衆生 從纖毫間 便至無量 是諸衆生 有如

차습 임명종시 남녀권속 의위설복 이자전로 혹현번
此習 臨命終時 男女眷屬 宜爲設福 以資前路 或懸幡

개 급연유등 혹전독존경 혹공양불상 급제성상 내지
盖 及燃油燈 或轉讀尊經 或供養佛像 及諸聖像 乃至

염불보살 급벽지불명자 일명일호 역임종인이근 혹문
念佛菩薩 及辟支佛名字 一名一號 歷臨終人耳根 或聞

재본식 시제중생 소조악업 계기감과 필타악취 연시
在本識 是諸衆生 所造惡業 計其感果 必墮惡趣 緣是

권속 위기임종지인 수차성인 여시중죄실개소멸
眷屬 爲其臨終之人 修此聖因 如是衆罪悉皆消滅

약능갱위신사지후칠칠일내 광조중선 능사시제중생 영
若能更爲身死之後七七日內 廣造衆善 能使是諸衆生 永

리악취 득생인천 수승묘락 현재권속 이익무량 시고 아
離惡趣 得生人天 受勝妙樂 現在眷屬 利益無量 是故 我

금 대불세존 급천룡팔부인비인등 권어염부제중생 임
今 對佛世尊 及天龍八部人非人等 勸於閻浮提衆生 臨

종지일 신물살생 급조악연 배제귀신 구제망량 하이고
終之日 愼勿殺生 及造惡緣 拜祭鬼神 求諸魍魎 何以故

이소살생 내지배제 무섬호지력 이익망인 단결죄연 전
爾所殺生 乃至拜祭 無纖毫之力 利益亡人 但結罪緣 轉

증심중 가사내세 혹현재생 득획성분 생인천중 연시임
增深重 假使來世 或現在生 得獲聖分 生人天中 緣是臨

종 피제권속 조시악인 역령시명종인 앙루대변 만생선
終 被諸眷屬 造是惡因 亦令是命終人 殃累對辯 晚生善

처 하황임명종인 재생 미증유소선근 각거본업 자수악
處 何況臨命終人 在生 未曾有少善根 各據本業 自受惡

취 하인권속 갱위증업 비여유인 종원지래 절량삼일 소
趣 何忍眷屬 更爲增業 譬如有人 從遠地來 絶糧三日 所

부담물 강과백근 홀우인인 갱부소물 이시지고 전부곤
負擔物 强過百斤 忽遇隣人 更附少物 以是之故 轉復困

중 세존 아관 염부중생 단능어제불교중 내지선사 일
重 世尊 我觀 閻浮衆生 但能於諸佛敎中 乃至善事 一

모일적 일사일진 여시이익 실개자득
毛一滴 一沙一塵 如是利益 悉皆自得

설시어시 회중 유일장자 명왈대변 시장자구증무생 화
說是語時 會中 有一長者 名日大辯 是長者久證無生 化

도시방 현장자신 합장공경 문지장보살언 대사 시남염
度十方 現長者身 合掌恭敬 問地藏菩薩言 大士 是南閻

부제중생 명종지후 대소권속 위수공덕 내지설재 조중
浮提衆生 命終之後 大小眷屬 爲修功德 乃至設齋 造衆

선인 시명종인 득대이익 급해탈부 지장보살 답언 장
善因 是命終人 得大利益 及解脫不 地藏菩薩 答言 長

자 아금 위미래현재일체중생 승불위력 약설시사 장자
者 我今 爲未來現在一切衆生 承佛威力 略說是事 長者

미래현재제중생등 임명종시 득문일불명 일보살명 일
未來現在諸衆生等 臨命終時 得聞一佛名 一菩薩名 一

벽지불명 불문유죄무죄 실득해탈 약유남자여인 재생
辟支佛名 不問有罪無罪 悉得解脫 若有男子女人 在生

불수선인 다조중죄 명종지후 권속대소위조복리일체성
不修善因 多造衆罪 命終之後 眷屬大小爲造福利一切聖

사 칠분지중 이내획일 육분공덕 생자자리 이시지고 미
事 七分之中 而乃獲一 六分功德 生者自利 以是之故 未

래현재선남녀등 문건자수 분분전획 무상대귀불기이도
來現在善男女等 聞健自修 分分全獲 無常大鬼不期而到

명명유신 미지죄복 칠칠일내 여치여농 혹재제사 변론
冥冥遊神 未知罪福 七七日內 如癡如聾 或在諸司 辯論

업과 심정지후 거업수생 미측지간 천만수고 하황타어
業果 審定之後 據業受生 未測之間 千萬愁苦 何況墮於

제악취등 시명종인 미득수생 재칠칠일내 염념지간 망
諸惡趣等 是命終人 未得受生 在七七日內 念念之間 望

제골육권속 여조복력구발 과시일후 수업수보 약시죄
諸骨肉眷屬 與造福力救拔 過是日後 隨業受報 若是罪

인 동경 천백세중 무해탈일 약시오무간죄 타대지옥
人 動經 千百歲中 無解脫日 若是五無間罪 墮大地獄

천겁만겁 영수중고
千劫萬劫 永受衆苦

부차장자 여시죄업중생 명종지후 권속골육 위수영재
復次長者 如是罪業衆生 命終之後 眷屬骨肉 爲修營齋

자조업도 미재식경 급영재지차 미감채엽 불기어지 내
資助業道 米齋食竟 及營齋之次 未泔菜葉 不棄於地 乃

지제식 미헌불승 물득선식 여유위식 급불정근 시명종
至諸食 未獻佛僧 勿得先食 如有違食 及不精勤 是命終

인 요불득력 약능정근호정 봉헌불승 시명종인 칠분
人 了不得力 若能精勤護淨 奉獻佛僧 是命終人 七分

획일 시고 장자 염부중생 약능위기부모 내지권속 명
獲一 是故 長者 閻浮衆生 若能爲其父母 乃至眷屬 命

종지후 설재공양 지심근간 여시지인 존망획리 설시어
終之後 設齋供養 至心勤懇 如是之人 存亡獲利 說是語

시 도리천궁 유천만억나유타염부귀신 실발무량보리심
時 忉利天宮 有千萬億那由他閻浮鬼神 悉發無量菩提心

대변장자 환희봉교 작례이퇴
大辯長者 歡喜奉敎 作禮而退

제8. 염라왕중찬탄품 [閻羅王衆讚歎品 第八]

이시철위산내 유무량귀왕 여염라천자 구예도리 내도
爾時鐵圍山內 有無量鬼王 與閻羅天子 俱詣忉利 來到

불소 소위악독귀왕 다악귀왕 대쟁귀왕 백호귀왕 혈호
佛所 所謂惡毒鬼王 多惡鬼王 大諍鬼王 白虎鬼王 血虎

귀왕 적호귀왕 산앙귀왕 비신귀왕 전광귀왕 낭아귀왕
鬼王 赤虎鬼王 散殃鬼王 飛身鬼王 電光鬼王 狼牙鬼王

천안귀왕 담수귀왕 부석귀왕 주모귀왕 주화귀왕 주복
千眼鬼王 噉獸鬼王 負石鬼王 主耗鬼王 主禍鬼王 主福

귀왕 주식귀왕 주재귀왕 주축귀왕 주금귀왕 주수귀왕
鬼王 主食鬼王 主財鬼王 主畜鬼王 主禽鬼王 主獸鬼王

주매귀왕 주산귀왕 주명귀왕 주질귀왕 주험귀왕 삼목
主魅鬼王 主産鬼王 主命鬼王 主疾鬼王 主險鬼王 三目

귀왕 사목귀왕 오목귀왕 기리실왕 대기리실왕 기리차
鬼王 四目鬼王 五目鬼王 祁利失王 大祁利失王 祁利叉

왕 대기리차왕 아나타왕 대아나타왕 여시등대귀왕 각
王 大祁利叉王 阿那他王 大阿那他王 如是等大鬼王 各

각여백천제소귀왕 진거염부제 각유소집 각유소주 시제
各與百千諸小鬼王 盡居閻浮提 各有所執 各有所住 是諸

귀왕 여염라천자 승불위신 급지장보살마하살력 구예
鬼王 與閻羅天子 承佛威神 及地藏菩薩摩訶薩力 俱詣

도리 재일면립
忉利 在一面立

이시 염라천자호궤합장 백불언 세존 아등 금자 여제
爾時 閻羅天子胡跪合掌 白佛言 世尊 我等 今者 與諸

귀왕 승불위신 급지장보살마하살력 방득예차도리대회
鬼王 承佛威神 及地藏菩薩摩訶薩力 方得詣此忉利大會

역시아등 획선리고 아금 유소의사 감문세존 유원세존
亦是我等 獲善利故 我今 有小疑事 敢問世尊 唯願世尊

자비 위아선설 불고염라천자 자여소문 오위여설 시시
慈悲 爲我宣說 佛告閻羅天子 恣汝所問 吾爲汝說 是時

염라천자첨례세존 급회시지장보살 이백불언 세존 아
閻羅天子瞻禮世尊 及廻視地藏菩薩 而白佛言 世尊 我

관 지장보살 재육도중 백천방편 이도죄고중생 불사피
觀 地藏菩薩 在六道中 百天方便 而度罪苦衆生 不辭疲

권 시대보살 유여시불가사의신통지사 연제중생 탈획
倦 是大菩薩 有如是不可思議神通之事 然諸衆生 脫獲

죄보 미구지간 우타악도 세존 시지장보살 기유여시불
罪報 未久之間 又墮惡道 世尊 是地藏菩薩 旣有如是不

가사의신력 운하중생 이불의지선도 영취해탈 유원세
可思議神力 云何衆生 而不依止善道 永取解脫 唯願世

존 위아해설
尊 爲我解說

불고염라천자 남염부제중생 기성 강강 난조난복 시대
佛告閻羅天子 南閻浮提衆生 其性 剛强 難調難伏 是大

보살 어백천겁 두두구발여시중생 조령해탈 시제죄인
菩薩 於百千劫 頭頭救拔如是衆生 早令解脫 是諸罪人

내지타대악취 보살 이방편력 출발근본업연 이견오숙
乃至墮大惡趣 菩薩 以方便力 出拔根本業緣 而遣悟宿

세지사 자시염부중생 결악습중 선출선입 노사보살 구
世之事 自是閻浮衆生 結惡習重 旋出旋入 勞斯菩薩 久

경겁수 이작도탈 비여유인 미실본가 오입험도 기험도
經劫數 而作度脫 譬如有人 迷失本家 誤入險道 其險道

중 다제야차 급호랑사자 원사복갈 여시미인 재험도중
中 多諸夜叉 及虎狼獅子 蚖蛇蝮蝎 如是迷人 在險道中

수유지간 즉조제독 유일지식 다해대술 선금시독 내급
須臾之間 卽遭諸毒 有一知識 多解大術 善禁是毒 乃及

야차제악독등 홀봉미인 욕진험도 이어지언 돌재 남자
夜叉諸惡毒等 忽逢迷人 欲進險道 而語之言 咄哉 男子

위하사고 이입차로 유하이술 능제제독 시미로인 홀문
爲何事故 而入此路 有何異術 能制諸毒 是迷路人 忽聞

시어 방지험도 즉변퇴보 구출차로 시선지식 제휴접수
是語 方知險道 卽便退步 求出此路 是善知識 提携接手

인출험도 면제악독 지우호도 영득안락 이어지언 돌재
引出險道 免諸惡毒 至于好道 令得安樂 而語之言 咄哉

미인 자금이후 물리시도 차로입자 졸난득출 부손성명
迷人 自今以後 勿履是道 此路入者 卒難得出 復損性命

시미로인 역생감동 임별지시 지식 우언 약견지친 급제
是迷路人 亦生感動 臨別之時 知識 又言 若見知親 及諸

로인 약남약녀 언어차로다제독악 상실성명 무령시중
路人 若男若女 言於此路多諸毒惡 喪失性命 無令是衆

자취기사
自取其死

시고 지장보살 구대자비 구발죄고중생 욕생천인중 영
是故 地藏菩薩 具大慈悲 救拔罪苦衆生 欲生天人中 令

수묘락 시제죄중 지업도고탈득출리 영불재력 여미로
受妙樂 是諸罪衆 知業道苦脱得出離 永不再歷 如迷路

인 오입험도 우선지식 인접령출 영불부입 봉견타인 부
人 誤入險道 遇善知識 引接令出 永不復入 逢見他人 復

권막입 자연 인시미고 해탈이경 갱불부입 약재이천
勸莫入 自然 因是迷故 解脱離竟 更不復入 若再履踐

유상미오 불각구증소락험도 혹치실명 여타악취중생
猶尙迷誤 不覺舊曾所落險道 或致失命 如墮惡趣衆生

지장보살 방편력고 사령해탈 생인천중 선우재입 약업
地藏菩薩 方便力故 使令解脱 生人天中 旋又再入 若業

결중 영처지옥 무해탈시
結重 永處地獄 無解脱時

이시 악독귀왕 합장공경 백불언 세존 아등제귀왕 기
爾時 惡毒鬼王 合掌恭敬 白佛言 世尊 我等諸鬼王 其

수무량 재염부제 혹이익인 혹손해인 각각부동 연시
數無量 在閻浮提 或利益人 或損害人 各各不同 然是

업보 사아권속 유행세계 다악소선 과인가정 혹성읍취
業報 使我眷屬 遊行世界 多惡少善 過人家庭 或城邑聚

락장원방사 혹유남자여인 수호발선사 내지현일번일개
落莊園房舍 或有男子女人 修毫髮善事 乃至懸一幡一盖

소향소화 공양불상 급보살상 혹전독존경 소향공양일
少香少華 供養佛像 及菩薩像 或轉讀尊經 燒香供養一

구일게 아등귀왕 경례시인 여과거현재미래제불 칙제
句一偈 我等鬼王 敬禮是人 如過去現在未來諸佛 勅諸

소귀 각유대력 급토지분 갱령위호 불령악사횡사 악병
小鬼 各有大力 及土地分 更令衛護 不令惡事橫事 惡病

횡병 내지불여의사근어차사등처 하황입기문호 불찬귀
橫病 乃至不如意事近於此舍等處 何況入其門戶 佛讚鬼

왕 선재선재 여등 급여염라천자 능여시옹호선남자선
王 善哉善哉 汝等 及與閻羅天子 能如是擁護善男子善

녀인 오역령어범왕제석 위호여등
女人 吾亦令於梵王帝釋 衛護汝等

설시어시 회중 유일귀왕 명왈주명 백불언 세존 아본
說是語時 會中 有一鬼王 名日主命 白佛言 世尊 我本

업연 주기염부제인수명 생시사시 아개주지 재아본원
業緣 主其閻浮提人壽命 生時死時 我皆主知 在我本願

심대이익 자시중생 불회아의 치령생사 구불득안 하이
甚大利益 自是衆生 不會我意 致令生死 俱不得安 何以

고 시염부제인 초생지시 불문남녀 장욕생시 단작선사
故 是閻浮提人 初生之時 不問男女 將欲生時 但作善事

증익사택 자령토지 무량환희 옹호자모 득대안락 이익
增益舍宅 自令土地 無量歡喜 擁護子母 得大安樂 利益

권속 혹이생하 신물살생 취제선미 공급산모 급광취권
眷屬 或已生下 愼勿殺生 取諸鮮味 供給産母 及廣聚眷

속 음주식육 가락현관 능령자모 부득안락 하이고 시산
屬 飮酒食肉 歌樂絃管 能令子母 不得安樂 何以故 是産

난시 유무수악귀 급망량정매 욕식성혈 시아조령사택
難時 有無數惡鬼 及魍魎精魅 欲食腥血 是我早令舍宅

토지영기 하호자모 사령안락 이득이익 여시지인 견안
土地靈祇 何護子母 使令安樂 而得利益 如是之人 見安

락고 변합설복 답제토지 번위살생 취회권속 이시지고
樂故 便合設福 答諸土地 翻爲殺生 聚會眷屬 以是之故

범앙자수 자모구손 우염부제임명종인 불문선악 아욕
犯殃自受 子母俱損 又閻浮提臨命終人 不問善惡 我欲

령시명종지인 불락악도 하황자수선근 증아력고 시염
令是命終之人 不落惡道 何況自修善根 增我力故 是閻

부제행선지인 임명종시 역유백천악독귀신 혹변작부모
浮提行善之人 臨命終時 亦有百千惡毒鬼神 或變作父母

내지제권속 인접망인 영락악도 하황본조악자 세존 여
乃至諸眷屬 引接亡人 令落惡道 何況本造惡者 世尊 如

시염부제남자여인 임명종시 신식 혼미 불변선악 내지
是閻浮提男子女人 臨命終時 神識 昏迷 不辨善惡 乃至

안이 갱무견문 시제권속 당수설대공양 전독존경 염불
眼耳 更無見聞 是諸眷屬 當須設大供養 轉讀尊經 念佛

보살명호 여시선연 능령망자 이제악도 제마귀신 실개
菩薩名號 如是善緣 能令亡者 離諸惡道 諸魔鬼神 悉皆

퇴산 세존 일체중생 임명종시 약득문일불명 일보살명
退散 世尊 一切衆生 臨命終時 若得聞一佛名 一菩薩名

혹대승경전일구일게 아관여시배인 제오무간살생지죄
或大乘經典一句一偈 我觀如是輩人 除五無間殺生之罪

소소악업 합타악취자 심즉해탈 불고주명귀왕 여대자
小小惡業 合墮惡趣者 尋卽解脫 佛告主命鬼王 汝大慈

고 능발여시대원 어생사중 호제중생 약미래세중 유남
故 能發如是大願 於生死中 護諸衆生 若未來世中 有男

자여인 지생사시 여막퇴시원 총령해탈 영득안락 귀왕
子女人 至生死時 汝莫退是願 總令解脫 永得安樂 鬼王

백불언 원불유려 아필시형 염념옹호염부중생 생시사시
白佛言 願不有慮 我畢是形 念念擁護閻浮衆生 生時死時

구득안락 단원제중생 어생사시 신수아어 무불해탈 획
俱得安樂 但願諸衆生 於生死時 信受我語 無不解脫 獲

대이익
大利益

이시 불고지장보살 시대귀왕주수명자 이증경백천생중
爾時 佛告地藏菩薩 是大鬼王主壽命者 已曾經百千生中

작대귀왕 어생사중 옹호중생 여시대사자비원고 현대
作大鬼王 於生死中 擁護衆生 如是大士慈悲願故 現大

귀왕신 실비귀야 각후과일백칠십겁 당득성불 호왈무
鬼王身 實非鬼也 却後過一百七十劫 當得成佛 號曰無

상여래 겁명 안락세계명 정주 기불수명 불가계겁 지
相如來 劫名 安樂世界名 淨住 其佛壽命 不可計劫 地

장보살 시대귀왕 기사여시 불가사의 소도천인 역불
藏菩薩 是大鬼王 其事如是 不可思議 所度天人 亦不

가한량
可 限 量

제9. 칭불명호품 [稱佛名號品 第九]

이시 지장보살마하살 백불언 세존 아금 위미래중생
爾 時 地 藏 菩 薩 摩 訶 薩 白 佛 言 世 尊 我 今 爲 未 來 衆 生

연이익사 어생사중 득대이익 유원세존 청아설지 불
演 利 益 事 於 生 死 中 得 大 利 益 唯 願 世 尊 聽 我 說 之 佛

고지장보살 여금 욕흥자비 구발일체죄고육도중생 연
告 地 藏 菩 薩 汝 今 欲 興 慈 悲 救 拔 一 切 罪 苦 六 道 衆 生 演

부사의사 금정시시 유당속설 오즉열반 사여 조필시원
不 思 議 事 今 正 是 時 唯 當 速 說 吾 卽 涅 槃 使 汝 早 畢 是 願

오역무우현재미래일체중생 지장보살 백불언 세존 과
吾 亦 無 憂 現 在 未 來 一 切 衆 生 地 藏 菩 薩 白 佛 言 世 尊 過

거무량아승지겁 유불출세 호 무변신여래 약유남자여
去 無 量 阿 僧 祇 劫 有 佛 出 世 號 無 邊 身 如 來 若 有 男 子 女

인 문시불명 잠생공경 즉득초월사십겁생사중죄 하황소
人 聞 是 佛 名 暫 生 恭 敬 卽 得 超 越 四 十 劫 生 死 重 罪 何 況 塑

화형상 공양찬탄 기인획복 무량무변 우어과거항하사
畵 形 像 供 養 讚 歎 其 人 獲 福 無 量 無 邊 又 於 過 去 恒 河 沙

겁 유불출세 호 보승여래 약유남자여인 문시불명 일
劫 有 佛 出 世 號 寶 勝 如 來 若 有 男 子 女 人 聞 是 佛 名 一

탄지경 발심귀의 시인 어무상도 영불퇴전
彈指頃 發心歸依 是人 於無上道 永不退轉

우어과거 유불출세 호 파두마승여래 약유남자여인 문
又於過去 有佛出世 號 波頭摩勝如來 若有男子女人 聞

시불명 역어이근 시인 당득천반 생어육욕천중 하황지
是佛名 歷於耳根 是人 當得千返 生於六欲天中 何況至

심칭념우어과거불가설불가설아승지겁 유불출세 호 사
心稱念又於過去不可說不可說阿僧祇劫 有佛出世 號 獅

자후여래 약유남자여인 문시불명 일념귀의 시인 득우
子吼如來 若有男子女人 聞是佛名 一念歸依 是人 得遇

무량제불 마정수기 우어과거 유불출세 호구류손불 약
無量諸佛 摩頂受記 又於過去 有佛出世 號拘留孫佛 若

유남자여인 문시불명 지심첨례 혹부찬탄 시인 어현겁
有男子女人 聞是佛名 至心瞻禮 或復讚歎 是人 於賢劫

천불회중 위대범왕 득수상기
千佛會中 爲大梵王 得授上記

우어과거 유불출세 호 비바시불 약유남자여인 문시불
又於過去 有佛出世 號 毗婆尸佛 若有男子女人 聞是佛

명 영불타어악도 상생인천 수승묘락 우어과거무량무
名 永不墮於惡道 常生人天 受勝妙樂 又於過去無量無

수항하사겁 유불출세 호 다보여래 약유남자여인 문시
數恒河沙劫 有佛出世 號 多寶如來 若有男子女人 聞是

불명 필경불타악도 상재천상 수승묘락 우어과거 유불
佛名 畢竟不墮惡道 常在天上 受勝妙樂 又於過去 有佛

출세 호 보상여래 약유남자여인 문시불명 생공경심
出世 號 寶相如來 若有男子女人 聞是佛名 生恭敬心

시인 불구 득아라한과 우어과거무량아승지겁 유불출
是人 不久 得阿羅漢果 又於過去無量阿僧祇劫 有佛出

세호 가사당여래 약유남자여인 문시불명 초일백대겁
世號 袈裟幢如來 若有男子女人 聞是佛名 超一百大劫

생사지죄 우어과거 유불출세 호 대통산왕여래 약유남
生死之罪 又於過去 有佛出世 號 大通山王如來 若有男

자여인 문시불명자 시인 득우항하사불 광위설법 필
子女人 聞是佛名是 人得 得遇恒河沙佛 廣爲說法 必

성보리
成菩提

우어과거 유정월불 산왕불 지승불 정명왕불 지성취불
又於過去 有淨月佛 山王佛 智勝佛 淨名王佛 智成就佛

무상불 묘성불 만월불 월면불 유여시등불가설불 세존
無上佛 妙聲佛 滿月佛 月面佛 有如是等不可說佛 世尊

현재미래일체중생 약천약인 약남약녀 단염득일불명호
現在未來一切衆生 若天若人 若男若女 但念得一佛名號

공덕 무량 하황다명 시중생등 생시사시 자득대리 종
功德 無量 何況多名 是衆生等 生時死時 自得大利 終

불타악도 약유임명종인 가중권속 내지일인 위시병인
不墮惡道 若有臨命終人 家中眷屬 乃至一人 爲是病人

고성 염일불명 시명종인 제오무간대죄 여업보등 실득
高聲 念一佛名 是命終人 除五無間大罪 餘業報等 悉得

소멸 시오무간대죄 수지극중 동경억겁 요부득출 승사
消滅 是五無間大罪 雖至極重 動經億劫 了不得出 承斯

임명종시 타인 위기칭념불명 어시죄중 역점소멸 하황
臨命終時 他人 爲其稱念佛名 於是罪中 亦漸消滅 何況

중생 자칭자념 획복무량 멸무량죄
衆生 自稱自念 獲福無量 滅無量罪

제10. 교량보시공덕연품 [校量布施功德緣品 第十]

이시 지장보살마하살 승불위신 종좌이기 호궤합장 백
爾時 地藏菩薩摩訶薩 承佛威神 從座而起 胡跪合掌 白

불언 세존 아관업도중생 교량보시 유경유중 유일생수
佛言 世尊 我觀業道衆生 校量布施 有輕有重 有一生受

복 유십생수복 유백생천생 수대복리자 시사운하 유원
福 有十生受福 有百生千生 受大福利者 是事云何 唯願

세존 위아설지 이시 불고지장보살 오금어도리천궁일
世尊 爲我說之 爾時 佛告地藏菩薩 吾今於忉利天宮一

체중회 설염부제보시교량공덕경중 여당제청 오위여
切衆會 說閻浮提布施校量功德輕重 汝當諦聽 吾爲汝

설 지장 백불언 아의시사 원요욕문 불고지장보살
說 地藏 白佛言 我疑是事 願樂欲聞 佛告地藏菩薩

남염부제 유제국왕 재보대신 대장자 대찰리 대바라문
南閻浮提 有諸國王 宰輔大臣 大長者 大刹利 大婆羅門

등 약우최하빈궁 내지융잔암아농치무목 여시종종불완
等 若遇最下貧窮 乃至癃殘暗啞聾癡無目 如是種種不完

구자 시대국왕등 욕보시시 약능구대자비 하심함소친수
具者 是大國王等 欲布施時 若能具大慈悲 下心含笑親手

편포 혹사인시 연언위유 시국왕등 소획복리 여 보시백
遍布 或使人施 軟言慰喩 是國王等 所獲福利 如 布施百

항하사불공덕지리 하이고 연시국왕등 어시최빈천배 급
恒河沙佛功德之利 何以故 緣是國王等 於是最貧賤輩 及

불완구자 발대자비심 시고 복리유여차보 백천생중상
不完具者 發大慈悲心 是故 福利有如此報 百千生中常

득칠보구족 하황의식수용
得七寶具足 何況衣食受用

부차지장 약미래세 유제국왕지바라문등 우불탑사 혹
復次地藏 若未來世 有諸國王至婆羅門等 遇佛塔寺 或

불형상 내지보살성문벽지등상 궁자영판 공양보시 시
佛形像 乃至菩薩聲聞辟支等像 躬自營辦 供養布施 是

국왕등 당득삼겁 위제석신 수승묘락 약능이차보시복
國王等 當得三劫 爲帝釋身 受勝妙樂 若能以此布施福

리 회향법계 시대국왕등 어십겁중 상위대범천왕 부차
利 回向法界 是大國王等 於十劫中 常爲大梵天王 復次

지장 약미래세 유제국왕지바라문등 우선불탑묘 혹지
地藏 若未來世 有諸國王至婆羅門等 遇先佛塔廟 或至

경상 훼괴파락 내능발심수보 시국왕등 혹자영판 혹권
經像 毁壞破落 乃能發心修補 是國王等 或自營辦 或勸

타인 내지백천인등 보시결연 시국왕등 백천생중 상위
他人 乃至百千人等 布施結緣 是國王等 百千生中 常爲

전륜왕신 여시타인 동보시자 백천생중 상위소국왕신
轉輪王身 如是他人 同布施者 百千生中 常爲小國王身

갱능어탑묘전 발회향심 여시국왕 내급제인 진성불도
更能於塔廟前 發回向心 如是國王 乃及諸人 盡成佛道

이차과보 무량무변
以此果報 無量無邊

부차지장 미래세중 유제국왕 급바라문등 견제노병 급
復次地藏 未來世中 有諸國王 及婆羅門等 見諸老病 及

생산부녀 약일념간 구대자심 보시의약 음식와구 사령
生産婦女 若一念間 具大慈心 布施醫藥 飮食臥具 使令

안락 여시복리 최부사의 일백겁중 상위정거천주 이백
安樂 如是福利 最不思議 一百劫中 常爲淨居天主 二百

겁중 상위육욕천주 필경성불 영불타악도 내지백천생중
劫中 常爲六欲天主 畢竟成佛 永不墮惡道 乃至百千生中

이불문고성 부차지장 약미래세중 유제국왕 급 바라문
耳不聞苦聲 復次地藏 若未來世中 有諸國王 及 婆羅門

등 능작여시보시 획복무량 갱능회향 불문다소 필경성
等 能作如是布施 獲福無量 更能回向 不問多少 畢竟成

불 하황석범전륜지보 시고 지장 보권중생 당여시학 부
佛 何況釋梵轉輪之報 是故 地藏 普勸衆生 當如是學 復

차지장 미래세중 약선남자선녀인 어불법중 종소선근
次地藏 未來世中 若善男子善女人 於佛法中 種少善根

모발사진허 소수복리 불가위유
毛髮沙塵許 所受福利 不可爲喩

부차지장 미래세중 약유선남자선녀인 우불형상 보살
復次地藏 未來世中 若有善男子善女人 遇佛形像 菩薩

상형 벽지불형상 전륜왕형상 보시공양 득무량복 상재
形像 辟支佛形像 轉輪王形像 布施供養 得無量福 常在

인천 수승묘락 약능회향법계 시인복리 불가위유 부차
人天 受勝妙樂 若能回向法界 是人福利 不可爲喩 復次

지장 미래세중 약유선남자선녀인 우대승경전 혹청문
地藏 未來世中 若有善男子善女人 遇大乘經典 或聽聞

일게일구 발은중심 찬탄공경 보시공양 시인 획대과보
一偈一句 發殷重心 讚歎恭敬 布施供養 是人 獲大果報

무량무변 약능회향법계 기복 불가위유 부차지장 약미
無量無邊 若能回向法界 其福 不可爲喩 復次地藏 若未

래세중 유선남자선녀인 우불탑사 대승경전 신자 보시
來世中 有善男子善女人 遇佛塔寺 大乘經典 新者 布施

공양 첨례찬탄 공경합장 약우고자 혹훼괴자 수보영리
供養 瞻禮讚歎 恭敬合掌 若遇故者 或毁壞者 修補營理

혹독발심 혹권다인 동공발심 여시등배 삼십생중 상위
或獨發心 或勸多人 同共發心 如是等輩 三十生中 常爲

제소국왕 단월지인 상위륜왕 환이선법 교화제소국왕
諸小國王 檀越之人 常爲輪王 還以善法 敎化諸小國王

부차지장 미래세중 약유선남선녀인 어불법중 소종선
復次地藏 未來世中 若有善男善女人 於佛法中 所種善

근 혹보시공양 혹수보탑사 혹장리경전 내지일모일진
根 或布施供養 或修補塔寺 或裝理經典 乃至一毛一塵

일사일제 여시선사 단능회향법계 시인공덕 백천생중
一沙一渧 如是善事 但能回向法界 是人功德 百千生中

수상묘락 여단회향자가권속 혹자신이익 여시지과 즉
受上妙樂 如但回向自家眷屬 或自身利益 如是之果 卽

삼생락 일득만보 시고 지장 보시인연 기사여시
三生樂 一得萬報 是故 地藏 布施因緣 其事如是

제11. 지신호법품 [地神護法品 第十一]

이시 견뢰지신 백불언 세존 아종석래 첨앙정례무량보
爾時 堅牢地神 白佛言 世尊 我從昔來 瞻仰頂禮無量菩

살마하살 개시대불가사의 신통지혜 광도중생 시지장
薩摩訶薩 皆是大不可思議 神通智慧 廣度衆生 是地藏

보살마하살 어제보살 서원 심중 세존 시지장보살 어
菩薩摩訶薩 於諸菩薩 誓願 深重 世尊 是地藏菩薩 於

염부제 유대인연 여문수보현관음미륵 역화백천신형 도
閻浮提 有大因緣 如文殊普賢觀音彌勒 亦化百千身形 度

어육도 기원 상유필경 시지장보살 교화육도일체중생
於六道 其願 尙有畢竟 是地藏菩薩 敎化六道一切衆生

소발서원겁수 여천백억항하사
所發誓願劫數 如千百億恒河沙

세존 아관 미래급현 재중생 어소주처 어남방청결지지
世尊 我觀 未來及現 在衆生 於所住處 於南方淸潔之地

이토석죽목 작기감실 시중 능소화 내지금은동철 작지
以土石竹木 作其龕室 是中 能塑畵 乃至金銀銅鐵 作地

장형상 소향공양 첨례찬탄 시인거처 즉득십종이익 하
藏形像 燒香供養 瞻禮讚歎 是人居處 卽得十種利益 何

등 위십 일자 토지풍양 이자 가택영안 삼자 선망생천
等 爲十 一者 土地豊穰 二者 家宅永安 三者 先亡生天

사자 현존익수 오자 구자수의 육자 무수화재 칠자 허
四者 現存益壽 五者 求者遂意 六者 無水火災 七者 虛

모벽제 팔자 두절악몽 구자 출입신호 십자 다우성인
耗辟除 八者 杜絶惡夢 九者 出入神護 十者 多遇聖因

세존 미래세중 급현재중생 약능어소주처방면 작여시
世尊 未來世中 及現在衆生 若能於所住處方面 作如是

공양 득 여시이익 견뢰지신 부백불언 세존 미래세중
供養 得 如是利益 堅牢地神 復白佛言 世尊 未來世中

약유 선남자선녀인 어소주처 견차경전 급보살상 시인
若有 善男子善女人 於所住處 見此經典 及菩薩像 是人

갱능전독경전 공양보살 아상일야 이본신력 위호시인
更能轉讀經典 供養菩薩 我常日夜 以本神力 衛護是人

내지수화도적 대횡소횡 일체악사 실개소멸
乃至水火盜賊 大橫小橫 一切惡事 悉皆消滅

불고지신 견뢰 여 대신력 제신 소급 하이고 염부토지
佛告地神 堅牢 汝 大神力 諸神 少及 何以故 閻浮土地

실몽여호 내지초목사석 도마죽위 곡미보패 종지이유
悉蒙汝護 乃至草木沙石 稻麻竹葦 穀米寶貝 從地而有

개인여력 우당칭양지장보살이익지사 여지공덕 급이신
皆因汝力 又當稱揚地藏菩薩利益之事 汝之功德 及以神

통 백천배어상분지신 약미래세중 유선남자선녀인 공
通 百千倍於常分地神 若未來世中 有善男子善女人 供

양보살 급전독시경 단의지장본원경 일사수행자 여이
養菩薩 及轉讀是經 但依地藏本願經 一事修行者 汝以

본신력 이옹호지 물령일체재해 급불여의사첩문어이하
本神力 而擁護之 勿令一切災害 及不如意事輒聞於耳何

황영수 비단여독호시인고 역유석범권속 제천권속 옹
況令受 非但汝獨護是人故 亦有釋梵眷屬 諸天眷屬 擁

호시인 하고 득여시성현 옹호 개유첨례지장형상 급전
護是人 何故 得如是聖賢 擁護 皆由瞻禮地藏形像 及轉

독시 본원경고 자연필경 출리고해 증열반락 이시지고
讀是 本願經故 自然畢竟 出離苦海 證涅槃樂 以是之故

득대옹호
得大擁護

제12. 견문이익품 [見聞利益品 第十二]

이시 세존 종정문상 방백천만억대호상광 소위백호상
爾時 世尊 從頂門上 放百千萬億大毫相光 所謂白毫相

광 대백호상광 서호상광 대서호상광 옥호상광 대옥호
光 大白毫相光 瑞毫相光 大瑞毫相光 玉毫相光 大玉毫

상광 자호상광 대자호상광 청호상광 대청호상광 벽호
相光 紫毫相光 大紫毫相光 靑毫相光 大靑毫相光 碧毫

상광 대벽호상광 홍호상광 대홍호상광 녹호상광 대녹
相光 大碧毫相光 紅毫相光 大紅毫相光 錄毫相光 大錄

호상광 금호상광 대금호상광 경운호상광 대경운호상
毫相光 金毫相光 大金毫相光 慶雲毫相光 大慶雲毫相

광 천륜호광 대천륜호광 보륜호광 대보륜호광 일륜호
光 千輪毫光 大千輪毫光 寶輪毫光 大寶輪毫光 日輪毫

광 대일륜호광 월륜호광 대월륜호광 궁전호광 대궁전
光 大日輪毫光 月輪毫光 大月輪毫光 宮殿毫光 大宮殿

호광 해운호광 대해운호광
毫光 海雲毫光 大海雲毫光

어정문상 방여시등호상광이 출미묘음 고제대중 천룡
於頂門上 放如是等毫相光已 出微妙音 告諸大衆 天龍

팔부인비인등 청오금일 어도리천궁 칭양찬탄지장보살
八部人非人等 聽吾今日 於忉利天宮 稱揚讚歎地藏菩薩

어인천중 이익등사 부사의사 초성인사 증십지사 필경
於人天中 利益等事 不思議事 超聖因事 證十地事 畢竟

불퇴아누다라삼먁삼보리사 설시어시 회중 유일보살마
不退阿耨多羅三藐三菩提事 說是語時 會中 有一菩薩摩

하살 명 관세음 종좌이기 호궤합장 백불언 세존 시지
訶薩 名 觀世音 從座而起 胡跪合掌 白佛言 世尊 是地

장보살마하살 구대자비 연민죄고중생 어천만억세계
藏 菩 薩 摩 訶 薩 具 大 慈 悲 憐 愍 罪 苦 衆 生 於 千 萬 億 世 界

화천만억신 소유공덕 급부사의위신지력 아이문세존 여
化 千 萬 億 身 所 有 功 德 及 不 思 議 威 神 之 力 我 已 聞 世 尊 與

시방무량제불 이구동음 찬탄지장보살 운하사과거현재
十 方 無 量 諸 佛 異 口 同 音 讚 歎 地 藏 菩 薩 云 何 使 過 去 現 在

미래제불 설기동덕 유불능진 향자 우몽세존 보고대중
未 來 諸 佛 說 其 功 德 猶 不 能 盡 向 者 又 蒙 世 尊 普 告 大 衆

욕칭양지장이익등사 유원세존 위현재미래일체중생 칭
欲 稱 揚 地 藏 利 益 等 事 唯 願 世 尊 爲 現 在 未 來 一 切 衆 生 稱

양지장부사의사 영천룡팔부 첨례획복
揚 地 藏 不 思 議 事 令 天 龍 八 部 瞻 禮 獲 福

불고관세음보살 여어사바세계 유대인연 약천약룡 약
佛 告 觀 世 音 菩 薩 汝 於 娑 婆 世 界 有 大 因 緣 若 天 若 龍 若

남약녀 약신약귀 내지육도죄고중생 문여명자 견여형
男 若 女 若 神 若 鬼 乃 至 六 道 罪 苦 衆 生 聞 汝 名 者 見 汝 形

자 연모여자 찬탄여자 시제중생 실어무상도 필불퇴전
者 戀 慕 汝 者 讚 歎 汝 者 是 諸 衆 生 悉 於 無 上 道 必 不 退 轉

상생인천 구수묘락 인과장숙 우불수기 여금 구대자비
常 生 人 天 具 受 妙 樂 因 果 將 熟 遇 佛 授 記 汝 今 具 大 慈 悲

연민 중생 급천룡팔부 욕청오 선설지장보살부사의이
憐 愍 衆 生 及 天 龍 八 部 欲 聽 吾 宣 說 地 藏 菩 薩 不 思 議 利

익지사 여당제청 오금설지 관세음 언 유연세존 원요
益 之 事 汝 當 諦 聽 吾 今 說 之 觀 世 音 言 唯 然 世 尊 願 樂

욕문
欲聞

불고관세음보살 미래현재제세계중 유천인 수천복진 유
佛告觀世音菩薩 未來現在諸世界中 有天人 受天福盡 有

오쇠상 현 혹유타어악도지자 여시천인 약남약녀당현
五衰相 現 或有墮於惡道之者 如是天人 若男若女當現

상시 혹견지장보살형상 혹문지장보살명 일첨일례 시
相時 或見地藏菩薩形像 或聞地藏菩薩名 一瞻一禮 是

제천인 전증천복 수대쾌락 영불력삼악도보 하황견문
諸天人 轉增天福 受大快樂 永不歷三惡道報 何況見聞

보살 이제향화의복음식 보패영낙 보시공양 소획공덕
菩薩 以諸香華衣服飮食 寶貝瓔珞 布施供養 所獲功德

복리 무량무변
福利 無量無邊

부차관세음 약미래현재제세계중 육도중생 임명종시 득
復次觀世音 若未來現在諸世界中 六道衆生 臨命終時 得

문지장보살명 일성 역이근자 시제중생 영불력 삼악도
聞地藏菩薩名 一聲 歷耳根者 是諸衆生 永不歷 三惡道

고 하황임명종시 부모권속 장시명종인 사택재물 보패
苦 何況臨命終時 父母眷屬 將是命終人 舍宅財物 寶貝

의복 소화지장형상 혹사병인미종지시 혹안이견문 지
衣服 塑畫地藏形像 或使病人未終之時 或眼耳見聞 知

도권속 장사택보패등 위기자신 소화지장보살형상 시인
道眷屬 將舍宅寶貝等 爲其自身 塑畫地藏菩薩形像 是人

약시업보 합수중병자 승사공덕 심즉제유 수명 증익
若是業報 合受重病者 承斯功德 尋卽除愈 壽命 增益

시인 약시업보명진 응유일체죄장업장 합타악취자 승
是人 若是業報命盡 應有一切罪障業障 合墮惡趣者 承

사공덕 명종지후 즉생인천 수승묘락 일체죄장 실개소멸
斯功德 命終之後 卽生人天 受勝妙樂 一切罪障 悉皆消滅

부차관세음보살 약미래세 유남자여인 혹유포시 혹삼세
復次觀世音菩薩 若未來世 有男子女人 或乳哺時 或三歲

오세 십세이하 망실부모 내급망실형제자매 시인 연기
五歲 十歲已下 亡失父母 乃及亡失兄弟姉妹 是人 年旣

장대 사억부모 급제권속 부지낙재하취 생하세계 생하
長大 思憶父母 及諸眷屬 不知落在何趣 生何世界 生何

천중 시인 약능소화지장보살형상 내지문명 일첨일례
天中 是人 若能塑畵地藏菩薩形像 乃至聞名 一瞻一禮

일일지칠일 막퇴초심 문명견형 첨례공양 시인권속 가
一日至七日 莫退初心 聞名見形 瞻禮供養 是人眷屬 假

인업고 타악취자계당겁수 승사남녀형제자매소화지장
因業故 墮惡趣者計當劫數 承斯男女兄弟姉妹塑畵地藏

형상 첨례공덕 심즉해탈 생인천중 수승묘락 시인 권속
形像 瞻禮功德 尋卽解脫 生人天中 受勝妙樂 是人 眷屬

여유복력 이생인천 수승묘락자 즉승사공덕 전증성인
如有福力 已生人天 受勝妙樂者 卽承斯功德 轉增聖因

수무량락 시인 갱능삼칠일중 일심첨례지장보살형상
受無量樂 是人 更能三七日中 一心瞻禮地藏菩薩形像

염기명자 만어만편 당득보살 현무변신 구고시인권속
念其名字 滿於萬遍 當得菩薩 現無邊身 具告是人眷屬

생계 혹어몽중 보살 현대신력 친령시인 어제세계 견
生界 或於夢中 菩薩 現大神力 親領是人 於諸世界 見

제권속 갱능매일 염보살명천편 지우천일 시인 당득보
諸眷屬 更能每日 念菩薩名千遍 至于千日 是人 當得菩

살 견 소재토지귀신 종신위호 현세 의식 풍일 무제질
薩 遣 所在土地鬼神 終身衛護 現時 衣食 豊溢 無諸疾

고 내지횡사 불입기문 하황급신 시인 필경 득보살 마
苦 乃至橫事 不入其門 何況及身 是人 畢竟 得菩薩 摩

정수기
頂授記

부차관세음보살 약미래세 유 선남자선녀인 욕발광대
復次觀世音菩薩 若未來世 有 善男子善女人 欲發廣大

자심 구도일체중생자 욕수무상보리자 욕출리삼계자 시
慈心 救度一切衆生者 欲修無上菩提者 欲出離三界者 是

제인등 견지장형상 급문명자지심귀의 혹이향화의복
諸人等 見地藏形像 及聞名者至心歸依 或以香華衣服

보패음식 공양첨례 시선남녀등 소원 속성 영무장애
寶貝飮食 供養瞻禮 是善男女等 所願 速成 永無障礙

부차관세음 약미래세 유선남자선녀인 욕구현재미래
復次觀世音 若未來世 有善男子善女人 欲求現在未來

백천만억등원 백천만억등사 단당귀의첨례공양찬탄지
百千萬億等願 百千萬億等事 但當歸依瞻禮供養讚歎地

장보살형상 여시소원소구 실개성취 부원지장보살 구
藏菩薩形像 如是所願所求 悉皆成就 復願地藏菩薩 具

대자비 영옹호아 시인 어면몽중 즉득보살 마정수기
大慈悲 永擁護我 是人 於眠夢中 卽得菩薩 摩頂授記

부차관세음보살 약미래세 선남자선녀인 어대승경전 심
復次觀世音菩薩 若未來世 善男子善女人 於大乘經典 深

생진중 발부사의심 욕독욕송 종우명사 교시영숙 선독
生珍重 發不思議心 欲讀欲誦 縱遇明師 敎示令熟 旋讀

선망 동경년월 불능독송 시선남녀등 유숙업장 미득 소
旋忘 動經年月 不能讀誦 是善男女等 有夙業障 未得 消

제고 어대승경전 무독송성 여시지인 문지장보살명 견
除故 於大乘經典 無讀誦性 如是之人 聞地藏菩薩名 見

지장보살상 구이본심 공경진백 갱이향화의복음식 일
地藏菩薩像 具以本心 恭敬陳白 更以香華衣服飮食 一

체완구 공양보살 이정수일잔 경일일일야 안보살전 연
切玩具 供養菩薩 以淨水一盞 經一日一夜 安菩薩前 然

후 합장청복 회수향남 임입구시 지심정중 복수기필신
後 合掌請服 廻首向南 臨入口時 至心鄭重 服水旣畢愼

오신주식 사음망어 급제살생 일칠일혹삼칠일 시선남
五辛酒食 邪淫妄語 及諸殺生 一七日或三七日 是善男

자선녀인 어수몽중 구견지장보살 현무변신 어시인처
子善女人 於睡夢中 具見地藏菩薩 現無邊身 於是人處

수관정수 기인 몽각 즉획총명 응시경전 일력이근 즉
授灌頂水 其人 夢覺 卽獲聰明 應是經典 一歷耳根 卽

당영기 갱불망실일구일게
當永記 更不忘失一句一偈

부차관세음보살 약미래세 유제인등 의식 부족 구자괴
復次觀世音菩薩 若未來世 有諸人等 衣食 不足 求者乖

원 혹다질병 혹다흉쇠 가택 불안 권속 분산 혹제횡사
願 或多疾病 或多凶衰 家宅 不安 眷屬 分散 或諸橫事

다래오신 수몽지간 다유경포 여시인등 문지장명 견지
多來忤身 睡夢之間 多有驚怖 如是人等 聞地藏名 見地

장형 지심공경 염만만편 시제불여의사점점소멸 즉득
藏形 至心恭敬 念滿萬遍 是諸不如意事漸漸消滅 卽得

안락 의식풍일 내지수몽중 실개안락
安樂 衣食豊溢 乃至睡夢中 悉皆安樂

부차관세음보살 약미래세 유선남자선녀인 혹인치생
復次觀世音菩薩 若未來世 有善男子善女人 或因治生

혹인공사 혹인생사 혹인급사 입산림중 과도하해 내
或因公私 或因生死 或因急事 入山林中 過渡河海 乃

급대수 혹경험도 시인 선당념지장보살 명만편 소과
及大水 或經險道 是人 先當念地藏菩薩 名萬遍 所過

토지귀신 위호 행주좌와 영보안락 내지봉어호랑사자
土地鬼神 衛護 行住坐臥 永保安樂 乃至逢於虎狼獅子

일체독해 불능손지 불고관세음보살 시지장보살 어염
一切毒害 不能損之 佛告觀世音菩薩 是地藏菩薩 於閻

부제 유대인연 약설어제중생 문이익등사 백천겁중 설
浮提 有大因緣 若說於諸衆生 聞利益等事 百千劫中 說

불능진 시고 관세음 여이신력 유포시경 영사바세계
不能盡 是故 觀世音 汝以神力 流布是經 令娑婆世界

중생 백천만겁 영수안락
衆生 百千萬劫 永受安樂

이시세존 이설게언 오관지장위신력 항하사겁설난진
爾時世尊 而說偈言 吾觀地藏威神力 恒河沙劫說難盡

견문첨례일념간 이익인천무량사 약남약녀약용신 보
見聞瞻禮一念間 利益人天無量事 若男若女若龍神 報

진응당타악도 지심귀의대사신 수명전증제죄장 소실부
盡應當墮惡道 至心歸依大士身 壽命轉增除罪障 少失父

모은애자 미지혼신재하취 형제자매급제친 생장이래개
母恩愛者 未知魂神在何趣 兄弟姉妹及諸親 生長以來皆

불식 혹소혹화대사신 비련첨례부잠사 삼칠일중염기명
不識 或塑或畫大士身 悲戀瞻禮不暫捨 三七日中念其名

보살당현무변체 시기권속소생계 종타악취심출리 약능
菩薩當現無邊體 示其眷屬所生界 縱墮惡趣尋出離 若能

불퇴시초심 즉획마정수성기 욕수무상보리자 내지출리
不退是初心 卽獲摩頂授聖記 欲修無上菩提者 乃至出離

삼계고 시인기발대비심 선당첨례대사상 일체제원속성
三界苦 是人旣發大悲心 先當瞻禮大士像 一切諸願速成

취영무업장능차지 유인발심염경전 욕도군미초피안 수
就永無業障能遮止 有人發心念經典 欲道群迷超彼岸 雖

립시원부사의 선독선망다폐실 사인유업장혹고 어대
立是願不思議 旋讀旋忘多廢失 斯人有業障惑故 於大

승경불능기 공양지장이향화 의복음식제완구 이정수안
乘經不能記 供養地藏以香華 衣服飮食諸玩具 以淨水安

대사전 일일일야구복지 발은중심신오신 주육사음급망
大士前 一日一夜求服之 發殷重心愼五辛 酒肉邪淫及妄

어 삼칠일내물살생 지심사연대사명 즉어몽중견무변 각
語 三七日內勿殺生 至心思念大士名 卽於夢中見無邊 覺

래변득이안이 응시경교력이문 천만생중영불망 이시
來便得利眼耳 應是經敎歷耳聞 千萬生中永不忘 以是

대사부사의 능사사인획차혜
大士不思議 能使斯人獲此慧

빈궁중생급질병 가택흉쇠이권속 수몽지중실불안 구자
貧窮衆生及疾病 家宅凶衰離眷屬 睡夢之中悉不安 求者

괴위무칭수 지심첨례지장상 일체악사개소멸 지어몽
乖違無稱遂 至心瞻禮地藏像 一切惡事皆消滅 至於夢

중진득안 의식풍요귀신호 욕입산림급도해 독악금수
中盡得安 衣食豊饒鬼神護 欲入山林及渡海 毒惡禽獸

급악인 악신악귀병악풍 일체제난제고뇌 단당첨례 급
及惡人 惡神惡鬼竝惡風 一切諸難諸苦惱 但當瞻禮 及

공양 지장보살대사상 여시산림대해중 응시제악개소멸
供養 地藏菩薩大士像 如是山林大海中 應是諸惡皆消滅

관음지심청오설 지장무량부사의 백천만겁설부주 광선
觀音至心聽吾說 地藏無量不思議 百千萬劫說不周 廣宣

대사여시력 지장명자인약문 내지견상첨례자 향화의복
大士如是力 地藏名字人若聞 乃至見像瞻禮者 香華衣服

음식봉 공양백천수묘락 약능이차회법계 필경성불초
飮食奉 供養百千受妙樂 若能以此廻法界 畢竟成佛超

생사 시고 관음여당지 보고항사제국토
生死 是故 觀音汝當知 普告恒沙諸國土

제13. 촉루인천품 [囑累人天品 第十三]

이시 세존 거금색비 우마지장보살마하살정 이작시언
爾時 世尊 擧金色臂 又摩地藏菩薩摩訶薩頂 而作是言

지장지장 여지신력 불가사의 여지자비불가사의 여지
地藏地藏 汝之神力 不可思議 汝之慈悲不可思議 汝之

지혜불가사의 여지변재불가사의 정사시방제불 찬탄선
智慧不可思議 汝之辯才不可思議 正使十方諸佛 讚歎宣

설여지부사의사 천만겁중 불능득진 지장지장 기오금일
說汝之不思議事 千萬劫中 不能得盡 地藏地藏 記吾今日

재도리천중 어백천만억불가설불가설일체제불보살천룡
在忉利天中 於百千萬億不可說不可說一切諸佛菩薩天龍

팔부대회지중 재이인천제중생등 미출삼계 재화택중자
八部大會之中 在以人天諸衆生等 未出三界 在火宅中者

부촉어여 무령시제중생 타악취중 일일일야 하황갱락
付囑於汝 無令是諸衆生 墮惡趣中 一日一夜 何況更落

오무간 급아비지옥 동경천만억겁 무유출기
五無間 及阿鼻地獄 動經千萬億劫 無有出期

지장 시남염부제중생 지성 무정 습악자다 종발선심 수
地藏 是南閻浮提衆生 志性 無定 習惡者多 縱發善心 須

유즉퇴 약우악연 염념증장 이시지고 오분시형백천억
臾卽退 若遇惡緣 念念增長 以是之故 吾分是形百千億

화도 수기근성 이도탈지 지장 오금 은근 이천인중 부
化度 隨其根性 而度脫之 地藏 吾今 慇懃 以天人衆 付

촉어여 미래지세 약유천인급선남자선녀인 어불법중
囑於汝 未來之世 若有天人及善男子善女人 於佛法中

종소선근 일모일진 일사일제 여이도력 옹호시인 점수
種少善根 一毛一塵 一沙一제 汝以道力 擁護是人 漸修

무상 물령퇴실
無上 勿令退失

부차지장 미래세중 약천약인 수업보응 낙재악취 임타
復次地藏 未來世中 若天若人 隨業報應 落在惡趣 臨墮

취중 혹지문수 시제중생 약능염득일불명 일보살명 일
趣中 或至門首 是諸衆生 若能念得一佛名 一菩薩名 一

구일게 대승경전 시제중생 여이신력 방편구발 어시인
句一偈 大乘經典 是諸衆生 汝以神力 方便救拔 於是人

소 현무변신 위쇄지옥 견령생천 수승묘락 이시세존
所 現無邊身 爲碎地獄 遣令生天 受勝妙樂 爾時世尊

이설게언
而說偈言

현재미래천인중 오금은근부촉여 이대신통방편도 물
現在未來天人衆 吾今慇懃付囑汝 以大神通方便度 勿

령타재제악취
令墮在諸惡趣

이시 지장보살마하살 호궤합장 백불언 세존 유원세존
爾時 地藏菩薩摩訶薩 胡跪合掌 白佛言 世尊 唯願世尊

불이위려 미래세중 약유선남자선녀인 어불법중 일념
不以爲慮 未來世中 若有善男子善女人 於佛法中 一念

공경 아역백천방편 도탈시인 어생사중 속득해탈 하
恭敬 我亦百千方便 度脫是人 於生死中 速得解脫 河

황문제선사 염념수행 자연어무상도 영불퇴전
況聞諸善事 念念修行 自然於無上道 永不退轉

설시어시 회중 유일보살 명 허공장 백불언 세존 아
說是語時 會中 有一菩薩 名 虛空藏 白佛言 世尊 我

자지도리 문어여래 찬탄지장보살 위신세력 불가사의
自至忉利 聞於如來 讚歎地藏菩薩 威神勢力 不可思議

미래세중 약유선남자선녀인 내급일체천룡 문차경전
未來世中 若有善男子善女人 乃及一切天龍 聞此經典

급지장명자 혹첨례형상 득기종복리 유원세존 위미래
及地藏名字 或瞻禮形像 得幾種福利 唯願世尊 爲未來

현재일체중등 약이설지 불고허공장보살 제청제청 오
現在一切衆等 略而說之 佛告虛空藏菩薩 諦聽諦聽 吾

당위여 분별설지 약미래세 유선남자선녀인 견지장형상
當爲汝 分別說之 若未來世 有善男子善女人 見地藏形像

급문차경 내지독송 향화음식 의복진보 보시공양 찬탄
及聞此經 乃至讀誦 香華飮食 衣服珍寶 布施供養 讚歎

첨례 득 이십팔종이익 일자 천룡호념 이자 선과일증
瞻禮 得 二十八種利益 一者 天龍護念 二者 善果日增

삼자 집성상인 사자 보리불퇴 오자 의식풍족 육자 질
三者 集聖上因 四者 菩提不退 五者 衣食豊足 六者 疾

역불임 칠자 이수화재 팔자 무도적액 구자 인견흠경
疫不臨 七者 離水火災 八者 無盜賊厄 九者 人見欽敬

십자 귀신조지 십일자 여전남신 십이자 위왕신녀 십
十者 鬼神助持 十一者 女轉男身 十二者 爲王臣女 十

삼자 단정상호 십사자 다생천상 십오자 혹위제왕 십
三者 端正相好 十四者 多生天上 十五者 或爲帝王 十

육자 숙지명통 십칠자 유구개종 십팔자 권속환락 십구
六者 宿智命通 十七者 有求皆從 十八者 眷屬歡樂 十九

자 제횡소멸 이십자 업도영제 이십일자 거처진통 이십
者 諸橫消滅 二十者 業道永除 二十一者 去處盡通 二十

이자 야몽안락 이십삼자 선망이고 이십사자 숙복수
二者 夜夢安樂 二十三者 先亡離苦 二十四者 宿福受

생 이십오자 제성찬탄 이십육자 총명이근 이십칠자
生 二十五者 諸聖讚歎 二十六者 聰明利根 二十七者

요 자민심 이십팔자 필경성불
饒 慈愍心 二十八者 畢竟成佛

부차허공장보살 약현재미래천룡귀신 문지장보살명호
復次虛空藏菩薩 若現在未來天龍鬼神 聞地藏菩薩名號

예지장보살형상 혹문지장보살본원등사 수행찬탄첨례
禮地藏菩薩形像 或聞地藏菩薩本願等事 修行讚歎瞻禮

득칠종이익 일자 속초성지 이자 악업소멸 삼자 제불
得七種利益 一者 速超聖地 二者 惡業消滅 三者 諸佛

호림 사자 보리불퇴 오자 증장본력 육자 숙명개통 칠
護臨 四者 菩提不退 五者 增長本力 六者 宿命皆通 七

자 필경성불
者 畢竟成佛

이시 시방일체제여래불가설불가설일체제불여래 급대
爾時 十方一切諸如來不可說不可說一切諸佛如來 及大

보살 천룡팔부문석가모니불 칭양찬탄지장보살대위신
菩薩 天龍八部聞釋迦牟尼佛 稱揚讚歎地藏菩薩大威神

력불가사의 탄미증유 시시도리천 우무량향화 천의주
力不可思議 歎未曾有 是時忉利天 雨無量香華 天衣珠

영 공양석가모니불 급지장보살이 일체중회구부첨례
纓 供養釋迦牟尼佛 及地藏菩薩已 一切衆會俱復瞻禮

합장이퇴
合掌而退

● 부록

지장보살본원참의
地 藏 菩 薩 本 願 懺 儀

지장경에서는 다음과 같이 설하였다.

선남자 선여인이 광대한 자비심을 내어서 일체중생들을 제도하고자 하거나, 무상보리를 닦고자 하거나, 삼계를 벗어나고자 하거나, 서방극락세계에 태어나고자 하는 이러한 바람을 가진 이들은 지장보살 형상을 보고, 지장보살명호를 듣고서 지극한 마음으로 귀의하고 합장하며 우러러 예경하여야 한다.

나아가 소상을 만들거나, 불화로 그리거나, 금·은·동·철 등으로 형상을 만들어서 언제나 향화나 의복이나 음식이나 비단으로 된 당번幢旛을 세우고 유등을 밝히며 기악과 노래로 찬탄하기를 삼칠일 동안 공경하여 공양하고 지장보살 명호 염하기를 만 번 채우거나, 혹은 지장보살본원경을 세 번 일곱 번 백천만 번에 이르기까지 전독하거나, 혹은 부처님 명호와 모든 보살의 명호를 염하면서 앞에서처럼 공양하고 예배하고 참회하며, 혹은 스스로 짓고 다른 사람에게 짓기를 권하거나, 혹은 모든 사람이 이를 보고 즐겨 따르게 한다면 현재세 동안에 수명이 증장되고, 언제나 모든 하늘의 선신이 밤낮으로 호위하여 안락하고 쾌락하리라.

經云 若有善男子善女人 欲發廣大慈心救度一切衆生者 欲修無上菩提者 欲出離三界者 欲生西方極樂世界者 是諸人等 見地藏菩薩形像 聞地藏菩薩名號 志心歸依合掌瞻禮

乃至塑畵形像及金銀銅鐵等像 常以香花衣服飮食 繒綵幢旛及然油燈 作諸伎樂歌詠讚歎 於三七日中 恭敬供養 念地藏菩薩名滿於萬遍 或轉讀本願尊經三遍七遍至百千遍 或念佛名 諸菩薩名 如前供養禮拜懺悔 或自作勸人作 或見作隨喜

是諸人等 現在世中壽命增長常得諸天善神日夜 衛護安隱快樂

원하는 것과 구하는 것이 모두 다 뜻대로 되고 혹은 과거의 부모와 모든 권속의 몸이 죽은 뒤 칠칠일 안에 널리 온갖 선행을 닦아서 공덕을 짓게 된다. 공양물로 재를 시설하여 부처님과 승가에 봉헌하고, 혹, 탑과 절을 짓고, 경전을 찍어 보시하면 명계의 복을 짓게 되어 모든 선망자들이 큰 이익을 얻고 지은 죄업이 소멸하고 영원히 악도를 떠나며, 인간이나 천계에 태어나 수승한 묘락을 받으며 현재 권속들의 복과 이익을 모두 보호하리라.
만일 십재일에 모든 부처님과 보살의 형상 앞에서 장엄하게 향화와 공양을 시설하여 닦고 지장본원경을 세 번 일곱 번 전독하거나, 혹 보살명호를 백천만 번 염송하면 이러한 사람은 현세의 풍요를 이루고, 머무는 집에서는 모든 재앙과 횡액이 사라지리라. 반드시 알아야 하니, 지장보살은 이와 같은 불가사의한 큰 위신력이 있어서 중생을 이롭게 한다.
이 보살은 염부제에 큰 인연이 있기에 미륵보살이 성불하여 올 때까지 육도의 중생들을 모두 제도하여 해탈시키리라. 경에서 설한대로 가르침에 따라 닦아 지니는 수행자는 몸과 입과 뜻 등의 삼업을 엄정히 하고 마음을 바로 잡아 자신의 입으로 다음과 같이 송한다.
所願所求悉皆遂意 或爲過去父母及諸眷屬 身死之後 七七日內廣修衆善爲作功德 設供營齋奉獻佛僧 或造塔寺印施經典 資益冥福是諸先亡得大利益 所有罪業悉皆消滅永離惡道 得生人天受勝妙樂 現在眷屬俱護福利
若能於十齋日 奉對諸佛菩薩像前 修設莊嚴香花供養 轉讀本願尊經三遍七遍 或念菩薩名號百千萬遍 是人現世豊饒 所居家舍 無諸災横 當知 地藏菩薩 有如是不可思議大威神力 利益衆生
由此菩薩於閻浮提 有大因緣至彌勒成佛以來 六道衆生咸令度脫 如經所說依教修持行者 嚴淨身口意等三業 端秉一心口自唱言

나무지장왕보살
南無地藏王菩薩 三稱 - 세 번

규모나 격식은 동일하며 대비참회는 다름이 없다
(規模及格式同 大悲懺無異)

지장보살의 성스러운 모습을 떠올릴 때는 항상 위에 계시는 것과 같다고 관상하며 대중의 화음으로 칭념하며 돌면서 단으로 나아간다. 지장보살의 존상에 의거하여 법구를 펼치고 손으로 향로를 잡아 향을 올리며 법주[首者]가 아뢰어 말씀드린다.
(觀想聖容 如在其上 和音稱念 施繞進壇 依位展具 上香執手鑪 首者白云)

一切慕敬
일체는 우러러 공경하라

一心頂禮十方常住三寶
한 마음으로 시방에 상주하시는 삼보께 정례하옵니다.

절하고 일어나서 법주는 말한다.
(拜起首者白云)

是諸衆等各各胡跪嚴持香華如法供養
여기 있는 모든 대중들은 각각 호궤하여 엄숙하게 향화를 지니고서 여법하게 공양하시오.

쟁반에 꽃을 올려 양 손으로 받쳐 들고, 마음을 움직여 시방의 삼보를 관상하되 지성으로 봉헌하고 화음으로 다음과 같이 창하여 말한다.
(雨手擎花盤運心觀想十方 三寶至誠奉獻和音唱云)

원하옵건데 이 향과 꽃이 구름처럼 시방세계를 가득 채워서 모든 부처님의 존귀한 법과 모든 보살님 및 모든 천계의 신중님들에게 공양되어 무량한 향으로 장엄되어 보살도를 구족하고 여래의 향 또한 성취하여지이다.
願此香華雲 徧滿十方界 供養一切佛尊法諸菩薩及一切天衆無量香莊嚴 具足菩薩道成就如來香

이렇게 창하고 나서 쟁반 위의 꽃을 집어 염하면서 허공중에 뿌리고 마음의 움직임 속에 형상이 있는 듯이 생각하고 말한다.
(唱已拈念盤中花 散於空中運心想云)

我此香華遍十方 내가 올린 향과 꽃이 시방에 두루하니
以爲微妙光明臺 이로써 미묘한 광명대를 이루네
諸天音樂天寶香 모든 천계의 음악과 천계의 보배향
諸天餚膳天寶衣 온갖 천계의 희유한 음식과 천계의 보배옷은
不可思議妙法塵 불가사의한 묘법의 티끌이어라.
一一塵出一切塵 하나하나의 티끌이 일체 티끌을 내며
一一塵出一切法 하나하나의 티끌이 일체의 법을 내니
施轉無礙互莊嚴 걸림 없이 베풀고 굴러 서로 장엄하여라
遍至十方三寶前 시방의 삼보전에 두루 이르고
十方法界三寶前 시방법계 삼보전에 두루 이르니
悉有我心修供養 모두가 나의 마음 공양을 닦음이어라.
一一皆悉徧法界 하나하나가 모두 법계에 두루하고
彼彼無雜無障礙 각각이 어지럽지 않고 장애 없으니
盡未來際作佛事 미래제가 다하도록 불사 이루네
普熏法界諸衆生 법계의 모든 중생 두루 덮어서
蒙熏皆發菩提心 덮힘받은 모두가 보리심 일으키고

同入無生證佛智　다함께 무생법인에 들어가 부처의 지혜를 증득하리라.

말구는 대중들이 함께 염하고 일어서서 손에 향을 쥐고 범패로 창한다.
(末句衆同念 起立執手鑪主者作梵唄云)

供養已一切恭敬
　공양 후에 일체는 공경하라.

예배하고 일어난 뒤 호궤하여 한마음으로 합장하고 다음의 게송으로 찬탄한다.
(拜起胡跪一心合掌宣偈讚歎)

稽首慈悲大敎主　자비하신 대교주 지장보살께 계수하나이다.
地言堅厚廣含藏　그 말씀 견고하고 두터워 온갖 덕을 함장하며,
南方世界涌香雲　남방세계 향기로운 구름 솟아오르니
香雨華雲及華雨　향기로운 비와 꽃구름과 꽃비
寶雨寶雲無數種　무수한 종류의 보배비와 보배구름
爲祥爲瑞徧莊嚴　상서가 되어 두루 장엄하여라
天人問佛是何因　천인이 부처님께 어떠한 원인인지 물으시니
佛言地藏菩薩至　부처님께서 말씀하시기를 지장보살이 오시니
三世如來同讚仰　삼세여래와 동일하게 찬탄하고 우러르며
十方菩薩共歸依　시방의 보살이 함께 귀의하고
見聞瞻禮一念間　보고 듣고 우러러 예를 올리니 일념간에
利益人天無量事　인천의 무량한 일을 이익 되게 하시고
壽命轉增除罪障　수명은 늘어나고 죄장은 없어져
一切惡事皆消滅　온갖 나쁜 일 모두 소멸한다네
我今宿植善因緣　내가 지금 전생에 심은 착한 인연으로

稱揚地藏眞功德　지장보살님의 참된 공덕을 높이 찬탄하옵니다.

예배하고 일어나 차례로 분향하고, 합장하고 다음과 같이 칭하여 예를 올린다.
(拜起次拈香 合掌稱禮云)

지심귀명례 본사 석가모니불
至心歸命禮 本師 釋迦牟尼佛

오체투지하여 삼배하고 다음과 같이 관상한다.
(五體投地三拜觀想云)

예를 올리는 저희 대중이나 예를 받으시는 지장보살님께서는 성품이 모두 공적하고 그 감응하시는 길이 교차하니 생각기 어렵습니다. 저희가 이 여의주의 도량에 있으니, 석가여래의 그림자 가운데 제 몸의 그림자 나타납니다. 석가여래부처님 전에 머리 숙여 귀명례 하나이다.
能禮所禮性空寂 感應道交難思議 我此道場如意珠 釋迦如來影現中我身影現 釋迦前 頭面接足歸命禮

이하 제불보살의 명호는 그 위치에 따라서 명칭을 바꾸면서 관상한다.
(以下 諸佛菩薩名號隨位改名觀想)

지심귀명례 서방극락세계 아미타불
至心歸命禮 西方極樂世界 阿彌陀佛 -(절)

지심귀명례 사자분신구족만행불
至心歸命禮 獅子奮迅具足萬行佛 -(절)

지심귀명례 각화정자재왕불
至心歸命禮 覺華定自在王佛 -(절)

지심귀명례 일체지성취불
至心歸命禮 一切智成就佛 -(절)

지심귀명례 청정연화목불
至心歸命禮 淸淨蓮華目佛 －(절)

지심귀명례 무변신불
至心歸命禮 無邊身佛 －(절)

지심귀명례 다보불
至心歸命禮 多寶佛 －(절)

지심귀명례 보승불
至心歸命禮 寶勝佛 －(절)

지심귀명례 파두마승불
至心歸命禮 波頭摩勝佛 －(절)

지심귀명례 사자후불
至心歸命禮 獅子吼佛 －(절)

지심귀명례 구류손불
至心歸命禮 拘留孫佛 －(절)

지심귀명례 비바시불
至心歸命禮 毗婆尸佛 －(절)

지심귀명례 보상불
至心歸命禮 寶相佛 －(절)

지심귀명례 가사당불
至心歸命禮 袈裟幢佛 －(절)

지심귀명례 대통산왕불
至心歸命禮 大通山王佛 －(절)

지심귀명례 정월불
至心歸命禮 淨月佛 －(절)

지심귀명례 산왕불
至心歸命禮 山王佛 －(절)

지심귀명례 지승불
至心歸命禮 智勝佛 －(절)

지심귀명례 정명왕불
至心歸命禮 淨名王佛 -(절)

지심귀명례 지성취불
至心歸命禮 智成就佛 -(절)

지심귀명례 무상불
至心歸命禮 無上佛 -(절)

지심귀명례 묘성불
至心歸命禮 妙聲佛 -(절)

지심귀명례 만월불
至心歸命禮 滿月佛 -(절)

지심귀명례 월면불
至心歸命禮 月面佛 -(절)

지심귀명례 무상불
至心歸命禮 無相佛 -(절)

지심귀명례 시방삼세 유여시등 불가설 일체제불
至心歸命禮 十方三世 有如是等 不可說 一切諸佛 -(절)

지심귀명례 도리천궁 시방래집무량세계 불가설 일체제불
至心歸命禮 忉利天宮 十方來集無量世界 不可說 一切諸佛 -(절)

지심귀명례 지장보살본원경
至心歸命禮 地藏菩薩本願經 -(삼배)

삼배하고 관상하며 다음과 같이 말한다.
(三拜觀云)

眞空法性如虛空 참된 공의 법성은 허공과 같으며
常住法寶難思議 상주하는 법보는 생각키 어려워라.
我身影現法寶前 내 몸의 그림자 법보 앞에 나타나니
一心如法歸命禮 일심으로 여법하게 귀명례 하나이다.

지심귀명례 대승대집지장십륜경등 급 시방삼세일체존법
至心歸命禮 大乘大集地藏十輪敬等 及 十方三世一切尊法 －(절)

관상은 앞과 같다.
(觀想如前)

지심귀명례 대원자존지장보살마하살
至心歸命禮 大願慈尊地藏菩薩摩訶薩

위와 같이 관상하되, 다만 아래의 게송으로 칭한다.
(觀想如上 但稱)

地藏菩薩影現中 지장보살 그림자 가운데
我身影現地藏前 내 몸의 그림자라. 지장보살 앞에
爲求滅障接足禮 장애 없어지기를 구하여 발아래에서 예를 올리나이다.

이하 분신하신 지장보살 그림자 내지 문수와 모든 보살 등 그 지위에 따라 칭명하고 관상한다.
(以下 分身地藏影現中乃至 文殊師利諸菩薩等 隨位稱名觀想)

지심귀명례 불가사의무량아승지세계
至心歸命禮 不可思議無量阿僧祇世界

소유지옥제처 분신지장 보살마하살
所有地獄諸處 分身地藏 菩薩摩訶薩

지심귀명례 일광보살 월광보살마하살
至心歸命禮 日光菩薩 月光菩薩摩訶薩 －(절)

지심귀명례 문수사리보살마하살
至心歸命禮 文殊師利菩薩摩訶薩 －(절)

지심귀명례 아일다보살 재수보살마하살
至心歸命禮 阿逸多菩薩 財首菩薩摩訶薩 －(절)

지심귀명례 정자재왕보살 광목보살마하살
至心歸命禮 定自在王菩薩 光目菩薩摩訶薩 －(절)

지심귀명례 무진의보살 해탈보살마하살
至心歸命禮 無盡意菩薩 解脫菩薩摩訶薩 －(절)

지심귀명례 보현보살 보광보살마하살
至心歸命禮 普賢菩薩 普廣菩薩摩訶薩 －(절)

지심귀명례 관세음보살 대세지보살 허공장보살마하살
至心歸命禮 觀世音菩薩 大勢至菩薩 虛空藏菩薩摩訶薩 －(절)

지심귀명례 도리천궁 시방래집 일체제대보살마하살
至心歸命禮 忉利天宮 十方來集 一切諸大菩薩摩訶薩 －(절)

지심귀명례 마야부인 대변장자 급 천상인간 일체성문
至心歸命禮 摩耶婦人 大辯長者 及 天上人間 一切聲聞

연각현성승
緣覺賢聖僧 －(절)

지심귀명례 발양계교 권선대사 도명존자
至心歸命禮 發揚啟敎 勸善大師 道明尊者 －(절)

일심대위 도리천궁 개래집회 일체천중룡중 염라왕중
一心代爲 忉利天宮 皆來集會 一切天衆龍衆 閻羅王衆

귀신등중 정례삼보
鬼神等衆 頂禮三寶 －(절)

각각 호궤무릎으로 꿇어 간절히 우러르며 간절하게 정진하고 지극한 마음으로 발원한다.
(各各胡跪渴仰 翹勤至心發願)

나무대원지장왕 원아영리삼악도
南無大願地藏王 願我永離三惡道

나무대원지장왕 원아속단탐진치
南無大願地藏王 願我速斷貪嗔癡

나무대원지장왕 원아상문불법승
南無大願地藏王 願我常聞佛法僧

나무대원지장왕 원아근수계정혜
南無大願地藏王 願我勤修戒定慧

나무대원지장왕 원아항수제불학
南無大願地藏王 願我恒隨諸佛學

나무대원지장왕 원아불퇴보리심
南無大願地藏王 願我不退菩提心

나무대원지장왕 원아결정생안양
南無大願地藏王 願我決定生安養

나무대원지장왕 원아마정수성기
南無大願地藏王 願我摩頂受聖記

나무대원지장왕 원아분신변진찰
南無大願地藏王 願我分身徧塵刹

나무대원지장왕 원아광도제중생
南無大願地藏王 願我廣度諸衆生

나무지장왕보살 - 10번
南無地藏王菩薩 - 十稱

나무아미타불 - 10번
南無阿彌陀佛 - 十稱

참회행자는 자신이 이들 불보살 앞에 마주하고 있다고 관상하며, 불속에 있거나 물에 빠져 구제를 바라듯 간절한 마음으로 지장보살의 명호를 칭념한다.
(行者想自身 對此佛菩薩前 稱念尊名唯 在哀切如遭焚溺 求於救濟)

지장경에서 이르기를 선남자 선여인이 광대한 자비심을 일으켜 모든 중생을 제도하고자 하거나 무상보리를 닦고자 하거나, 삼계를 벗어나고자 하거나, 현재와 미래에 바라는 대로 얻고자 하는 이러한 사람들은 삼칠일 가운데 향화와 의복과 보배도구와 음식으로 지장보살 형상에 공양드리고 우러러 예를 올려라. 그 명칭을 염하는 것이 만 번을 채우면 보살이 무한한 몸을 나타내어 정수리에 수기하거나 혹은 꿈속에서 큰 위신력을 나타내어 안온하게 덮어 보호하리라. 이 사람은 현세에 풍요하며 온갖 질병이나 고통이 없고 원하거나 구하는 것이 모두 다 성취되리라. 그러므로 나는 일심으로 성스러운 명호를 부르느니라.

나무지장왕보살

經云 若有善男子善女人 欲發廣大慈心救度一切衆生者 欲修無上菩提者 欲出離三界者 欲求現在未來得遂意願者 是諸人等 於三七日中 或以香華衣服 寶具飮食 供養瞻禮地藏形像 念其名字 滿於萬遍 當得菩薩現無邊身 摩頂授記 或於夢中 現大神力 安隱覆護 是人現世豊饒 無諸疾苦 所願所求悉皆成就 故我一心稱揚聖號

南無地藏王菩薩

손으로 목탁을 치며 천 번을 칭념하라. 염주를 쥐고 천천히 걸으며 돌아라. 칭명할 때는 마음과 입이 상응하고 천 번을 채운 후 법주는 다음과 같이 말한다.

(鳴手(木+魚) 稱念千聲 捏珠緩步旋繞 當稱名時 心口相應 滿千聲已 首者云)

지장보살이 부처님께 말씀드렸다. 세존이시여, 현재와 미래의 모든 중생인 천신이나 인간이나 남자나 여자가 다만 한 부처의 명호나 한 보살의 명호를 염할 수 있으면 공덕이 무량하온데, 하물며 많은 명호이겠습니까? 이러한 중생들은 살아있을 때나 죽었을 때나 스스로 큰 이익을 얻고 무량한 복을 획득하며 무량한 죄가 사라지나이다.

地藏菩薩白佛言 世尊 現在未來一切衆生 若天若人 若男若女 但 能念得一佛名乃至一菩薩名 功德無量 何況多名 是衆生等 生時死時 自得大利 獲福無量 滅無量罪

절한 다음에 고요히 묵상하여 입정한 후 발원한다.

(拜下默想云)

저와 중생들은 무시 이래로 언제나 삼업과 육근으로 지은 중죄가 장애가 되어 모든 부처님을 뵙지 못하고 생사에서 벗어나는 길을 알지 못합니다. 다만 생사에 따를 뿐 오묘한 이치를 모릅니다. 제가 지금 알기는 하지만 중생과 마찬가지여서 온갖 중죄로 장애가 많습니다. 지금 지장보살님과 시방의 부처님 앞에서 널리 중생들을 위하여 귀명하여 참회하옵니다. 오직 바라옵건대 가호하시어 지금의 장애가 소멸하여 지이다. 널리 사은삼유의 법계 중생을 위하여 모두 세 가지 장애를 끊어 없애기를 원하며 귀명참회하나이다.

我及衆生 無始常爲三業六根重罪所障 不見諸佛不知出要 但順生死不知妙理 我今雖知 猶與衆生同爲一切重罪所障 今對地藏十方佛前 普爲衆生 歸命懺悔 惟願加護 今障消滅 普爲四恩三有 法界衆生 悉願斷除三障 歸命懺悔

절한 다음에는 역순으로 진행하고 십심을 고요히 다음과 같이 관상한다.
(拜下應運逆順 十心默念觀想云)

저와 중생들은 무시이래 지금까지 집착으로 말미암아 안으로는 나와 남을 헤아리고 밖으로는 나쁜 벗과 더불어서 다른 사람의 한 터럭만 한 善조차 수희하지 못하였습니다. 오직 삼업에 치우쳐 널리 무거운 죄를 짓고 일이 비록 넓지 않으나 악한 마음에 치우쳐 베풀어서 밤낮으로 상속하여 끊어질 사이가 없습니다. 잘못된 과실을 덮어버리고 사람이 알지 못하게 하였으며, 악도를 두려워하지 않고 부끄러워하지 않으며 인과를 없애려 하였습니다. 그래서 오늘 깊이 인과를 믿고 두텁게 부끄러워하는 마음을 내며 크게 두려워하는 마음을 내고 드러내어 참회함으로써 상속하는 마음을 끊겠습니다. 보리심을 발하여 악을 끊고 선을 닦아 부지런히 삼업을 단속하여 예전의 무거운 잘못을 반복하지 않겠으며, 범부와 성인의 한 터럭만큼의 선이라도 따라 기뻐하겠습니다. 큰 복과 지혜를 갖추신 시방의 부처님께서 저와 모든 중생을 구제하리라는 것을 염합니다.

이사二死의 바다로부터 삼덕의 언덕에 이르기까지 무시이래로 제법의 본성이 공적함을 알지 못하여 널리 온갖 악을 지었으나, 지금은 공적을 알고 보리를 구하고 중생을 위하기에 널리 모든 선을 닦고 두루 온갖 악을 끊습니다.

오직 바라옵건대 지장자존이시여, 자비로서 섭수하시어 저희의 참회를 들으소서.

我與衆生無始來今由愛見故內計我人外加惡友不隨喜他一毫之善 惟徧三業廣造重罪事雖不廣惡心徧布晝夜相續無有間斷 覆諱過失不欲人知 不畏惡道無慚無愧撥無因果 故於今日深信因果生重慚愧生大怖畏發露懺悔斷相續心 發菩提心斷惡修善勤策三業翻昔重過隨喜凡聖一毫之善 念十方佛有大福慧能救拔我及諸衆生從二死海至三德岸從無始來不知諸法本性空寂廣造衆惡 今知空寂爲求菩提爲衆生故廣修諸善 徧斷衆惡

惟願 地藏慈尊 慈悲攝受聽我懺悔

지심 참회합니다. 저________(이름)는 법계의 일체중생과 더불어 무시 이래로부터 지금에 이르기까지 무명에 가려 전도되고 미혹하여 삼업과 육근으로 선하지 않은 법을 익히고 삼보를 훼방하며 경전을 공경하지 않고 계를 파하며 재를 파하며 탑과 절을 무너뜨리며 비구와 비구니를 욕되게 하고 청정한 범행을 부수었습니다. 혹은 가람 안에서 방자하게 음욕을 행하거나 죽이거나 해를 끼치거나 거짓으로 사문이 되어 마음은 사문이 아닌데 상주물을 깨뜨렸으며 신도들을 속였습니다. 계율을 위반하고 승가 대중들의 음식과 재물을 훔치며 성식이 안정되지 않아 경계를 좇아 생하여서 널리 십악과 오무간죄를 지었습니다.

至心懺悔 (某甲) 與法界一切衆生 從無始來 至於今日 無明所覆 顚倒迷惑 三業六根 習不善法毁謗三寶 不敬尊經 破戒破齋 損塔壞寺 玷汚僧尼 破淨梵行 或伽藍內 恣行淫欲 或殺或害 僞作沙門 心非沙門 破用常住 欺誑白衣 違背戒律

盜竊僧衆飮食財物 性識無定 逐境而生 廣造十惡 及五無間

이와 같은 죄들은 무량하고 무변하여서 생사를 유랑하며 육도에서 고를 받으니 천만 억겁 동안 영원히 나올 기약이 없었습니다. 지금 다행히 지장본원경을 만나니 훌륭한 방편을 설하여 유정을 요익케 합니다. 이러한 인연으로 비로소 깨우침을 입어 큰 참괴심을 내고 간절히 참회하며 칭명하고 지송하여서 설한대로 수행하고 예배하고 공양하면서 지장왕보살과 시방의 세존께 귀명하여 회향하나이다. 원컨대 가엾이 여기시어 증지하고 호념하소서. 모든 중생과 더불어 간절히 참회를 구하옵니다. 무릇 저희가 무시 이래로부터 지어온 내가 짓거나 남으로 하여금 짓게 한 온갖 중죄를 마침내 소멸시키고 상속심을 끊고 보리심을 발하오니, 지금 이후로는 맹세코 다시 짓지 않겠습니다. -일배

如是等罪 無量無邊 流浪生死 六道受苦 千萬億劫 永無出期 今遇地藏本願尊經 善方便說 饒益有情 以是因緣始蒙覺悟 生大慚愧 懇切懺悔 稱名持誦 如說修行 禮拜供養 歸向地藏王菩薩 及 十方世尊 願垂矜愍 證知護念 與諸衆生求哀懺悔 凡我等無始所作 自作敎他一切重罪 畢竟消滅 斷相續心 發菩提心 自今以後 誓不更造　一拜

오직 바라오니 지장왕보살마하살이시여, 대자비와 깊은 서원으로 저희를 연민하시어 큰 신광을 내시며 저희의 몸과 마음을 비추시고 큰 신력을 나타내시어 저희의 죄 뿌리를 뽑으소서. 저희로 하여금 현재 생 가운데에 본래의 오묘한 마음을 얻어 불지견을 열고 범행을 일찍 원만히 하며 보리에서 물러나지 않고 숙명통으로 장애를 떠나 생사의 흐름을 다하고 열반의 언덕에 오르게 하소서.

唯願地藏王菩薩摩訶薩 以大慈悲 深誓願故 憐愍於我 放大神光 照我身心 現大

神力拔我罪根 令我等 於現在生中 獲本妙心 開佛知見 梵行早圓 菩提不退 宿智命通令離障礙 竭生死流 躋涅槃岸

모든 세간에서 보살도를 행하고 이 몸을 버리게 되면 다시는 다른 세계에 태어나지 않으며 반드시 아미타불의 극락국토에 태어나 직접 수기를 받고 다시 이 땅에 돌아와서 널리 중생을 제도하고 함께 고통의 굴레를 벗어나며 함께 깨달음의 경지에 오르기를 원하옵니다.

참회하고 발원하여 삼보에 귀명례 하나이다.

於諸世間行菩薩道 至捨此身 更無他趣 決定得生阿彌陀佛 極樂國土 親蒙授記 還來此土 廣度衆生 同出苦輪 同登覺地 懺悔發願已 歸命禮三寶

다음에는 법답게 돌고 회향한다. 혹 세 번이나 일곱 번 돌게 될 때는 몸을 단정히 하고 마음을 바르게 해서 이 도량이 법계와 같다고 관상하며 시방의 허공에 삼보가 두루 가득하다 여기고 몸을 오른쪽으로 돌면서 삼보를 관상한다. 심성이 공적하면 시방에 그림자가 나타나리니, 마음속 생각은 꿈과 같고 범음은 메아리 같으며 육근을 모두 섭수하여 일념으로 돌아가리라. 주체와 객체가 모두 한가지로서 진여실제이니 손에 향을 들고 다음과 같이 창한다.

(次當如法旋繞 回向 或三匝七匝 當旋繞時 端身正念 想此道場如法界 十方三寶 叆塞虛空 以次回身右繞觀想三寶 心性空寂 影現十方 心想如夢 梵音如響 都攝六根 歸於一念能所泯同 眞如實際 集手鑪唱云)

십념(十念)

나무시방불
나무시방법
나무시방승
나무본사석가모니불
나무아미타불
나무지장보살본원경
나무일광월광편조보살
나무지장왕보살
나무문수사리보살
나무보현보살
나무관세음보살
나무대세지보살
나무허공장보살

다음에는 자리로 돌아가 손으로 향을 피워 잡고 본 성품으로 돌아가고자 발원하며 삼귀의로 회향한다.
(以次歸位置手鑪稱性發願三歸依回向)

自歸依佛 - 當願衆生 體解大道 發無上心
부처님께 귀의하오니 - 원컨대 중생들이 대도를 증득하여 무상심을 발하여지이다.

自歸依法 - 當願衆生 深入經藏 智慧如海
부처님 법에 귀의하오니 - 원컨대 중생들이 깊이 경장으로 들어가
지혜가 바다와 같아지이다.

自歸依僧 - 當願衆生 統理大衆 一切無礙 和南聖衆
승단에 귀의하오니 - 원컨대 중생들이 대중들의 이끌음에 일체에 걸림이 없도록 여러 성중님께 예경하나이다.

일어나 예를 갖추어 지장보살께 여쭙고 지장보살의 명호를 부르며 다시 관상에 들어가라. 지장보살상을 모신 전당에 서서 세 번 부르고 위를 향해 여쭙는 것을 마친 뒤에 행자는 예참하고 나서 방 가운데에 있으면서 혹은 다른 장소에 좌선하고 관을 닦거나 혹은 송경하고 염불하거나 혹은 보살의 명호를 염하라. 정진심을 내어 분명한 신심을 일으키고 가르침대로 수행하면 구하는 바가 원하는 대로 따르리라.
(起具問訊唱地藏名回入觀 堂班立三稱 向上問訊畢 行者禮懺已 應在堂中 或於別處坐禪修觀 或誦經念佛 或念菩薩名號 起精進心 生決定信 依教修行 所求遂願)

경에 이르기를, 부처님께서 허공장보살에게 말씀하셨다.
잘 듣고 잘 들어라. 내가 너를 위하여 분별하여 설명하리라.
만약 선남자 선여인이 지장보살의 형상을 보거나 지장보살의 명호를 듣거나 이 경을 듣고서 향화로 공경하며 보시하고 공양하며 찬탄하여 우러러 예를 올리거나 나아가 한 구절 한 게송이라도 수지독송하면 이 사람은 곧 28종의 이익을 얻으리라.
經云 佛告虛空藏菩薩 諦聽諦聽 吾當爲汝分別說之 若有善男子善女人 見地藏菩薩形像 或聞地藏名 及聞此經者 能以香花恭敬 布施供養 讚歎瞻禮 乃至受持讀誦 一句一偈 是人卽得二十八種利益

첫째는 천룡이 호념하고, 둘째는 선과가 날로 증장하고, 셋째는 聖上의 인이 모이고, 넷째는 보리에서 물러나지 않는다. 다섯째는 衣食이 풍족하고, 여섯째는 疾疫에 임하지 않고, 일곱째 물과 불의 재화를 여의고, 여덟째는 도적의 위험이 없다. 아홉째는 사람들이 흠모와 존경을 보이며, 열째는 귀신이 돕고, 열한째는 여자가 남자 몸으로 바뀌며, 열두째는 왕이나 대신의 여인이 된다. 열셋째는 相好가 단정해지고, 열넷째는 천상에 나며, 열다섯째는 혹 제왕이 되기도 한다. 열여섯째는 숙명통이 생기고, 열일곱째는 구하는 것이 모두 좇아오고, 열여덟째는 권속이 환희한다. 열아홉째는 모든 횡액이 소멸하고, 스무째는 업도가 영영 제거되고, 스물한째는 가는 곳마다 모두 통하며, 스물두째는 밤의 꿈이 안락하다. 스물셋째는 선망 조상이 괴로움을 여의고, 스물넷째는 과거의 복이 생겨남을 받고, 스물다섯째는 모든 성인이 찬탄한다. 스물여섯째는 총명하여 근기가 날카로워지고, 스물일곱째는 자민심이 풍요해지고, 스물여덟째는 마침내 성불한다.

一者 天龍護念 二者 善果日增 三者 集聖上因 四者 菩提不退 五者 衣食豊足 六者 疾疫不臨 七者 離水火宅 八者 無盜賊厄 九者 人見欽敬 十者 鬼神助持 十一者 女轉男身 十二者 爲王臣女 十三者 端正相好 十四者 多生天上 十五者 或爲帝王 十六者 宿智命通 十七者 有求皆從 十八者 眷屬歡喜 十九者 諸横消滅 二十者 業道永除 二十一者 去處盡通 二十二者 夜夢安樂 二十三者 先望離苦 二十四者 宿福受生 二十五者 諸聖讚歎 二十六者 總明利根 二十七者 饒慈愍心 二十八者 畢竟成佛

이때에 시방의 일체에서 온 불가설의 모든 불여래와 대보살과 천・용・8부가 석가모니불을 칭양하고 찬탄하였다.

"지장보살의 대위신력은 불가사의합니다. 일찍이 없었던 일을 찬탄합니다."

만일 법의를 입거나 재가에 속하는 사부대중 그리고 모든 착하고 신심 있는 사람들이 이 지장본원경과 그 본원참법에서 깊이 믿고 공경하며 염염히 수행하면 자연히 무상도에서 불퇴전을 얻고, 장래 목숨을 마칠 때에 이 보살의 위신력에 의지하여 곧바로 서방에 가서 동등하게 보리를 증득하리라.

지장보살본원참의를 마친다.

爾時十方一切諸來不可說　諸佛如來及大菩薩　天龍八部聞釋迦牟尼佛稱揚讚歎 地藏菩薩大威神力不可思議 歎未曾有 云云

若緇素四衆 及諸善信人等 於斯本願尊經 及此本願懺法 深信恭敬 念念修行 自然於無上道 得不退轉 將來臨命終時 乘此菩薩威神力故 直往西方 同證 菩提

地藏菩薩本願懺儀 終

지장경참의 교정자의 발문 敬梓地藏經懺儀跋

지장보살본원경의 참의라 하는 것은 청국시절 중국의 승계(승계정혜) 법사가 모은 것이다. 사람이 인과와 죄복을 알게 되면 모든 악을 끊고 온갖 선을 행한다. 저 참의는 바로 보살 전체의 대비이다. 그 서원은 넓고 깊어서 미혹한 대중들을 끝까지 제도한다. 말하자면 서원이 넓고 견고한 것은 대지와 같으며, 원이 넓고 깊은 것은 바다와 같다. 그래서 처음에 바라문녀가 되어 각화정자재왕여래 앞에서 열제리의 죄지은 여인의 어머니가 되어서 널리 다짐하여 서원을 세웠다. "나는 미래 겁이 다하도록 죄로 고통받는 중생이 있으면 널리 방편을 설하여 바로 해탈케 하리라."
地藏菩薩本願經之懺儀者 國朝乘戒法師所集 欲人識因果而知罪福 斷諸惡而修衆善也 斯之懺義乃菩薩全體大悲誓願宏深 度盡群迷 謂誓宏堅如大地 願廣深若藏海 故初作婆羅門女於覺華定自在王如來前 爲母悅帝利罪女 立宏誓願 願我盡未來劫 應有罪苦衆生 廣設方便 便令解脫

다음에 광목녀가 되었을 때에는 역시 그 생모가 되어 눈물 흘리며 울고서 허공계에 아뢰었다. "원컨대 저의 어머니가 영원히 지옥에서 벗어나게 하소서. 시방제불이시여, 저를 가엾이 여기시어 제가 어미 위하는 것을 들어주소서. 광대한 서원을 발하였으니, 나의 어머니가 영원히 삼도와 저 하천한 세계나 여인의 몸을 벗어나 영겁토록 받지 않게 하소서. "
次作光目女時 亦爲其生母 啼淚號泣而白空界 願我之母 永脫地獄 十方諸佛 慈哀愍我 聽我爲母 所發廣大誓願 若得我母 永離三途及斯下賤 乃至女人之身永劫不受者

원컨대 제가 오늘부터 청정연화목여래 형상 앞에서 물러난 뒤에 백천만 억 겁 동안 세계에 있는 모든 지옥과 삼악도의 모든 죄로 고통받는 중생을 구제하여 영원히 지옥과 악취와 축생과 아귀 등을 떠나게 하고자 서원합니다. 이러한 죄보를 받는 사람들이 모두 성불하여 마치면 제가 그다음에 정각을 이루고자 합니다. 다시 나의 분신이 도리천궁에 운집하여 여래 앞에서 눈물 흘리며 아뢰옵나이다. 만약 어떤 중생이 단지 불법 가운데에 지은 선한 일이나 내지 하나의 모래알이나 하나의 티끌이나 혹은 터럭만큼이라도 있으면 제가 점차로 도탈시켜서 큰 이익을 얻게 할 것입니다. 오직 바라오니 세존이시여, 후세의 악업 중생은 염려치 마소서.

願我自今日後對淸淨蓮華目如來像前 卻後百千萬億劫中 應有世界 所有地獄 及三惡道諸罪苦衆生 誓願救拔 永離地獄惡趣畜生餓鬼等 如是罪報等人 盡成佛竟我然後方成正覺 復次分身 雲集忉利天宮 於如來前涕淚哀戀 白其佛言 若有衆生 但於佛法中所爲善事 乃至一沙一塵或毫髮許我漸度脫使獲大利 唯願世尊 不以後世惡業衆生爲慮

이와 같이 세 번 아뢰고 넓은 서원을 일으켰다. "훌륭하구나! 보살이 이러한 넓은 원과 이와 같은 방편이 있구나. 한 터럭만큼이라도 선한 일이 있으면 원컨대 모두 다 도탈시키리라. 하물며 모든 좋은 일을 들은 사람이겠는가! 지심으로 간절하게 염염히 수행하는구나! 나 계향(계향연근)은 나이가 비록 고희이나 몸은 오히려 부서지지 않아서 바르게 지옥의 고통을 사유할 수 있으니, 보리심을 발하고 겸하여 다시 받드옵니다. 억겁의 생애를 지나며 과거와 현재의 부모님을 만났습니다. 울면서 부처님께 아뢰오니, 원컨대 제가 생애를 지나며 만난 부모님들이 반드시 영영 악취를 떠나 언제나 부처님 앞에 태어나기를 바랍니다.

如是三白發宏誓願 嗟乎菩薩有如是宏願 如是方便 甚至有毫髮許之善事悉願皆

以度脫 何況聞諸善事 至心懇切 念念修行哉乎 我戒香年雖古稀 身尙未墮正可思地獄苦 發菩提心 兼更奉爲 歷劫經生 過現父母 號泣白佛 願我所有經生父母須永離惡趣恆生佛前者

시방의 모든 부처님과 모든 큰 보살들이시여! 자애로운 마음으로 저를 애민하시어 제가 부모님 위하여 발한 바의 진실하고 넓은 서원을 들어주소서. 원컨대 나의 이 과보로 받은 몸이 다하여서 빨리 정토에 태어나 부처님의 수기를 받은 후에 미래세상이 다하도록 모든 세계의 일체 과보로 받는 죄고중생이 그 모든 고통을 떠날 수 있게 하여 지이다. 모두 다 백천의 방편으로 뽑아 구제하여 남음이 없게 하여 궁극에는 적멸을 얻어 지이다. 말한바 저의 원이 그대로 부처님께서 아시어 마침내 미래에 성취하여 지이다. 원컨대 흐름을 끊어 천하의 存亡을 이익하게 하며, 모두가 이로움과 즐거움에 젖게 하여 모두가 뛰어난 과보를 획득하여 지이다.

十方諸佛諸大菩薩 慈哀愍我聽我爲其父母 所發實宏誓願 願我盡此報身 疾生淨土 蒙佛記後 盡未來際 所有世界 一切受報罪苦衆生誓願替彼諸苦 悉皆百千方便拔濟 令無遺餘 方敢寂滅 所語我願如斯佛自知 畢竟當來得成就 願刋流天下利益存亡 咸霑利樂 而悉獲勝果哉

대청나라 광서10년 세차 갑신년 가을에 동을 넘어서 서방정토를 원하는 사미 계향이 머리 숙여 삼가 씁니다.

大淸光緒十年歲次甲申秋 越東願西 沙彌戒香稽首謹識

地藏菩薩本願懺儀

清 定慧 編

地藏菩薩本願懺儀

清 菩薩比丘乘戒定慧敬集 初學沙彌戒香蓮根較梓

經云若有善男子善女人欲發廣大慈心救度一切衆生者欲修無上菩提者欲出離三界者欲生西方極樂世界者是諸人等見地藏菩薩形像聞地藏菩薩名號志心歸依合掌瞻禮乃至塑畫形像及金銀銅鐵等像常以香花衣服飲食繒綵幢旛及然油燈作諸伎樂歌詠讚歎於三七日中恭敬供養念地藏菩薩名滿於萬遍或轉讀本願尊經三遍七遍至百千遍或念佛名諸菩薩名如前供養禮拜懺悔或自作勸人作或見作隨喜是諸人等現在世中壽命增

長常得諸天善神日夜衛護安隱快樂所願所求悉皆遂意或爲過去父母及諸眷屬身死之後七七日內廣修衆善爲作功德設供營齋奉獻佛僧或造塔寺印施經典資益冥福是諸先亡得大利益所有罪業悉皆消滅永離惡道得生人天受勝妙樂現在眷屬俱獲福利若能於十齋日奉對諸佛菩薩像前修設莊嚴香花供養轉讀本願尊經三遍七遍或念瞻禮名號百千萬遍是人現世豐饒所居家舍無諸災橫當知地藏菩薩有如是不可思議大威神力利益衆生由此菩薩於閻浮提有大因緣至彌勒成佛以來六道衆生咸令度脫如經所說依教修持行者嚴淨身口意等三業端秉一心口自唱言

南無地藏王菩薩 三稱

規模及格式同 大悲懺無異

觀想聖容如在其上和音稱念旋繞進 壇依位展具上香執手鑪首者白云

一切恭敬

一心頂禮十方常住三寶 拜起首 者白云

是諸衆等各各胡跪嚴持香華如法供養 兩手擎花盤運心觀想十方 三寶至誠奉獻和音唱云

願此香華雲徧滿十方界供養一切佛尊

法諸菩薩及一切天衆無量香莊嚴具足菩薩道成就如來香 唱已拈盤中花散 於空中運心想云

我此香華遍十方以爲微妙光明臺諸天音樂天寶香諸天餚膳天寶衣不可思議妙法塵一一塵出一切塵一一塵出一切法旋轉無礙互莊嚴遍至十方三寶前十方法界三寶前悉有我心修供養一一皆悉徧法界彼彼無雜無障發盡未來際作佛事普熏法界諸衆生蒙熏皆發菩提心同入無生證佛智

末句衆同念起立執 手鑪主者作梵唄云

供養已一切恭敬 拜起胡跪一心 合掌宣偈讚歎

稽首慈悲大教主 地言堅厚廣含藏
南方世界涌香雲 香雨華雲及華雨
寶雨寶雲無數種 爲祥爲瑞徧莊嚴
天人問佛是何因 佛言地藏菩薩至
三世如來同讚仰 十方菩薩共歸依
見聞瞻禮一念間 利益人天無量事
壽命轉增除罪障 一切惡事皆消滅
我今宿植善因緣 稱揚地藏眞功德

(拜起次拈香合掌稱禮云)

一心頂禮本師釋迦牟尼佛(五體投地三拜觀想云 能禮所禮性空寂感應道交難思議我此道場如帝珠釋迦如來影現中我身影現釋迦前頭面接足歸命禮 以下諸佛菩薩名號隨位改名觀想)

一心頂禮西方極樂世界阿彌陀佛

一心頂禮師子奮身具足萬行佛

一心頂禮覺華定自在王佛

一心頂禮一切智成就佛

一心頂禮淸淨蓮華目佛。

一心頂禮無邊身佛。

一心頂禮多寶佛寶勝佛。

一心頂禮波頭摩勝佛。

一心頂禮師子吼佛。

一心頂禮拘留孫佛。

一心頂禮毘婆尸佛。

一心頂禮寶相佛。

一心頂禮袈裟幢佛。

一心頂禮大通山王佛。

一心頂禮淨月佛。山王佛。智勝佛。淨名王佛。智成就佛。

一心頂禮無上佛。妙聲佛。滿月佛。月面佛。無相佛。

一心頂禮十方三世。有如是等不可說。一切諸佛。

一心頂禮忉利天宮。十方來集。無量世界。
不可說一切諸佛。
一心頂禮地藏菩薩本願經三拜觀云
眞空法性如虛空。常住法寶難思議。我身影現法寶前。一心如法歸命禮。
一心頂禮大乘大集。地藏十輪經等。及十
方三世一切尊法。觀想如前
一心頂禮大願慈尊。地藏菩薩摩訶薩。三拜
觀想如上但稱地藏菩薩影現中我身影現地藏前爲求滅障接足禮

地藏懺儀 五

以下分身地藏影現中乃至文殊師利諸菩薩等隨位稱名觀想
一心頂禮不可思議無量阿僧祇世界。所
有地獄諸處。分身地藏菩薩摩訶薩。
一心頂禮日光菩薩。月光菩薩摩訶薩。
一心頂禮文殊師利菩薩摩訶薩
一心頂禮阿逸多菩薩。財首菩薩摩訶薩。
一心頂禮定自在王菩薩。光目菩薩摩訶
薩。

一心頂禮無盡意菩薩。解脫菩薩摩訶薩。
一心頂禮普賢菩薩。普廣菩薩摩訶薩
一心頂禮觀世音菩薩。大勢至菩薩。虛空
藏菩薩摩訶薩
一心頂禮忉利天宮。十方來集。一切諸大
菩薩摩訶薩
一心頂禮摩耶夫人。大辯長者。及天上人
間一切聲聞緣覺賢聖僧

地藏懺儀 六

一心頂禮發揚啟教。勸善大師。道明尊者。
一心代爲忉利天宮。皆來集會。一切天衆
龍衆。閻羅王衆。鬼神等衆。頂禮三寶。
各各胡跪渴仰慇懃至心發願
南無大願地藏王 願我永離三惡道
南無大願地藏王 願我速斷貪嗔癡
南無大願地藏王 願我常聞佛法僧
南無大願地藏王 願我勤修戒定慧

南無大願地藏王　願我恒隨諸佛學
南無大願地藏王　願我不退菩提心
南無大願地藏王　願我決定生安養
南無大願地藏王　願我摩頂受聖記
南無大願地藏王　願我分身徧塵刹
南無大願地藏王　願我廣度諸衆生
南無地藏王菩薩 十稱
南無阿彌陀佛 十稱

地藏懺儀　七

行者想自身對此佛菩薩前稱念尊名唯在哀切如遭焚溺求於救濟

經云若有善男子善女人欲發廣大慈心救度一切衆生者欲修無上菩提者欲出離三界者欲求現在未來得遂意願者是諸人等於三七日中或以香華衣服寶貝飲食供養瞻禮地藏形像念其名字滿於萬遍當得菩薩現無邊身摩頂授記或於夢中現大神力安隱覆護是人現世豐饒無諸疾苦所願所求悉皆成就故我一心稱揚聖號

南無地藏王菩薩

鳴手磬稱念千聲捏珠緩步旋繞當稱名時心口相應滿千聲已首者云

地藏菩薩白佛言世尊現在未來一切衆生若天若人若男若女但能念得一佛名乃至一菩薩名功德無量何況多名是衆生等生時死時自得大利獲福

地藏懺儀　八

無量滅無量罪 拜下默想云

我及衆生無始常爲三業六根重罪所障不見諸佛不知出要但順生死不知妙理我今雖知猶與衆生同爲一切重罪所障今對地藏十方佛前普爲一衆生歸命懺悔惟願加護令障消滅

普爲四恩三有法界衆生悉願斷除三障歸命懺悔 拜下應運逆順十心默念觀想云

我與衆生無始來今由愛見故內計我人外加惡友不隨喜他一毫之善惟徧三業廣造衆罪事雖不廣惡心徧布晝夜相續無有間斷覆諱過失不欲人知

不畏惡道無慚無愧撥無因果故於今
日深信因果生重慚愧生大怖畏發露
懺悔斷相續心發菩提心斷惡修善勤
策三業翻昔重過隨喜凡聖一毫之善
念十方佛有大福慧能救拔我及諸衆
生從二死海至三德岸從無始來不知
諸法本性空寂廣造衆惡今知空寂爲
求菩提爲衆生故廣修諸善徧斷衆惡
惟願地藏慈尊慈悲攝受聽我懺悔
至心懺悔 某甲 與法界一切衆生從無始
來至於今日無明所覆顚倒迷惑三業六
根習不善法毁謗三寶不敬尊經破戒破

地藏懺儀 九

齋損塔壞寺玷汚僧尼破淨梵行或伽藍
內恣行淫欲或殺或害僞作沙門心非沙
門破用常住欺誑白衣違背戒律盜竊僧
衆飲食財物性識無定逐境而生廣造十
惡及五無間如是等罪無量無邊流浪生
死六道受苦千萬億劫永無出期今過地
藏本願尊經善方便說饒益有情以是因
緣始蒙覺悟生大慚愧懇切懺悔稱名持
誦如說修行禮拜供養歸向地藏王菩薩
及十方世尊願垂矜愍證知護念與諸衆
生求哀懺悔凡我等無始所作自作教他
一切重罪畢竟消滅斷相續心發菩提心
自今以後誓不更造唯願 一拜
地藏王菩薩摩訶薩以大慈悲深誓願故
憐愍於我放大神光照我身心現大神力
拔我罪根令我等於現在生中獲本妙心

地藏懺儀 十

開佛知見究行早圓菩提不退宿智命通
永離障礙竭生死流躋涅槃岸於諸世間
行菩薩道至捨此身更無他趣決定得生
阿彌陀佛極樂國土親蒙授記還來此土
廣度衆生同出苦輪同登覺地
懺悔發願已歸命禮三寶
次當如法旋繞同向或三匝七匝當旋繞時端身正念想此道場如法界
十方三寶遍塞虛空以次同身右繞觀想三寶心性空寂影現十方心想

如夢。梵音如響。都攝六根。歸於一念
能所泯同。眞如實際。執手鑪唱云

南無十方佛。南無十方法。南無十方僧。

南無本師釋迦牟尼佛

南無阿彌陀佛

南無地藏菩薩本願經

南無日光月光徧照菩薩

南無地藏王菩薩

南無文殊師利菩薩

南無普賢菩薩

南無觀世音菩薩。大勢至菩薩

南無虛空藏菩薩

以次歸位置手鑪稱
性發願三歸依回向

自歸依佛。當願衆生。體解大道。發無上心。

自歸依法。當願衆生。深入經藏。智慧如海。

自歸依僧。當願衆生。統理大衆。一切無礙。

和南聖衆。起具問訊唱地藏名回[illegible]觀
堂班立三稱向上問訊畢

行者禮懺已。應在堂中。或於別處。坐禪修觀。或誦經念佛。或念菩薩名號。起精進心。生決定信。依教修行。所求遂願。經云。佛告虛空藏菩薩。諦聽諦聽。吾當爲汝分別說之。若有善男子善女人。見地藏菩薩形像。或聞地藏名。及聞此經者能以香花。恭敬布施供養。讚歎瞻禮至受持讀誦。一句一偈。是人卽得二十八種利益。

一者天龍護念。二者善果日增

三者集聖上因。四者菩提不退

五者衣食豐足。六者疾疫不臨

七者離水火災。八者無盜賊厄

九者人見欽敬。十者鬼神助持

十一者女轉男身。十二者爲王臣女

十三者端正相好。十四者多生天上

十五者或爲帝王。十六者宿智命通

十七者有求皆從。十八者眷屬歡喜

十九者諸橫消滅。二十者業道永除

二十一者去處盡通。二十二者夜夢安樂

二十三者先亡離苦。二十四者宿福受生

二十五者諸聖讚歎。二十六者聰明利根

二十七者饒慈愍心。二十八者畢竟成佛

爾時十方一切諸來不可說諸佛如來及大菩薩。天龍八部。聞釋迦牟尼佛稱揚讚歎地藏菩薩大威神力不可思議歎未曾有云云

若緇素四衆。及諸善信人等。於斯本願尊經。及此本願懺法。深信恭敬。念念修行。自然於無上道。得不退轉。將來臨命終時。乘此菩薩威神力故。直往西方。同證菩提。

地藏菩薩本願懺儀終

敬梓地藏經懺儀䟦

地藏菩薩本願經之懺儀者。國朝秉戒法師所集。欲人識因果而知罪福。斷諸惡而修衆善也。斯之懺義。乃菩薩全體大悲。誓願宏深。度盡羣迷。謂誓宏堅如大地。願廣深若藏海。故初作婆羅門女。於覺華定自在王如來前。爲母悅帝利罪女。立宏誓願。願我盡未來劫。應有罪苦衆生。廣設方便。使令解脫。次作光目女時。亦爲其生母。啼淚號泣而白空界。願我之母。永脫地獄。十方諸佛。慈哀愍我。聽我爲母所發廣大誓願。若得我母永離三途及

斯下賤。乃至女人之身。永劫不受者。願我自今日後。對淸淨蓮華目如來像前。卻後百千萬億劫中。應有世界。所有地獄及三惡道諸罪苦衆生。誓願救拔。令離地獄惡趣畜生餓鬼等。如是罪報等人。盡成佛竟。我然後方成正覺。復次分身雲集。忉利天宮。於如來前。涕淚哀戀。白其佛言。若有衆生。但於佛法中所爲善事。乃至一沙一塵。或毫髮許。我漸度脫。使獲大利。唯願世尊。不以後世惡業衆生爲慮。如是三白。發宏誓願。嗟乎。菩薩有如是宏願。如是方便。甚至有毫髮許之善事。悉願皆以度脫。何況學諸善事。至心懇切。念念修行哉乎。我戒香年雖古稀。身尙未墮。正可思地獄苦。發菩提心。兼更奉爲歷劫經生過現父母。號泣白佛。願我所有經生父母。須永離惡趣。徧生佛前者。十方諸佛諸大菩薩。慈哀愍我。聽我爲其父母所發實宏誓願。願我盡此報身。疾生淨土。蒙佛記後。盡未來際。所有世界。一切受報罪苦衆生。誓願替彼諸苦。悉皆百千方便拔濟。令無遺餘。方敢寂滅。所語我願。如斯佛自知。畢竟當來得成就。願刊流天下。以益存亡。咸霑利樂。而悉獲勝果哉。

大淸光緖十年歲次甲申秋越東願西沙彌戒香稽首謹識

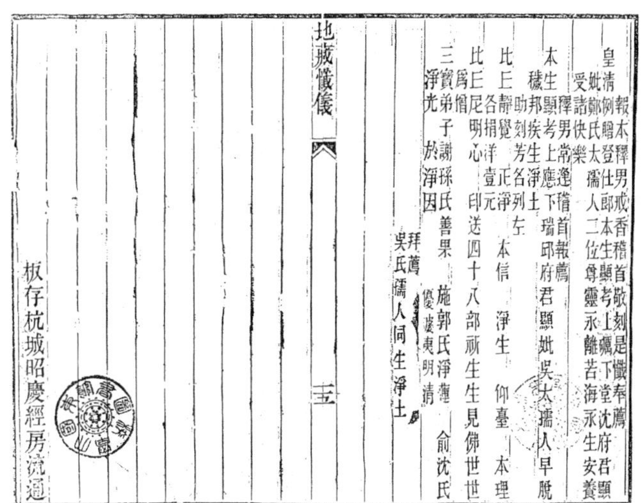
報本釋男戒香稽首敬刻是懺奉薦
皇清例贈登仕郎本生顯考上鴻下堂沈府君顯
妣鄭氏太孺人二位尊靈永離苦海永生安養
受諸快樂
釋男常逢稽首報薦
本生顯考上應下瑞邱府君顯妣吳太孺人早脫
穢邦疾生淨土
助刻芳名列左
比丘靜覺正淨 本信 淨生 仰臺 本理
各捐洋壹元
比丘尼明心 印送四十八部祈生生見佛世世
爲僧
三寶弟子謝孫氏善果 施郭氏淨蓮 俞沈氏
淨光於淨因 優婆夷明清
拜薦吳氏孺人同生淨土

地藏懺儀 五

板存杭城昭慶經房流通

참고문헌

- 『대승본생심지관경』권3, (『대정장』3).
- 혜　능, 『육조대사법보단경』「참회품」, (『대정장』48).
- 원　효, 『대승육정참회』,권3 (『대정장』45).
- 鄭大隱, 『釋門儀式』, 해동불교대학, 1992.
- 安震湖, 『釋門儀範』, 法輪社, 1982.
- 조계종, 『통일법요집』, 대한불교조계종포교원, 조계종출판사, 2004.
- 朴世敏, 『韓國佛教儀禮資料叢書』第4集, 保景文化社, 1993.
- 무비 스님, 『지장보살예찬문』, 도서출판 窓, 2005.
- ________, 『지장경 강의』, 불광출판부, 2001.
- 柳聖烈(無通), 「地藏菩薩信仰研究」 위덕대박사학위논문, 2011.
- 계세 소남갈첸(Geshe Sonam Gyaltsen), 『해탈을 원하는 행운아가 날마다 해야 할 기도문』 한국티벳불교사원 광성사, 2011.

無通 스님

중앙승가대학교를 졸업하고, 위덕대학교에서 석사 및 철학(불교)박사 학위를 취득하였다.
논문으로 「불교장례의식 개선을 통한 포교연구 -수목장을 중심으로-」「지장보살 대원에 관한 연구」「중국 지장보살신앙의 전개」「한국 지장보살신앙의 전개」 수필 「어머님의 오도송」「스승별곡」「세한도에 기대어」 등이 있으며, 현재 경북 영천 육화사六和寺에서 지장보살신앙연구에 진력하고 있다.

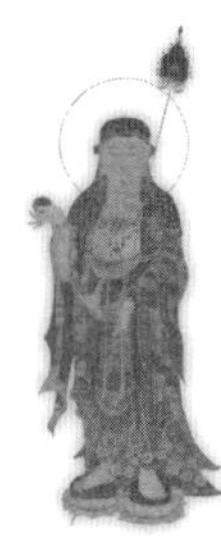

지장보살다라니 수행법

2012년 **7**월 **23**일 초판 인쇄
2012년 **8**월 **07**일 초판 발행

편저자 무통 스님
發行人 이 주 현
發行處 도서출판 해조음
등 록 2002. 3. 15. 제 2-3500호
서울시 중구 필동3가 39-17 리엔리하우스 203호
전화 (02)2279-2343
전송 (02)2279-2406
메일 haejoum@naver.com

값 12,000 원

ISBN 978-89-91107-66-3 94220
ISBN 978-89-91107-64-9 (전2권)

지장보살신앙 연구

無 通 編著

펴내며

나무 유명교주, 남방화주, 대원본존 지장보살마하살!

명부세계의 교주로서 남섬부주를 주처로 삼지만 육도로 분신도탈 하는 지장보살의 대원은 그 원의 크기가 대승불교의 모든 보살 중에서도 으뜸이다.

그러나 지장보살이 대원의 본존으로 모든 중생의 신앙대상으로 존경받기까지는 철저한 수행을 통해 장애를 극복하였으며, 선정禪定 속에서 육도 중생을 향해 매일매일 대 서원을 발했다. 이 발원이 곧, 지옥미공 서불성불地獄未空 誓不成佛(지옥이 텅 비기 전에는 성불하지 않으리라)의 대 서원이 아니던가!

오래전 초발심의 사미승이 지장보살다라니라 하여 『석문의범』에 나오는 순 한글로 된 「츰부다라니」를 입버릇처럼 염송해 보았다. 시간이 흘러 한 호흡에 두세 번의 다라니가 입안으로 맴돌아 나가는 경계 안에서 벅찬 환희를 느껴보기도 하였다. 그리고 세계 최고 108미터 지장 성상 조성을 발원하기에 이르렀다.

그러나 참회와 수행이 전제되지 않은 과분한 소원은 욕망일 뿐이라는 것을 깨달은 것은 그 욕심만큼의 업장이 따른다는 크나큰 대가를 지불한 뒤였다. 그 뒤를 이어, 이 대작 불사가 설령 이생에서 이루어지지 않더라도 지장보살의 대원을 먼저 알아가야겠다는 발원으로 다시 발심하였다.

우선 위덕대학교 밀교문화연구원에 소장된 진언 · 다라니와 관련된 전적 중 특히 지장보살다라니들의 산스크리트[Sanskrit]어語가 나오게 된 원서가 큰 힘이 되었다. 그것은 『어제만한몽고서번합벽대장전주御製滿漢蒙古西番合璧大藏全呪』이며 또한 『사체합벽대장전주四體合壁大藏全呪』 라고도 하는 중국 청나라 건륭乾隆 23(1758)~38(1773) 사이에 편찬되어 청 건륭내부淸乾隆內府에서 간행한 것이다. 이것을 대만의 사업가이면서 불교학자인 '임광명' 선생이 로마나이즈[romanize]화 하여 『신편대장전주新編大藏全咒』 18책으로 편수 하였다.

그리고 지장보살의 최초경전이라고 할 수 있고, 지장보살의 다라니가 집중된 『대방광십륜경』 과 『대방등대집경』57 · 58권이 한역된 시기와 위진남북조 시대가 마무리돼가는 시기에 나타나는 지장보살 관련 의위경疑僞經들과 도교 시왕 사상과의 결합에 주목해 보았다. 전쟁과 폐불의 참담함 속에서 민중들의 사후 안락과 급속도로 긴밀해지는 지장보살의 분형산체적 화현에 지장보살 다라니신앙이 간과되었으리라 유추해 보았다.

이러한 신앙전개 과정들의 단상과 지옥의 신개념으로 유심지옥의 고찰과 지장보살다라니의 원류적 신앙성, 명부시왕 신앙에 결합한 그의 화신적 자취를 통하여 기존의 지장청 의식에 지장보살다라니의 유용성을 편입시켜 보았다.

이로써 지장신행의 외연을 확장한 종합적인 범 「지장보살신앙 연구」라는 제목으로 박사학위 논문의 주제를 마무리했다.

그러나 지장보살의 정체성에서 '극락왕생의 직전 지대, 즉 예토와 명부의 유정들을 성숙시켜 정토왕생의 조건을 완성해주는 보살' 이라고 매김 하여 지장신앙을 기존의 범 정토 신앙으로 보는 견해와 차별을 둔 것에 관한 부담은 있다.

하지만 이러한 두려움이 스승이라 생각하고 출판의 용기를 내 보았다. 부끄럽지만 이 작은 발심이 씨앗이 되어 지장보살 신앙의 저변확대를 이루는 계기가 되기를 발원한다. 미래에 이보다 더 월등한 내용으로 회향하는 발심 행자가 나타날 때까지 발원은 계속될 것이다. 아울러 지속적인 수정 · 보완이 있을 것이며 그 속에는 독자 제현의 질정도 포함될 것이다.

중앙승가대학교와 위덕대학교에서 수학하는 과정에 인연이 된 여러 스승께 경배드리며, 특히 박사학위 논문을 심사하면서 방榜과 할喝을 아끼지 않고 지도해 주신 대한불교진각종 교육원장 경정 정사님, 중앙승가대 최종남 교수, 위덕대학교 장익 · 권기현 교수께 사은을 잊지 않고 있음을 전해드린다. 그리고 논문심사 장외에서 항상 지도와 응원을 해 주신 위덕대 이태승 · 원필성 교수, 중앙승가대 불교사회과학연구소 류승무 교수께도 같은 마음이다. 무엇보다 평생을 수행생활로 일관하여 출세간자出世間者마저 항상 부끄럽게 하는 속가의 큰누이 류정남 불자에게 두터운 존경의 마음을 보낸다.

또한, 함께 수학한 도반 · 선후배들의 격려와 응원의 고마움을 일일이 새기고, 육근을 다스려 자유를 만들어가는 도량 육화사六和寺 대중 종산 스님, 원종 전법사, 그간 물심의 도움으로 외호해 주신 여러 인연 불자에게도 감사드린다.

덧붙여 이 책이 나오기까지 번거롭고 힘든 작업을 마다치 않고 애써준 도서출판 해조음 이주현 대표와 직원 여러분께도 고마움을 전하며, 석 · 박사 과정의 기나긴 여정에서 외과 의사가 환부를 도려내듯 학인의 부족함을 걷어내고 학업의 열정을 이끌어 주신 지도교수 진경 김영덕 스승께 합장 경배하여 감사드린다. 아울러 위의 모든 분에게 지장보살의 대원력이 가피하여 온 가족의 건강과 화목이 충만하기를 축원 드린다.

불기 2556(2012)년 5월 28일 부처님 오신 날 육화六和 수행도량에서
지장행자 무통無通 합장

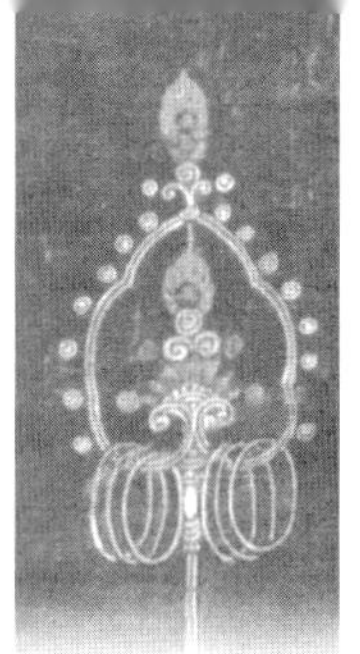

추천사

계수稽首 지장보살

종교에서 의식儀式은 교리의 상징적 표현이다. 종교의식에는 수행의식과 신행의식, 즉 기도의식이 있다. 종교의 교리는 의식을 통하여 생명력을 부여받는다. 즉 교리는 수행을 통하여 체험되고, 신행을 통하여 생활에서 실현된다. 그러므로 종교에서는 교리가 없으면 맹목이 되고, 의식이 없으면 공허할 수밖에 없다. 따라서 종교에서 교리와 의식은 항상 불가분의 관계를 맺기 마련이다. 그 때문에 교리와 의식을 분리하여 말할 수 없다. 교리의 이해와 실천을 위해 의식이 설해지고, 의식의례에는 교리가 상징적으로 들어 있기 때문이다.

불교는 교리를 구체적으로 표현하고 실현하기 위하여 많은 보살상을 설하고 있다. 우리가 당면하는 무수한 보살의 명호는 불교 사상을 구체적으로 표현하고 실현하려는 인격상들이다. 따라서 불교의 보살은 우리가 귀명해야 할 신행의 구체적인 대상이면서 또한 실현해야 하는 이상적인 인격상이 된다. 그 대표적인 보살이 관자재보살, 문수사리보살, 보현보살, 지장보살 등이다. 관자재보살은 대비大悲, 문수보살은 대지大智, 보현보살은 대행大行,

그리고 지장보살은 대원大願의 보살로 신행되고 있다.

현재 우리나라에서 지장보살 신앙은 대원본존의 보살로 자리하고 있지만 지옥중생의 제도에 중심을 두고 있다. 그리고 지장보살 신앙의례에서 지장보살의 다라니는 거의 무의미한 형식으로 독송 되고 있었다. 그 까닭에 지장보살 의례도 교리의 상징성을 잃고 형식화되어 있다. 따라서 우리나라 지장보살 신앙에서 적어도 세 가지 정도는 다시 생각할 필요가 있다. 즉 지장보살의 본래 정신을 밝혀서 지장보살 신앙의 본의를 살리는 일이다. 그리고 지장보살 관련 경전에서 설하는 다라니의 의미를 밝혀서 지장보살 신앙에서 다라니 독송을 바르게 하는 것이다. 그리고 지장보살 신앙의 여러 의례를 교리적 의미를 상징하는 형식으로 정립하는 것이다.

이러한 점에서 『지장보살신앙 연구』는 한국 지장보살신앙에 매우 중요한 의미가 있다. 먼저 지장보살 사상의 본의를 명확히 밝히는 것으로, 지장보살은 현세는 물론 육도 중생을 구제하기 위하여 대원을 세운 보살이다. 육도 중에서 특히 악업 중생을 제도하여 마지막 한 중생이라도 구제하지 못하면 성불하지 않겠다는 서원을 하고 있다. 따라서 지장보살의 활동 무대는 석가불이 열반에 든 후 미륵불이 나타나기 전까지 무불無佛의 말법 시대일 수밖에 없다. 그래서 지장보살의 교화대상은 말법 시대에서 선근이 끊어져 버린 일천제一闡提가 주류를 이룬다. 따라서 지장보살의 본래 성격은 말법 시대 오탁악세의 악취중생 나아가 일천제까지도 구제하는 대비천제大悲闡提의 보살이다.

무불 말법 시대의 악취중생을 구제하려는 지장보살의 대원은 오탁악세에서 힘겹게 사는 중생에게 희망의 메시지를 심어주는 것이다. 즉 지장보살은 일천제로 대변되는 절망적인 중생들에게 최후의 보루로서 희망을 주는 구제의 보살이다. 말법 시대의 중생을 지키고 삶의 의욕을 불러일으키는 보살로서 지장보살의 성격은 대승불교를 거쳐 밀교의 만다라 조직에서 분명히 확인할 수 있다. 만다라는 조화롭고 아름다운 생명의 세계를 일컫는다. 일체의 생명 존재가 유기적 관계로서 조화를 이루면서 생명활동을 하는 세계를 만다라 세계라 부른다. 이러한 만다라 세계를 불보살로서 상징하여 구체적으로 표현한 도회圖繪도 또한 만다라, 혹은 만다라 도회라 부르기도 한다. 만다라 속의 모든 불보살은 우주 대생명으로서 전일생명 全一生命, 또는 온 생명인 비로자나불의 구체적인 활동 모습으로서 비로자나불과 다르지 않다.

만다라상의 지장보살은 큰 자비가 지극하여 현상 세계의 말단에서 살아가는 악취의 중생을 제도하는 활동을 한다. 이러한 지장보살의 활동은 그대로 비로자나불의 구체적인 중생 구제의 모습이다. 또한, 지장보살은 남방 보생불이 일체중생에게 스스로 지닌 공덕 장엄을 깨닫게 하고 상호 공유하도록 하는 금강당 보살로서 설명되기도 한다. 여기서 금강金剛은 비로자나불의 영원 무한한 생명성을 가리키고, 당보살幢菩薩은 그 생명이 가진 무궁한 공덕을 널리 알리는 보살을 일컫는다. 결국, 금강당 보살은 우주의 전일 생명으로서 비로자나불이 중생들에게 스스로 지닌 공덕상을 깨달아서 서로 나누면서 살아가도록 일깨워 주는 활동상을 말한다. 따라서 지장보살은 현실 세계에서 구제불능의 중생마저 보듬어서 삶의 희망을 불러일으키는 보살이다. 이러한 지장보살이 내세의 지옥중생까지도 구제하는 보살로서 신앙의 양상이 전개되고 있다. 그러나 이것은 그만큼 지장보살이 육도의 악취중생을 제도하는 보살로서 서원이 절실하다는 사실을 보여준다. 그러나 지장보살 신앙의 본의는 현세의 악취중생을 제도하는 데 있다.

지장보살이 악취중생을 제도하려는 서원을 경전에서는 다라니로써 설하고 있다. 다라니는 불보살의 본서本誓를 집약적으로 표현하는 말이다. 그래서 진언眞言이라고 말하기도 한다. 불보살의 본서를 집약적으로 표현하였기 때문에 그 속에는 분별적인 거짓이 없고 오직 진실하기 때문이다. 그리고 명주明呪라 부르기도 한다. 지혜가 밝아서 진실한 모습을 알 수 있기 때문이다. 지장보살의 경전 등에는 몇 개의 다라니가 설해져 있다. 그중에서 소위 '츰부閦浮' 다라니가 기본 다라니이다. 다라니의 음역들은 상호 다른 점이 많으므로 혜림慧琳은 『일체경음의一切經音義』를 통해서 지장다라니의 정형定型을 마련하고 있다. 그리고 임광명林光明 선생은 여러 경본들의 음역을 비교하여 다라니의 범어표기를 시도하였다. 이렇게 해서 지장보살다라니 독송이 발전적 계기가 열리게 되었다. 그런데 지장다라니의 핵심 술어는 '乞墋二合謀 kṣobha' 檀彌dhana 阿袠底artha 등으로 보인다. 그리고 檀彌dhana는 재물財物, 또는 시물施物의 의미가 있다. 나아가 阿袠底artha는 목적, 요익饒益을 의미한다. 지장보살은 중생들에게 진정하게 재보財寶를 얻게 하고 요익하게 하려는 서원이 있는 것이다. 그런데 문제는 '乞墋謀kṣobha' 이다. '乞墋謀 kṣobha' 의 부정어는 akṣobha이다. Akṣobha에서 파생된 Akṣobhya는 아축불阿閦佛을 가리킨다. 아축불은 부동불不動佛이라 부르듯이 일체의 동요를 떠난 부처님이다. 따라서 kṣobha는 진동震動, 격정激情, 동요動搖 등의 뜻이 있다. 그런데 kṣobha를 긍정적인 입장에서 빛이 찬란하게 빛나는 모습으로 생각하기도 한다. 그러나 진동, 동요, 격정 등을 부정적으로 보더라도 악취중생의 그러한 모습을 제도하려는 지장보살의 본의를 생각하면 이해할 수 있다. 지장다라니를 면밀히 해독하면 풀릴 일이다. 그러므로 이 책에서 지장보살다라니의 정형을 찾아 다라니 독송의 새로운 지평을 제시한 것은 매우 큰 의미가 있다.

따라서 저자는 지장보살 신앙의 본의와 지장다라니의 정형에 따라 지장보살 신행의 의례로서 지장보살다라니 수행법을 작업 가설적으로 마련하고 있다. 그래서 『지장보살다라니 수행법』의 제목으로 출간하였다. 이렇게 해서 지장보살의 사상과 원력이 이 새로운 지장보살 신앙의례를 통하여 더욱 심화하여 갈 것으로 기대된다. 그와 동시에 한층 정돈된 신앙 의례문이 마련되고 무진무여無盡無餘의 중생들이 지장보살의 품속에서 고된 삶의 희망을 되찾게 되기를 서원한다. 아울러 두 권의 저술이 저자의 학문적 역량과 수행의 깊이를 증진하고 나아가 그 공덕이 크게 회향되기를 서원하여 본다.

진기66(2012)년 6월 11일
신덕信德의 터에서 경정(김무생)

목차

圖 目 次

Ⅰ. 序 論

1. 硏究目的

가장 올바르고 가장 이상적인 삶의 방식, 그것을 대승불교에서는 '菩薩道'라 하고 그 실천자를 '보살'이라고 한다. 일반적으로 대승보살이라고 하면 文殊·普賢·觀音·地藏 4대 보살을 떠올린다. 이들은 대승불교의 理想鄕이 人格化된 佛典의 인물들로서 자신들만의 悲願을 가지고 있다. 즉 文殊의 智慧, 普賢의 行願, 觀音의 慈悲, 地藏菩薩의 大願이 그것이다. 보살도를 추구하는 모든 佛道修行者는 위로는 문수보살과 같은 無相의 智慧를 구하고, 보현보살과 같은 行願을 실천하며, 아래로는 모든 중생의 고통을 자비로 어루만져주는 관세음보살과 같은 大慈大悲의 정신을 지니고 있다. 위로는 無上菩提를 구하지만, 아래로는 六道의 중생이 모두 성불하지 않는 한 결코 자신은 성불하지 않겠다는 지장보살처럼 육도중생의 究竟成佛이라는 大願을 세우고, 또는 '上求菩提 下化衆生'이라는 극단의 수행과 최대의 희생정신을 지닌 이들이 대승의 보살들이다.

대승불교에서 이러한 여러 보살의 탄생은 철저한 信心을 바탕으로 한 誓願의 결과이다. 그중에서도 '大願本尊 地藏菩薩'은 모든 중생의 성불을 도와주는 助力者로서의 보살이다.

이 보살은 當來 彌勒佛이 下生할 때까지 소위 無佛時代의 중생구제를

誓願한 보살로 부처님으로부터 授記와 咐囑을 받은 바 있다. 娑婆世界에서 末法時代인 無佛時代는 正法이 소멸하고 중생이 剛强하여 불법이 쇠퇴한 시대이다. 그러나 동시에 지장보살이 未來佛인 彌勒佛이 출현할 때까지 일체중생을 모두 해탈케 하여 온갖 괴로움에서 벗어나게끔 부처님의 授記를 받은 地藏菩薩의 시대이기도 하다. 즉 無量한 救濟力을 갖추고 現世뿐 아니라 死後 또는 地獄의 중생마저도 다 제도하기 전까지는 成佛하지 않겠다고 誓願한 지장보살의 大願이 구현되는 시대이다.

지장보살은 死後 지옥중생 구제에 전념하여 지옥문을 떠날 날이 없고, 지옥문 앞에서 눈물을 흘리는 地獄衆生 救濟菩薩의 표본으로 삼는 것이 일반적이다. 이러한 지장보살에 대한 신앙은 기원 전후 인도의 地母神 신앙에서 출발하여 중앙아시아를 거쳐 중국으로 전해졌다. 말법 시대에 중생 구제를 핵심 명분으로 하는 지장보살 신앙은 極樂往生의 정토 신앙과 극심한 대립을 경험하기도 하고, 때로는 阿彌陀佛의 挾侍로서 觀世音菩薩과 竝立하여 信仰 되어 온 것이 這間의 사정이다. 거기에 格義過程의 한 측면인 듯 中國 道敎의 十王思想과 중국인들의 불교사상에 대한 이해의 영역에서 중국적 특징이 이루어진 지장신앙의 측면을 간과할 수는 없다.

원래 지장보살 관련 최초경전에서는 말법 시대 剛强한 중생들의 근기를 성숙시키고, 땅 위의 모든 사물을 풍요롭게 하는 현세이익에 중점을 두고 있었다. 그러던 것이 시대가 변하면서 지장보살이 사후 중생들의 죄업 등 그 공과를 낱낱이 규명하고 바로잡는 증명공덕주의 지위로 신앙하는 양상으로 전개되었다. 이것은 소위 冥府 判官인 十王들의 오류를 감독하는 자리에 앉아 유정들로 하여금 往生의 조건을 갖추도록 이끄는 지장보살 대원행의 영역이동이라고 봄이 타당하다. 이 책에서는 기존의 통념적인 지장보살의 이해에서 지장신앙의 종합적인 면모를 드러내고자 한다.

일반적으로 인식된 지장보살신앙은 망자추선의 보살로 극히 제한적이었지만 시대의 변화에 따라 그 양상은 다른 모습으로도 전개되었다. 그 변화된 대표적인 사례가 밀교의 만다라에 잘 나타나 있다. 金剛界曼荼羅에서 지장보살은 寶生如來의 화신으로서 平等性智를 실체로 하고, 복덕을 성취하는 방법을 가리키며, 胎藏曼荼羅에 있어서는 蓮華部에 속하며, 阿彌陀佛의 화신으로 나타나 妙觀察智를 실체로 하여 怨親의 평등을 나타낸다. 이 때문에 후세에 와서 미타와 지장의 일체설이 나오게 되었다. 따라서 지장에 대한 칭호도 금강계만다라와 태장만다라에서 지장을 합해서 부르기를 與願金剛·悲願金剛·願滿金剛이라고 하여 여기에서도 지장의 悲願을 말하고 있다. 이 밖에도 六地藏·延命地藏 등의 칭호가 있고, 그마다 독특한 역할을 담고 있어 불교에 있어 자비를 설명하는 데 부족함이 없다. 그러므로 불교의 교학에서 大悲闡提=悲增菩薩이라고 한다. 이는 중생을 제도하여 모두 구경성불을 이루게 하기까지 자신은 성불하지 않겠다는 의지를 지장보살에게서 구하는 것도 여기에 근거를 두고 있는 것이다. 한마디로 지장보살은 불교의 悲와 智의 두 가지 門 가운데 특히 悲門을 상징하고 있다. 이 같은 지장신앙의 본원사상이며 대원으로 통칭하는 근거를 두고 그려지는 지장보살은 흔히 聲聞의 모습을 지니고 있는 것이 통례이다.

또한, 여기에서 지장보살 원류 신앙이라고 할 수 있는 陀羅尼門을 분석하고자 한다. 부처님의 위신력으로 지장보살의 대원력이 증명되고, 그 대원행으로 地獄恒留뿐 아니라 육도중생의 현세이익증장을 다라니문으로 확인시켜 주고 있음을 밝히는 것이다. 사실 그동안 지장보살의 다양한 변용의 이면에는 『大方廣十輪經』, 『大方等大集經』 등 지장보살의 최초 경전에서만 보이는, 그래서 그가 설하고 연관된 다라니문을 간과한 측면도 있다고 본다. 따라서 이 다라니문을 통하여 지장보살의 원류적 신앙성을 회복하기를 기대해 볼 수 있다.

이상과 같은 방향으로 지장보살신앙을 밝혀나간다면, 그동안 지옥 보살로만 인식되던 지장보살 신앙이 더 구체적으로 그 영역이 확대될 것으로 생각한다.

2. 研究方法

그동안 많은 논저와 지장보살에 관한 연구 성과들이 신앙적·사상적으로 축적되어 있지만 대부분 지장신앙의 연원과 전개 및 특정한 인물 등에 치우친 단편적인 성과가 주류이다. 그리고 지장보살상에 관한 연구로서 불교미술사적 측면에서 다루어진 冥府系 圖像에 관한 연구 중 地藏菩薩圖 및 十王圖에 관한 연구가 주된 흐름이었다. 이를 연구 유형별로 보면 크게 네 가지로 나눌 수가 있다.

그것은 중국의 信行이 창시한 三階敎가 그 所衣經典을 구성할 때 『大方廣十輪經』을 일백수회 인용했다고 하는 ① 三階敎와 지장신앙, 그리고 여기에 占察法會와 연결하여 연구된 유형[1]과 九華山을 중심으로 하여 신라왕족 출신으로 유학한 ② 金地藏(喬覺)과 지장신앙연구의 유형[2]이 있다. ③ 圓光大師, 眞表律師를 통한 점찰법회와 신라 지장신앙,[3] ④ 道敎의 十王信仰과 地藏菩薩圖形과 圖式을 주제로 한 지장보살과 十王의 결합, 그리고 冥府圖像과 地藏圖[4]의 내용으로 한 유형으로 집합하여 나타나고 있다.

---

1) 삼계교와 지장신앙 관련 연구로는 다음과 같다. 홍법공, 「三階敎와 地藏信仰」, 『淨土學研究』5, 韓國淨土學會, 2002; 채인환, 「神昉과 新羅地藏禮懺敎法」, 『韓國佛敎學』8, 韓國佛敎學會, 1983; 朴美先, 「圓光의 占察法會와 三階敎」, 『韓國思想史學』24, 한국사상학회, 2005; 정병조, 「圓光의 菩薩戒思想 — 三階佛敎의 占察寶」, 『古代韓國佛敎敎學研究』, 佛敎史學會, 민족사, 1989; 김철수, 「불교의 末法思想과 三階敎의 社會 活動性」, 『東洋社會思想』1, 東洋社會思想學會, 1998; 李平來, 「三階敎 運動의 現代的 照明」, 『韓國佛敎學』20, 韓國佛敎學會, 1995; 이효걸, 「三階敎 : 危機時代의 民衆佛敎」, 『中國哲學』7, 中國哲學會, 2000; 혜광, 「삼계교 운동의 사회화과정에 대한 연구」, 『僧伽』11, 중앙승가대학교, 1994; 민영규, 「신라불교의 정립과 삼계교」, 『東方學誌』77, 연세대국학연구원, 1993.

2) 『肉身菩薩 地藏法師』, 『韓國佛敎史 人物研究』3, 불교전기문화연구소, 1993; 金煐泰, 「唐 九華山의 地藏禪師 고찰」, 『한국불교학』23, 한국불교학회, 1997; 변인석, 「佛祖統記에 나타난 金지장에 관한 몇 가지 문제」, 『한국불교학』40, 한국불교학회, 2005; 정태혁, 「지장신앙의 근본 뜻과 지장보살 교각스님」, 『佛敎春秋』15, 佛敎春秋社, 1999; 최석환, 「九華山은 地藏의 誓願으로 地藏聖地로 거듭났다」, 『佛敎春秋』16, 불교춘추사, 1999; 조영록, 「구화산 지장신앙과 吳越 首都 杭州」, 『東國史學』33, 동국사학회, 1999; 蘇眞弘, 「중국불교의지장신앙」, 『육신보살지장법사』, 역대고승총서3, 불교영상회보사, 1993.

3) 홍윤식, 「신라시대 진표의 지장신앙과 그 전개」, 『불교학보』34, 동국대불교문화연구원, 1997; 채인환, 「신라 진표율사 연구 Ⅰ –수참의 행적과 계보」, 『불교학보』23, 1986; 정영호, 「圓光法師와 三岐山 金谷寺」, 『史學叢書』17·18, 1973; 박미선, 「新羅 圓光法師의 如來藏思想과 敎化活動」, 『韓國思想史學』11, 1998; 박미선, 『신라 점찰법회 연구』, 연세대박사학위논문, 2007; 라정숙, 「고려시대 지장신앙」, 『史學研究』80, 한국사학회, 2005; 鄭柄朝, 「신라시대 지장신행의 연구」, 『불교학보』19, 동국대불교문화연구원, 1982; 鄭柄朝, 「文殊菩薩研究」, 동국대 박사학위논문, 1987; 박광연, 「원광의 점찰법회 시행과 그 의미」, 『역사와 현실』43, 2002; 朴美先, 「新羅 圓光法師의 如來藏思想과 敎化活動」, 『韓國佛敎學研究叢書』40, 불함문화사, 2003; 崔鉛植, 「圓光의 생애와 사상–三國遺事, 圓光傳의 분석을 중심으로」, 『韓國佛敎學 研究叢書』卷40, 신라불교Ⅲ, 불함문화사, 2003; 신종원, 「원광과 진평왕대의 점찰법회」,『신라초기불교사연구』, 민족사, 1992.

그리고 ③ 유형의 논저들은 논제가 의미하는 바와 같이 지장신앙의 연구에서 특정 인물인 원광 대사와 진표 율사에게 중점적으로 초점이 맞추어져 있다. 주로 진표율사를 많이 채택하고 있었지만 근래에는 원광 대사의 행적 즉 생몰과 구법 및 귀국연대, 귀국 후 활동 등에서도 거론하고 있다.

따라서 이 책에서는 최초로 한역 유통된 지장보살 관련 典據인 『大方廣十輪經』, 『大方等大集經』, 『大乘大集地藏十輪經』을 일차적 전거로 삼고, 이 경전들의 배경인 말법 시대의 육도와 지장보살의 수행정점인 아누다라삼먁삼보리와 수능엄삼매 등의 선정에서 육도세계에 화현 하는 모습을 지장보살의 근본으로 삼을 것이다. 이를 수식해 본다면 이 책에서 목적하는 지장신앙 전개양상 중, 다라니문의 전개는 위의 혼돈 훨씬 이전에 성립된 지장보살의 원류적 신앙이기 때문이다. 이를 뒷받침 하는 것으로 지장의 대원행과 지장다라니의 위덕과 공능을 경전에서 추출해 내는 것이다. 이는 구체적으로 지장보살다라니문의 신앙성과 그 유용성을 드러내고자 하는 것이다.

그동안 지장보살신앙에 대한 적지 않은 연구는 항상 민간신앙과 결합

4) 金泰訓, 「地藏十王信仰과 민간신앙」, 『韓國宗敎』30, 원광대종교연구소, 2006; 金廷禧, 「조선시대 명부전 도상의 연구」, 한국학대학원 박사학위 논문, 1992; 「고려말 조선전기 지장보살화의 고찰」, 『考古美術』157, 1983; 「조선시대의 명부신앙과 명부전 도상연구」, 『美術史學報』4, 1991; 「조선전기의 지장보살도」, 『講座美術』4, 1992; 「조선조 후기 지장보살화 연구」, 『韓國美術史論文集』1, 1984; 「중국 도교의 시왕신앙과 도상」, 『美術史學』6, 1994; 『조선시대 지장시왕도 연구』, 일지사, 1996; 안귀숙, 「조선시대 시왕도 연구」, 『朝鮮朝 佛畵의 硏究』2, 한국정신문화연구원, 1993; 禿氏祐祥 · 小川貫一, 「十王生七經讚圖卷の構造」, 『西域文化研究』5, 京都: 法藏館, 1962; 松本榮一, 「敦煌本十王經圖卷雜考」, 『國華』621, 東京: 國華社, 1942.

하고 심지어 무속신앙과의 혼재도 서슴지 않았다. 또한, 지장보살에 대해 窮究한 성과들이 신앙적·사상적으로 연구되었다고 하더라도 지장신앙의 연원·인물 전개 및 의례 등에 치우친 단편적인 연구가 주류이다. 즉 전술한 바와 같이 지장보살의 대원행과 다라니문을 경전과 대비하면서 구체적으로 핵심적 신앙성을 드러낸 연구는 없었다고 본다. 여기에 그동안 축적된 한국밀교연구 및 다라니의 신앙적·사상적 연구 등에 대한 논저들에 힘입어 지장보살의 다라니 신앙을 원만히 추출하고, 기존 지장신앙의 외연에 새롭게 배치하여 그 유용성을 재확인할 수 있으리라 본다.

지장보살의 최초 경전이라고 할 수 있는 『大方廣十輪經』, 『大方等大集經』, 『大乘大集地藏十輪經』 등에는 지장보살이 직접 설한 다라니가 나타나는데 '衆德究竟記莂呪術陀羅尼(一名:『츰부다라니』)', '不退轉地陀羅尼心呪', '世水宅心陀羅尼', '水風摩尼宮陀羅尼', '磨刀大陀羅尼', '幢杖大陀羅尼' 등이 있다.

이상과 같은 다라니를 통해 이 책에서 목적하는 것은 지장보살이 육도중생의 현세이익증장과 대원의 실천에 대한 地藏菩薩陀羅尼의 信仰性을 糾明하고자 한다. 이에 유일하게 현재 수지 독송되고 있는 지장보살이 설한 '具足水火吉祥光明大記明呪' 와 '衆德究竟記莂呪術陀羅尼'는 같은 종류의 다라니로써 그 음이 한역과 산스크리트어, 그리고 현재 우리나라에서 신행하고 있는 음의 相異함을 드러낼 것이다.

지장보살이 대비천제로서 지옥에 머물면서 지옥이 텅 비지 않으면 절대 성불하지 않겠다는 大願으로 대승보살의 궁극적 정신, 즉 중생들의 현실적인 이익을 추구케 하고 또 그들을 남염부제로부터 구제하려는 방편의 측면에서 다라니의 受持와 懺悔를 강조했다. 여기서 밝히고자 하는 지장신앙과 관련된 다라니군의 현세 이익적 공능을 지장 관련 최초 경전을 통하여 그 의미를 살필 것이다. 그리고 이 책의 특색이라 할 수 있는『大方等大集經』60卷 가운데 57·58권의「須彌藏分」을 조명할 것이다.

그 이유는 그동안 소위 地藏三部經이라 하여『大乘大集地藏十輪經』,『地藏菩薩本願經』,『占察善惡業報經』을 들고 있지만, 초기의 지장 관련 경전은『大方廣十輪經』또 지장보살의 다라니군이 집합돼있는『大方等大集經』의「須彌藏分」이다. 이 經을 중심으로 살피는 것이 지장보살신앙의 원류적 정체성을 밝히는데 유효하며 앞의 三部經 중『占察善惡業報經』은 僞經이므로 중국 지장신앙의 특징으로 이해해야 할 것이다. 따라서 중국의 지장신앙이 그대로 신라에 전래함으로『占察善惡業報經』에 나오는 지장보살의 모습이 전체 지장보살 이미지에 겹쳐져 있다고 본다. 그러나 위경의 대사회적 순기능 또한 간과할 수 없으므로 지장경전에 등장하는 다라니의 유용성을 드러내어 포괄적이고 종합적인 지장보살신앙의 면모를 갖추어 보고자 한다.

그리고 지장보살 의궤 속의 의례에서 전개되는 의식을 고찰할 것이다. 불교 의례는 그 일반적 특징에서 보면 성격적으로는 종교의식의 외적 표출이라 할 수 있다. 또 기능적으로는 종교적 대상과의 합일의 상징이라고 할 수 있는데, 이를 祈願儀禮의 例에서 보면 범부 중생의 일방적 기원으로서는 기도가 이루어지지 않는다고 할 수 있다.[5] 결국, 이 말은 지장보

5) 朴世敏 編著,『韓國佛敎儀禮資料叢書』第1集, 保景文化社, 1993, p.18.

살의 신통묘력한 대원력을 인식하고 그런 지장보살의 위덕을 몰라서는 그의 비원의 가피를 受取하는 방편이 요원하기 때문이다. 따라서 이 장에서는 그 방편을 표현하고자 하는 일환으로 그의 신앙적 가치를 부각하는 의례의 장을 열고자 한다. 이는 모든 지장신앙 행자들이 경외심에 의한 지장보살만의 종교적 정서를 유지하고 보편적인 일상도 지장 신앙적 수행이 되게 하며 또한 이러한 정형이 지장신앙의 信威的 의례로 정립될 것이기 때문이다.

지장보살이 종교적 신앙대상으로서 개개인에게는 사실적 존재감을 고양하고 집합 속에서는 공감의 응집을 통해서 지장보살신앙만의 자율성을 확보하는 계기를 제공하려고 한다. 또한, 그러한 차원에서 본문을 통해 드러낸 지장보살 다라니문을 지장청 의식에 새로이 배치해 본다. 이는 지장보살을 所禮로 모시는 의식에 지장보살이 설한 다라니신행으로써 그의 위덕을 갈망하는 중생으로서는 하등의 모순점이 없다고 본다. 따라서 이 장에서는 지장보살이 의식 내에서의 변용을 통해서도 육도화현으로 구현하고 있음을 드러내고 이 책이 추구하는 최종 목적인 지장보살다라니를 통한 신앙의 외연을 확장하는 역할을 도모하고자 한다.

Ⅱ. 地藏菩薩의 淵源과 大願

1. 地藏菩薩의 淵源

1) 地藏菩薩의 由來

大願을 상징하는 지장보살의 유래는 일반적으로 인도 地神에서 유래되었다고 본다. 브라만교의 여러 神들 중에서 下方의 대지를 수호하는 地天에서 유래[6]하여 불교에 들어와 擬人化되고 대승불교 시대에 이르러 理想的 人間像인 菩薩로 완성되었으리라 추측한다.

지장보살의 기원에 관해 학자들의 여러 견해가 있지만, 고대 인도의 석존 이전 바라문교의 신화 가운데 地母神[7]·地天·地神에서 찾을 수 있다. 이 고대 신은 인도 아리안 민족의 신화 가운데 최고의 女神으로, 희랍신화의 地神과 마찬가지로 大地를 擬人化하였으며 原名을 pṛthivi라고 부른다. 지장사상 또는 신앙의 원천이 된 Pṛthivi는 12天 가운데 하나이며, 梵天(Brahman)은 上方의 天空을 수호하는 神인데 반하여, 地天은 下方의 大地를 수호하고 大地神女의 이름으로 재산을 모으고 질병을 치료하며, 적을 항복시킬 때 초청하는 女神으로 신앙 되었다고 한다.[8] 그리고 이러한 地

6) 한보광, 「한국불교에 있어서 지장의례의 역할」, 『현대사회에 있어서 지장신앙의 재조명』, 운주사, 1991, p.78.

7) 善眞, 『지장성지를 찾아서』, 우리출판사, 1999, p.23.

神 사상이 불교에 수용되어 이상화된 뒤 대승불교에 이르러 불교의 체계 속에 정착된 것이 지장보살이다. 또한, 지장보살이 하나의 체계를 조직하여 지장관계 대승경전을 형성하게 되었으니 『地藏十輪經』과 『地藏本願經』 등이다.9)

지장보살의 원형으로 보는 pṛthivi에 대하여 Benjamin Rowland는 그의 저서 The Art and Architecture of India Buddhist/Hindu/jain 에서 다음과 같이 서술하고 있다. 인도의 Lauriya고분에서 금으로 된 두 개의 陽刻이 발견되었는데 그것은 Mauriya(317~387) 이전 시대의 작품으로 인정될 수 있는 출토품이다. 이 조각상은 추측건대 땅의 여신인 Pṛthivi로 무덤 안에 있는 그녀의 존재는 Ṛg Veda에 있는 埋葬 찬가에 설명되어 있다. "이 땅 넓게 펼쳐진, 은혜로운 Pṛthivi인 네 어머니에게 가거라. 신앙심이 깊은 사람에게 솜털같이 부드러운 그녀가 파멸의 거처로부터 그대를 지켜 줄 것이다."10)라는 함축은 모든 고대 동방문화의 위대한 어머니 여신의 화신인 땅의 어머니 Pṛthivi의 부드러운 보살핌에 死者가 있다는 것이다. 이는 지장의 인도 기원설을 주장하는 이들이 지장의 원형으로 추정하는 Pṛthivi가 인도에서 본래 死者의 신앙과 大地의 地母神이었음을 보여주는 것이다.11)

한편, 地藏이라는 이름은 산스크리트어의 Kṣitigarbha의 漢譯이다. 原語

8) 眞鍋廣濟, 『地藏菩薩の研究』, 京都: 三密堂 書店, 1960, pp.2~3.

9) 眞鍋廣濟, 『地藏尊 講話』, 京都: 永田文昌堂, 1942, p.15.

10) Benjamin Rowland, The Art and Architecture of India Buddhist/Hindu/jain (Baltimore: Panguin Books Ltd, 1967, p.46.

11) 양재오, 「지장신앙의 이해」, 서강대 석사학위 논문, 1993, p.9.

의 Kṣiti는'大地', garbha는 '胎'·'子宮'으로 싸서 감추고 있음을 의미하기 때문에 地藏이라 번역한다. 『地藏十輪經』에 '善根을 낳게 하는 것은 大地의 德의 일이다.'라고 대지의 덕을 擬人化함으로써 바라문교의 地神인 Pṛthivi가 불교에 수용되어 菩薩이 된 것으로 생각할 수 있다. 지장신앙이 여러 가지 現世利益을 가져오고 동시에 冥府의 救濟者로 된 것도 이러한 大地의 德의 擬人化에 의한 것이다.12) 이는 『地藏十輪經』卷1 「序品」에 부처님이 지장보살을 찬탄하는

> 잃어버린 길을 보여주는 밝은 달이고, 善根을 낳는 것이 大地와 같고, 迷惑을 깨뜨리는 것이 金剛과 같다.13)

와 같은 의미로 이해된다. 그러므로 地藏이라는 呼稱이 지닌 의미는 大地의 德을 상징하는 것으로 받아들일 수 있다.

本生譚에서 지장보살의 由來를 볼 수 있다. 『地藏菩薩本願經』「忉利天宮神通品」과 「閻浮衆生業感品」 2편 등 모두 4편의 전생 설화가 담겨있는데 거기에서 공통된 大願行이 있음을 알 수 있다.

이상을 근거로 Pṛthivi가 인도에서 본래 死者의 신앙과 大地의 地母神, 즉 上方의 天空을 수호하는 神인 梵天[Brahman]의 휘하에 있으면서 下方의 大地를 수호하는 大地神女의 역할을 하였다면, Kṣitigarbha[地藏菩薩]는 이러한 Pṛthivi의 역할에 '善根을 낳게 하는' 역할이 부가되었던 것으로 보인

---

12) 中村元 外 編, 『佛教辭典』, 東京: 岩波書店, 1989, p.359.

13) 『大乘大集地藏十輪經』卷1, 「序品」, 『大正藏』13, p.727下. 如明月示道 生善根如地 破惑如金剛.

다. 다시 말해서 權威的이면서 靜的인 大地神女로서의 Pṛthivi를 능가하여 '胎'·'子宮'의 역할 즉, '胎藏'의 역할까지 그 능력이 향상된 Kṣitigarbha를 볼 수 있다.

불교에서 말하는 藏[胎]은 그 의미가 佛母의 大德이라 할 수 있다. 이러한 佛母의 역할이 Kṣitigarbha에 부가되면서 그야말로 地藏은 중생이 모두 성불할 수 있도록 온갖 선근을 증장시키며, 穢土에서 헤매고 있는 중생을 구제하기 위한 태장의 역할을 自願한 것이다.

이렇게 수용되어 확장된 Kṣitigarbha가 바로 大乘佛教의 한 특징이며 대승불교만이 할 수 있는 독특한 地藏이라 할 수 있다.

地藏菩薩 說話

①바라문의 딸

『地藏菩薩本願經』卷上「忉利天宮神通品」第1에 지장보살의 前生에 대해 다음과 같이 설한다.

지장보살은 '覺華定自在王如來'의 像法시대에 한 바라문의 딸이었다. 그녀의 어머니 悅帝利가 삿된 가르침을 믿어서 佛·法·僧 三寶를 가벼이 여겨 믿는 마음을 내지 않다가 오래지 않아 목숨을 마쳐 無間地獄에 떨어지게 되었다. 그러나 효성 지극한 딸은 어머니를 위하여 '覺華定自在王如來'의 塔과 절에 供養하는 등 福을 닦고 다음과 같이 서원하였다.

> 각화정자재왕여래 塔像 앞에 나아가 큰 서원을 세우기를 "원컨대 저는 미래 겁이 다하도록 죄업으로 고통받는 중생이 있을 것이니 널리 방편을

베풀어서 해탈하도록 하겠습니다."14)

이 공덕으로 그녀의 어머니가 지옥에서 벗어났고, 더불어 無間地獄에 있던 죄인들이 그날 다 같이 天上에 태어나는 즐거움을 누리게 되었다. 이 일이 있은 후 바라문의 딸은 '覺華定自在王如來'의 塔寺 앞에 나아가 大誓願을 세웠는데 그녀가 바로 地藏菩薩이라 한다.15) 여기에서 그가 널리 베푼 方便의 구체적 내용은 設施되어 있지 않지만, 지장보살이 전생에 세운 大誓願 중의 하나는 罪業으로 고통받는 중생들의 解脫이다. 즉 地獄에서 벗어나 천상에 태어나게 하는 데에 있음을 알 수 있다.

②光目女

앞의 例와 유사한 지장보살의 前生說話가 『地藏菩薩本願經』 上卷에 서술되어 있다.

> 옛날 한량없는 阿僧祇劫에 '淸淨蓮華目如來'가 세상에 나타나신 상법 시대에 중생을 복으로써 제도하는 한 阿羅漢이 根機에 따라 차례로 교화하다가 한 여인을 만났는데 그녀의 이름이 '光目'이었다. 그녀는 살생하고 불법을 비방한 업보에 따라 큰 지옥에 떨어진 자신의 어머니를 구제하기 위해 阿羅漢의 권고대로 지극한 정성으로 '淸淨蓮華目如來'를 생각하고 소중히 여기던 물건을 팔아 佛像을 그려 모시고 供養하였다. 이렇듯 지

14) 『地藏菩薩本願經』 卷上, 「忉利天宮神通品」 第1, 『大正藏』 13, p.779上. 변어각화정자재왕如來塔像之前立弘誓願 願我盡未來劫 應有罪苦衆生廣設方便使令解脫.

15) 『地藏菩薩本願經』 卷上, 「忉利天宮神通品」 第1, 『大正藏』 13, p.779上. 云承孝順之子爲母設供修福 布施覺華定自在王如來塔寺 非唯菩薩之母得脫地獄 應是無間罪人此日悉得受樂俱同生訖.

> 극히 예배한 공덕으로 그녀의 어머니가 제도 되었다.[16)]
> 만약 나의 어머니가 三惡道에서 영구히 벗어나 비천한 여자의 몸을 永劫토록 받지 않게 된다면 나는 '淸淨蓮華目如來' 존상 앞에 맹세하겠습니다. 이제부터 백천만 억의 헤아릴 수 없는 세월 동안 모든 세계의 일체지옥과 세 惡道의 罪苦衆生을 구제하여, '지옥이다, 축생이다, 아귀다'하는 악취에서 벗어나게 하고 이들을 다 부처 이루게 한 다음에 나는 正覺을 이루리다.[17)]

"그때 복행으로 光目을 제도한 羅漢은 無盡意菩薩이고, 광목의 어머니는 解脫菩薩이며, 광목이 바로 地藏菩薩이다. 지장보살은 오랜 세월 이렇듯 자비한 마음으로 恒河의 모래 수 같은 많은 發願을 하고 널리 중생을 제도하였다."[18)] 이렇듯 지극한 효심이 大誓願을 일으켰으며, 나아가 일체 중생의 구제로 전개되었음을 알 수 있다.

사람은 누구나 가족의 한 사람으로 태어나 거기서 자라고, 세상에 익숙해져 함께 살다가 한 생을 마치게 되는 것이 인간생활 본연의 상태다. 인간의 생활에서 어머니의 사랑은 무엇과도 바꿀 수 없는 목숨보다도 소중한 것이다. 어머니의 자식을 향한 사랑은 時空을 넘어 어떠한 조건도 없

16) 『地藏菩薩本願經』卷上, 「閻浮衆生業感品」第4, 『大正藏』13, pp.780下~781上. 復於過去無量阿僧祇劫 有佛出世名淸淨蓮華目如來 其佛壽命四十劫 像法之中有一羅漢福度衆生 因次敎化 遇一女人字曰光目 設食供養 羅漢問之欲願何等 光目答言 我以母亡之日資福救拔.

17) 『地藏菩薩本願經』卷上, 「閻浮衆生業感品」第4, 『大正藏』13, p.781上. 若得我母永離三塗及斯下賤 乃至女人之身永劫不受者 願我自今日後 對淸淨蓮華目如來像前 卻後百千萬億劫中應有 世界所有地獄 及三惡道諸罪苦衆生 誓願救拔令離地獄惡趣畜生餓鬼等 如是罪報等人盡成佛竟 我然後方成正覺.

18) 『地藏菩薩本願經』卷上, 閻浮衆生業感品」第4, 『大正藏』13, p.781上~中. 佛告定自在王 爾時羅 漢福度光目者卽無盡意菩薩是 光目母者卽解脫菩薩是 光目女者卽地藏菩薩是 過去久遠劫中如是 慈愍 發恒河沙願廣度衆生.

다. 따라서 그 공경하는 마음이 아무리 깊은 자식이라 할지라도 어머니의 그것에는 미치지 못하는데, 여기서 광목이라는 여인의 몸으로 나타난 지장보살은 어머니를 위해 모든 것을 다 바치는 것 외에도 어머니의 고통을 덜어주는 일이라면, 이제부터 百千萬億 세월 동안 일체 지옥과 惡道의 罪苦衆生을 구제하겠다는 誓願을 세우고, 지장보살이 되겠다는 구체적 목표로 중생에게 다가서게 된 것이다.

이것은 달리 말하면 자신의 가족 즉, 어머니를 생각했던 小慈가 일체중생을 구제하는 大慈로 전환됨을 의미한다. 마치 慈·悲·喜·捨의 四無量心가운데 慈無量心의 수행을 전개함과 같다.

③장자의 아들

『地藏菩薩本願經』卷上 「忉利天宮神通品」에는 長者의 아들로 나오는 지장보살의 전생 설화가 있다.

> 이 지장보살마하살은 이루 말할 수 없는 오랜 겁 전에 이름난 장자의 아들이었다. 그때 세상에 부처님이 계셨으니 곧 '師子奮迅具足萬行如來'였다. 그때 장자의 아들이 그 부처님의 상호가 天福으로 장엄함을 보고 묻기를, "어떤 행을 닦고 세웠기에 그 같은 상호를 얻었습니까?" 하였다. 이에 '師子奮迅具足萬行如來' 부처님은 장자의 아들에게 "이 몸을 얻고자 하거든 마땅히 오랜 세월에 걸쳐 온갖 고통받는 중생을 건져야 하느니라."고 하였다. 장자의 아들이 크게 서원하기를, "나는 이제부터 미래세가 다하도록 헤아릴 수 없는 세월 속에서 고통받는 六度衆生을 위해서 널리 방편을 베풀어 모두가 해탈을 얻게 한 다음에 나는 불도 이루리라." 하였다. 이처럼 부처님 앞에서 大願을 세웠으니 지금으로부터 백천

> 만 억 나유타(nayuta)의 헤아릴 수 없는 겁이 지난 지금에 이르기까지 여전히 보살로 남아있다.[19]

이렇듯 '師子奮迅具足萬行如來'의 天福莊嚴의 威儀에 발심하여 과거세로부터 미래세가 다하도록 한결같이 願生하여 먼저 중생을 이롭게 하겠노라는 광대무변한 誓願을 세우고, 고통받는 六道衆生 일체를 해탈시킨 후 자신의 성불을 발원하여 大願을 세운 장자의 아들이 곧 지장보살이 되었다고 한다.

④국왕

『地藏菩薩本願經』卷上 「閻浮衆生業感品」에 無量阿僧祇劫 전에 '一切智成就如來'라는 이름을 포함하여 열 가지 이름을 가진 한 부처님이 계셨다고 한다. 그 내용을 보면 다음과 같다.

> 지나간 과거의 無量阿僧祇那由他로, 말로는 표현할 수 없는 劫인 그때에 부처님이 계셨는데 호를 '일체지성취여래, 응공, 정변지, 명행족, 선서, 세간해, 무상사, 조어장부, 천인사, 불세존'이라고 했다. 이 부처님이 아직 출가하기 전, 어느 작은 나라의 임금이 되어 한 이웃 나라 王과 더불어 벗하여 十善을 함께 행하며 중생을 이롭게 하였다. 그런데 그 이웃 나라 백성이 여러 악한 일을 많이 지었으므로 두 王은 의논하여 널리 방

19) 『大正藏』13, p.778中. 是地藏菩薩摩訶薩 於過去久遠不可說不可說劫前 身爲大長者子 時世有佛號曰師子奮迅具足萬行如來 時長者子見佛相好千福莊嚴 因問彼佛 作何行願而得此相 時師子奮迅具足萬行如來 告長者子 欲證此身當須久遠度脫一切受苦衆生 時長者子因發願言 我今盡未來際不可計劫 爲是罪苦六道衆生廣設方便盡令解脫 而我自身方成佛道 以是於彼佛前立斯大願 于今百千萬億那由他不可說劫尙爲菩薩.

> 편을 사용하기로 하였다. 한 王은 發願하기를, 빨리 불도를 이루어 널리 이들 무리를 다 제도하리라 하였고, 한 王은 발원하기를, 만약 죄고 중생을 먼저 제도하여 이들로 하여금 安樂을 얻고 菩提를 이루지 못하면 나는 끝내 부처 이루기를 바라지 않겠노라고 하였다. '빨리 부처 이루기를 發願하던 王은 곧, 一切智成就如來이고, 罪苦衆生을 길이 제도하지 않고는 부처를 이루지 않겠다고 발원한 王이 곧 地藏菩薩이다.'라고 하였다.[20]

이처럼 악업 중생을 제도하면서 두 왕의 발원은 같지만 '因次教化-인연에 좇아 교화하다-'라는 말처럼 비록 자신은 불도를 이루지 못할지라도 가엾은 죄고 중생을 먼저 제도하겠다는 지장보살의 大悲願을 볼 수 있다.

이상 『地藏菩薩本願經』에서 설하는 네 가지 지장보살의 전생 설화를 살펴보면 다음과 같다.

설화 전생담 ①은 바라문의 딸이 지장보살이 되었고, ②는 '광목녀'가 지장보살이 되었다는 이 두 설화는 모두 여성이 주인공이다. 따라서 지장의 源流로 주목되는 바라문교의 여신인 Pṛthivi의 이미지와 가까운 同質感을 느낄 수 있다. 地藏(Kṣitigarbha)은 Pṛthivi가 그렇듯이 만물을 낳고 기르는 어머니인 大地의 이미지를 포함하고 있다. 대지는 만물을 生育하고 포용하는 동시에 일체 존재의 生·死를 갈무리하는 무한한 寶庫요, 그의 功

20) 『地藏菩薩本願經』卷上, 「閻浮衆生業感品」第4, 『大正藏』13, p.780下. 乃往過去無量阿僧祇那由他 不可說劫 爾時有佛一切智成就如來應供正遍知明行足善逝世間解無上士調御丈夫天人師佛世尊 其佛壽命六萬劫 未出家時爲小國王 與一鄰國王爲友 同行十善饒益衆生 其鄰國內所有人民多造衆惡 二王議計廣設方便 一王發願早成佛道 當度是輩令使無餘 一王發願若不先度罪苦 令是安樂得至菩提 我終未願成佛 佛告定自在王菩薩 一王發願早成佛者 卽一切智成就如來是 一王發願永度罪苦衆生 未願成佛者卽地藏菩薩是.

德이 大地와 같다는 것이다. 또한, 전생 설화 ①과 ②는 지장보살의 大願과 같이 중국은 물론 우리나라에도 널리 알려져 있는 『父母恩重經』에서 강조하고 있는 父母, 특히 어머니에 대한 報恩과 지극한 孝心이 특징이다.

두 여인의 孝誠은 부처님의 십대제자 중 目犍連이 자신의 어머니가 생전에 지은 악업으로 地獄苦를 받고 있을 때, 부처님의 威神力으로 어머니를 구제하는 내용의 『盂蘭分經』과 相通한다. 아울러 지장보살 전생 설화 ①과 ②는 孝心의 極致를 이루고 있다.

평범한 두 여성이 지장보살이 될 수 있었던 것은 罪果로 因하여 無間地獄苦를 받고 있는 그들의 어머니를 薦度하기 위해 誓願하면서 비롯되었다. 흥미로운 것은 經에서 바라문의 딸, 그리고 '覺華定自在王如來'와 함께 '無毒'이라는 鬼王을 안내자로 등장시키고 있는 것이다. 여기서 바라문의 딸은 大信心을 일으켜 供養具를 널리 구하여 供養과 祈禱, 믿음의 마음을 그대로 드러내 보이고 있다. 즉 그 속에서 信仰과 布施와 念佛의 威神力이 同時에 自在로이 펼쳐지고 있음을 注目하지 않을 수 없다. 그 설화는 다음과 같다.

> 과거에도 또 현재에도 바라문의 딸에게 공양을 받은 '覺華定自在王如來'가 성녀에게 이르기를, "聖女여, 공양을 마쳤으면 어서 집으로 돌아가서 단정히 앉아 오직 나의 名號를 생각하고 있노라면 그대의 어머니가 가서 난 곳이 어딘가를 알게 될 것이다." 하니 바라문의 딸이 서둘러 집으로 돌아가 어머니를 측은해하며 단정히 앉아 '覺華定自在王如來'를 생각하기를 하루 밤낮을 지냈는데 문득 자기 몸이 한 바닷가에 당도해 있었다.[21]

21) 『地藏菩薩本願經』卷上, 「忉利天宮神通品」第1, 『大正藏』13, p.778下. 時覺華定自在王如來

이때 바라문의 딸은 念佛하던 그 힘으로 어떠한 두려움도 없었다. 이에 無毒이라는 鬼王 하나가 머리를 숙이고 聖女 앞에 와서 "착하신 보살이여, 어떠한 인연으로 이곳까지 오셨습니까?"라고 말한다. 바라문의 딸이 묻기를, "여기는 어떠한 곳입니까?" 하였다. 無毒이 답하여 "여기는 大鐵圍山 서쪽에 자리한 첫째 바다입니다."라고 한다. 이에 聖女는, "내가 듣자하니 鐵圍山 안에는 地獄이 있다 하는데 그것이 사실입니까?" 무독이 답하여 "바로 여기가 지옥입니다." 하였다.[22)]

無毒鬼王의 안내로, 孝順한 딸이 어머니를 위한 공양과 布施와 염불 공덕으로 그의 어머니가 天上에 난 지 3일이 지났을 뿐 아니라 그때 같이 있던 죄인들 모두가 천상에 태어나 樂을 누리게 되었다고 한다.[23)] 이렇듯 상상을 초월하는 갖가지 言語의 驅使를 통해 그 신앙적 의미 또는 시간적·공간적 초월에서 찾아야 할 境界가 펼쳐지고 있는 것이다.

前述된 전생 설화 ①과 ②와는 달리 ③과 ④에 나오는 주인공들은 '장자의 아들'과 '國王'이다. 즉 두 편이 여성이지만 다른 두 편은 남성이 주인공으로 남성과 여성이 同數를 이루고 있는 점이 注目된다.

이러한 형식상의 同數에도 본문에서 남성을 주인공으로 하는 ③과 ④

告聖女 曰汝供養畢但早返舍 端坐思惟吾之名號 卽當知母所生去處 時婆羅門女尋禮佛已卽歸其舍 以憶母故端坐念覺華定自在王如來 經一日一夜 忽見自身 到一海邊其水涌沸.

22) 『地藏菩薩本願經』卷上, 「忉利天宮神通品」第1, 『大正藏』13, p.778下. 時婆羅門女以念佛力故自然無懼 有一鬼王名曰無毒 稽首來迎白聖女曰 善哉菩薩何緣來此 時婆羅門女問鬼王曰 此是何處 無毒答曰 此是大鐵圍山西面第1重海 聖女問曰 我聞鐵圍之內 地獄在中是事實不 無毒答曰實有地獄

23) 『地藏菩薩本願經』卷上, 「忉利天宮神通品」第1, 『大正藏』13, p.779上. 無毒合掌啓菩薩曰願聖者卻返本處 無至憂憶悲戀 悅帝利罪女生天以來經今三 日云承孝順之子爲母設供修福 布施覺華定自在王如來塔寺 非唯菩薩之母得脫地獄 應是無間罪 人此日悉得受樂俱同生訖.

의 이야기는 매우 간결하고, 최소한의 誓願에 머문 반면 두 여성의 서원 내용은 지옥에 빠진 어머니를 구제하려는 孝行의 동기에서부터 그 실천적 수행 과정이 진정 보살의 悲願과 다르지 않다.

두 사람의 國王이 등장하는 네 번째 전생 설화에서는 부처와 보살로 나뉘는 모습을 볼 수 있다. 혹자는 여기서 부처와 보살의 차이를 혼동할 여지가 있을 것이다. 즉 모든 보살은 일체중생을 성불시키느냐 아니냐 하는 등의 조건과 관계없이 어느 때에는 성불이 예정된 부처의 후보자이며, 授記를 받은 미래 성불의 기약이 있는 補處菩薩 들인 것이다. 그런데 보처보살이란 부처의 尊處를 挾侍한다는 뜻이니, 소위 부처의 예정자여서 究竟에는 반드시 부처가 될 존재이므로 보처보살로서의 성격이 있다. 그러나 지장보살은 영원히 성불하지 않겠다고 서원하였으니 절대적 大願을 실현하면서 지장보살인 그대로 이미 완성된 존재로 설정된다.24) 또한, 지장보살은 大悲闡提인 지장보살이 되는 大願의 本尊으로 이미 완성돼 있는 보살이다. 완성된 존재를 佛이라 한다면 지장보살 그대로가 佛이라고 할 수 있다.25)

地藏菩薩像이 출가 수행자의 모습인 聲聞의 형상으로 조성되는 것을 看過하지 않는다면, 諸大菩薩 가운데 유독 지장보살만이 성문형상으로 조성되는 뜻이 이해된다. 또한, 대비천제로서 뭇 중생들의 처소인 세간에 스스로 머물면서 汚濁惡世의 最苦에 빠진 六道 중생을 먼저 제도하지 않

24) 채인환, 「지장보살의 사상과 원력」, 『현대사회에 있어서 지장신앙의 재조명』, 운주사, 1991. p.18.

25) 채인환, 앞의 책, p.19.

고는 성불하지 않겠다는 그의 本願과 깊은 관련이 있다. 즉 안으로는 대승보살로서 중생제도의 비장한 서원을 지니면서도 한편으로는 중생과의 일체감 내지는 친밀한 大願悲心의 同體思想이 극명하게 표출된 것이라 할 수 있다.26)

2) 大悲闡提의 菩薩

闡提는 梵語 'icchantika'의 音譯으로 '一闡提'를 말한다. 善根이 단절되어 成佛할 수 없음을 뜻한다. 즉 그 본심이 어떠한 善法과도 攀緣하지 않으며, 한 생각도 선한 마음을 내지 않는 무리의 대명사이다.

이러한 一闡提의 극단적인 善根 斷切과 大涅槃의 뛰어난 法을 明珠의 威德에 대비하면서 『大般涅槃經』 卷9에서는

> 또한, 선남자여, 비유하면 明珠를 더러운 물에 넣으면 구슬의 威德으로 물이 맑아지지만, 흙탕물에 넣으면 맑게 할 수 없는 것처럼 이 大涅槃의 微妙한 경전도 이와 같아서 나머지 중생으로서 五無間罪를 짓고 四重禁法을 범한 사람이라는 흐린 물속에 두면 맑아져서 菩提心을 發할 수 있게 하지만 一闡提라고 하는 흙탕물 속에 두면 百千萬年이 지나도 맑아져서 보리심을 일으키게 할 수는 없다. 무엇 때문인가? 이 일천제는 모든 善根을 滅하여 教化할 수 있는 대상이 되지 못하기 때문이다. 가령 이 사람이 百千萬年을 이처럼 『大般涅槃經』의 가르침을 듣고 받아 지닌다고 하더라도 끝내(결국) 보리심을 發할 수 없을 것이니 무엇 때문인가? 착한 마음이 없기 때문이다.27)

26) 柳堅烈, 「地藏菩薩의 大願에 관한 硏究」, 『密教學報』10, 위덕대밀교문화연구원, 2009, pp.242~248 참조.

라고 하여 明珠는 혼탁한 물을 맑게 하는 功能이 있고, 이러한 공능은 『涅槃經』의 가르침이 一闡提무리를 제외하고는 五濁惡世에 물든 나머지 중생들을 번뇌로부터 구제하는 것과 같음을 밝히고 있다. 또 唐代에 漢譯된 『大乘入楞伽經』 卷2에서는,

> 대혜보살이여, 일천제에는 두 종류가 있다. 무엇이 두 가지인가? 첫째는 모든 선근을 불태운 일천제이며, 둘째는 모든 중생을 불쌍히 여기는 일천제이니 모든 중생계가 다하기를 서원하는 일천제이다. …… 대혜보살이여, 중생을 불쌍히 여겨 중생계를 다하는 서원을 세운 자는 바로 보살이다. 대혜보살이여, 보살은 방편으로 서원을 세우되 '만약 모든 중생이 열반에 들지 않으면 나도 역시 열반에 들지 않으리라'라고 하였으니, 그러므로 보살마하살은 열반에 들지 않는다.[28]

이처럼 大悲闡提란 大悲心을 일으켜 자신의 성불을 미룬 채 중생구제에 힘쓰는 보살이며, 따라서 일천제라고는 하나, 선근이 단절되어 성불의 가능성이 없는 斷善闡提와는 달리 모든 중생이 열반에 들지 않으면 보살 역시 열반에 들지 않으리라고 스스로 성불을 미루고 있는 대승의 보살을 가리킨다. 이에 『成唯識論掌中樞要』 卷上, 『瑜伽論記』 卷13下에서는

27) 曇無讖 譯(421), 『大般涅槃經』卷9, 『大正藏』12, p.659上. 復次善男子 譬如明珠置濁水中 以珠威德水卽爲淸投之淤泥不能令淸 是大涅槃微妙經典亦復如是 置餘衆生五無間罪四重禁法濁水之中 猶可澄淸發菩提心 投一闡提淤泥之中 百千萬歲不能令淸起菩提心 何以故 是一闡提滅諸善根 非其器故 假使是人百千萬歲聽受如是大涅槃經 終不能發菩提之心 所以者何無善心故

28) 唐 實叉難陀(652~710)譯, 『大乘入楞伽經』卷2, 『大正藏』16, p.527中. 大慧 一闡提者有二種 何等爲二 一者焚燒一切善根 二者憐愍一切 衆生 作盡一切衆生界願 …… 大慧 憐愍衆生作盡衆生界願者 是爲菩薩 大慧 菩薩方便作願 若諸衆生不入涅槃者 我亦不入涅槃 是故菩薩摩訶薩不入涅槃

> 『楞伽經』에서 설한 두 가지 일천제 중 처음은 선근을 끊고 삿된 견해를 가진 자이고, 나중은 보살로서 대비심을 가진 자이다. 전자는 열반할 때가 있지만, 후자는 반드시 그렇지 않다. 중생계가 다할 날이 없고, 無性有情이 성불하지 않았기 때문에 대비천제보살은 성불할 시기가 없다.[29)]
>
> 일천제에는 두 종류가 있다. 첫째는 보살천제니 끝내 성불하지 않는 일천제다. 둘째는 단선천제니, 만약 수승한 인연을 만나면 성불하게 된다.[30)]

라고 설해져 있으니 선근이 단절되어 성불하지 못하는 一闡提까지 성불로 이끌기 위하여 자신이 스스로 菩薩闡提(bodhisattvecchanika)가 되고자 하는 誓願을 하고 있으며, 따라서 중생 제도의 大慾望은 있지만, 본인이 成佛하려는 願은 아예 세우지 않고 있다.[31)]

(1) 大乘 四大菩薩의 成佛授記

대승 보살 중 大悲闡提에 해당하는 菩薩摩訶薩은 누구인가? 전술하였듯이 대표적으로 周知하고 있는 文殊, 普賢, 觀音, 勢至, 地藏이라고 보고 있지만, 엄밀히 말해서 대비천제의 의미와 일치하는지를 되짚어 볼 일이다. 大乘經典史上 中期에 해당하는 經典 中 『悲華經』10卷[32)]第3, 「諸菩薩

29) 『成唯識論掌中樞要』卷上, 『大正藏』43, p.610下. 楞伽所說 二種闡提 初是斷善根具邪見者 後是菩薩具大悲者初者有入涅槃之時 後必不爾 以衆生界無盡時故 無性有情不成佛故 大慈菩薩無成佛期.

30) 遁倫, 『瑜伽論記』卷13下, 『韓佛全』2, p.846中. 闡提有二 一菩薩闡提 畢竟無成佛義 二斷善闡提若遇勝緣 必得成佛.

31) 柳聖烈, 앞의 논문, pp.241~242 참조.

32) 曇無讖(北涼-玄始8, AD419)譯, 『悲華經』10卷, 「諸菩薩本授記品」, 『大正藏』3, pp.167~233; 그 옛날 '刪提嵐' 이라는 부처님 세계에 轉輪聖王 '無諍念' 의 신하인 '寶海' 에

本授記品」에서는 대승불교의 대표적 四大補處菩薩인 ①관음, ②세지, ③문수, ④보현보살은 一切衆生悉有佛性으로 悉皆般涅槃, 즉 성불하는가 하지 않는가에 관계없이 그들의 當來成佛을 부처님이 授記하고 있다는 것이다. 따라서 이 經에서는

① 그때 寶藏佛께서 授記하시기를 …… 이제 네 이름을 觀世音이라 하고 …… 無量壽佛께서 열반하시고 나서 第二 恒河沙阿僧祇劫 後分의 첫날밤

게 아들이 있었는데 '寶藏'이라고 하였다. 寶藏은 출가하여 無相道를 이루어 '寶藏如來'가 되었다. 보장여래가 법륜을 굴리며 수도 安周羅城의 성 밖 閻浮林에 머물 때 전륜왕이 신하들과 함께 법을 청하며 삼 개월 간 공양하겠다고 하였다. 왕이 공양하는 삼 개월이 끝나고, 태자 '不眴' 과 왕자 '尼摩' 를 위시한 一千名의 왕자들도 각각 삼 개월 동안의 공양을 청하였다. 공양이 끝난 다음 이들은 그 공덕으로 天王·大王·巨富·轉輪王을 바랄 뿐 二乘을 구하는 자가 없으니, 大乘을 구하는 사람은 하나도 없었다. 왕까지도 전륜왕을 바랄 뿐 無上菩提를 구하지 않았다. 이러한 때 寶海梵志는 왕에게 무상한 보리심을 발하여 보살도를 행하여 淸淨佛土에서 성불할 것을 권하고 있다. 이어 보장여래의 삼매를 통하여 보인 오탁악세와 청정 불토를 비교해 보고는 보살의 원력이 무엇인지를 알았다. 왕과 왕자들이 다 같이 보리심을 발하여 一心精進한 七年 뒤 閻浮林에 모여 부처님께 예배하고 옛날 삼 개월간 공양한 공덕으로 無上菩提에 회향한다. 여기서 淨佛土를 취하는 서원으로 妙佛土 五十一大願을 세운 王에게 寶藏如來는 當來 '無量壽佛'이라 불리리라고 授記한다. 또한, 왕과 一千 왕자들의 보리심을 발하게 한 寶海梵志는 수기를 받은 모든 이들이 不淨土를 취하지 않아 오탁악세의 중생들을 돌아보지 않음을 嘆하고 자신이 不淨土에서 성불하고자 五百의 큰 誓願을 세운다. 이에 보장여래는 미래 娑婆世界에서 成佛하여 釋迦如來가 되리라 수기한다. 이에 大悲菩薩이라 칭하게 된 寶海梵志는 寶藏如來의 입멸 후 人壽 八十으로 歡喜國에 태어나 旃陀羅의 집에 태어나고 다음엔 閻浮提의 전륜왕이 되어 일체중생에게 十善을 행하게 하여 三乘의 법에 安住케 하며, 六身을 布施하는 등 無相道의 수행으로 차례로 生을 받아 檀波羅蜜을 원만히 하여 오늘의 釋迦如來가 되었다; 『비화경』, 『한글대장경』14, pp.19~26 참조; 이는 穢土에서 성불한 釋尊에 관하여 설한 穢土成佛思想의 유일한 經이다. 또한, 十善을 행하여 十佛輪을 성취하고 十惡을 제거하며, 二乘에서 나아가 三乘을 성취하는 地藏經典의 말법 무대가 곧 穢土로써 위에 등장하는 보살들은 성불이 예정돼 있지만, 성불의 授記가 없는 지장보살이 大悲闡提菩薩임을 명확하게 하는 典據를 가진 經이라 할 수 있다.

중에 정법이 다하면, 맨 마지막 밤중에 그 국토의 이름이 一切珍寶所成就世界로 바뀌고 …… 네가 그 마지막 밤에 있어서 갖가지 장엄의 보리수 밑 금강좌에 앉아서 한 생각 가운데 아누다라삼막삼보리를 이루고 그 名號를 '遍出一切光明功德山王如來'라 하리라.33)

② (전륜성왕의) 第二왕자 (尼摩)가 부처님 앞에 앉았다가 합장하고 사뢰었다. 遍出一切光明功德山王如來가 열반하신 뒤 정법이 멸하고 나면 제가 그다음 차례로 정각을 이루어 제가 성불할 때 짓는 불사와 열반 후의 正法住世 등 모두 그 부처님과 다를 것이 없도록 하여지이다. …… 그때 부처님께서 네가 가장 큰 세계를 원하였으니 내세에 마땅히 네 원대로 되어서 가장 큰 세계에서 정각을 이루고 그 명호는 '善住珍寶山王如來'라 하리라. 선남자여, 네가 큰 세계를 원하였으므로 이제 네 이름을 得大勢라 하노라.34)

③ 그때 부처님께서 第三王子(王衆)에게 말하였다. 선남자여, 너야말로 聰明과 叡智로 잘 알아서 능히 이러한 어렵고 큰 원을 세웠도다. …… 중생을 위하여 스스로 높고 至重한 願을 發하고 묘한 국토를 취하였으니 네 이름을 文殊師利로 하노라. …… 여기서 남쪽으로 부처님 世界가 있으리니 이름은 淸淨無垢寶며 이 刪提嵐世界도 그에 들어가게 될 것이다. 네가

33) 『悲華經』卷3, 「諸菩薩本授記品」, 『大正藏』3, p.186上. 爾時寶藏佛尋爲授記 …… 今當字汝爲觀世音 …… 無量壽佛般涅槃已 第二恒河沙等阿僧祇劫後分 初夜分中正法滅盡 夜後分中彼土轉名一切珍寶所成就世界 …… 汝於後夜種種莊嚴 在菩提樹下坐金剛座 於一念中間成阿耨多羅三藐三菩提 號遍出一切光明功德山王如來應供正遍知明行足善逝世間解無上士調御丈夫天人師佛世尊.

34) 『悲華經』卷3, 「諸菩薩本授記品」, 『大正藏』3, p.186下. 爾時第二王子在佛前坐 是佛涅槃後正法滅已 我於其後次第成於阿耨多羅三藐三菩提 般涅槃後正法住世 如是等事悉如彼佛等無有異 …… 爾時佛告善男子 汝今所願最大世界 汝於來世當得如是大世界處如汝所願 善男子 汝於來世當於如是最大世界成阿耨多羅三藐三菩提 號曰善住珍寶山王如來應供正遍知明行足善逝世間解無上士調御丈夫天人師佛世尊 善男子 由汝願取大世界故 因字汝爲得大勢.

이 장엄한 세계에서 正覺을 이루어 그 名號를 '普賢如來'라 할 것이다.[35]

> ④ 그때 寶海梵志[바라문]가 第八王子 泯圖에게 권하여 마찬가지로 발심하게 하였다. …… 세존께서 阿彌具를 칭찬하여 말하기를, 네가 이제 세계의 둘레 四面으로 一萬 佛土를 청결하게 장엄하고 다시 미래세에 무량중생을 교화하여 그 마음을 청정케 하고 또 무량무변의 諸佛世尊께 공양할 것이므로 이제 네 이름을 고쳐서 普賢이라 하노라. …… 미래세에 第二恒河沙같은 阿僧祇劫의 末後分에 들어가서 北方으로 六十恒河沙 佛土를 지나면 知水善淨功德世界가 있으리니 네가 거기서 正覺을 이루어서 그 명호를 '智剛吼自在相王如來'라 하리라. 하시니 普賢菩薩摩訶薩이 머리를 땅에 붙이고 寶藏佛께 절하였다.[36]

고 하면서 이 보살들은 미래에 成佛이 예정돼 있음을 설하고 있다.

西義雄은 『地藏菩薩の源流思想の硏究』에서 후기 대승경전이라 추정하는 경전류에 의하면 특히 문수와 관음이 함께 대비천제로서의 성격이 부가되어 전해지고 있다고 볼 수 있다는데, 이 중에서 문수사리에 대해서는 『首楞嚴三昧經』卷下에서 그는 과거 '龍種上如來'라 칭하고 남방평등세계에서

35) 『悲華經』卷3, 「諸菩薩本授記品」, 『大正藏』3, p.188中. 爾時佛告第三王子 善男子 汝是純善大丈夫也 聰叡善解能作如是甚難大願 …… 爲衆生故自發如是尊重之願取妙國土 以是故今號汝爲文殊師利 …… 於此南方有佛世界 名曰淸淨無垢寶寘 此散提嵐界亦入其中 彼世界中有種種莊嚴 汝於此中當成阿耨多羅三藐三菩提 號普現如來應正遍知明行足善逝世間解無上士調御丈夫天人師佛世尊.

36) 『悲華經』卷3, 「諸菩薩本授記品」, 『大正藏』3, p.192中. 爾時寶海梵志復白第八王子泯 乃至發心亦復如是 爾時世尊讚阿彌具言 汝今世界周匝四面一萬佛土淸淨莊嚴 於未來世復當敎化無量衆生令心淸淨 復當供養無量無邊諸佛世尊 以是緣故今改汝字名爲普賢 於未來世…入第二恒河沙等阿僧祇劫 末後分中於北方界 去此世界過六十恒河沙等佛土 有世界名知水善淨功德 汝當於中成阿耨多羅三藐三菩提 號智剛吼自在相王如來應供正遍知明行足善逝世間解無上士調御丈夫天人師佛世尊 善男子 爾時普賢菩薩摩訶薩頭面着地禮寶藏佛.

성불한 佛陀이지만 지금은 文殊師利法王子[37]이고 또 『菩薩瓔珞經』卷4, 「四聖諦品」에서는 “過去無數阿僧祇劫에 부처님이 있었는데 大身如來라 이름 하였다. …… 그때의 대신여래는 지금의 문수사리보살을 말한다.’[38]고 전하고 있다. 또한 『鴦掘魔羅經』卷4에서는 “北方四十二恒河沙 刹土를 지나 常喜國이 있고 부처님 명호는 ‘歡喜藏摩尼寶積如來’라 이름 하는데 지금의 세상에 계시면서 교화한다.’고 한다. …… ‘이 여래가 어찌 다른 사람이겠는가? 문수사리가 저 ‘歡喜藏摩尼寶積如來’”[39]라 하고, 또 『寂調音所問經』에서는 “東方 一萬의 佛土를 지나면 寶住世界이고 그 부처님의 명호는 寶相如來, 應供, 正遍知이다’라고 하였다. ‘지금의 문수사리법왕자가, 즉 이 부처님이고 모든 보살마하살을 위하여 설하고 있다.’ …… ”[40] 이러한 경설에 의하면 지금의 문수보살은 이미 과거 久遠의 옛적에 성불하였으므로 미래에 또다시 성불을 바라지도 않고 성불에 대한 욕망도 필요로 하지 않는다는 것이다. 도중에 중생제도를 위해 應化하는 보살이라고 하고 있는 데 대하여 이러한 점에서는 大悲闡提라고 말하는 것이 합당하다고 말할 수는 있다. 관세음보살도 『千光眼觀自在菩薩秘密法經』에서는

37) 『首楞嚴三昧經』卷下, 『大正藏』15, p.644上. 世尊 我謂文殊師利法王子 曾於先世已作佛事 現坐道場轉於法輪 示諸衆生入大滅度 佛言 如是如是 如汝所說 迦葉 過去久遠無量無邊不可思議阿僧祇劫 爾時有佛 號龍種上如來 於此世界南方過於千佛國土 國名平等.

38) 『菩薩瓔珞經』卷4, 「四聖諦品」, 『大正藏』16, pp.38下~39中. 過去無數阿僧祇劫有 佛名大身如來 …… 爾時大身如來今文殊師利是.

39) 『央掘魔羅經』卷4, 『大正藏』24, p.543中. 北方去此過四十二恒河沙刹 有國名常喜 佛名歡喜藏摩尼寶積如來應供等正覺 在世敎化 …… 彼如來者豈異人乎 文殊師利即是彼佛.

40) 『寂調音所問經』, 『大正藏』24, p.1081上. 東方去此過萬佛土 有世界名曰寶住 佛號寶相如來應供正遍知 今現在 文殊師利法王子爲彼諸菩薩摩訶薩如應說法.

釋迦佛의 말씀으로 "내가 옛날을 생각하니 관자재보살은 나 이전에 성불하고 이름 하여 正法明이라 하고 十号를 具足했다. 나는 그의 아래에서 출가하고 지금 성불하게 되었다." 따라서 이 경에 의하면 觀自在, 즉 관세음보살도 이미 성불을 하였고, 거듭 성불할 필요가 없는 大悲化身菩薩이라고 할 수 있다.[41] 보현보살에 관해서도 六十卷本『華嚴經』卷3「盧舍那佛品」의 偈頌 중에

> 普賢菩薩 自在함이 이와 같나니, 그것은 盧舍那佛 本來 願力 때문이네. 보현보살 그 몸은 마치 허공과 같아 如如함에 의지하되 부처의 국토에 의존하지 않네. 한량없는 몸 나타내어 중생들에 應하나니 그것은 그들 따라 나타나려 함이니라. 일체 세계와 무량한 부처국토 거기 모두 나타나 모든 法門에 들어가네. 저 보현보살님은 깨끗한 願 구족하여 한량없는 자재함을 얻었네.[42]

라고 하였다. 따라서 本性法身 淸淨色身을 이미 얻은 자의 뜻을 보이는 것처럼 記述되어 있는 것으로, 이 점에서 본다면 당연히 대비천제라 볼 수 있다. 勢至菩薩에 관해서는 이미 성불한 보살이라는 記述은 아직 나타나지 않고 있으나 관음과 한 補處라는 관점에서 본다면, 어딘가에 法性身的 記述이 있는 것은 아닌가 하는 것이다. 이는 어쨌든 문수, 보현, 관음에 관해서는 菩薩史上 佛陀의 후보자로서 菩薩思想에서 大悲闡提的 菩薩

---

41) 西義雄,『大乘菩薩道の研究』, 京都: 平樂寺書店, 1968, p.133.

42)『六十華嚴經』卷3,「盧舍那佛品,『大正藏』9, p.409中. 普賢自在亦復如是　盡盧舍那願底故 普賢身相猶如虛空　依於如如不依佛國　現身無量普應衆生　隨諸群類爲現化故　一切世界無量佛土　悉能示現入諸法門　普賢菩薩具足淨願　如是等比無量自在.

思想의 出現으로부터 역사적 과정을 거치면서 대비천제에 이르고 있는 보살들로 보아야 할 것이다.43)

이러한 보살들에 비해서 지장보살에 관한 많은 자료 중, 미래 성불의 授記를 받은 기록은 발견되지 않았다. 거기에 삼계의 어떤 중생이든 악취에서 구제하여 열반시킨 후 비로소 자신이 성불하려는 것이 지장의 大願行이고 또 주목할 만한 점이다. 따라서 무수한 중생이 존재하는 한 미래세에 이른다 해도 그는 성불할 수가 없는 것이 된다. 중생범부가 존재하는 이상 자신이 성불에 대해 욕망을 일으키지 않는다는 점에서 지장보살은 올바르고 순수한 대비천제의 보살로 칭하는 것은 아닌가 생각된다. 그러한 지장보살 사상은 이런 의미에서 前術한 다른 보살들과 다른 특수성의 단면이라 생각한다.44) 다시 말해 지장보살은 지장보살인 그대로 이미 완성된 존재이니, 완성된 존재를 佛이라 한다면 그는 이미 지장보살인 그대로 佛이라고 할 수 있다.45) 곧 大悲闡提의 모습이 지장보살임이 명확하며 대승보살들 중 唯一無二하다고 할 수 있다. 이와 같은 연유로 자신의 성불보다는 다할 날이 없는 중생계 때문에 고통받는 중생의 성불을 돕고자 하는 大願을 스스로 세웠으며 그의 대원을 통한 중생의 救濟力이 부처님의 咐囑에 의해 증명되고 있다.

---

43) 西義雄, 앞의 논문, p.134.

44) 西義雄, 『大乘菩薩道の硏究』, 京都: 平樂寺書店, 1968, pp.129~134 참조.

45) 채인환, 『현대사회에 있어서 지장신앙의 재조명』, 운주사, 1991, p.18.

(2) 地藏菩薩의 授記

지장보살의 前生說話에 이어 二世의 중간기간 즉, 釋尊 入滅 후 彌勒佛 출현 전 소위 無佛世界의 敎主로 지장보살이 등장한다. 또 석가모니불은 이미 涅槃에 들었으며 미륵불은 아직 出現하지 않은 세상을 많은 경전에서는 五濁의 惡世이며 末法時代[46]이기에 이 시대의 强剛한 중생들을 교화해 나갈 분을 지장보살이라고 하고 있다. 지장보살은 현세, 즉 無佛處無佛時代의 교주이며 이 시대의 중생이 귀의하고 의지해야 할 大願의 本尊으로 오직 지장보살의 無量無邊한 救濟力에 依存하여 살아야한다는 佛陀의 授記를 확인하게 된다.

여기에 구체적으로 說하고 있는 것이 『地藏菩薩本願經』「分身集會品」에서는

> 이에 세존은 금빛 팔을 펼치며 백천만 억의 끝없는 세월의 생각할 수 없고, 도모할 수 없고, 말로써 다 할 수 없는, 모든 무량 아승지 세계에 여러 몸으로 나타낸 지장보살마하살의 이마를 어루만지면서 말하였다. "나는 五濁惡世의 거칠고 억센 중생들을 교화하여 저들의 마음을 바로잡아 바른길로 돌아오게 하였으나, 열에 하나 둘은 아직도 나쁜 습성에 젖어 있다. 내가 또한 수많은 몸으로 나타내어 널리 방편을 베풀었으니, 혹은 根機가 밝은 이는 법을 들으면 곧 받아 지니고, 혹은 좋은 果報를 지닌

46) 『大乘法苑義林章』卷1, 『大正藏』45, p.344中. "부처님께서 열반에 드신 후, 법의 유통형태를 정법, 상법, 말법의 세 시기로 구별할 수 있다. 교법·수행·증과의 세 가지를 모두 갖추고 있으면 정법 시대이고 단지 교법과 수행만 갖추고 있으면 상법 시대이며 교법만 있고 나머지가 없으면 말법 시대이다; 佛滅度後法有三時 謂正·像·末 具敎·行·證三名爲正法 但 有敎行名爲像法 有敎無餘名爲末法이라고 하여 중생의 근기가 점차 약해져서 여래의 교법이 있어도 그것을 실행하고 증득하는 자가 없는 시기를 말법 시대라 규정하였다.

> 이는 힘써 권하면 성취하고, 혹은 근기가 어둡고 둔한 이는 오랫동안 교화하여야만 귀의하고, 혹은 業이 무거워 우러러 공경하는 마음을 내지 않는 이도 있다. …… 그대들이여, 나는 끝없는 세월 속에 이처럼 부지런히 힘쓰며 교화하기 어려운 거칠고 억센 罪苦衆生들을 제도하였거나 거기에 아직도 調伏하지 못한 이가 있어 업보를 따라 만약 惡道에 떨어져 큰 고통을 받으면 그대는 마땅히 내가 忉利天宮에서 咐囑하여 이르던 바를 생각하고, 사바세계에 미륵부처가 出世하여 나타날 때까지 중생을 다 해탈케 하여 영원히 모든 고통에서 떠날 수 있도록 授記를 받도록 하라."47)

고 하였다. 여기에서는 근기가 어둡고 둔한 이는 오랫동안 교화하여야만 귀의한다면서 업이 무거워 우러러 공경하는 마음을 내지 못하는 이를 경계하고 있다. 이러한 이들을 제도하기 위해 人·非人 등 여러 가지 몸으로 나타내어 각각 차별하여 分身度脫48)로서 중생의 근기에 따라 여러 方便으로 說法한다는 이른바 隨機散說의 典刑을 그대로 보이고 있는 것이다.

그러므로 여기서는 彌勒佛이 當來下生할 때까지 중생을 다 解脫에 이르도록 佛陀의 授記를 받은 지장보살에게 대 신심을 일으키게 한 연유가 된 것이라고 할 것이다.

47) 『地藏菩薩本願經』, 「分身集會品」第2, 『大正藏』13, p.779中. 爾時世尊舒金色臂 摩百千萬億不可思 不可議不可量不可說無量阿僧祇世界諸分身地藏菩薩摩訶薩頂 而作是言 吾於五濁惡世 教化如是剛彊衆生 令心調伏捨邪歸正 十有一二尙惡習在 吾亦分身千百億廣設方便 或有利根聞卽信受 或有善果勸勸成就 或有暗鈍久化方歸 或有業重不生敬仰 …… 汝觀吾累劫勤苦 度脫如是等 難化剛彊罪苦衆生 其有未調伏者隨業報應 若墮惡趣受大苦時 汝當憶念 吾在忉利天宮殷勤付囑 令娑婆世界至彌勒出世已來衆生 悉使解脫永離諸苦遇佛授記.

48) 『地藏菩薩本願經』, 「分身集會品」第2, 『大正藏』13, p.779中. 如是等輩衆生 各各差別分身度脫.

3) 地藏菩薩關聯 諸經典

대승불교 보살신앙의 하나로 등장한 지장신앙과 관련된 문헌상 지장보살신앙의 연구자료로서, 이른바 '地藏三部經'으로 일컬어지는 『大乘大集地藏十輪經』10권[49]·『地藏菩薩本願經』2권[50]·『点察善惡業報經』2권[51]이 있으며, 이 밖에도 『大方廣十輪經』8권[52]·『地藏菩薩陀羅尼經』[53]·『地藏菩薩儀軌』1권[54]·『大日經(大毘盧遮那神变加持經)』4品[55]·『百千頌大集經地藏菩薩請問法身讚』[56]·『地藏菩薩道心驅策法』[57]·『大方等大集經』[58]卷57·58의「須弥藏分」[59]·『佛說地藏菩薩經』[60]등이 지장신앙과 관련된 대표적인 所依經으로 들 수 있다. 현재 지장신앙의 중심을 이루는 典據는 전술한 바와 같이 『大乘大集地藏十輪經』·『地藏菩薩本願經』·『占察善惡業報經』이다.

이들 중에서 『대승대집지장십륜경』에 대해 살펴보면 다음과 같다. 경전의 제목에 보이는 十輪經은 왕의 治道 열 가지에 대한 부처의 열 가지 治

49) 唐 玄奘(602~664) 譯, 『大正藏』13, p.721以下.
50) 唐 實叉難陀(652~710)譯, 『大正藏』13, p.777以下.
51) 隋 菩提燈(581~617)譯, 『大正藏』17, p.901以下.
52) 北涼 失譯人名(397~439), 『大正藏』13, p.681以下.
53) 『大正藏』20, pp.655~660.
54) 輸婆迦羅 譯, 『大正藏』20, p.652以下.
55) 善無畏·一行 譯, 『大正藏』18, p.27以下.
56) 不空 譯, 『大正藏』, 13, p.790以下.
57) 『大正藏』20, p.655以下.
58) 曇無讖 譯(414~426), 『大正藏』13, p.1以下.
59) 北齊(550~577), 那連提耶舍 譯(559), 『大正藏』13, pp.381下~394中.
60) 『大正藏』85, p.1455中~下.

惡의 법륜을 뜻한다. 전체가 8품 10권으로 이루어져 있는 이 경은 현장의 한역이며, 이의 同本異譯으로는 15품 8권의 『大方廣十輪經』이 있다. 그러나 이 경은 北涼 당시 번역자의 이름이 없고 내용이 약간 다를 뿐이다. 隋나라 당시 三階教가 흥성했을 때 信行 및 그 소의경전으로서 유행하던 『大方廣十輪經』은 이 失譯人名의 北涼本이었다. 그러나 唐에 이르러 현장의 번역이 나오자 三階師인 神昉은 현장 번역의 서두에 머리말을 쓰고 깊은 존경과 믿음의 뜻을 표하였다. 그 序文에 의하면 舊本과 新本을 비교하여 "여러 가지로 구본과 비교하건대 구본에 빠진 글이 실려 있어 구본이 이제야 분명해졌다."[61]고 하였다. 新譯은 품을 줄이고 있으나 卷을 증가했으며, 舊譯에 빠진 곳을 보충하고 있음을 神昉의 서문을 통하여 알 수 있다. 따라서 『대방광십륜경』을 이해하기 위해서는 이 두 同本異譯에 능통해야 한다.

또한, 이 경의 기초가 되는 『地藏經』 계열의 모든 經이 그렇듯이 지장보살 신앙, 삼계교와 지장신앙과의 관계에 대한 이해가 앞서야 한다.

지장신앙의 특색은 本願사상에 있다. 대승불교에서 이론상으로 볼 때 시방삼세의 모든 부처와 보살의 수가 헤아릴 수 없다고 해도 실제로 많은 사람에게 널리 믿어지고 있는 불·보살은 열 분을 넘지 못한다. 그리고 이 불·보살은 대부분이 本願을 지니고 있다. 예를 들면 普賢보살은 行願을, 문수보살은 지혜를, 관세음보살은 자비를, 虛空藏보살은 包容을, 지장보살은 悲願을 본원으로 하고 있다.

---

61) 神昉, 『大乘大集地藏十輪經』序文, 『大正藏』13, p.777中. 以今所翻比諸舊本 舊本已有今更詳明 舊本所無斯文具載.

『地藏菩薩本願經』에서 설하고 있는 地藏의 本生譚에 의하면, 한 바라문 여인의 孝·順·悲·愍, 그리고 보살의 六道萬行으로 널리 중생을 제도하고자한 뜻이 더 나아가 지장의 본원이 된 것을 알 수 있다. 따라서 『대방광십륜경』 등은 역시 지장이 悲願의 보살임을 설하고 있다. 또한, 이 같은 지장의 본원사상이 顯敎에서 설하는 처지에서만 그러한 것이 아니라 密敎에 있어도 그러한 것을 經을 통해서 알 수 있다. 『大方廣十輪經』에 대한 현장의 번역에 의하면 지장의 像을 짓는데 聲聞像에서 따왔다고 했다. 또 北凉本의 번역에 의하면 沙門의 像에서 지어졌다고 했다. 이것은 다분히 지장의 구도적인 자세에 역점을 둔 것이라고 할 수 있다. 또한, 밀교 경전에 의하면 지장의 像은 성문의 모습과 보살의 모습 두 가지이다.

밀교 만다라에 나오는 지장像을 제외하고는 대부분이 聲聞의 모습인 것을 그 한 例로 들 수 있다. 따라서 지장의 모습은 다른 대승보살들의 모습과 전혀 다르다. 지장신앙을 중점적으로 설하고 있는 『大方廣十輪經』은 大·小乘, 즉 二乘의 融和를 설함으로써, 지장신앙이나 지장의 本願이 현세적으로 이루어질 것을 강조하고 있다.

釋尊께서 劫羅帝耶山에서 月藏經을 설하고 계시었다. 경을 설해 마칠 무렵 지장보살은 聲聞의 모습으로 南方으로부터 찾아와서 이 집회에 참석하였다. 이에 지장의 찾아온 이유를 설하며 무량한 공덕을 칭찬한다.

이것이 「序品」이 되어 이 경은 막을 연다. 이어서 「십륜품」은 지장보살이 게송으로 부처님에게 五濁惡世에 있어서 무엇이 佛輪 = 十方을 굴릴 것인가 묻는다. 부처님께서는 灌頂王의 십륜을 비유로 들어 열 가지 부처님의 힘인 '十方 = 佛輪'에 의하여 널리 중생의 열 가지 악업을 능히 제거할 수 있다고 설한다. 그리고 「無依行品」으로 넘어와 天藏大範의 請에 따라 두 가지 依止十事 = 無依行法 악행을 지적하고, 이러한 악행이 하나만 있어도 善을 완수할 수 없음을 가르친다. 따라서 三乘을 이룰 수 없음을 강조한다. 또 모든 출가자에 대하여 열 가지 勝想을 지어야 한다고 강조한다. 비록 파계한 者라고 해도 청정한 外道를 능가하며, 國王, 大臣이라 해도 非理에 떨어져서는 아니 됨을 설하고 五無間罪, 四根本罪, 법으로 삼보를 비방하거나, 사람으로 삼보를 비방한 죄인 謗三寶罪 등 열한 가지 죄를 범한 자는 佛弟子가 아니며, 무간지옥에 떨어지는 업을 지은 자임을 설한다. 또한, 우바이의 물음에 대하여 惡行 비구에 대한 재가자의 욕설에 따르는 十非法, 十非人을 들어 설한다. 이에 지장보살은 말세를 구제하고자 하는 本願으로 말세에 열 가지 惡輪이 있음을 설한다. 그것은 국왕 대신들이 惡比丘를 지켜주고 반대로 청정한 무리를 괴롭히며 계를 지키는 비구를 헐뜯는 것 등이며, 이러한 죄는 무간지옥에 떨어지는 非法임을 열거하고, 파계나 계를 지니지 않는 것을 같이 경계해야 한다고 설한다.[62)]

이어서 旃陀羅[63)]와 대등한 刹利, 輔相, 바라문, 거사 등의 眞善을 열 가지 악륜과 대조하여 설명한다. 또 象王羅刹 등이 가사를 존중한 인연을 들고 파계승을 욕하고 해치는 일을 막는 이야기를 하며 찰리, 전다라 등 그러한 십륜에 해당하는 죄업을 열거한다. 또한, 국왕, 대신, 바라문, 거사, 장자가 불법과 비구를 수호하는 것은 자연히 열 가지 악업의 수레바

62) 『大乘大集地藏十輪經』, 『한글대장경』54, pp.21~25 참조.

63) '찬달라(Candala)'의 音譯語.

퀴를 벗어나 국토가 안온함을 얻게 한다고 설한다.[64] 「有依行品」은 金剛藏을 위하여 열 가지 補特伽羅를 설한다. 파계는 불제자에게 있어서는 안 되는 일이며, 聖賢의 모습을 빌려 욕하고 해쳐서도 안 되며 三乘이 비록 여래가 중생을 제도하는 방편이며 이로써 대승을 닦는다. 하지만 다른 二乘을 없애야 한다고 주장하여서도 안 됨을 설하고 三乘이 열 가지 有依行에 있어서 공통되는 점을 설한다. 부처님께서는 중생의 근기에 따라 삼승법을 설하고 持戒와 護法과 평등으로 모든 것을 안락하게 하는 것이 대승의 참뜻이라고 강조하고 있다.

다음으로 「참회품」에서는 참회와 正見을 설한다. 참회와 正見으로 法忍을 얻으면 왕의 지위에 나아 갈 수 있으며, 또 十善을 행하여 三寶를 믿으면 왕이 되지만 그렇지 않으면 지옥에 떨어진다고 하는 원인을 열거하고 正法治化의 이상을 설한다.

「善業道品」은 열 가지 善業道를 보살의 十輪이라 하고, 이를 수행하면 因果의 이익을 널리 얻는다고 설하며, 「福田相品」은 嗔心과 邪見 등 열 가지 惡輪을 멀리해야 하며 보살의 六度와 善敎와 大慈大悲 그리고 견고한 大甲冑輪은 일체의 성문·연각을 위한 커다란 福田임을 상세하게 설하고 있다. 그리고 끝으로 「護益囑累品」에서는 회상에 모인 대중 저마다 法眼을 얻고, 부처님께서는 이 법을 虛空藏菩薩에게 부촉한다.[65]

요약하면 『大方廣十輪經』의 서품에서 알 수 있듯이 부처의 힘으로 널리 중생의 열 가지 악업이 능히 제거될 수 있으며 각 품에서 이러한 악행

64) 『한글대장경』54, 앞의 책, pp.21~25 참조.
65) 『한글대장경』54, 앞의 책, pp.21~25 참조.

의 열거와 旃陀羅와 대등한 刹利, 輔相, 바라문, 거사 등의 眞善을 열 가지 악륜과 대조하여 가면서 이어지는 품에서 악업의 수레바퀴를 벗어나는 길을 제시한다.

지장보살은 대부분 周知하듯이 六度衆生을 제도하여 菩提에 이르게 하기 전에는 자신은 절대 성불하지 않겠다는 大願으로 인하여 성불할 수 없게 된, 그야말로 一闡提(icchantika)[66]까지도 성불로 이끄는 大悲闡提의 보살로 명확해진다. 수많은 불·보살 가운데 이 같은 대서원을 세운 보살은 지장보살이 唯一無二하다. 『地藏十輪經』卷1에 지장보살의 모습은 聲聞의 색상을 나타낸 수행 비구의 모습이다.[67] 또한, 위의 문헌들은 대부분 지장보살의 威神力과 그의 大願을 설하고 있다. 無佛 시대에 고통받는 중생의 교화 및 성불을 돕는 그의 大願悲心으로 영원히 성불하지 않겠다고 서원한 지장보살은 이미 그대로 완성된 존재라 할 것이다. 온전한 인격자를 佛이라고 한다면 지장보살은 그 자체가 佛이라 할 수도 있을 것이다. 이는 薦度作法의 上壇佛供에서 地藏請을 上壇[68] 개념에 포함해 놓은 것을 보아도 알 수 있다. 또한, 여기서 지장보살이 死後 중생들의 淨土往生을

66) 『大般涅槃經』卷5, 『大正藏』12, p.393中. "무엇을 일천제라 하는가? 일천제란 모든 선근을 끊어 없애고 본심이 어떤 善法과도 반연하지 않으며, 한 생각도 선한 생각을 일으키지 않는 자이다." 何等名爲一闡提耶 一闡提者斷滅一切諸善根 本心不攀緣一切善法 乃至不生一念之善.

67) 『大乘大集地藏十輪經』卷1, 『大正藏』13, p.727中. 地藏眞大士 具杜多功德 現聲聞色相 來稽首大師 施諸衆生樂 救脫三有苦 雨無量種雨 爲供養大師.

68) 대한불교조계종 포교원, 『통일법요집』, 조계종출판사, 2004. p.271. 薦度齋·四十九齋 순서, 1)侍輦 2)對靈 3)灌谷 4)神衆作法 5)擧揚·說法儀式 6)上壇(보통 地藏請으로 하나, 專門儀式의 경우는 靈山, 各拜, 勸供으로 한다. 7)中壇退供 8)觀音施食·奉送

직접 주관, 引渡하는 것이 아니라, 염라대왕의 業鏡臺 앞에서 南閻浮提衆生이 지었던 잘하고 잘못함을 낱낱이 증명해 보이고,69) 거기에 따라 교화하는 것만 보더라도 지장의 大悲闡提의 극단적 실천행이 돋보인다 할 것이다. 따라서 지장보살의 起源은 이러한 大願悲心의 결합과 함께 시작되었다고 할 것이다.

그리고 중국 隋代의 信行(540~594)이 말법 시대 낮은 근기의 중생들을 효과적으로 교화하기 위해 개창된 三階敎70)가 『大方廣十輪經』을 所依經典으로 발전시키면서 당시의 시대적 상황과 상응하여 많은 민중의 지지를 받으며 발전하게 된다.71) 삼계교와 지장신앙과의 관계는 중국 지장신앙의 사회적 측면에서 주목할 필요성이 있다. 이는 이어지는 중국 지장신앙의 전개에서 자세히 다루고자 한다. 그리고 중국 지장신앙의 중심에는 지장보살의 化身으로 인식되고 地藏王菩薩로 추앙받는 唐代의 신라왕족 출신 金地藏(金喬覺)이 있다. 이처럼 중국에서 전래한 지장신앙으로서 지장보살은 오늘날 우리나라 각 사찰에서 補處로서의 挾侍가 아닌 獨立尊으로서 冥府殿이나 地藏殿의 主尊으로 신앙의 대상이 된 보살이다.

69) 第六 地藏請 …… 仰由 地藏大聖者 …… 掌上明珠 廣攝大千之界 閻王殿上 業鏡臺前 爲 南閻浮提衆生 作個證明功德主 大悲大願 大聖大慈 本尊地藏王菩薩摩訶薩 唯願慈悲 降臨道場 受此供養 …… ; 安震湖, 『釋門儀範』, 法輪社, 1982, pp.297~304; 백파긍선, 김두재 옮김, 『작법귀감』 동국대출판부, 2010, p.44에도 위와 같은 서술이 있다.

70) 차차석, 「중국의 지장신앙」, 『金剛』226, 월간금강사, 2003, p.47.

71) 홍법공, 「三階敎와 지장신앙」, 『淨土學硏究』5, 한국정토학회, p.187.

4) 曼荼羅에 受容된 地藏菩薩

밀교의 만다라 상에 수용된 지장보살을 살피기 전에 먼저 만다라가 무엇인지 알아볼 필요가 있다. 중기 밀교의 핵심이 되는 『大日經』에 나타난 만다라에 대한 정의는 다음과 같다.

> 세존이시여, 무엇을 이름 하여 만다라라고 합니까? 만다라는 그 뜻이 어떠합니까?
> 모든 부처님을 출생시키는 것이 만다라이다. 비교할 바 없는 최고의 맛이며 더할 바 없는 맛이다. 그래서 만다라라고 설한다.72)

여기에서 만다라는 모든 부처님을 출생하는 것이라고 한다. 또한, 그것은 다른 어떤 것도 따라올 수 없는 최고의 맛이기에 만다라라고 설명하고 있다. maṇḍala라는 용어를 먼저 語學的인 측면에서 보면 이 말은 maṇḍa라고 하는 語根과 la라고 하는 後接語로 성립되어 있다. maṇḍa에는 本質·眞髓·本體라는 의미가 있으며 la에는 所有·成就의 뜻이 있으므로 만다라라고 하는 것은 본질·진수를 성취한 것, 또는 心髓를 가지고 있다는 뜻이라고 할 수 있다.

위 經文에 대해서 『大日經疏』는 다음과 같이 해석하고 있다.

> 만다라란 發生이라는 뜻이다. 바로 모든 부처님을 발생하는 만다라[發生諸佛曼荼羅]라고 이름 한다. 보리심이라는 종자를 一切智 라 하는 心地 가운데에 뿌리고, 大悲라 하는 물로 적시며, 大慧의 태양으로써 비추고, 대방편

72) 『大正藏』18, p.5中. 世尊當云何名此曼荼羅 漫荼羅者其義云何 佛言此名發生諸佛漫荼羅 極無比味無過上味 是故說爲漫荼羅.

> 의 바람으로서 두드리며 大空의 空으로써 걸림 없게 하여, 不思議한 법성의 싹을 차례대로 번성하게 한다. 그리하여 법계에 가득 차게 하여 부처님의 樹王으로 성장하니, 이 때문에 발생이라 부른다.[73]

라고 하며 本質·眞髓를 성취하였기에 부처가 出生하는 것이며 최고의 맛이 되는 것이다. 이처럼 제불을 발생하는 뜻에서 發生의 개념을 지니고 있으므로 결국 만다라는 本質을 출생하는 道場이라는 의미로 이해할 수 있다. 그것은 究極的인 깨달음의 세계를 나타내는 것으로 본질이라 하며, 석존이 보리수 아래에서 정각을 획득한 데에 기인하여 정각을 얻기 위한 수행의 장소로서 道場이라고 말해지며, 壇이라고도 번역된다. 또는 불보살의 집합장소이기 때문에 聚集이라 하고, 부처의 세계가 완전한 것을 圓이 완전하고 원만한데 비유해서 輪圓具足이라고도 한다. 이 공간에는 대승불교의 불·보살뿐만 아니라 원래 힌두교에 적을 두고 있었던 신들마저 불러들여서 이들과 상호 관계하는 역할과 모습까지 포함하여 성역공간에 들게 하고 이를 체계화하였다.

만다라에 등장한 모든 불보살은 깨달음의 상징이면서 그대로 수행과 연결된다. 수행을 통하여 불보살의 활동이 수행자의 마음과 상응하여 主·客의 대립을 떠났을 때 비로소 만다라라는 무한한 世界像으로 펼쳐진다. 즉 만다라는 수행자 자신의 證得뿐만 아니라 수행을 통하여 획득한 불보살의 자비와 지혜의 공덕을 세상에 발현시키기 위한 목적도 지니고

73) 『大正藏』39, p.625上. 夫漫荼羅者是發生義 今卽名爲發生諸佛漫荼羅也 下菩提心種子於一切智心地中 潤以大悲水照以大慧日 鼓以大方便風不礙以大空空 能令不思議法性牙次第滋長 乃至彌滿法界成佛樹王 故以發生爲稱.

있다. 不空 譯의 『金剛頂瑜伽金剛薩埵五祕密修行念誦儀軌』에서는

> 무릇 보살도를 수행하여 위 없는 보리를 증득하려면 일체 유정을 이익하고 안락하게 하는 것을 妙道로 삼는다. 일체 유정은 五趣·三界에 빠져서 流轉하는데 만약 五部五密의 만다라에 들지 않는다면, 三種秘密의 加持를 받을 수 없으며, 스스로 有漏 三業의 몸으로써 가 없는 유정을 제도한다면 이것은 맞지 않다.[74]

라 하는데, 즉 菩薩道를 수행하여 無漏 三密의 몸으로 가없는 유정을 제도하기 위해서 방편으로 설립된 것이 만다라임을 알 수 있다.

이러한 만다라는 부처의 성스러운 위상을 구체적으로 정리하고자 한 것이며, 부처의 가르침을 평면이나 입체로써 상징적으로 나타내고자 한다. 즉 全人的인 체험을 여러 가지 형태로 나타내고자 하는 것으로 볼 수 있다.

이처럼 교리 체득의 과정이 상징적으로 서술된 것이 바로 만다라이다. 즉 法性의 세계를 여실하게 자각하여 자기의 실체가 무엇인지, 또 너와 내가 사는 이 세계는 어떠한 것인지, 그렇다면 나는 어떻게 행동해야 하는지, 상징적인 표현들을 어떻게 信解行證해야 하는지, 만다라가 가르쳐 주는 대로 그 길을 따라갈 때에 나와 타인을 비롯한 모든 존재는 스스로 희구하던 일체의 悉地를 만족하게 된다. 더 나아가 만다라는 이러한 과정을 완성한 수행자에게 우리가 사는 이 세계를 密嚴國土化시키는 행법으로서 펼쳐진 것이기도 하다.[75]

---

74) 『大正藏』20, p.535中. 夫修行菩薩道 證成無上菩提者 利益安樂一切有情以爲妙道 一切有情沈沒流轉五趣三界 若不入五部五密曼荼羅 不受三種祕密加持 自有漏三業身 能度無邊有情 無有是處

이러한 만다라에 지장보살이 등장한다면 밀교의 이상을 실현하기 위한 역할로써 그 상징적인 면을 찾아보아야 할 것이다.

여기서는 본격적인 밀교경전에 해당하는 중기 밀교경전인 『大日經』[76]과 『金剛頂經』[77]을 바탕으로 하여 구현되는 胎藏曼茶羅와 金剛界曼茶羅에 등장하는 지장보살의 모습에서 그 밀교적 전개양상을 살펴보기로 한다.

(1) 胎藏曼茶羅 地藏院의 地藏菩薩

① 태장만다라

태장만다라란, 梵語 'garbha kośa maṇḍala'를 漢譯한 이름이다. 'Garbha'는 '母胎', 'kośa'는 '貯藏'의 뜻이며, '含藏'과 '攝持'의 두 가지 의미가 있어, 마치 어머니가 태아를 攝持하고 含藏하여 태어나게 하듯이 태장만다라는 일체 佛性을 잘 보듬어 안아서 원만하게 육성하여 출생시킨다는 활동적 개념을 지닌 세계를 나타낸 것이다. 즉, 『대일경』에서 佛의 본질적인 최상의 지혜를 一切智智라 하고 이를 대일여래의 광명으로 비유

75) 김영덕, 「만다라의 상징성」, 『교불련논집』12, 한국교수불자연합회, 2006, p.486.

76) 『大日經』, 『大正藏』,18, p.1은 인도밀교에서 매우 중요한 위치를 점하고 있는 경전이다. 思想的인 면과 實踐的인 면에서 6세기까지 인도의 전반기 밀교를 총괄했던 경전이었다. 중국에서는 7세기 중반 성립되었고 내용상 『화엄경』, 『소실지경』, 『금광명경』, 『금강수관정경』 등과 그 맥을 같이 하고 있다. 먼저 漢譯은 7권36품으로 구성되어 있고, 中印度 마가다국의 왕족출신인 善無畏, śubhakarasiṁha (AD637~735)와 그의 중국인 제자인 一行(AD. 683~727)에 의해서 번역되었다.

77) 不空 譯, 『金剛頂經』, 『大正藏』18, p.207上, 『金剛頂一切如來眞實攝大乘現證大教王經』은 남인도의 나가보디(nāgabodhi)로부터 전승되어 金剛智(vajrabodhi, 669~741)가 전수받았고, 719년 당나라에 들어 와서 불공과 신라의 혜초에게 금강정경계통의 법을 전수했다.

하여 태양이 일체를 양육하듯이 일체의 生類를 자비로서 구제하고 있는 것을 상징적으로 표현한 것이다. 이러한 대일여래의 一切智智를 중생의 자심과 일치하게 그대로 깨달은 것이 곧 如實知自心이며, 그 과정이 三句[78]로 정리되어 있다. 즉 『大日經疏』卷5에

> '보리심을 因으로 하고, 대비를 根으로 하며 방편을 究竟으로 삼는다.'고 하는 것은 곧 이 마음의 실상의 華臺다. 대비태장이 열려서 대비방편으로서 三重普門의 권속을 나타낸다. 이러한 뜻이기에 大悲胎藏曼荼羅라고 부른다. 하나의 세계 가운데에서 두루 六趣의 부류에 따른 몸을 나타내는 것과 같고, 모든 세계에서도 역시 이와 같다.[79]

라고 하는 것처럼 因·根·究竟이라고 하는 三句法門이 공간적으로 철저히 구현되어 있다. 또한, 이와 같은 공간배치에 따라서 各 尊들은 만다라라고 하는 통일된 구조에서 분담된 대로 方便의 역할을 수행한다. 그 역할은 조화와 개성이라고 정리할 수 있다. 만다라 전체가 갖

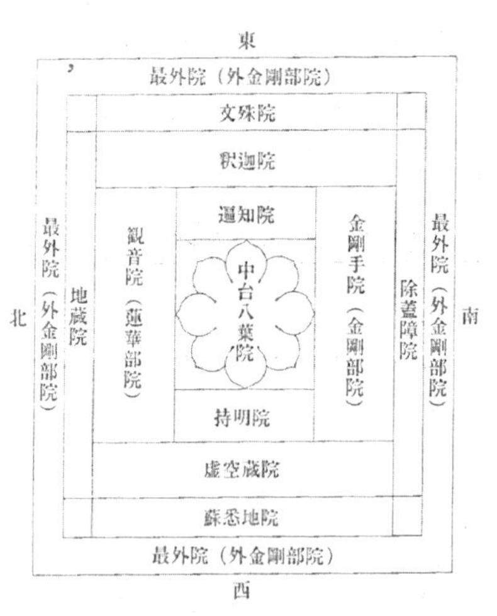

圖 II-1. 胎藏曼荼羅

78) 『大日經』卷1, 『大正藏』18, 1.1~2. 世尊如是智慧 以何爲因 云何爲根 云何究竟 …… 佛言 菩提心爲因 悲爲根本 方便爲究竟.

79) 『大正藏』39, p.635下. 菩提心爲因 大悲爲根 方便爲究竟者 卽是心實相花臺大悲胎藏開敷 以大悲方便 現作三重普門眷屬 以是義故 名爲大悲胎藏漫荼羅也 如於一世界中 普現六趣隨類之身 於一切世界中.

는 중생교화의 방편과 그 전체의 역할에서 분담된 개성적인 역할이다. 그 역할을 『대일경소』卷3에서는 다음과 같이 설한다.

> 如來의 加持로써 부처님의 菩提自證의 德으로부터 八葉中胎藏의 몸을 나타내고, 金剛密印으로부터 第1重의 金剛手 등 모든 내 권속을 나타내며, 대비만행으로부터 第二重의 摩訶薩埵의 모든 대권속을 나타내고, 普門方便으로부터 第三重의 모든 중생이 기쁘게 보고 따라 하는 종류의 몸을 나타낸다. …… 스스로 본지로부터 垂迹하면 곧 중대 낱낱의 門으로부터 각기 제1중의 갖가지 門을 유출하고, 제1중의 낱낱의 門으로부터 각기 제2중의 갖가지 문을 유출하며, 제2중의 낱낱의 문으로부터 각기 제3중의 갖가지 門을 유출한다.[80]

즉 중대와 제1중은 보리심의 덕, 제2중은 대비의 덕, 제3중은 섭화방편의 덕을 표시한 것으로 보리심과 대비와 방편이 하나로 연결되었으며 무한한 방향으로 다양한 모습을 띤 채 마치 호수의 물결처럼 同心圓을 이루면서 넓게 퍼져 나가는 구조를 지니고 있다. 모든 중생을 위한 加持顯現으로 『大日經』「住心品」의 法相에 의하면 태장만다라의 구조는 대일여래가 중생들의 근기에 맞게 유인하기 위하여 流現한 동심원적 擴散을 보여준다. 이처럼 태장만다라의 공간배치는 胎藏의 구극의 세계인 무한한 자비와 무한한 大智의 움직임을 표현하고 있음을 알 수 있다.[81] 이와 같은

80) 『大正藏』39, p.610中. 然以如來加持故 從佛菩提自證之德 現八葉中胎藏身 종금강밀인현第1重金剛手等諸內眷屬 從大悲萬行 現第二重摩訶薩埵諸大眷屬 從普門方便 現第三重一切衆生喜見隨類之身 … 自本垂跡 則從中胎一一門 各流出第1重種種門 從第1重一一門 各流出第二重種種門從第二重一一門 各流出第三重種種門.

81) 김영덕, 「만다라의 상징성」, 『교불련 논집』12, 한국교수불자연합회, 2006. p.488.

태장만다라의 조직을 『대일경』에서 설하는 바대로 그 기본적 구조를 도표를 통해 다시 살펴보면 다음과 같다.82)

중앙의 중대팔엽원을 因으로 하여 보리심의 덕을 나타내는 데 遍知院, 觀音院, 金剛手院, 持明院의 4원이 여기에 속하고, 根이 대비의 덕을 나타내며 석가원・문수원・허공장원・蘇悉地院・지장원・除蓋障院의 6대원이 여기에 속한다. 究竟은 方便의 덕으로 最外院이 여기에 수용되고 이 구경을 계기로 삼아 전개되고 있다. 말하자면 중대팔엽원을 중심으로 한 동심원적 구조로 되어 있는 것이 태장만다라의 기본구조이다. 이 구성을 3重建立이라고 일컫는다. 그리고 이 동심원의 전개는 중앙의 중대팔엽원의 因이 大悲와 方便을 계기로 삼고 전개된다. 즉 중대팔엽원과 제1중[初重]의 4대원은 因인 보리심의 德을 나타낸다. 다음으로 제2중의 6대원은 根인 대비의 덕을 나타낸다. 끝으로 제3중(외금강부원)은 널리 모든 生類에게 미치는 방편의 덕을 나타낸다고 본다. 따라서 이 3중은 一切智智의 3句가 중생을 향해 발현되는 덕이라 할 수 있다.

이와 같은 3중 건립의 만다라 분석은 實在인 대일의 理가 중생의 대비와 방편에 의하여 觸發되어서 무한하게 殊別化하는 경과를 나타내고 있는 것이다. 또한, 제3중의 외금강원에서 안으로 향할 때는 모든 중생을 3劫・3重초월의 瑜伽觀行을 닦는 행자를 끌어들이는 조직이라 할 수 있어 大悲胎藏生이라고 부르는 까닭이 여기에 있다.

胎藏生曼荼羅에서는 보리심의 因을 託胎에 비견하고, 대비의 根을 出胎

---

82) 圖1, 石田尙豊, 『兩界曼荼羅の智慧』, 東京美術, 1981. p.2.

에, 방편의 究竟을 生長에 비유하여 수행자가 三句轉生하는 과정을 설명해주고 있다. 다시 말하자면『대일경』의 보살사상은 한마디로 三句法門으로 표현할 수 있다. 즉 모든 보살은 중생들이 본래부터 갖고 있는 菩提心을 因으로 하여 모두가 法身佛이라는 사실을 인식하고 그 바탕 위에서 중생을 구제하는 것이며, 그러한 보리심을 일깨우고자 방편이라는 수단으로서 중생을 독려하며, 결국은 一切智智의 비로자나와 같은 깨달음으로의 전개가 구경의 종착점이라는 것으로 정의할 수 있다.『대일경』「구연품」에서 여래의 궁극적인 세계를 만다라를 통하여 표상화 하고, 일체지자인 대일여래가 대비심을 가지고 제불보살을 생하여 수행자의 근기에 맞추어 제도하고 그들을 불보살의 세계로 이끌어 들이는 방법을 설명한 것이다.

② 地藏院의 主尊인 地藏菩薩

태장만다라에서 地藏院은 蓮花部院(觀音院)의 좌측에 위치하면서 除蓋障院에 이어서 金剛手院의 지혜의 활동을 전개하여 가는 과정에 상대하고 있다. 즉 지장원은 연화부원의 대비의 구제 활동을 한층 더 전개하는 諸尊들을 모아놓은 곳으로서 그 활동의 증폭을 묘사하고 있다.

이 지장원의 主尊은 바로 지장보살이다. 지장보살이라고 부르는 이유는 大地를 포함한다는 의미가 있다. 이러한 대지는 ①모든 것의 기반이 되어 결정코 파괴되지 않는 廣大하고 堅固한 대지, ②모든 생명을 무한히 養育하는 풍요로운 대지, ③금은과 보석 등의 광석을 무진장 함유한 대지로서 완전한 대지는 우리들의 생활에 무한한 부를 제공해준다. 이러한 대지를 이미지화한 지장보살을 중심으로 지장원은 견고한 보리심이라는 종자를

圖II-10. 胎藏曼荼羅 地藏院 地藏菩薩

키우고, 여래의 무한한 果實을 가져오는 밀교 수행의 장면에 비견된다.83) 現図에서는 지장보살을 중심으로 9존이 묘사되지만, 『대일경』「구연품」에서는 6존이 설해진다. 3존을 부가한 것은 제개장원의 9존과 대칭하여 묘사하려고 한 것으로 생각한다.84)

여기서 지장원은 관음대비의 실천적인 성향을 더욱 현상계 속에서 표출하여 실천하고자 하며, 석가불 입멸 이후 미륵불의 출현까지 복지의 덕으로 악취중생을 제도하는 절대자애의 활동을 펼치게 된다.

이 지장원 가운데 주존인 지장보살은 오른손에 있는 것을 月輪 또는 日輪으로 말하지만, 지장은 그의 삼매로부터 如意宝珠라 하는 무한한 공덕을 출생한다고 하는 『대일경소』의 서술대로 여의보주를 가지고 있다고 이해된다. 왼손에 쥐고 있는 宝珠幢도 大地가 갖가지의 보물을 저장하고 있다가 중생들에게 주는 무량한 공덕을 지닌 보물을 드러내고, 무량한 중

83) 圖2; 染川英輔 外, 『曼荼羅圖典』, 東京: 大法輪閣, 1993, p.132.
84) 染川英輔 外, 앞의 책, p.132 참조.

생을 구제하는 활동을 나타낸다. 존형은 오른손에 보주를 쥐고 왼손에 보주가 달린 幢番을 세운 연화를 쥐고 赤蓮花에 앉아 있다.[85)]

이러한 내용은 『지장보살본원경』에 바탕을 두고 六道(地獄·餓鬼·畜生·修羅·人·天)의 중생을 구제하는 六道能化尊으로서의 신앙으로 인식된[86)] 지장보살의 이미지와 크게 다르지 않다. 다만 주로 獨尊의 개념이 강한 대승불교의 지장보살이 태장만다라라고 하는 전체의 구도에서 대일여래의 교화방편행에 참여한다는 점에서 구성상의 차이점을 들 수 있을 것이다. 그것을 다음의 몇 가지로 요약해본다.

첫째, 地藏院이라 하여 六道 敎化의 부서를 차려놓고 전문적으로 그 역할에 맞는 체계적 교화행을 펼친다는 것은 방편상에서 진일보했음을 보여준다. 독존으로 묘사되는 지장보살이 아니라 一群의 리더로서 활동함을 나타내는 것이 지장원인데, 지장원은 태장만다라 제3중의 북방에 위치하는 院으로 남방의 除蓋障院에 대한다. 지장보살을 中尊으로 하여 일렬로 9존이 있다. 견고한 대지가 모든 고통을 견디고 다시 즐거움으로 나아간다고 하는 보살의 무리로서 『대일경』에는 6존을 설하고 있다. 현도만다라 지장원에 소속되어 있는 9존의 명칭은 除憂冥菩薩, 不空見菩薩, 寶印手菩薩, 寶處菩薩, 地藏菩薩, 寶手菩薩, 持地菩薩, 堅固深心菩薩, 日光菩薩 등으로 총 9명의 보살 명칭이 드러나 있다. 이들의 首長으로서 지장보살의 활동이 펼쳐짐과 동시에 다른 8보살의 활동이 동시에 전개되는 구조적 치밀함을 보인다.

85) 染川英輔 外, 앞의 책, 1996, p.135.

86) 染川英輔 外, 앞의 책, p.136.

둘째, 태장만다라 지장보살은 如意幢幡을 왼손에 들고 있어, 육환장을 들고 있는 대승불교의 지장보살에 비해 그 활동의 가치가 향상되었음을 알 수 있다. 『대일경소』에는

> 다음에 북방에는 地藏菩薩을 그려라. 갖가지로 사이를 장식하고, 다양한 보배로 장엄한 땅 위에 금과 은과 頗胝와 水精의 네 가지 보배로 연화좌를 만들되 역시 극히 화려하게 하라. 그 보살은 화좌 위에 앉아 불꽃같은 빛이 그 몸에 두루 하니 마치 胎藏에 있는 것과 같다. 그래서 焰胎에 머문다고 말하였다. 이 성자는 주로 寶王의 마음자리 가운데 性起功德의 끝없는 보배창고를 지니고 있다. 그래서 그 상징으로 온갖 진귀하고 다양한 보배로 아름답게 장엄하였다. 그 밖에 권속이 되는 보살들도 뜻은 이와 같다.87)

라고 하여 지장보살의 특성으로서 염태에 머물러 性起功德의 끝없는 보배창고를 지니고 중생들에게 그 보배의 성품을 알려주는 활동을 들고 있다. 여기에서 대승불교의 지장보살과 태장만다라의 지장보살이 그 특성을 달리하고 있음을 알 수 있다. 즉 대승불교에서 地藏菩薩이 지니는 指物이 六環金錫88)과 明珠가 있다. 六環杖은 杖頭에 6개의 고리가 있으므로 六環이라고 하는데, 지장보살의 六道分形을 상징하고 이 手中金錫은 振開地獄之

87) 『大日經疏』卷5, 『大正藏』39, p.635下. 次於北方畫地藏菩薩 於種種間飾雜寶莊嚴地上以金銀頗胝水精四寶爲蓮花座 亦令窮極巧麗 其菩薩在花座上 光焰周遍其身 如在胎藏 故云處於焰胎也 此聖者 主持寶王心地中性起功德無邊寶藏 故其摽幟 以一切珍奇雜寶綺錯莊嚴也 其餘眷屬菩薩 義亦同之.

88) 金錫은 金으로 만든 錫杖으로 金이란 사물을 修飾하는 말로 아름답다는 뜻이다. 즉 육환장을 美稱하는 것이다.

圖Ⅱ-11. 地藏旗印

門의 역할이 있다. 또 掌上明珠 光攝大千之界라 하여 이 如意寶珠에서 나오는 빛이 대천세계를 비추어 중생의 모든 것을 관찰하는 것이다. 이것에 대하여 『대일경소』에서는 지장보살의 印에 대해 다음과 같이 설한다. '안쪽을 향해서 서로 깍지를 끼는 합장을 하여 拳을 만들고 地指와 水指를 펴서 손가락 끝을 서로 합하며 마치 칼끝과 같게 두 空指를 곧바로 나란하게 세운다.'[89] 또 地藏菩薩旗印으로, 먼저 손가락을 안으로 향하게 해서 서로 깍지 껴서 拳을 만들고 두 火指를 펴서 세우고 손가락 끝을 1寸정도 벌어지게 하는 것이다. 즉 두 공지를 언제나 나란히 세우는 것이다. 計睹는 깃발이다. 이 印은 깃발과 같은 것이다.[90]

따라서 이 印契는 如意寶珠를 지니는 것으로 이해할 수 있는 인계다. 왼손에 지니는 寶珠幢도 大地가 갖가지 보배를 함장하고 있다가 산출하는 것처럼 무량한 공덕의 보배를 산출하여 무량한 중생을 구제하는 활동을 나타낸다.[91]

대승불교에서 대표적인 지장보살의 尊形은 오른손에 석장을 지니는 比丘形이지만, 그것은 『대일경』과는 다른 밀교의궤 전통에 의한 것이다. 『대일경』에서는 그 삼매로부터 如意寶珠와 같은 무한한 공덕을 산출하는

89) 『大日經疏』卷13, 『大正藏』39, p.718下. 次地藏菩薩印 作向內相叉合掌作拳 申地水指令頭相合(如峰刃也)二空指直並而豎之.

90) 『大日經疏』卷13, 『大正藏』39, p.719下. 次地藏菩薩旗印 先作指向內相叉拳 申二火指豎之 令指頭一寸許不相到即是也(二空並豎如常也)計睹是旗也 此印如旗也.

91) 染川英輔 外, 『曼茶羅圖典』, 東京: 大法輪閣, 1993, p.135.

활동으로 중생 누구에게나 감추어져 있는 보배와 같은 如來藏의 성품을 드러내려고 하는 보살이다. 그리고 地藏菩薩印의 眞言[92]에는 "세 가지 因을 떠난다. 즉 聲聞·緣覺·菩薩의 因이다. 무릇 이 가운데 모든 진언은 다 스스로 本尊의 덕행을 설한다. 이것이 모두 지장보살의 덕을 지닌다."고 하며, 또 蘇口多奴(sutnu)는 묘한 몸으로, 內身이 지극히 청정하기에 묘한 몸이라 칭하니 이가 바로 法身이라고 하였다. 다시 말해서 대승불교의 지장보살 의례에서는 지장보살을 大願本尊이라 칭한다. 지장보살이 首楞嚴禪定三昧에서 六道로 나투어 人·非人으로 分形한다 했으니, 法身佛이 千百億化身의 釋迦牟尼佛로 화현하듯, 釋尊이 곧 지장보살의 原形이라고 볼 수 있을 것이다.

⑵ 金剛界曼茶羅의 金剛幢菩薩

① 金剛界曼茶羅

『金剛頂經』에 의거하여 圖畵된 만다라인 금강계만다라는 九會曼茶羅·月輪曼茶羅·智曼茶羅·西曼茶羅·果曼茶羅라고도 부른다. 여기에서 金剛이란 용어는 무엇에도 파괴되지 않는 가장 견고한 성질을 의미한다. 따라서 金剛界(Vajra-dhātu)는 여래의 金剛不壞의 體性인 지혜를 상징하는 智法身을 말한다. 금강계만다라는 『금강정경』에서 설하는 曼茶羅로 대일여래의 지혜가 우리에게 전개되는 과정과 함께 수행자가 이러한 금강의 지혜를

92) 『大日經疏』卷13, 『大正藏』39, p.719下. 訶訶訶(ha ha ha), (離三因如上也)吠薩末羅(希有也 一切有情常有我想惱 截念之我想卽除 此爲希有也 亦是希奇義也).
skt Namanta samanta-buddhānāṃ ha ha ha sutanu svāhā.

체득하여 가는 과정의 표현이기도 하다.

그 과정이 금강계만다라에는 중심의 성신회를 비롯하여 총 9개의 방형 구역으로 정리되어 있다. 그 과정은 一切智智의 중심에서 일체중생으로의 向下門의 순서에 따라 成身會→三昧耶會→微細會→供養會→四印會→一印會→理趣會→降三世會→降三世三昧耶會로 파악할 수 있다.[93)]

금강계만다라에는 무수한 존격이 등장하지만, 주요 존격으로 金剛界三十七尊을 들 수 있다. 이 가운데 4佛의 4親近으로 모두 16大菩薩이 있는데 이들 16대보살은 四佛이 가지고 있는 구체적인 네 가지의 활동상이다. 따라서 十六大菩薩은 四佛로 집약되며, 다시 중앙 비로자나여래에 귀일한다. 결국, 16대 보살은 중앙 비로자나여래의 활동이 열여섯 가지로 전개되는 것이라 할 수 있다. 이 열여섯으로 펼쳐진 활동상 가운데 하나가 지장보살이다. 태장만다라에서는 지장보살의 명칭을 그대로 사용하고, 地藏院이라는 전문부서까지 차려져 있지만, 금강계만다라에서는 사정이 다르다. 모든 보살과 마찬가지로 금강의 명호를 수여한 金剛幢菩薩의 同體가 바로 지장보살이다.

② 成身會의 金剛幢菩薩

금강당 보살은 금강계만다라 삼칠칠존 가운데 한 분이며 16대 보살의 한 분이다.

남쪽 보생 여래 사친근의 한분으로 곧 금강계만다라 남쪽 月輪 가운데

93) 小峰彌彦, 『圖解 曼荼羅の見方』, 東京: 大法輪閣, 1997, pp.146~147.

圖II-4. 金剛幢菩薩

서 보생여래의 왼쪽에 자리한 보살이다. 虛空旗菩薩·善利衆生·金剛幡·金剛光·金剛寶杖·善歡喜·寶幢·大金剛 등이라고도 한다. 여기서 幢은 寶幢, 곧 寶珠로 장식한 幢旗라는 뜻으로 모든 사람에게 寶珠처럼 영롱한 청정심이 있음을 일깨워주고, 佛道로 향하도록 인도해 준다는 뜻이 있다. 이것의 密號는 圓滿金剛·滿願金剛·種種金剛 등이다. 그러나 종자와 형상은 會에 따라 다르다.

이 보살은 보생여래의 한 가지 덕, 곧 寶幢三昧로 널리 중생들에게 法雨[寶雨]를 내려주는 것을 나타내는데, 이 삼매는 태장의 地藏菩薩과 같은 것이다.94)

보생 여래가 오른손을 여원인을 하고 있는데 그 보생여래의 본서를 금강당보살은 如意幢幡으로 계승한 것이다. 이 如意幢番은 壇의 끝에 여의보주를 달고 幢番을 늘어뜨린 것이다. 이 尊의 삼매야형에 있는 여의당번은 세간·출세간의 모든 願을 만족하게 해 주는 것을 상징한다. 그것이

94) 李智冠, 『伽山佛教大辭林』 卷2, 가산불교문화연구원, 1998, p.855.

『금강정경』에서는 보시바라밀의 활동으로 나타난다. 이러한 활동이라는 점에서 지장보살과 同體로 여겨진다. 그림에서 보는 것처럼 태장만다라의 지장보살도 이 尊과 같은 如意幢番을 왼손에 들고 있다.[95] 금강계만다라의 금강당보살은 妙寶幢을 자신의 상징으로 하고 있는데 幢이란 높이 걸어서 모든 사람이 보게 하는 깃발이다. 이 보살은 깃발을 들고서 언제나 사람들에게 자신이 있는 곳을 알려준다. 이는 대승경전으로서 지장보살의 수행과 陀羅尼의 공덕이 설해져 있는 『大方等大集經』卷57에서도 功德天이 地藏菩薩로 하여금 부처님께 다라니를 설하여 줄 것을 간청하게 하는 내용 중에서,

> 그대는 이제 대장부로서 바른 법 속에서 自在로운 지혜와 善巧를 얻었으며, 또 그대는 이미 모든 三昧와 陀羅尼의 忍을 얻어 지혜의 저 彼岸을 능히 잘 관찰하고, 慈悲로서 神通과 지혜의 저 언덕을 장엄하여 이미 다 건넜으며, 또 그대는 저 모든 보살 중에 가장 훌륭한 깃발[幢]이 되어서 이미 모든 중생을 성취했으며, 그대는 이제 날 위해 응당 이 四天下 속에서 慈悲와 憐愍의 마음을 일으켜서 스스로 智慧로 관찰해야 합니다.[96]

라고 하며 지장보살을 일컬어 모든 보살의 旗手로 찬탄하고 있다. 이는 스스로 불도를 수행하여 얻게 된 지혜를 自利만이 아닌 利他에 쓰기 위하여 깃발을 높이 매달고 널리 중생들이 가야 할 佛道를 알려주는 데 노력

95) 圖4, 染川英輔 外, 『曼荼羅図典』, 東京: 大法輪閣, 1996, p.290.

96) 『大正藏』13, p.386中. 汝於今者是大丈夫 於正法中而得自在智慧善巧 又汝已度一切三昧陀羅尼忍 善能觀察智慧彼岸 慈悲莊嚴通智彼岸汝悉已度 又汝於彼**諸菩薩中爲最勝幢** 已能成就一切衆生 汝今爲我應當於此四天下中起悲愍心自智觀察.

하고 있다고 할 수 있다.

또 『大乘大集地藏十輪經』에서도 부처님의 설법회상에서 寶拜日傘으로 변하여 허공에 떠있는 지장보살에게 설법을 듣기 위해

> 그때 거기 모인 대중들은 그러한 지장보살마하살을 보고 과거에 없던 희귀한 일이라고 생각하였다. 그리하여 그들은 훌륭하고 오묘한 온갖 향과 꽃을 뿌리고 보배의 장식과 의복과 幢幡과 日傘 등을 받들어 지장보살마하살에게 공양하고 이같이 말하였다.
> "저희는 지금 좋은 이익을 얻었습니다. 부처님의 威神力에 의하여 이런 大士=地藏를 직접 뵙고 예배하고 공양하게 되었습니다."97)

이처럼 지장보살은 대승경전 속에서도 깃발, 즉 旗手를 상징하는 표현으로 자주 등장하고, 금강계만다라에서도 이 서원이 지장보살과 같다고 하여 金剛幢菩薩의 同體菩薩로 지장보살을 든다.98)

금강당보살을 위치상에서 보면 보생여래의 4친근 가운데 一尊으로 보생여래의 서쪽(현도에서는 위쪽)에 앉는다. 『聖位經』에는 이 자리에 앉게 되는 금강당보살의 삼마지지를 다음과 같이 설한다.

> 비로자나불은 내심에서 금강보당삼마지지를 증득한다. 자수용신인 까닭에 금강보당삼마지지로부터 금강당광명을 유출하여 널리 시방세계를 비추고 일체중생이 마음에서 바라는 것을 채운다. 돌아와서 한 몸으로 거

97) 『大乘大集地藏十輪經』卷1, 「序品」, 『大正藏』13, p.723上. 爾時一切諸來大衆 旣見地藏菩薩摩訶薩已 皆獲希奇得未曾有 各持種種上妙香花寶飾衣服幢幡蓋等 奉散地藏菩薩摩訶薩而爲供養 皆作是言 我等今者快得善利 因佛神力親得瞻仰禮敬供養如是大士.

98) 김영덕, 「금강계 삼십칠존의 연구」, 동국대 박사학위 논문, 1996, p.114.

> 두어져서 일체 보살로 하여금 삼마지지를 수용하게 하려고 금강당보살형을 이루고 보생여래의 왼쪽[西] 월륜에 머문다.99)

위와 같이 금강당의 광명이 두루 시방세계를 비춤에 따라 일체중생은 그 빛의 비침을 받아 진리의 세계에 눈을 뜬다. 비로자나불이 진리의 경지에서 진리의 敎光을 시방세계에 전하는 활동이 금강당보살로 표현된 것이다. 또 같은 經에 '금강당보살의 加持로 말미암아 有情이 世·出世間의 모든 希願을 만족하게 할 수 있는 것이 마치 如意珠(cintā-maṇi)의 寶幢처럼 마음에 분별이 없으니 모두 만족하게 한다.'100)고 설하고 있다. 또 幢이 역할하고 있는 내용으로 『不思議神通境界經』에서는 마음속에 있는 해탈을 향한 깃발을 펄럭이며 살아가라는 의미가 숨어 있는 말씀을 설하고 있다.

> 만약 윤회를 벗어나려면 魔軍의 무리를 부수고 외도를 항복 받아라. 큰 法螺를 불고, 큰 法鼓를 치며, 큰 法輪을 굴리면서 큰 법의 幢旗를 세우면, 뭇 괴로움에서 해탈하고 큰 열반을 얻는다.101)

여기에 번뇌의 마군이 아무리 안팎에서 장애를 하더라도 삶의 깃발을 들고 뭇 중생들을 부르는 보살이 있다면 바로 金剛幢菩薩일 것이다. 여기

99) 不空 譯, 『略述金剛頂瑜伽分別聖位修證法門』, 『大正藏』18, p.289上~中.

100) 『略述金剛頂瑜伽分別聖位修證法門』, 『大正藏』18, p.289上~中. 由金剛幢菩薩加持故能滿有情世出世間所有希願 如真多摩尼寶幢 心無分別 皆令滿足.

101) 『佛說大乘不思議神通境界經』卷下, 『大正藏』17, p.929下. 若欲出度輪迴 破諸魔衆摧伏外道 吹大法螺擊大法鼓 轉大法輪立大法幢 解脫衆苦得大涅槃.

서 幢은 幢旗의 뜻으로 뭇 생명이 저마다 지니고 있는 존재 가치를 충분히 발휘하여 세상에 드러냄을 상징한다. 따라서 금강당보살은 영원한[金剛] 생명의 가치를 발휘하여 모든 중생에게 그것을 베풀어 주려는[幢] 인격상[菩薩]인 것이다. 우주 대생명으로서 대비로자나불이 본래 갖추고 있는 생명의 가치를 드러내어 모든 존재에게 베푸는 의욕[大願]을 인격적인 입장에서 금강당보살이라 부른다.102) 결국, 금강당보살의 활동성은 幢으로 볼 수 있다.

幢의 의미를 알기 위해서 『금강정경』 외의 다른 경을 보면 『화엄경』에서 다음과 같은 서술을 발견할 수 있다. 『화엄경』제5회 「10회향품」의 上首로서 이 보살이 등장하는데 이 보살이 菩薩明智光三昧로부터 나와서 열 가지 회향에 대해 설한다. 60권본 『화엄경』「十廻向品」과 80권본 『화엄경』「十廻向品」에서는,

> 이때 금강당보살이 부처님의 위신력을 받들어 보살지광삼매에 들어갔다. 이 삼매에 든 뒤 시방으로 각각 10만 세계를 지나 티끌만큼 수 밖에 그만큼의 부처님이 계시니 명호는 다 같이 金剛幢佛이다. …… 그때 여러 부처님은 각각 오른손으로 금강당보살의 정수리를 만지자 금강당보살이 정수리의 만짐을 받고 곧 禪定으로부터 나와서 모든 보살에게 말하였다. …… 불자들이여, 보살의 회향에는 몇 가지가 있는가. 불자들이여, 보살의 회향에는 열 가지가 있다.103)

102) 김무생, 『金剛頂瑜伽三十七尊-지금 어디로 가고 있는가』, 더북스, 2011, pp.155~161 참조.

103) 『華嚴經』60本, 「十廻向品」『大正藏』9, p.488上. 『華嚴經』80本 「十廻向品」, 『大正藏』10, p.124上. 爾時 金剛幢菩薩 乘佛神力 入菩薩智光三昧 入是三昧已 十方各過十萬佛剎 微塵數世界外 有十萬佛剎 微塵數諸佛 皆同一號 號金剛幢 …… 爾時 諸佛各以右手摩金剛幢菩薩頂 金剛幢菩薩 得摩頂已卽從定起 告諸菩薩言 …… 佛子 菩薩摩訶薩 迴

라고 하는데 여기에서 금강당의 특징은 보살의 회향이라는 점을 지적할 수 있을 것이다. 보살의 회향이란 다름 아닌 모든 중생을 불도로 이끄는 것이다. 자리이타의 본원을 구족하는 것이기도 하고, 금강계만다라의 모든 불보살의 방편이기도 하다. 그 첨병의 역할을 如意寶를 끝에 매달은 깃발을 들고 금강당보살이 앞장서 나가는 것이다.

이상 금강계만다라 상에 나타나 금강당보살을 통해 지장보살이 어떠한 변용을 이루었는지 다음의 몇 가지로 말할 수 있다.

첫째, 주로 독존으로 활동하던 지장보살이 태장만다라에서는 전문부서의 長이었지만, 금강계만다라에서 幢의 의미가 확대되면서 중생교화의 첨병 역할로 진보되었다. 지장원이라는 부서별 역할에서 37존의 1존으로서 연계적 활동이 강조된 것으로 볼 수 있다.

둘째, 형태상에서 지장보살의 육환장이 태장만다라의 여의당번으로 다시 금강계만다라의 금강당으로 전개되었다. 그 금강당의 역할이 『諸佛境界攝眞實經』에 다음과 같이 설해진다.

> 금강당보살을 관하고 행자는 스스로 생각하였다. 나의 몸은 이 금강당이고, 일체중생이 아끼고 좋아하는 물건은 나의 몸 주변에 휘날리며, 나의 몸 색깔 및 제불보살, 일체중생, 시방세계의 산천초목은 황금색이다. 이렇게 관하고 나서 다음으로 계인을 맺는다. 먼저 양손으로 금강권을 만들어 그 주먹이 행자의 얼굴을 향하도록 하여 양 주먹을 공중에서 곧추세우는 것을 금강당인이라 한다. 일체중생이 아끼는 물건은 능히 원만하므로 이 계인을 맺고, '옴 바즈라 계투(oṃ vajra ketu)'라는 진언을 지닌다.[104]

向有幾種佛子 菩薩摩訶薩 迴向有十種

여기에서 금강당 보살은 그 이름처럼 오른손으로 竿의 끝에 기를 단 幢을 가지고 허공 가득히 나부끼는 모습을 보여서 幢을 보는 자 모두가 그 복덕을 입고 佛의 위신력을 입게 하는 보살임을 알 수 있다. 나의 몸과 중생, 그리고 시방세계 모두가 황금색이라는 표현을 통해서 一切衆生悉有佛性이라는 높은 가치에 대한 자각과 이 佛性을 계발한다고 하는 행위가 무한하게 전개됨을 위 경문은 강조하고 있다. 敷衍하면 叢林入口의 幢竿柱에 깃발을 올려 법을 드러내듯이 자신의 大願力[가치]을 충분히 발휘하여 모든 중생에게 또는 모든 사람에게 발휘하게 하는 것이 금강당보살 곧 지장보살이다. 그래서 금강당보살의 속성을 '金剛幢三摩地'라고 설한다. 寶幢은 보석으로 만든 깃발이고 여기서 보석[寶]은 우주생명이 지닌 가치를 상징한다. 또한, 經에서는 생명의 가치를 발휘하여 휘날리는[寶幢] 경지[三摩地]는 그대로 모든 중생이 삶에 만족하여 일체에 베풀려는[檀波羅蜜] 誓願을 의미한다.105)고 하여 金剛幢菩薩과 同體인 지장보살의 大願이 곧 중생 개개인의 대원이고 따라서 제각기 자신의 깃발을 힘써 올리고 살아갈 것을 강조하고 있는 것이다.

104) 『諸佛境界攝眞實經』卷中, 『大正藏』18, p.277下. 復次觀金剛幢菩薩 行者自想 我身是金剛幢 一切衆生所愛樂物 雨我身邊 我身之色及諸佛菩薩一切衆生 十方世界山川草木 皆黃金色 作此觀已 次結契印 先以兩手作金剛拳 以其拳面 向行者面 左右二拳直立空中 名金剛幢印 一切衆生所愛之物能圓滿故 結此契印持眞言曰 唵(一)嚩去日囉二合(二)鷄覩(三).

105) 김무생, 앞의 책, p.160.

2. 地藏菩薩의 大願

大願은 산스크리트어로 'mahā-praṇidhāna' 'praṇidhi' 로 '큰 誓願'이라고 한다. 서원은 어떤 목적을 설정하고 그것을 성취할 것을 다짐하고 소망하는 것인데 大願은 이 서원의 지대함을 강조한 것이다. 단순히 중생이 불도를 성취하기를 바라는 마음도 그 소망이 크고 강하기 때문에 대원이라고 하지만, 특히 부처님과 보살이 중생을 구제하여 성불하게 하려는 마음이 한량없이 크고 깊음을 강조하는 경우가 많다. 그 例를 대승경전인 『화엄경』卷11과 部派佛典인 『십주비바사론』卷2에서 보면 다음과 같다.

> 내가 중생이 한량없는 고통을 받는 것을 보고도 이들을 아직 제도하지 못한 채 먼저 覺을 이루는 것은 옳지 않다. 나는 마땅히 큰 서원을 원만하게 구족한 후에 성불해야 할 것이니 일체중생으로 하여금 보리를 구하는 데 뜻을 두어 마침내 무여열반에 도달하게 하리라.[106]

> 나는 무시 이래로 육도를 왕래하고 여러 종류의 악도에 떨어져 한량없는 고통을 받으면서 스스로 이익이 되는 일도 하지 않고 또한 다른 사람에게 이익이 되는 일도 하지 않았다. 나는 이제 위 없는 大願을 발하여 스스로 이익을 얻고 다른 사람도 이익을 얻도록 하고자 하나니, 예전에는 악도에 떨어져 아무런 이익 없이 지냈으나 이제 중생을 이익되게 하고자 하므로 설령 악도에 떨어져도 두려움이 없다.[107]

---

106) 『華嚴經』卷11, 『大正藏』9, p.471下. 我見衆生 受無量苦 若未度此等 先成正覺 是所不應 我當滿足 大願 然後成佛 令一切衆生 志求菩提 究竟無餘涅槃.

107) 『十住毘婆沙論』卷2, 『大正藏』126, p.28上. 我無始已來 往來生死 墮諸惡道 受無量苦 不爲自利 亦不利他 我今發無上大願 爲欲自利 亦爲利他 先來墮惡道 無所利益 今爲利益衆生苦 設墮惡道 不應有畏.

보살로서의 수행과정은 깨달음의 과정이자 동시에 성불의 완성 과정이기도 하다. 무명에서 진리의 길로, 즉 부처가 되는 길로 인도하는 것이 보살의 삶이다. 나를 위해 사는 것이 아니고, 나를 위한 기쁨이 아니고, 철저하게 자신을 희생하여 타인의 이익을 위해 헌신할 때 비로소 菩薩道가 이루어지는 것이다.[108] 이처럼 보살은 願으로 살아간다. 그러한 願이 현실에서는 願力으로 願生하여 중생 속에서 살되 중생의 마음가짐이 없이 중생이되 중생이 아니게 살면서도 또한 중생과 한몸인 양 同體大悲로서 有情들을 성숙시켜 나가는 大願을 지니고 있는 것이다.

따라서 중생들의 현실적 苦를 해결해주기 위해 끊임없이 애쓰는 이가 바로 지장보살이며, 이러한 대원의 실천이 衆生苦를 해결하는 것이다. 또한, 여기에 지장보살은 超克의 서원으로서 究極에는 六道의 유정들을 모두 菩提의 길로 인도한 후에 자신의 佛道를 완성하겠노라고 세운 것이 바로 지장보살의 대원이다.

1) 『地藏菩薩本願經』에 나타난 大願

대승보살사상이 출현하기 이전인 부파불교 시대에 출가승들의 이상이 속세의 번뇌를 끊고 아라한과를 증득하는 것이었다면, 대승불교 운동은 석존의 正覺과 같이 在家·出家를 구별하지 않고 究竟成佛을 목표로 수행하는 것이었다. 여기에 理想鄕的 인간상을 갖춘, 즉 自利와 利他를 동시에 실현하며 上求菩提 下化衆生의 이념으로 등장한 것이 오늘날까지 대승

108) 이기영, 『다시 쓰는 한국불교 유신론』, 한국불교연구원, 1998. p.30.

불교를 견인해나가는 수많은 보살이다.[109]

自利와 利他의 정신 속에는 중생의 수를 헤아릴 수 없지만, 맹세코 다 건지겠다는 '衆生無邊誓願度'의 크나큰 總願을 모든 보살은 가지고 있는 것이다.

그런데 그 수많은 보살 가운데서도 지장보살은 죄고의 악취에 빠진 모든 육도 중생을 제도하여 남김 없이 해탈에 이르게 하지 못하면 자신은 끝내 성불하지 않겠다는 總願格의 別願을 한 가지 더 誓願하고 있는 것이다.

부처님으로부터 授記를 받은 지장보살은 六度衆生을 향하여 큰 서원을 發하기에 이른다.

> 이때 모든 세계에서 여러 가지 몸으로 나타내 보였던 지장보살이 다시 본래의 한 몸으로 돌아가 애절하게 눈물을 흘리며 부처님께 말하였다. "저는 끝없는 세월 속에서 부처님의 이끌어주심에 따라 가히 생각할 수 없는 신력과 큰 지혜를 두루 갖추게 되었습니다. 저는 저의 여러 몸으로 끝없는 항하사 세계에 두루 하고, 한 세계마다 한량없는 많은 사람을 제도하여 삼보 우러러 귀의케 하고, 길이 삶과 죽음의 고통에서 벗어나 열반의 즐거움에 이르게 하겠습니다. 다만 불법 중의 성한 일이라면 한 터럭, 한 물방울, 한 모래, 한 티끌이나 한 머리털이라도 나로 하여금 점차로 제도·해탈케 하여 큰 이익을 얻게 하오리다." 하였다. "세존이시여, 바라오니 후세의 악업 중생에 대해서는 염려를 놓으소서. 세존이시여, 후세의 악업 중생에 대해서는 염려를 놓으소서. 세존이시여, 바라오니 후세의 악업 중생에 대해서는 염려를 놓으소서." 이처럼 세 번이나 부처님께 말하였다.[110]

109) 柳聖烈, 앞의 논문, pp.248~250참조.

110) 『地藏菩薩本願經』, 「分身集會品」第2, 『大正藏』13, p.779下. 爾時諸世界分身地藏菩薩

여기서는 忉利天에서 부처님의 授記를 받고 釋迦世尊의 分身으로 말법 시대의 중생교화를 책임지게 된다. 또 『地藏菩薩本願經』에

> 그때 地藏菩薩摩訶薩이 부처님께 말하였다. "세존이시여, 저는 부처님의 威神力으로 百千萬億世界에 여러 몸으로 두루 나타내어 일체의 업보 중생을 구제하겠습니다. 만약 부처님의 큰 자비의 힘이 아니면, 능히 이처럼 몸을 바꾸어 나타내지 못할 것입니다. 저는 이제 다시 부처님의 부촉하심을 받들어 '阿逸多 = 彌勒菩薩'이 成佛하여 나타날 때까지 이들 육도 중생을 해탈하도록 할 것이오니, 세존이시여, 부디 염려를 놓으소서."111)

라고 하고 있다. 여기서 敷衍하듯 彌勒佛의 出世 때까지 지장보살이 육도 중생의 고뇌를 해탈케 하겠노라고 大誓願을 세우고 있다. 그러므로 중국 三階敎의 신봉자이며 현장의 제자였던 新羅僧 信防은 『地藏十輪經』「序品」에서 지장보살의 가르침을 '此土末法之敎'112)로 설정하고 있다.

그렇다면 現世 南閻浮提 말법 시대의 剛强한 중생에게는 지장보살의 어떠한 대 원력이 있어야 하는 것인가? 앞서 지장보살은 부처님의 부촉을 받들어 무불악세의 육도 중생들을 남김없이 구제하여 해탈을 이룰 때까지 자신의 성불을 포기한 것이 그의 本願인 것이다. 따라서 그 대원이야말로

共復一形涕 淚哀戀白其佛言 我從久遠劫來蒙佛接引 使獲不可思議神力具大智慧 我所分身遍滿百千萬億恒河 沙世界 每一世界化百千萬億身 每一身度百千萬億人 令歸敬三寶永離生死至涅槃樂但於佛法中所 爲善事 一毛一渧一沙一塵 或毫髮許 我漸度脫使獲大利 唯願世尊不以後世惡業衆生爲慮 如是三白佛言 唯願世尊不以後世惡業衆生爲慮.

111) 「閻浮衆生業感品」第4, 『大正藏』13, p.780中. 爾時地藏菩薩摩訶薩白佛言 世尊 我承佛如來威神力故 遍百千萬億世界 分是身形救拔一切業報衆生 若非如來大慈力故 卽不能作如是變化 我今又蒙佛付囑 至阿逸多成佛已來 六道衆生遣令度脫 唯然世尊願不有慮.

112) 『大乘大集地藏十輪經』, 『大正藏』13, p.777上. 十輪經者 則此土末法之敎也.

이 시대의 중생들에게 무한한 가피력이며, 대승불교의 다른 보살들 즉 大智의 文殊, 大行의 普賢, 大悲의 觀音 등의 보살들에게는 그 발원의 끝이 있을지라도, 지장보살의 대 원력은 恒河沙처럼 무량하다고 할 수 있다. 『지장본원경』에 다음과 같이 지장보살의 수승한 서원이 나타나 있다.

> 그때 견뢰라는 지신이 부처님에게 말하였다. "세존이시여, 나는 예로부터 한량없는 보살마하살을 예배하였는데, 모두가 불가사의한 큰 신통력과 지혜로 널리 중생을 제도 하옵는바 더구나 이 지장보살마하살은 모든 다른 보살보다도 서원이 더 깊고 가장 크옵니다. 세존이시여, 이 지장보살은 염부제에 큰 인연이 있습니다. 그러므로 문수, 보현, 관음, 미륵 등 보살이 백천의 몸으로 나타내어 육도 중생을 제도하는 그 원은 오히려 끝이 있사오나, 이 지장보살은 육도 중생을 두루 교화하여 일으킨 서원, 그 겁 수가 천백억 恒河沙와 같아 마칠 때가 없사옵니다."113)

즉 수많은 보살의 發願은 究竟이 있을지언정 지장보살의 大願은 끝이 없으므로, 오늘날 지장보살이 세운 大誓願에 本尊으로 귀명정례 하는 것이다.

2) 『地藏十輪經』에 나타난 大願

앞서 『지장보살본원경』에서는 지장보살의 네 가지 前生譚과 罪苦衆生을 모두 해탈시키려는 悲願으로 육도 중생의 일체 구원이라는 大願을 세

113) 『地藏菩薩本願經』 卷下, 「地神護法品」 第11, 『大正藏』 13, p.787上. 爾時堅牢地神 白佛言 世尊 我從昔來 瞻視頂禮無量菩薩摩訶薩 皆是大不可思議 神通智慧廣度衆生 是地藏菩薩摩訶薩 於諸菩薩誓願深重 世尊 是地藏菩薩於閻浮提有大因緣 如文殊·普賢·觀音·彌勒 亦化百千身形度於六道 其願尙有畢竟 是地藏菩薩教化六道一切衆生 所發誓願劫數如千百億恒河沙.

웠다. 또한, 그 때문에 성불을 留保했다. 이는 남염부제 중생의 현실에 비추어서 미혹된 중생이 끊이지 않고 계속된다고 했을 때, 지장보살은 그의 大誓願으로 말미암아 자신의 성불을 포기한 것이라 할 수 있다. 더구나 有情의 근기가 둔하여 수행하는 이, 깨달음을 얻는 이가 없고 부처님의 教法만 겨우 남아 결국 법이 소멸할 것이라는 위기에 놓인 말법 시대인 것이다. 따라서 無佛시대의 교주로서, 또한 대승보살 가운데 가장 수승한 중생 구제력을 지닌 보살로서 『지장십륜경』「서품」에서는 다음과 같이 지장보살의 大願力을 강조하고 있다.

> ① 너희는 알아두어라. 이름을 지장이라고 하는 보살마하살이 있다. 그는 이미 과거의 무량 무수한 대겁에 오탁악세의 無佛世界에서 끊임없이 중생들을 성숙시켜 왔는데, 이제 그가 바로 八十百千 나유타의 보살들과 더불어 여기에 와서 나에게 친근 공양하고, 아울러 이 큰 모임의 대중들과 함께 隨喜하기 위해 그의 권속들을 大聲聞의 형상으로 변화하여 신통의 힘을 나타냄이니, 이야말로 지장보살마하살의 그 헤아릴 수 없는 수승한 공덕을 장엄한 것이다.114)

> ② 이 선남자(=지장보살)는 이미 헤아릴 수 없는 대겁에 오탁악세, 곧 無佛의 세계에서 중생들을 성숙시켰으며, 다시 미래에도 당연히 이 數보다 초과할 것이다.115)

---

114) 『大乘大集地藏十輪經』「序品」, 『大正藏』13, p.721下. 汝等當知 有菩薩摩訶薩名曰地藏 已於無量無數大劫 五濁惡時無佛世界成熟有情 今與八十百千那庾多頻跋羅菩薩俱爲欲來此禮敬親近供養我故 觀大集會生隨喜故 并諸眷屬作聲聞像將來至此 以神通力現是變化 是地藏菩薩摩訶薩 有無量無數 不可思議殊勝功德之所莊嚴

115) 『大乘大集地藏十輪經』「序品」, 『大正藏』13, p.724中. 此善男子 已於無量無數大劫 五濁惡時無佛世界成熟有情 復於當來過於是數

③ 선남자야, 어떤 사람이 저 미륵보살과 문수보살, 관자재보살, 보현보살 같은 항하사 數의 모든 보살마하살들에게 귀의하여 百千劫 동안 진심으로 명호를 부르면서 예배하고 공양할지라도, 그보다는 잠깐 一食頃 동안이나마 지장보살에게 귀의하여 그 명호를 부르면서 예배하고 공양하는 사람이 오히려 모든 소원을 빨리 성취하리니, 왜냐하면 일체중생을 안락하고 이익되게 하기를 마치 여의주 보배처럼 그들의 소원에 따라 다 성취시켜주는 것이 바로 지장보살의 수승한 공덕 복장이기 때문이고, 또 이 大士(=地藏)가 중생들을 성숙시키기 위해 오랫동안 견고한 서원을 세워서 대비심과 용맹정진을 갖춤이 다른 모든 보살보다 뛰어났기 때문이라. 이러한 것을 보아서 너희는 더욱 지장보살을 공양해야 하리라.[116)]

위의 ①, ②에 등장하는 지장보살은 無佛汚濁惡世의 剛强한 중생들을 성숙시키는 수승한 공덕을 나타내 보이면서 성문형상의 변화력을 신통장엄으로 加持하고 있다. 마치 스승이 여러 제자를 모아놓고 上首弟子의 威神力을 은근히 강조하여 대중 앞에서 位階를 세워주고 있는 것처럼 보인다. 아울러 오늘날 대승불교의 대표적 보살을, 문수, 보현, 관음, 세지, 미륵이라 한다면 ③에서는 부처님이 지장보살의 수승한 중생 救濟力이 모든 보살에 비해 월등히 탁월함을 드러내 보여 대중의 귀의를 慫慂하고 있다. 이는 도리천궁에서 지장보살에게 미륵불의 출세 전 무불의 세계를 부촉하여 수기할 때와는 달리 부처님의 지장보살에게로 향한 무한한 신뢰를 느끼게 하고 있는 것이다. [117)]

116) 『大乘大集地藏十輪經』「序品」, 『大正藏』13, p.726上. 善男子 假使有人於其彌勒及妙吉祥并觀自在普賢之類而爲上首殑伽沙等諸大菩薩摩訶薩所 於百千劫中至心歸依稱名念誦禮拜供養求諸所願 不如有人於一食頃至心歸依稱名念誦禮拜供養地藏菩薩求諸所願速得滿足 所以者何 地藏菩薩利益安樂一切有情 令諸有情所願滿足 如如意寶亦如伏藏 如是大士 爲欲成熟諸有情故 久修堅固大願大悲勇猛精進過諸菩薩 是故汝等應當 供養.

3) 末法時代에 立脚한 大願

地藏菩薩의 住處가 南方이라 하는 것은 불교의 세계관으로 須彌山을 중심으로 四大洲 가운데 우리 인간이 사는 세계가 남쪽의 南閻浮提 또는 南贍部洲라고 하므로 남방의 중생을 교화하는 교주로서 지장보살이라 하여 '南方化主大願本尊 大悲大願 廣無邊 大聖大慈 長救苦 地藏王菩薩摩訶薩'로 귀의를 받게 되는 것으로 생각한다.118)

이처럼 內秘菩薩 外觀聲聞의 사상으로 惡趣衆生 悉皆救濟의 원력을 행하는 지장보살의 사상과 원력을 설하고 있는 『大乘大集地藏十輪經』에서는 계율사상에서도 末世에 破戒比丘들이 옹호되어야 함을 주장하고 있다.

> ① 계율을 깨뜨리고 나쁜 행을 저지른 비구를 우리의 毘奈耶(비내야)법으로 볼 때엔 하나의 죽은 송장이라 하겠지만 출가한 그 계덕과 위의가 마치 저 소와 사슴의 몸이 죽으면 무식한 축생의 송장이기는 하나 그래도 소에겐 우황이 있고 사슴에겐 사향이 있어서 한량없는 중생들에게 훌륭한 약이 되는 것처럼 파계한 비구도 우리의 毘奈耶법으로 볼 때에는 하나의 죽은 송장이라 하겠지만 출가한 그 계덕과 위의가 있어서 한량없는 중생들에게 큰 이익을 주는 것이 그러하며, 또한 어떤 장사꾼이 큰 바다에 들어가서 하나의 동물을 죽임에 따라 살생을 범하기는 했지만, 중생들이 그 동물의 눈을 빼내어 훌륭한 약을 만듦으로서 항상 눈병에 고생하던 중생과 내지 태생 때부터 소경이 된 그런 중생들이 이 보배 약을 얻어 눈병을 다 제거하고 명랑한 눈을 갖게 되는 것처럼, 파계한 비구라도 잠깐만 보아도 청정한 지혜의 법눈을 얻어 다른 이에게 바른 법을 선설 하

117) 柳聖烈, 앞의 논문, pp.250~252 참조.

118) 채인환, 「지장보살의 사상과 원력」, 『현대사회에 있어서 지장신앙의 재조명』, 운주사, 1991. p.27.

는 것이 그러하며, 또 향을 사르면 그 향 자체의 몸집은 사라지지만, 향기는 널리 풍기는 것처럼 파계한 비구도 훌륭한 복밭은 될 수 없지만 출가한 계덕과 위의가 남아있어 비록 비구 자신은 무너지고 목숨이 끝나 세 가지 나쁜 갈래에 떨어질지라도 중생들에게 천상에 태어나는 열반의 향기를 풍겨주는 것과 같이 그러한지라. 이 때문에 大梵아, 계율을 깨뜨리고 나쁜 행을 범한 비구일지라도 일체 속인으로선 다 수호하고 공경하고 공양해야 하므로 그 누구든 채찍과 몽둥이로 그 몸을 때리거나 옥에 가두는 갖은 모욕을 더하거나 내지 팔다리를 베어 생명을 끊는 그러한 일은 내가 끝까지 용서하지 않을 것이며, 내지 대중생활에서도 어떤 청정한 비구들이 포살할 때에 한하여 그 나쁜 비구를 쫓아내거나, 음식 물자 등 일체 공급을 중지하거나 사방승물을 같이 수용하지 못하게 하거나 비내야 법에 비추어 대중과 함께 거처하지 못하게 하는 그러한 일을 결정함에는 내가 허락하지만, 채찍과 몽둥이로써 때린다든가 혹은 얽어매고 팔다리를 베는 등 생명을 끊는 일은 절대로 용서하지 않으리라. 그때 세존께서 게송으로 거듭 말씀하셨다.119)

"저 瞻波꽃이 시들었다 하더라도 다른 모든 꽃보다 뛰어난 것처럼 파계한 비구가 아무리 나쁘다 하더라도, 다른 모든 외도의 무리보다는 뛰어났으리."120)

② 선남자야, …… 그러나 미래세에 찰제리의 포악한 왕 …… 사문・바라문 등 포악한 이들은 …… 나의 법에 귀의하여 출가한 이로서 그가 법의 그릇이든 법의 그릇이 아니든 수염과 머리카락을 자르고 가사를 입은 내 제자들을 공경하지 않고 …… 혹은 곤장으로 때리고 …… 혹은 감옥에 가두고 혹은 목숨을 끊는다. 이것은 과거・현재・미래의 모든 부처께 여러 가지 큰 죄를 범하는 것이다. …… 결정코 반드시 무간지옥에 태어

119) 『大乘大集地藏十輪經』卷3, 「無依行品」1, 『大正藏』13, pp.736下~737上, 『한글대장경』 54, pp.334~335.

120) 『大乘大集地藏十輪經』卷3,「無依行品」1, 『大正藏』13, p.737上. 瞻博迦華雖萎悴 而尙勝彼諸餘華 破戒惡行諸苾芻 猶勝一切外道衆.

나리라.[121]

③ 나의 법 가운데는 죄를 범함이 없는 사람[無所犯]이라고 이름하는 두 종류의 인간이 있다. 하나는 성품이 알뜰하고 순수하여 본래부터 범하지 않는다. 둘은 범한 뒤에 부끄러워하고 숨김없이 드러내어 참회한 것이니, 이 두 유형의 사람을 나의 법에서는 용기 있고 굳세어 청정함을 얻은 이라 한다.[122]

經에서 말하는 바를 요약하면 ①은 破戒를 犯한 比丘라도 출가한 戒德과 威儀로 비구를 옹호할 것과 ②는 포악한 국왕 등 지배세력에 경고하며, 한편으로 ③은 진정한 참회를 유도하고 있다.

요즈음 온갖 언론매체를 장식하고 있는 정치사회의 혼탁한 양상은 마치 말법 시대와 다를 바 없이 전개되고 있음을 보여주고 있다. 지장보살 신앙은 불법이 쇠퇴해가고, 그래서 소멸의 위기의식이 팽배한 正・像・末 3時說의 말법 시대에 집중되었음을 『大方等大集經』卷55에서 다음과 같이 보여주고 있다.

그때 세존께서는 月藏菩薩摩訶薩에게 말씀하시었다. 분명히 알아라. 청정한 사나이여, 내가 세간에 머물 때에는 모든 聲聞 大衆의 戒行이 具足하고 버림[捨]이 具足하고, 들음이 구족하고, 禪定이 구족하고, 智慧가 구족

121) 『大乘大集地藏十輪經』卷4, 「無依行品」3, 『大正藏』13, p.743中. 善男子 然未來世 有刹帝利旃荼羅王 …… 沙門婆羅門等旃荼羅人 …… 於歸我法而出家者若是法器若法 器剃除鬚髮被服袈裟諸弟子所不生恭敬 …… 或以鞭杖或閉牢獄乃至斷命 此於一切過去未來現在諸佛 犯諸大罪 …… 決定當生無間地獄

122) 『大乘大集地藏十輪經』, 「懺悔品」第5, 『大正藏』13. p.757下. 於我法中 有二種人名無所犯 一者稟 性專精本來不犯 二者犯已慚愧發露懺悔 此二種人於我法中 名爲勇健得淸淨者

> 하고, 解脫이 구족하고, 解脫智見이 구족하여 나의 바른 법이 世間에 왕성하고, 내지 모든 천신·사람도 평등한 바른 법을 나타낼 것이지만, ①내가 사라진 뒤 五百年까지는 그래도 모든 比丘가 나의 법에서 해탈이 견고해지려니와, ②다음 5백 년 동안은 나의 바른 법에 禪定三昧만이 견고하게 머물 것이고, ③그다음 5백 년 동안은 나의 법에서 塔이나 절을 많이 세움으로써 견고히 머물 것이고, 또 ④그다음 5백 년 동안은 나의 법에서 힘, 싸움과 말다툼이 일어나 깨끗한 법은 없어지고 그 견고한 것이 줄어들게 될 것이다. 분명히 알아라. 청정한 사나이여, ⑤그 뒤부터는 비록 수염과 머리를 깎고 몸에 袈裟를 입더라도 禁戒를 파괴하고 법대로 수행하지 못하면서 比丘라는 이름만을 붙일 뿐이니라. 그러나 이같이 禁戒를 파괴하고 이름만 붙일 뿐인 비구일지라도 그 어떤 施主가 보시하여 供養하고 보호해 기른다면 나로 말하기를 이 사람은 오히려 한량없는 阿僧祇劫에 크나큰 福德을 얻으리라 하리니, 왜냐하면 그 사람은 그만큼이라도 많은 중생을 이익되게 하기 때문이니라. 이것도 그러하거늘 하물며 내가 현재 이 세간에 머물고 있음은 마치 眞金같은 값진 보배이겠느냐![123]

이처럼 최후 5백 년은 非法이 熾盛하고 破戒위주의 僧伽가 正法을 隱沒할 것이라고 예언하고 있다. 그러므로 부처님은 月藏菩薩에게 굳은 신심으로 閻浮提의 患亂을 制御하라고 하고 있다. 즉 月藏이 달빛을 마음대로 조종함과 같이 正法隱沒의 시기를 잘 파악하여 이를 回光返照하는 堅

123) 『大方等大集經』卷55, 「月藏分」第10, 「分布閻浮提品」第17, 『大正藏』13, p.363上. 爾時世尊告月藏菩薩摩訶薩言 了知清 淨士 若我住世諸聲聞衆 戒具足 捨具足 聞具足 定具足 慧具足 解脫具足 解脫知見具足 我之正法熾然在世 乃至一切諸天人等 亦能顯現平等正法 於我滅後五百年中 諸比丘等 猶於我法解脫堅固 次五百年我之正法禪定三昧得住堅固 次五百年讀誦多聞得住堅固 次五百年於我法中多造塔寺得住堅固 次五百年於我法中鬥諍言頌白法隱沒損減堅固 了知清淨士 從是以後於我法中 雖復剃除鬚髮身著袈裟 毀破禁戒行不如法假名比丘 如是破戒名字比丘 若有檀越捨施供養護持養育 我說是人猶得無量阿僧祇大福德聚 何以故 猶能饒益多衆生故 何況我今現在於世 譬如眞金爲無價寶.

固心을 發하여야 한다고 하였다.

이 말법사상이 역사적으로는 중국 北周 武帝의 법난을 겪으면서 유포되었고, 더구나 『大方廣十輪經』을 의지한 삼계교가 지장신앙을 널리 弘布·실천하면서 일반 중생과 찰제리 왕 등 사회지배계층의 罪狀을 對比하면서 포악한 이들은 마땅히 무간지옥에 떨어지리라고 이들 폭군의 죄를 고발·경고하고 있다. 말법 시대의 經으로 알려지는 『大方廣十輪經』이 불교가 탄압받는 시대를 상정하고 있고, 불법을 전수하는 승려들을 억누르는 이들의 참상에 민중들의 열렬한 실천불교 운동이 毁佛毁釋의 악순환을 불러왔으리라는 것은 쉽게 짐작할 수 있는 부분이다.

실제로 三階敎는 隋·唐의 국가에 의해 네 번이나 禁止당했지만 계속 교세가 늘어나 唐 貞元 16년(800)에는 삼계교의 典籍이 대장경에 편입되고 있다.[124] 또한, 지장보살의 대 원력이 비록 계율을 깨뜨리고 악행을 저지른 비구일지라도 출가한 戒德과 威儀가 남아있어 죽은 축생의 送葬에서 牛黃과 麝香 등으로 생명을 살려내듯이 日常에서 일어나는 한낱 無用之物일지라 해도 그 要緊한 쓰임이 있음을 비유하여 불법의 소멸과 승단의 위기를 경계하고 있다.[125]

---

124) 라정숙, 「高麗時代 地藏信仰」, 『史學硏究』80, 韓國史學會, 2005, p.119. 隋文帝 開皇 20년(600), 武周朝 證聖元年(695), 武周朝 聖曆 2년(699), 玄宗 開元元年(713)·개원 13년(725)에 탄압을 받아 삼계교를 異端이라고 하면서 禁斷 시키고 三階典籍을 없애고 無盡藏院을 파괴하였다.

125) 柳聖烈, 앞의 논문, pp.258~260참조.

3. 地藏菩薩의 修行

1) 菩薩의 修行

'보살'의 개념은 대승불교사상 가운데 불교 사회적인 측면에서 새로운 理想的 人間 像으로 가장 중요하게 기능하였기 때문에 '菩薩'은 많은 불교학자들에 의해 연구됐다.126) 보살은 bodhisattva라는 산스크리트어를 音寫한 '菩提薩陀'의 약칭이다. 그 의미를 살펴보면 다음의 몇 가지로 나눌 수 있다.

즉, bodhisattva는 菩提薩埵 ; bodhi ; m., 菩提, 覺 ; sattva ; n., 薩埵, 衆生 ; sattva는 의역으로서 舊譯에서는 衆生으로, 新譯에서는 有情으로 표기하고 있다. sattva의 sat-는 √As에서 파생된 현재분사형이다. 의미는 '있는', '존재하는'이다. 그리고 -tva는 추상명사를 만드는 접미사이다. 의미는 '性'으로서, '情' 혹은 '마음'과 같은 뜻을 가지고 있다. 따라서 sattva는 '情을 가지고 있는 자' 혹은 '마음을 가지고 있는 자'의 의미를 나타낸다. sattva는 티베트어에서는 '마음을 소유한 자'로서 sems can으로 옮기고 있다. 菩提薩埵, 菩提索多, 冒地薩怛縛으로 음사표기 한다. 覺有情·開士·大士·高士·大心衆生·始士라고 意譯한다. 佛果를 얻으려고 수행하는 이, 혹은 일반적으로 대승교에 귀의한 이를 보통으로 줄여 보살

126) 李鳳順 『菩薩思想 成立史 硏究』, 불광출판사, 1998, p.30 ; 西義雄, 『大乘菩薩道の硏究』, 京都: 平樂寺書店, 1968, p.11 ; 山田龍城, 『大乘佛敎の成立論序說』, 京都: 平樂寺書店, 1977, p.13 ; 平川彰·梶山雄一·高崎直道 著, 鄭承碩 譯, 『大乘佛敎槪說』, 김영사, 1989, pp.117~130.

이라고 한다. [127]

또 보살을 成道前 수행기와 일반적 本生으로서의 보살, 특별한 修行道를 가지는데 이른 보살, 대승의 보살이라는 4단계[128]로 설명하였고, 보리란 본래 √budh(자각하다)에 근거한 말로 지혜, 깨달음, 佛의 지혜에 상당하며, 유정은 원래 √as(있다, 존재하다)를 어원으로 하는 것으로, 생명이 있는 것을 말한다고 하였다. 그래서 보살이란 반드시 '불타가 될 후보자'라는 정의가 가장 적절할 것이라 하였다. 또 연등불 授記에서 '보살'이라는 관념이 고안되었으며 불교 경전에서는 '보리를 구하는 사람'이라는 의미로 쓰이고 있다고 하였다.[129]

또한, Har Dayal은 보살이란 '깨달음을 가진 사람', '깨달음을 구하는 사람'의 뜻이며, 단 그때의 sattva는 베다語의 satvan(戰士)이라는 의미가 있기 때문에 '勇士', '精神的 戰士'가 보살의 의미라 하였다.[130] 그리고 보살은 '정각을 얻으리라고 결정되어 있으면서도 아직은 그것을 얻지 못한 사람'이라고 하였다.[131] 石川海淨[132]은 bodhisattva를 복합명사로 보고, ① '깨달음 또는 道를 求하는 유정', 즉 求道의 보살, ② '보리를 깨달은

127) 최종남 외, 譯註, 『아미타경』, 범본 · 한역본 · 티베트어본, 경서원, 2009, p.45.

128) 山田龍城, 『大乘佛教の成立論序說』, 京都: 平樂寺書店, 1977, p.13.

129) 平川彰 · 梶山雄一 · 高崎直道 編, 정승석 譯, 『大乘佛教槪說』, 김영사, 1989, pp.117~130.

130) Har Dayal, The Bodhisattva Doctrine in Buddhist Sanskhist Literature, London, 1932, pp.4~9.

131) 목정배, 『佛教教理史』, 지양사, 1987, p.76.

132) 石川海淨, 「菩薩思想の源流に就いて」, 『印度學佛教學硏究』 卷1의 1號, 日本印度學佛教學硏究學會, 1952, pp.147~148.

유정', 즉 悟道의 보살 곧 佛陀, ③ '깨달음을 주는 유정', 즉 利他誓願의 佛菩薩의 세 가지로 해석하였다.

이처럼 '보살'의 의미에 대한 학자들의 견해는 다양하다. 그러나 보살의 意義는 어디까지나 불타와 같은 깨달음을 구하기 위하여 利他誓願의 행을 하는 自覺覺他 覺行圓滿의 보살에 진정한 의의를 두고 연구해야 할 것이다.133)

석존 入滅 후 초기 불교 교단은 부처님의 가르침대로 동일 교단의 律儀에 따라 통일된 조직을 유지하였다. 그러나 교단의 확장과 더불어 내부에서 대립이 생기고 律儀의 해석(十事非法) 등을 둘러싸고 佛陀入滅 100여 년 후부터 계율 중심의 보수적인 상좌부와, 교리 중심의 진보적인 대중부로 양분된 뒤 本·末 20부파가 된 시기를 부파불교 시대라 한다.

부파불교는 각각 自派의 사상이 정당함을 주장하기 위하여 교법의 연구에 매진했고 그 결과 사상적으로는 많은 발전을 하였으나, 즉 敎義의 확립 등 큰 공적을 남긴 점은 긍정적이지만, 지나치게 敎義를 煩瑣하게 하여 出家至上主義로 흐르면서 민중과는 遊離된, 그리하여 僧院에 安住한 感마저 있어 보인다. 따라서 출가자들에 대한 소외계층과 재가불자들의 반발, 출가자 내부의 반성 등이 새로운 불교운동, 즉 대승불교의 태동을 가져왔다고 할 수 있다.

그들은 부처님의 법을 찬양하고 遺骨[舍利]을 모시고 있는 塔을 중심으로 신앙하며, 부처의 영역을 출·재가자 모두에게 확대한 혁신적인 불교운동

---

133) 李鳳順, 「菩薩思想 成立史의 硏究」, 동국대 박사학위 논문, 1997, p.12.

이라는데 그 특징이 있다. 그것은 대승불교가 부처님 前生의 呼稱인 보살과 보살로서의 利他行에서 가르침의 기본을 삼고 세상을 향해 봉사·희생하는 인간상을 菩薩을 통해 구제받으려 했다. 즉 부파불교가 출가 비구를 중심으로 僧院 안의 學問的·修道的 불교라고 한다면 초기 대승불교의 형태는 일반 민중의 구제를 목표로 僧院 밖의 傳導的·信仰的 불교의 성격을 강하게 지녔다고 할 것이다. 예컨대 불타의 대비방편을 설하여 만인이 성불하는 길을 열어 보였던 『법화경』 등의 대승경전에서 부처의 授記를 받은 많은 보살이 불교에 귀의했던 모든 시대의 중생들에게 應했고 그들의 사상과 실천을 통해 현세의 八難을 구제할 관음보살도 六度衆生 속의 지장보살도 그렇게 수많은 救援과 신앙의 菩薩像을 완성했다고 할 수 있다. 그렇다면 菩薩의 始原을 佛陀 前生의 呼稱에서부터 찾아야 하는지 論證해야 할 것이다.

(1) 前生의 求道者로서의 菩薩

阿含部의 諸經에 수록된 보살이라는 어휘의 이미지는 명백하게 釋尊을 가리킨다. 釋迦世尊이 그 생애의 여러 分岐에 따라 각각 다른 이름으로 불리는 것은 周知의 사실이다. 그 例로 고오타마 싯다르타는 왕궁 시절의 太子이다. 또 修道의 旅程에 있었을 때는 菩薩, 그리고 大覺을 성취한 후에는 世尊·如來 등 이른바 如來十號로 불린다. 이때의 보살이라는 칭호는 속세에 있을 때의 태자와 수도를 완성한 佛陀에 이르기까지 중간상태임을 알 수 있다. 그런 의미에서 보살이라는 어휘는 '求道者'로서의 색채가 강하다. 적어도 『本生譚』이 出現하기 이전, 釋尊은 求道者의 이미지가

강했다고 볼 수 있다.[134)]『長阿含』, 『大本經』에

> 과거 91겁에 비바시부처님 계셨고, 다음 31겁에 부처님 계셨으니 시기라 했네. 또 그 겁 중에 비바사여래 나셨고 지금 이 현재 겁의 수없는 나유타 세월에 네 큰 선인이 계셔서 중생을 가엾이 여겨 세상에 나오셨나니 구루손・구나함・가섭・석가모니이니라.[135)]

라고 하여 과거 6불을 등장시킨 다음 최후에 釋尊을 들고 있다. 그리고 과거 7불이 출현한 것은 중생을 가엾게 여기기 때문이라는 것을 분명하게 밝히고 있다. 『增壹阿含』卷45, 제48「十不善品」[136)]과 『雜阿含』卷34[137)]에도 과거 6佛의 최후에 第7佛로서 釋迦牟尼佛이 나와 있고 『相應部經』도 마찬가지이다. 그리고 석존 자신은 "내가 아직 정각을 이루기 전 菩薩이었을 때"[138)]라고 하였다. 여기에서 보살이란 '과거의 諸佛이 아직 正覺을 이루지 않은 因位의 모습'을 가리키고 있다.[139)] 그러므로 '보살'이란 '바른 깨달음을 이루기 前의 사람'을 의미하는 것으로 볼 수 있다. 『長阿含』, 『遊行經』 등에

134) 鄭炳朝, 「文殊菩薩硏究」, 동국대 박사학위 논문, 1987, p.19.

135) 『長阿含』卷1, 『大本經』第1分, 『大正藏』1, pp.1下~2上. 過九十一劫 有毘婆尸佛 次三十一劫 有佛名尸棄 卽於彼劫中 沸舍如來出 今此現劫中 無數那維歲 有四仙人 愍衆生故出 拘樓孫那含 迦葉釋迦文

136) 『增壹阿含』, 『大正藏』1, p.790上~中.

137) 『雜阿含』, 『大正藏』2, p.243中~下.

138) 『相應部經』, 南傳大藏經13, pp.6~13.

139) 李鳳順, 『菩薩思想 成立史의 硏究』, 불광출판사, 1998, p.33.

> 만약, 비로소 보살이 도솔천으로부터 내려와 정념으로 자각하여 모태에 강신하여 생각을 오롯이 하여 산란하지 않고 …… 140)
> 마땅히 알라. 제불의 상법은 비바시 보살이 도솔천으로부터 모태에 강신하여 오른쪽 옆구리로 들어가 바른 생각으로 산란하지 않고 …… 141)
> 또한 보살이 도솔천으로부터 강신하여 내려와서 모태 속에 있으면서 …… 또 보살이 출가하여 도를 배우고 …… 142)

라고 한 것처럼 경문에 나타난 보살은 석존을 비롯한 過去七佛이 아직 정각을 이루기 전 前生의 모습을 보이고 있다. 이를 『般若經』의 4종 菩薩階位에 의하여 말한다면 다음 生에는 반드시 成佛하게 되는 一生補處菩薩에 해당한다고 하겠다.

(2) 現生의 求道者로서의 菩薩

『雜阿含』卷23의 『阿育王經』 등에 이곳의 보살은 "32상과 80종호를 나타내고 그 몸은 紫磨金色으로 莊嚴하였다. …… 태자께서 태어나 모든 신에게 태자를 향하여 예배토록 하였을 때 그 신들은 모두 보살께 예배하였다. …… 이 나무 밑에서 보살마하살은 자비와 삼매의 힘으로 마군들을 부수고 아누다라삼막삼보리를 얻었다."143)고 하며, "또 보살이 태어났을

---

140) 『長阿含』, 『大正藏』1, p.16上. 若始菩薩從兜率天 降神母胎 專念不亂.

141) 『長阿含』, 『大正藏』1, p.3下. 當知諸佛常法 毗婆尸菩薩 從兜率天降神母胎從 右脇入汀念不亂.

142) 『增壹阿含』, 『大正藏』2, p.753下. 復次菩薩從兜率天降神來下在母胎中 …… 復次菩薩出家學道 …….

143) 『雜阿含』, 『大正藏』2, pp.166下~167中. 此處菩薩 現三十二相八十種好 莊嚴其體紫磨金色 太子生時 今向彼身體禮時 諸神悉禮菩薩 …… 此樹菩薩摩訶薩 以慈悲三昧力 破魔

때 그 목소리는 가릉빈가 새의 소리처럼 맑고 확 트였고 부드럽고 우아하였다. …… 보살은 살아 있을 때 해가 갈수록 점점 자라나 천정당에 있으면서 도로써 사람들을 교화시켰다. 그 은혜는 뭇 백성에게 미치어 이름과 덕망이 멀리서도 들렸다. …… 그때 보살은 이렇게 逆·順으로 十二因緣을 관찰하고 그것을 있는 그대로 알고, 있는 그대로 보았다. 그래서 그 자리에서 아누다라삼먁삼보리를 이루었다."144)고 현생의 구도자로서 고타마 싯다르타를 들고 있다. 또한 『長阿含』 등에서는

> 백정 왕에게 아들이 있었으니 보살이라고 하며 그 보살에게는 라훌라라는 아들이 있었다.145)
> 내가 본래 아직 불도를 이루지 못하여 보살행을 하고 있었을 때, 도량의 보리수 밑에 앉아 있었다.146)

라고 하여, 今生에 가비라 국에 태어난 고타마 싯다르타 태자가 菩提를 證得하기 위하여 菩薩行을 하고 있던 모습을 보살이라고 부르고 있다. 즉 現生의 求道者로서의 보살을 묘사하고 있는 것이다.

(3) 來生의 菩薩

『增壹阿含』卷11, 「善知識品」 등에서는

兵衆 得阿耨多羅三藐三菩提

144) 『長阿含』卷1, 『大正藏』1, pp.6上~7下. 菩薩生時 其聲淸徹 柔軟和雅 如迦羅頻伽聲 … 菩薩 生時 年漸長大 在天正堂 以道開化 恩及庶民明德遠聞 …… 爾時菩薩逆順觀十二因緣 如實知如實見 已卽於座上 成阿耨多羅三藐三菩提

145) 『長阿含』卷22, 『大正藏』1, p.149中. 白淨王有子名菩薩 菩薩有子名羅候羅.

146) 『增壹阿含』卷34, 「七日品」, 『大正藏』2, p.739上. 我本未成佛道爲菩薩行 坐道樹下.

> 왜냐하면, 미륵보살경에 彌勒은 30겁을 지나서야 비로소 佛·至眞·等正覺이 될 것이니, 나는 정진하는 힘과 용맹한 마음으로 미륵보살을 뒤에 있게 하였기 때문이다.147)
>
> 미륵보살은 마땅히 30겁을 지나야 무상정등정각을 이룰 것이다. …… 나는 정진하는 힘으로 성불을 앞질렀다.148)

라고 하였다. 여기서 미래불인 미륵불의 수행시대도 미륵보살이라 부르고 있음을 알 수 있다. 이렇게 초기불교경전에서는 '보살'을 과거·현재·미래의 三生의 보살로 나타내고 있다. 즉 과거 6불을 비롯하여 불타가 된 석존의 전생이나 성도 이전 菩提를 구하려고 보살행을 하는 현생의 태자보살·30겁 후에 성불하게 될 미래불인 미륵보살을 언급하고 있다. 그러나 미륵보살을 제외하고는 전생이든 현생이든 모두 석존의 成道 이전을 가리키는 말로써 '보살'이 사용되고 있다.

2) 大願에 의한 禪定修行

대승불교는 성불과 중생구제라는 두 축의 바퀴를 가진 수레에 비견된다. 성불을 위한 지혜의 증득, 중생을 성숙시키기 위한 慈悲行의 두 바퀴를 가진 수레를 나아가게 하는 方便이 修行이라면 그것의 온전한 정진과 불퇴전의 삼매를 이루기 위한 大誓願이 전제되어야 할 것이며 이를 바탕으로 한 것이 지장보살의 大願이다. 其實 보살도는 出·在家를 막론하고

147) 『增壹阿含』卷11, 「善知識品」, 『大正藏』2, p.600上. 所以然者 彌勒菩薩經三十劫應當作佛 至眞 正等覺 我以精進力 勇猛之心 使彌勒在後.

148) 『增壹阿含』卷37, 「八難品」, 『大正藏』2, p.754中. 彌勒菩薩應三十劫當星無上精進等正覺 我以精進之力超越成佛.

六波羅蜜을 실천함으로써 누구나 다 불도를 성취할 수 있다는 확신을 부처님이 授記한 것이라 할 수 있다. 더욱이 利他向下門의 능력을 갖추고 있는 제 보살들은 응당 육바라밀을 성취한 상태일 것이다. 거기에 육도중생의 남김 없는 성불 후 자신의 불도성취라는 特出한 別願을 세운 지장보살도 마찬가지다. 따라서 이 보살이 세운 大願을 이루기 위해 항상 禪定에 드는 모습을 『지장십륜경』1권 「서품」에서 볼 수 있다.[149)]

> (지장보살은) 항상 보시를 행함에 끊임없이 구르는 수레바퀴와 같고, 굳게 계율을 지킴은 흔들리지 않는 수미산과 같고, 끝까지 끈덕지게 정진함은[忍辱不動] 금강보배와 같고, 깊이 禪定에 들어감은 비밀리에 갈무리한 것과 같고 장엄한 위의를 갖춤은 마치 꽃다발과 같고 널리 지혜에 나아감은 큰 바다와 같다.[150)]

이처럼 지장보살은 깊은 禪定의 힘으로 大願行을 실천하고 있다. 그 대원성취의 구제력이 무엇보다 그의 탁월한 선정에서 나오며, 지장보살의 禪觀이 무량하고 불가사의하며 수승한 공덕을 이루어 그가 머무는 곳에 따라 중생의 근기에 따라 또는 구제의 방편에 따라 갖가지 三昧(samādhi)에 드는 것을 볼 수 있다.[151)] 다시 말해서 지장보살은 불가사의한 공덕의 首楞嚴三昧에 머물러 如來의 境界를 깨달았고[152)] 그의 처소에서 모든 불

149) 柳聖烈, 앞의 논문, p.253.

150) 『大乘大集地藏十輪經』卷1, 「序品」, 『大正藏』13, p.722上. 常行惠施如輪恒轉 持戒堅固如妙高山 精進難壞如金剛寶 安忍不動猶如大地 靜慮深密猶如祕藏.

151) 西義雄 編, 『大乘菩薩道の 研究』, 京都: 平樂寺書店, 1968, pp.141~142.

152) 여기서 지장보살이 여래의 경계를 깨달아 부처님의 처소에서 모든 불법을 자재로 증득했다는 말은 首楞嚴三昧는 十地階位의 보살이 증득할 수 있다고 했으니, 이는 『大

법을 自在로 증득하였다. 무량하고 깊은 法印에 드는 一切智海를 이루는 師子光三昧를 비롯하여 모든 願行따라 서로 다른 26가지[153] 종류의 삼매에 들고 있다. 또한, 이 끝 부분을 『大方廣十輪經』에서는 다음과 같이 설하고 있다.

> 요점만 말하자면, 이 선남자는 지장보살이 일체 유정을 성숙시키기 위해 매일 이른 새벽마다 恒河沙 數처럼 많은 갖가지 禪定에 들며 선정으로부터 일어나서는 또 十方 佛國土에 두루 다니면서 일체중생을 교화하되 그들의 정도에 알맞게 이익과 안락을 더해 주고 있다.[154]

여기에서 지장보살의 本願이 중생들의 근기를 낱낱이 살펴 성숙, 제도, 해탈시키기 위한 대원을 날마다 誓願함이 그의 수승한 禪定修行力에서 이루어지고 있음을 보여주고 있다.[155] 이렇듯 지장보살은 선정에서 보살의 利他行願을 실천하고 있을 뿐 아니라 三昧 중에서도 首楞嚴三昧[156]가 중

智度論』卷28, 『大正藏』, p.269上에서 "十地是無量諸佛三昧門 如是等名爲諸三昧門", "十地는 곧 한량없는 모든 부처님의 삼매의 門이니, 이와 같은 것들을 모든 삼매의 문이라 한다."; 따라서 지장보살은 보살이면서 이미 佛의 지위에 이르고 있음을 含意하고 있다.

153) 『大方廣十輪經』, 『大正藏』13, pp.683上~684上. 首楞嚴三昧 師子光三昧 智三昧 智樂三昧 淸淨 樂三昧 慚愧三昧 水瀑三昧 無憂明三昧 神通三昧 智明三昧 佛炬三昧 金剛光三昧 降伏三昧 入電光三昧 味樂三昧 精氣悅樂三昧 樂具三昧 無諍智三昧 無憂怖三昧 光樂三昧 善住金剛三昧 觀幢三昧 大慈音聲三昧 集福處三昧 海電三昧 恒河沙世界三昧

154) 『大乘大集地藏十輪經』卷1, 「序品」, 『大正藏』13, pp.724上~中. 以要言之 此善男子 於一一日每晨朝時 爲欲成熟諸有情故 入殑伽河沙等諸定 從定起已遍於十方諸 佛國土 成熟一切所化有情 隨其所應利益 安樂

155) 柳聖烈, 앞의 논문, p.254.

156) 首楞嚴三昧는 梵音(śūaṃgama-samādhi)의 漢譯이다. 舊譯이 首楞嚴三昧요, 新譯은

시되고 있는 모습이다. 以下에서도 이에 대해서 詳述하겠지만 우선『大乘大集地藏十輪經』에서는 지장보살의 원력이 과거에 없던 희귀한 일이라고 생각하는 대중 가운데 '好疑問'이라는 보살의 질문에 부처님이 지장보살의 三昧力을 설하고 있다.

> 세존이시여, 이 善男子(=地藏)는 어디서 왔으며, 그가 사는 불국토는 여기에서 얼마나 됩니까? 그는 어떤 공덕과 선근을 성취하였기에 세존으로부터 갖가지 칭찬을 받으며, 또 부처님의 불가사의한 공덕과 법의 바다를 찬탄할 수 있는 것입니까? 저희는 일찍이 듣지도 보지도 못한 일입니다.157)

> 이 大士(=地藏)는 무량하고 불가사의한 뛰어난 공덕을 성취하였느니라. 그리하여 首楞伽摩의 훌륭한 三摩地에 편히 머물고, 진실로 여래의 경계를 깨달아 거기 들어갔으며, 진리를 깨달은 평안함을 얻어 모든 불법에 대해 자재함을 얻었으며, 一切智의 지위에서 인욕 하였으며, 모든 것을 아는 지혜의 바다를 이미 건넜으며, 師子奮迅幢三摩地에 편히 머물면서 모든 것을 아는 지혜의 산에 올랐고, 외도들의 삿된 주장을 꺾어 항복 받고, 일체 유정을 성숙시키기 위하여 어느 부처님 국토에나 다 머무르느니라.158)

首楞伽三摩地라고 하니, 이것을 중국에서는 勇猛伏定 · 勇健定 · 健相定 또는 健行定 · 勇進三昧라고 번역 하였다.『縮藏』, 目錄部,『結人出三藏記集』7, 37丁. 首楞嚴三昧者 晋曰假猛伏定意也;『慧林音義』26, 19丁. 首楞嚴此云勇健定 經自釋云首楞嚴者 於一切事究畢堅固也;『慧林音義』18, 14丁. 首楞伽摩 唐云健行定 亦云健相 舊云首楞嚴也; 정태혁,『인도철학과 불교의 실천사상』, 민족사, 1998, p.190.

157)『大乘大集地藏十輪經』卷1,「序品」,『大正藏』13, p.723中. 此善男子從何而來 所居佛國去此遠近 成就何等功德善根 而蒙世尊種種稱歎 復能讚佛不可思議功德法海 我等昔來未曾聞見.

158) 위와 같음, p.723中. 如是大士 成就無量不可思議殊勝功德 已能安住首楞伽摩勝三摩地

그렇다면 지장보살이 항상 여래의 경계인 禪定에서 六道로 화현 하는 그 首楞嚴三昧는 무엇인가? 여기에 『佛說首楞嚴三昧經』에 나타나 있는 부처님과 堅意菩薩의 談論을 주목해 본다.

> 堅意菩薩이 부처님께 질문했다. 세존이시여, 어떤 三昧가 있어서 보살이 빨리 아누다라삼막삼보리를 얻게 하며, 항상 여러 부처님을 만나 뵙게 하며, 광명으로 널리 시방세계를 비추며, 自在한 慧를 얻어 …… 本願力으로써 법이 滅盡하는 것을 보입니까? 159)

> 首楞嚴이라는 三昧가 있다. 만일 어떤 보살이 이 三昧를 얻으면, 그대가 물은 것처럼, 모두 涅槃을 보일 수 있으나 영원히 滅하지 아니하며, 모든 形色을 보이나 色相을 무너뜨리지 않고, 일체 佛國土를 遊行하여 그 국토에서 分別하는 바가 없고 능히 一切諸佛을 만나 平等法性을 분별하지 않는다. …… 항상 禪定에 있으면서 중생 교화함을 보이며 …… 160)

> 首楞嚴三昧는 初地・2地・3地・4地・5地・6地・7地・8地・9地의 菩薩이 얻을 수 있는 것이 아니고, 오직 10地에 머물러 있는 보살만이 이 首楞嚴三昧를 얻을 수 있다. 무엇이 首楞嚴三昧인가? (1) 마음을 다스려 허공처럼 하는 것이다. …… (99) 법륜을 굴리는 것이다. (100) 큰 滅度에 들어가나 영원히 멸하는 것이 아니다. 堅意여, 首楞嚴三昧는 이처럼 한량

善能悟入如來境界 已得最勝無生法忍 於諸佛法已得自在 已能堪忍一切智位 已能超度一切智海 已能安住師子奮迅幢三摩地 善能登上一切智山已能摧伏外道邪論 爲欲成熟一切有情所在佛國悉皆止住.

159) 『佛說首楞嚴三昧經』, 『大正藏』15, pp.629下~630上. 堅意菩薩白佛言 世尊 頗有三昧能令菩薩疾得阿耨多羅三藐三菩提 常得不離値見諸佛 能以光明普照十方 得自在慧以 …… 以本願力現法滅盡.

160) 『大正藏』15, p.630上~下. 佛告堅意 有三昧名首楞嚴若有菩薩得是三昧 如汝所問 皆能示現於般涅槃而不永滅 示諸形色而不壞色相 遍遊一切諸佛國土 而於國土無所分別 悉能得値一切諸佛 而不分別平等法性 …… 常在禪定而現化衆生 …….

> 없고, 부처님의 온갖 神力을 모두 보일 수 있어 한량없는 중생이 모두 이익을 얻는다. 견의여, 首楞嚴三昧는 한 가지 일과 인연과 뜻[義]으로 알 수 없으니, 온갖 禪定과 解脫과 三昧의 뜻과 같은 神通과 걸림이 없는 智慧는 모두 首楞嚴三昧에 포함되어 있다 …… 이처럼 三昧門·禪定門·辯才門·解脫門·陀羅尼門·神通門·明解脫門인 이러한 모든 法門은 모두 수능엄삼매에 포함되어 있어 보살이 수능엄삼매를 행함에 따라 온갖 삼매가 모두 따른다. 비유컨대 전륜성왕이 다닐 적에 七寶가 모두 따르는 것과 같이 수능엄삼매에는 온갖 菩提를 돕는 法이 모두 따른다. 그러므로 이 三昧를 首楞嚴三昧라고 한다.161)

고 하면서 수능엄삼매의 사상적 근원을 '百句義'를 통해서, 이 삼매의 수승함을 해석해 주고 있다. 이에 앞서 지장보살이 首楞嚴三昧에 머물러 如來의 境界를 깨달았다고 했는데 그렇다면 지장보살이 十地의 階位를 증득했다는 부처님의 認可가 있어야 할 것이다. 『地藏菩薩本願經』卷1에서 문수보살과 부처님의 대화에서 문수보살이 지장보살이 처음 수행할 때[因地] 어떠한 수행을 지었으며, 어떠한 誓願을 세워서 이런 불가사의한 원력을 성취하였는지의 질문에

> 부처님이 문수보살에게 말하기를, 비유하자면 삼천대천세계에 있는 풀과

161) 『大正藏』15, pp.631上~632上. 首楞嚴三昧 非初地二地三地四地五地六地七地八地九地菩薩之所能得 唯有住在十地菩薩 乃能得是首楞嚴三昧 何等是首楞嚴三昧 謂修治心猶如虛空(一) …… 轉於法輪(九十九) 入大滅度而不永滅(一百) 堅意 首楞嚴三昧如是無量悉能示佛一切神力 無量衆生皆得饒益 堅意 首楞嚴三昧 不以一事一緣一義可知 一切禪定解脫三昧神通如意無礙智慧 皆攝在首楞嚴中 如是所有三昧門禪定門辯才門解脫門陀羅尼門神通門明解脫門 是諸法門悉皆攝在首楞嚴三昧 隨有菩薩行首楞嚴三昧 一切三昧皆悉隨從 堅意 譬如轉輪聖王行時七寶皆從 如是堅意 首楞嚴三昧 一切助菩提法皆悉隨從 是故此三昧名爲首楞嚴.

> 나무와 숲과 벼와 삼과 대나무와 갈대와 산과 돌과 작은 먼지, 이 많은 것 중에 한 가지 물건을 하나로 계산하고 그 하나를 한 개의 恒河江으로 여겨서 한 항하강의 모래 하나하나를 한 세계라고 하고 그 한 세계 안에 있는 한 개의 먼지를 一劫으로 삼고 그 한 劫 동안 쌓이는 먼지의 數를 모두 劫162)이라고 한다 하더라도 지장보살이 十地果位를 증득하여 誓願을 행한 것은, 위에서 비유한 수보다 천 배도 더 많거늘 하물며 지장보살이 聲聞과 辟支佛의 地位에서 행한 수행들이야 어찌 다 말할 수 있으리오.163)

라고 하면서 부처님은 草木叢林 稻麻竹葦 등 微塵한 존재를 일일이 한 개체로 비유하여 지장보살이 보살행을 실천한 세월이 무한히 길었음을 증명하고 있다. 그의 大願은 微塵劫數 이전부터 심어져 있었다고 했는데, 여기서 지장보살이 聲聞과 辟支佛의 地位에서 행한 수행 시절을 거론하고 있음은 그가 이미 聲聞法의 모든 삼매도 증득했다는 것을 의미한다. 따라서 그것들은 조건만 갖추어진다면 언제든지 行願으로 이어진다는 것이다. 그 조건이라는 것은 곧 중생이다. 아울러 이러한 禪定에서 얻어지는 大願의 실천력이다. 그리고 大悲願에서 이루어지는 精進力이 선정을 지속하는 원심력으로 작용하여 無量한 중생들의 數에도 그의 悲心은 恒常하고 있다고 생각된다. 따라서 말법사상에 따라 더욱 弘布된 지장대원의 가피를 향한 신앙은 오늘날 같은 이 시대에서 그야말로 此土末法之敎로서의 위상을

---

162) 安震湖, 앞의 책, p.481. 恒河沙 佛刹微塵數 稻麻竹葦 無限極數 三百六十萬億 一十一萬 同名同號 大慈大悲.

163) 『大正藏』13, p.778上~中. 佛告文殊師利 譬如三千大千世界 所有草木叢林稻麻竹葦山石微塵一物一數 作一恒河 一恒河沙一沙之界 一界之內一塵一劫 一劫之內所積塵數 盡充爲劫 地藏菩薩證十地果位已來 千倍多於上喻 何況地藏菩薩在聲聞辟支佛地.

높이고 있다고 할 것이다.[164]

또 『大方等大集經』卷57 「須彌藏分」第15 「聲聞品」에서는 功德天이 부처님에게 "보살은 어떻게 禪波羅蜜의 本業을 修學하여 끝내는 無上正等覺을 성취하는가?"의 질문에 부처님은 먼저 聲聞들에게 알맞은 數息觀을 비롯하여 여러 가지 觀法[165]을 說하면서 初禪定에서부터 단계적으로 이를 성취하여 최후로 六波羅蜜을 具足한다고 하였다.

> 이러한 보살마하살도 業의 障碍가 있어 大乘을 버리고 聲聞의 지위에 머문다면 중생을 교화할 수 없나니 이들은 禪波羅蜜에서 三昧에 유희하여야만 성문이 이것으로 禪定의 갈래를 분명히 알아 만족케 하고 세 가지 세계의 窟宅과 번뇌의 속박을 벗고 無學의 지위에 머물면서 神通에 遊喜하고 여덟 가지 해탈에 이르며 禪定의 彼岸에서 한 劫 동안 수행하여 부처님의 제자 되어 그의 입으로부터 나고 그의 법으로부터 化生하지만 부처님 국토에 가서 부처님을 공양하면서 부처님의 설법을 듣지 않는다면

164) 柳聖烈, 앞의 논문, pp.254~255 참조.

165) 菩薩摩訶薩로서 최초로 禪波羅蜜의 本業을 닦는 과정으로 "初禪에서 차례로 四禪定에 들고 그 선정에서 일어나 생각의 모양을 관찰하여 다시 空禪定에 들며, 다시 숨의 生滅하는 攀緣의 모양을 관찰하여 無願三昧에 들어가며 다시 숨의 寂滅함을 보고서 모양 없는 無相三昧에 머물고 이어 四念處에서 三解脫門을 닦아 원만히 한다. 또한, 그 보살은 숨의 생멸에서 四正勤을 닦아 원만히 하며 들숨 날숨의 모양을 觀하여 四神足을 닦아 원만히 하고 곧바로 五根·三行·五力을 닦아 원만히 하여, 들숨 날숨의 느낌과 생각을 없애는 방편으로서 없애는 것의 寂滅함을 觀하여 일곱 가지 菩提의 갈래[七菩提分]를 닦아 만족히 하고 고요하고 寂滅하여 攀緣없는 無緣三昧를 얻는다. 여기에 머물러 정진하여 적어도 須陀洹果를 증득하거나, 혹은 斯陀含果를 증득 할 것이며, 내지는 阿羅漢果에 머문다. 또한, 이러한 禪那의 本業에서 遊喜하는 삼매 방편에 머물러 아누다라삼먁삼보리에서 물러나지 않고 聲聞의 결정된 덩어리인 法定聚속에 떨어지지 않으며, 본업의 큰 갑옷도 버리지 않아 마침내 六波羅蜜을 만족히 한다고 설하고 있다; 『大方等大集經』卷57, 「須彌藏分」第15, 「聲聞品」, 『大正藏』13, p.383中~下 참조.

> 다시는 중생의 세 가지 갈래를 없애지 못하니 앞서 말한 三昧에 遊戱하는 자만이 그가 머무르는 국토에 따라 큰 공덕의 이익을 얻는다. 166)

라고 하면서 大乘菩薩道를 강조하고 있다. 이어 數息觀을 비롯하여 여러 가지 관법을 통하여 禪那를 알맞게 순응하는 복전으로 阿羅漢果에 머문 보살도 미세한 業의 장애가 있으므로, 따라서 大乘을 버리고 聲聞의 지위에만 머문다면 중생을 교화할 수 없다는 것이다.

여기에 『大方等大集經』, 「菩薩禪本業品」에서는 어떤 것이 菩薩摩訶薩로서 聲聞·辟支佛과 차별이 있는 禪波羅蜜의 本業을 차례로 만족케 하는 것인가의 질문에서는 보살마하살은 禪波羅蜜을 만족히 한 연후 다시 다섯 바라밀을 전부 만족하게 한다고 강조하고 있다. 또한, 이 菩薩摩訶薩(地藏)은 '無語言空三昧'를 얻어 聲聞·辟支佛의 지위를 벗어나며 한량없는 겁 동안 모든 법의 말과 글이 없는 空三昧에 머물고 자신의 지혜로 加持하는 삼매의 힘으로 여러 劫 동안 공 삼매에 머물 수 있고 중생을 교화한 인연으로 六波羅蜜을 만족하게 한다고 설하고 있다. 이어서 같은 책에서도

> 이처럼 地藏菩薩摩訶薩은 이 모든 법의 말과 글이 없는 空三昧에 듦으로써 자재로이 저 언덕에 도달하였느니라. …… 보살이 이 삼매에 들고는

166) 『大方等大集經』卷57, 「須彌藏分」第15, 「聲問品」, 『大正藏』13, p.383中. 此菩薩摩訶薩以業障礙捨離大乘 住聲聞地違化衆生 此是聲聞禪波羅蜜遊戱三昧 聲聞以此了知滿足禪分 出三界窟宅及諸有縛 斷除五支成就五支 越過三界住無學地遊戱神通到八解脫 禪定彼岸一劫修行 得爲一切諸佛之子 從佛口生從法化生 彼雖如是 猶故不能往諸佛土供養諸佛從佛聽法 亦復不能乾竭衆生三種道 若能如是遊戱三昧者 隨其所住國土 獲得如上大功德利.

> 그때를 따라 부처님 세계와 사천하의 모든 중생에게 그들의 필요한 物資를 다 충족하게 하느니라 …… 다시 보살[地藏]은 誓願을 세우되 "내가 禪定에 머무르는 때부터는, 地獄의 갖가지 고통과 畜生들의 서로 해치고 잡아먹는 고통과 閻魔羅 세계의 굶주리고 목마른 고통과 추위·더위의 괴로움, 원수를 만나는 괴로움과 사랑의 이별, 구하지 못하는 괴로움 …… 다시 그 보살마하살은 이 삼매에 들어있는 동안 부처님 국토 모든 중생의 각자 요구에 따라 보살은 福德과 智慧의 三昧力을 지님으로써, 禪定에 머무는 때나, 선정에서 일어나지 않는 동안 중생들로 하여금 앞서 말한 것처럼 갖가지 生活物資와 安樂한 도구를 모두 얻게 하며 …… 저 보살마하살(地藏)은 굳은 갑옷을 입고 최초에 禪波羅蜜의 本業을 닦아서 능히 欲界를 벗어나 禪那의 여러 분야를 분명히 알며, 五支를 끊어 그 다섯 갈래를 성취하고 四神足에 遊喜하여 모든 佛刹에 번개처럼 나아가 부처님 供養하고 바른 법을 듣고 번뇌의 길과 業의 길과 괴로움의 길, 중생의 길을 없애느니라. 그러므로 청정한 지혜 있는 이여, 보살마하살은 禪波羅蜜을 만족히 하고 나서 곧 六波羅蜜을 만족히 한 연후에 '아누다라삼막삼보리'를 얻느니라.167)

라고 하는데, 전술한 바와 같이 지장보살은 이미 小乘 聲聞法 중의 일체 삼매를 증득했고 여기서도 聲聞法의 3三昧 중 空三昧를 언급하면서 聲

167) 『大方等大集經』卷57, 「須彌藏分」第15, 「薩禪本業品」, 『大正藏』13, p.384上~下. 如是地藏菩薩摩訶薩於此一切法無語言空三昧 到自在彼岸 …… 菩薩入此三昧已 隨其時節於此佛世界四天下一切衆生 如上所說所須之具便得充足 …… 又菩薩復作是願 隨我住定時節已來 欲滅地獄種種諸苦 畜生之中互相殘食等苦 閻魔羅界飢渴等苦 及寒熱苦 怨憎會苦 愛別離苦 求不得苦 …… 彼菩薩摩訶薩入此三昧時間乃至佛刹 隨所要期衆生分齊 彼菩薩以福德智慧三昧力故 隨住定時 如上所說種種資生及諸樂具 …… 如是淸淨智彼菩薩摩訶薩被於如是大堅固鎧 最初修習禪波羅蜜本業 能過欲界了知禪分 斷除五支成就五支 乃至遊戲於四神足 善能往詣一切佛刹迅疾如電 供養一切諸佛聽聞正法 乾竭衆生所有三道 所謂煩惱道業道苦道 如是淸淨智 菩薩摩訶薩滿足禪波羅蜜已 便能滿足六波羅蜜 滿足六波羅蜜已 速得阿耨多羅三藐三菩提.

問·辟支佛의 지위를 벗어나고 있다. 이는 곧 보살이 삼매를 얻는 것은 해탈의 수단이기도 하지만 해탈 후 중생을 제도하는 원력을 체득하는 것이다. 따라서 대승의 삼매와 소승의 삼매가 다른 것으로 나타나게 되는데,168) 『大智度論』에서는 이것을 聲聞法 중의 삼매와 摩訶衍法 중의 삼매로 나누고 있다.

> 모든 三昧의 門이라 함은 삼매에는 두 가지가 있다. 聲聞法 중의 삼매와 摩訶衍法 중의 삼매이다. 聲聞法의 三昧는 이른바 3三昧이다. 다시 그다음의 3삼매이다. 空의 空三昧, 無相의 無相三昧, 無作의 無作三昧다. 다시 다음의 3삼매는 有覺有觀·無覺有觀·無覺無觀이다. 다시 五支三昧와 五智三昧 등이니 이들이 곧 온갖 삼매이다. …… 摩訶衍三昧는 首楞嚴三昧로부터 내지 虛空際無所著解脫三昧다. 또한, 見一切佛三昧 내지 一切如來解脫修觀師子보신 등과 같다. 그리고 한량없는 阿僧祇의 菩薩三昧가 있다.169)

여기서 摩訶衍法 중의 大乘三昧와 聲聞法 중의 小乘三昧가 구별되고 있는데 보살이 首楞嚴三昧를 행함에 따라 온갖 삼매가 모두 따른다고 했으니, 대승 삼매 중에서는 수능엄삼매가 王三昧이며, 소승삼매 중에서는 공삼매를 王三昧로 지목하고 있다. 지장보살은 이처럼 수능엄삼매 속에서

168) 정태혁, 「首楞嚴三昧 楞嚴呪의 不二性」, 『인도의 철학과 불교의 실천사상』, 민족사, 1998. p.189.

169) 『大智度論』, 『大正藏』25, p.268中. 諸三昧門者 三昧有二種 聲聞法中三昧 摩訶衍法中三昧 聲聞法中三昧者 所謂三三昧 復次三三昧 空空三昧無相無相三昧無作無作三昧 復有三三昧 有覺有觀無覺有觀無覺無觀 復有五支三昧 五智三昧等是名諸三昧 無量阿僧祇菩薩三昧

중생제도를 위한 大願의 방편이 示現 되는 것이고 이 삼매의 妙用으로 一念 속에 六道가 구족 되어 自在로이 六道衆의 구제를 위해 化現함으로써 그의 대원이 성취된다고 하겠다. 다시 말해서 수능엄삼매를 증득한 十地의 지장보살은 六道를 행함이 없이 다만 육도로 化現할 뿐이다. 이는 그가 항상 수능엄삼매의 禪定을 떠나지 않고 있기 때문이다. 따라서 聲聞法이란 菩提를 얻기 위한 법이며, 摩訶衍法이란 중생의 化度를 위한 법이다. 따라서 모든 삼매는 上求菩提 下化衆生하는 보살의 總願이니 여기서 지장보살이 佛의 萬德萬行의 妙用을 示顯하고 있다고 보아야 할 것이다.

그 示顯의 現場이 그의 세계, 즉 無佛의 세계에서 지장보살의 대원에 의한 加被를 갈망하는 중생들에게 『地藏十輪經』「序品」第1에서는 "一切有情들이 刀兵·飮食·衣服·寶飾·醫藥·饑饉·疫病 등의 厄難을 만났을 때 이들이 지장보살마하살에게 供養·恭敬·念誦한다면 그러한 일체의 苦難을 없애준다."[170]라는 희망의 사자후를 펼치고 있다. 자신의 선정 수행 공덕을 利他로서 회향하는 지장보살의 大願悲心은 여기에서 그치지 않는다. 그의 本願이 앞에서 밝힌 지장보살의 大誓願, 부처님의 咐囑과 授記, 그리고 『地藏本願經』 등 여러 지장보살에 관련된 經典들에는 현세의 이익과 諸障의 消滅을 서원하고 있다.[171] 따라서 지장보살의 이익과 功德이 7種·10種·28種의 세 가지 이익 중 대표적인 10種의 이익들을 『地藏本願經』 下卷에서 설하고 있다.

---

170) 『大乘大集地藏十輪經』卷1, 「序品」, 『大正藏』13, p.724中~下, 『한글대장경』54, pp.299~301에서 取意.

171) 柳聖烈, 앞의 논문, p.255 참조.

> (견뢰지신)이 …… 세존이시여, 살펴보건대 미래와 현재의 중생들이 살아가는 정결한 남쪽 땅에 흙과 돌이나 대와 나무 등으로 집을 지어 그 안에 지장보살의 형상을 그려 모시거나 금과 은 또는 동이나 철 등으로 형상을 만들어 향 사루고 공양하며, 우러러 예배하고 찬탄하면 이 사람이 사는 곳에서 곧 열 가지 이익을 얻습니다. 첫째는 토지가 풍요하고, 둘째는 가택이 오래 편하고, 셋째는 조상이 천상에 나며, 넷째는 살아있는 것은 모두 수명이 더하며, 다섯째는 구하는 바 소망이 이뤄지고, 여섯째는, 물과 불의 재앙이 없어지고, 일곱째는 어지럽고 궂은일이 없어지고, 여덟째는 허망한 생각이 끊어지며, 아홉째는 출입에 지장이 없고, 열째는 거룩한 인연을 만난다. 세존이시여, 미래세나 현재의 중생이 그들이 사는 곳에서 그 같은 공양을 지으면 이익됨이 이와 같습니다.[172]

여기서도 '감옥처럼 단단하다.'는 뜻의 '堅牢'라는 지신이 등장하는데, 이 地神이 앞에서도, "지장보살은 南閻浮提에 큰 인연이 있다." "문수, 보현, 관음, 미륵보살이 육도중생을 제도함에 있어 그 願은 오히려 끝이 있으나, 지장보살은 그 大願이 끝이 없다."라는 證言을 부처님 앞에서 重言復言했듯이 이곳에서는 지장보살에게 供養하면 隨喜功德이 있음을 고하고 있다.

그러므로 중생 모두의 땅 南閻浮提에 큰 인연이 있다는 말을 빌려 이 국토를 정결하게, 곧 다툼과 근심이 없는 모든 중생이 성불한 땅으로 가

172) 『地藏菩薩本願經』 卷下, 「地神護法品」 第11, 『大正藏』 13, p.787上. 世尊 我觀未來及現在衆生 於所住處於南方淸潔之地 以土石竹木作其龕室 是中能塑畫乃至金銀銅鐵 作地藏形像燒香供養瞻禮讚歎 是人居處卽得十種利益 何等爲十 一者土地豐壤 二者家宅永安 三者先亡生天 四者現存益壽 五者所求遂意六者無水火災 七者虛耗辟除 八者杜絕惡夢 九者出入神護 十者多遇聖因 世尊 未來世中及現在衆生 若能於所住處方面 作如是供養得如是利益.

꾸는 것으로 大誓願을 삼았으므로 여타의 보살보다도 지장보살이 남쪽 세계와 친밀하다고 할 것이다. 다시 말해서 이 국토와 시대를 살아가는 많은 사람과 직결되는 민중의 신앙임을 堅牢地神이 웅변해 주고 있는 것이다.[173] 그중에서도 제3 '先亡生天' 외에는 현세 利益을 대변하고 있다. 그러나 현재 우리나라 지장보살의 信仰儀禮는 生者豫修·亡者薦渡儀禮로 더 발달하여 있는 것이 안타까운 현실이다. 따라서 앞으로는 지장보살의 大願悲心에 충실한 실천적 신앙과 日常的인 修行의 座標를 세우는데 핵심을 두어야 할 것이다.[174]

小結의 의미로 제Ⅱ장을 다시 보면, 불교는 외부로부터의 절대적 권위와 통제를 수직적으로 그 가르침을 下達하는 것이 아니라 자신 속에 은밀히 내장된 自在한 지혜의 마음을 스스로 통제하고 조절하여 항상 감시함으로써 부처님처럼 한결같이 無爲自然으로 사는 길이다. 따라서 불교의 언어는 절대적 권위를 내세우는 것이 아니라 원만하게 사는 지혜와 능력을 배양할 것을 권고하는 것이 특징이다. 그러한 토양 아래 새로운 시야가 열리고, 즉 '모두 다 함께'라는 소통 아래 새로운 각도의 탐구적 흐름이 대승불교라는 새로운 세계의 開顯을 이루었다고 할 것이다. 따라서 '모두 다 함께'라는 삶의 방식을 제시하고 이끄는 실천자를 大乘菩薩道의 보살이라고 하였다.[175]

사바세계의 이상적 인간상을 具顯하려는 利他向下의 보살들은 '중생무

173) 金碧潭 엮음, 『地藏經 講話』卷2, 소산동, 1988, p.474.
174) 柳聖烈, 앞의 논문, p.256 참조.
175) 柳聖烈, 앞의 논문, p.260 참조.

변서원도'라는 總願을 공유하고 또한 철저하게 실천하는 悲願이 다 있기는 하지만, 대승불교의 대표적인 보살인 문수, 보현, 관음, 세지는 이미 과거에 성불하였거나 究竟에 성불이 예정돼있다. 따라서 본 저술에서는 無佛의 시대에서부터 미래의 彌勒佛이 출현할 때까지 六道의 모든 중생을 성불할 수 있도록 이끈 후 자신의 성불을 서원한 지장보살만의 大願에 대하여 밝혀보고자 했으며, 말법 시대의 사회현상에 대처하는 지장보살이 大悲闡提로 성불할 수는 있지만 스스로 성불하지 않는 소위 菩薩闡提(bodhisattvecchanika)로서의 확고한 지위를 확인하였다.

지장보살은 諸보살들의 總願共有 외에도 전자의 '대비천제'로서 特出한 別願을 볼 수 있었다. 그것은 『지장보살본원경』에서 그의 대원으로 성불을 유보했지만 남염부제, 즉 말법 시대의 剛强한 중생들의 현실에 비추어 미혹한 유정들의 성숙시키는 과정이 끊이지 않는다고 했을 때 그의 성불은 포기될 수밖에 없고, 따라서 지장보살만이 보살천제라는 지위가 명백해지는 것이다.

이에 전생의 여성으로서 극진한 孝誠觀, 사회지도층의 長者, 일국의 國王을 통해서 말법 세계의 사회상에 對하여 信·解·行·證의 本을 보이고 있다. 또한 포악한 왕이나 지배계층에게는 毁佛毁釋의 법난으로 불법의 소멸과 승단의 위기를 경고하여 각성을 촉구하는 한편, 비록 파계한 비구일지라도 출가의 계덕과 위의를 옹호하여 참회의 공간을 열어 놓고 있다. 무엇보다도 그의 前身을 통하여 信仰과 布施와 念佛과 禪定의 威神力을 자재하게 펼쳐 보이는 한편, 지장보살의 最初經典群에 속하는 『大方等大集經』卷57 「菩薩禪本業品」에서 지장보살이 수행을 통하여 아누다라삼먁

삼보리에 이르고 새벽마다 恒河의 모래알 數처럼 갖가지 禪定에 들어 그의 禪觀이 불가사의한 외에도 무량하고 수승한 공덕으로 증장하여 중생의 이익, 특히 현세의 안락과 이익을 도모하고 있음을 보았다.

그리고 대승보살들 중 가장 늦게 등장한 지장보살은 말법 시대를 무대로 하고 있지만, 밀교 만다라에서도 수용되어 태장만다라 지장원의 主尊으로서 모든 것의 기반이 되어 파괴되지 않는 견고한 대지, 모든 생명을 무한하게 양육하는 풍요로운 대지를 상징한다. 그것은 곧, 금·은과 보석 등의 광석을 무진장 함유한 대지로서 그 완전한 대지는 중생들의 일상에 무한한 富를 제공해 준다. 따라서 지장원은 견고한 보리심이라는 종자를 키우고 끝없는 果實을 가져오는 밀교수행의 장면에 비견된다. 또한, 금강계만다라 37존중의 금강당보살은 妙寶幢을 가지고 있는데 幢이란 높이 걸어 모든 사람이 보게 하는 기수, 즉 幢旗의 뜻으로 뭇 생명이 저마다 지니고 있는 존재가치를 충분히 발휘하게 하여 세상에 드러냄을 상징한다. 또 금강당보살은 영원한 생명의 가치를 발현하여 모든 중생에게 그것을 베풀어 주려는[幢] 인격상[菩薩]인 것이다. 금강당보살과 동체인 지장보살의 대원이 곧 중생 개개인의 대원이고, 따라서 제각기 자신의 깃발을 올리고 숨은 능력을 발휘하며 살아갈 것을 강조하고 있는 것이다.

또한, 지장보살은 석존으로부터 석존 자신의 멸도 후 미륵불의 出世 前까지의 중생구제를 부촉 받았다. 자신의 성불을 포기하는 보살천제의 지위를 기꺼이 감수하였다. 또한, 그런 大誓願을 그의 탁월한 수능엄삼매의 禪定 속에서 발원하고 있다는 것이다. 그것은 地獄苦에 있었던 어머니를 구해낸 원력으로 모든 중생이 남김 없이 성불한 땅으로 가꾸기 위한 지장보살마하살의 위대한 특색으로 하여 지금 이 시대의 모든 중생이 大願의 本尊으로 頂禮하고 供養하는 것이다.

특히 악도 중생의 구제를 우선하는 지장보살이야말로 오늘날 우리 민중들에게 가장 큰 인연이 있는 보살이라고 할 것이다.

Ⅲ. 地藏菩薩信仰의 展開와 樣相

1. 地藏信仰의 中國的 特徵

中國에 전래한 불교는 유교·도교와 함께 格義의 과정을 거쳐 중국의 사회 상황에 적합하도록 展開되어 중국인의 종교, 중국적 불교로 정착되었다. 佛敎史에서 교리조직이 가장 방대하게 발달하고 아울러 敎學的 체계를 완비한 중국의 종파불교는 베트남을 비롯하여 동북아시아 등에 전파되어 동아시아 불교권역을 이루었다고 할 수 있다. 따라서 鎌田茂雄의 『중국 불교사』 序文에는 "불교 역사에서 중국불교 교리조직이 가장 발달하였다. 그 때문에 한국·일본불교 등을 연구할 때에도 중국불교의 지식을 빼놓을 수 없을 뿐 아니라 인도불교의 교리적 전개를 고찰할 때에도 漢譯佛典의 지식은 필수불가결하다."176)고 했듯이 한국의 지장신앙을 이해하기 위해서는 반드시 중국불교 속의 지장보살신앙에 대한 考察이 선행되어야 할 것이다.

1) 地藏菩薩經典의 譯經過程

지장보살 신앙은 중국불교에서 四大菩薩 신앙의 하나이다. 4대 보살 신

176) 鎌田茂雄 著, 鄭舜日 譯, 『中國佛敎史』, 경서원, 1985, p.13.

앙은 民衆信仰이라는 측면에서 그 의미를 찾을 수 있으며, 중국불교에는 四大菩薩說이 있고, 또한 4대보살신앙 각각을 상징하는 名山道場이 있다. 바로 문수보살의 五臺山, 관음보살의 普陀山, 보현보살의 峨嵋山, 지장보살의 九華山이 그것이다.177) 중국 지장신앙의 起源에 대해서는 많은 부분이 명확하게 해명되지 않은 상태이기는 하지만, 『大方廣十輪經』178)이 (AD・397~439)北涼時代・『大方等大集經』卷57・58「須彌藏分」을 北齊(AD・550~577)시대(559)에 '那連提黎耶舍'가 漢譯하여 유통되었다는 것으로 그 연원을 미루어 짐작하고 있다. 그 후 隨代(581~618) 『占察善惡業報經』179)과 唐 玄奘(652)의 『大乘大集地藏十輪經』180), 實叉難陀(652~710)의 『地藏菩薩本願經』이 등장하여 '地藏三部經'으로 일컬어지고 있다. 또한, 唐 末期에 『佛說豫修十王生七經』181)이 편찬된 이후까지 중국 지장신앙의 특징이 완성된 시기라고 볼 수 있다.

특히 지장삼부경 가운데 『大乘大集地藏十輪經』 외 지장 관련 경전이 여러 가지 있으나 대체로 그 성립과정이 의심스러운 곳이 많다. 그 가운데 『地藏十輪經』이 가장 확실다고 볼 수 있는데, 현존하는 諸經 가운데 『地藏十輪經』이 지장에 관한 가장 근본경전이어서 지장신앙은 여기에서부터 비롯된 것이라 하겠다.182)고 하는 연구보고에서 알 수 있듯이, 이 『地

---

177) 張總 著, 金鎭戊 譯, 『地藏』Ⅰ, 동국대출판부, 2009, p.8. p.317.

178) 失譯人名, 『大方廣十輪經』卷8, 『大正藏』13, p.652 以下.

179) 菩提燈 譯, 『占察善惡業報經』卷2, 『大正藏』17, p.901 以下.

180) 玄奘 譯, 『大乘大集地藏十輪經』卷10, 『大正藏』13, p.721 以下.

181) 藏川 述, 『佛說閻羅王授記四衆逆修生七十往生淨土經』, 卍續藏150, 『佛說豫修十王生七經』, 『地藏十王經』, 『十王經』, 『十王生七經』이라고도 한다.

藏十輪經』이 현장 삼장에 의하여 梵本에서 번역된 경전임이 틀림없다. 이로써 오랫동안 지장신앙의 근본경전으로 尊重되고 信仰 되어왔던 것이다.[183] 『고려대장경』에 들어있는 『大乘大集地藏十輪經』의 卷頭에는 현장이 求法하기 위해 627년 인도에 갔다가 17년 만에 돌아와서 唐 貞觀19년(645) 乙巳 2월 6일에 勅命을 받들어 장안의 弘福寺에서 역경사업을 시작한 이래 聖敎의 要門을 무릇 657부나 譯出하기에 이르렀다고 하는 대강을 기록한 『大唐三藏聖敎序』가 添附되어 있다.[184] 또한 『大乘大集地藏十輪經序』[185]가 卷末에 보이는데 漢譯經典 卷末에 이러한 經序가 附加돼 있는 예는 어느 論釋의 경우에서도 드문 일이다. 따라서 이 經序가 주목되는 것은 총725字로 구성되어 있는데 撰述者의 이름이 明記되어 있지 않고 다만, 經序 가운데

---

182) 宋本文三郎, 「地藏三經に就いて」, 『無盡燈』第21卷 1號, 1916; 蔡印幻, 「神昉과 新羅地藏禮懺敎法」, 『한국불교학』8, 한국불교학회, 1983, p.34 참조.

183) 宋本文三郎, 앞의 논문; 蔡印幻, 앞의 논문, 「神昉과 新羅地藏禮懺敎法」과 같음.

184) 『高麗大藏經』에는 『大乘大集地藏十輪經』의 「序品」 앞에 板本으로는 四枚 半의 分量인 『大唐三藏聖敎序』가 添附되어 있는데, 어째서 이 經의 前頭에만 특히 이러한 敎序가 놓여 있는 것인지는 분명치 않다; 海印寺藏板 고려대장경, 陶 第1張-第5張, 1958, 東國大學校刊, 『高麗大藏經』 第7卷, pp.581上~582中; 蔡印幻, 「神昉과 新羅地藏禮懺敎法」, 『韓國佛敎學』8, 한국불교학회, 1983, p.34 참조. 그러나 『開元錄』에는 76部, 1347經으로 되어 있고, 『大正藏』55, p.555中. 또 『大唐大慈恩寺三藏法師傳』, 『大正藏』50, p.252中~下에서는 "大乘經二百二十四部 大乘論一百九十二部 上座部經律論一十五部 大衆部經律論一十五部 三彌底部經律論一十五部 彌沙塞部經律論二十二部 迦葉臂耶部經律論一十七部 法密部經律論四十二部 說一切有部經律論六十七部 因論三十六部 聲論一十三部 凡五百二十夾 六百五十七部."라고 되어 있다.

185) 『大乘大集地藏十輪經序』, 『大正藏』13, p.777上~下. 海印寺藏板 高麗大藏經, 陶 第21張-第24張. 東國大學校刊, 『高麗大藏經』第7卷, pp.661~662.

> 여래가 설한 것과 보살들이 전한 것이 이미 전해진 것이나 아직 전해지지 않은 것들을 하루아침에 (두루 갖추게) (갖추어 모으게) 되었다. 나[昉]의 보잘것없는 薄業으로 인하여 부처님을 만나지 못하였으나, 다행스럽게도 (진리에) 통달한 성인이 어지러움을 미리 다스리고, 뒤를 이은 현인들이 이미 해가 진 뒤에 (진리의) 등불을 전하니……[186]

라고 하였는데 여기서 '昉'을 新羅僧 神昉으로 보는 견해가 대다수이다. 神昉은 현장의 譯場에서 645(貞觀 19)년에 12명의 證義大德 가운데 한 사람으로 선발되어 弘福寺에서 역경을 시작하였다. 그 후 현장이 唐 永徽 원년(650) 9월에 '大慈恩寺'의 역경원에서 『本事經』7권을 번역할 때 神昉이 靜邁 등과 함께 筆受를 맡았다고 분명하게 기록되어 있으며,[187] 또한, 窺基, 嘉尙, 普光 등과 함께 현장 門下의 가장 뛰어난 제자 4명을 일컫는 '上足', 四哲', '四高足' 등의 한 사람으로 불리고 있다. 여기에 근대 학자로서 新羅僧 神昉으로 보는 의견은 三階敎에 관한 권위 있는 연구가인 일본의 失吹慶喜는 현장이 651년 『大乘大集地藏十輪經』을 譯出할 때 大慈恩寺 沙門 大乘光, 大總持寺 沙門 道觀 등과 함께 筆受로 활약하였던 까닭에 이 경서의 撰者를 神昉으로 推定하였다.[188] 또한, 이 經序의 撰者를 神昉이라고 보는 의견에 대해서 지장신앙의 연구로 유명한 일본의 眞鍋廣濟도 "昉을 法海寺 沙門 神昉이라고 결정한 것은 敬服할만한 견해다. 이

186) 『大乘大集地藏十輪經序』, 『大正藏』13, p.777中. 如來所說菩薩所傳 已來未來一朝備集 昉以薄業不偶眞應 幸達聖制 亂於未肇 後賢傳燈於旣夕.

187) 「開元釋敎錄」第8, 『大正藏』55, p.557上.

188) 失吹慶喜, 『三階敎之硏究』 p.102; 채인환, 「神昉과 新羅地藏禮懺敎法」, 『한국불교학』8, 한국불교학회, 1983, p.35 참조.

것은 아마도 『大乘大集地藏十輪經』券第1의 末尾에서 볼 수 있는 『聖語藏本總書』에 法海寺 神昉筆이라고 한 그 사람임에 틀림이 없을 것이다."[189] 라고 했다.

더구나 현장 문하의 四高足의 한 사람으로 꼽힌 神昉이 신라 僧이었음이 확실해진 것으로 道倫(또는 遁倫)의 『瑜伽師地論記』에 그의 학설이 新羅昉師라는 이름으로 인용되어 있음을 확인하고 있다. 道倫의 『瑜伽師地論記』란 玄奘譯 『瑜伽論』에 대한 唐代 諸家의 중요한 학설을 網羅한 大著로써 여기에 인용되고 있는 20여 명의 諸家 가운데 적어도 10명의 新羅僧이 있음을 지적한 사람은 江田俊雄이며 新羅 昉師는 틀림없는 신라출신의 神昉스님이라고 밝히고 있다.[190] 또 최종남은 「『瑜伽論記』가 수록된 판본 대조연구」에서 '『倫記』는 『略纂』과 같이 六門으로 분별하여 해석・논술하고 있다는 근거를 제시하였다. 그러나 『略纂』과 다른 것은 당시 유식학자들 중 16명의 신라계 스님과 23명의 인도, 중국 스님들이 註釋'[191] 한 것에서 신라 스님으로 神昉을 포함 시키고 있다.

그런데 신방이 현장의 譯場會上에서 차지한 학문적 비중과 비교하면 신방에 대한 傳記는 거의 全無한 실정이며 당시 이러한 학문적 지위에 있었음에도 그 전기가 불분명한 것은 신방이 異國人으로서 중국 불교계에 영향을 미친 것을 反證해주고 있다고 본다.

189) 眞鍋廣濟, 『地藏菩薩研究』, p.74; 채인환 앞의 논문, p.75.

190) 閔泳珪, 「新羅章疏錄長編不分卷自序」, 白性郁博士頌壽記念, 『佛敎論文集』, p.347. 채인환 앞의 논문, p.36 참조.

191) 최종남, 『瑜伽論記』가 수록된 판본 대조 연구」, 『密敎學報』6, 위덕대밀교문화연구원, 2004, p.68; 자세한 내용은 같은 논문 註6 참조.

한편, 이러한 『大乘大集地藏十輪經』의 풍부한 譯出과정의 談論이 있었다고 해도 『占察善惡業報經』, 『地藏菩薩本願經』 등이 地藏菩薩 初期經典類보다 後代에 漢譯된 것을 왜 '地藏三部經'으로 신앙하고 있는지 고찰해 볼 필요가 생긴다. 그 이유는 『大方廣十輪經』이 비록 失譯人名이지만 新譯으로 칭하는 『地藏十輪經』의 母譯本으로 규정하고 있기 때문이다.

그렇다면 우선 譯經에 의해 중국 지장신앙이 성립할 초기의 과정은 어떠했는지를 살펴본다. 지장보살 관련 초기경전이라고 할 수 있는 『대방광십륜경』, 『대방등대집경』이 漢譯된 시기는 北涼(439)의 멸망으로 五胡十六國時代(304~439)가 끝난 南北朝時代(386~581)에 접어든 시점이다. 당시 정치사회상과 민중의 苦難이 反目하여 중국 지장신앙의 특색을 이루는 데 많은 영향을 미쳤다고 할 수 있다. 그것은 三階敎를 창시한 信行(540~594)의 경우, 信行이 10세 되던 해에 東魏(534~550)가 멸망하고, 信行의 일생 동안 무려 다섯 차례나 周邊 나라가 바뀌는 것에서도 알 수 있다.[192] 또한, 이런 혼란한 시기에 외부의 폄하와 스스로 도태의 길을 가면서도 오히려 그 수량이 증가한 수많은 僞經이 찬술되고 있다.[193] 그 중 하나인 지장보살과 十王의 결합이 완성되는 『佛說豫修十王生七經』이 唐 末期에 성립되었다고는 하지만 十王과 권속에 관한 기록은 善導(613

192) 北朝時代, 北魏(386~534) · 東魏(534~550) · 北齊(550~577) · 西魏(535~557) · 北周(557~581) · 隋(581~618).

193) 이자평, 「僞經의 민중교육적 의미-남북조시대 찬술경전을 중심으로-」, 『불교학연구』 29, 불교학연구회, 2011, p.97, 註4; 515년 僧祐의 『出三藏記集』에서 46부 56권의 위경의 수는 宋 대장경의 조판과 관계된 智昇의 『開元釋敎錄』에서는 406부 1074권으로 늘고 있다.

~681) 撰의 『法華讚』[194]과 道綽(562~645)의 『安樂集』[195]에는 '自修'와 『佛說灌頂隨願往生十方淨土經』[196]에는 '逆修'와 같은 용어가 있었던 것으로 보아 豫修信仰이 있었던 것으로 추정하게 한다.[197] 또 이 經들이 疑僞經으로 분류돼 있지만 僞經은 인도와 중국의 문명적 이질감을 없애고 중국 불교만의 독자성 그리고 말법 시대에 적합한 求福과, 善惡, 死後문제에 초점을 맞추면서도 결코 보편적 진리를 벗어나지 않는 懺悔와 윤리 도덕을 강조하고 있다.[198] 여기에 지옥관과 인과응보의 내세관 등이 지장보살과 결합하면서 그의 최초경전에 등장하는 교리체계와 地藏菩薩陀羅尼의 난해한 신앙이 민중들에게 있어 배타적일 수도 있었을 것이다.

또한, 曇無讖이 한역한 前半 30部와 那連提耶舍, 法護 등의 後半 30部가 『大方等大集經』60권으로 集成되어 流通 되기까지는 원류라고도 할 수 있는 지장보살의 禪定修行과 그가 직접 설한 현세이익을 보장한다는 다소 추상적일 수도 있는 다라니들의 緩慢한 보급이 지장보살 최초경전유통의 장애였을 것으로 의문을 가질 수 있다. 따라서 전쟁과 죽음 그리고 飢餓의 참상에서 고통받는 중생들에게, 前述한 疑僞經들을 통하여[199] 六道分

194) 『法華讚』, 『大正藏』47, p.428中. 五道太山三十六王.

195) 『安樂集』, 『大正藏』47, p.17上.

196) 帛尸梨蜜多羅 譯, 『佛說灌頂隨願往生十方淨土經』, 『大正藏』21, p.530上~中. 若四輩男女善解法戒 知身如幻精勤修習行菩提道 未終之時逆修三七 然燈續明懸繒旛蓋 請召衆僧轉讀尊經 修諸福業得福多不 佛言普廣其福無量不可度量 隨心所願獲其果實.

197) 한보광, 「한국불교에 있어서 지장의례의 역할」, 『현대사회에 있어서 지장신앙의 재조명』, 운주사, 1991, p.100.

198) 이자평, 앞의 논문, p.94.

199) 僞經이 찬술되어지는 배경으로, 1. 통치자의 의도에 부합하기 위한 것, 2. 통치자의 정치를 비판하기 위한 것, 3. 중국의 전통적인 윤리사상에 부합하기 위한 것, 4. 특정

形하는 지장보살의 大願이 冥府世界라는 또 하나의 중생구제 현장에 편입된 것이라고 볼 수 있다.

2) 佛敎美術에 나타난 地藏信仰

중국 지장신앙의 발생은 『대당서역기』, 『고승법현전』, 『남해기귀내법전』 등 7세기 중국 승려들의 인도 구법의 기록에서 지장에 관한 내용은 없다. 중국 지장신앙의 전개가 5호 16국으로 나누어진 400년경부터라고 하는데 이때에 관음, 지장, 미륵, 미타의 명호를 염송하면 구원을 얻는다는 데서 시작된 것이라는 설도 있다.[200] 이어 史的 典據로는 舊譯으로 일컫는 『대방광십륜경』8권의 北涼(397~439) 시대의 漢譯이 중국 지장신앙의 최초 史料다. 그 후 新譯인 『大乘大集地藏十輪經』10권 등 地藏三經이 완성된 시기는 7세기경이다. 따라서 중국의 지장신앙은 6세기 말 7세기에 이르러 왕성하게 전개되었다고 추측한다.

조각과 회화로 남아 있는 중국의 옛 지장보살상은 석굴과 經卷畵, 壁畵, 佛畵에서 볼 수 있으며, 金銅佛像과 造像碑 등도 중국 각지에 산재해 있다. 사찰과 사당에 있는 지장보살상은 九華山 地藏道場에 가장 많이 집중되어 있으며 이 외에도 많은 사찰이 기본적으로 地藏殿을 갖추고 있다.[201]

한 교의에 대한 신앙을 고취하기 위한 것, 5. 현존하는 특정인의 이름을 나타내기 위한 것, 6. 질병의 치료, 祈福 등의 미신을 위한 것으로 설명한다. ; 牧田諦亮, 『疑經硏究』, 京都: 京都大學 人文科學硏究所, 1976, pp.41~84 ; 이자평, 앞의 논문, p.97.

200) 蘇眞弘, 「중국불교의 지장신앙」, 『육신보살 지장법사』, 역대고승총서3, 불교영상회보사, 1993, p.164.

중국의 석굴에는 지장보살상이라고 할 만한 것들이 적지 않은데 敦煌의 막고굴을 비롯하여 四川의 石窟群 등 18곳의 석굴에는 모두 지장보살의 조각상이 있다. 또한, 新疆의 庫木吐喇石窟에는 지장보살의 벽화가, 둔황 막고굴에서는 塑造地藏像과 벽화 그리고 藏經洞에는 幡畵가 출토되었다. 중국 불교조각의 중요 중심지역 가운데 하나인 용문석굴의 지장보살상은 그 형태가 다양할 뿐 아니라 많은 銘文이 남아 있다. 거기에 發願文이 있는 석상은 최소한 34軀이다. 이 중에서 제작 연대가 기록되어 있는 것은 14구이며[202] 唐 麟德 원년(664)에서 開元 2년(714) 사이의 것이다. 이들 가운데 현존하는 중국의 지장보살상으로 그 造像 연대가 가장 빠른 것은 인덕 원년이다. 다만 기록이 없는 像 중에는 더 이른 시기에 만들어진 것도 있는데 賓陽南洞의 지장보살 立像과 같은 것은 그 형태를 보면 貞觀 연간(627~649)의 보살상과 일치함을 알 수 있다. 따라서 지장보살상 가운데 가장 빠른 것은 대략 정관 말부터 永徽 연간(650~655)의 것으로 추정할 수 있다.[203]

이를 따른다면 말법사상은 인도불교에서는 6세기경에 나타났으며[204] 이것이 중국에서는 남북조 시대와 隋代에 걸쳐 전쟁·불교탄압 등과 맞물려 譯出된 『大方廣十輪經』 등 地藏三經의 영향으로 민중들에게 末世意識이 더욱 고무되었을 것이다. 다시 말해서 중국의 지장신앙이 현장의 新譯

201) 張總 著, 金鎭戊 譯, 『地藏』 II, 동국대출판부, 2009, p.15.
202) 常靑, 「龍文石窟地藏菩薩及其有關問題」, 『中原文物』 第4期, 1993; 張總, 앞의 책, 卷II, p.17.
203) 張總, 앞의 책, p.18.
204) 山田龍城, 「末法思想について」, 『大集經の成立問題』, 『印佛』 4, 卷2, 1956, p.54.

이후와 신행의 입적(594) 그리고 삼계교의 1차 금단(600) 후 再起의 과정 즉 신행의 遺法제자 道宣(596~667)이 활약하던 시기에 삼계교와 더불어 지장신앙이 활발히 전개되었다고 볼 수 있다.

그리고 중국 지장신앙의 盛行 시기에 관해서는 『釋伽方志』의 편찬이 650년이라는 점을 생각해볼 때, 이미 7세기 중엽 경에 이르러서는 觀音, 彌勒, 阿彌陀佛에 대한 신앙과 함께 地藏信仰이 성행하였다고 볼 수 있다. 그것은 龍門石窟의 記年名 지장보살상의 연대가 대부분 7세기 후반(659~714년)이라는 것도 7세기 중엽 이후에 중국 지장신앙이 성행했던 시기였음을 잘 설명해주는 예이다.[205]

한편 10세기 둔황 벽화에는 聲聞形의 지장상이 많이 묘사되어 있으며 그 안에는 배경으로 여섯 줄기의 세찬 불꽃을 묘사하기도 하고 불꽃 안에 六道에 있는 모습을 그린 것이 많다. 이런 것들이 『大方廣十輪經』이나 『地藏本願經』에서 가르치는 바와 같이 육도에 몸을 나투어 중생을 구원한다고 하는 지장의 공덕을 보여주고 있는 것은 말할 나위도 없다.[206] 또한, 신강의 天山 남쪽 庫木吐喇石窟 제75굴은 지장보살과 육도윤회를 주제와 내용으로 되어 있는 벽화 굴로 地藏六道의 구성이 완전하게 잘 갖추어져 있는데 대략 10세기 전후에 조성된 것으로 추정된다. 둔황의 지장보살상 유형 중 이른 시기의 것은 아래와 같이 삭발한 사문 형상의 圖III-1·圖III-2이다.

205) 河原由雄, 「敦煌地藏圖資料」, 『佛敎藝術』97, 1974, pp. 99~100.

206) 速水侑, 『地藏信仰』, 東京: 塙書房, 1988, p.28.

圖Ⅲ-1. 대영박물관소장
唐代(敦煌幡印契像).

圖Ⅲ-2. 대영박물관소장
W・118, 442호.

이후에는 일종의 비단 수건을 쓴 圖Ⅲ-3의 형태(被帽地藏, 또는 風帽)로, 이러한 圖像 이후부터 지장과 시왕이 한 畵面에 결합해 있는 모습으로 나타나고 있다. 따라서 이 시기부터 도교의 冥府十王思想이 지장신앙과 攝合 내지는 민중의 이익에 따라 전개되어 각각의 신앙체계로 확립되어 갔을 것으로 본다.

圖III-3. 被帽地藏菩薩圖 部分(오대), 55.5×39.8㎝, 견본채색, 대영박물관소장.

여기에 대하여 眞鍋廣濟는 "지장보살과 명부시왕과의 관계는 멀리 천축에서 기원하고 있으며 인도에는 死後를 맡는 것으로는 夜摩天, 즉 閻羅뿐으로 中間性을 가진 冥途의 審判官 등이 없다. 따라서 인도에서는 十王思想이 없다. 十王冥府사상은 支那에 있어서 道敎와 혼합되어 성립된 것이다."라고 하면서 佐佐木月樵와 廣瀨南雄의 학설을 인용하고 있다.207)

이것으로 미루어 보건대 隋·唐·宋代의 중국인들의 信行 양상이 觀音, 地藏, 道敎 어느 것 할 것 없이 순수 불교의 테두리를 벗어나 수명·재물·자식 등 祈福추구 일변도로 확산하였음을 엿볼 수 있다.

또한, 敦煌 千佛洞에서 발견된 두 종류[208]의 '地藏十王圖'에서 둘 다 지장보살을 중심으로 하고 시왕을 다섯 명씩 좌우에 배치하여 지장과 시왕을 결합하고 있다.

圖III-4. 地藏十王圖 部分 (오대), 48.1×44.1㎝, 絹本着色, 대영박물관소장, (敦煌石室寶藏 : 圖77)

207) 眞鍋廣濟, 『地藏菩薩の研究』, 京都: 三密堂, 1976, p.111; 佐佐木月樵, 『地藏敎の根本思想に就てし』, 『無盡燈』19, 1號, 1914; 廣瀨南雄, 『民間信仰の話』, 京都: 法藏館, 1925; 한보광, 「한국불교에 있어서 지장의례의 역할」, 『현대사회에 있어서 지장신앙의 재조명』, 운주사, 1991, p.104.

208) 圖III-4, 圖V-2 참조.

이러한 그림은 宋代의 '王喬之'가 많이 그렸는데 이 지장시왕도는 살아 있는 동안 수행으로 미리 선근공덕을 쌓아서 죽은 뒤에 정토에 태어나기를 염원하는 逆修 혹은 豫修를 위하여 많이 그려진 것 같다. 그리고 시왕에 대한 齋와 공양의 필요성을 설한 『豫修十王生七經』과 더불어 둔황 본인 『地藏菩薩十齋日』이 있다.209) 10세기 무렵에는 지장신앙이 지옥의 고통을 제거하는 문제와 관련된 『豫修十王生七經』과 그 내용을 그림으로 묘사한 『十王經図券』이 있는데, 이러한 冥府조직은 唐代 成都府 大聖慈寺 沙門藏天이 撰述한 『預修十王生七經』이 편찬되면서 사상적 기반이 확립되었다.210)

이 經의 성립시기에 관해서는 아직 확실한 연대를 밝힐 수는 없지만 成都府 大聖慈寺가 唐의 至德 元年(756년)에 창시되었기 때문에 이 경전은 至德 元年 이후에 유포되었다고 보는 것이 타당하다.211) 『佛說預修十王生七經』에는 시왕의 명칭과 각각의 왕이 주관하는 날이 정립되면서 이제까지 冥府에 대한 막연한 개념이 체계적인 구성을 하게 된 것이다.212)

---

209) 和歌三太郎, 「地藏信仰について」, 『地藏信仰』, 櫻井德太郎 編, 東京: 雄山閣, 1983, p.50

210) 澤田瑞穗, 「泰山と東嶽大帝」, 『地獄の世界』, 東京 : 溪水社, 1990, p.363; 이 경전의 원제목은 『佛說閻羅王授記四衆逆修生七往生淨土經』이다. 중국에서 이루어진 僞經의 일종이며, 경전의 앞에 '成都府 大聖慈寺 沙門 藏川述' 이라고 정직하게 찬술자 이름을 내놓고 있는데도, 기존의 경전을 새로 개편하였던 것이거나 혹은 기존에 있던 경전을 본떠서 새롭게 만든 것으로 추정하기도 한다.

211) 禿氏祐祥, 小川貫一, 「十王生七經讚圖卷の構造」, 『西域文化研究』5, 京都: 法藏館, 1962, p.268; 澤田 瑞穗, 「地獄の經典」, 『地獄の世界』, 東京: 溪水社, 1990, p.363.

212) 『十王經』이라고 일컬어지는 것에는 두 계통이 있다. 하나는 중국과 우리나라에서 유통된 『佛說預修十王生七經』이고 하나는 일본에서 유통된 『地藏十王經』이 있다. 敦煌에서 발견된 唐末五代의 寫本은 『閻羅王授記經』, 『佛說閻羅王授記經』, 『佛說閻羅王授記勸修七齋功德經』, 『佛說閻羅王授記令四衆逆修生七齋功德往生淨土經』 등 여러 제명

圖Ⅲ-5. 十王經圖卷(部分) 冥使圖, 대영박물관소장, S.3691, (西域美術 : 圖64)

또한, 生前에 이 經을 지니고 독송한 사람은 지옥에 빠지는 일이 없다고 가르치고 있으며 『豫修十王生七經』을 文字로 읽지 못하는 사람을 위하여 圖Ⅲ-5의 그림으로 보여주는 『十王經図券』의 경우에는 地藏이 地獄에서 閻羅王으로 分身度脫하여 중생을 구원한다고 하는 『大方廣十輪經』의 가르침과 같이 시왕 가운데서 염라왕을 지장의 분신으로 하여 지옥 亡者를 제도하는 것을 그린 것도 많다. 『地藏菩薩十齋日』[213]은 『地藏菩薩本願經』에 의거한 것으로 매월 열흘씩 정해진 날에 여러 가지 죄를 모아서 그 輕重을 정하는 날이므로 이 십재일에 여러 불·보살상 앞에서 『지장본원경』을 읽어 재난을 피하고 오랜 惡趣를 떠나도록 하고 있다. 이 10재일에도 역시 도교적 색채가 농후하여 불교적으로 수용된 면모를 볼 수 있다.[214]

을 가지고 있지만, 모두 前者의 동일계통이다. 後者의『地藏十王經』은 『佛說地藏菩薩發心因緣十王經』으로 前者의 중국 전래의 것과 관계가 있지만 經文은 일본에서의 僞作으로 보인다. ; 澤田瑞穗, 「地獄の經典」, 『地獄の世界』, 東京: 溪水社, 1990, pp.362~366.

213) 『地藏菩薩十齋日』, 『大正藏』85, T.2850. 둔황 유서로 대영박물관에 소장되어 있는 S.2568호가 바로 이것이다. 이 경은 매우 짧고, 내용은 불교 신자가 십재일에 염송해야하는 불·보살의 명호, 그리고 각 재일에 이 세상에 내려오는 불·보살에 대해 설하고 있다. 이 경은 경문이 짧음에도 『閻羅王授記經』(十王經)의 시왕의 본지불·보살과 대단히 밀접한 관계가 있어서 이들 경전 성립의 先後 관계에 의문이 있다; 張總 著, 金鎭戊 譯, 『地藏』II, 동국대출판부, 2009, p.181.

여기까지 隋·唐代 이래 지장보살신앙이 많은 變容을 보이고 있음을 알 수 있는데 北宋 端拱2년(989)에 傳敎 僧侶 常謹이 모아 엮은『地藏菩薩靈驗記』[215]는 경전 앞에는 스스로 쓴 서문이 뒤에는 跋語가 있다. 이 영험기에는 南朝 梁으로부터 북송시대에 이르기까지 靈感故事 32則이 수집되어 있다. 常謹은 스스로 밝히기를, 地藏尊에게 지극한 마음으로 귀의하여 지장보살의 옛 흔적을 찾고 혹은 세상에 口傳되는 古事들을 모아 기록하니 그 感應記가 모두 100여 條에 달한다. 이는 일반적으로 지장보살의 造像이나 畵像을 받들어 복덕을 얻고 지장의 위신력으로 지옥에서 구제된 이야기들로서 往生의 장소는 天界, 미륵정토인 兜率天·彌陀佛의 西方淨土安樂國이다. 여기서 지장보살이 미타불의 脇侍로 위치한 이야기도 보이고 있는데,[216] 이는 지장보살신앙이 정토 신앙과 融攝 또는 融合된 예로써 근래 觀音·地藏을 彌陀佛의 左右 脇侍로 하여 三尊佛을 奉安하는 始原이라 할 것이나 한편으로 지장보살이 그 大願의 외연을 확장하여 往生의 前 단계를 설정함으로써 중생들에게 극락왕생의 조건을 갖추도록 시간적 공간을 확보한 것이라고 본다.

214) 和歌三太郎, 앞 논문, 같은 쪽 참조; 速水 侑, 앞의 책, pp.51~54; 石井昌子, 「道敎의 神」, 『道敎란 무엇인가』, 酒井忠夫 外 著/崔俊植 譯, 民族社, 1990, pp.152~158 참조; 『豫修十王生七經』은 중국에서 찬술된 僞經인 『佛說閻羅王授記四衆豫修十王生七淨土經』의 약칭이다. 승려 藏川이 찬술하여 『卍續藏』제150책에 수록되어 있다. 『卍續藏』註에서는 朝鮮의 刻本에 典據하였다고 함; 張總 著, 金鎭戊 譯, 『地藏』卷Ⅰ, p.45. (참고로, 고려 刻板中의 하나로, 경남 합천군 海印寺 大藏經版殿 사이에 있는 東·西 寺刊版殿에 보관되어 있는 木板, 『佛說豫修十王生七經』Ⅲ(6판)이 1982년5월22일 기록유산 보물 734-4호로 지정돼 있다.

215) 常謹 編著, 『地藏菩薩靈驗記』, 『卍續藏』49.

216) 張總 著, 金鎭戊 譯, 앞의 책Ⅰ, p.50; 和歌三太郎, 앞의 논문, pp.50~51 참조.

3) 三階敎와 地藏信仰

지장신앙이 중국대륙사회에 어떤 양상의 특징을 띠고 중국인들에게 적응했는가는 여러 가지 측면이 있겠지만, 중국인들의 신앙생활에 직접 영향을 미친것은 중국불교의 변천이 지극히 정치적 사안에 따라 좌우된 경향이 많았다는 것이다. 즉 국가권력과 불교조직과의 관계는 不可近 不可遠이었다고 할 수 있다.

三階敎는 隨代 信行(540~594)이 창시하였다. 그가 태어난 北朝時代의 魏都(唐代의 相州)는 東魏와 北齊의 도읍이었으나 北魏 武帝의 廢佛(446) 후유증·北魏의 멸망(386~534)·東魏(534~550)·西魏(535~557)·北齊(550~577)·北周(557~581)·隋(581~618)의 건국 그리고 長年期에는 北周 武帝의 廢佛(574)을 목격했다. 開皇 9년(589)에 信行은 隋 文帝의 조칙을 받고 제자 僧邕과 함께 長安의 京師로 들어갔다.

北魏시대를 거치면서 이미 末法思想이 강렬하게 意識化 되었고,[217] 法難에 의한 末世心理의 到來에 대응하여 불법을 세 단계로 나누어 파악하고, 그 末法觀에 따라 三階의 설을 확립한 뒤, 普敬普信을 행하여 普法이라 하고 三階佛法인 普法만이 말법 시대 중생이 구원받을 수 있는 유일한 法門이라 선언하였다.[218] 아울러 지장보살의 중생교화 방편이 一乘을 말하여도 받아들이지 못하는 下根機의 强剛한 중생들을 욕심의 지옥으로부

---

217) 중국에서 말법사상이 급속도로 유포된 이면에는 전쟁·饑饉 등으로 인한 사회 불안정에서 찾을 수 있다. 따라서 正·像·末 三時思想을 처음으로 명문화한 이가 南岳 慧思(515~577)로서 그가 43세 때 지은 『立誓願文』, 『大正藏』46, p.577上에 나타나 있고, 그 후 신행(540~594)이 41세 때(581) 말법에 의거한 三階普法을 설했다.

218) 張總 著, 金鎭戊 譯, 앞의 책Ⅰ, p.344.

터 다 구출하여 大乘의 법에 安置시키고 梵行을 닦게 하며 三乘의 가르침이 선행되어야 할 대상으로 설정하고 있는데,219) 이에 三階敎師는 보살행의 실천을 몸소 행하는 한편, 法難에 신음하는 민중을 제도한다는 측면에서 의지한 경전이 『大方廣十輪經』이다.

따라서 지장보살신앙의 핵심 典據가 『地藏十輪經』이고 보면 이 경의 내용 전반이 포악한 국왕 등 지배세력에 대한 경고, 破戒한 比丘들의 擁護, 그리고 大願力으로 十佛輪을 성취하고 십불륜과 三乘의 十依止輪으로 末世를 타파하는 十輪으로 十惡세계의 수레를 이끌어 갈 것을 講述하고 있다. 또한, 이 경의 宗旨는 大乘으로 돌아가 三乘을 융합하는 것으로 '오직 일승만이 있다(唯有一乘說).'는 사상에 대하여 一喝·반박하고 있다. 따라서 말법 시대 또는 無佛時代의 사회상이 적나라하게 표현된 『대방광십륜경』을 의지한 삼계교와 지장신앙사상의 結束과 혹 看過 할 수도 있는 遊離된 面貌가 있는지를 관찰하여야 할 것이다.

일단 대다수 사람은 지장신앙의 기원을 그 信仰思想의 내용을 보더라도 印度에서 생겨난 것으로 추정하고 있지만,220) 지장신앙사상이 언제 중국에 전해졌는지는 분명치 않다. 그러나 唐의 西明寺 道世가 지은 『法苑珠林』권17에는221) 魏의 天平年(534~537) 中에 定州에 사는 孫敬德이 관음상을 조성하여 예경한 공덕으로 꿈속에 한 사문으로부터 『救世觀音經』을 일천 번 독송하라는 가르침을 받고, 그대로 행한 결과 나중에 斬決당할 危難에

219) 『大乘大集地藏十輪經』卷9, 「善業道品」2, 『大正藏』13, pp.766下~768下 참조.

220) 眞鎬廣濟, 앞의 논문 p.14; 채인환, 앞의 논문, p.39.

221) 『法苑珠林』卷17, 『大正藏』53, p.411下.

서 免脫할 수 있었던 緣由로 해서 세상에 알려지게 된『高王觀音經』緣起를 말하면서

> 晋・宋・梁・陣秦・趙의 六朝時代로부터 隨・唐에 이르는 四百年間에 地藏은 觀音・彌勒・彌陀와 함께 널리 신앙 되었고, 얼마나 헤아릴 수 없이 많은 사람이 이 地藏信仰에 의하여 구제되었는지 모를 정도이다.[222)]

라고 밝히고 있다. 이것을 의지해서 晋 시대(265-316)에는 중국에 이미 지장신앙이 전해져 행해지고 있음을 알 수 있는데[223)] 失吹慶輝는 "『大方廣十輪經』에는 前後 二(新・舊)譯이 있어 舊譯인『大方廣十輪經』8권이 한역된 시기는 北涼(397-439)시대였고, 新譯은 永徽2년(651)唐 玄奘 譯의『大乘大集地藏十輪經』十권이 된다. 초기의 三階敎師는 前者를 의거했고, 唐 이후에는 양쪽 모두 竝用했다. 또한『三階佛法』四권에는 前者만을 인용하고 『三階佛法密記』에는 後者에도 언급되었다."[224)]라고 밝히고 있다.

실제로 삼계교의 창시자인 '信行'의 시대에는 삼계교의 所依經典으로서『삼계불법』4권의 인용횟수를 밝힘에 『大方廣十輪經』120회로서 그것은『涅槃經』87회,『大集月藏經』71회 ……『妙法蓮華經』17회,『華嚴經』15회 등보다 훨씬 더 많이 인용된 것으로 알려졌다.[225)]

---

222) 眞鎬廣濟, 앞의 논문, pp.73~108; 채인환, 앞의 논문 p.40.

223) 위와 같음.

224) 失吹慶輝,『三階敎之硏究』, 東京: 岩波書店, 1927, pp.593~601; 홍법공,「삼계교와 지장신앙」,『정토학연구』5, 한국정토학회, 2002, p.167.

225) 위와 같음.

이렇듯 『大方廣十輪經』이 삼계교의 교학 체계에 큰 비중을 차지하고 있었음을 알 수 있으며 심지어 삼계교가 지장보살사상을 크게 의지하고 있다는 것을 정토교의 경전에서도 볼 수 있다. 즉 삼계교가 특히 지장예참을 권장하여 설했다는 것이다. 『念佛經』第10에는 "삼계교에서 念하는 지장보살과 아미타불을 염하는 공덕의 多少를 묻는 말에 아미타불의 염불 공덕이 지장보살念의 백 천만 배라고 하였다. 그에 반해 『大方廣十輪經』에서는 관세음보살을 一百 劫 동안 念하는 것과 지장보살 一食頃念이 같다고 했다. 또 「群疑論」에서는 一大 劫동안 지장을 염송하는 것보다 한 번 아미타불 부름이 수승하다."226)라고 하여, 지장보살신앙을 둘러싼 각자의 교세가 타 종파보다 우세하다고 강조하는 등 갈등이 있었다고 본다. 또한, 정토교로부터 삼계교를 비난해 慈恩의 『西方要訣』과 善道의 『道鏡共集』의 『念佛經』에는 삼계교가 아예 '地藏敎'로 불렸다는 것이다.227)

『大方廣十輪經』이 삼계교 전적에 많이 인용되었다면 『占察善惡業報經』은 木輪相을 만들어 전생의 宿業과 현재의 吉凶禍福의 占을 쳐서 그 결과에 따라 懺悔하는 의식으로 삼계교법의 실천법회 현장에서 포교를 목적으로 신앙 된 듯 보인다. 『占察經』은 등장 초기에 疑經, 僞經으로 의심받아 유포가 금지되다가 『大周刊定衆經目錄』228)에서 眞經으로 入藏되는데 반

226) 『念佛經』「釋衆疑惑門」第10, 問曰三階念地藏菩薩 功德多少如念阿彌陀佛 答曰念阿彌陀佛功德 多於念地藏菩薩百千萬倍 何以得知 準觀音經 有人供養六十二億恒河沙菩薩乃至一時 不如禮拜功養觀世音菩薩 十輪經云 一百劫念觀世音不如一食頃念地藏菩薩.. (失吹慶輝, 「三階敎之 硏究」, pp.638-640); 홍법공, 앞의 논문, p.168 참조.

227) 홍법공, 앞의 논문, p.168 참조.

228) 明佺, 『大周刊定衆經目錄』, 『大正藏』55, p.379上. 『大周刊定衆經目錄』卷1, 『大乘單譯經目』, 『占察經』1部 2卷 ; 大唐天后敕佛紀寺沙門明佺等選 右外國沙門菩提燈譯 天册萬

해 三階敎籍은 여기에서 僞經으로 분류되고 있다는 점이다.[229] 물론 唐代에 이르러 三階敎籍들도 復權入藏 되지만『占察經』에 의거한 점찰법회만의 공신력은 있었던 것으로 보인다. 597년에 편찬된『歷代三寶記』[230]에는 隋의 開皇 무렵 廣州縣[광동성]과 靑洲縣[산동성]에서 塔懺法과 自撲法이 유행하였고, 탑참법은『占察經』에 의한 것으로 이는 輪을 던진다는 의미의 搭懺法, 즉 점찰법회를 의미한다.[231] 그러나 593년 長安에서 이 經의 진위, 탐참법에 대한 문제 제기, 즉 점찰법회의 僞行논란으로 결국 점찰법이 금지되었다. 또한, 한국의 지장신앙 전개에서 논의되겠지만 우선, 신라 승려 圓光이 중국에 들어와서 머문 시기(575~600) 중 隋 長安으로 들어간 589년은, 三階師 信行이 隋 文帝의 부름에 응하여 眞寂寺(後-화도사) 三階院에 머물고 있을 때와 일치한다. 원광이 귀국(600)하여 '占察寶'를 만들기(601) 전까지 十二年 동안 신행의 행장을 충분히 통찰하여 섭렵할 수 있었을 것이다. 이런 일련의 상황 속에서 중국 지장신앙의 활발한 전개와 더불어 이때 이미 신라 지장보살신앙의 胎動이 있었다고 할 것이다.

삼계교의 역사는 일면 탄압의 역사라 해도 과언이 아닐 정도로 권력과 諸宗派로부터 무수한 탄압[232]과 견제 속에서 배척받았다. 당시 중국은

歲元年十月二十四日奉敕編行.

229) 박광연, 「원광의 점찰법회 시행과 그 의미」, 『역사와 현실』43, 한국사학, 2002, p.118.

230) 費長房, 『歷代三寶記』卷12, 『大正藏』49, p.106下.

231) 채인환, 「신라 진표율사 연구」Ⅰ, 『불교학보』23, 한국불교학회, 1986,

232) 隨 文帝 開皇 20년(600)勅令에 의한 禁斷, 武周 朝 證聖 원년(695), 武周 朝 聖曆 2년(699), 開元 元年 玄宗(713) 無盡藏院 폐지, 開元13(725) 三階院 폐지, 開元18년(730)

天台智顗(538~597)를 비롯하여 廬山慧遠(523~592) 등 수많은 고승이 나타난 시기이고, 따라서 불교의 수용단계를 지나 독자적인 중국불교, 즉 종파불교를 이미 형성하였거나 根幹을 세우던 시기였다. 전술한 바와 같이 삼계교가 말법 시대의 폐해를 타파하기 위한 교법을 세웠다고 했는데 이는 전쟁과 廢佛의 사회상, 불교의 貴族化, 富豪化, 私寺, 私度僧의 남발 등 불교 교단의 타락, 도교와 불교의 대립, 僧侶와 導師, 그리고 莊園의 증가에 따른 국가재정 손실과 軍役者 감소 등의 부작용이 폐불의 악순환을 가져왔다고 할 것이다.

그런데 삼계교가 이러한 국가 사회적 현상에 대한 소위 破邪顯正의 三階佛法을 실천하기 위하여 教가 指向하는 바와 많은 부분이 일치하는 『대방광십륜경』을 의지했다고는 하지만 삼계교와 지장보살신앙과의 사이에 우리가 看過한 부분이 정말 없는가? 하는 의문이 가는 부분이다.

주지하다시피 삼계교의 典籍이나 실천과정의 핵심 주제어 중 하나는 '末世·末法思想'이다. 신행의 다음 세대인 道宣(596~667)은 신행의 三階普法의 실천행을 悲田과 敬田 두 가지로 요약한다. 悲田은 헐벗고 굶주린 백성을 입히고 먹이는 일이며 敬田은 흐트러진 佛事를 바로잡는 일이라고 했는데,[233] 그가 具足戒를 버리고 波羅夷 罪目을 선언하면서까지 실천하고자 했던 것은 무엇인가? 삼계교의 典籍과 教義가 역사의 무대 전

에 『開元釋教錄』에 『三階教籍』35部 44卷을 疑惑錄中에 편입시킴; 鄭舜日 앞의 책, 1985, p.177 참조.

233) 『續高僧傳』卷16, 「信行傳」. 민영규, 「신라불교의 정립과 삼계교」, 『동방학지』, 연세대 국학연구원, 1993, p.2.

면에서 완전히 사라진 것과 그들이 所衣하여 실천했던 지장보살신앙이 현재까지 健在하다는 것은 어떻게 설명할 것인가? 혹 삼계교의 교학을 실천해나가는 데 있어서 너무나 급진적인, 그래서 극단의 反國家的, 反旣得權的은 아니었는가를 의심해 볼 만하다.

여기에 중국의 한 論者234)의 저서 『地藏』卷1, 「三階敎의 頌念」을 요약해 보면

> 중국의 불교 종파 가운데 삼계교는 비교적 작은 지파에 불과 하지만, 대단히 특색 있는 종파이다. 삼계교와 지장신앙의 관계는 일반적이라 할 수 없다. 삼계교는 불교에 있어서 비정통적인 종파로 인식되고 있다. 삼계교는 불교의 여러 종파 가운데 유일하게 異端 교파로 구별되고, 300여 년 동안 朝廷과 다른 종파로부터 무수한 공격과 배척을 받았다. 그는 출가 후에 특히 수행을 중시하여 일반적 견해와 다른 사상을 가졌다. 그의 利他行과 親執勞役235)으로 주변의 많은 사찰들에 질책을 받았다. 삼계교는 독존 彌陀一佛과 『법화경』중시의 종파와 첨예하게 대립하고, 특히 정토종의 격렬한 비판과 공격을 받는다. 삼계교도들은 걷거나 뛰다가 사람을 만나면 남녀불문하고 예배한다. 이는 교단이 대중의 빠른 지지를 얻게 된 요인이다. 또한, 이는 『법화경』의 '常不輕菩薩'을 모방한 것이다. 삼계교는 忍辱苦行과 布施를 강조하며, 정토종이 제창한 念佛三昧를 반대하였으며, 아미타불을 염송하는 것이 아니라 오히려 지장보살을 염송할 것을 강조했다. 또한, 일체의 佛像은 泥龕에 불과하므로 존경할 필요가 없다고 보았다. 그러나 이러한 종지는 당시 불교계의 일반적인 사상

234) 張總: 중국 甘肅省 敦煌 사람으로 1953년생, 현재 중국사회과학원 세계종교연구소 종교문화연구실 연구원 재직, 著書로는 『永恒的寺廟-石窟藝術巡禮』, 『說不盡的觀世音』, 金鎭戊 譯, 『地藏』Ⅰ.Ⅱ가 있다.

235) 親執勞役: 승속의 신도들을 위하여 노역하며 피곤한 생활을 겪으면서도 衣食을 아껴 救恤함.

> 과는 대단한 차이가 있고 동떨어진 사상이었기 때문에 불교계와 세간에 수용되기 어려웠다. 삼계교는 확실히 지장보살신앙을 중시한 면이 있지만, 또한 佛菩薩에 예배함을 반대하고, 佛像의 造像을 泥像이라 존중하지 않고, 중생이야말로 불성을 具有한 부처라고 보았다. 그러므로 삼계교가 지장보살상과 직접적인 관계를 맺고 있었는지는 증명하기가 곤란하다. 근래에 '淳化縣'에서 발견된 唐代의 석굴에는 『大方廣十輪經』을 포함하여 많은 삼계교의 경전이 새겨져 있다. 그러나 삼계교와 지장보살상의 관계를 명확하게 보여주는 것은 없다. 삼계교의 승려들이 지장보살을 염송하고 숭상하며, 지장경전을 중시하였다는 것은 지장보살상의 측면에서 파악할 수 있는 것과는 다른 차원의 문제이다.[236]

라고 하는 데서, 논자가 인식하고 있는 삼계교의 全形을 표현하는 데 있어서 다소 객관성이 빠져 있음이 느껴지는 것이 본 저술의 입장이라고 해도 다수의 한국학자가 고찰하고 있는 삼계교 관련 論旨[237]들과는 그 표현방법에서 적지 않은 차이점이 있음을 볼 수 있다.

이를 對比해 본다면 隋·唐 時代에 활약했던 신라의 원측, 신방, 그리고 원광의 귀국(600), 의상(625~702)의 入唐(661)[238]과 승제(729년 진표에게 수계)[239]가 종남산 '오진사' 善道의 문하로 入室했지만 삼계교의

---

236) 張總 著, 金鎭戊 譯, 앞의 책Ⅰ, pp.343~350 참조.

237) "목가적 전원 풍경으로 연출되기도 하는 馬祖道一과 그 제자들이 들녘에 나가 노동에 종사하던 울력, 곧 普請은 뒷날 선종의 역사에서 하나의 상식이 된다. 그러나 여기에는 심상치 않은 곡절이 있다. 천년의 금기를 깨고 승려사회에 노동을 불러들인 최초는 相洲땅 신행(540-594)에서 비롯된다." 고 하였고, 그리고 대다수 한국 학자들은 삼계교를 대승불교운동에 버금가는 新佛敎, 사회계몽 차원에서 三階敎義를 실천불교로 바라보고 있다; 閔泳珪, 「新羅佛敎의 定立과 三階敎」, 『동방학지』, 연세대 국학연구원, 1993, pp.1~11 참조.

238) 신라화엄불교는 의상(625~702)을 시조로 삼는다. 그는 入唐하여 終南山 至相寺 智儼(602~668)에게서 화엄을 배웠다.

근거지이기도 한 종남산에서 신라승 神昉 등 三階師들의 六時禮懺行法의 지장신앙에 전혀 무관심하지는 않았으리라 추측하기도 한다.240) 그러나 원광 대사는 길지 않은 年次로 번복이 거듭된 삼계교와 정치권력과의 유착과 禁斷의 현장을 직접 목격했을 뿐만 아니라 귀국 후 占察寶 施設 등의 정황으로 보아 원광대사가 유일하게 신라 지장신앙의 系譜를 이 시기에 형성시켰다는 데 있어서 그 근거가 명확하다고 본다.

이상과 같이 삼계교는 위 인용문에서도 보는 바와 같이 가장 이상적인 보살의 상이라 할 수 있는 『법화경』의 '常不輕菩薩'을 穢土로 견인해내면서 모두에게 예경하고 중생이야말로 진정한 부처라고 하였다. 이 때문에 대중의 지지를 받지만 반면에 그때까지 숭배되어온 일체의 불상을 외면하는 등 일반적인 불교신앙과는 동떨어진 신앙의 형태를 보였다.

하지만 당시는 北魏시대를 거치면서 이미 末法思想이 강렬하게 意識化되어 있던 때인 점을 생각한다면, 삼계교가 이 말법 시대의 폐해, 즉 불교의 貴族化, 富豪化, 私寺, 私度僧의 남발 등 불교 교단의 타락, 도교와 불교의 대립, 僧侶와 導師 그리고 莊園의 증가에 따른 국가재정 손실과 軍役者 감소 등을 타파하기 위해 나타났다고 보는 廢佛에 대응하는 현실적 실천행을 강조했다고 볼 수 있을 것이다. 이것은 중생을 진정한 부처

239) 홍법공, 「삼계교와 지장신앙」, 『정토학연구』5, 한국정토학회, 2002, p.186. 註49; 숭제의 확실한 연대는 보이지 않는다. 그러나 唐의 선도삼장(613~681)에게 배워 귀국해 진표 12세(729) 때는 그에게서 삭발하여 수행하고 있던 것이 『삼국유사』卷4, 「진표전간조」에 기록되고 있다.

240) 채인환, 「神昉과 신라 地藏禮懺敎法」, 『韓國佛敎學』8, 한국불교학회, 1983, pp.41~42 참조.

로 보아 중생을 공양해야 한다는 이타행의 실천이며 타 대승보살의 실천행과 다르지 않은 보살행을 내세웠다고 볼 수 있다.

이러한 삼계교의 양상과 지장보살과의 직접적인 관계를 규명하기는 곤란하다. 다만 삼계교에서 승려들이 지장보살을 염송하고 지장경전을 중시했다는 것에서 여타 대승보살과는 다른 지장의 본원을 현실적 실천행으로 삼은 삼계교를 인정해주기는 하지만 삼계교와 지장보살의 직접적인 연관을 다루기는 매우 힘이 든다.

4) 金喬覺(地藏)과 九華山 地藏信仰

九華山은 黃山과 함께 중국 安徽省 靑陽縣 서남단에 있다. 불교와 도교는 물론 유교와도 관련이 깊은 종교 활동의 요람이라 할만하다. 원래 九子山이었으나 李白이 改名하였으며 일찍이 道教가 성행하여 漢代에는 竇伯玉, 晉代에는 葛洪이 煉丹하던 곳이라 전한다. 또한, 唐末에는 趙知微가 九華名道로 京師에까지 이름을 떨쳤다고 한다.241)

이러한 구화산이 중국불교 4대성지 중 지장신앙의 聖地로 이름 붙여진 이면에는 속명이 '金喬覺'이고 법명이 '地藏'인 신라왕자 출신의 인물이 있다. 그가 바로 오늘날까지 중국 사회에서 지장보살의 현신으로 추앙되고 있는 入唐僧, 金喬覺이다. 김지장에 관한 자료는 여러 판본이 있다. 그 가운데 기록연대가 가장 빠르고 김지장과 同時代의 인물인 費冠

241) 『九華山誌』第7編, 「藝文」第1章, 「詩歌」第6篇, 人物 第1章, 「各道名僧」, 黃山書社, 1990; 曺永祿, 「九華山 地藏信仰과 吳越首部 杭州: 10세기 江浙地域의 韓中 佛教交流의 실상」, 『東國史學』33, 東國史學會, 1999, pp.133~151 참조.

卿이 撰한 『九華山化城寺記』[242]와 史料的 신뢰도가 높은 贊寧이 勅撰한 『宋高僧傳』[243]으로 집약될 수 있는데 신라의 사료에는 金地藏 또는 金喬覺이라는 기록이 全無하다. 따라서 그가 구화산에서 활동한 기록과 당시 新羅政史의 정황[244]으로 추정하는 정도이다. 우선 『九華山化城寺記』에는 그가 신라의 왕자로서 김 씨 왕의 支屬이며 貞元10년(794) 99세로 입적,

242) 費冠卿, 「九華山化城寺記」, 『全唐文』卷694, 元和 8년(813)撰: “비관경은 청양사람으로 원화 연간(807)에 進士에 합격했지만, 모친상으로 구화산에 은거했다. 그는 이 寺記에서 김지장의 행적에 대하여 ‘幼所聞見 謹而記之’ 라고 했으며, 후세인들이 ‘千秋信史’ 라고 평가하고 있다. 長慶 3년(823)에 관직을 사양한 바, 그가 기개가 높고 절의가 있는 사람임을 알 수 있다.” ; 張總 著, 金鎭戊 譯, 앞의 책II, p.350 참조.

243) 贊寧, 「唐池洲九華山化城寺地藏傳」, 『宋高僧傳』(感通編)卷20; 찬녕은 宋 太平興國 3년(978)에 吳越이 宋에 투항할 때 入宋했다. 982년 『宋高僧傳』의 勅撰召命을 받아 端拱 원년(988)이를 완성했다. 그는 이 전기의「地藏傳」에 金地藏의 入傳을 마치고 그 말미에 “그 당시 徵士 右拾遺 費冠卿의 序事가 있으며, 大中年間의 僧 應物도 역시 그 德에 관하여 기술하고 있다.” 고 하여 이 두 기록을 작성하였음을 알 수 있다. 應物의 글은 그 뒤 전하지 않으나, 會昌의 파불을 겪은 직후인 大中年間에 그 지역의 승려였을 것으로 추측된다; 曺 永祿, 앞의 논문 p.144; 그러나 여기에는 다른 신라 구법승인 원측이나 도의선사 등 구산선문의 개산조가 전부 빠져 있고 중국의 운문선사 같은 운문종의 개산조가 빠지는 등의 허점을 보이고 있다; 蘇晉仁, 『佛敎文化與歷史』, 「佛敎傳記」2, 第2部分, 中央民族大學出版社, 1998, p.197 ; 曺永祿, 앞의 논문, p.144.

244) 新羅史를 정황으로 하여 정원19년(803)에 입적했다는 『宋高僧傳』卷20, (新羅王의 支屬이다.)에 金地藏이 聖德王의 태자였던 重慶이었을 것이라는 가정하에 그의 출생, 渡唐, 入寂 시기에 관한 중국 측 史料들을 참조하여 假說을 세워볼 수 있다. 成貞王后는 성덕왕 3년(704)에 왕비가 된다. 14년(715)에 왕자 重慶을 태자로 삼았다. 1년 뒤 왕후가 出宮 당하고, 출궁 후 1년 뒤 (717)에 태자가 죽었다. 선대 효소왕(692~702)이 6세의 나이로 왕위에 오르고 2년 간극으로 신목 왕후가 죽고 효소왕은 16세에 無子로 갑자기 죽었다. 효소왕과 성덕왕이 異母弟였을 경우, 그를 옹립한 세력과 기득권을 가진 귀족세력과의 싸움에서 왕권세력에 의해 출궁 당했을 수도 있었을 것이고, 또한 태자의 갑작스러운 죽음에 의문이 생기는 것이다. 716년(성덕왕15)母后가 출궁 당하자 위협을 느껴 717년에 탈출하였거나 왕후를 몰아낸 세력에 의해 내몰려 719년경 渡唐하여 유랑하다가 728년 九華山에 입산하여 75년간 神異를 나투며 地藏의 現身으로 추앙받았다는 韓·中의 史料的 토대 위에서의 假說이다. ; 金惠苑, 「地藏法師 金喬覺 研究」, 仁荷大碩士論文, 1994, pp.3~25 참조.

『宋高僧傳』에는 정원 19년(803)을 입적시기로 보고 있다. 이에 費冠卿을 同時代의 인물로 보고 贊寧의 勅撰이 전자에 많이 의거했다고 했으므로, 이를 따른다면 開元(712~739)末 구화산에 입산하여 南陵으로 내려가 불경을 편찬한 이후 산에서 내려가지 않았다.[245]

구화산에는 중국의 詩仙으로 불리는 李伯(701~762)이 서당을 열었던 '태백서당'이 있다. 이백이 김지장과 교우하면서 그를 讚한 時[246]를 남겼는데, 스님은 태백서당 至近에 唐 至德2년(757) 化城寺를 창건하였다. 이어 唐 建中 2년(781)에 池洲 태수 張嚴이 上奏하여 황제가 직접 화성사 편액을 하사했고 열반할 때까지 주지로 있었다.[247] 또한, 그의 입산 초기부터 神異現狀이 여러 자료에서 나타나는데 입적할 때도 坐脫入亡 즉, 坐定한 채로 열반에 들었으며, 3년 후 육신을 入塔할 때도 身色이 산 사람 같았으며, 뼈마디에서 쇠사슬 소리가 나는 등 『地藏經』에 나오는 菩薩의 現身을 방불케 하였다는 것이다.[248]

김지장의 종파와 교학에 대하여 역대의 자료에는 모두 명확하게 밝히고 있지 않고 초기자료 가운데 "오직 四部經을 베끼기를 원하여 산을 내려와 南陵에 이르니 兪蕩 등이 베껴 바치었다. 이로부터 산에 돌아와 세속과 단절하였다."[249]라는 구절에서 여러 학자의 설이 있지만 四部經이

245) 曺永祿, 앞의 논문, p.136.

246) 李伯, 『全唐文』卷350. 大雄掩照日月崩落 唯佛智慧大而光生死雪 賴假普慈力能救無邊苦 獨出曠劫得開橫流 爲地藏爲當仁矣.

247) 석영성 著, 이영무 옮김, 「四大名山 九華山」, 『한국불교사 인물연구』3, 『肉身菩薩 地藏法師』, 불교영상회보사, 1993, p.94 참조.

248) 曺永祿, 앞의 논문, p.144 참조.

대승경전이라는 근거로 하여 『大般若經』, 『金光明經』, 『華嚴經』, 『妙法蓮華經』을 大藏經 編輯 4部經典으로 간주하는데 이는 대승경전의 대표적인 것들로서 이것이 대체로 김지장이 중시한 대승설법이라고 말하기도 한다. 또 어떤 학자는 김지장의 여러 行狀을 모두 삼계교의 수행과 어느 정도 관계를 보인다고 지적하기도 한다. 그러나 화성사는 어떠한 종파적 색채도 없으며 사찰의 대중들은 노소와 관계없이 땔나무를 하고 밭을 갈아 자급자족하였으니 선종의 禪農一致 주장과 같다. 더욱이 적멸육신을 다비하지 않고 탑을 세우고 공양하는 것은 三階敎師는 열반에 든 후 피와 살을 남기지 않는 특징과 맞지 않는다. 또한, 제한된 자료에 반영된 김지장의 행적에서 정토 신앙과의 관련이 명확하게 드러나는 것은 아니라고 할 수 있다.[250]

구화산이 중국 四大名山의 하나인 地藏道場으로 발전하게 된 시기는 대체로 明·淸代 이후로 보고 있다. 明·淸代 이후의 발전이란, 구화산 지장 도량이 金地藏 이래 계속해서 발전해 왔다는 것을 전제로 한 것이다. 贊寧의 『地藏傳』에 이어 南宋代 '周必大'의 여행기에서도 "화성사는 寺宇가 매우 佳麗한데 唐代에 신라왕자 김지장의 수행처였다. 식사를 파하고 김지장탑에 참배하였다."[251]라고 하고 있어 宋代에서도 화성사와 지장탑원이 지역민들에게 꾸준히 敬拜의 대상이 되고 있음을 보여준다.

249) 費冠卿, 「九華山化城寺記」, 『全唐文』卷694. 素願寫四部經 逐下山至南陵 有俞蕩等寫獻焉 自此歸山 迹絶人里.

250) 張總 著, 金鎭戊 譯, 앞의 책II, p.352 참조.

251) 周必大, 「泛丹山浙錄」, 『九華山志』第2, '散文' ; 曺永祿, 앞의 논문, p.137.

또 清代 1573~1619(萬曆년간)년, 『九華山誌』卷4에는 “만력 31년 화성사에 불이 나서 ‘量遠’이 북경으로 가서 上奏하여 황태후가 내려준 돈으로 다시 건축하였고, 탑원을 수리하였다. 34년 護國肉身寶殿 및 大藏金塔이 勅封되었으며, 아울러 ‘量遠’에게 紫衣를 내렸다.”[252] 이러한 기사에 대하여 ‘嚴耀中’의 『江南佛教史』에서는 “호국육신보전의 勅封은 바로 金地藏을 地藏王菩薩로, 구화산 화성사를 地藏王道場의 지위로 官房에서 정식으로 승인한 일이다.” 라고 평가하고 이로부터 김지장과 구화산의 다양한 설화가 전국적으로 유포되고 있다고 논술하고 있다. [253]

그리고 “唐 至德 2년(757) 唐皇帝 숙종이 ‘地藏而生寶印’이라는 글을 새긴 金印을 하사한 이후 金地藏을 ‘地藏王菩薩’로 추앙하고 음력 7월 30일은 金地藏王 誕辰日로 地藏王 법회가 열리고 있다. 이러한 의식은 천여년 동안 이어져 오고 있는데 그 규모는 중국의 四大佛山 중의 으뜸이라고 한다.”[254]

따라서 오늘날 다양한 매체에서 전달되고 있는 구화산 地藏聖地의 각종 민간문예 및 신앙 활동을 보면 과연 구화산 지장성지는 중국뿐 아니라 동아시아 지장신앙의 聖地라 할 수 있다.

---

252) 釋印光 謹撰 『九華山誌』卷4, 「明量遠」條 萬曆三十一年化城寺災 量赴京奏聞 奉皇太后賜金重建 兼修塔院 三十四年 勅封護國肉身寶殿 及大藏金塔 并賜量遠紫衣.

253) 嚴耀中, 『江南佛教史』, 上海: 人民出版社, 2000, pp.293~294; 김진무, 「중국 지장신앙의 淵源과 金地藏」, 『정토학연구』15, 정토학연구회, 2011, pp.96~97 참조.

254) KBS1 TV, 『한국사 傳』, 2008, 05. 24 放映

2. 韓國 地藏信仰의 展開

이상과 같이 중국 지장신앙은 인도나 중앙아시아 Kara-Kash 지역에서 생겨난 신앙으로 4세기경 중앙아시아를 통해 北凉에 전해진 것으로 알려져 있다. 이로부터 우리나라 한반도의 삼국시대에 전래한 지장신앙은 관음신앙과 함께 보살신앙의 양대 축을 형성하고 있다.

중국 지장신앙의 특징이 그대로 전해진 우리나라의 지장신앙은 그 전해진 시점에 관한 구체적인 연대에 대해서는 고증할 자료가 남아있지 않은 실정이다. 그리고 삼국 가운데 고구려의 지장신앙에 관해서는 전하는 바가 없으며 백제는 국외 자료에서 일부 보이고 있는데, 日本僧侶 釋覺賢이 輯한 『斑鳩古事便覽』에 斑鳩寺 東御殿에는 三殊勝地藏尊立像이 안치되어 있는데 높이 2尺5寸인 이 像은 敏達天皇 6년(577) 10월에 백제에서 보내준 것이다.[255]라는 기록이 있을 정도이다. 또 緣起說話에 의하면 이 佛像은 "百濟 聖王의 發願에 의해 지장보살이 직접 佛工刻匠으로 몸을 나투어 자신의 모습을 造成한 것이다."[256]라고 한다. 또 다른 기록에는 『南都七大寺順禮記』「法隆寺二階金堂」條에 "本尊인 彌勒과 地藏 十日面은 혹 上宮에서 제작한 것이라 하고, 혹 百濟에서 바친 像이라 한다."[257]는 내

255) 釋覺賢 輯, 『斑鳩古事便覽』, 『日本佛敎全書』117, p.38下; 眞鍋廣濟, 『地藏尊の研究』, 京都: 三密唐書店, 1960, p.45.

256) 김영태, 「지장신앙의 전래와 수용」, 『현대사회에 있어서 지장신앙의 재조명』, 선산: 영명사, 1991, p.39 참조.

257) 眞鍋廣濟, 『地藏尊の研究』, 京都: 三密唐書店, 1960, p.45; 本尊彌勒地藏十日面 或上宮御作 或百濟所獻之像.

용으로 보아 당시 백제에 지장신앙이 유입되었을 것으로 추정해 볼 수 있다. 그리고 통일 전 신라 시대와 통일신라시대에 대해서는 『三國遺事』를 통하여 당시 지장신앙의 실태를 대강 파악할 수 있다.[258] 또한, 후삼국을 통일한 고려대의 지장신앙은 교의적인 측면보다는 신앙의례를 통하여 대중에게 널리 유포되었고, 조선 시대에 이르러 억불정책으로 불교계가 큰 타격을 입게 되지만 불심이 두터웠던 세조의 등극 이후 護佛政策을 실시하여 많은 불사를 일으키게 된다. 이에 각종 지장신앙 관계서적이 간행되기도 했으나 고려 시대와 마찬가지로 대중신앙으로서의 지장신앙은 역시 의례를 통하여 이루어졌으므로 신앙의례를 위하여 그려진 地藏圖上을 통하여 그 특징적인 성격과 기능을 이해할 수 있다.[259]

따라서 여기에서는 지장신앙의 전래에 관한 역사적 기술 중 신라대에 원광의 행적들을 살펴봄으로써 한반도에 初傳된 지장신앙에 관한 『삼국유사』 등 각종 史料를 바탕으로 원광이 한국 지장신앙의 뿌리를 내리게 했던 傳貌를 想察해 볼 것이다. 아울러 원광이 귀국(600)한 해는 隋 長安에서 占察法이 禁斷 당했던 때였는데, 원광이 대중교화에 盡力하는 데 있어서 『占察善惡業報經』을 所依로 하는 占察寶를 통한 점찰법회를 당시 중국의 정치적 상황과 判然히 다른 신라사회에서 어떠한 방편으로 이루어졌는지 살펴본다. 다음으로 불교를 통해 이룩한 통일신라대에 지장신앙이 좀 더 다양하게 전개된다. 즉 이 시대의 지장신앙은 그 귀결점이라고 할 수

258) 김영태, 「지장신앙의 전래와 수용」, 『현대사회에 있어서 지장신앙의 재조명』, 운주사, 1991, p.24 참조.

259) 홍윤식, 『고려불화의 연구』, 동화출판공사, 1984, pp.162~171 참조.

있는 미륵신앙과의 관련을 진표를 통해 당시 지장신앙에 관한 현주소를 고찰해 본다. 그리고 고려조에 와서 꾸준하게 행해졌던 점찰법회와 더불어 지장신앙의 현세 이익적 의례, 치병 및 亡者를 위한 신앙, 그리고 生者를 위한 豫修信仰으로 보편적 의식으로 전개된 사실을 살펴본다.

끝으로 조선조 초기에는 숭유억불 정책으로 왕실중심 지장신앙으로 발전과 조선말에 와서 민간 신앙으로의 변모를 살펴본다.

1) 佛敎大衆化를 위한 三國時代의 地藏信仰

삼국 가운데 가장 먼저 중앙집권적 국가체제의 기틀을 잡게 되었던 고구려는 소수림왕 2년(372)에 새로운 종교이며 사상인 불교를 비로소 공식적으로 받아들였다. 그로부터 60여 년 뒤 불교가 고구려에서 신라로 전해졌다. 신라는 씨족으로 구성된 귀족의 기반을 억누르고 중앙집권적인 고대국가를 확립하려던 法興王을 중심으로 王室派들은 불교를 새 지배체제의 구축을 위한 정신적 지주로 삼아 王法과 佛法을 동일시하였다. 이로써 씨족의 분립적인 族內精神을 왕권을 끌어올리기 위한 구심점으로 삼았다. 이어 뒤를 이은 眞興王은 내·외의 도전을 극복하고 金氏王朝의 기반을 확고히 구축했다. 진흥왕은 고구려로부터 신라로 귀화한 慧亮法師를 僧統으로 임명하여 그로 하여금 불교 교단을 지도 육성케 하는 한편, 신라에서는 처음으로 慧亮法師에 의해 불교의식인 仁王百高座와 八關會를 베풀었다. 仁王百高座는 『仁王護國般若波羅蜜多經』의 가르침에 따라 내란과 외환을 없애고 국가의 安泰를 기원하는 법회이며, 이른바 팔관회는 俗

人이 八戒를 하루 동안 닦는 법회지만 진흥왕 당시 열린 팔관회는 순수 八關儀式과는 달랐다. 곧 장엄한 寺院에서 의식을 통해 베풀어진 7일간의 戰歿將兵 慰靈祭였다는데서 국가가 목적으로 했던 불교가 본연의 종교사명보다는 체제와 현실이익을 앞세운 것임을 보여주고 있다.[260)]

이처럼 신라는 그 특성상 정치적인 목적으로 중국으로부터 불교를 받아들였음이 일반적인 견해다. 그리고 왕실 위주의 종교였고, 신앙이었다. 신라의 이러한 불교적 풍토에서 불교의 대중화라 할 수 있는 민간으로 불교의식을 처음으로 시행한 인물이 있다.

新羅佛敎史에서 신라승려로서 百高座會나 포교 등 大衆敎化를 처음 행한 승려는 圓光이다.[261)] 敎學에서 뛰어났던 원광이 중국의 『高僧傳』에 최초로 立傳된 것은 그런 의미에서 수긍된다.

(1) 圓光대사의 占察寶와 신라 地藏信仰의 태동

어떤 나라에서나 마찬가지이지만, 한 인물의 행적에 따라 당해 사상의 유입과 그 발전 및 전개가 되는 것은 당연하다. 신라에서 원광대사가 공헌한 국가적 기여 및 사상적 성과는 절대 가볍지 않다. 특히 첨예한 대립의 각을 세우던 삼국에서 가장 늦게 불교를 받아들인 신라는 불교를 통한 지방호족들의 견제와 삼국통일의 실마리라 할 수 있는 화랑의 結社 등에

260) 安啓賢, 「韓國史에 있어서의 佛敎의 位置」, 『韓國佛敎史硏究』, 同和出版公社, 1982, pp.13~14 참조.

261) 『三國史記』卷4, (新羅本紀 第4 眞平王 35年) 春旱夏四月 降霜秋七月 隋使王世儀至皇龍寺 設百高座 邀圓光等法師 說經.

힘입어 결국 삼국을 통일할 수 있었다. 이 과정에서 원광 대사는 陳 나라에 가서 불법을 수학하고 花郞徒에게 世俗五戒를 가르친 인물이다. 즉 통일신라를 이루기 위한 사상적·실질적 결속의 중요 인물이 바로 원광대사이다. 그러면 원광대사가 진나라에서 수학한 것은 무엇이었을까?

이에 대해 선행된 연구는 그의 생애 및 행적,[262] 그가 만든 세속오계의 사회·사상사적 의미,[263] 그리고 불교 교학 연구의 내용 및 사상[264]을 중심으로 진행되어 큰 성과를 이루었다.[265]

이와 같은 선행연구를 바탕으로 본 章에서는 원광대사가 陳으로부터 修學하는 과정에서부터 그가 행한 점찰법회 등을 살펴봄으로써 원광은 국가가 필요로 하는 여러 활동을 전개하는 동시에 많은 중생을 부처의 가르침으로 구원하기 위한 지장신앙을 도모했다는 것을 증명해 보고자 한다.

① 圓光大師의 中國留學行狀

한국에서 지장보살 신앙이 뿌리를 내리는데 그 種子 역할을 한 先祖師

262) 신종원, 「원광과 진평왕대의 점찰법회」, 『신라 초기불교사 연구』, 민족사, 1992; 최연식, 「圓光의 생애와 사상-『三國遺事』「圓光傳」의 분석을 중심으로」, 『태동고전연구』12. 태동고전연구소, 1995,

263) 신현숙, 「淨土敎와 圓光世俗五戒의 考察」, 『한국사 연구』61·62, 1987; 이종학, 「圓光法師와 世俗五戒에 대한 新考察」, 『신라문화』7, 1990.

264) 이기백, 「원광과 그의 사상」, 『신라사상사 연구』, 일조각, 1986 ; 정병조, 「圓光의 菩薩戒思想」, 『한국고대문화와 인접 문화와의 관계』, 한국정신문화연구원, 1981; 박미선, 「新羅 圓光法師의 如來藏思想과 敎化活動」, 『韓國思想史學』11, 1998; 최연식, 앞의 논문, 1995.

265) 그 밖에 정영호, 「圓光法師와 三岐山 金谷寺」, 『사총』17·18, 1973; 조원영, 「신라 중고기 불교의 밀교적 성격과 약사경」, 『釜大史學』23, 1999 등이 있다.

를 모신다면, 新羅 留學僧 圓光大師를 주목하지 않을 수 없다. '원광법사'로 통칭하는 스님은 신라 시대 여러 學僧들을 傳記한 『三國遺事』「義解」篇 「圓光傳」에 맨 처음 등장하는 인물로 그의 생애, 사상과 불교 교화력을 비교적 상세하게 기록해 놓고 있다. 특히 法興王代의 佛敎公認 직후 활동한 승려로는 覺德, 明觀, 智明 등이 있으나 그들의 行狀과 사상을 소상히 알 수 있는 경우는 원광 대사뿐이다. 따라서 신라불교의 성숙한 기틀을 세우는 데 있어서 원광대사의 願力이 지대했음을 미루어 알 수 있다.

원광의 유학은 처음에는 불법을 구하고자 함이 아니었다. 그가 성장하던 신라 진흥왕 대는 정복사업의 확장과 중국과의 활발한 대외교섭이 이루어지던 때라, 이를 담당할 전문 인력의 확충이 필요 하였다. 이에 신라에서는 중국 언어와 문물을 배워 올 학생들을 유학 보냈을 텐데, 원광도 그 유학생 중의 한 명으로 뽑혀 중국에 간 것으로 보인다.[266]

원광의 유학시기에 대해서는 자료마다 相異한 부분이 많다. 『三國史記』에서는 진평왕 11년(589)에 陳에 들어갔다고 하는데,[267] 이때는 陳이 멸망한 해이므로 원광의 入陳 시기와 일치하지 않는다. 더구나 원광은 이미 禎明 원년(587)에 廻向寺에서 『成實論』을 講하고 있었다고 『續高僧傳』「慧旻傳」[268]에서 전하고 있고, 그 慧旻(573~649)이 15세(587) 때 신라

266) 진흥왕 이래 승려의 중국 유학에 국가가 개입하였다고 한다; 남동신, 「신라의 승정기구와 승정제도」, 『한국고대사 논총』9, 한국 고대사연구회, 2000, p.150. 그렇다면 원광과 같은 유학생의 파견도 국가 차원에서 이루어진 것이라 봄이 타당하다고 본다; 박광연, 「원광의 점찰법회 시행과 그 의미」, 『韓國佛敎叢書』卷40, 신라불교Ⅲ, 불함문화사, 1992 참조.

267) 『三國史記』卷4, 「新羅本紀」第4, 眞平王 11년, '春三月 圓光法師 入陣求法'.

268) 『續高僧傳』卷22, 「慧旻傳」, 『大正藏』50, p.619下, 十五聽法廻向寺新羅光法師成論.

光師로부터 『成實論』을 배웠다는 기록에서 여기서 光師가 圓光이라면 그가 589년보다 2년 앞서 중국에 있었다는 것이 증명된다.[269] 따라서 현재까지 알려진 자료에 의하면 신라의 승려로서 중국에 유학하여 『成實論』을 집중적으로 연구하고 강의한 승려로는 원광이 유일하므로 이름과 교학이 일치하는 것으로 볼 때 慧旻에게 『成實論』을 講했다는 신라의 光法師로는 원광 이외의 인물은 생각하기 어렵다.[270] 따라서 원광은 이미 589년 이전에 중국에 들어가 있었으므로 『三國史記』의 589년 入陳說은 신뢰할 수 없다. 또한, 원광이 25세에 배를 타고 金陵에 갔다[271]고 했는데 이렇게 海路를 이용했다면 귀국할 때처럼 入朝使와 함께 갔을 것이고[272] 당시 대부분의 유학승들이 그들을 따라 중국으로 출국과 신라에 귀국이 많았다는 것이다.[273] 그리고 원광이 유학할 즈음 신라 入陳使 派送 내용이 많이 보이고 있는 것만으로도 짐작할 수 있을 것이다.[274]

---

269) 崔鉛植, 「圓光의 生涯와 思想 -三國遺事, 圓光傳의 분석을 중심으로」, 『韓國佛教學研究叢書』卷40, 신라불교Ⅲ, 불함문화사, 1992, p.213; 여기에서 光師를 圓光으로 파악한 연구자로는 『中國佛教』1, 中國佛教協會編, 1979에서 『成實論』 源流를 서술한 林子青이 최초였다. 南朝의 대표적 成實師를 서술하는 가운데 이 자료를 '新羅 圓光法師'로 설명하였다. 한편 국내에서는 辛鍾遠, 「圓光과 眞平王代의 占察法會」, 『新羅初期佛教史研究』, 민족사, 1982. p.670에서 光師를 圓光으로 파악하였다.

270) 崔鉛植, 앞의 논문, p.213.

271) 『三國遺事』卷4, 義解 第5, 「圓光西學」, 年二十五. 乘船造于金陵 有陳之世.

272) 『三國史記』卷4, 「新羅本紀」第4, 眞平王 22년. 高僧圓光 隋朝聘使奈麻諸文-大舍橫川還

273) 『三國史記』卷4, 「新羅本紀」第4, 眞興王 10년. 春梁遣使與入學僧覺德 送佛舍利(新舊本皆作逸今據海東高僧傳改之) 王使百官 奉迎興輪寺前路.
『三國史記』卷4, 「新羅本紀」第4, 眞興王 26년. 陳遣使劉思與僧明觀 來聘 送釋氏經論千七百餘卷.
『三國史記』卷4, 「新羅本紀」第4, 眞平王 24년. 高僧智明 隨入朝使上軍還 王尊敬明公戒行爲大德

이렇듯 원광의 享年에 대해서 異見이 紛紛하지만 貞觀 4년(630)에 입적했다는 다수 학자의 동의[275]가 있다. 따라서 원광이 630년에 80~90세로 入寂했다고 한다면 그가 入陳할 당시 나이가 25~36세로 신라의 入陳使 관련 기사와 대조해 볼 때 그 시기는 575년 전후가 된다.[276]

② 圓光大師의 求法

원광 대사는 유학 직후 陳의 수도 金陵에서 僧旻(467~527)의 제자가 행하는 불교 講論을 들은 후 釋宗, 즉 佛教教學의 이치에 깊은 관심을 두게 되어 陳皇의 勅命을 얻어 출가하게 되고, 教學의 深化를 거쳐 禪定修行을 위한 入山과정이 『三國遺事』에 나타나 있다.

> 처음에는 莊嚴寺 旻公의 제자에게 강의를 들었다. 그는 본래 世間의 典籍을 읽었기 때문에 이치를 窮究하는 데는 神과 같았는데, 불교의 진리를 깨닫자 이전의 것은 한낱 지푸라기와 같이 여겨졌다. 명교(名教-불교 이외의 다른 교리)를 헛되이 찾은 것은 생애에 지극한 두려움이 된다 하여 이에 陳나라 임금에게 글을 올려 道法에 돌아갈 것을 청하니 勅命으로 허락하였다. 그리하여 僧이 되어 곧 具足戒를 받고, 講席을 두루 찾아 좋은 도

274) 『三國史記』新羅 眞興王 28년(567), 31년(570), 32년(571), 眞智王 3년(578)에 入朝使를 파견한 기록이 보이고 있다.

275) 崔鉛植, 앞의 논문, pp.213~215 참조.

276) 朴美先, 「新羅 圓光法師의 如來藏思想과 教化活動」, 『韓國佛教學研究叢書』卷40, 신라불교Ⅲ, 불함문화사, p.283, 註16 참조; 『殊異傳』에서 말하는 享年 84세설을 따르면 眞興王 32년(571)에 入陳했다고 볼 수 있다.(鎌田茂雄), 한편 三國史記에서 安弘이 眞興王 37년(576)에 隋에 가서 求法했다는 기록은 圓光이 入陳한 것을 의미하며, 원광이 眞平王 11년(589)에 入陳 했다는 것은 安弘이 入隋한 것의 誤記라고 본다는 견해도 있다; 辛鍾遠, 「新羅佛教의 傳來와 그 受用에 대한 再檢討」, 『白山學報』22, 백산학회, 1977, pp.214~215.

> 리를 모두 배웠으며, 미묘한 글들을 해득하게 되어 세월을 헛되이 보냄이 없었다. 그런 중에 『成實論』과, 『涅槃經』을 얻어 마음속에 쌓아 간직하고, 三藏과 釋論을 두루 연구했다. 나중에는 또 吳나라 虎丘山에 들어가 念定을 서로 따랐으며 覺觀을 경계하여 잊음이 없으니 僧의 무리가 구름같이 林泉에 모였다. 아울러 四阿含經을 종합하여 읽으매 그 功效가 八定에 들어갔으며, 明善을 쉽게 익혔고 筒直에 어그러짐이 추호도 없었다. 본래 품었던 마음과 잘 맞았으므로 드디어 평생을 이곳에서 마치려는 생각이 있었다. 이에 밖의 인사를 단절하고 성인의 자취를 두루 유람하면서 생각을 青霄(하늘, 즉 세상 밖)에 두고 영원히 속세를 謝絶했다.[277]

위의 僧旻은 智藏, 法雲 등과 함께 梁武帝가 講經을 위해서 중용한 義學僧으로서 成實學의 大家로 梁의 3대 법사로 불리는 인물이었다.[278] 『成實論』은 梁 三大法師들의 在世時에는 대승의 교리로 인식 되었으나 이들이 죽은 梁代 후반부터는 吉藏 등에 의해 '小乘', 혹은 '權大乘'으로 비판받았다. 이는 『成實論』이 소승의 論藏을 대승적으로 설명하였고 당시 成實學者들이 『成實論』과 함께 '毘曇'을 연구하는 경향을 보였기 때문이다.[279]

277) 『三國遺事』卷4, 義解 第5, 「圓光西學」, 『大正藏』49. p.1001下. 初聽莊嚴旻公弟子講素霑世典 謂理窮神 及聞釋宗 反同腐芥 虛尋名教 實懼生涯 乃上啓陳主 請歸道法 有敕許焉 旣爰初落采 卽稟具戒 遊歷講肆 具盡嘉謀 領牒微言 不謝光景 故得成實涅槃蘊括心府 三藏釋論遍所披尋 末又投吳之虎山 念定相沿 無忘覺觀 息心之衆 雲結林泉 並以綜涉四含 功流八定 明善易擬 筒直難虧 深副夙心 遂有終焉之慮 於卽頓絕人事 盤遊聖跡 攝想靑霄 緬謝終古.

278) 鎌田武雄 著, 張輝玉 譯, 『中國佛教史』, 장승, 1993, p.225.

279) 李平來, 「心性論에 대한 小考」, 『新羅佛教 如來藏思想에 대한 硏究』, 民族社, 1996, pp.107~108.

그리고 陳은 梁의 宣揚에 의해 건국되었으므로 梁의 불교정책이나 학풍이 계속 유지되었다고 보면,[280] 원광의 유학 당시 陳에서는 東晋이후 발달한 불교 교학의 연구가 활발하였고, 그러한 陳의 불교 교학의 세계가 원광에 成實・涅槃・三藏・釋論 등의 講場을 통하여 다양한 知的欲求를 충족시켰을 것으로 본다.

아울러 東晋이후 南朝의 佛教 義學, 즉 교리연구가 활발했던 佛教講論會上에서는 승려뿐 아니라 황족과 귀족 등의 일반 지식인들도 적극 참여하였다. 당시 지식층 사이에서는 老莊思想과『周易』등에 기초한 玄學이 유행하고 있었는데 불교의 교학 특히 空思想에 대한 이해는 현학의 주요 주제인 有・無의 문제에 많은 도움이 되었던 것이다. 따라서 이름난 법사들의 강의에서는 승려들뿐만 아니라 일반 俗人들도 동참하였고, 나아가 왕공이나 귀족들이 스스로 불교경전을 강의하기도 하였다. 이러한 경향은 특히 황제 보살로 자처한 梁武帝의 崇佛政策 이후에 승려들의 지위가 높아지면서 더욱 성행하였는데, 원광이 유학한 陳代에도 그런 경향이 지속하고 있었다.[281] 따라서 원광은 그러한 法席에서 불교사상에 심취할 수 있었고 방향을 바꾸어 蘇州의 虎丘山으로 들어가 禪定을 닦았다. 속세와 인연을 쉬고 자연에 머물면서 禪法의 一環인 八定[282]을 수행하면서『阿含經』을 공부했다.[283] 그가 닦은 小乘의 禪法인 八定의 선정수행이 후대

280) 朴美先,「新羅 圓光法師의 如來藏思想과 教化活動」,『韓國佛教學研究叢書』卷40, 신라불교Ⅲ, 불함문화사, 2003, p.283.

281) 崔鉛植,「圓光의 생애와 사상-三國遺事, 圓光傳의 분석을 중심으로」,『韓國佛教學研究叢書』卷40, 신라불교Ⅲ, 불함문화사, 2003, p.223.

282) 色界의 四禪定과 無色界의 四空定.

의 空觀에 기초한 禪 수행과 다른 小乘的인 것이었음을 보여준다. 그리고 이것은 그가 기초하고 있던 成實學의 사상적 경향과 일치되는 것이었다.

원광의 이러한 태도는 당시 義學 승려들의 禪을 멀리하는 경향과 사뭇 대조되어 주목된다. 보통 남조와 북조의 불교계는 각기 義學과 禪法으로 대조된다고 하듯, 南朝에서는 교학이 발달하였지만 禪定이 그다지 중요시 되지 않았기 때문이다.284) 그런데 이와 관련하여 원광이 그 학문을 계승하였다고 하는 僧旻의 禪定을 중요시했다는 것에 주목할 필요가 있다.285) 僧旻은 평소에도 禪默을 즐겨 십여 일씩 선정에 들어 禪師들의 칭송을 받고 定에서 나온 후에 강의하기도 하였는데, 그의 이런 경향은 제자들에게 적지 않은 영향을 주었을 것으로 생각한다. 또한, 원광이 입산한 虎丘山은 승민이 처음 출가한 곳으로 후에 그곳의 사찰을 重建하고 노년에 머물던 곳이기도 하였다.286)

따라서 원광의 이런 禪定수행으로의 전환은 敎學講場에서 벗어난 것이 아니라, 스승 僧旻의 家風을 잇는 것이라고도 볼 수 있을 것이다. 다시 말해서 그곳에서 원광의 行狀은 敎學[『阿含經』]과 禪定의 兼修로써, 그의 실천적 수행이었다고 할 수 있다.

원광이 虎丘山에서 생각을 靑霄(하늘, 즉 세상 밖)에 두고 영원히 속세를 謝絶하여 일생을 그곳에서 마칠 결심을 하였을 때, 산 아래의 한 신도로부

283) 『三國遺事』卷4, 義解 第5, 「圓光西學」. 末又投吳之虎山 念定相沿 無忘覺觀 息心之衆雲結林泉 並以綜涉四含 功流八定.

284) 横超慧日,「中國南朝時代の佛敎學風」, 『中國佛敎の硏究』,1958; 崔鈆植, 앞의 논문, p.226.

285) 『續古僧傳』卷5, 義解, 梁楊都莊嚴寺沙門釋僧旻; 崔鈆植, 앞의 논문, p.226.

286) 崔鈆植, 앞의 논문, p.227.

터 請法을 받게 된다.

> 이때 어떤 信士가 산 밑에 살고 있어서 원광에 와 강의해 주기를 청했다. 그러나 원광은 굳이 사양하고 허락하지 않았다. 그러나 끝내 맞이하려 하므로 마침내 그의 뜻에 따랐다. 처음은 『成實論』을 말하고 나중에는 『般若經』을 강의했다. 모든 해석이 뛰어나고 명철하여 가문(嘉問-좋은 명예)을 얻었으며, 또 아름다운 修辭로 엮어내니 듣는 자가 모두 기뻐하며 모든 것에 흡족해하였다. 이 때문에 예전의 법에 따라 중생을 일깨우고 교화함을 임무로 삼으니, 법륜이 한번 움직일 때마다 언제나 일순에 江湖를 불법으로 기울게 하였다. 비록 異域에서의 傳教이지만 도에 묻혀 싫어하고 꺼림이 없는 탓에 명망이 널리 퍼져 영표(嶺表-중국 남방)에까지 퍼졌다. 이에 가시밭을 헤치며 바랑을 매고 찾아오는 사람이 마치 고기 비늘처럼 잇달았다. 때는 마침 수나라 문제가 천하를 다스렸고 그 위엄은 남국(南國-陣나라)까지 미치고 있었다.287)

이렇듯 원광이 한 佛弟子의 請法을 받아 법을 펼치는 모습과 그의 法席에 立錐의 餘地없는 莊嚴講堂의 표현으로 가득 차 있는 것을 볼 수 있다.

慧旻이 그에게 『成實論』강의를 들은 것도 이때였을 것이다. 그는 陳에 머무는 동안 成實學者로서의 모습을 보였고 유학 초기 공부한 내용이나 下山한 뒤에 강의한 기본 내용이 『成實論』임은 물론 중간의 입산수행도 성실학에 기초한 禪定修行이었다.

287) 『三國遺事』卷4, 義解 第5, 「圓光西學」, 『大正藏』49, p.1001下. 時有信士宅居山下 請光出講 固辭不許 苦事邀延 遂從其志 創通成論 末講般若 皆思解佼徹嘉 問飛移 兼[糸*柔]以絢采 織綜詞義 聽者欣欣 會其心府 從此因 循舊章 開化成任 每法輪一動 輒傾注江湖 雖是異域通傳 而沐道頓除嫌郄 故名望橫流 播于嶺表 披榛負[壹-豆+(石/木)]而至者 相接如鱗 會隋后御宇 威加南國

그런데 원광이 체류할 당시 南朝에서는 成實學 이외에 三論과 天台, 攝論 등 새로운 學風이 일어나고 있었고, 成實學은 교학적으로 쇠퇴하고 있었다. 여기서 원광이 성실학을 선택한 데에는 그만의 사정이 있었을 것이다.

당시 신라 사회에 유행하고 있던 불교는 業說에 기초한 小乘的인 것으로 파악되는데, 유행하던 여러 교학 중 소승을 대승적으로 설명하는 성실학의 借用이 편리했을 것이다. 그때 역시 여러 불교학파 중 성실학이 三敎의 調和에 가장 적극적이었다. 특히 僧旻이 강의할 때는 儒學과 玄學의 표현으로 불교교리를 해석하는 것으로 유명하다.288) 따라서 앞서 인용한 『三國遺事』에서도 밝힌 것처럼 원광은 世間의 典籍, 즉 儒學이나 玄學에도 밝았다고 했다. 두 학문에 밝았던 원광이 成實學에 쉽게 접근할 수 있었을 것이고, 또한 스승 僧旻 학풍과의 소통에도 유리했을 것이다.

이후 589년 陳이 隋에 의해 무너지고 원광은 隋의 수도인 長安으로 옮긴다. 당시 장안은 새로운 국가의 수도로서 학문과 종교의 중심지로 변하면서 隋 황실은 江南의 고승들을 청해와 불교 교학 발전을 도모하고 있었다. 원광이 長安으로 관심을 둔 것도 이런 현상에 起因했을 것이다. 그리고 원광은 그곳에서 새로운 불교학을 접하는데 그것은 攝論學의 수용이었다.289)

『攝大乘論』은 無着이 짓고 世親이 『攝論釋』이라는 해설서를 지은 瑜伽行派의 저작으로 唯識思想을 담고 있는 論書다. 唯識思想은 인간을 중심으로 정신과 물질 등 모두는 오직 心識에 의해 창조되며 心識을 떠나 존

288) 崔鉛植, 앞의 논문, p.227.
289) 崔鉛植, 앞의 논문, p.228.

재할 수 없다는 것이다.[290] 따라서 唯識思想은 인간의 마음을 분석하여 迷妄 된 중생 개개인의 마음을 알고 자신의 마음이 眞如性임을 깨달아 本性의 眞如世界로 들어가고자 하는 것이다. 또한『攝大乘論』은 唯識哲學을 바탕으로 如來藏思想을 담고 있으며 이 論書를 所依하고 있는 攝論學은 唯識思想과 如來藏思想을 결합하려는 연구경향을 띠었다.[291] 이러한 경향은 眞諦가『佛性論』을 연구하여 如來藏緣起說을 정립하고『大乘起信論』과 같은 眞妄和合의 아뢰야식사상을 중국에 도입하면서 시작되었던 것이다.[292]

앞서 전한『三國遺事』에서 원광은 陳에서『成實論』과『涅槃經』을 익혔는데 成實學의 大家였던 僧旻은『成實論』뿐만 아니라『涅槃經』과 毘曇을 講論하고, 如來藏三部經에 속하는『勝鬘經』을 講義하기도 하였다.『勝鬘經』은 여래장사상의 대표적인 경전이므로 그가 여래장사상도 터득했을 것으로 본다.[293]

따라서『涅槃經』에서는 '一切衆生悉有佛性'을 주장하며 이 佛性이 번뇌에 가려져 있는 상태를 如來藏이라 하였다. 또한, 원광은 隋 長安에서『十地經論義記』,『涅槃經義記』를 저술한 慧遠(523~592)을 만났다.[294]

290) 金英美,「元曉의 如來藏思想과 衆生觀」,『新羅佛敎思想史硏究』, 民族社, 1994, p.278.

291) 李箕永,「統一新羅時代의 佛敎思想」,『韓國哲學史』上, 民族社, 1987, pp.166~169.

292) 吳亨根,「新羅唯識思想의 特性과 그 歷史的 展開」,『古代韓國佛敎敎學硏究』, 民族社, 1989, p.145.

293)「續高僧傳」卷5,『大正藏』50, p.462中. 影毘曇以講論,『大正藏』50, p.462下. 又敕於慧輪 殿講勝鬘經 帝自臨聽 仍選才學道俗釋僧智僧晃臨川王記室東莞劉勰等三十人 同集上定林寺.

294) 木村宣彰,「元曉大師と涅槃思想」,『元曉硏究論叢』,國土統一院調査硏究室,1987, pp.825~826.

혜원은 北朝의 불교를 분류하면서 地論宗과 涅槃宗을 가장 優先에 두었는데[295] 이 두 宗派는 佛性이 있다는 사상을 共有 한다는 것이다. 이에 원광은 僧旻의 家系와 慧遠과의 만남에서 사상적 소통을 이루어 내고 여래장사상에 대한 폭을 넓힌 반면 나아가 陳·隋·兩國에서 다양한 불교교학 중 唯識思想과 如來藏思想이 圓光 자신만의 핵심적 사상으로 무르익었을 것이다.

이처럼 그의 留學行狀을 前述한 여러 측면에서 보면 원광은 入陳 직후부터 항상 僧旻의 學風이 녹아있는 家系에 머물렀음을 보이고 있는데, 여래장사상의 수용에서도 그렇다고 할 수 있다. 그것은 현재 전하고 있지는 않지만, 원광이 『如來藏經私記』3권과 『大方等如來藏經疏』1권[296]을 저술했다는 사실에서 『如來藏經』은 『勝鬘經』과 함께 여래장사상의 대표적 경전으로 그가 僧旻의 如來藏思想을 계승한 것으로 여겨진다.[297]

그런데 여기에서 주목할 것은 『勝鬘經』과 『楞伽經』은 安弘이 眞興王末年(37년~576)[298]에 入陳求法 후 佛舍利와 함께 가지고 귀국했다. 敷衍하자면 『勝鬘經』은 如來藏三部經에 속하고 『楞伽經』은 『大乘起信論』의 所依經典으로써 여래장과 아뢰야식을 결합한 경전이다. 이런 如來藏思想界의 경전이 이미 신라사회에 유통되었다.

거기에 원광이 主目한 如來藏思想은 涅槃宗의 중심사상을 이루는 것으

295) 鎌田茂雄 著, 鄭舜日 譯, 『中國佛敎史』, 경서원, 1985, pp.119~120.

296) 『韓國佛敎撰述文獻目錄』, 東國大學校佛敎文化硏究所, 1976, p.7.

297) 崔鉛植, 앞의 논문, p.230.

298) 「海東高僧傳」, 『大正藏』50, p.1021下. 眞興王三十七年 安弘入陳求法 與胡僧毘摩羅等二人迴 上楞伽勝鬘經及佛舍利.

로서 陳·隋나라에 걸쳐 唯識學의 根幹이 되었던 『攝大乘論』의 攝論宗과 涅槃宗 등의 宗派에서[299] 그가 體得한 참신하고 法喜充滿한 새로운 흐름이었다. 이는 向後 신라사회에 大乘佛敎의 興起를 豫告하는 것이고 부처님 가르침의 시작이자 終點인 一切衆生悉有佛性이고 계층에 구애받지 않는 일체중생들의 平等成佛觀이며 그가 귀국 후 펼칠 교화와 포교, 즉 한국 지장보살신앙의 원동력이 여기서부터 胎動하였다고 본다.

③ 圓光大師의 歸國과 占察寶 開設

유학 초기 『成實論』을 修學하고 僧旻의 學風이 녹아있는 家系에 머물며 如來藏思想과 관련한 著述을 하기도 한 원광은 600년(진평왕 22년)에 신라로 귀국했다.

> 원광은 학문이 吳越에서 通達하였으나 문득 중국의 북쪽 지방인 周와 秦의 문화를 보고자 하여 開皇 9년(589)에 隋 나라의 수도 長安으로 유학갔다. 때는 마침 佛法의 初會를 맞아 攝論이 비로소 일어나니 文言을 마음속에 간직하여 微緖를 떨치게 했다. 또 慧解를 달려 그 이름을 隋 長安에 떨쳤으며 이제 勳業이 이루어지니 신라로 돌아가서 계속해야겠다는 생각을 했다. 本國 新羅에서는 멀리 이 소식을 듣고 隋 皇帝에게 원광의 歸國을 여러 번 請하였다. 이에 수 황제는 勅侑을 내려 그를 후하게 위로하고 고향으로 돌려보냈다. 원광이 수년 만에 돌아오자 老少가 서로 기뻐했다. 新羅王 金氏(眞平王)는 그를 만나고는 恭敬하며 聖人처럼 우러렀다.[300]

299) 安啓賢, 「新羅佛敎의國家觀과 社會倫理」, 『韓國佛敎史硏究』, 同和出版公社, 1982, p.106.
300) 『三國遺事』卷4, 義解 第5, 「圓光西學」, 『大正藏』49, p.1002上. 光學通吳越 便欲觀化

원광이 유학할 당시의 長安을 비롯한 北朝는 武帝(560~578)의 불교탄압으로 그 후유증이 심하여 불교와 도교의 수행자, 도사 등을 환속시키기까지 하였다. 그 뒤 宣帝(578~579)의 즉위를 계기로 불교의 부흥을 도모하였고, 남북조가 통일되면서 불교를 통한 국가중흥의 토대를 마련하고자 하였으나 오랜 세월 법난을 겪은 대중들은 소위 말하는 말법 시대가 도래했음을 미루어 짐작하였다. 그래서 국가나 官 등 귀족주도의 불교의 한계성을 절실히 체험함으로써 민간대중들이 주도하는 불교의 모색을 희망하고 있었다고 볼 수 있다. 즉 지금까지 국가 주도에 의한 불교 전반에 대한 모습이 민간에 의한 불교의 신앙을 비롯한 각종 의식의 진행으로 변모되었다. 이른바 불교의 대중화가 실현될 즈음이 왔던 것이다. 그 결과의 一例가 바로 이 절에서 다룰 점찰법회이다.

이러한 움직임으로 『점찰경』이 등장한 뒤 곧장 중국의 남부에서 점찰법회가 행해졌고, 곧이어 금릉 지방에서도 일반 남녀들이 점찰법회를 행할 정도로 빠르게 전파되었다.[301] 여기서 먼저 파악해야 할 것이 바로 占察寶이다.

占察寶는 점찰법회가 아니다. 그러나 이 점찰보는 점찰법회를 떠나서 별개로 존재할 수는 없다. 점찰법회를 위한 일종의 契組織이며, 친목을 겸한 법회 운영의 약간 경제성을 띤 상설 기구조직체를 점찰보라고 할 수

周秦 開皇九年來遊帝宇 値佛法初會 攝論肇興 奉佩文言 振績 微緒 又馳慧解 宣譽京皐 勣業旣成 道東須繼 本國遠聞 上啓頻請 有勅厚加勞問 放歸桑梓 光往還累紀 老幼相欣 新羅王金氏面申虔敬仰若聖人

301) 채인환, 「신라 진표율사 연구」 I, 『불교학보』23, 한국불교학회, 1986, p.31.

있다.302)

占察寶는 占察法會를 施設하기 위해 만든 일종의 '寺刹經濟常設機具'라 한다. '寶'에 대한 여러 기록을 살펴볼 때 원광대사가 개설한 占察寶303)가 그 시작이다. 이후 생긴 寶로는 국가에 큰 공을 세웠으나 후손들이 억울한 지경에 처해있음을 하소연하는 金庾信의 怨을 풀기 위해 왕이 鷲仙寺에 三十結의 토지로 功德寶를 세워 冥福을 빌도록 했다는 기록이 있다.304)

占察寶는 『占察善惡業報經』에 따라 자신의 業報를 占察하고 懺悔하는 佛敎信行 조직단체였다. 이 占察法에 관하여 그 목적이 현실적 이익을 증진하려 한다는 데 비추어 현실에 대한 타협 내지는 원광의 의식 속에 잠재된 巫覡信仰의 영향 때문이라는 견해305)가 있다. 이러한 인식에 대하여 鄭柄朝는 一然이 撰한 『三國遺事』에서 占察寶의 設置目的에 관한 언급을 할 때, 그 주된 목적은 신라인들에게 불교적 윤리관을 심으려 했다고 보는 것이 타당하고 옳을 줄 안다.306)고 겸허히 지적하고 있다. 필자는 이 두 견해에 대해서 占察寶의 '寶'의 성격에 구체적 논증을 해 보고자 한다.

---

302) 金煐泰, 「新羅 占察法會와 眞表의 敎法硏究」, 『古代韓國佛敎敎學硏究』, 佛敎史學會, 1989, p.302.

303) 『三國遺事』卷4, 義解 第5, 「圓光西學」, 『大正藏』49, p.1003上. 原宗興法已來津梁始置而未遑堂粤 故宜以歸戒滅懺之法開曉愚迷 故光於所住嘉栖岬 置占察寶以爲恒規 時有檀越尼納田於占察寶今東平郡之田一百結是也 古籍猶存.

304) 『三國遺事』卷1, 紀異 第2. 未鄒王竹葉軍 王聞之懼 乃遣工(大)臣金敬信 就金公陵謝過焉 爲公立功德寶田三十結于鷲仙寺 以資冥福

305) 李基白, 「圓光과 그의 思想」, 『新羅時代의 國家佛敎와 儒敎』, 韓國學硏究院, 1978, pp.105~108.

306) 鄭柄朝, 「圓光의 菩薩戒思想」, 『古代韓國佛敎學硏究』, 민족사, 1989, p.250.

신라 시대 및 한국불교역사에 존재했던 寺院寶 등 여러 가지 例에서 보면, 이는 오랜 세월 동안 사찰에 존속한 경제적 구조로 寶는 출가자의 무소유를 원칙으로 하는 無盡思想을 바탕으로 檀越들이 施主한 재물인 無盡財로써 無盡業과 관련된 布施의 강조 속에서 생겨난 제도이다. 그러므로 법회 운영을 위해서 사찰에 施納된 財源을 貸付하거나 토지는 小作하도록 하였다.307) 또한, 僧伽라는 단체개념에 기초한 소유의 표현으로 始原的 增殖의 의미를 지닌다. 최상의 福田이라 여기는 布施와 功德, 보시물과 이윤의 중간 매개역할을 하였고 여기서 사원의 財貨가 창출되는 再生産의 원동력으로 이어졌다.

따라서 점찰보는 利他行의 수단이 되는 限에서 施納한 재물들이 貸付단계에 들어가 자본의 증식과 순환이 이루어지는 子母사상 등의 이론적 바탕에서 윤리적인 종교행위로 용납되었고, 佛事, 法會, 각종 구제사업 등에 사용한 사원경제였다.308)

이와 같은 寶가 개설되어 佛陀를 존경하는 신앙심으로 供養物을 施納하고, 사찰은 그들의 발원을 함께하는 상호신용과 이해관계가 긴밀해졌다. 寶에 兩面이 있다면 불사와 법회, 복지사업, 종교적 公的 활동에 대한 재

307) 김경집, 『역사로 읽는 한국불교』, 정우서적, 2008, pp.93~97; 伽山 李智冠, 『伽山佛教大辭林』卷9, 가산불교문화연구원, 2007, p.914 참조; 占察寶를 시작으로 功德寶·八關會를 위한 八關寶·불교연구를 위한 조선정종 원년(946); 佛名經寶·廣學寶' 불전간행을 위한, 般若經寶·大藏經寶·經寶·壽命 年長을 위한 長年寶·亡者의 忌齋를 위한 忌日寶·사찰운영을 위한 常住寶·사찰장엄시설을 위한 聖油香寶·繡帳寶 등이 있었다.

308) 현대불교사회에서는 佛敎徒들이 공동으로 投資하여 金庫法人을 만들어 貸出, 融資 등의 상호신용으로 편리를 도모하고 있다. 이에 대표적인 불교의 寶성격으로는 부산광역시 범일동 소재 '부산성의신협불교지점' (이사장: 최송홍)이 있다.

정의 충당 내지는 확보 차원에서는 긍정적이지만 이 때문에 사원의 재정이 증대되고 그를 바탕으로 사회적인 영향력을 확대하여 종교성을 상실하는 측면도 있었다.

『三國遺事』에서는 占察寶에 관한 다음과 같은 記事가 나온다.

> 의논하여 말하기를 "原宗(법흥왕)이 불법을 일으킨 후 비로소 진량(津梁-불교의 토대)이 설치되었지만, 아직 당오(堂奧-진리의 경지)에는 도달함이 없었다. 그리하여 마땅히 귀계멸참(歸戒滅懺-불교에 귀의하는 것)의 법으로 우매한 중생을 깨우쳐 주어야 할 것이다." 그래서 원광은 자신이 살던 嘉栖岬에 점찰보(占察寶-법회를 뒷받침하기 위한 재단)를 두고 이것을 상규로 삼았다. 이때 어떤 여승이 시주하다 밭을 점찰보에 바쳤는데, 지금의 동평군에 있는 밭 100결이 바로 이것으로 그때의 기록대장이 아직도 남아있다.[309)]

그러면 『三國遺事』에서 밝히고 있는 내용으로 미루어 원광이 귀국 후 자신이 살던 가서갑에 두었던 이러한 점찰보에서는 과연 어떤 구실을 했는가? 그것은 위의 내용대로 우매한 중생을 깨우치기 위한 법회에 필요한 자금의 비축이라고 할 수 있을 것이다. 그러면 원광이 귀국한 이후 이러한 보를 설립하고 시행한 법회는 어떤 성격을 띠고 있는지를 보자.

원광은 백성에게 불교를 전할 수 있는 새로운 방법을 고민하던 중에 그가 선택한 것이 바로 점찰법회의 시행이었다.[310)] 원광이 점찰법회를

309) 『三國遺事』卷4, 義解5, 「圓光西學」, 『大正藏』49, p.1003上. 議曰 原宗興法已來津梁始置 而未遑堂粤 故宜以歸戒滅懺之法開曉愚迷 故光於所住嘉栖岬 置占察寶以爲恒規 時有檀越尼納田於占察寶 今東平郡之田一百結是也 古籍猶存.

310) 朴美先, 「新羅 圓光法師의 如來藏思想과 敎化活動」, 『韓國思想史學』11, 韓國思想史學會, 1998, p.33.

시행했다는 것을 알려주는 기록이 『三國遺事』에 나온다.

> 건복 30년 계유년(진평왕 35년) 가을에 수나라 사신 王世儀가 오니, 황룡사에서 백고좌법회를 열고 여러 고덕들을 청하여 경을 설하게 하였다. 원광은 가장 上首에 거하였다. (일연이) 논평하여 말하기를 "原宗이 불법을 일으킨 이래로 津梁은 비로소 설치되었으나 아직 堂奧에는 이르지 못하였으니 마땅히 歸戒滅讖의 법으로 愚迷함을 깨우쳐야 할 것이다."라고 하였다. 그러므로 원광은 주석한 嘉栖岬에서 占察寶를 열고 恒規로 삼았다.[311]

즉 진평왕 35년(613)에 처음으로 신라에서 점찰법회가 시작된 것이다. 원광은 귀국 후 우매한 중생을 깨우치기 위한 목적으로 嘉栖岬寺에 占察寶를 두고 『점찰선악업보경』을 점찰법회에 사용하였기에 지장신앙과 밀접한 관계가 있다고 말할 수 있다. 주지하는 바와 같이 지장의 공덕을 설한 경전은 예로부터 많이 있지만, 그 중요한 것으로는 地藏三經이라 해서 『地藏十輪經』, 『점찰선악업보경』, 『지장보살본원경』의 셋이 거론된다. 따라서 신라에서 원광 대사에 의한 점찰법회의 시행은 중국 지장신앙 특징 그대로의 전래를 뜻하는 것이다.

이상과 같이 新羅中代(7세기경)에는 왕실의 이념과 정치적 활동에 적극 부응하면서 또 한편으로는 지방으로, 일반 대중에게로 그 공간과 대상을 확대하면서 교화가 이루어졌다고 볼 수 있다. 그 과정에서 특히 원광은

311) 『三國遺事』卷4 義解5 「圓光西學」. 建福三十年癸酉(卽眞平王卽位三十五年也)秋 隋使王世儀至 於皇龍寺 設百座道場 請諸高德說經 光最居上首 議曰 原宗興法以來 津梁始○而未遑堂奧 故宣以歸戒滅讖之法 開曉愚迷 故光於所住嘉栖岬 置占察寶 以爲恒規.

점찰보를 만들고 점찰법회를 시행하는 등 백성의 현실적 고를 신앙으로 해결해주기 위해 많은 노력을 하였을 것이다. 따라서 신라 삼국의 불교는 한마디로 불교의 대중화를 위한 지장신앙이었다고 하겠다.

2) 統一新羅의 大衆的 地藏信仰

삼국통일의 위업을 이룬 신라는 정치적으로나 사회적으로 안정을 찾고 불교가 민중에게까지 전해질 수 있는 역량을 갖추게 된다. 이에 통일신라대에는 지장신앙의 양상이 좀 더 다양하게 전개된다. 진표를 중심으로 統一新羅期의 地藏信仰 展開樣相을 고찰한다.

(1) 眞表의 点察法會와 地藏信仰

新羅下代에 와서 지장신앙의 전승을 보면, 점찰법회는 통일기에 접어들어서도 계속되었다. 道場寺의 점찰법회를 비롯하여 五臺山, 興輪寺, 金山寺, 금강산 鉢淵寺, 팔공산 동화사 등 王京과 지방을 불문하고 여러 지역에서 개최되어 상당히 유행했음을 짐작할 수 있다.

8세기 중엽 이후 점찰법회는 주로 眞表[312]와 그 제자들을 중심으로 시행되었다.[313] 眞表의 생애에 관한 세 가지 傳記 자료는 일연이 찬한

312) 진표에 관한 연구업적은 다음과 같다; 문명대, 「신라법상종(유가종)의 설립문제와 그 미술」, 『역사학보』62·63, 역사학회, 1974; 채인환, 「신라 진표율사 연구」Ⅰ, 『불교학보』23, 1986; 이기백, 「미륵신앙연구」, 『신라사상사연구』, 일조각, 1986; 김영태, 「신라 점찰법회와 진표의 교법연구」, 『불교학보』9, 한국불교학회, 1972; 김영태, 「점찰법회와 진표의 교법사상」, 숭산 박길진 박사 화갑기념, 『한국불교사상사』, 1975 등이 있다.

313) 박미선, 「신라 점찰법회 연구」, 연세대박사학위논문, 2007, p.102.

「眞表傳簡」과 1197년 瑩岑이 지어 1197년 鉢淵寺에 세운 「발연사 진표율사 眞身骨藏立石碑銘」, 그리고 988년 贊寧이 찬술한 『속고승전』에 실린 「唐百濟國金山寺眞表傳」이다. 이 중에서 瑩岑의 「발연사 진표율사 眞身骨藏立石碑銘」은 『三國遺事』에 일연의 제자 無極이 「關東楓岳鉢淵藪石記」라는 제목으로 실려 있다.314)

이러한 진표의 생애에 관해서는 현재까지 명확히 밝히지 못하고 있지만 진표가 亡身懺悔의 수행을 통해 지장보살과 미륵보살을 친견하고 그들에게 戒法과 簡子를 받아 点察法으로 널리 교화활동을 하였다는 서술은 전승과정에 변하지 않은 원형을 간직한 것으로 간주할 수 있다. 이처럼 진표는 생몰연대가 확실치 않으나 경덕왕(742~765)과 혜공왕(765~780) 재위시절에 활약한 고승이다.

「眞表傳簡」과 「關東楓岳鉢淵藪石記」 모두 진표가 12세에 金山寺의 崇濟(혹, 順濟)에게 출가했다고 한다. 그러나 「眞表傳簡」에서는 740년 23세 때 지장보살을 親見했다고 하므로, 진표는 718년에 출생하여 12세가 되던 729년에 출가한 것이 된다. 반면에 「關東楓岳鉢淵藪石記」에서는 760년 그의 나이 27세에 미륵보살 앞에서 수행했다고 하므로 734년에 출생하여 745년에 출가한 것이 된다. 「唐百濟國金山寺眞表傳」에서는 출가시기를 開元 年間(713~741)으로 기록해 「眞表傳簡」과 대략 일치한다. 이처럼 국내 전승 기록은 활동내용과 연령대는 대체로 일치하지만 절대 연대에서 16년의 차이가 있어 「眞表傳簡」을 따를 때 진표는 景德王代에 활

314) 『三國遺事』卷4, 義解5, 「關東楓岳鉢淵藪石記」. 此錄所載眞表事跡 與鉢淵石記 互有不同 故刪取瑩岑所記而載之.

동한 인물이 되고 「關東楓岳鉢淵藪石記」를 따르면 惠恭王代에 활동한 인물이 되는 것이다.315)

앞에서 보았듯이 진표율사가 숭제 대사에게 출가했다는 기록에서 숭제를 진표의 스승으로 보고 있으므로 「眞表傳簡」에 숭제의 행적을 실은 것도 그에 대한 전승을 인정하는 것으로 볼 수 있다.

진표는 崇濟로부터 『供養次第秘法』1권과 『占察善惡業報經』2권을 받고 戒法을 널리 전할 것을 다짐하였다. 760년(경덕왕19)에는 변산의 不思議房에 들어가 오랜 수행 끝에 마침내 지장보살로부터 簡子를 얻었다. 766년(혜공왕 2)에는 금산사를 창건했으며 彌勒丈六像을 鑄成하고 금강산에 들어가 鉢淵寺를 지어 占察法會를 열고 7년을 지냈다. 제자인 永深, 融宗, 佛陀 등에 가르침을 전하고 가사와 발우, 그리고 『공양차제비법』과 『점찰선악업보경』 등을 전해주었으며 속리산에 吉祥寺를 짓게 했다. 말년에는 아버지와 함께 鉢淵寺에 거주하였으며 절의 동쪽 큰 바위 위에 앉아 입적하였다. 제자들은 시체를 옮기지 않은 채 공양하다가 해골이 흩어져 떨어지자 흙을 덮어 무덤으로 삼았다고 전한다.316)

진표에 의해 開設된 点察戒法은 대중에게 커다란 호응을 얻었는데 이는 이론적인 탐구나 내세의 복을 빌기보다는, 현세에서 자신이 지은 잘못을 참회하는 매우 현세적이고 실천적이며 대중적인 신앙형태를 보였기 때문에 가능했던 것으로 보인다.

315) 박미선, 「신라 점찰법회 연구」, 연세대 박사학위 논문, 2007, pp.104~105.

316) 허남진 외 篇, 『삼국과 통일신라의 불교사상』, 서울대학교출판부, 2005, pp.243~244.

(2) 眞表317)의 行蹟①

진표의 행적을 기록한 「關東楓岳鉢淵藪石記」에 지장보살과 관련된 대목이 있다.

> …… 律師는 금산사 순제 법사에게 가서 머리를 깎고 스님이 됐다. 순제가 『사미계법』 및 『전교공양차제비법』 1권과 『점찰선악업보경』 2권을 주며 말했다. "너는 계법을 가지고 미륵·지장 두 보살 앞으로 가서 간절히 법을 구하고 참회해서 친히 계법을 받아 세상에 널리 전하도록 하라." 율사는 가르침을 받들고 작별하여 물러 나와 두루 명산을 유람하니 나이 이미 27세가 되었다. 상원 원년 경자에 쌀 20斗를 쪄 말려 양식을

317) 진표율사는 완산주 만경현 사람이다. 아버지는 진내말, 어머니는 길보량이며, 성은 정씨이고 나이 12세 때 금산사의 숭제 법사 講席 밑에 가서 스님이 되어 배우기를 청했다. 그 스승이 일찍이 말했다. "나는 일찍이 당나라에 들어가 선도삼장에게 배운 후에 오대산에 들어가 문수보살의 현신에게서 오계를 받았다." 진표는 아뢰었다. "부지런히 수행하면 얼마나 되어 계를 얻게 됩니까?" 숭제가 말했다. "정성만 지극하다면 1년을 넘지 않을 것이다." 진표는 스승의 말을 듣고 명산을 두루 다니다가 선계산 부사의암에 머물러서 삼업을 닦아 망신참법으로 계를 얻었다. 그는 처음에 7일 밤을 기약하여 오륜에 돌을 두들겨서 무릎과 팔뚝이 모두 부서지고 바위 낭떠러지에 피가 쏟아졌다. 그러나 아무런 부처의 감응이 없으므로 몸을 버리기로 하고 다시 7일을 더 기약하여 14일이 되자 마침내 지장보살을 뵙고 정계를 받았으니 바로 개원 28년 경진(740) 3월 15일 진시, 진표의 나이 23세였다. 그러나 그의 뜻이 慈氏(彌勒菩薩)에 있으므로 감히 중지하지 않고 영산사로 옮겨가서 또 처음과 같이 부지런하고 용감하게 수행했다. 과연 미륵보살이 감응해 나타나 「점찰경」 2권과 중과의 간자 189개를 주면서 일렀다. "이 가운데서 제8간자는 새로 얻은 묘계를 비유한 것이요, 제9간자는 구족계를 얻은 것에 비유한 것이다. 나머지는 모두 沈香과 檀香나무로 만든 것으로 이것은 모두 번뇌에 비유한 것이다. 너는 이것으로써 세상에 법을 전하여 남을 구제하는 뗏목을 삼아라." 진표는 彌勒菩薩의 기별을 받자 金山寺에 와서 살며 해마다 檀席을 열어 法施를 널리 베풀었으니 그 檀席의 정결하고 엄한 것이 이 末世에는 보지 못했던 일이었다. 風敎와 法花가 두루 미치자 여러 곳을 다니다가 阿瑟羅州에 이르니 섬 사이의 물고기와 자라들이 다리를 놓고 물속으로 맞아들이므로 진표가 불법을 강의하니 물고기와 자라들은 戒를 받았다; 李民樹 譯, 『三國遺事』, 「眞表傳簡」, 乙酉文化社, 1992, pp.331~332.

> 만들어 보안 현에 가서 변산에 있는 부사의 방에 들어갔다. 쌀 오합으로 하루의 양식을 삼았는데, 그 가운데서 한 합을 덜어 쥐를 길렀다. 율사는 미륵상 앞에서 부지런히 계법을 구했으나 3년이 되어도 수기를 얻지 못하였다. 이에 발분하여 바위 아래 몸을 던지니 갑자기 청의 동자가 손으로 받들어 돌 위에 올려놓았다. 율사는 다시 발원하여 21일을 기약하고 밤낮으로 부지런히 수도하여 돌로 몸을 두드리면서 참회하니, 3일 만에 손과 팔뚝이 부러져 땅에 떨어졌다. 7일이 되던 날 밤에 지장보살이 손에 금장을 흔들면서 와서 그를 도와주어 손과 팔뚝이 전과 같이 되었다. 또 보살이 그에게 가사와 바리때를 주니 율사는 그 靈應에 감동하여 더욱더 정진했다. 21일이 다 차니 곧 천안을 얻어 忉率天衆들이 오는 모양을 볼 수 있었다. 이에 지장보살과 미륵보살이 앞에 나타나니 미륵보살이 율사의 이마를 만지면서 말했다. "잘하는구나 대장부여! 이처럼 계를 구하여 몸과 목숨을 아끼지 않고 간절히 구해서 참회하는구나." 지장이 계본을 주고, 미륵이 또 목간자 두 개를 주었는데, 하나에는 아홉째 간자, 또 하나에는 여덟째 간자라고 쓰여 있다.[318)]

이를 교리상으로 살펴본다면 지장보살의 역할은 무불시대의 보살이다. 석가모니불은 이미 열반하셨고 미륵불은 아직 나타나지 않은 상태에서 이 시대의 汚濁惡世, 즉 말법 시대를 책임질 보살이 바로 지장보살이다. 왜냐하면, 미륵불이 하생하기 전에 그전 단계에 반드시 전제되어야 할 尊格이 지장보살이기 때문이다. 그래서 진표의 스승 숭제는 미륵, 지장 두 보살 모두에게 법을 구하도록 당부하였던 것이다. 진표 율사가 不思議房에서 겪은 이러한 지장, 미륵보살의 종교체험 때문에 주변에 미친 파급효과는 至大했던 것 같다. 그래서 고려 때 一然스님은 『삼국유사』에서 특별히 2개 항목이나 按配를 해서 진표의 이런 神異한 靈驗談을 기록하고 있는

318) 李民樹, 앞의 책, p.336.

것이다.[319]

결국, 진표 율사와 그의 스승인 숭제 대사가 활동하던 당대에는 지장신앙과 미륵신앙이 불가분의 관계를 이루어 신앙 되었던 것으로 보인다. 그러한 흐름을 진표 율사는 세상에 드러내었고, 그래서 지장보살과 미륵보살을 모두 친견하는 신앙적 체험을 증명한 인물이 바로 진표율사였다.

(3) 眞表의 行蹟②

진표는 지장보살을 친견하여 수계를 하였으나 이것으로 만족하지 않고 더욱 정진하여 彌勒佛을 친견하고 『点察經』과 189개의 簡子를 받는다. 이 중에서 8번과 9번은 미륵불의 손가락뼈로 된 것이라고 한다. 그 뒤 금산사에서 계단을 개설하여 계를 설하면서 점찰법회를 행했다고 한다. 또 그의 제자인 永深 大師에 의해 간자를 속리산에서 보관하기도 하였으며, 心地 大師에 의해 동화사로 옮겨서 봉안했으며 계속하여 점찰법이 계승되었으므로 『삼국유사』의 저자인 일연도 동화사에서 친견하였다고 한다.

> 진표의 점찰행법이 중요한 점은 계를 원하는 이가 반드시 懺悔法을 닦을 것을 지목하고 있다는 점이다. 그리고 그 후에 행할 점찰에 의해 참회에 의한 멸죄가 이루어졌는지 아닌지를 검증하는 것으로 만약 참회멸죄를 성취한 상이 나타난다면 上品戒를 얻는 것이 될 수 있고, 아직 멸죄를 얻지 못해 장애가 남아있는 상이 나타나면 다시 참회해서 멸죄하는 것에 의해 中品戒를 얻는 것이 되지만, 그래도 멸죄한 상이 나타나지 않으면

319) 조용헌, 『眞表律師 彌勒思想의 특징』, 「馬韓 · 百濟文化와 彌勒思想」, 文山金三龍博士古稀記念論叢, 圓光大出版局, 1994, pp.818~820 참조.

> 더욱 참회하여 下品戒를 얻는 것이 된다. 이렇게 본다면 진표의 점찰계법은 『점찰선악업보경』에 설한 방법보다도 더욱 참회와 점찰의 관계가 직접 연결되어 있고 점찰하는 방법이 더욱 간명하게 돼 있으며 그 행하는 방법 또한 쉽게 고쳐져 있을 것이다.320)

이처럼 진표는 대중을 교화할 때 占察法이라는 포교방법을 사용하였던 것이다. 『점찰선악업보경』에 경전을 설하는 주체는 지장보살로 되어 있다. 『점찰선악업보경』이 3대 지장경전에 속하는 만큼 그 說主가 지장보살인 것은 당연하다. 그런데 위의 「진표전간」에 보면 미륵보살이 『占察經』2권을 진표에게 주었다는 기록이 보인다. 그뿐만 아니라 占察을 하는 데 있어서 필수적 도구라 할 수 있는 簡子 또한 미륵보살이 직접 주었다고 되어있다. 『점찰경』도 미륵보살이고 簡子도 미륵보살에게서 나왔다. 진표는 지장신앙의 핵심 경전을 미륵보살로부터 받는 것으로 되어 있다. 사실은 지장보살로부터 받아야 맞는 것이다. 그런데 미륵보살로부터 받는다. 진표의 이후 교화행적을 보면 미륵신앙을 홍보하는데 『점찰경』과 '점찰법'을 주요한 방편으로 삼는 것에서도 내용은 원래 지장신앙인데 마지막 귀결은 미륵신앙으로 끝내고 있음이 드러난다. 이상을 종합해 볼 때 지장보살과 미륵보살 또는 지장신앙과 미륵신앙의 결합은 진표율사에 의해서 공식화되고 이 결합의 형태가 이후 한국 불교의 특징적인 형태 가운데 하나로 전해졌다고 보이며,321) 이는 지장보살이 無佛시대에서부터 彌勒佛의

320) 關口眞大 編『佛教の實踐原理』, 東京: 山喜房佛書林, 1977, p.379.

321) 조용헌, 「한국 지장신앙의 특징-미륵신앙과의 관련을 중심으로-」, 『한국불교총서』14, 불교신앙II, 불함문화사, 1992, p.199.

當來化生時까지 남염부제 중생을 제도하기를 서원했던 것에서 지장과 미륵의 관계는 불가분하게 소통이 있어야 한다고 본다.

3) 現世와 來世利益이 結合한 高麗의 地藏信仰

고려 시대에는 모든 사회·문화적인 생활상이 불교에서 시작하여 불교로 끝나는 이른바 불교국가였다고 해도 과언이 아니다. 즉 각종 의식이나 법회를 국가에서 관장하는 등 호국을 표방한 진호국가의 형태를 취했으며 한편, 민간에서는 신라에서부터 지속해 오던 점찰법회가 고려 중기에 이르기까지 꾸준히 행해지는 등 祈福이나 禳災·護國佛敎의 兩分化된 형태로 특징지어졌다.

여기서 고려 시대의 불교를 교학적인 면에서 본다면 신라 시대 보다 완성도 높은 불교문화가 꽃을 피웠음을 알 수 있다. 두드러진 결과라면 단연 고려 시대 대장경(初彫·敎藏·在彫大藏經)의 彫板을 들 수 있고, 또 많은 예술품의 제작 및 敎禪의 일치 등에서도 교학적인 발전을 이루었다.

김영태는 "고려 시대의 지장보살 신앙은 주로 법상종과 정토계 사찰에서 우세하였다. 법상종은 점찰법회를 통해서, 정토계는 아미타 정토 신앙과 결합한 冥府의 구제자로서 지장보살에 대한 신앙이 크게 유행하였다. 이 시기에는 佛畵뿐만 아니라 많은 유물에서도 아미타불의 협시보살로 지장보살이 설정된 것으로 보아 미타신앙과의 결합 ……" 322)을 고려 시대 지장신앙의 특징으로 보았다.

322) 김영태, 『한국불교사상사연구』, 동국대출판부, 1983, p.131.

하지만 신앙의 형태가 국가 주도적이어서 제반의 의례, 의식, 법회 등이 다분히 정치 사회적인 성격을 띰으로써 국가와 사회의 안녕과 번영을 위한 불교사상이라는 형태였으므로 그 사상 본연의 발전은 기대하기 어려웠다. 그 때문에 중생구제를 위한 시대적 요구에 부응하지 못한 점이 인정된다. 더구나 지극히 민간적인 불교의례와 호국불교와의 완충사상이라고 할 수 있는 召命을 다하는 사상가의 不在로 시대와 불교를 호도하는 자가 출현하여 세태에 역행하는 이들이 생겨나기도 하였다.

이와 같은 현상은 후대에 와서 억불정책의 커다란 빌미를 제공하기도 했다. 결국, 고려대에서의 현실 기복적인 신앙으로의 편중이나, 시대 부정적이고 타락해 가는 양상과 승려의 자질 등에서 문제점들이 야기되어 불교는 점차 중생에게서 멀어지게 되었다. 하지만 이 과정에서도 신라로부터 전승되어온 뿌리 깊은 민간신앙이라 할 수 있는 지장신앙은 왕권교체 등과는 무관하게 발전하여 신앙의 독립성을 형성하는 듯 보인다. 그중에서 한 가지 특징을 들자면 기존의 신앙에 특히 조상을 잘 섬기는 신앙이라고 할 수 있을 것이다.

고려 시대의 지장신앙을 정리해본다면 신라에 이은 꾸준한 점찰법회의 시행, 치병을 위한 지장신앙 및 망자추복을 위한 十王信仰, 그리고 生者를 위한 豫修信仰의 등장, 지장보살의 圖上 조성 등은 당시 지장신앙이 민간신앙으로의 보편화한 신앙으로 자리매김 되었음을 가리키는 것이라 하겠다.

먼저 고려 시대에 행해졌던 점찰법회의 例를 『東文選』에서 살펴보면 다음과 같다.

歡喜와 率陁가 비록 仁方의 국토를 間隔지었으나 地藏菩薩과 慈氏(彌勒菩薩)가 특히 淨戒의 法門을 열었습니다. 律師의 信心에 붙이지 아니하면, 누가 보살의 참된 부탁을 전하겠습니까. 영묘한 불문에 한번 나가면 妙化가 무궁합니다. 모든 것을 받들어 행하여서 부지런히 참회하고 감사하면, 그것은 위험한 城을 벗어나는 빠른 길이며, 고해를 건너가는 미더운 항해가 될 것입니다. 왕년에 간신이 조정에 있어서 그때의 정치가 道를 잃었으므로 원망이 백성의 마음에 맺혀진 것이 오래되었습니다. 禍變이 都城에서 일어났으니 여러 사람의 노여움을 당할 수 없었습니다. 승냥이와 이리가 할퀴고 물어뜯듯이 亂兵들이 이르는 곳에는 길에 유혈이 낭자했습니다. 崑岡의 사나운 불길에 옥석이 함께 버린 듯 사대부가 거의 다 없어졌으니, 공연히 가시나무들만 구름에 이어 있는 것을 볼 뿐이었습니다. 내가 왕 위에 나아간 처음에는 매양 살리기를 좋아하는 덕을 돈독하게 하였습니다. 신하들을 보내서 죽은 자들의 뼈를 덮어 주고, 창고를 열어서는 의지할 곳 없는 자들을 진휼하였습니다. 지성이 인간에게 흡족하지 못하였으나, 음덕은 거의 지하에까지 미쳤습니다. 저 황천에 막혀 있는 넋들은 모두 흰 칼날에 죽은 놀란 혼들입니다. 인생무상의 견지에서 본다면, 반드시 이 도깨비 같은 세상에 어찌 오래 살아야 하리오마는 正命이 아닌데 죽었으니 아마 그들은 저승에서 길이 恨하고 있을 것입니다. 원하건대 불가사의한 불법의 인연에 의지하여 널리 헤매고 있는 그들 많은 혼의 길을 바로 열어 주옵소서. 훌륭한 法士들을 불러 모아 장황하게 法筵을 열었습니다. 妙音이 三千大千世界에 두루 퍼져서 자비의 설을 믿고 받아들이면 聖簡의 九를 얻은 자와 八을 얻은 자는 그것으로써 업보가 이루어지는 것을 점치며 밤낮으로 겸손하고 정성스럽게 하면, 그림자나 메아리처럼 감응한다고 운운합니다. 혹은 귀하고 혹은 천한 부류와 聖이니 賢이니 하는 무리 무릇 고의로 살해되었거나 잘못 死傷된 자들의 혼이 원통한 맘을 풀고 맺혀진 한을 녹여 버리지 않는 자가 없으며 신기한 것이 화하여 냄새나고 썩은 것이 되느니 당장 옛날에 가졌던 육신을 포기하며 煩惱는 곧 菩提, 佛陀, 正覺을 얻기 위하여 닦는 道가 되어 속히 十方世界의 여러 부처님을 보게 하소서.[323]

이상과 같이 劉羲가 撰한 『兜率院占察會疏』에 따르면 왕실에서 간신들 때문에 억울하게 목숨을 잃은 혼령을 위로하고, 고의로 살해되었거나 잘못 死傷된 자들을 위하여 비록 육신은 없어졌으나 혼만이라도 위로하고 나아가 見佛할 수 있도록 불가사의한 불법 인연으로 그들 혼을 위해서 점찰법을 행한다고 하고 있다.

다음으로 治病을 위한 지장신앙의 예를 문헌을 통해서 보면 "정종 7년(1040) '徐訥'에게 안석과 지팡이[几杖]를 주고 重大匡의 벼슬을 더 주었다. 다음 해 거듭 물러나고자 청했으나 허락하지 않았다. '서눌'은 병을 얻어 地藏寺에 머물렀는데, 왕은 右承宣 金廷俊을 보내 문병하였다."[324]라는 기록이 있는데 이들은 치병에 대한 소원과 무병장수를 기원하기 위한 현세 이익적인 욕구가 지장신앙으로 나타났음을 보여 주며 또 이것은 지장신앙이 豫修信仰과 무관하지 않음을 말하는 것이라 하겠다. 한편, 점찰법회의 성격이 신라 시대에는 주로 우매한 중생을 깨우치는 일환인 참회법 또는 망자의 명복을 빌기 위해 열렸는데, 고려 시대에는 미타신앙과 결합

323) 劉羲, 「兜率院占察會疏」, 『東文選』卷110. 歡喜率陁 雖隔仁方之國土 地藏慈氏 特開淨戒之法門 非付律師之信心 孰傳菩薩之眞囑 靈門 一出 妙化無窮 凡厥奉行 克勤懺謝 出危城之捷路 濟苦海之信航 昔者奸臣在朝 時政失道 怨結民心者久矣 變從轂下以起焉 衆怒莫當 豺狼肆 其搏噬 亂兵所及 膏血流於道塗 玉石俱焚 塒冀崐岡之猛火 衣冠殆盡 空看楚樹之連雲 惟予即辟之初 每篤好生之德 遣臣掩骨 發廩賑孤 至誠未洽於人間 陰德庶推於地下 彼黃泉之滯魄 皆白刃之驚魂 如以無常而觀 何必久生於幻世 然非正命而死 恐其長恨於幽宮 願憑妙法之因 普濟群迷之路 招集勝士 張皇法筵 妙音周三千大千 信受慈悲之說 聖簡得九者八者 以占業報之 成 日夜殷勤 影響感應云云 或貴或賤之品 曰聖曰賢之流 凡爲故殺誤傷 無不解寃釋結 神奇化爲臭腐 頓拋昔日之有身 煩惱即是菩提 速見十方之諸佛.

324) 『高麗史』卷94, 列傳 卷7, 諸臣, 「徐熙」 條

하여 救病不死의 기능을 함께한 정토왕생을 기원하는 성격을 띠게 된다.

지장신앙의 변화가 구체적으로 드러나는 것은 고려 후기에 집중적으로 제작된 高麗佛畵이며 특히 아미타불의 협시로 등장하거나 관음보살과 함께 등장함으로써 당시 사람들에게 서방극락정토로 인도하는 引路王菩薩의 역할을 가진 보살로 여겨짐을 알 수 있다. 그리고 아미타신앙의 결합과 함께 『佛說預修十王生七經』에서 강조되는 시왕·명부시왕이 결합하여 지옥의 구제자로서의 성격이 확실하게 드러나는 지장시왕신앙으로도 발전하였다. 그리하여 지장보살을 중심으로 十王을 좌우에 배치한 형식의 地藏十王圖가 유행하였는데 이는 고려 후기로 갈수록 지장보살을 시왕과 연결해 자리매김하는 十王信仰의 모습을 엿볼 수 있다. 그러나 당시에는 지옥의 모습을 구체적으로 표현한 불화가 제작되지 않아서 중국과 다른 점을 보인다. 즉 고려 시대의 지장신앙은 망자를 위한 추선의 의미가 강한 것을 알 수 있다.[325] 그것은 안팎에서의 전란과 정치적 불안으로 현실의 고통 속에서 벗어난 극락정토에 왕생하기를 원했던 민중에게 지장신앙이 필요 하였을 것이다. 다시 말해서 현실적 이익으로서의 신앙과 내세적 이익의 염원이 결합하였다고 할 수 있다.

또한, 각 가정에서 자손에 의해 제사를 모시는 것은 성리학의 도입과 유교적 의례가 퍼진 후이며 그 이전 제사의 역할은 사찰의 통과의례와도 같은 것이었다. 사찰에서 祭祀의 의미는 조상을 기리기도 하지만 薦度의 역할 또한 크다. 薦度齋의 주된 역할은 지옥중생의 업보를 증명해주어 억

325) 라정숙, 「高麗時代의 地藏信仰」, 『史學研究』80, 한국사학회, 2005, pp.111~112.

울함 없이 往生의 조건을 갖추게 하는 지장보살신앙과 왕생극락을 염원하는 미타신앙으로 생각할 수 있다.

4) 淨土往生의 條件을 完成하는 朝鮮의 地藏信仰

조선 건국(1392) 후 太祖는 건국의 所懷에 대해 "安邊 釋王寺는 내가 潛邸에 있을 때 願刹로 만들기 위해 새롭게 건조한 인연으로 …… 한 가정이 변해 나라가 되어 오늘에 이르렀음"을 말한 바 있다. 그는 석왕사 護寺의 과정에 많은 佛事를 일으키기도 했다.[326] 이어 건국에 이르러서는 權近(1352~1409)이 찬한 「釋王寺 堂主 毗盧遮那 左右補處 文殊普賢 腹藏發願文」에는 이와 관련한 상세한 내용이 전하고 있다.

> 왕명을 받들어 撰했다 …… 혹은 望像으로, 혹은 불림[範]으로, 혹은 조각으로, 혹은 회화로 佛身을 만들어 사람들의 敬信하는 마음을 쏠리게 하면 부처님 영험이 이에 감응하는 것입니다. …… 안변 석왕사는 …… 내가 潛邸에 있을 때 願刹로 만들기 위해 새롭게 건조한 인연으로 …… 한 가정이 변해 나라가 되어 오늘에 이르렀습니다. 위로는 先世를 복되게 하고 아래로는 群生을 이롭게 하고자 三千佛과 釋迦三尊, 毗盧遮那三尊, 地藏菩薩, 十府冥王을 그림으로 완성하고 五百羅漢을 石造 하였습니다. …… 堂主 비로자나만이 홀로 모셔지고 좌우보처가 없으므로 다시 문수와 보현의 두 보살존상을 木造하였습니다. …… 先代의 祖宗께서는 먼저 神德의 仙駕를 짝하여 내려와서 법계의 모든 생명을 정토에 오르게 하시고, 종친 宰相과 朝野의 臣民이 다 함께 복된 경사를 누리며, 전쟁이 영원히 종식되고 국운이 길이 편안하며, 대대손손을 영원히 보우하사 …… [327]

---

326) 문상련(정각), 「지장신앙의 전개와 신앙의례」, 『淨土學硏究』15, 한국정토학회, 2011, p.163.

이렇듯 三千佛과 釋迦三尊·毗盧遮那三尊·地藏菩薩·十府冥王을 그림으로 완성하고 五百羅漢을 石造한 공덕으로 왕위에 오르게 되었음을 언급한 태조는 즉위 후 석왕사에 屬田 百結과 羅漢·十王齋의 位田으로 각기 50結씩을 하사하였다.[328] 이러한 護佛觀을 가졌던 태조와는 달리 太宗代(1401~1418)의 抑佛政策으로 말미암은 불교 교단은 "『高麗密記』에 기록된 裨補寺刹과 지방 각 고을의 『踏山記』에 실려 있는 사찰 가운데 새 수도와 옛 수도에서는 五教兩宗에 각각 하나씩을 지방의 牧·府에는 禪宗과 教宗 각각 하나씩을 그리고 郡·縣에는 선종과 교종 가운데 하나씩의 사찰을 잘 가려서 남겨두도록 하라."[329]는 정치적 과정에서 기존 교단의 12宗團과 국가에서 종단마다 排他的으로 사찰을 배정하고 있다.[330] 이어서 세종대에는 曹溪, 天台, 摠南 3宗을 합쳐 禪宗으로 華嚴, 慈恩, 中神, 始興 4宗을 합쳐 教宗으로 하여 7宗[331]으로 축소되었다. 또한, 세종 20

327) 『陽村先生文集』卷33, 雜著類 哀册, 「釋王寺 堂主 毗盧遮那 左右補處 文殊普賢 腹藏發願文」. 奉教撰 故或塑或範或雕或繪以成佛身 而歸人心之敬信 則佛之靈變於斯應矣 …… 安邊有釋王寺 古鎭兵裨補也 予在潛邸 嘗爲願刹 重新營搆 幸賴天地之佑祖宗之德 化家爲國 以致今日 思欲上福先世 下利群生 畫成三千佛 釋加三尊 毗盧遮那三尊 地藏菩薩 十府冥王 石造五百羅漢 …… 舊造堂主毗盧遮那 獨尊而無左右補處 於是又以木造文殊, 普賢兩大菩薩尊像 …… 惟願先代祖宗先耦神德仙駕 下及法界有情超登淨刹宗親宰輔韓厘野臣民 共膺福慶 兵塵永息 國祚永康 世世生生 保佑無疆 …….

328) 『世宗實錄』, 세종 10년 戊申 9월20일 記事. 屬田一百結, 又給羅漢十王齋位田各五十結.

329) 『太宗實錄』, 태종 6년 丁巳 3월27일 記事. 前朝密記付裨補寺社及外方各官踏山記付寺社內 新舊都五教兩宗各一寺 外方牧府禪教各一寺 郡縣禪教中一寺量留.

330) 『太宗實錄』, 태종 6년 3월 27일. 曹溪宗 摠持宗 合留七十寺; 天台 疏字 法事宗 合留四十三寺; 華嚴 道門宗 合留四十三寺; 慈恩宗 留三十六寺; 中道 神印宗 合留三十寺; 南山 始興宗 各留十寺 上從之 且曰: 檜巖寺 有志其道僧徒之所聚 可於例外加給田地一百結 奴婢五十口; 表訓 榆岾 亦是檜巖之例 其原屬田民 仍舊勿減; 定數外寺社 亦量給柴地一二結.

년에는 아예 승려의 도성 출입을 금하였다.332) 이러한 모습으로 조선 초기의 불교는 심각한 타격을 입었다. 지장신앙과도 연관돼있는 『世宗實錄』 중 다음의 기사는 당시 세종의 불교에 대한 정치적 입장이 잘 나타나 있다고 하겠다.

> 禮曹에서 啓하기를 "咸吉道釋王寺는 太祖의 潛邸 때부터 願刹이라고 일컬어 거듭 새롭게 營建하고는 屬田 1백結과 또 羅漢·十王齋의 位田으로 각기 50結씩 주었사오니, 청하건대 다른 寺社의 例에 의하여 羅漢·十王齋의 位田을 혁파하소서" 하니, 그대로 따랐다.333)

고 하는데 이를 보면 정치적 입장에서는 崇儒抑佛 정책 때문에 불교계가 큰 타격을 입게 되지만 왕실 내부에서나 민간에게는 불교적 신앙행위가 계속 유지되었다. 특히 불심이 두텁던 世祖의 등극 이후 好佛政策을 실시하여 많은 불사를 일으키게 된다. 세조는 불서편찬 및 印經, 그리고 불교행사에서 주동적인 구실을 하였으며 왕위에 오른 뒤에는 많은 사찰을 창건하고 삼보를 숭배하는 등 불사를 더욱 본격적으로 추진하였다. 연산군 10년(1504) 인수대왕대비의 승하 이전까지 세조와 정희대왕대비, 인수대

331) 『世宗實錄』, 세종 6년 4월5일 庚戌 條. 乞以曹溪 天台 摠南三宗 合爲禪宗 華嚴 慈恩 中神 始興四宗 合爲敎宗

332) 『世宗實錄』, 세종 20년 4월20일 癸酉 條; 太平館을 개축하면서 役僧 수천 명에게 도첩을 주었더니 이로 인해 승려들이 도성 안을 마구 다니게 되고 남녀가 뒤섞여 추잡한 소문이 끊이지 않으니 이에 승려의 동원을 그만두고 도성 출입을 금하였다.

333) 『世宗實錄』, 세종 10년 戊申 9월20일 記事. 禮曹啓 咸吉道釋王寺 自太祖潛邸時 稱爲願刹 重新營構 屬田一百結 又給羅漢十王齋位田各五十結 請依他寺社例 革羅漢十王齋位田 從之

비, 인순왕후 등 왕실 내부의 주도하에 여전히 많은 불사가 행해졌음을 볼 수 있다.[334]

이렇게 왕실 내부적으로는 불교행사가 빈번하게 행해졌는데 당시 왕실에서 이루어진 불교행사 중 地藏信仰과 관련된 것들만 드러내 본다면 조선 초 왕실에서는 亡者追善과 薦度를 위한 印經이 주로 행해졌다. 그 내용을 보면 다음과 같다.

> 부처님께서 慈悲와 喜捨로 미혹한 중생들로 하여금 머리를 깎고 스님이 되게 하고, 이른바 복전과 이익의 설이 있기 때문에, 仁人과 효자 등 그 지극한 은혜 갚기를 도모하는 자는 귀의하지 않을 수 없다 …… 昭憲王后께서는 타고나신 성덕이 衆美를 온전히 갖추셨으니 만세를 누리심이 마땅하오나 갑자기 승하하셨다. 모든 대군이 …… "이미 효도를 다하지 못하였는데 명복을 비는 것마저 폐한다면 昊天罔極한 은혜를 장차 어찌 갚으리오."하고 죄를 무릅쓰고 굳이 청하니, 임금이 가하다고 하교하셨던 것이다. 이에 三藏중 가장 별다르고 가장 殊勝한 經을 취하여 모으니 ……『地藏經』의 苦趣를 구원하여 뽑는 것과 慈悲懺의 허물을 뉘우치게 하며, 티끌과 때를 빤다는 것을 모두 다 表章하고, 金泥와 丹砂를 사용하여 묘한 楷書로 써서 여러 보배로 장식하였다. 책머리에 변상을 씌워, 보는 자로 하여금 반복하여 외고 읽은 것을 기다리지 않고도 숙연히 공경하는 마음을 다하게 하고 …… [335]

334) 문상련, 앞의 논문, p.164.

335)『東文選』卷103, 跋, 「諸經跋尾」[姜碩德] 條 大雄氏以慈悲喜捨 普度群迷 而又有所謂福田 利益之說 故仁人孝子 圖報至恩者 不得不歸焉 …… 恭惟我昭憲王后 天賦聖德 備全衆美 宜享萬 歲而遽焉陟遐 諸大君 …… 旣未能盡孝 而又廢追福 則昊天罔極之恩 將何以報 昧死敢請 敎曰可 於是就三藏中撮其最殊最勝者 與夫地藏經之救拔苦趣 慈悲懺之浣濯 塵垢者 悉皆表章之 用金泥丹砂 書以妙楷 飾以 衆寶 仍於卷首 冠之之以變相 使觀者 待繙誦 而起敬起慕.

이 내용에 나타나 있는 것처럼 조선 시대 집권자들이 불교 교리를 인정하고 있을 뿐 아니라 내부적으로도 스스로 신앙심을 숨기지 않고 드러내고 있다. 또한 『法華經』, 『彌陀經』, 『普門品』, 『梵網經』, 『起信論』 등의 핵심적인 교리만을 발췌[336]하여 망자의 冥福을 비는 명분으로 삼고 있다.

여기서 주목해 볼 것은 왕실 내부의 망자추선을 위한 印經이나 齋會를 施設할 때 마지막으로는 항상 『地藏經』속의 惡道苦趣와 慈悲修懺을 위해서 지장보살의 大願力에 의지하고 있는데 이를 보더라도 본 저술에서 常述하고 있는 지장보살의 정체성을 확인할 수 있다.

이렇듯 조선 초기 1441년 소헌왕후 승하 후부터 1489년 德宗의 장남 월산대군의 명복을 빌며 그의 부인 박씨가 『地藏菩薩本願經』 15부를 印出하기까지 무려 15회의 간행기록이 보이는데 고려 시대에 그다지 확산되지 않았던 『地藏菩薩本願經』은 이를 계기로 이후 조선 시대에 총 38종의 판본이 판각되었음을 볼 수 있다.[337]

이상 여러 전적 인출과 함께 『地藏菩薩本願經』 변상도가 제작되기에 이르고, 1482년 인수대비가 외동딸 명숙공주의 극락 천도를 발원하여 「冥府十王圖」를 조성하기도 하였다. 또한, 1488년 성종의 繼妃 貞顯王后가 역시 딸을 위하여 十王圖 1幀을 조성하였으며, 1489년 인출된 『地藏

---

336) 『東文選』上同 ; "『法華經』의 만법이 신묘하여 한 마음을 밝게 한다. 『彌陀經』의 몸과 마음을 편히 기를 곳으로 돌아가 극락을 누리다. 『普門品』의 機와 情이 계합하여 사람과 법이 다 같이 묘하다. 『梵網經』의 중생이 계율을 받아 지니면 곧 佛地에 들어간다. 『起信論』의 大乘을 갖추고 佛種을 심지 않는다." 라는 불교의 수승한 교리를 내세우며 사후문제를 의탁하고 있음을 잘 나타내고 있다.

337) 15件의 『地藏菩薩本願經』 印經의 詳細記事는, 문상련, 앞의 논문, pp.165~167 참조.

菩薩本願經』 印出 跋文에 의하면 덕종의 장남 월산대군의 명복을 빌며 부인 박씨가 白金으로 地藏像을 鑄造해 奉安하기도 하였다.338)

이때부터 典籍의 인출뿐 아니라 지장보살의 圖·影像 또한 조성되기 시작한다고 보이는데 앞 시대의 귀족적인 신앙 형태에서 벗어나 한층 민간신앙적인 성격을 강하게 띠게 되면서 한국적인 지장 신앙으로 완성을 보게 된다. 사찰 내에는 山神閣이나 七星閣 등 민간신앙적인 전각이 건립되고, 이와 함께 祈福과 영가 천도를 위한 명부전과 전각에 함께 봉안되는 佛畵도 많이 제작되었다. 이는 국내의 정치적 혼란과 고통스러운 현세에 대한 불안감으로 현실의 도피욕구 등이 내세에 대한 열망으로 표출되고, 그러한 열망은 곧 고통에서 벗어나기 위한 바람이다. 따라서 생전에 追善하여 齋를 올리고 사후형벌을 미리 방지하고자 하는 차원에서 명부의 救主인 지장보살과 시왕에 대한 신앙이 성행하고 이에 따라 十王圖 또한 상당수 제작 되었다.339) 이를 뒷받침하는 것으로 世祖2년(1456)에는 자신이 단종을 폐위시키고 왕권을 찬탈하는 과정에서 일으킨 癸酉(1453)·丙子(1456)士禍에서 斬殺된 수많은 영혼을 위한 水陸齋를 베풀어주라는 내용이 있다.

> 禮曹에 傳旨하기를 "내가 생각해 보니 삶이 있는 종류라면 物我가 하나의 本體인데, 법은 이미 만 가지로 달라서 괴로움도 있고 즐거움도 있지만, 天心을 생각하면 똑같은 사랑으로 볼 뿐이다. 내 불행히 屯難의 非運

338) 문상련, 앞의 논문, p.167, 註100~103 참조.

339) 김정희, 『조선시대 지장시왕도 연구』, 一志社, 1996, pp.150~151 참조.

> 을 만나 殺戮한 자가 많았는데 형벌로 죽은 혼들이 寄食할 곳이 없이 길이 苦途에 빠진 것을 매우 불쌍하게 여긴다. 또 온 境內에 제사를 지내지 않는 귀신도 또한 많을 것이니 諸道의 깨끗한 곳에다 봄·가을로 水陸齋를 베풀어 궁한 魂들을 度厄하게 하라."[340]

위 내용에서 보듯이 세조 스스로 본인의 행위를 인정하고 망자들에게 追善의 齋를 베풀어 자신의 寃結을 法食으로 供養하여 解寃하려는 의지가 잘 나타나 있다.

또한, 지장신앙과 관련한 것으로 『世祖實錄』에 의하면, 세조가 일본에서 여러 차례 통신사를 보내와서 정성을 다하는 데 대하여 그 후의에 보답하는 내용의 서신을 일본 국왕에게 보내는 내용이 있다. 일본에 감사의 의미를 표하는 데 있어 여러 불경을 가장 선두에 적고 있고 더욱이 『地藏經』을 보낸다고 하는 내용을 볼 수 있다.[341] 일본에 전해진 지장경의 정확한 經名은 알 수 없으나 이는 지장신앙이 조선 시대에도 꾸준하게 신앙되어 왔음을 보여주는 단초라 할 수 있다.

조선 시대 불교신앙의 특징은 민간신앙이나 巫俗, 土俗 信仰과의 융합이 크게 이루어졌는데, 이러한 점은 지장신앙에서도 더불어 견인되는 양상을 띤다. 이는 고려 시대 이전까지는 冤魂을 위무하고 개인의 참회수행을 위한 점찰법회의 主尊으로 신앙되어 오던 지장보살신앙이 고려 시대에

340) 『世祖實錄』, 세조 2년 7월 26일 記事. 傳旨禮曹曰 予惟有生之類 物我一本 法旣萬殊 有苦有樂 念及天心 一視等慈 予不幸遭屯難之運 殺戮者多 甚憫刑憲之魂 無所寄食 長淪苦途 且闔境無祀 鬼神亦多 其令諸道淸淨處 春秋設水陸 以度窮魂.

341) 조민희, 「지장신앙에 나타난 불교 사회복지 사상과 실천에 관한 연구」, 동국대 석사학위 논문, 2009, p.38.

이르러서는 극락정토왕생을 기원하는 신앙대상으로 자리 잡게 되었고, 특히 十王信仰과 결합하여 冥府主尊의 格을 갖게 되었다.

이러한 전개양상이 조선 시대에 와서는 十王齋 施設 및 十王圖 조성 등으로 민간에까지 미치고 중종 2년 僧試의 중단 등 핍박의 분위기였지만 불교가 오히려 신앙적 정체성을 확고히 해 갔던 계기로, 山門 중심이었던 전기 지장신앙이 이후 儀式集 출간으로 체계화되어 갔다. 따라서 조선 전기의 地藏請·十王請 등 獻供儀禮와 十王齋 의식의 정립, 地藏十王像 및 地藏十王圖 조성 등은 지장 관련 신앙 전반의 확산에 많은 영향을 미쳤을 것으로 본다. 이 때문에 시왕의 본존인 지장보살의 위상 또한 격상되는 모습이 이루어진 것이다. 1588년 初刊된 淸虛休靜의 『雲水壇歌詞』「所請下偈」에 '大願地藏菩薩'이 등장하며, 이 「所請下偈」에서는 관세음보살과 함께 석가모니불의 補處로서 또는 아미타불의 보처로 정착되는 모습이 보이기도 한다.[342] 따라서 이후 지장신앙은 亡者 追善功德과 靈駕遷度와 冥府殿 主尊의 성격을 띠게 되면서 慈悲修懺이라고 하는 지장보살 본래의 성격은 퇴색되었다고 할 수 있다.

그러나 十王을 비롯한 冥府 권속들의 審判 誤謬를 감시하고 地獄衆生들의 구제 보살로서, 오히려 그들의 功過를 낱낱이 증명하고 있다. 이로써 지장보살은 極樂淨土와 穢土의 중간지대에서 往生의 조건을 갖추도록 하는 독특한 말법 시대 보살의 성격을 띠게 된 것이다.

여기까지 小結하여 보면, 지장신앙의 始原은 인도에서 발생한 것으로

342) 문상련, 앞의 논문, pp.187~188.

보이나 인도에서 지장신앙이 불교에 수용되기는 했어도 그다지 널리 신앙되지는 않았고 오히려 지장보살신앙은 중국에 들어오면서 크게 성행하여 獨立尊格으로서 두터운 존경을 받게 되었다. 지장신앙이 중국의 4대 보살신앙의 하나로 구화산을 聖地로 하고 있지만, 지장신앙에 지장보살상 자체가 언제 정확히 중국으로 전래하였는지는 알 수가 없다. 그러나 조각과 회화로 남아 있는 중국의 옛 지장보살상은 석굴과 經卷畵, 壁畵, 佛畵에서 볼 수 있으며 지장보살상은 九華山 地藏道場에 가장 많이 집중되어 있으며 각 사찰에도 地藏殿을 갖추고 있다. 그리고 중국인들의 지장 신행양상은 이러한 지장 관련 예술작품을 통해 알 수 있는데 수명, 재물, 자식 등 현세이익을 추구하였음을 알 수 있다.

중국역사를 통해 볼 때 불교와 정치는 밀접한 관계가 있으며 이러한 영향은 중국인들의 신앙생활에 직접적인 영향을 미쳤다. 신행으로 창시된 삼계교는 法難에 신음하는 민중을 제도한다는 측면에서 의지한 경전이 『大方廣十輪經』이며, 신행은 『大方廣十輪經』의 인용횟수를 밝힐 정도로 『大方廣十輪經』이 삼계교의 교학 체계에 큰 비중을 차지하고 있었다. 『大方廣十輪經』이 삼계교 전적에 많이 인용되었다면 『占察善惡業報經』은 木輪相을 만들어 전생의 宿業과 현재의 吉凶禍福의 占을 쳐서 그 결과에 따라 懺悔하는 의식으로 삼계교법의 실천법회 현장에서 포교를 목적으로 이루어졌다. 즉 말세의 교법을 표방한 삼계교의 성행에 따라 지장신앙 또한 매우 대중적인 성격을 띠게 된다.

구화산이 중국불교 4대 성지 중 지장신앙의 聖地로 이름 붙여진 이면에는 신라왕자 출신인 金喬覺(金地藏)이 지장보살의 현신으로 추앙받고 있기 때문이다. 김교각의 종파와 교학에 대하여 역대의 자료에는 모두 명확하게 밝히고 있지 않지만 唐皇帝 숙종이 '地藏而生寶印'이라는 글을 새긴 金印을 하사한 이후로 김지장을 '地藏王菩薩'로 추앙하고 지금까지 이어지고 있다.

우리나라에 지장신앙이 들어온 때를 삼국시대로 추정하고 있는데 그 구체적인 연대에 대해서는 考證할 만한 자료가 남아있지 않은 실정이다. 하지만 『三國遺事』를 통하여 당시 지장신앙의 전개양상을 찾을 수 있으며 원광대사와 진표율사가 지장신앙을 주도하였다고 볼 수 있다. 『삼국유사』에 의하면 眞平王代(579-632)에 원광대사가 중국에서 돌아온 후 지장보살을 說主로 하는 『점찰경』에 의한 법회를 설치한 2건의 기록이 있다. 신라에서 원광에 의한 점찰법회의 시행은 중국으로부터 지장신앙의 전래를 뜻하며, 신라왕실의 이념과 정치적 활동에 적극 부응하면서 그 과정에서 특히 원광의 점찰법회는 지장신앙의 대중화를 이끈 것으로 보인다. 통일신라대에는 지장신앙의 양상이 다양하게 전개된다. 8세기 중엽 이후 진표와 그의 제자들에 의해 시설된 점찰법회는 이론적인 탐구나 내세의 복을 빌기보다는 현세에서 자신이 지은 잘못을 참회하는 매우 현세적이고 실천적이며 대중적인 신앙형태를 보인다. 특히 주목할 점은 미타신앙과의 융합이다. 진표 율사가 不思議房에서 겪은 지장, 미륵보살의 종교체험으로 이들 신앙의 파급효과가 컸던 것으로 보인다. 이와 같은 지장보살과 미륵보살 또는 지장신앙과 미륵신앙의 결합은 하나의 한국불교의 특징적인 형태를 보이고 있다. 또 후삼국을 통일한 후 崇佛정책을 펴온 고려 시대의 지장신앙은 敎義的 측면보다는 信仰儀禮를 통하여 대중에게 널리 유포되었다.

고려 시대의 지장신앙은 唐 中期에 번역된 『지장보살본원경』에 기반을 두어 발전하게 되는데 이후 지장신앙의 기본을 이루게 된다. 신라 시대의 지장신앙이 점찰경에 입각한 참회와 수행을 기본으로 하는 모습을 보이지만 고려 시대의 지장신앙은 아미타신앙과 결합으로 정토왕생을 기원하는 신앙으로 바뀌게 된다. 여기에 지장신앙이 민간신앙으로의 보편화한 신앙으로서 꾸준한 점찰법회의 시행, 치병을 위한 지장신앙 및 망자 추복을 위한 시왕신앙, 그리고 생자를 위한 예수신앙의 등장, 지장보살의 도상 조성 등의 양상으로 나타나게 된다. 附言한다면 고려이전 신라 시대에는 주로 우매한 중생을 깨우치거나 참회 또는 망자의 명복을 빌기 위해 열렸던 점찰법회가 고려 시대에는 미타신앙과 결합하여 救病不死의 기능을 함께한 淨土往生을 기원하는 신앙의 성격을 갖게 되었다.

지장신앙은 이처럼 각 시대의 상황에 따라 발전을 거듭하면서 그 명맥을 이어 나갔다. 결국, 우리나라의 지장신앙을 정리해보면 신라대에서는 불교의 대중화를 정착시키기 위한 지장신앙이었다면 고려대에서는 현세이익과 내세적 이익이 결합한 형태였으며, 조선대에서는 정토왕생의 조건을 완성하는 지장신앙이었다고 할 수 있을 것이다.

Ⅳ. 地藏菩薩經典의 陀羅尼

1. 陀羅尼의 概念과 受持

'인도에서 종교적 생활을 이해하고 실천한다는 것은 Mantra가 사용되기 시작하였다는 것을 의미한다.'343)고 할 만큼 인도인들에게 Mantra는 현실 생활과 밀접한 관련이 있다. 또한, 呪術은 Veda의 詩句인 Mantra에서 시작한다. 만트라는 詩聖인 Ṛsi가 神의 계시에 의한 天啓의 소리로서 神聖한 힘을 가진 것으로 이해하였다.

Mantra는 '사고하다'라는 동사 man에서 도구를 의미하는 접미사 tra가 붙어서 형성된 말로서, '사고하는 도구'의 의미를 지닌다. 그런데 후에 접미사 tra를 trāṇa, trā, trai 등으로 이해하여 '사고의 해방(trāṇa)', 즉 Mantra 자체를 염송하여 생사의 속박에 대한 사고를 해방하는 것, 구원(trā, trai), 즉 Mantra의 의미를 구제의 도구로 인식하게 되었다.344)

343) Harvey P. Alper, ed, Understanding Mantras(Deli: Motial, Banarsi Dass, 1991), p.13. 그는 "인도의 종교생활을 이해하고 사랑하기 위해서는 진언 수행과 함께 시작해야 한다(to know and love Indian religious life means coming to the terrns with mantric utterance)" 고 말하고 있다; 김무생, 「초기불교에 있어서 진언 수행의 수용과 전개」, 『불교학보』38, 한국불교학회, p.95.

344) Moo Saeng Ghim, "The Evolution and Practical Foundation of the Mantra", 인도, 델리대 박사학위 논문, 1996, p.6.

초기불교 시대에 석존은 출가 수행자가 브라흐만 진언(Mantra)을 사용하는 것을 금지하였다. 석존은 불교인이 진언을 삿된 생존의 수단으로 사용하는 것, 즉 邪命自活을 위한 진언의 사용을 수행에 방해되는 것, 즉 行遮道法이라는 두 가지 이유를 들어 진언의 사용을 엄금하였다.345) 브라흐만교의 제식의례에서는 희생제(yajñā)와 함께 반드시 필요한 것이 Mantra였다. 그런데 불교는 농경문화를 기반으로 하여 성립하였기 때문에 가축 보호의 입장에서 가축을 신에 바치는 희생의식을 비판하고 배척하였다. 그와 동시에 희생제에 사용하는 진언도 함께 부정하였다. 그러나 Veda의 만트라적인 토양에서 생활하는 교단의 구성원들이 이러한 주술적 분위기에서 벗어날 수 없었다. 그래서 불교 내에서 護身과 삿된 생활 방편으로 사용하지 않는, 不以爲活命의 입장에서 이들을 묵인하기에 이른다.346) 그리고 Mantra라는 용어를 사용하지 않고, 防護呪(paritta)라는 새로운 이름을 사용하였다. 따라서 초기불교의 경전에는 Mantra라는 용어는 찾아볼 수 없다. paritta는 원래 護身을 위하여 사용하는 불교경전을 의미하였으나, 이즈음에 호신에 사용하는 Mantra를 대신하는 용어로 사용된 것이다.347) 이것이 불교적인 내용으로 純化되면서 불교의 궁극적 이상인 반야의 지혜와 연관이 있는 明(Vidya)으로 표현되었다. 그러한 신비한 힘이 내포되었다는 점에서 呪의 기능을 갖기도 하면서 漢譯에서는 '明呪'로 번역되기도 하였다. 이러한 경우는 고대인도의 呪術的인 呪文과 지혜를 중시하는 불

345) 김무생, 앞의 논문, p.97.

346) 김무생, 앞의 논문, p.100.

347) 김무생, 앞의 논문, p.101.

교의 특성이 결합한 형태라고 할 수 있다. 초기 즉 남방불교에서는 經典의 내용을 자비심과 지혜를 일으키는 防護呪(Paritta)로 삼고, 초기북방불교는 일종의 원시과학인 明呪(Vidyā)로 삼았다.

이러한 변화는 呪文과 明呪가 외형적으로는 비슷한 형태를 지니고 있지만, 그 용어가 사용되는 경우에 따라 의미의 해석이 달라질 수 있으며 그것들이 지니는 기능적인 면과 직접적인 연관성이 있음을 알려준다. 이러한 과정을 거치면서 大乘經典의 시대가 되면 初期·部派佛敎 시대와 구별되는, 즉 明呪(Vidyā)와 같은 기능을 가진 것으로 '陀羅尼'라는 새로운 술어를 사용하였다.

앞에서 살펴본 바와 같이 이러한 眞言(Mantra), 明呪(Vidyā), 陀羅尼(Dhāraṇī)는 語源과 발생, 그리고 내용이 다르게 시작되었으나 후대에 同義語로 사용하게 되었다. 그것은 불교수행의 중요한 덕목과 방법이 된 것이다. 현존하는 大乘經典 중에서 설하고 있는 진언다라니에 관한 敎說을 미루어 보아도 佛法修行의 一德目으로 실천됐을 것으로 생각한다. 또한, 현재에도 진언다라니는 불교의식과 불법의 수행에서 필수불가결의 것으로 실천되고 있다.

1) 陀羅尼의 語源

다라니는 범어 dhāraṇī의 音寫語이다. dhāraṇī는 본래 어근 √dhṛ('保持하다')에 접미사 -ana가 붙어서 합성된 dhāraṇa와 여기서 파생된 dhāraṇā와 동계열의 술어이다. 이 dhāraṇā는 梵我一如의 경지에 이르는 방법인 瑜伽

行의 一段階였다. 고대 인도인들은 범아일여의 경지에 도달하기 위하여 외계와의 관계를 끊고 자심을 內觀하는 유가행을 종교적 수행 방편으로 삼았다.

dhāraṇā는 바로 이 유가행의 중요한 하나의 실천단계로 정신적 動搖를 막고 정신통일을 하여 통일된 정신 상태를 지속하는 것이다. 불교의 dhāraṇī도 처음에는 이처럼 정신통일을 하고 이 상태를 지속하는 뜻으로 쓰였다. 陀羅尼(Ⓢ dhāraṇī, Ⓣ gzuns)는 경전의 내용이나 佛法, 佛・菩薩에 대한 念願 등을 함축한 句節의 모임으로서 陀羅尼多・羅尼陀・憐尼達・羅尼라고도 音寫하며 摠持・能持 등으로 漢譯한다.

다라니는 또 대승경전에서 최초로 등장하는 특수한 술어이다. 기억하여 잊지 않기 위한 다라니의 憶持修行에 대해서『大智度論』卷5「菩薩功德釋論」에서는

> 다라니는 한역으로 能持, 혹은 能遮라고 한다. 능지는 여러 가지 선법을 모아 능히 간직하여 흩어지거나 잃지 않는 것이다. 비유하면 완전한 그릇에 물을 가득 담으면 물이 새지 않는 것과 같다. 能遮라는 것은 선하지 않은 마음이 생기는 것을 싫어하여 능히 이것이 생하지 않도록 가려서, 만약 악한 죄를 저지르고 싶어도 행하지 못하도록 잡는 것이다. 이것을 다라니라 이름 한다.348)

다라니는 처음에 敎法을 憶持하는 정신상태, 교법을 憶持하는 정신적

348) 『大智度論』卷5, 「菩薩功德釋論」, 『大正藏』25, p.95下. 陀羅尼秦言能持 或言能遮 能持者 集種種善法 能持令不散不失 譬如完器盛水水不漏散 能遮者 惡不善根心生 能遮令不生 若欲作惡罪 持令不作 是名陀羅尼.

능력, 또는 腦中에 억지 된 敎法, 佛智의 總合 등을 지칭하는 보통명사이다. 이것이 總持(佛地의 體得)를 위하여 呪句를 誦하게 되고 드디어 이 呪句도 다라니라 부르게 되었다. 또한, 경전의 양이 많게 되면서 이를 憶持하고 독송하는 데는 정신적 부담이 가중되었다. 이에 憶持의 필요성이 증대되었고 그리하여 憶持自體를 수련해야 할 하나의 과목으로 생각하여 다라니라는 고유명사를 붙이게 되었다. 또한, 대승불교의 후기에 이르면 이 다라니에 의해서 憶持되어지는 敎說 및 法門 자체를 다라니라 부르게 되었다.

이처럼 精神統一 敎法憶持의 方便으로 사용되는 특정한 문자를 다라니라 부르게 됨으로써 대승불교에서는 이것을 크게 발전시켰다.[349] 『摩訶般若波羅蜜多心經』 卷5 「廣乘品」에는 a, ra, pa 등의 四十二字門을 다라니라 설하고 있으며 四十二字門 다라니는 『華嚴經』「立法界品」에도 설해져 있다. 그래서 이들 문자에는 無量의 의미가 함축되어 있으며 이를 觀함으로써 佛地의 체득과 무량한 공덕을 얻게 되는 것이다. 이처럼 정신통일 敎法憶持와 방편으로서 특정한 문자를 사용한 다라니는 정신집중으로 지혜를 일으켜서 특수한 효력을 가지는 것으로 이해된다. 그래서 明呪와 동의어로 쓰이게 되었다. 呪法에 대한 이러한 흐름에 따라서 不空三藏은 브라흐만의 mantra를 진실한 말, 즉 眞言으로 번역하였다. 그리고 明呪

349) 金剛秀友는 眞言의 역사적 발전 과정을 살핀 후 “밀교에 있어서 진언 다라니는 행자가 도달해야 하는 여래의 진실경이라는 場과 이 진실경에 도달하기 위한 방법을 나타내며, 나아가 이것을 체계화한 藏을 성립하고 있으며, 그리고 진언을 진언이게 하는 것은 이것을 의례 속에 조직하는 데 있다.” 라고 하였다; 金剛秀友, 『密教, アジア佛教史』-インド編Ⅳ, 東京: 佼成出版社, 1977, p.88.

·陀羅尼 등의 뜻을 포섭하기에 이른다.

이러한 다라니의 호칭에 관해서 '眞言·明呪·陀羅尼의 어원은 다르나 동의어로 쓰인다고 전제하고, 여래의 진실을 나타내기 때문에 眞言이라 하고, 無明을 없애기 때문에 明珠라 하고, 마음을 한 곳에 통일하여 여래의 가르침을 憶持하게 하므로 陀羅尼라 한다.'고 말한다.350) 그래서 대승불교 이후 진언과 다라니는 그 호칭에 대해서 眞言·陀羅尼 내지 眞言陀羅尼라는 형식으로 불리면서 陀羅尼呪라는 호칭도 같이 쓰게 된 것으로 보인다.

이상에서 陀羅尼는 유가행의 일단계인 정신통일의 방법이었으나 불교에서는 정신통일의 상태인 敎門憶持를 의미하였다. 이것이 정신통일의 방법으로 쓰이는 聖句를 다라니라 하게 되었고 나아가서는 佛智의 경지를 일컫게도 된 것이다.

2) 經典讀誦과 陀羅尼의 功能

초기불교는 呪術의 금지를 원칙으로 하였고, 대승불교 이전에는 교화방편의 하나로 呪法의 형식을 빌려 불교적인 呪句를 성립시키려는 경향을 보였다. 대승불교에서는 적극 불교적 다라니를 성립시키면서 한편으로는 在俗의 呪術도 다량으로 받아들였다. 결국, 대승불교의 陀羅尼呪는 최고의 敎義를 呪와 일치하게 보려는 경향이 일어났다. 『大智度論』 卷58에는 『般若經』의 "般若波羅蜜多는 大神呪·大明呪·無上呪·無等等呪이다."라

350) 栂尾祥雲, 『秘密思想の硏究』, 京都: 高野山出版社, 1979, p.269.

는 經文을 인용하고 이를 해석하고 있다. 즉 “外道의 呪術은 탐욕과 성냄에 자재한 악을 지음에 따르지만, 그러나 般若波羅蜜多의 呪는 禪定과 佛道와 涅槃의 모든 집착마저 멸하니 하물며 탐욕이나 성냄과 같은 거친 병이겠는가! 그래서 대명주라 하고 무상주라 하고 무등등주라 한다.”[351]는 등의 해석을 하고 있다. 여기서 ‘般若波羅蜜多의 呪’라는 것은 특정한 呪를 지칭하는 것이 아니고 ‘般若라는 呪’의 뜻으로 반야를 呪에 비유한 것이라 하겠다. 반야라는 최고의 이상을 明呪의 위력과 일치시킨 것이다. 이 경향이 반야를 인격체로 높이고 반야보살로서 귀의하게 되기에 이른다. 이는 佛智인 般若를 佛陀의 一分身菩薩로서 인격화하고 이 般若世尊菩薩이 佛智 請求의 明呪를 說한 것으로 한 것이다. 이것이 소위 『般若心經』 末尾의 진언이다.

이러한 실천수행법이 대승불교에서 크게 일어난 것은 교설의 전문화에 빠진 아비달마불교의 실천에 활기를 불어넣기 위한 이유도 있지만, 대승불교 운동을 지지하는 다수의 일반 신도들 때문이었다. 대승불교의 외호자인 일반대중의 신도들이 高邁한 대승사상을 이해하고 실천하는 것과 방대한 대승경전을 읽고 그 뜻을 이해한다는 것은 거의 불가능 하였다. 그러나 이들이 교단에 미치는 영향은 무시할 수 없었고, 교단의 운영은 거의 이들이 施納하는 布施行에 의지하고 있었다. 그리하여 경전의 受持讀誦과 書寫 등의 실천법이 일어나고 이것들의 실천 공덕이 강조되었다. 초기 대승경전인 『華嚴經』과 『般若經』에도 이러한 교설이 나타나 있고 AD

351) 『大正藏』25, p.469中. 復次 餘呪術能隨貪欲 瞋恚 自在作惡；是般若波羅蜜呪 能滅禪定佛道 涅槃諸著 何況貪 恚麁病！是故名為「大明呪 無上呪 無等等呪」.

· 4세기경 성립으로 예상되는 『金光明經』은 그 내용이 거의 경전의 수지 독송에 관한 것이다. 따라서 대다수의 在家 신도들은 대승경전의 고매한 사상을 이해하기보다 경전의 수지 讀誦 · 書寫 · 聽聞 등에 의해서 그들의 소원을 달성하기를 기대하였다.

그리하여 대승경전들의 다라니에 대한 기능과 의미의 변화과정을 거쳐서 밀교의 진언으로 정리되는 과정과 밀교 진언의 형성과정을 알 수 있을 것이다.

대승사상의 본격적인 시작을 알리는 경전을 든다면 바로 『般若經』이다. 이 경전은 이른바 小乘教說과의 뚜렷한 차이를 드러내는데 새로운 대승의 교설에 대한 일반인들을 향한 확신을 부여하기 위한 시도였다고 볼 수 있다. 즉 般若空思想과 不生 등의 소승교설과는 현격한 차이를 보이는 대승교설의 특성상 일반적으로 이해하기 어려운 내용을 포함하고 있으므로 처음으로 접하는 자들에게서 생겨나는 대승교설에 대한 의심이나 몰이해를 충분히 고려하여 보다 쉽고 거부감 없는 교설의 필요성이 절실하였을 것으로 보인다.

그래서 반야경전류의 교설을 듣고 이해하는 대승인들에게 물러서지 않을 것이 요청되었으며 여러 가지 비난과 박해를 감당하고 이를 견뎌내고 세상에 대승의 정신을 전하는 용감한 자세가 요청되었다. 그러므로 가르침을 받아들여서 이를 잊지 않고 잘 기억하고 지닌다는 의미의 다라니는 결국 대승의 교설을 그대로 의심하지 않고 잘 받아들이고 이러한 상태를 굳게 유지한다는 기능으로 나타났으며 이것이 초기 대승경전인 『般若經』의 주된 목적이기도 하였다.352)

이러한 不疑의 기능은 다라니가 어떤 의미를 갖추었기에 가능한 것이냐는 점에서 『放光般若經』「堅固品」의 같은 부분에서는 대승의 교법을 受持하는 기능을 통하여 이를 잘 간직할 수 있도록 한다는 의미의 기능을 설하고 있다.353) 그렇다면 수지하는 내용으로는 물론 대승의 교법이 되겠지만, 이것을 구체적인 행위로 표현한다면 '들은바 교법을 受持' 한다는 의미인 聞持라는 용어를 사용하고 있다. 즉 『대반야경』 권549 「不退上品」에서는 聞知 다라니를 통하여 無上正等菩提인 正覺을 획득하는 것354)으로 표현한다. 이것은 부처님의 가르침이 담긴 대승경전에는 우리가 문지하고 憶念해야 할 중요한 가르침이 포함되어 있는바 그것은 깨달음을 얻기 위해서 가장 중요한 것이기 때문이다. 또 구마라집 譯 『摩訶般若波羅蜜經』 「견고품」에는 부처님께서 설법하신 경전의 내용을 잘 받아들여 잊지 않는다는 의미로 문지의 다라니로 표현되며 잊지 않고 지닌다는 점에서는 憶持의 기능이 있다.355) 따라서 문지와 억지의 기능 등을 갖춘 다라니의 수행이야말로 속히 대승의 지혜를 증득하게 하는 것으로 표현한다. 그래서 문지나 억지의 근본적인 기능에서부터 불의의 기능을 지닌 다

352) 장익, 「초기 대승경전과 다라니」, 『밀교세계』 창간호, 우리문화사, 2006, p.95.

353) 『放光般若經』 卷13, 『大正藏』 8, p.89中. 諸佛所說皆能受持終不遺忘 所以者何 用得陀隣尼故.

354) 『大般若波羅蜜多經』 卷549, 『大正藏』 7, p.828下. 又得聞持陀羅尼故 常能億 念終無忘失 若菩薩摩訶薩成就如是諸行狀相 定於無上正等菩提不復退轉.

355) 『摩訶般若波羅蜜經』 卷17, 『大正藏』 8, p.343下에는, 須菩提言 世尊 得何等陀羅尼開佛所說諸經而不忘失 佛告須菩提 菩薩得聞持等陀羅尼故 佛說諸經不忘不失 不疑不悔로 표현하고 있고, ; 『放光般若經』, 『大正藏』 8, p.89下에는 菩薩以得聞持等陀羅尼 便能受持諸佛經法以不遺忘으로 표현하고 있다.

라니는 점차 대승보살의 수행으로 정착되면서 다양한 의미가 있게 된다. 『大般若經』卷409 「勝軍品」에서는 다라니 수행이 『반야경』의 중심사상인 空의 수행과 다름이 없음[356]을 밝히고 있다. 더욱이 『대반야경』卷1 「연기품」에는 다라니문(dhāraṇī-mukha)에서 mukha란 입 또는 '얼굴', '通路' 등의 뜻을 갖추고 있으며,[357] 목표에 도달하기 위하여 거쳐야 하는 입구 또는 관문을 의미하기에 다라니를 통한 수행 즉 대승의 경법과 교법을 문지하고 억지하는 수행을 의미한다.[358] 그러므로 다라니 수행으로 대승의 교법을 요해함으로 三摩地를 얻을 수 있게 된다. 따라서 다라니 수행은 삼마지인 궁극적인 諸法實性을 더욱 구체적으로 空을 비롯한 무상·무분별원·제법의 平等性印 등의 교학적인 내용으로 설명하고 있다. 그러므로 제법을 통달하게 되면 곧 삼마지를 성취하는 것이기에 『방광반야경』「중생품」에서는 삼매의 성취와 다라니의 성취를 같은 것[359]으로 설명하고 있으며 또한 『대반야경』卷1, 「연기품」에는 "無礙解陀羅尼門의 三摩地門을 얻는다."[360]라는 표현에서 보이듯이 다라니문의 수행은 장애나 방해받지 않는 완전하게 통달하는 지혜[無礙解]를 의미하게 되며 이러한 완전한 지혜를 수습하는 다라니 수행으로 곧 삼마지 수행을 얻는 것으로 설명하고

356) 『大般若經』卷409, 『大正藏』7, p.47下. 陀羅尼門不離空 空不離陀羅尼門 陀羅尼門卽是空 空卽是陀羅尼門.

357) M. Monier Williams, A Sanskrit Endlish Dictionary (Motilal Banarsidass, 1995), p.819.

358) 『大般若經初會序』, 『大正藏』5, p.1中. 復有無量無數菩薩摩訶薩衆 一切皆得陀羅尼門三摩地門 住空無相無分別願 已得諸法平等性忍.

359) 『放光般若經』卷6, 『大正藏』8, p.44上. 得三昧成就得陀羅尼成就.

360) 『大般若經初會序』, 『大正藏』5, p.3中. 得無礙解陀羅尼門三摩地門神通自在.

있다. 그리고 『大般若經』「三摩地品」에는 定을 총괄적으로 맡아 지닌다는 의미의 總任持라는 표현을 사용하고 있다.361) 이것은 經法이나 敎說을 잘 지닌다는 의미에서부터 定의 三摩地를 지속해서 유지하는 완전한 삼마지를 지닌다는 의미로 확대된 것으로 보인다.362)

따라서 다라니는 『반야경』에서 가장 중시하는 반야바라밀과 직접적인 연관성을 갖게 된다. 『대반야경』卷28에는 반야바라밀의 지혜가 大神呪·大明呪·無上呪·無等等呪363)임을 설함으로써 다라니가 곧 반야의 지혜임을 밝히고 있다.

이처럼 『반야경』의 다라니는 대승반야의 경법의 내용을 잘 받아들여 잊지 않는다는 의미로 문지와 억지 등의 기능을 갖게 되면서 삼마지와 반야바라밀 등 반야보살의 핵심적인 수행문으로 정착한다. 이러한 경우는 기존의 현세 이익적인 呪나 明呪와는 다른 설명 방법이다. 또한, 그 내용상에도 주술적인 의미보다 경전의 내용과 관계된 것으로 보아서 正覺의 획득이라는 불교의 특성적인 면과 맞는 것으로 표현되었다. 따라서 『반야경』의 이러한 다라니의 用例는 초기불교나 부파불교 시대에 사용되었던 진실어(saccakiryā)나 파리타(parītta) 또는 明呪와는 다른 것으로 초기 대승경전인 『반야경』의 독창적인 내용으로 보인다. 이것은 대승의 선구적인 경전인 『반야경』의 교설을 확고하게 유지하고 이를 선양하고자 하는 의도에서

361) 『大般若波羅蜜多經』卷414, 『大正藏』7, p.77下. 云何名爲具陀羅尼三摩地 謂若住此三摩地時 能總任持諸定勝事 是故名爲具陀羅尼三摩地, 『大正藏』7, p.77下.

362) 장익, 앞의 논문, p.99.

363) 『大般若波羅蜜多經』卷428, 『大正藏』7, p.151中. 如是般若波羅蜜多是大神呪 如是般若波羅蜜多是大明呪 如是般若波羅蜜多是無上呪 如是般若波羅蜜多無等等呪.

시작된 것으로 보인다.364)

고대인도의 주술적인 주문을 대신하는 지혜를 중심으로 하는 불교 다라니는 대승불교로 접어들면서 불교만의 독특한 형태로 변모하게 되는 모습을 초기 대승경전을 통해서 살펴볼 수 있다.

그것은 초기불교나 부파불교에서의 呪術과 明呪가 외형적으로 비슷한 형태를 드러내지만, 그 용어의 사용은 경우에 따라 해석이 달라질 수 있으며 그것들이 지니는 기능적인 면과 직접적인 연관성을 갖게 된다. 이러한 과정을 거치면서 대승경전에 와서는 그 이전과는 확연하게 구별되는 교학을 정립하게 되는데 결국 呪術과 明呪를 대신하여 陀羅尼라는 새로운 용어를 등장시켜 기존의 呪術이나 明呪를 대신할, 이른바 수승한 출세간적인 功能을 강조하기에 이른다.

그리고 『法華經』365)도 초기 대승불교 경전에 속한다. 성립 시기는 대체로 기원전 1세기 이후부터 시작하여 기원후 3세기 초에 걸쳐서 점차 增廣되었으며, 龍樹 이전에 어떤 형태로든지 정리되었다고 한다.

『정법화경』「총지품」의 시작 부분에서는 "저는 반드시 이와 같은 자들을 옹호하고 여러 남녀가 이 경전을 지니는 자와 그 법사 등을 의로써 편안하게 지켜 오랫동안 근심이 없도록 總持句를 誦합니다."366)하고 다라

364) 장익, 앞의 논문, pp.101~102.

365) 『法華經』의 현존하는 한역은 축법호 역, 『正法華經』(286년)과 구마라집 譯, 『妙法蓮華經』(403년)과 사나굴다와 달마급다 共譯의 『添品妙法蓮華經』(601년) 등의 三本이 있다. 譯本들의 「序品」에서 「神力品」까지는 거의 차이가 없지만 「陀羅尼品」과 「囑累品」의 위치가 다르다. 특히 「陀羅尼品」의 위치가 『添品妙法蓮華經』에서는 「如來神力品」뒤로 이동한다는 점에서 如來神力의 신비한 내용과 다라니가 후대가 되면서 연관성을 가지는 것으로 생각 된다; 장익, 앞의 논문, p.10.

니를 열거하고 있다.

이것은 『반야경』에서 보이는 다라니의 주된 기능인 문지나 억지와는 다른 법사를 옹호하는 護身呪의 의미를 지니고 있다. 護身呪란 呪의 주된 기능으로 고대 인도 종교와 초기밀교 경전에 등장하는 현세 이익적인 기능을 갖춘 것을 말한다. 대체로 이러한 呪는 그 防護의 대상이 되는 것을 외부적인 귀신으로 상정하고 그것을 물리치는 구체적인 효용을 강조한다. 이것은 불교가 본질에서 추구하는 내적인 자기변화의 기능과는 다른 설명 방법이며 이러한 점에서 종교적이고 주술적인 의미가 『반야경』 이후로 『법화경』에서 附加된 것으로 이해된다. 더구나 이것들은 다라니가 억지나 문지 등의 의미에서 除災를 의미하는 呪의 기능을 갖추게 되는 것을 말하며, 이러한 변화는 『반야경』이후의 다라니에 대한 새로운 의미가 부가된 것으로 보인다.[367]

그리고 『妙法蓮華經』「陀羅尼品」 마지막 부분에서는 "이 다라니품을 설할 때에 6만 8천 인이 無所從生의 法忍을 얻었다."[368]라고 하고 있다. 이 내용 또한 다라니는 옹호나 수호를 위한 것이어서 『반야경』의 정신을 계승하고 있는 내용이라고 볼 수 있다.

따라서 『법화경』에서 다라니는 『반야경』에서 보였던 문지나 억지의 기능을 포함하고 있지만, 正覺과 관련한 삼매의 상태를 그대로 의미하게 되

366) 『正法華經』卷10, 『大正藏』9, p.130上. 藥王菩薩復白佛言 我當擁護如是等輩 諸族姓子及族姓女 受此經者斯法師等 以義宿衛長使無患 誦總持句.

367) 장익, 「초기 대승경전과 다라니」, 『密教世界』창간호, 우리문화사, 2006, p.104.

368) 『正法華經』卷10, 『大正藏』9, p.130下. 佛說是總持品時 六萬八千人逮得無所從生法忍.

는 예도 있다. 이러한 삼매의 상태는 곧 청정하므로 모든 재앙을 물리치는 기능을 갖추게 되며 이런 점에서 문지나 억지의 기능에서 더욱 발전된 呪化한 신앙적인 다라니로써 佛法과 法師를 옹호하는 기능을 갖게 된다.

이러한 다라니의 기능은 초기불교에서의 주술적이고 의례적인 고대인도의 특성을 배척하여 呪術을 금지했지만, 일신의 보호를 위한 이른바 明呪로서 점차 받아들여졌고 대승불교에 접어들면서부터는 대중의 교화를 위해서 그러한 明呪에 대한 적극적인 수용을 통한 陀羅尼(dhāraṇī)라는 용어로 대치시키기에 이른다. 그래서 방대한 대승경전의 축소된 형태로까지 여기게 되어 대승경전을 憶持·聞持하여 佛法을 지녀서 이를 이용한 불교수행으로 인식하게 되었고 나아가 성불할 수 있는 대승불교의 수행덕목으로까지 그 의미가 확장된 것이다.

2. 『大方廣十輪經』과 『地藏十輪經』의 陀羅尼

다라니는 大乘佛教의 修行德目으로까지 그 기능의 확장을 볼 수 있었다. 이러한 다라니 기능의 확장은 지장신앙에서도 예외는 아니다. 즉 『대방광십륜경』卷1 「서품」에 무수한 대중이 병환에서 벗어나 해탈하는 장엄한 일이 펼쳐진다. 지장보살이 오탁악세의 중생을 구제하기 위하여 沙門(또는 聲聞)의 모습으로 나타나 중생이 지장보살의 명호를 부르고 일심으로 귀의하면 모든 번뇌에서 벗어나 해탈을 얻는다고 부처님께서 설하시는데,

地藏菩薩이 沙門의 形象을 하고 神通의 힘으로 변화를 일으키고 여러 가지 크고 장엄한 일들을 나타낸다. 이 같은 지장신앙은 그의 大願에 바탕을 두고 있는데 여기에 나타난 지장보살의 형상은 聲聞의 모습을 지니고 있는 것이 통례이다. 『大方廣十輪經』에 대한 현장의 번역에 의하면 지장의 像을 조성하는데 聲聞像에서 따왔다고 했다. 또 北凉本의 번역에 의하면 沙門의 상에서 지어졌다고 말했다. 이것은 다분히 지장의 구도적인 자세에 역점을 둔 것이라고 할 수 있다.[369] 여기서 지장보살이 사문의 형상을 한 것은 "몹시 피로한 사람에게는 편안히 쉴 수 있는 자리와 같고, 네 가지 번뇌의 강을 건너 생사를 해탈하려는 사람에게는 다리와 같고, 저 언덕으로 건너가려는 사람에게는 커다란 배와 같다."[370]라고 하였다. 또 다른 經들에서는 다음과 같이 地藏菩薩의 형상에 대하여 덧붙이기를

> 이것은 세 가지 善根의 훌륭하고 微妙한 果報요, 큰 수레와 같이 모든 것을 布施하는 자이며, 須彌山과 같이 戒를 흔들리지 않고, 精進하여 무너뜨릴 수 없는 것이 마치 金剛과 같으며, 굳고 단단한 마음으로 인욕을 행함은 대지와 같고, 총지와 바른 법을 행하므로 마음에 두 가지 상이 없다.[371]

> 이미 同體大悲를 얻어서 일체중생의 善根을 生長케 하므로, 흡사 大地가 모든 초목을 생장하게 함과 같다. 陀羅尼로써 모든 공덕을 간직하고 일

---

369) 『大方廣十輪經』卷1, 『한글대장경』194, p.23.

370) 『大方廣十輪經』卷1, 『大正藏』13, p.681下. 是疲極者安隱床座 是四使流生死橋梁 亦度彼岸無上大船.

371) 『大方廣十輪經』卷1, 『大正藏』13, p.682上. 是三善根勝妙果報 是諸施者最上大乘 持戒不動如彌山 精進難壞猶如金剛 忍辱堅固亦如大地 總持正法心無二相.

> 체중생에 혜택을 베풀되 끝내 다함이 없으니, 마치 큰 보배 창고에 진귀한 보배가 언제나 가득 차 있음과 같다. 이러한 두 가지 뜻이 있기 때문에 地藏이라 이름 한다.[372]

고 말하고 있다. 위에서 보는 바와 같이 지장보살의 중생에 대한 구체적 행이 波羅蜜多에 이어서 바로 摠持(다라니)와 正法으로 전개됨을 알 수 있다. 布施·持戒·忍辱 등의 須彌山·金剛·大地·生長과 같은 지장보살의 大願行에 반드시 갖추어야 할 것이 바로 그와 같은 바른 법의 행과 다라니 수행임을 經에서는 말하고 있는 것이다. 그러면서 또 경에서는 다음과 같이 摠持(陀羅尼)의 功德을 밝히고 있다.

> 깊고 넓은 摠持(다라니)는 저 큰 바다와 같고, 神通力은 걸림 없어 허공을 다니는 것과 같으며, 여러 마군 항복 받아 모든 번뇌 제거하고, 바른 도와 한량없는 禪定을 행하며, 또한 지혜의 종자 심는 섬이 되어 작용 없는 법륜을 굴리리라. 지장보살 마하살이 이곳에 오려고 먼저 이러한 상서로운 공덕을 나타냈고, 또한 나에게 공양하고 공경하기 위하여 이곳에 오게 된 것이다. 부처님께서 다시 지장보살을 찬탄하며 말씀하셨다. "그대는 남쪽으로부터 이곳으로 오라" 그때 지장보살이 八十頻婆 百千那由他와 같이 많은 보살과 함께 神通의 힘으로 모두 이곳으로 오니, 그 모습은 聲聞의 형상으로 부처님 앞에 나타났다.[373]

372) 元曉 述, 『金剛三昧經論』, 『大正藏』34, p.1001中. 是人已得同體大悲 生長一切衆生善根 猶如大地 生諸草木 以陀羅尼持諸功德 惠施一切而無窮盡 如大寶藏珍寶無盡 由是二義名爲地藏.

373) 『大方廣十輪經』卷1, 『大正藏』13, p.682上. 總持深廣如彼大海 神足無礙自在虛空 降伏諸魔一切結習 修行正道無量禪定 亦為一切佛復讚歎地藏菩薩言 汝從南方來 八十頻婆百千那由他菩薩以神通力俱來至此 悉作聲聞像在如來前 種智之渚 能轉無作清淨法輪 地藏菩薩摩訶薩 為欲來故先現此瑞 亦為供養恭敬我故來至於此 佛復讚歎地藏菩薩言 汝從南

釋尊은 지장보살의 공능을 이렇게 찬탄하면서 南閻浮提로부터 지장보살을 부르는데 이때 지장보살의 형상이 聲聞의 모습을 하고 있었던 것이다. 이처럼 지장보살이 성문의 모습을 하면서 중생을 향한 大願行의 수단이 바로 波羅蜜行과 陀羅尼行이라는 것을 알 수 있다.

이러한 것을 밝혀 놓은 『大方廣十輪經』은 모두 8권 15품, 4萬 7千字로 이루어져 있다. 이 경의 梵名은 daśa-cakra-kṣitigarbha-sūtra이며 漢譯音은 『大方廣十輪經』 또는 『大方等十輪經』이다. 이 경은 현장법사의 譯本이 나오기 이전, 상당히 이른 시기에 번역되어 있었으나 번역자의 이름은 알 수가 없다. 일반적으로는 이 역본은 北涼 시기에 번역되었다고 알려졌지만, 또한 北齊 사람에 의해서 번역되었다는 주장도 있다.374)

이 경전의 내용은 지장보살의 공덕을 찬탄하고, 부처님께서 지장보살의 聽聞에 근거하여 願力으로 十佛輪을 성취하고 十佛輪과 三乘의 十依止輪으로 末世를 타파하고 十輪으로 十惡 세계의 수레를 이끌어 갈 것을 講述하고 있다. 사실, 이 경전의 宗旨는 大乘으로 돌아가 三乘을 융합하는 것으로 '오직 一乘만이 있다'는 사상에 대하여 論駁하고 있다.375)

이 경전에서 설하고 있는 陀羅尼門은 총 두 개이다. 즉 이 경 제1권 「序品」에 '衆德究竟記莂呪術陀羅尼呪'가 있고, 「刹利旃陀羅現智相品」第4에 '不退轉地心陀羅尼'가 설해져 있다. 전술한 바와 같이 다라니는 대승불교의 수행적 덕목으로서 그 의미나 역할의 확장은 불교사상의 전개와 다르지 않음

方來 八十頻婆百千那由他菩薩以神通力俱來至此 悉作聲聞像在如來前.

374) 장총 著, 김진무 譯, 『地藏』Ⅰ, 동국대출판부, 2009, p.24.

375) 장총 著, 김진무 譯, 앞의 책Ⅰ, p.24.

을 살펴보았다. 이와 같은 측면에서 여기에서는 지장보살신앙에서 最初의 經典에서 그의 原流的 大願力과 동시에 이들 다라니의 功能과, 現世利益的 功德에 대하여 살펴보고자 한다.

1) 衆德究竟記莂呪術陀羅尼

먼저 '衆德究竟記莂呪術陀羅尼'에서 모든 功德의 本願이 이른바 '衆德'이다. 그리고 '記莂(S vyākaraṇa, P vyākaraṇa, veyyākaraṇa, T luṇdubstanpaḥisde)은 구별・분석・발전이라는 뜻이며, 記莂・記說・記・授記・受記・受決・受別 등이라고도 한다. 또한, 毘耶去梨那・和伽羅那 등으로 音寫한다. 따라서 '記莂'은 본래 教說을 분석하거나 문답 방식으로 제자가 證得한 것, 死後 生處 등을 예언하는 것으로 변하였고, 특히 미래세의 證果와 성불하였을 때의 名號를 예언하는 말로 많이 사용하게 되었다. 또한, 경전에서 그러한 내용을 지닌 부분을 記莂이라고 하여 九分教 또는 十二分教의 하나로 분류하기도 한다. 여기서는 지장보살이 說한 이 다라니의 功能으로 究竟에는 成佛할 수 있다는 授記의 기능으로 보인다. 따라서 지장신앙을 중점적으로 설하고 있는 『大方廣十輪經』은 大・小乘, 즉 二乘의 融化를 說함으로써 지장신앙이나 지장보살의 本願이 철저한 現世利益增長으로 이루어질 것을 강조하고 있다. 먼저 「序品」에서 地藏菩薩摩訶薩이 부처님께 아뢰기를

> 세존이시여, 제가 마땅히 사천하를 제도하여 비구・비구니・우바새・우바이를 증장시키고, 불법을 보호하고 생각하는 것을 증장하게 하고, 몸의

> 질병을 없애고, 수명·체력을 증장시키고 이름을 증장시키고 資業·親友·眷屬·信戒·多聞·布施·忍辱·方便·覺意의 뜻과 모든 성스러운 가르침, 대승의 일체 정도에 들어가는 것, 진실 법상의 지혜, 일체중생의 성숙, 무량한 일체의 정법, 대지의 일체 사물들의 의미, 중생의 모든 선업, 무수히 많은 복행으로 법의 기운을 증장시키는 것 등 내가 과거에서 항하사 같이 많은 부처님이 계신 곳에서 모두 다 이와 같은 '衆德究竟記莂呪術陀羅尼'를 受持하면 희고 깨끗한 법을 구족됨이 증장됩니다. 또 복락과 재물 그리고 무량하고 수승한 과보를 증장시킵니다. 또 기업을 증장시켰으니, 이 주술은 모든 것을 이익되게 하고 모든 고뇌에 얽매여 있는 자들을 풀어줍니다.[376]

라고 하면서 이 다라니의 공덕을 말하고 다음의 呪를 誦한다.

촉부 촉촉부 아함촉부 바타가라촉부 암라촉부 비라촉부 바사라촉부
閦浮一閦閦浮二阿含閦浮三婆吒迦羅閦浮四菴羅閦浮五毘羅閦浮六婆闍羅閦浮七

아로가촉부 달마촉부 바타마촉부 바제야니리가라촉부 비바노가차마
阿盧伽閦浮八達摩閦浮九婆吒摩閦浮十婆帝耶尼梨呵羅閦浮十一鞞婆盧伽叉摩

촉부 우바사마촉부 나야나촉부 사나사모치라나촉부촉부촉부
閦浮十二憂婆舍摩閦浮十三那耶那閦浮十四闍那娑牟致囉那閦浮閦浮閦浮 十五

376) 『大方廣十輪經』卷1, 『大正藏』 13, p.685上~中. 爾時地藏菩薩摩訶薩 作禮而起 白佛言 世尊 我當濟度此四天下 增長比丘比丘尼 優婆塞優婆夷 增長護念 增長壽令身無疾病 增長色力 增長名稱 增長資業 增長親友 增長眷屬 增長信戒 增長多聞 增長於施 增長忍辱 增長方便 增長覺意及諸聖諦 增長入於大乘一切正道 增長照明眞實法相 增長成熟一切衆生 增長發大慈悲喜捨 增長無量一切淨法 增長妙稱名聞三界 增長法雨潤三有流 增長大地一切物味 增長衆生所有善業 增長法氣無數福行 增長智慧皆悉照明 增長六波羅蜜所行之道 增長五眼通達無礙 增長灌頂 增長涅槃 增長威德照明一切未曾有法 衆德究竟記莂呪術陀羅尼章句 我於過去恒河沙佛所 皆悉受持如是等呪 增長白淨具足之法 增長種子根莖華果一切藥穀 增長雲雨地水火風 增長福樂 增長財物 增長無量最勝果報 增長基業 此呪利益能除一切苦惱繫縛 卽說呪曰.

비니리야나촉부 사다바촉부 사차수치 마혜리 타미 사미 자
毘尼梨夜那閦浮十六奢多婆閦浮十七娑遮修躓十八摩醯梨十九咃彌二十賒彌二一遮

가라사 자가마사리 차리 해례 가라사라사제 가리바라베
迦囉斯二二遮加摩私梨二三差梨二四奚隸二五迦囉娑囉娑啼二六呵梨波囉鞞二七

바자라바타녜 나자타녜 바라자자자혜리 마리 이가타타선 타
波遮囉婆陀禰二八囉遮陀禰二九婆囉遮遮遮醯梨三十摩梨三一伊迦他他佡三二他

구루 타리 사리 미리 마차 다차 구리 미리 앙구지다비
丘樓三三闥梨三四舍梨三五彌梨三六摩扠三七多扠三八鳩梨三九彌梨四十鴦久之多毘

알리 지리 바라지리 구타고바리 진지진 진구리 휴루
四一頞梨四二祇梨四三波羅祇梨四四久吒苦婆梨四五眞祇眞四六眞求梨四七休樓

휴루휴루 구류황미리 미리차 바다바다 라규규리 노류노루
休樓休樓四八鳩流晃彌梨四九彌梨扠五十婆茶婆茶五一羅闚闚梨五二嚧㽞嚧樓

류 바바사비 슈단녜 사바하 마하부다루가사비뉴녜사바하 가루사
留五三婆婆闍毘五四輸檀禰五五私婆呵五六摩訶復陀樓迦沙毘輸禰私婆呵五七迦樓沙

라사비슈단녜사바하 가루사오사비슈단녜사바하 살바아사파리부라
羅婆毘輸檀禰私婆呵五八迦樓沙烏闍毘輸檀禰私婆呵五九薩婆阿奢波利富囉

단녜사바하 살바사사야삼바타녜사바하 살바다타가다아권디사바하
檀禰私婆呵六十薩婆娑斯耶三波陀禰私婆呵六一薩婆多咃迦多阿捲底私婆呵

살바보리살타아권디아누무지저사바하
六二薩婆菩提薩埵阿捲底阿㝹無地底私婆呵六三377)

377) 『大方廣十輪經』卷1, 『大正藏』13, p.685中~下. 林光明 編修, 『新編大藏全咒』卷1, 台北: 嘉豐出版社, 2001, pp.219~225.
; kṣobha kṣobha saṃkṣobha ākaśakṣobha bhaskarakṣobha akrakṣobha barakṣobha bajrakṣobha ālokakṣobha dharmakṣobha bācamakṣobha patyanirharakṣobha byāvalokaśamakṣobha upaśamakṣobha nāyanakṣobha praj ānasammuccaraṇakṣobha kṣaṇakṣobha biśariyanakṣobha śāstrabākṣobha biatrasotamahile yamayame cakrase cakramāśrīḥ chari mili kalpapravarte śrīprabhe paracarabandhani ratne baraca cacaca hilimili āgaccha duḥkhe duḥkheruttaretare hilimili mocantakaṃ kule mile aṃkucittabi are gire pare gire kutaśambari ṭiṃke tiṃke ṭiṅkule hulu hulu hulu kulutosmire miritre miritre paṣātahara hare huru huru rūpā pacabiśodhane svāhā

mahābhutakaluṣabiśodhane svāhā kaluṣarabhabiśo dhane svāhā kaluṣaojabiśo dhane svāhā sarvāśaparipūraṇi svāhā sarvasaṃsyasaṃpadani svāhā sarvatathāgata arthe svāhā sarvabodhisatva arthe anumotita svāhā. ;

쇼바 쇼바 샤쇼바 아카샤쇼바 바스까라쇼바 아라쇼바 바라쇼바 바즈라쇼바 알로까쇼바 다르마쇼바 바짜마쇼바 빠야니르하라쇼바 브야발로까샤마쇼바 우빠샤마쇼바 나야나쇼바 쁘라즈냐나사무짜라나쇼바 사나쇼바 비샤리야나쇼바 샤스트라바쇼바 비아트라소타마힐레 야마야메 짜크라세 짜크라마쉬리 차리 밀리 깔빠쁘라바르테 쉬리쁘라베 빠라짜라반다니 라트네 바라짜 짜짜짜 힐리밀리 아가짜 두케 두케루따레타레 힐리밀리 모짠타깜 쿨레 밀레 암쿠찌따비 아레 기레 빠레 기레 꾸따삼바레 팀케팀케 틴쿨레 후루후루후루 쿨루토시미레 미리뜨레 미리뜨레 빠사타하라 하레 후루후루 루빠

빠빠비쇼다네 스바하 마하부타깔루사비쇼다네 스바하 깔루사라바기 쇼 다네 스바하 깔루사오자비쇼 다네 스바하 사르바사빠리뿌라니 스바하 사르바삼스야삼빠다니 스바하 사르바타타가타 아르테 스바하 사르바보디사트바 아르테 아누모티타 스바하;

『新編大藏全咒』 緣起;

1. 『隆本全呪』; 『新編大藏全咒』의 저본이 된 원본의 온전한 이름은 『御製滿漢蒙古西番合璧大藏全呪』이며 또한 『四體合璧大藏全呪』라고도 한다. 乾隆23년(1758년)에서 건륭 38년(1773년) 사이에 편찬하여 청나라 乾隆內府에서 간행하였다. 총 96권으로 매 권마다 1책으로 되어 있다. 오른쪽에서 왼쪽으로 滿, 漢, 蒙, 藏의 4종 문체와 글자를 대조하였고 위에서 아래로 배열하였다. 당시 수백 질만을 인쇄하여 전국 각지의 주요 사찰이나 주요 지역의 典藏에 나누어 보관하였다. 현재에는 故宮과 전쟁의 불길이 지나가지 않은 중국의 극소수의 옛 사찰 등에 몇 질이 보관되어 있다. 총 96권의 내용은 아래와 같다.
   1) 咒文全部重新音譯成滿漢蒙藏四種文體 - 총 80권
   2) 목록 8권
   3) 「同文韻統」 6권
   4) 「御製滿蒙藏合璧讀咒法」 - 또는「讀咒法」 1권, 「眞言讀誦法略集」 이라고도 한다.
   5) 「御製滿漢蒙古西番合璧阿禮嘎禮」 1권, 간략하게는 「阿禮嘎禮」 : 滿, 漢, 蒙, 藏의 4종의 문체로 기록하고 梵語와 대비하여 로마나이즈[romanize]화 하였다.
2. 『涵本全呪』; 『漢滿蒙藏四體合璧大藏全呪』 라고 불리며, 중화민국 19년(1930년)에 丁傳紳 등 여러 大德이 流通을 發起하여 上海涵芬樓(商務印書館)에서 影印하였다. 北京 觀音寺 覺先和尙의 珍藏本과 기타의 본을 참고하였다. 중국 북경대학 및 臺灣中研究都藏에 이 판본이 있다.
3. Dr. Lokesh Chandra 編, Sanskrit Texts from the Imperial Palace at Peking in the Manchurian Chineses Mon-golian and Tibetan Scripts, New Delhi, 1966-1968. 『涵本全呪』 를 저본으로 하였으며, 다만 part 1에서 part 8까지 즉 저

이 다라니는 海印寺의 高麗再彫大藏經板 印經本에서도 다음과 같이 보인다.

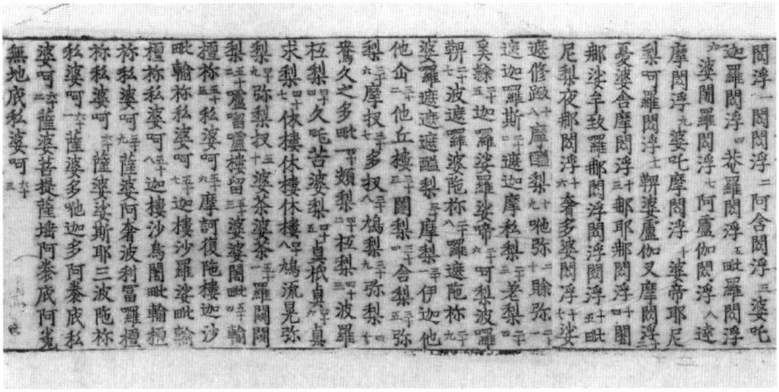

圖Ⅳ-1. 『大方廣十輪經』卷1, 失譯人名今附北凉錄, 高麗再彫大藏經板 印經本(異體字本), 己亥歲 高麗國 大藏都監, 第十九~二十張, 高麗大藏經硏究所, (vo7-p0669-a~b), 印經(1865, 고종2), 五大山寂滅寶宮(現, 月精寺所藏), 上의 再彫年代 등은; 金芳蔚, 「月精寺所藏 高麗再彫大藏經 印經本에 대하여」, 『書誌學報』31, 書誌學會, 2007, pp.171~175 참조.

국내에서 유일하게 지장보살다라니로 持誦되고 있는 『츰부다라니』의 模本이다. 後術하겠지만 현장법사가 『大乘大集地藏十輪經』 속의 다라니를 新譯할 때 梵本의 根據로 삼은 것이다.

그런데 이 다라니는 현장의 신역본과 句의 형식에서 차이를 보이고 있

본의 제1질과 제2질만 출판되어 아직 완전하지 못하다.

4. 『塔爾全呪』; 『滿漢蒙藏合璧大藏全呪』 라고 하며 青海 塔爾寺 『百藏叢書』 간행회의 大藏全呪編纂委員會에서 정리하고 중국의 民族攝影藝術出版社에서 1995년 12월에 출판하였다. 이 판본은 『涵本全呪』 를 저본으로 하였다.

5. 『新編大藏全咒』; 林光明이 편수하였고, 臺北 嘉豊出版社에서 2001년 8월에 출판하였다. 『涵本全呪』 를 저본으로 하고 아울러 『隆本全呪』 를 참고하여, 「呪文編」 16책, 「索引編」 2책 총 18책으로 편성하였다.; 林光明 編修, 『新編大藏全咒』卷1, 台北: 嘉豊出版社, 2001, pp.1~51 참조.

다. 현재의 모든 판본을 비교해 보면 분명한 것은 『대방광십륜경』 앞부분의 17句 끝에는 '閦浮'라는 단어가 『佛說地藏陀羅尼經』 앞의 18句는 '閻浮'라는 단어가 현장본의 앞의 19句는 '讖蒱'라는 단어가 쓰였다. 慧琳이 현장본을 교정한 것에는 이러한 규칙이 보이지 않는다. 흥미 있는 것은 이처럼 부분적으로 音譯에 차이가 있음에도 실제적으로는 같은 것으로 간주하여 왔다는 사실이다. 그리고 현장이 음역한 『대승대집지장십륜경』의 앞부분에 있는 3句는 '讖蒱 讖蒱 讖讖蒱'이며 이것은 앞서 살펴본 두 경전에 나타나 있는 '閱浮 閱閱浮', 혹은 '閻浮 閻浮'보다 하나의 句가 더 많다. 또한, 이들 두 경전의 제15句 뒤에는 계속해서 3개의 '閱浮 閱浮 閱浮', 혹은 '閻浮 閻浮 閻浮'가 이어져 있지만 현장본은 제16句 '鉢刺惹三牟底'와 제17句 '剎拏讖蒱'의 두 句로 정리되어 있다. 따라서 경전의 뒷부분에 있는 이러한 句는 19句가 되고, 그 총수는 65句가 된다.[378] 이와 비슷하게 『佛說地藏菩薩陀羅尼經』에는 다음과 같이 誦하고 있다. 여기서 중요한 것은 이 陀羅尼는 後述할 『一切經音義』에서 摘出되었다는 사실이다.[379] 여기서 알 수 있는 바와 같이 初句와 2句에서 '讖蒱 讖讖蒱'가 왜 '閻浮 閻閻浮'로 되었는지는 알 수 없다. 다만 音譯되는 과정에서 變容된 것을 시간이 지난 뒤 다시 음역함으로써 빚어진 일로 추측할 뿐이다.

염부 염염부 아사염부 바가라염부 암바염부 비라염부 바사라염부
閻浮一閻閻浮二阿舍閻浮三婆迦囉閻浮四菴婆閻浮五毘羅閻浮六婆闍羅閻浮七

378) 장총 著, 김진무 譯, 『地藏』Ⅰ, 동국대학교출판부, 2009, p.57 참조.
379) 장총 著, 김진무 譯, 앞의 책Ⅰ, p.56 참조.

아노가염부 달마염부 바타라염부 바데야니리아라염부 비바바노가
阿盧伽閻浮八達摩閻浮九婆吒摩閻浮十婆帝耶尼梨阿羅閻浮十一鞞婆婆盧伽

반마염부 우바사마염부 우바사마염부 나나나염부 사나바모치라나
反摩閻浮十二憂婆舍摩閻浮十三憂波舍摩閻浮十四那那那閻浮十五闍那婆牟致囉那

염부 비시리야나염부 사다바염부 바차수도조치마혜리 타미 현미
閻浮十六毘尸梨夜那閻浮十七奢多婆閻浮十八婆遮修跳兆致摩醯利十九陀彌二十縣彌

차가라사 차가마사리 차리 해의 가라바바바데 아리바라비
二一遮迦囉斯二二遮迦摩私梨二三差利二四奚疑二五迦囉婆婆婆啼二六阿梨波囉鞞二七

바차라바타미 라차타미 바라차차차혜리 마리 이가타타기 타구루
婆遮囉婆陀彌二八囉遮陀彌二九波囉遮遮遮醯梨三十摩梨三一伊迦他他企三二他丘樓

사리 사리 미리 마반 다반 구리 미리 앙구지다비 알리
三三闍梨三四舍梨三五彌梨三六摩板三七多板三八鳩梨三九彌梨四十鴦久之多毘四一頞梨四二

디리 바라디리 차타고바리 진기진 진구리 휴루휴루휴루 구류도
柢梨四三波囉柢梨四四叉吒苦婆梨四五真祇真四六真求梨四七休樓休樓休樓四八鳩流兜

미리 미리반 바다바가라 문시문시리 로류로류류 바바사비 수
彌梨四九彌梨板五十婆荼婆可羅五一門視門視梨五二嚧嚠留 嚧樓留 五三婆婆闍毘五四輪

단미 사바하 마하부타가루사비륜단미미사바하 가루사라바비륜단미
檀彌五五私婆呵五六摩訶復陀迦樓沙毘輪檀彌彌私婆呵五七迦樓沙羅波毘輪檀彌

사바하 가루사오사비유단미사바하 살바하사바리부라단미사바하 살
私婆呵五八迦樓沙烏闍毘揄檀彌私婆呵五九薩婆呵奢婆利富羅檀彌私婆呵六十薩

바바사야삼바타미미사바하 살바다타다아진디사바하 살바보리살타아진
婆婆斯耶三波陀彌彌私波呵六一薩婆多他多阿袠底私婆呵六二薩婆菩提薩埵阿袠

디아소토원디디 사바하
底阿少兎元地底 私婆呵六三[380]

이상과 같이 다라니가 誦해진 뒤 지장보살은 부처님께 직접 이 다라니

380) 『佛說地藏菩薩陀羅尼經』, 『大正藏』20, p.659中~下.

에 대한 공덕과 그 공능을 찬탄하고 있다.

> 세존이시여, 지금 말씀하신 이 呪는 예전에 일찍이 없었던 威德으로 비추어 밝힌 것이요, 이것은 많은 德의 근본입니다. 이 '記莂章句呪術陀羅尼神呪'는 제가 과거 恒河의 모래알같이 많은 모든 부처님으로부터 직접 받아 지녔던 것입니다. 이 呪는 모든 착하고 깨끗한 법을 증장시키고, 좋은 씨앗·뿌리·줄기·가지·잎·열매·약재·곡식을 증장시키며, 비·연못·땅·물·불·바람을 증장시키고, 기쁘고 즐거운 일을 증장시키며, 財物을 증장시키고, 뛰어나고 悟妙한 것을 증장시키며, 産業을 증장시키나니, 이 神呪의 위력은 번뇌의 속박을 잘 풀어주므로 또한 그 이름이 善解입니다. 세존이시여, 이 陀羅尼神呪를 설하셔서 四天下의 聲聞 제자인 비구·비구니·우바새·우바이를 모두 보호하고 憶念하며, 財物과 모든 産業을 增長하고, 佛法을 증장하여 불법이 널리 유포되어 넓고 크고 한량없는 三界를 즐겁게 합니다.[381)]

이상과 같이 지장보살은 '衆德究竟記莂呪術陀羅尼'를 부처님으로부터 직접 받아 지님으로써 현실에서 필요한 온갖 곡식 등을 줌은 물론 財物과 産業을 번성시킨다. 또한, 이 陀羅尼는 중생으로 하여금 고뇌의 속박을 풀어주므로 그 이름을 善解[382)]라고 부르듯이 현실에서의 모든 이익을 증

381) 『大方廣十輪經』卷1, 『大正藏』13, p.685下. 世尊今所說呪 是未曾有威德照明 是衆德本 記莂章句陀羅尼神呪 我於過去恒河沙諸佛所受持是呪 增長一切白淨之法 增長善種根莖枝葉華果藥穀 增長雨澤地水火風 增長喜樂 增長財物 增長勝妙 增長産業 此呪威力善能繫縛亦名善解 世尊說此陀羅尼呪 與四天下聲聞弟子 比丘比丘尼優婆塞優婆夷皆悉護念大無量三界受樂

382) 『大方廣十輪經』卷1, 『大正藏』13, p.685下. 此呪威力善能繫縛亦名善解 '다라니의 위력은 번뇌의 속박을 잘 풀어 주는 것이어서 이름 하기를 善解라 한다. 여기서 알 수 있듯이 이 다라니를 善解로 하고 있다.

장시킨다고 하였다. 더불어 모든 중생으로 하여금 이 다라니를 받아 지님으로써 護身·護法하고 불법이 널리 增長·流布되어 넓고, 크고, 한량없는 佛國土가 건설된다고 하였다.

결국, 이 다라니를 受持하고 憶念하는 것이 바로 佛法을 增長시키고 불법을 弘布하는 것이 되어 모든 중생이 三界에서 희유함과 동시에 生死로부터 解脫을 이룬다는 커다란 공능이 있다는 것을 알려준다고 할 것이다.

2) 不退轉地陀羅尼心呪章句

전술한 바와 같이 『대방광십륜경』에는 위에서의 '衆德究竟記莂呪術陀羅尼'와 아래에서 전개할 '不退轉地陀羅尼心呪'의 두 다라니만이 등장한다. 여기서 '不退轉地'란 다시는 후퇴하지 않는 보살의 階位로서 여러 경전에서 이에 관한 내용이 설해져 있는데 '不退轉地陀羅尼心呪章句'란 그러한 불퇴전의 보살이 지니는 다라니를 마음에 새기는 呪라고 할 수 있을 것이다. 여기서 이 다라니가 어떻게 중생구제를 위한 공능과 현세 이익적 功德을 드러내는지를 經文의 典據를 들어 살펴보기로 한다.

이때 천장대범이 부처님께 아뢰기를 "세존이시여, 오직 원하오니 저의 말을 들어 주소서, '不退轉地陀羅尼心呪章句'를 전전함은 真善剎利입니다. 따라서 이것은 '不退轉地心陀羅尼'의 신통한 呪力이기 때문입니다. 미래세에 真善剎利로 하여금 널리 나라의 원적을 자연스럽게 퇴치하여 흩어지게 하려고, 身·口·意로 하여금 계를 성취하여 수승한 지혜를 얻게 하려고 일체 지혜로운 사람의 찬탄하는 바가 되기 위해서, 모든 惡을 遠離하기 위해서, 일체중생을 버리지 않기 위해서 四攝法을 얻어 의문하는 바가 없고 法器가 성숙하여 福田을 具足한다. 보살과 모든 성문의 무리에게 이익의 일체와 친근함이라."[383] 하면서 불퇴전보리심을 다라니의 신통한 공덕을 얻어 최고로 수승해서 깨어지거나 물러남이 없으며 항상 모든 부처님과 일체의 보살과 친근하다고 하면서 천장대범은 呪를 설하여 말하면서 다음과 같이 誦하였다.

다디타 모니치리 모나사라베 모니이 리디야 말데노사비사례 모나율
多闍他 牟尼置梨 牟那舍囉鞞 牟尼夷 梨地夜 末啼盧闍毘闍隸 牟那栗

지아닐가미석가라박차 바라사박차 밀라박차 소라사율데 도라나율례
芝阿昵伽彌㗖迦羅博差 波羅舍博差 蜜羅博差 掃囉裟栗啼 兜羅挐栗隸

발치차율바례구구나미례 아베차바바아누아지리범 모니바타베 사바
鉢哆叉栗婆隸舊舊拏彌隸 阿鞞叉婆婆阿㝹阿祇梨梵 牟尼波陀鞞 私婆

하
呵[384]

383) 『大方廣十輪經』卷4, 『大正藏』13, p.701上. 爾時天藏大梵 即從坐起整其衣服 右膝著地 長跪叉手 白佛言 世尊 唯願聽我說 是真善剎利 轉不退轉地陀羅尼心呪章句 以此不退轉地陀羅尼神呪力故 使未來世真善剎利 令邊國怨敵自然退散 使身口意戒成就得勝智慧 為一切智人之所讚歎 遠離諸惡常修行善 遠離一切邪見邪歸依 精進堅固成熟無量諸衆生故 得自在智 六波羅蜜珍寶伏藏具足增長 遠離一切瞋恚慳貪諸惡嫉妬 常為天人之所守護 得不退轉菩提之心 不捨一切衆生 得四攝法無所疑問 成熟法器具足福田 親近菩薩諸聲聞衆 利益一切.

384) tadyathā munimūle munigarbhe munihṛdaya muniruhabicale munihṛde munigame śuklapakṣe pālaśapakṣe nīlapakṣe saurisakṛte toraṇakṛcale pātākakṛte kukunamile apakṣasāre anohakilpi munipathāpi svāhā ; 타야타 무니물레 무니가르베 무니흐리다야 무니루하비찰레 무니흐르데 무니가메 슈크라파크세 팔라샤파크세 닐라파크세 사우리사크르테 토라나크르차레 파타카크르테 쿠쿠나미레 아파크사사레 아노하킬피 무니파타피 스바하; 林光明 編修, 『新編大藏全咒』卷1, 台北: 嘉豐出版社, 2001, pp.226~227. 玄奘譯本에는 다음과 같다. 비교를 위해서 첨부한다. '護國不退輪心陀羅尼' ;

대범이 아뢰기를 "제가 원하건대 세존께서 이 다라니에 대해서 마음에 기쁨이 일어나게 하소서."라고 하자 부처님께서 말씀하시기를 "선재, 선재라, 大梵이여, 내가 이 呪文에 대하여 마음으로 환희를 일으키게 하겠노라."[385]고 하고 있다.

부처님께서 대목건련과 미륵보살마하살에게 말씀하시기를

> 너희는 '不退轉地心陀羅尼'를 받아 지녀서 참되고 착한 찰리로 하여금 편안하고 즐겁고 이익이 되게 하라. 법륜을 굴리게 하기 위해서이며, 명칭을 이롭게 하기 위해서이며, 위엄 있고 공덕이 되게 하기 위해서이며, 모든 삿된 견해를 멸하게 하기 위해서이며, 바른 견해를 건립하게 하기 위해서이며, 法眼을 수호하게 하기 위해서이며, 한량없는 중생을 성숙하게 하기 위해서이며, 대승을 견고하게 하여 물러나지 않게 하기 위해서이며, 육바라밀을 원만히 구족 하게 하기 위함이니라.[386]

『大乘大集地藏十輪經』, 「無依行品」 第4, 『大正藏』13, p.747中~下;

다냐타 모니위례 모나게갈폐 모니흐리다예 모니로하비세 례 모나게률제

怛絰他唐言謂牟尼冐□隸木上一牟那揭臘莅二牟尼紇梨達曳三牟尼嚧訶毘折常列反隸四牟那曷栗制

모니급미 속흘라박차 발라사박체 미라박체 소라바흘률데 투랄라훌률

五牟尼笈謎六束訖羅博差七初戒反鉢邏奢博差八初戒反蜜羅博差九初戒反騷剌婆紇栗帝十姡剌拏紇栗

잘 례 발다라차흘률데 구구나미례 압 벌차사례 알로하지리폐 모니바탑

折章列反隸十一鉢怛邏叉紇栗帝十二具具拏蜜隸十三唱烏合反莅叉薩隸十四遏怒訶𠨡□履莅十五牟尼鉢塔

폐사바하

十六 莅莎婆訶

385) 『大方廣十輪經』 卷4, 『大正藏』13, p.701上. 爾時天藏大梵說是呪已 白佛言 我願世尊 於此陀羅尼心生隨喜 佛言 善哉善哉 大梵 我於此呪心生歡喜.

386) 『大方廣十輪經』 卷4, 『大正藏』13, p.701中. 汝等受持不退轉地心陀羅尼 能令真善剎利安樂利益 為轉法輪故 為名稱利故 為威德故 為滅諸邪見故 為建立正見故 為守護法眼故 為無邊衆生令得成熟故 為使堅固大乘不退故 為使滿足六波羅蜜故

라고 말씀하셨다. 이와 같은 '不退轉地心陀羅尼'를 받아 지님으로써 편안하고 즐거운 이익을 얻게 되는데, 이러한 이익뿐만 아니라 게송에서는 '비유하면 다섯 개의 해가 한꺼번에 나타나 저 넓은 바다를 말리는 것처럼 만약 나의 법을 잘 보호한다면 번뇌의 매듭 말라 버리리.'[387]라고 부처님께서 말씀하신다.

여기서 다섯 개의 해가 한꺼번에 나타나고 바다가 마르는 일은 세계가 종말이 오는 최후의 시기인 壞劫에 나타나는 현상으로 처음에 불에 의해서 온 세계가 타 버리고 다음엔 물 때문에 침몰되고 끝으로는 바람이 모든 것을 날려 버린다. 그러므로 여기에서는 세계의 종말이 오더라도 불법을 굳게 지킬 것을 권유하고 있는 것이다.

본 呪는 『大方廣十輪經』卷4[388]에는 '不退轉地陀羅尼心呪章句, 혹은 '不退轉地陀羅尼神呪'라는 이름으로 되어 있다. 『大乘大集地藏十輪經』에는 '護國不退輪心陀羅尼'라는 이름으로 되어 있고, 慧琳音義[389] 『一切經音義』卷18, (『大正藏』54, pp.420下~421上)에서는 玄奘本의 수정에 따라 같은 구성을 하고 있다. 그러므로 이 3개의 경전에서 사용된 한자의 어휘는 모

387) 『大方廣十輪經』卷4, 『大正藏』13, p.702上. …… 譬如五日出 能竭於大海 若護我法者 則竭煩惱結 ……

388) 『一切經音義』卷18, 『大正藏』54, pp.420下~421上. 『大方廣十輪經』卷2의 不退轉地陀羅尼와 重複; 『新編大藏全咒』卷1, pp.217~218; '護國不退輪心大陀羅尼', 釋經沙門慧琳再譯 ; 怛你也二合他去引一母捉肙引[口+肄]一聿+企一止+米轉舌二母娜揭臘閉二合三母捉訖哩二合馱曳四母捉嚕賀批毘逸反摻贊辣反[口+肄]一聿+企一止+米五母那曷栗祭二合六母捉業謎七東訖囉二合博乞曬二合八鉢囒舍博乞曬二合九吠囉博乞曬二合十囉轉舌乞曬二合訖哩二合帝十一都囉拏訖哩二合左[口+肄]一聿+企一止+米二合鉢怛囉二合洛乞灑二合訖哩 二合帝十三㜸㜸拏鼻弭黎十四暗嚩乞叉二合薩[口+肄]一聿+企一止+米十五阿努鼻賀儗哩吠十六引母捉鉢納銘二合娑嚩 二合引賀引十七.

389) 『一切經音義』卷18, 『大正藏』54, pp.420下~421上.

두 구별이 되지만 梵語 文句의 수에는 큰 차이가 없으며 16句 또는 17句로 이루어져 있다.390)

이처럼 앞의 '衆德究竟記莂呪術陀羅尼'는 지장보살이 부처님으로부터 직접 받아 현세 이익적 공덕을 갖추게 되었으며 결국 이 다라니를 受持하고 憶念하는 것이 바로 불법을 증장시키고 불법을 홍포하는 것이 되어 모든 중생이 삼계에서 희유함과 동시에 生死로부터 解脫을 이룬다는 커다란 공능이 있다는 사실을 알 수 있었다. 그리고 모든 중생이 '不退轉地心陀羅尼'를 받아 지님으로써 편안하고 즐거운 이익을 얻게 되고, 경에서 세계의 종말이 오더라도 불법을 굳게 지킬 것을 권유한다는 점을 확인하였다. 다음에서는 玄奘譯本 『大乘大集地藏十輪經』의 지장보살 다라니를 고찰해 본다.

(1) 『大乘大集地藏十輪經』의 地藏菩薩陀羅尼

隨代에 三階敎가 흥성했을 당시 信行이 그의 所依經典으로서 유행하던 『大方廣十輪經』은 이 失譯된 北涼本이었다. 그러나 唐에 이르러 현장의 新譯이 나오자 三階師인 神昉은 현장번역의 서두에 머리말을 쓰고 깊은 존경과 믿음의 뜻을 표현하였다고 전술한 바 있다. 이 經 역시 지장보살의 공덕을 찬탄하고 지장보살의 本願力으로 말미암아 열 가지 佛輪을 성취하여 末世의 열 가지 惡輪을 부수어 없애리라는 것을 말하고 있는 경전이 『大乘大集地藏十輪經』이다.

390) 장종 著, 김진무 譯, 앞의 책Ⅰ, p.55 참조.

이 경전의 내용은 지장보살의 물음에 대해 부처님이 十種의 法輪을 설한 것이다. 여기에서 十輪이란 王의 治道 열 가지에 대한 부처님의 十力을 말하며 그 하나하나의 힘을 轉輪聖王에 비유한 것이다. 『대승대집지장십륜경』은 「序品」·「十輪品」·「無依行品」·「有依行品」·「懺悔品」·「善業道品」·「福田相品」·「獲益囑累品」의 8품 10권으로 이루어져 있다. 다음은 이 經의 序文에 있는 경의 찬술취지를 밝힌 부분이다.

> 이 경은 이 세상에서 말법 시대의 가르침이다. …… 그래서 이 경은 냄새나는 몸을 씻을 수 있고, 시각장애인의 눈을 뜨게 할 수 있으며, 굽지 않은 그릇을 다시 구워낼 수 있고, 돌밭을 기름지게 할 수 있다. 그래서 보살이 聲門의 모습을 보이고, 象王이 출가한 사람의 복장을 공경하며, 이 깃발의 모습으로써 저 부끄러움 모르는 무리를 교화하고, 두 가지 일을 보호하여 견지하면 三乘의 果報를 드러내고자 하는 것이다.[391]

라고 하면서, 석가모니 부처님 사후 미륵보살이 출현하기 전인 이른바 말법 시대에 지장보살의 가르침의 공덕을 설한 것이라고 밝히고 있다.

그래서 지장보살은 "定力에 의해서 일체 유정의 모든 고통을 소멸해 오탁악세의 부처가 없을 때 일체의 유정을 성숙시키면서 三界에 도달할 때까지 그 몸을 출현해서 大法輪을 굴려 이것을 구제하는 것을 本願으로 하고 있는 것이다. 그런데 대 변신을 하고 중생을 구제하는 지장보살의 공덕과 교화력이 관음·미륵보다 뛰어나다."[392]고 하면서 다음과 같이 지장의

391) 『大乘大集地藏十輪經序』, 『大正藏』13, p.777上~中. 十輪經者 則此土末法之教也 …… 故此經能濯臭身開盲目陶坏器沃石田 是以菩薩示聲聞之形 象王敬出家之服 以此幢相化彼無慚 顯二事之護持成三乘之道果

그것이 관음·미륵보다 뛰어난 힘이 있고, 모든 유정의 소원을 만족하게 하고, 이에 마땅히 공양받을 만하다는 것을 강하게 설하고 있는 것이다. 가령 어떤 사람이 彌勒菩薩, 妙吉祥菩薩, 觀自在菩薩, 普賢菩薩을 上首로 하는 항하 모래수의 여러 대보살마하살의 처소에서 백 겁 동안 지극한 마음으로 귀의하고 명호를 부르며, 생각하고 외우며 예배하고 공양하면서 모든 원하는 바를 구하느니보다 한 食頃 동안 지극한 마음으로 지장보살의 명호를 부르고 생각하며 외우고 예배 공양하여 모든 원하는 바에 속히 만족함을 얻느니만 같지 못하다고 한다. 왜냐하면, 지장보살이 일체 유정들을 이익되게 하고 안락하게 하여 모든 유정이 원하는 바를 만족하게 하는 것은 마치 如意寶와 같고 또한 숨겨진 보배창고와 같기 때문이라고 말하고 있다.[393] 여기에서 지장보살다라니로서 異稱의 『츰부다라니』와 慧琳이 저술한 『一切經音義』에 나타난 다라니 句의 구조에 대하여 살펴보자.

① 具足水火吉祥光明大記明呪

『大乘大集地藏十輪經』은 玄奘이 『大方廣十輪經』을 다시 音譯한 것이다.

---

392) 『大乘大集地藏十輪經』「序品」1, 『大正藏』13, p.724上~中. 由此定力令彼佛土一切大地衆寶合成 一切過患皆悉遠離種種寶樹衣樹器樹諸瓔珞樹花樹果樹諸音樂樹 無量樂具周遍莊嚴 以要言之 此善男子 於一一日每晨朝時 為欲成熟諸有情故 入殑伽河沙等諸定從定起已遍於十方諸佛國土 成熟一切所化有情 隨其所應利益安樂 此善男子 已於無量無數大劫 五濁惡時無佛世界成熟有情.

393) 『大乘大集地藏十輪經』「序品」1, 『大正藏』13, p.726上. 善男子 假使有人於其彌勒及妙吉祥并觀自在普賢之類而為上首殑伽沙等諸大菩薩摩訶薩所 於百劫中至心歸依稱名念誦禮拜供養求諸所願 不如有人於一食頃至心歸依稱名念誦禮拜供養地藏菩薩求諸所願速得滿足 所以者何 地藏菩薩利益安樂一切有情 令諸有情所願滿足 如如意寶亦如伏藏 如是大士 為欲成熟諸有情故 久修堅固大願大悲勇猛精進過諸菩薩 是故汝等應當供養.

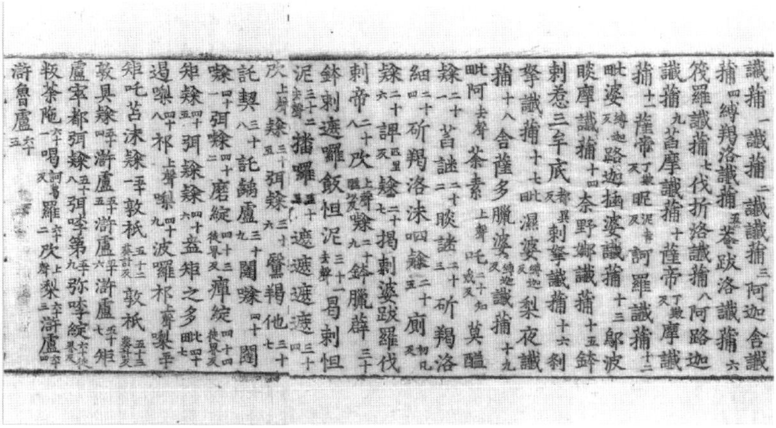
識蒱一識蒱二識識蒱三阿迦舍識
蒱四縛羯洛識蒱五莽跋洛識蒱六
筏羅識蒱七伐折洛識蒱八阿路迦
識蒱九菩摩識蒱十薩帝摩識
蒱十一薩帝眤訶羅識蒱十二
毗婆路迦插婆識蒱十三鄔波
睒摩識蒱十四柰野鄉識蒱十五鉢
剌惹三牟底剌拏識蒱十六剎
拏識蒱十七毗濕婆梨夜識
蒱十八舍薩多臘婆識蒱十九
毗阿荼素吒二十莫醯
鵽二十一菩謎二十二睒諸二十三斫羯洛
細二十四斫羯洛沫鵌二十五廁
鵽二十六諢鵌二十七揭剌婆跋羅伐
剌帝二十八吠鵽二十九鉢臘薜三十
鉢剌遮囉飯怛泥三十一曷剌怛
泥三十二播囉三十三遮遮遮遮三十四
吠鵽三十五弭鵽三十六蠻羯他三十七
託契三十八託鷁盧三十九闍喙四十闍
喙四十一弭喙四十二磨綻四十三瘒綻四十四
矩鵽四十五弭鵽鵽四十六盎矩之多毗四十七
遏喇四十八祁喇四十九波囉祁喇五十
矩吒苫沫鵽五十一敦祇五十二敦祇五十三
敦具鵽五十四滸盧五十五滸盧五十六滸盧五十七矩
盧牢都弭鵽五十八弭嗱第五十九弥嗱綻六十
瓶荼阤六十一喝羅六十二吠梨六十三滸盧六十四
滸魯盧六十五

圖Ⅳ-2. 『大乘大集地藏十輪經』, 高麗再彫大藏經版 印經本(異體字本), 大唐三藏聖教序御製 陶, 第1卷 第二十八張~二十九張, 陶 道宣/ 庚子歲高麗國大藏都監奉. 印經本(1865, 고종2), 五大山寂滅寶宮(現, 月精寺所藏), 上의 再彫年代 등은; 金芳蔚, 「月精寺所藏 高麗再彫大藏經 印經本에 대하여」, 『書誌學報』31, 書誌學會, 2007, pp.171~175 참조.

卷1의 다라니 '衆德究竟記莂呪術陀羅尼'에 대하여 현장은 동일한 문장을 사용하지 않고 音譯하였으며, 이어져 있는 梵語로 된 句의 수도 역시 차이가 있어서 65句로 이루어져 있다.394) 현재 한국불교계에서 지장보살 다라니로 가장 많이 지송되고 있는 다라니가 지금 소개하는 異稱의 『츰부 다라니』이다.

圖Ⅳ-2 역시 해인사 고려재조 대장경판에 板刻되어 있는 것을 印經한 자료이다. 이 經에서는 일체중생의 精氣가 事業을 잘 이루도록 증장시키며, 바른 법의 정기가 善行을 하도록 증장시키며, 지혜의 광명과 육바라밀의 妙行과 五眼과 灌頂을 증장시키며, 천상에 나거나 涅槃에 이르게 함을

394) 장종 著, 김진무 譯, 『地藏』Ⅰ, 동국대학교출판부, 2009, pp.55~56.

증장시키니 그것은 이른바, '具足水火吉祥光明大記明呪總持章句『츰부다라니』'의 말씀이라고 이름 하는 다라니가 있어서 그러한 공능이 가능하다고 설하고 있다. 그 『츰부다라니』는 다음과 같다.

참포 참포 참참포 아카샤참포 바갈락참포 암발락참포 벌라참포 바주라
識捕一識捕二識識捕三阿迦舍識捕四縛羯洛識捕五菴跋洛識捕六筏羅識捕七伐折洛

참포 아로가참포 담마참포 샤뎨 마참포 샤뎨 닐 아라참포
識捕八阿路迦識捕九啓摩識捕十薩帝丁其皮反摩識捕十一薩帝丁其皮反呢泥吉反訶羅識捕

비바 로가스바참포 우파셤마참포 나야나참포 바라나삼모디
十二毘婆縛迦反路迦插婆識捕十三鄔波睒摩識捕十四奈野娜識捕十五鉢刺惹三牟底

라나참포 찰라참포 비습바 리야참포 사살다라바 참포
都異反刺拏識捕十六刹拏識捕十七毘濕婆縛迦反梨夜識捕十八舍薩多臘婆縛迦反識捕十九

비아 도수 타 마혜례 담미 셤미 자가락사 자가라마혜례
毘阿去聲荼素上聲吒二十知戒反莫醯隸二一啓謎二二睒謎二三斫羯洛細二四斫羯洛沫呬隸二

첨 례 시 례 게라바바라벌라뎨 히 례 바라사
五廁初凡反隸二六諀四里反隸二七揭刺婆跋羅伐刺帝二八 𡀔上聲醯以反𠺕隸二九鉢臘薜三十

바라자라반다니 가라다니 바라 자자자자 히 례 미례
鉢刺遮囉飯怛泥三一去聲曷刺怛泥三二去聲播囉三三遮遮遮遮三四𡀔上聲隸三五弭隸

이갈타 타계 타우로 다례 다례 미례 마뎨 다뎨
三六翳羯他三七託契三八託齲盧三九闥𠺕隸四十闥𠺕隸 四一弭隸四二磨綻四三徒界反癉綻

구례 미례례 앙구지다비 가리 지 리 바라지 리
四四徒界反矩隸四五弭隸隸四六盎矩之多毘四七遏𠺕梨四八祁上聲𠺕梨四 波囉祁上聲 𠺕梨

구타졈마례 돈계 돈계 돈구례 호로 호로 호로
五十矩吒苫沫隸五一敦祇五二葵計反敦祇五三葵計反敦具隸五四滸盧五五滸盧五六滸盧五七

구로솔도미례 미리디 미리뎨 반다타 갈
矩盧窣都弭隸五八弭𠺕筛五九彌𠺕綻六十徒界反叛荼陀六一喝訶葛反

라 후 리 호로 호로로
羅六二𡀔上聲梨六三滸盧六四滸魯盧六五[395]

여기에서 '大記' 역시 『大方廣十輪經』의 '衆德究竟記莂呪術陀羅尼'의 '記莂'과 같은 뜻으로 보인다. '大記'는 현장이 새롭게 漢譯할 때 기존의 舊譯本 '記莂'의 의미에서 더 나아가 '具足水火吉祥光明'으로 加持하는 '大記'로 意譯하여 이 다라니의 공능이 중생들의 모든 現世利益과 成佛을 授記하고 있다는 것을 강조하고 있음이 명백해 보인다.

모든 大藏經에 들어 있는 漢譯本에 saṃskṛtā語가 표기된 『新編大藏全

395) 『大乘大集地藏十輪經』, 「序品」1, 「具足水火吉祥光明大記明呪」, 『大正藏』13, p.726中~下; 위의 다라니는 지장보살츰부다라니(地藏菩薩讖蒱陀羅尼)라 하여 현재 국내에서 주로 持誦하는 다라니로서 첫 歸敬句가 없고 끝에 結文(祝願文)이 없다. 발음은 다음과 같다 ; 츰부 츰부 츰츰부 아가셔츰부 바결랍츰부 암벌랍츰부 비러츰부 발절랍츰부 아루가츰부 담뭐츰부 살더뭐츰부 살더일허머츰부 비바루가찰뭐츰부 우버셤뭐츰부 내여나츰부 발랄여삼무지랄나츰부 찰나츰부 비실바리여츰부 셔랄더랄바츰부 비어자수재 맘히리담미셤미 잡결랍시 잡결랍 믜 스리 치리 시리결랄뭐 벌러 발날디 히리벌날비 벌랄저러니달니 헐 날달니 뭐러져져 져져 히리미리 이결타 탑기탑규루 탈리탈리 미리 뭐대 더대 구리미리 앙규즈 더비 얼리 기리 뭐러기리 규차섬뮈리 징기둔기둔규리 후루 후루 후루규루 술두미리 미리디 미리대 뷘자더 허러히리 후루 후루루; 安震湖 篇, 『釋門儀範』, 法輪社, 1982, pp.92~93. 현재 국내에서 念誦되고 있는 츰부다라니의 持誦音과 다음에 열거하는 중국식 발음이 한국식(츰부 츰부 츰츰부)으로 變容된 것으로 생각한다; CHHIM BHO / CHHIM BHO / CHIM CHHIM BHO / AKAHA CHHIM BHO / VAKARA CHHIM BHO / AMAVARA CHHIM BHO / VARA CHHIM BHO / VACHIRA CHHIM BHO / AROGA CHHIM BHO / DHARMA CHHIM BHO / SATEVA CHHIM BHO / SATENI HALA CHHIM BHO / VIVA ROKA SHAVA CHHIM BHO / UVA SHAMA CHHIM BHO / NAYANA CHHIM BHO / PRAINA SAMA MONI RATNA CHHIM BHO / KSHANA CHHIM BHO / VISHEMA VARIYA CHHIM BHO / SHASI TALA MAVA CHHIM BHO / VIAH DRASO TAMA HELE / DAM VE YAM VE / CHAKRASE / CHAKRA VASILE / KSHILI PHILE KARAVA / VARA VARITE / HASERE PRARAVE / PARECHARA BHANDHANE / ARADANE / PHANARA / CHA CHI CHA CHA / HILE MILE AKHATA THAGAKHE / THAGAKHI LO / THHARE THHARE MILE MADHE / NANTE KULE MILE / ANG KU CHITABHE / ARAI GYIRE VARA GYIRE / KUTA SHAMAMALE / TONAGYE TONAGYE / TONAGULE / HURU HURU HURU / KULO STO MILE / MORITO / MIRITA / BHANDHATA / KARA KHAM REM / HURU HURURU ; 夢參老法師演音集, 『大乘大集地藏十輪經』, 「具足水火吉祥光明大記明呪總持章句」, 方廣文化事業有限公司.

呪』卷1에서 이 다라니는 『大方廣十輪經』卷1의 '衆德究竟記莂呪術陀羅尼章句'와 同一하며 一呪가 重複돼 있음을 밝히고 있다.[396] 또한 『釋門儀範』,[397]에서는 '지장보살님께 多生의 罪業을 懺悔하면서 외우는 다라니'로 정의하고 있다. 이는 그 句數나 音義로 보아서 현재 수지 독송 되고 있는 玄奘 譯本 『大乘大集地藏十輪經』의 '具足水火吉祥光明大記明呪總持章句'로 보인다. 국내에서 유일하게 위 『釋門儀範』에 나타나 있다.

이처럼 65句의 '具足水火吉祥光明大記明呪總持章句『츰부다라니』'를 誦하고 난 지장보살이 이 다라니에는 중생을 향한 다음과 같은 功能이 있음을 부처님에게 偈頌으로 和答하고 있다.

> 좋은 말씀[398]은 모든 중생 번뇌를 맑히고, 좋은 말씀은 싸움이 치성한 겁을 능히 맑히며, 좋은 말씀은 흐리고 악한 뜻을 능히 맑히고, 좋은 말씀 흐린 四大 능히 맑히며, 좋은 말씀 악한 맛을 능히 맑히고, 좋은 말씀 악한 기운 능히 맑히며, 좋은 말씀 온갖 희망 능히 채우고, 좋은 말씀 모든 농사 이루게 하며, 좋은 말씀은 일체의 부처님들과 여래 세존께서 加護하시며, 좋은 말씀 또한 능히 시방 삼세의 보살들로 하여금 가호하고 따라 기쁘게 합니다.[399]

---

396) 林光明 編修, 『新編大藏全咒』卷1, 台北: 嘉豐出版社, 2001, pp.217~218.

397) 安震湖 篇, 法輪社, 1982, pp.92~93.

398) 원문의 '善說' 이란, 梵語 svāhā의 漢譯으로 어떤 일이 끝날 때나 환호하면서 맞이하는 일, 은혜에 감사한다는 말로 "svāhā !" 라고 외치면서 헌신, 봉헌, 헌공할 때 외치는 말. 여기서 善說은 앞의 다라니를 가리킨다.

399) 『大乘大集地藏十輪經』卷5, 『大正藏』13, p.726下. 善說能淨諸有塵 善說能淨鬪諍劫 善說能淨濁惡意 善說能淨濁大種 善說能淨濁惡味 善說能淨濁惡氣 善說能滿諸希望 善說能成諸稼穡 善說能令一切佛 如來世尊所加護 善說又能令一切 菩薩加護而隨喜.

이어 또 지장보살이 부처님에게 이처럼 "'具足水火吉祥光明大記明呪總持章句'는 제가 과거 항하의 모래알같이 많은 부처님 會上에서 친히 받아 지닌 바입니다. 이 다라니는 능히 일체의 청정법을 증장시키는데 자세히 말하자면 일체의 수용하는 資具를 모두 증장시킵니다. 이 다라니는 또 四洲에 있는 세존의 제자인 모든 비구·비구니·우바새·우바이를 제도하여 그들로 하여금 모두가 부처님을 기억하는 생각을 증장시키며 자세히 말하면 일체의 收用하는 資具를 모두 增長시킵니다. 또 이 다라니는 세존의 甘露의 성스러운 가르침을 능히 왕성하게 하고 오래 머물게 하여 삼계 중생들을 이익되고 안락하게 합니다."400)라고 찬탄하고 있다.

(2) 『一切經音義』(71句)

慧琳이 저술한 『一切經音義』는 玄奘이 音譯한 65句의 다라니를 다시 音譯하고 있는데 사용된 한자가 같지 않고 또한 梵語의 字句를 나눔에도 차이가 있어 모두 71句로 이루어져 있다. 『일체경음의』에서는 다음과 같이 다라니를 誦하기에 앞서 전문적인 註釋을 하고 있는데

> 첫 번째 글자는 焰과 染의 반절이다. 당나라 말로는 深惡勝業이라고 한다. 혹은 可怖畏라고 하고, 또는 深能靜息이라 한다. 혹은 平等이라고 한

400) 『大乘大集地藏十輪經』「序品」1, 『大正藏』13, pp.726下~727上. 世尊如是 具足水火吉祥光明大記明呪總持章句 我於過去殑伽沙等佛世尊所 親承受持此陀羅尼 能令增長一切白法廣說乃至增長一切受用資具 大德世尊 此陀羅尼 普能濟度此四洲諸世尊弟子一切苾芻及苾芻尼鄔波索迦鄔波斯迦 令其皆得增長憶念廣說乃至增長一切受用資具 此陀羅尼能令世尊甘露聖教熾然久住 利益安樂三界衆生.

> 다. 이 뒤에 『地藏菩薩陀羅尼經』 가운데 근본이 된다. 古譯에는 혹 音과 뜻이 있지만 적절하지 않고 사용한 글자도 어긋나고 편벽되었다. 지금 수지한 梵本이 있는 까닭으로 『音義』를 수정하고, 문장에 따라 다시 梵文을 번역하여 기록하였다. 바라건대, 前後 두 가지[401] 번역을 바로잡아야만 엉성함과 세밀함을 알 수 있을 것이다. 眞言은 다음과 같다.[402]

라고 하고 있다. 이것으로 보면, 慧琳이 사용한 梵本은 아마도 같은 텍스트이지만 시간이 흐르면서 이미 變譯된 것이었고, 이를 바탕으로 다시 音譯한 것으로 추정할 수 있다.[403]

이러한 비교를 통해서 알 수 있는 것은 여러 형태로 變譯된 연유가 이 다라니들의 音譯 과정이 오랜 世代 差를 두고 있었다는데 그 원인이 있을 것이다. 『大方廣十輪經』은 北涼(397~439), 玄奘新譯(652)『大乘大集地藏十輪經』, 慧琳(737~820)音義 『一切經音義』는 각각 약 200여 년의 世代 間 융화과정을 겪으면서 변한 梵音譯의 譯者 間 견해 차이로 볼 수 있다. 『新編大藏全咒』卷1에서는 『大方廣十輪經』에 있는 二呪가 『大乘大集地藏十輪經』에 있는 二呪와 重複돼 있음을 밝히고 있으며,[404] '具足水火吉祥光明大記明呪『츰부다라니』'는 별도의 saṃskṛtā語를 표기하지 않고 있다. 이는 곧 이 다라니의 模本이 『大方廣十輪經』이라는 것을 말하고 있는 것이다.

또한 句가 늘어난 근본이유는 大乘經典에서 說하는 陀羅尼의 기본 형

---

401) 여기서 前後 두 가지라 함은 『大方廣十輪經』과 『大乘大集地藏十輪經』으로 보인다.

402) 『一切經音義』卷18, 『大正藏』54, pp.420下~421上. 剡魔王 (上焰染反唐云探惡勝業或名可怖畏亦名深能靜息或云平等次後地藏菩薩陀羅尼經中本為是古譯或有音旨不切用字乖僻今有自受持梵本因修音義依文再譯識梵文者請挍勘前後二譯方知疎密真言曰).

403) 장종 著, 김진무 譯, 『地藏』 I, 동국대학교출판부, 2009, p.55.

404) 林光明 編修, 『新編大藏全咒』卷1, 台北, 嘉豐出版社, 2001, pp.217~218.

식이 序文(歸敬文(句) Namoratna-trayāya …… Samyaksambudhāya)+本文(tadyathā) ……+結文(祈願文 Svāhā)으로, 경전의 구성형식을 취하고 있기 때문이다.[405] 따라서 慧琳音義인 『一切經音義』의 71句,[406] 『大方廣十輪經』의 63句, 『大乘大集地藏十輪經』65句, 『佛說地藏菩薩陀羅尼經』의 63句는 同一한 陀羅尼임을 알 수 있다.

『一切經音義』의 71句는 다음과 같다.

나모 라 다나 다라 야 야 나막아 리야 가시
曩謨引|囉羅字取上聲兼轉舌卽是怛曩二合怛囉二合夜引|野一娜莫阿去引|哩野二合上哩字轉舌二乞史

디 알바 야 모 디사다바 야 마하 사다바 야 마하 가 로
二合底丁以反蘗婆去引|野三冒引|地薩怛嚩三合引|野四摩賀引|薩怛嚩三合引|野五摩賀引|迦引|嚕

니 까 야 다냐- 타 츰목 모 츰목 모
抳匿來力正反下文同迦引|野六怛儞也二合他去引|七乞蔘二合下楚錦反正體從[彰章]謀八乞蔘二合謀九

아 가 샤- 츰 모 바가락- 츰 모 암마 락- 츰 모 베 락
阿去引|迦引|舍乞蔘二合謀十嚩迦囉乞蔘二合謀十一暗麼莫可反囉乞蔘二合謀十二吠肥廢反引|羅

-츰 모 바아락 -츰 모 로 각- 츰 모 염마- 츰 모 사
乞蔘二合謀十三嚩日囉二合乞蔘二合謀十四路引|迦乞蔘二合謀十五淡麼鼻乞蔘二合謀十六薩

댜- 마- 츰 모 사댜- 이리 하 락- 츰 모 아 닐 댜
野二合麼鼻乞蔘二合謀十七薩底野二合儞逸二合賀引|囉乞蔘二合謀十八阿上寧頁寧逸反下同底

- 이리 하 락 -츰 모 미야 바로 각- 츰 모- 사
野 二合十九儞逸二合賀引|囉轉舌上聲乞蔘二合謀二十弭野二合縛路引|迦乞蔘二合謀二一乞灑

먀- 츰 모 우파사막-츰 모 나야낙 -츰 모 바라 지양
二合麼鼻乞蔘二合謀二二塢跛捨麼乞蔘二合謀二三曩野曩乞蔘二合謀二四鉢囉二合枳孃二合引|

405) 金武生, 「眞言 修行의 目的에 대한 研究」, 『韓國密敎學論文集』, 대한불교진각종, 1986, p.357.

406) 慧琳譯本 71句중의 늘어난 歸敬句는 다음과 같다 : namo ratnatrayāya namo ārya kṣitigarbhaya mahāsattvaya mahākaruṇikāya tadyathā.

삼 모디 라 낙 - 츰 모 사 낙 -츰 모 미시 리야 -
三去聲畝底丁以反引囉轉舌拏鼻音乞墋二合謀二五乞灑二合拏鼻乞墋二合謀二六尾室引哩野二合

츰 모 사 사다 박-츰 모 미야 아 소대 마히
乞墋二合謀二七舍引娑跢二合嚩乞墋二合謀二八弭野二合阿去引素齸摘皆反二九摩呬馨異反下

리 나미사미 자가라 세 자가라 마 시 례- 시
文同黎引三十娜迷捨迷三一作訖囉二合細三二作訖囉二合麽鼻枲星以反下同嚟轉舌三三乞史二合

니히례 가라 사마라바라 게 히례 바라 게 바라 타 라말
嚟呬嚟三四伽囉二合娑麽羅鉢囉二合陛三五呬嚟引鉢囉二合陛三六鉢囉二合拶贊辣反囉韈

다 니 바라자자자자 히리미리 예가타타계 타우 로다례
轉舌多上寧三七跛囉左左左左三八呬黎弭黎三九鋻羯他託契四十託齲驅宇反盧闥嚟轉舌四一

미례마 치 타 치 구리미리 앙구자다 미 아 리의 리
弭嚟麽鼻引廌宅薙反亭單多箇反引廌四二矩黎弭黎四三盎矩紫跢引微四四阿上哩儗霓以反哩

바라 의리 구다참마리 나 예나예 나 우 리 호로호로
四五跛囉引儗哩四六矩吒苫麽黎四七檂搦講反下文同霓擃霓四八擃引麌愚矩反黎四九戶魯戶魯

호로 구로소도 미례 미리제 미리데 바나 다 하라히리
戶魯五十矩嚕窣覩二合弭嚟五一弭哩第五二弭哩廌宅賣反五三叛拏上馱五四賀囉呬梨五五

호로호로 로 사바 라다 미수 다니사바 하 가리유 아미수
戶魯戶魯轉舌盧五六薩嚩引囉他二合尾戍引馱寧頁娑嚩二合引賀引五七迦里庾引誐尾戍引

다니사바 하 로사마 야미수 다니사바 하 가로사마하 나보
馱寧頁娑嚩二合引賀引五八魯灑麽鼻諾尾戍引馱寧頁娑嚩二合引賀引五九迦魯沙摩賀引納步

다 미수 다니 가로사오아 미수 다니사바 하 사바 라
二合引多六十尾戍引馱寧頁六一迦魯沙奧惹殘邏反尾戍引六二馱寧頁娑嚩二合引賀六三薩嚩引囉

다 바리부 라니사바 하 사바살사 삼 바 나니사바 하
他二合跛哩布引囉抳娑嚩二合引賀引六四薩嚩薩寫六五三去引播引娜寧沙嚩二合引賀引六六

사바다타 아다 지- 띠 데사바 하 살바못 지사다바 지-
薩嚩怛他去引誐多六七地瑟恥二合帝娑嚩二合引賀引六八薩嚩冒引地薩怛嚩二合六九地瑟

띠 다 아 노 모 니 데사바 하
恥二合多七十阿上弩鼻慕引儞泥以反帝娑嚩二合引賀引七一 407)

407) 『一切經音義』卷18, 『大正藏』54, p.418上~中.

이 다라니는 명목상 네 가지로 音譯되었다는 것을 알 수 있다. 즉『大方廣十輪經』의 다라니가 먼저 음역되고 이것의 亞流로 나타난 것이『地藏菩薩陀羅尼經』의 63句 다라니이다. 일본 사찰의 抄本과 宋·明代의 여러 대장경에 전해지고 있는 판본은 같지 않고 한자의 語句에는 차이가 있지만, 梵語의 語句는 같다. 현장이 다시 음역한『大乘大集地藏十輪經』에 이르면 이 다라니는 65句가 되고 慧琳이 티베트本과 梵本에 따라 다시 음역했을 때는 71句가 되었다.408)

이상이『일체경음의』에 나오는 71句 다라니이며, 각 句의 비교 및 대조를 통하여 지장보살다라니, 즉『大方廣十輪經』속의 다라니와, 지금까지 지송되고 있는 이칭의 '츰부다라니'와, 慧琳이 저술한『一切經音義』에 나타난 다라니의 구성이 구조적으로 동일한 것임을 알 수 있다.

여기서 필자는 지장보살 최초경전인『大方廣十輪經』과 '林光明'이 編修한『新編大藏全咒』의 '衆德究竟記莂呪術陀羅尼神呪'의 로마나이즈[romanize]에 大乘經典에서 說하는 陀羅尼의 기본 형식인 (歸敬文(句) Namoratna-trayāya …… Samyaksambudhāya)+本文(tadyathā) ……+結文(祈願文-Svāhā)을 취하고,『釋門儀範』속의 '츰부다라니'는『大乘大集地藏十輪經』속의 다라니를 音寫한 것으로 보이므로 慧琳의『一切經音義』71句를 전거로 하여 지장보살다라니를 새롭게 구성하고자 한다. 그것은 다음과 같다.

408) 장총 著, 김진무 譯, 앞의 책Ⅰ, p.63.

① 衆德究竟記莂呪術陀羅尼神呪

「나모라 다나다라 야야 나막아리야 크시티카르바야 모지사다바야 마하사다바야 마하가로니가야 다냐타

촉부 촉부 촉촉부 아함촉부 바타가라촉부 암라촉부 비라촉부 바사라촉부 아로가촉부 달마촉부 바타마촉부 바제야니리가라촉부 비바노가차마촉부 우바사마촉부 나야나촉부 사나사모치라나 촉부촉부촉부 비니리야나촉부 사다바촉부 사차수치 마혜리 타미 사미 자가라사 자가마사리 차리 혜례 가라사라사제 가리바라베 바자라바타네 나자타네 바라자자자혜리 마리이가타타선 타구루 다리 사리 미리 마차 다차 구리 미리 앙구지다비 알리지리 바라지리 구타고바리 진지진 진구리 휴루휴루휴루 구류황미리 미리차 바다바다 라규규리 노류노루류

바바사비 슈단네 사바하 마하부다 루가사 비뉴네사바하 가루사라사비 슈단네사바하 가루사오사비 슈단네사바하 살바아사파리 부라단네사바하 살바사사 야삼바타니사바하 살바다타 가다아권디사바하 살바보리살타 아권디 아누무지디사바하」409)

409) 本文. 結文; 『大方廣十輪經』卷1, 『大正藏』13, p.685中~下. 歸敬句; 慧琳, 『一切經音義』卷18, 『大正藏』54, p.418上~中 참조. 로마나이즈[romanize]; 林光明 編修, 『新編大藏全咒』卷1, 太北: 嘉豊出版社, 2001, pp.219~225: namo ratnatrayāya namo ārya Kṣitigarbhaya Bodhisattvaya mahāsatvaya mahākaruṇikāya tadyathā kṣobha kṣobha saṃkṣobha ākaśakṣobha bhaskarakṣobha akrakṣobha barakṣobha bajrakṣobha ālokakṣobha dharmakṣobha bācamakṣobha patyanirharakṣobha byāvalokaśamakṣobha upaśamakṣobha nāyanakṣobha praj ānasammuccaraṇakṣobha kṣaṇakṣobha biśariyanakṣobha śāstrabākṣobha biatrasotamahile yamayame cakrase cakramāśrīḥ chari mili kalpapravarte śrīprabhe paracarabandhani ratne baraca cacaca hilimili āgaccha duḥkhe duḥkheruttaretare hilimili mocantakaṃ

② 具足水火吉祥光明大記明呪【츰부다라니】

「나모라 다나다라 야야 나막아리야 크시티카르바야 모지사다바야 마하 사다바야 마하가로니가야 다냐타

츰부 츰부 츰츰부 아가셔츰부 바결랍츰부 암벌랍츰부 비러츰부 발절랍츰부 아루가츰부 담뭐츰부 살더뭐츰부 살더일허며츰부 비바루가찰뭐츰부 우버셤뭐츰부 내여나츰부 발랄여삼무지랄나츰부 찰나츰부 비실바리여츰부 셔랄더랄바츰부 비어자수재 맘히리담미셤미 잡결랍시 잡결랍 믜 스리 치리 시리결랄뭐 벌러 발날디 히리벌날비 벌랄저러니달니 헐 날달니 뭐러져져 져져 히리미리 이결타 탑기탑규루 탈리탈리 미리 뭐대 더대 구리미리 앙규즈 더비 얼리 기리 뭐러기리 규차섬뭐리 징기둔기 둔규리 후루 후루 후루규루 술두미리 미리디 미리대 뷘자더 허러히리 후루 후루루

바바사비 슈단녜 사바하 마하부다 루가사 비뉴녜사바하 가루사라사비 슈단녜사바하 가루사오사비 슈단녜사바하 살바아사파리 부라단녜사바하 살바사사 야삼바타니사바하 살바다타 가다아권디사바하 살바보리살타 아권디 아누무지디사바하」410)

---

kule mile aṃkucittabi are gire pare gire kutaśambari ṭiṃke tiṃke ṭiṅkule hulu hulu hulu kulutosmire miritre miritre paṣātahara hare huru huru rū pāpacabiśodhane svāhā mahābhutakaluṣabiśodhane svāhā kaluṣarabhabiśo dhane svāhā kaluṣaojabiśo dhane svāhā sarvāśaparipūraṇi svāhā sarvasaṃsyasaṃpadani svāhā sarvatathāgata arthe svāhā sarvabodhisatva arthe anumotita svāhā.

410) 歸敬句; 『一切經音義』卷18, 『大正藏』54, pp.420下~421上. 本文; 『大乘大集地藏十輪經』, 「序品」1, 「具足水火吉祥光明大記明呪」, 『大正藏』13, p.726中~下. 본문의 한글 발음; 安震湖 『釋門儀範』, 法輪社, 1982, pp.92~93. 結文; 『大方廣十輪經』卷1, 『大正藏』13, p.685中~下; namo ratnatrayāya namo ārya Kṣitigarbhaya Bodhisattvaya mahāsatvaya mahākaruṇikāya tadyathā kṣaṃ-bhu, kṣaṃ-bhu, kṣud kṣaṃ-bhu,

이를 다시 정리해 보면

① 北凉本『대방광십륜경』의 '衆德究竟記莂呪術陀羅尼神呪와 玄奘譯本『대승대집지장십륜경』의 '具足水火吉祥光明大記明呪'는 같은 다라니지만 句數에 있어 譯者간의 차이를 확인하였다.

② 北凉本에는 歸敬句가 없고 結文(祝願文)은 있으며, 그 본문이 로마나이즈[romanize]화 되어 있는 '임광명'이 편수한 『新編大藏全咒』를 인용

ākāśa kṣaṃ–bhu, vāraka kṣaṃ–bhu, ambu kṣaṃ–bhu, vaira kṣaṃ–bhu, vajra kṣaṃ–bhu, ā–loka kṣaṃ–bhu, damma kṣaṃ–bhu, satyāma kṣaṃ–bhu, satya nir–hāra kṣaṃ–bhu, vyavaloka kṣapa kṣaṃ–bhu, upaśama kṣaṃ–bhu, nayana kṣaṃ–bhu, praj ā saṃ–bhūti raṇa kṣaṃ–bhu, kṣaṇa kṣaṃ–bhu, viśvāriya kṣaṃ–bhu, śāsta lava kṣaṃ–bhu, Vyāḍa su jyā mā hire dame śame, cakre–śe cakra mā hire kṣiṇe bhīre, Hṛd–graḥ saṃvara vrate. Śiri prabhe pra–cāra vartane. Ratna–pāle cala cala śiri mile ekârtha, ṭakki ṭhakkura dare dare, mile bādhe tāḍe ākule ku mīle, mī–rī aṅgo–citta āvi. Āla–gire pra–ghṛ kuṭṭa śamane. Jāṅge jāṅge jāṅgule, huru huru huru, kuru stu. Mile mī mī līḍhe, mile tare, bhā dada hāra hīra hīre, huru huru rū pāpacabiśodhane svāhā mahābhutakaluṣabiśodhane svāhā kaluṣarabhagi śo dhane svāhā kaluṣaojabiśo dhane svāhā sarvāśaparipūraṇi svāhā sarvasaṃsyasaṃpadani svāhā sarvatathāgata arthe svāhā sarvabodhisatva arthe anumotita svāhā; 나모라 나라야야 나모 아르야 크시티가르바야 보디사트바야 마하사트바야 마하카루니까야 타야타 삼부 삼부 숟삼부 아캬샤 삼부 바라카 삼부 암부 삼부 바이라 삼부 바즈라 삼부 아로카 삼부 담마 삼부 샅야마 삼부 사트야 니르하라 삼부 브야발로카 사빠 삼부 우빠샤마 삼부 나야나 삼부 쁘라즈냐 삼부티 라나 삼부 사나 삼부 비쉬바리야 삼부 샤스타 라바 삼부 브야다 수즈야 마 히레 다메 샤메 짜크레 셰 짜크라 마 히레 시네 비레 흐르그라 삼바라 브라테 쉬리 쁘라베 쁘라짜라 바라네 라나빨레 짤라 짤라 쉬리 밀레 에까르타 타끼 타꾸라 다레다레 밀레 바베 따데 아꿀레 꾸 밀레 미리 앙고찌따 아비 알라 기레 쁘라 기르 꾸따 샤마네 쟝게 쟝게 쟝굴레 후루후루후루 꾸루슈밀레 미미 리데 밀레 따레 바다다 하라 히라 히레 후루 후루 루 빠빠카비쇼다네 스바하 마하부타깔루사비쇼다네 스바하 깔루사라바기 쇼다네 스바하 깔루사오자비쇼다네 스바하 사르바사빠리뿌라니 스바하 사르바삼스야삼빠다니 스바하 사르바타타가타 아르테 스바하 사르바보디사트바 아르테 아누모티타 스바하.

하였다. 玄奘譯本에는 귀경구와 결문이 없고, 본문은 북량본과 같다는 것이 임광명의 견해다.411) 慧琳本에서는 귀경구, 본문, 결문이 완성되어 있으나 로마나이즈[romanize]가 없다.

③ 이에 慧琳의 『一切經音義』를 典據하고 대승경전에서 설하는 다라니의 기본 형식인 歸敬句 -나모라 다나다라 야야 나막아리야 크시티카르바야 모지사다바야 마하사다바야 마하가로니가야 - 및 本文(tadyathā …)과 結文(svāhā)을 넣었다.

④ 따라서 지장보살 다라니를 구성함에 있어 북량본에서는 본문, 결문, 로마나이즈[romanize]를, 혜림본에서는 귀경구를 차용하여 '중덕구경기별주술 다라니신주'를 실었다. 또한 그동안 【츰부다라니】로 지송하고 있는 지장신앙다라니의 순기능을 간과할 수 없으므로 귀경구와 결문(축원문)은 위와 동일하게 적용하고, 츰부다라니 본문의 범어 전거는 명확하지 않으나 현재 'Nepal'지역에서 지송하고 있는 이 다라니의 산스크리트어를 실었다(각주 408) 참조).

⑤ 이로써 『대방광십륜경』, 『대승대집지장십륜경』, 『佛說地藏菩薩陀羅尼經』, 『一切經音義』에 나오는 지장보살다라니는 같은 것으로 확인하였다. 다만, 이 네 곳에 있는 것을 대승경전에서 설하는 다라니의 기본 형식에 따라 서로 보완하여 두 가지로 실은 연유는 지장보살 최초경전의 원문을 따르고, 그동안 신행했던 '츰부다라니'의 순기능 또한 가볍다 할 수 없고, 다라니의 구성 또한 대동소이 하므로 어느 것이든 택일하여 염송할 수 있

411) 林光明 編修, 『新編大藏全咒』卷1, 台北: 嘉豐出版社, 2001, pp.218.

도록 선택의 장을 열어 놓았다.

다음 장에서는 『大方等大集經』에 설해져 있는 地藏菩薩關聯陀羅尼를 고찰하고자 한다.

3. 『大方等大集經』의 地藏菩薩陀羅尼

經名 중에서 '大方等'이라 함은 대승경전을 통칭하는 말이요, 大集은 많이 모았다는 말이니 대승의 교리를 많이 모았다는 뜻이다. 이러한 『大方等大集經』은 『高麗大藏經』 彫造에 이르러 60권으로 집대성되었음을 『고려대장경』의 『대방등대집경』 後序에 銘記되어 있다. 이 경은 隋의 僧就가 처음으로 集成하였는데 高濟 당시 『月藏經』을 번역하였고, 開皇 6년(586)에 『日藏經』을 번역하여 새로이 合本 60권을 篇錄하였다. 『內典錄』卷5에는 『大方等大集經』(60권)은 曇無讖이 漢譯한 前三十卷과 북제의 那連提黎耶舍(517~589)가 한역한 後 30卷이라 하였고 이를 보면 僧就가 新合編纂한 이후부터 『大方等大集經』이라고 부르게 되었음을 알 수 있다. 이 經은 11品과 6分(17區分)으로 조직되어 있는데, 品名과 異譯本을 대조해보면 제16의 「須彌藏分」권57・권58의 異譯名은 『大乘大集經』卷2로써 北齊(AD・550~577)의 那連提黎耶舍가 558년에 「須彌藏分」을 漢譯하였다. 「須彌藏分」은 그 내용이 『地藏十輪經』과 밀접한 관계가 있다고 하는데 舊譯인 『大方廣十輪經』8권이 漢譯된 시기는 北涼(397~439)시대였고 新譯인 『大

乘大集地藏十輪經』10권은 永徽2년(651) 唐 玄奘이 漢譯했으므로 『大方廣十輪經』과의 관계일 것으로 본다. 이 經이 전반에 걸쳐 내포하고 있는 것은 般若의 空觀思想과 密教의 教說을 함유하고 있으며 대체로 수행의 證果를 얻기 위한 陀羅尼가 많이 나오는 것이 특징이다. 특히 「須彌藏分」의 「菩薩禪本業品」에는 지장보살이 修行으로 '六波羅蜜'과 '아누다라삼막삼보리'의 證得으로 중생을 구제하는 大願行의 과정을 부처님이 說하고, 「滅非時風雨品」과 「陀羅尼品」에서는 지장보살과 관련된 現世利益增長의 陀羅尼가 설해져 있다. 즉 현세에서 중생들의 생활에 필요한 물자를 모자라지 않게 한다든지[412] 나쁜 일을 금하여 착한 법을 기르며 나아가 '아누다라삼막삼보리'를 얻을 수 있도록 하였다.[413] 또한 『大方等大集經』卷57·58의 「須彌藏分」[414]·滅非時風雨品」·「陀羅尼品」 중에는 地藏菩薩이 功德天에게 석가모니불은 德을 갖추고 있으므로 마땅히 供養 받을 수 있음을 설하고 있다. 功德天이 그의 本生譚인 因陀羅幢相王佛의 發源을 말하고

412) 『大方等大集經』卷57, 『大正藏』 13, p.385下. 又令衆生資生不乏.

413) 『大方等大集經』卷57, 『大正藏』 13, p.385下. 不令行惡 增長善法 佛所應度受化衆生 紹三寶性使不斷絕 勢力增盛又令我得依報自在 教化衆生令得阿耨多羅三藐三菩提.

414) 「須彌藏分」은 「月藏分」의 다음에 편입된 것으로 내용은 『地藏十輪經』과 밀접한 관계를 가지고 있다. 「聲聞品」, 「菩薩禪本業品」, 「滅非時風雨品」, 「陀羅尼品」등 4품으로 조직되어 있으며 부처님이 카라카산에서 설법한 것이다. 「聲聞品」에서는 功德天이 부처님께서 어찌하여 보살은 禪波羅蜜의 本業을 修學하여 끝내는 無上正覺을 성취하는가를 묻는다. 부처님은 먼저 성문들에게 알맞은 數息觀을 비롯하여 여러 가지 觀法을 설하고, 만약 나라 가운데서 이와 같은 禪那를 알맞게 순응하는 福田이 있다면 열 가지의 이익을 얻을 수 있다고 하였다. 「菩薩禪本業品」에서는 聲聞·緣覺과 함께 보살이 독특한 禪波羅蜜인 本業을 만족할 것 같으면 차례로 여러 가지 관법에 따라 온갖 智慧波羅蜜을 성취한다고 그 길을 밝히고 있다. 보살의 본업은 언제나 先行과 正法成就에 있음을 강조하고 있다. 이는 阿羅漢을 증득하는 가장 빠른 길이라고 하였다; 『大方等大集經』, 「須彌藏分」, 『한글대장경』51, p.22.

'作世水宅心陀羅尼'415)를 施說하지만 중생들이 아직 훌륭한 果報를 받을 應器가 아니라는 지장보살의 권유에 따라 부처님의 위신력으로 '水風摩尼宮大陀羅尼輪集一切呪術章句'416)을 設施하여 風, 雨, 寒暑, 가뭄, 장마 등을 調節하는 法이 神力을 통하여 이룩하게 하였으며, 또한 地藏菩薩이 직접 '磨刀大陀羅尼'417)로서 여러 가지 功德力을 이룩하는 것을 說하고 있다. 다음에서 지장보살과 관련된 現世利益增長의 陀羅尼로서 作世水宅心陀羅尼, 磨刀大陀羅尼, 幢杖大陀羅尼를 살펴본다.

1) 作世水宅心陀羅尼

먼저 『大方等大集經』「滅非時風雨品」에서는 지장보살마하살이 공덕천에게 "그대가 이러한 가장 거룩한 福田에 모든 음식을 공양한다면 이 精勤의 인연으로 빨리 육바라밀을 만족할 것이며 육바라밀을 만족하고 나서는 곧 마지막으로 갖가지 지혜[一切種智]에 편히 머물게 되리라"418)고 설함에 공덕천은 "옛날 한량없는 겁수 이전에 제가 석가모니 부처님과 함께 보살행을 닦아 서원을 세우기를, 내가 만약 위 없는 도를 닦을 때엔 나는 저 四天下의 공덕자리에 이를 것이며, 그 공덕자리에 이르고는 모든 중생 속에서 그의 필요에 따라 의복·음식 등을 모두 공급하리라고 하였다."419)

---

415) 『大方等大集經』卷57, 『大正藏』13, p.385下. 作世水宅心陀羅尼.

416) 『大方等大集經』卷57, 『大正藏』13, p.387下. 水風摩尼宮大陀羅尼輪集一切呪術章句.

417) 『大方等大集經』卷57, 『大正藏』13, p.388上. 磨刀大陀羅尼.

418) 『大方等大集經』卷57, 『大正藏』13, p.385上. 若汝於如是最上福田 以諸飮食而修供養 以此精勤速能滿足六波羅蜜 滿足六波羅蜜已 則能究竟安住一切種智.

419) 『大方等大集經』卷57, 『大正藏』13, p.385上. 我念往昔過無量劫 我共釋迦牟尼佛修菩薩

고 아뢰어서 무량겁 수 이전부터 지장보살의 서원이 바로 현세에서 중생 각자에게 필요한 갖가지 양식임을 공덕천을 통해 밝히고 있다. 또 공덕천이 지장보살마하살에게 다음과 같이 간청하기를

> 거룩한 이여, 제가 因陀羅幢相王 부처님께 서원을 세워 말하기를 '제가 세간에 머무는 동안 그 기간이 길든 짧든 갖가지로 정근하여 어렵고 괴로운 일을 다 겪으면서 보시하고 조복하며 방일을 금하고 선정을 돕고 많은 일을 경영하며 많이 들음과 버림의 행을 모두 다 수습하여 갖가지 버리기 어려운 일을 버리겠으니, 이렇게 함으로써 저의 아버지는 내세의 사람의 수명이 백세에 지나지 않고 번뇌와 원수와 싸움과 더러움과 미혹의 온갖 나쁜 세계에서 아누다라삼먁삼보리를 성취케 할 것이며, 저는 그 나라에 공덕주가 되어서 석가모니부처님 경계의 중생과 그 권속들에게 훌륭한 의복, 음식 따위의 생활 물자를 보시함으로써 곧 석가모니부처님 앞에 아누다라삼먁삼보리의 수기를 받으리라. …… 원컨대 저는 그 때에 복덕으로 중생을 가호하고 지혜와 위덕으로 나쁜 행동을 막는 동시에 그 신심을 내게 하며, 또 중생들의 생활에 필요한 물자를 모자라지 않게 하고 나쁜 일을 금하여 착한 법을 기르며, 부처님의 제도하심에 따라 교화를 받은 중생이 삼보의 종자를 끊지 않음으로써 세력이 더욱 왕성하고, 또 저로 하여금 의보를 얻어 자유롭게 중생을 교화하여서 아누다라삼먁삼보리를 얻을 수 있도록 이제 부처님 앞에 서원을 세워 아뢰오니 내세에 이처럼 만족한 자가 되도록 원컨대 印可하여 주시기를 원합니다.420)

行同發誓願 汝若能得成無上道時 願我於彼四天下中到功德處 得功德處已 於一切衆生中隨其所須衣食之具悉皆給與.

420) 『大方等大集經』卷57, 『大正藏』 13, p.385中~下. 爾時功德天語地藏菩薩摩訶薩言 善男子 我於爾時於因陀羅幢相王佛所 作如是願 乃至我住世間隨其久近 種種精勤難行苦行布施調伏 禁攝放逸 及諸禪定 營助衆事多聞捨行 皆悉修習 所有種種難捨能捨 如是我父於當來世人壽百歲煩惱怨諍穢濁迷惑惡世界中 成阿耨多羅三藐三菩提 我於彼國中現為功

라고 말하자 因陀羅幢相王 부처님께서 칭찬하며 그 소원을 들어주면서 “내 이제 너에게 이 세계를 水宅으로 만드는 ‘마음’[作世水宅心]이란 陀羅尼를 주겠으니, 너는 이 ‘다라니 마음’으로서 능히 많은 중생의 무리를 성취시키고, 또 수많은 중생으로 하여금 생활이 풍족하여 과보가 궁핍함이 없으며, 또 번뇌의 暴流에서 벗어날 수 있게 하리라.”라고 하였다.421) 그리고는 곧 呪文을 誦하였다.

다디야타　자람바　마하자람바　아노하자람바 사리자람바　우가자
多地耶他　闍藍婆　摩訶闍藍婆　阿奴呵闍藍婆 娑囉闍藍婆　郁伽闍

람바　야차비리자람바　나가비리자람바 우가바기리자람바　아람데
藍婆　夜叉毘梨闍藍婆　那伽毘梨闍藍婆 優羅伽毘梨闍藍婆　阿薩帝

비리자람바　아수바비리자람바마차비리자람바 마두가비리자람바
鼻梨闍藍婆　阿輸婆比梨闍藍婆摩嗟比梨闍藍婆 曼廚迦比梨闍藍婆

카모라비리자람바　빙기비리자람바　아마비리자람바 소지목카자람바
佉目羅比梨闍藍婆　崩起比梨闍藍婆　阿摩比梨闍藍婆 蘇脂目佉闍藍婆

바마라바마라자람바 마라비자가다바다라베류바바람바소차리우바소
婆摩囉婆摩囉闍藍婆 摩囉比闍迦茶鉢多羅布疏波頗藍婆素叉犁牛婆索

德主 於釋迦牟尼佛境界衆生及其眷屬 得施無上衣服飮食資身之具 卽於釋迦牟尼佛前 得受阿耨多羅三藐三菩提記 若彼土衆生暴惡麁獷無慈愍心 亦無反復惡行惡心 成就如是種種諸惡 風雨不時或復旱潦 寒熱不調作諸災變 衆生所有諸華果實 五穀藥草及諸美味 悉皆殄滅奪其精氣 衆生資產皆悉衰耗而作闇冥 願我爾時於彼衆生福德加被 智慧威力 悉令遮止生其信心 又令衆生資生不乏 不令行惡 增長善法 佛所應度受化衆生 紹三寶性使不斷絕 勢力增盛又令我得依報自在 敎化衆生令得阿耨多羅三藐三菩提 於今佛前所發誓願 於未來世得滿足者 唯願印可賜言善哉.

421) 『大方等大集經』卷57, 『大正藏』13, p.385下. 又善男子 我當施汝作世水宅心陀羅尼 汝以此陀羅尼心能成就衆多衆生 又令無量衆生豐足資生果報無乏 又能度於煩惱暴流 卽說呪曰.

바소 다마야야 비리사티소혜람바 가고보 라바궁 궁 바라궁빈두
婆索 達摩耶若如耶反比利使致搔醯藍婆 伽苦步上羅婆窮去窮去婆羅窮頻頭

궁바라자비 사바하
窮婆羅闍比 娑婆呵422)

"이 다라니 글귀는 만약 자기나 타인에게 그 名號를 부르고 이 다라니를 念誦하기만 하여도 일체의 두려움이나 殃禍를 모두 다 소멸시키니 선남자야, 이것이 세상을 水宅으로 만드는 '마음다라니'이다. 너희가 만약 이 '心陀羅尼'를 지닌다면 곧 많은 중생을 성취할 수 있을 것이다."423)라고 말하였다. 그런데 "이 모든 중생도 과거의 저 여러 부처님으로부터 이 세계를 水宅으로 만드는 '마음다라니'를 받기는 하였으나 악한 중생들이 믿어 즐기지 않기 때문에 식물의 모든 종자·싹·줄기·가지·잎·열매와 맛 좋은 五穀·약초와 그 밖의 생활에 필요한 물자를 모두 파괴하여 그

422) tadyathā jalambha mahājalambha anujalambha sarvajalambha ogajalambha yakṣabrijalambha nāgabrijalambha uragabrijalambha hastibrijalambha aśvabrijalambha macchabrijalambha maṇṭukabrijalambha khamulabrijalambha pakṣibrijalambha ama brijalambha sūcimukhabrijalambha basmrabasmrajalambha marabijabhandha putrapuṣpaphalambha sukṣareṇabhasa dharmayaj ā briṣṭiso hrilambha śaśastudala guṃguṃ paraguṃ ciduṃguṃ barajabe svāhā 타야타 잘람바 마하잘람바 아누잘람바 사르바잘람바 오가잘람바 야브리잘람바 나가브리잘람바 우라가브리잘람바 하스티브리잘람바 아쉬바브리잘람바마짜브리잘람바 만투구브리잘람바 카물라브리잘람바 시브리잘람바 아마브리잘람바 수찌무카브리잘람바 바마라바마라잘람바 마라비자반다 푸트라스파팔람바숙사레나바사 다르마야즈냐 브리스티소흐리람바 샤샤스투달라 굼굼 파라굼찌둠굼 바라자베 스바하 ; 林光明 編修, 『新編大藏全咒』卷1, 台北: 嘉豐出版社, 2001, pp.229~230.

423) 『大方等大集經』卷57, 『大正藏』13, p.386上. 是陀羅尼句 若為他人及自己身 稱其名號為誦此陀羅尼 一切怖畏一切殃禍悉皆消滅 善男子 此作世水宅心陀羅尼 汝若以此心陀羅尼 便能成就眾多衆生

정기를 빼앗고 모든 地味에 독한 기운을 불어넣어서 그 地味로 하여금 악독하고 거칠어 잡병이 생기고, 더럽고 썩어서 기름기와 맛이 없게 함으로써 온 땅을 모두 그렇게 만들었다. …… 또 地藏菩薩은 이미 모든 三昧와 다라니의 忍을 얻어 지혜의 彼岸을 잘 관찰하고 자비로서 神通을 장엄하여 彼岸을 이미 다 건넜으며, 무엇보다도 地藏菩薩은 모든 보살 중에 가장 훌륭한 幢(旗手)으로서 이미 모든 중생을 성취시켰으니 어떻게 하면 이 인연으로 모든 地味로 하여금 세력을 늘어내고 氣味를 항상해 먹이의 걱정이 없는 동시에 생각하는 힘을 더 자라내며 얼굴 모양이 愛樂할 정도로 윤택하고 계획하는 일은 다 세간에 뛰어나서 온 땅에 의지하는 이 중생들로 하여금 앞서 말한 것처럼 먹이의 걱정이 없이 생각하는 힘이 더 자라나게 할 수 있느냐."[424]는 공덕천의 질문에 '地藏菩薩은 공덕천에게 모든 걸 變化시켜 음식을 만들어서 여러 중생이 백천 겁 동안 다 먹을 수 있게 할 수는 있지만, 福德이 적은 중생은 훌륭한 果報를 받을 자격이 없기 때문이다. 따라서 지장보살의 능력으로 온갖 의복·향·열매를 장엄하고 보물을 다 만들 수는 있지만, 如來·應供·正邊智만은 제외하고 적어도 十住菩薩과 首楞嚴三昧에 머물러 自在로운 자만이 그런 과보를 얻을 수 있다고 하였다. 또한 "나 또한 모든 중생으로 하여금 남김 없이 네 번째 禪定에 머물게 할 수도 있거늘, 어찌 용이나 부단나 따위를 항복시키지 못하랴. 그러나 나는 부처님의 허락을 받지 않고는 神變을 나타낼 수 없나니."[425]라고 함으로써 모든 보살은 부처님의 제자로서 부처님의 마음·

424) 『大方等大集經』卷57, 『大正藏』13, p.386上 참조.

425) 『大方等大集經』卷57, 『大正藏』13, p.386中. 又我能令一切衆生置第4禪 令無有餘 豈可

입·法을 따라 化生하기 때문에 보살은 부처님께 請하여서 그 神變을 나타내야만 한다는 것이다. 이처럼 모든 보살은 부처님의 授記가 없이는 神變을 나타낼 수 없다. 따라서 地藏菩薩도 부처님의 授記를 받은 바 중생의 안락을 위해, 중생을 요익케 하기 위해, 중생들의 복덕을 증장시키기 위해서, 철저한 현세이익을 위해 노력하는 보살이다.

2) 水風摩尼宮陀羅尼

이어서 또 地藏菩薩은 다음과 같이 다른 다라니를 受持함으로써 앞서 說한 陀羅尼門에서 제외된 强剛한 중생들도 이 다라니의 공능으로 다 구제할 수 있다고 하고 있다.

> 청정한 지혜 있는 이여, 또 어떤 다라니가 있으니, 이른바 수풍마니궁에 모든 주술의 장구를 모으는 다라니바퀴라. 이 다라니바퀴는 모든 삼세 부처님과 三寶의 種姓을 건립하나니, 그대가 이제 이 수풍마니궁에 모든 주술의 장구 모으는 다라니바퀴를 부처님께 물어서 부처님이 말씀하여 주신다면 나도 같이 따라 기뻐할 것이며, 그대는 이 다라니를 받아 지님으로써 모든 소원을 다 만족하게 되리라.426)

즉 이러한 '水風摩尼宮陀羅尼'는 삼세 부처님의 威德과 三寶의 種性을 건립하는 힘을 지니고 있으며, 이 다라니를 받아 지니면 모든 소원이 구

不能降伏龍富單那等 又我不應佛未聽許而現神變

426) 『大方等大集經』卷57, 『大正藏』13, p.386下. 淸淨智 復有陀羅尼輪 名水風摩尼宮集一切呪術章句 建立一切三世諸佛三寶之性 淸淨智 汝今可問如來水風摩尼宮大陀羅尼輪集一切呪術章句 若佛說者我亦隨喜 汝等若能受持此陀羅尼者 一切所願皆悉滿足.

족된다고 하고 있다. 그리고 또 부처님은 功德天에게 이르기를

> 이 수풍마니궁의 다라니바퀴는 모든 시방의 삼세 부처님께서 加持하는 것이므로 이제 마땅히 보여주노니 시방에서 모여온 보살들이 이것을 듣는다면, 시방의 부처님 없는 국토이거나 다섯 가지 더러운 세간에 머물지라도 이 수풍마니궁의 다라니를 나타낼 수 있으며 이 다라니의 힘을 지님으로써 그 국토의 모든 때아닌 바람과 더위·추위·가뭄·장마를 모두 다 제거하리라.427)

고 하며, "이 다라니 힘으로 말미암아 저 악독하고 자비심 없어 오는 세상을 돌아보지 않는 중생, 이른바 天龍, 夜叉, 羅刹, 阿修羅, 迦樓羅, 緊那羅, 摩睺羅伽, 鳩槃茶, 餓鬼, 毘舍遮, 富單那, 迦吒富單那, 사람이고 사람 아닌 것들과 내지 새, 짐승까지도 그들로 하여금 부드럽고 착하여 信樂하는 마음을 내고 염하는 힘이 훌륭하여서 바른 법을 즐거이 구하는 동시에 그 법을 보호해 지켜서 삼보의 종자를 있게 하며, 또 이 다라니의 힘 때문에 저 불도의 모든 중생은 수명을 더 얻고 몸의 威儀를 더 갖추고 오곡을 더 자라내며, 생활을 더 풍부하게 하고 안락을 더 얻고 아무런 걱정이 없게 되며, 명예를 더 얻고 계율을 더 지니고 지식을 더 넓히며, 보시를 늘어내고, 자비를 늘어내고, 지혜를 늘어내고, 방편을 늘어내고, 삼매를 늘어내고, 다라니를 늘어내고, 땅의 정기를 늘어내며, 출세하기를 즐기고, 중생을 잘 교화하고, 대승에 잘 들어가며, 훌륭한 서원을 성취하고, 깊은

427) 『大方等大集經』卷57, 『大正藏』13, p.387上. 此水風摩尼宮陀羅尼輪 一切十方三世諸佛之所加持 今當顯示 一切十方諸來菩薩得聞此者 彼諸菩薩能住十方無佛國土五濁世中能顯示此水風摩尼宮陀羅尼輪 以此陀羅尼力故 其國所有非時風熱寒溫旱潦悉皆除滅.

지위에 들어가고, 쌓임[陰]·경계[界]·느낌[入]을 잘 관찰하며, 부끄러움을 더 깨닫고, 공덕을 포섭하여 불토를 더 장엄하며, 육바라밀을 잘 수행하고, 시방 부처님들을 더 護念하고, 모든 보살과 착한 벗을 잘 만난다."428) 라고 하면서 다음과 같이 주문을 誦한다.

다디타 소바라 바라뎨 나야바라뎨톄 사타바라뎨 아나바라뎨
多地他 蘇婆羅 婆羅底 那耶婆羅底掣平聲 沙吒婆羅底 阿那婆羅底

사바다갈라바라뎨 사라나바라뎨 구모니바라뎨 산디라바라뎨 톄 타
奢婆多喝囉婆羅底 奢囉拏婆羅底 鳩牟尼婆羅底 珊支囉婆羅底 掣平聲陀

사라바라뎨사라바라뎨 사라바리하리 사라바라다 바리하리 나야바리
娑羅婆羅底娑羅婆羅底 娑羅鉢利訶利 娑羅婆羅多上聲鉢利訶利 那耶鉢利

하리 비비가바리하리 야야바리하리 소바라바리하리 빈두바리하리 자라
訶利 婢毘迦鉢利訶利 耶若鉢利訶利 蘇婆羅鉢利訶利 頻頭鉢利訶利 闍羅

바리하리 게다라바리하리트사바리하리 산니마바리하리 소바바바디리
鉢利訶利 憩多羅鉢利訶利特叉鉢利訶利 珊尼摩鉢利訶利 蘇婆婆鉢提梨

구마야바 미타소계 아나야바로서미라발리 아라나쿠사카라 비자비 나
劬摩耶婆 末陀索谿 阿那耶波盧誓迷羅跋迷 阿羅那求師佉羅 毘闍鞞 那

라연나비심림비 우라사아니미사궁자라바호미 하자임비 갈마비라리사라
羅延拏婢諶林鞞 憂羅伽阿尼彌徙宮闍囉婆胡迷 訶闍賃鞞 羯摩毘羅梨舍羅

428) 『大方等大集經』卷57, 『大正藏』13, p.387上. 以此陀羅尼力故 其國所有非時風熱寒溫旱潦悉皆除滅 由此陀羅尼故 令彼毒惡無慈愍衆生不顧來世 謂天龍夜叉羅刹阿修羅迦樓羅緊那羅摩睺羅伽鳩槃茶餓鬼毘舍遮富單那迦吒富單那人非人等乃至禽獸得信樂心柔和軟善念力善巧樂求正法 護持正法紹三寶種 以此陀羅尼力故 彼佛刹土所有衆生 增長壽命 增長身色 增長五穀 增長資生 增長安樂 增長無患 增長名譽 增長持戒 增長多聞 增長布施 增長慈悲 增長智慧 增長方便 增長三昧 增長陀羅尼 增長地觀 增長樂出世 增長化衆生 增長入大乘 增長勝願 增長地地轉入 增長觀察陰界入 增長慚愧 增長攝功德莊嚴佛土 增長六波羅蜜行 增長一切十方諸佛常所護念 增長值遇佛一切菩薩善友.

마나바리리 카가라가사미아시나미 아기니바데리낭구탐비리 바야차바유
摩拏婆離犂 佉曷羅伽奢迷阿斯那迷 阿耆尼鉢底利能求眈鼻犁 婆耶遮婆留

니칸타임비리 석가라시야예아나치디데리 나야나니리데리야두바몬아하
尼揵咃賃鞞犁 釋迦囉是若移阿那鵄提帝利 那耶娜尼利帝利耶頭婆佛阿訶

디자슬치데 사바하 (某甲)사바하
地子瑟癡帝 莎婆訶 (某甲)莎婆呵

나라연나 니라니사바하 자가라발다가라미 사바하
那羅延拏 尼羅移莎婆呵 斫迦囉跋多迦羅迷 莎婆呵429)

이 '水風摩尼宮陀羅尼' 바퀴의 모든 呪術章句를 설할 때 모든 佛刹의 땅(佛國土)이 여섯 가지로 진동함에 모여든 여러 대중은 마음이 불안하여 떨리고 놀라고 두려워하면서 다 같은 소리로 '南無南無佛陀耶'라고 외쳤다. 그리고 부처님께서 공덕천에게 다음과 같이 또 말씀하셨다.

429) tadyathā svarapratі nayapratі jyeṣṭhapratі ānayapratі sarvadharapratі śaraṇapratі kumudapratі saṃcarapratі cittasarapratі sarapratі sarapratі saraparihāre sarapratapariһāre nayaṃpratapariһāre bibidhikaparihārehāre supraparihāre bintuparihāre jalaparihāre kṣetraparihāre dakṣaparihāre saṃnibhaparihāre śubhabhadre gomayabaṇe madasukhe sunayabhadrajome labande aranajuṣe kharabijābhe narāyanabijābhe uraga animiṣe ku jarabhe jahanimabhe karmapirale śramaṇasalilai khaḍgaśame asināme agnibhadre naṅgatumbure bayabebaruṇe kaṇṭhaṇabriye anacchedyatrinaya naniratraiyadhva buddha adhiṣṭhite svāhā narāyananilāya svāhā cakravartakrame vāhā ; 타야타 스바라 프라티 나야프라티즈 예스타프라티 아나야프라티 사르바다 라프라티 사라나프라티 쿠무다프라티 삼짜라프라티 찌따사라프라티 사라프라티 사라프라티 사라파리하레 사라프라타파리하레 나얌프라 타파리하레 비비디카파리하레하레 수프라파리하레 빈투파리하레 잘라파리하레 세트라파리하레 닥샤파리하레 삼마니바파리하레 슈바바드레 고마야바네 마다수케 수나야바드라조메 라반데 아라나주세카라비자베 나라야나비자베 우라가아니미세 쿠자라베 자하니마베 카르마피랄레 샤라마나살리라이 카드가샤메아시나메 아그니바드레 나응가툼부레 바야베바루네 칸타나브리샤크라나예 아나째드야트리나야 나니라 트라이야드바 붓다아디스티테 스바하 나라야나닐라야 스바하 챠크라바르타크라메 스바하 ; 林光明 編修, 『新編大藏全咒』卷1, 台北: 嘉豐出版社, 2001, pp.231~233.

> 청정한 지혜 있는 자여, 이 다라니는 능히 오곡을 성숙시키고 모든 중생으로 하여금 수명과 과보를 더 얻게 하여, 내지 모든 착한 법을 더 자라내어 아직 열반에 들지 않는 동안 잃어버리거나 무너뜨리지 않게 하리라. 그뿐만 아니라 이 다라니를 듣고서 받아 지니고 읽어 외우거나 말대로 실행하는 자라면 그 사람은 반드시 열반에 나아가 삼계에 편히 머무르리라.430)

즉 이 '水風摩尼宮陀羅尼'로 말미암아 중생들에게 오곡의 풍성함과 수명과 과보를 증장시키고 善法을 닦아 아직 열반에 들지 않은 때에도 잃어버리거나 무너지지 않으며 이 다라니를 수지·독송하면서 실행한다면 반드시 涅槃에 나아간다는 것이다. 따라서 이 다라니에서도 중생들의 현세이익에 관한 이익을 강조하였고, 이 다라니를 통해서 涅槃의 行路를 보여주고 있다.

3) 磨刀大陀羅尼

地藏菩薩이 권유하고 부처님이 水風摩尼宮의 모든 呪術의 章句를 모으는 陀羅尼輪을 공덕천을 통해서 설한 즉시, 지장보살이 부처님께 사뢰기를

> 세존이시여, 제가 또한 磨刀라는 큰 다라니를 말씀드리고자 하오니, 이 다라니의 힘으로서도 모든 과보와 필요한 물자와 地味를 모두 다 줄지 않게 하고 땅의 정기를 헐거나 빼앗지 못하게 하며, 또 독한 기운을 퍼

430) 『大方等大集經』卷57, 『大正藏』13, p.387中. 淸淨智 此陀羅尼能令五穀悉皆成好 令諸衆生增益壽命 增長果報 乃至增長一切善法 未入無上涅槃已來不令失壞 若聞此陀羅尼 受持讀誦如說行者 彼人必定趣於涅槃安住三界.

> 뜨리거나 아름다운 맛을 무너뜨리지 못하게 하고 거칠고 나쁘게 하거나 아주 없애버리지 못하게 하며 또 이 큰 땅으로 하여금 五穀의 싹, 줄기, 가지, 잎, 꽃, 열매와 약초를 자라나지 못하게 할 수 없게 하고, 땅의 정기를 빼앗지도 못하게 하며, 독한 기운을 남겨두어서 그 식물을 마르고 시들고 거칠고 나쁘게 하거나 익지 않게 하거나 추위·더위로 손상하지 못하게 하며 食用에 아무런 장애가 없으므로 먹은 뒤에도 독이 없으려니와 만약 먹어서 독이 있으면 그 독 있는 것을 먹인 자로 하여금 배가 아픈 동시에 토하고 설사함으로써 몸과 마음이 쪼들려 괴롭고 팔·다리와 온몸이 쭈그러들며, 그 밖의 熱病·狂症으로 마음이 어지러워 기억을 잃고는 서로 겁탈하고 싸우고 죽이고 훔치고 내지 삿된 소견을 일으키게 하며, 이 중생 중에 앞서 말한 것처럼 항상 나쁜 법과 걸맞은 이른바 천신·용·야차·나찰·아수라·가루라·긴나라·구반다·건달바·아귀·비사차·부단나·가타부단나와 사람이고 사람 아닌 것들도 어떤 중생을 괴롭히거나 해치지 못하게 하나이다.[431)]

라고 하면서, 지장보살이 직접 다음과 같이 '磨刀大陀羅尼'를 誦하고 있다.

> 다디타 나비 마하나비 초하라나비 아비구나비 싱수사나나비 비하
> 多地他 那鼻 摩訶那鼻 初何囉那鞞 阿鼻具那鞞 去聲僧輸沙拏那鞞 鼻何
>
> 라자카비 아바라모니 다로나호로혜 나타 바뎨 리자바도미마라바
> 囉闍佉鞞 阿婆囉牟尼 多嚧那胡嚧醯呼計反那他上聲鉢帝 利闍婆徒迷摩囉婆

431) 『大方等大集經』卷57, 『大正藏』13, p.387中~下. 世尊 我亦欲說磨刀大陀羅尼 以此陀羅尼力 令一切衆果報所須及以地味悉無減損無能毁奪地之精氣 又亦無能放毒氣者 亦復無能壞其美味 不能令其變為澁惡 亦復不能令其隱沒 亦復不能令此大地不生五穀芽莖枝葉華果藥草 亦復不能奪其精氣 又復不令有其毒氣 亦不乾枯 又不澁惡 不令不熟寒熱不傷 食用無障食已無毒 若食有毒能令食者腹痛吐下 身心逼惱支體攣縮 熱病顚狂心亂失念 迭相劫奪鬪諍 殺生偷盜乃至邪見 是諸衆生常與如上惡法相應 所謂若天或龍或夜叉羅刹 阿修羅迦樓羅緊那羅鳩槃茶乾闥婆餓鬼毘舍遮 或富單那或迦吒富單那或人或非人 於諸衆生不能惱害.

> 뎨 뎨미라바뎨 리건다 녜리아례 자초바사 카나 비미기 뎨도상 사바
> 帝 帝弭羅鉢帝 利蹇荼 涅利何隷 斫初婆嘶 佉拏上聲毘迷蹄上聲帝都裔 莎波
>
> 하 앙구라기 사바하 베소바야미 사바하 바라임비 사바하 살지야도
> 呵 鴦求囉蹄 莎波呵 布疏簸耶迷 莎波呵 頗羅賃鞞 莎波呵 薩智耶都
>
> 혜사바하사리라 나바가라마비사 사바하
> 裔莎波呵賒梨囉 那婆迦羅摩毘沙 莎波呵[432]

지장보살이 誦을 마치고는 이 다라니 章句는 國王을 보호하기도 한다고 부처님께 말하고 있다.[433] 이어 부처님께서 다음과 같이 설하고 지장보살을 찬탄하고 있다.

> 청정한 지혜 있는 이여, 이 마도의 큰 다라니를 지닌다면 너는 이 다라니 힘으로 모든 중생에게 위와 같은 큰 사업을 일으키고, 큰 약이 되며 또 이 인연으로 너는 이제 중생을 교화함에 따라 그 중생들이 교화를 받게 되리라.[434]

432) tadyathā nābi mahānābi kṣukṣaranābe api gunābe saṃśoṣanabe nirājakhabhe paramuni taruṇa ruhrenārapatre jabaprame masuratre timirabatre khaṇḍanirhare cakṣobhase gaṇabimekiti tvoye svāhā oṃ gurake svāhā puṣpamaye svāhā phalanimabhe svāhā namotoye svāhā śarīranabakramabaśi svāhā ; 타야타 나비 마하나비축사라나베 아피구나베 삼쇼사나베 니라작하 베아파라무니 타루나 루흐레나라파트레 자바프라메 마수라트레티 미라바트 레칸다 니르하레짝소바세 가나 비메키 티보예 스바하 옴구라케 스바하 푸시파마예 스바하 팔라니마베 스바하 나모토예 스바하 샤리라 나바크라마바쉬 스바하; 林光明 編修,『新編大藏全咒』卷1, 台北: 嘉豐出版社, 2001, pp.235~236.

433) 『大方等大集經』卷57, 『大正藏』13, p.387下. 此陀羅尼句擁護此國主 莎波呵.

434) 『大方等大集經』卷57, 『大正藏』13, p.387下. 此是磨刀大陀羅尼 汝以此磨刀大陀羅尼力於諸衆生 能作如上諸大業事 能為大藥 以是因緣故 汝今則能令諸衆生稟受汝化.

"또 너는 이제 모든 중생에게 아주 미묘한 약처럼 되었으니, 왜냐하면 너 자신이 바로 아주 미묘한 약이므로 너는 이 四天下의 모든 중생 가운데에 중생의 약이 되어서 능히 중생들의 고뇌를 없애고 즐거움을 베풀어 대비를 성취하기 때문이라. 네가 이러한 깊고 깊은 '磨刀大陀羅尼'의 힘을 나타내 보이므로 이 중생들로 하여금 地味의 정기와 종자·싹·줄기·가지·잎·꽃·열매의 모든 맛과 五穀 약초가 줄어들지 않고 독기를 자라냄이 없이 중생들의 먹이를 만족히 갖추게 하며, 또 저 중생들로 하여금 더럽고 흐림과 싸움을 죄다 없애고는 착한 행을 닦게 하며, 이 사천하에 때 아닌 바람과 더위·추위·가뭄·장마를 다 제거하고, 해·달·별과 낮·밤과 한 달·반 달과 일 년 四時 동안의 일어나는 변괴를 다 없앨 것이라고 하였다. 이것을 없애기 위하여 이 마도다라니를 설함이요, 또 이 다라니의 힘을 지님으로써 나의 삼보 종자와 法眼을 오래 세간에 머물게 하고, 이 어리석고 어둡고 박복하여 착한 뿌리를 닦지 않는 자와 나쁜 나찰·재상들로 하여금 내가 백천만 억 아승지의 겁 수 동안 이렇게 정근하고 고행하면서 모은 법을 없애거나 헐지 못하게 하며 비구·비구니·우바새·우바이를 괴롭히고 어지럽게 함이 없어 이 비구들을 괴롭힘이 없으므로 여러 天神이 성내지 않고 천신이 성내지 않으므로 모든 중생이 모두 다 위와 같은 즐거움을 얻으리라.435)"고 하였다.

435) 『大方等大集經』卷57, 『大正藏』13, p.387上. 汝今能為一切衆生如大妙藥 何以故 汝身即是微妙大藥 汝於此四天下一切衆生中衆生之藥 能滅一切衆生苦惱 能施一切衆生樂具成就大悲 汝能顯示 如是甚深磨刀大陀羅尼力故 令此衆生地味精氣種子芽莖枝葉華果諸味五穀藥草而不衰損 無毒增長 具足成就衆生食者 令彼衆生穢濁鬪諍悉皆消滅堪修善行此四天下非時風熱寒溫旱潦皆悉消除 日月星宿晝夜月半月盡時節年歲變怪 為滅此故說

4) 幢杖大陀羅尼

어느 때 地藏菩薩摩訶薩이 합장하여 부처님께 예배하고 모든 三昧로서 神通에 遊喜할 수 있는 幢杖이라는 큰 陀羅尼門을 誦하겠다고 스스로 청하여 다음과 같이 말하고 있다.

> 이 幢杖이라는 큰 다라니문을 한 번 듣기만 하여도 모든 耳(귀)의 병을 다 고치고 탐욕과 성냄과 어리석음 등 번뇌의 병도 모두 다 제거할 수 있으며, 설령 그 병이 다 없어지지 않더라도 가볍고 엷어지게 할 수 있습니다. 이 주문을 海皮에 불어넣어서 百千번으로 安禪하고 王鼓에 두루 바르면 그 왕고 소리를 듣는 자는 모든 탐욕과 성냄과 어리석음의 번뇌 병이 다 희미해지고 엷어지며, 동시에 불법에 대하여 청정한 신심과 공경하고 사랑하는 希有한 마음을 얻으며, 또 용맹스럽게 法行에 절차하고 後世를 깊이 믿어 생활이 풍족하게 되고 여러 사람이 사랑하고 즐겨서 누구나 보기를 기뻐합니다. 그리고는 곧 呪文을 誦하였다.[436]

다디타	붕가바	마뎨아노바	마뎨기다라부	혁바나건디	구나마기례마
多地他	崩伽婆	末帝阿盧波	摩帝器多羅浮	革波那蹇地	句那摩佡隸磨

차노례교하라나디나사바미	반타하라수미	비가라기리미	로혜다하라비
蹉奴隸橋何囉那地那叉跋迷	槃陀何囉輸迷	捭伽羅耆梨迷	盧醯多何羅鞞

此磨刀大陀羅尼 以此陀羅尼力故 令我三寶種及以法眼得久住世 使此愚闇薄福我慢所壞者不修善根 惡刹利及諸宰相 於我如是百千萬億阿僧祇劫精勤苦行所集之法 不滅不壞比丘比丘尼優婆塞優婆夷無有惱亂 以無惱故諸天不忿 天不忿故 一切衆生悉皆獲得如上樂具.

436) 『大方等大集經』卷58, 『大正藏』13, p.391中. 若於此幢杖大陀羅尼門一經耳者 所有耳病悉得除愈 亦除一切貪瞋癡等煩惱諸病 設不全滅能令輕薄以此呪呪於海皮 安禪百千遍用塗王鼓 有聞聲者 所有貪瞋癡等一切煩惱悉皆微薄於佛法中得清淨信恭敬愛樂希有之心亦得勇猛隨順法行 深信後世資生豐足 衆人愛樂莫不憙見 即說呪曰.

녕가라소 바가나자리니안타자서리가라부서 계사로혜 사마디두바리
儜伽羅蘇 婆伽那子梨泥安陀柘逝梨迦囉浮逝 雞舍盧醯 三摩提頭婆利

사바하 차 다라니구 (○○○) 옹호령이포외 사바하
莎波呵 此 陀羅尼句 (某甲) 擁護令離怖畏 莎波呵437)

위 經에서 보는 바와 같이 이 '幢杖大陀羅尼門'을 한 번만 듣기만 하여도 모든 귀(耳)와 관련된 병을 고침은 물론 세간의 모든 소리를 다스리며 三毒의 병도 고칠 수 있다고 설한다. 혹 그 병들이 다 없어지지 않는다고 하여도 병세는 호전 되는데, 이처럼 탐・진・치의 모든 번뇌가 엷어져 아누다라삼먁삼보리에 가까워질 수 있다고 설한다. 또한, 이 주문을 해피에 넣고 百千번으로 安禪하고 王鼓에 두루 바르면 그 왕고 소리를 듣는 자는 모든 탐욕과 성냄과 어리석음의 번뇌병이 다 희미해지고 엷어진다고 하였다. 이렇게 함으로써 신심을 일으켜 불법에 절차하여 後世의 생활이 풍족해지고 여러 사람에게 칭송받는 공덕이 있다고 하였다. 이상에서 살펴본 바와 같이 지장보살의 最初經典群에 속한다고 할 수 있는 『大方等大集經』 卷57・58에 나타난 世水宅心陀羅尼, 水風摩尼宮陀羅尼, 刀大陀羅尼, 杖大陀羅尼는 지장보살이 說하고 관련된 다라니로서 지장보살의 大願에 입각한 철저한 現世利益增長의 陀羅尼임을 확인할 수 있었다.

---

437) tadyathā pūrvamarga amalomati kṣetra bhrubaibanaṣani guṇamakhilai matsadulai gorasaṃdhe nakṣuparama baddhyaraśmibiṅgaghrimelai lohitārabhe naṅgalasūrya bhagavaraṇa hiliṇi andharaba uragaṛhruja keśalohi samādha dhure svāhā ; 타야타 푸르바마르가 아말로마티 셰트라 브루바이바 나사니 구나마키라이 맏사둘라이 고라삼데 슈파라마 바드야라시미빈가그리멜라이 로히타라베 난갈라수르야 바가바라나아 힐리니 안다라바 우라가르흐루자 케샬로히 사마다 두레 스바하; 林光明 編修, 『新編大藏全咒』 卷1, 台北: 嘉豐出版社, 2001 pp.247~248.

『大方等大集經』속의 다라니 역시 歸敬文을 적용하고 요약하여 小結하면 다음과 같다.

① 作世水宅心陀羅尼

「나모라 다나다라 야야 나막아리야 크시티카르바야 모지사다바야 마하사다바야 마하가로니가야 다냐타 자람바 마하자람바 아노하자람바 사리자람바 우가자람바 야차비리자람바 나가비리자람바 우가바기리자람바 아람데비리자람바 아수바비리자람바 마차비리자람바 마두가비리자람바 카모라비리자람바 빙기비리자람바 아마비리자람바 소지목카자람바 바마라바마라자람바 마라비자가다바다라베류바바람바 소차리우바소 다마야야 비리사티소혜람바 가고보 라바궁궁 바라궁빈두궁바라자비 사바하」438)

② 水風摩尼宮陀羅尼

「나모라 다나다라 야야 나막아리야 크시티카르바야 모지사다바야 마하사다바야 마하가로니가야 다냐타 소바라 바라데 나야바라데테 사타바라데 아나바라데 사바다갈라바라데 사라나바라데 구모니바라데 산디라바라데 테타사라바라데 사라바라데 사라바리하리 사라바라다 바리하리 나야바리하리 비비가바 리하리 야야바리하리 소바라바리하리 빈두바리하리 자라바리하리 게다라바리하리 트사바리하리 산니마바리하리 소바바바디리 구마야바 미타소게 아나야바로서 미라발리 아나리쿠사카라 비자비 나라연나

438) namo ratnatrayāya namo ārya Kṣitigarbhaya Bodhisattvaya mahāsatvaya mahākaruṇikāya tadyathā …… 以下梵語, 註422 참조.

비심림비 우라사아니미사궁자라바호미 하자임비 갈마비라리사라마나바리리 카가라가사미아시나미 아기니바뎨리 낭구탐비리 바야차바유니칸타임비리 석가라시야예아나치디뎨리 나야나니리 뎨리야두바몬아하디자슬치데 사바하 (某甲○○○)사바하 나라연나 니라니사바하 자가라발다가라미 사바하」439)

③ 磨刀大陀羅尼

「나모라 다나다라 야야 나막아리야 크시티카르바야 모지사다바야 마하사다바야 마하가로니가야 다냐타 나비 마하나비 초하라나비 아비구나비 싱수사나나비 비하라자카비 아바라모니 다로나호로혜 나타바뎨 리자바도미마라바뎨 뎨미라바뎨 리건다 녜리아례 자초바사 카나 비미기 뎨도상사바하 앙구라기 사바하 베소바야미 사바하 바라임비 사바하 살지야도혜 사바하 사리라 나바가라마비사 사바하」440)

④ 幢杖大陀羅尼

「나모라 다나다라 야야 나막아리야 크시티카르바야 모지사다바야 마하사다바야 마하가로니가야 다냐타 붕가바 마뎨아노바 마뎨기다라부 혁바나건디 구나마기례마차노례 교하라나디나사바미 반타하라수미 비가라기리미 로혜다하라비 녕가라소 바가나 자리니안타자서리가라부서 계사로혜 사

439) namo ratnatrayāya namo ārya Kṣitigarbhaya Bodhisattvaya mahāsatvaya mahākaruṇikāya tadyathā …… 以下梵語, 註429 참조.

440) namo ratnatrayāya namo ārya Kṣitigarbhaya Bodhisattvaya mahāsatvaya mahākaruṇikāya tadyathā …… 以下梵語, 註432 참조.

마디두바리 사바하 차 다라니구 (○○○) 옹호령이포외 사바하」441)

지장보살 최초경전으로 분류할 수 있는 경전들에는 부처님으로부터 증명받아 지장보살이 설하고 관련된 陀羅尼門이 다양하게 전해졌다. 그 내용은 본문에 詳述되어 있지만, 결론적으로 우선 '衆德究竟記莂呪術陀羅尼呪'는 명목상 네 종류로 音譯되었다는 것을 알 수 있다. 즉, 『大方廣十輪經』 다라니가 먼저 음역되고 이것의 亞流로 나타난 것이 『地藏菩薩陀羅尼經』 다라니이다.

일본 사찰의 초본과 宋·明代의 여러 대장경에 전해지고 있는 판본은 같지 않고 한자의 語句에 차이가 있지만, 梵語의 語句는 같다. 현장이 다시 음역한 『대승대집지장십륜경』에 이르면 이 다라니는 65句가 되고 慧琳이 티베트본과 梵本에 따라 또다시 음역하였을 때는 71句가 되었다.442)

이러한 비교를 통하여 알 수 있는 것은 상당히 난해한 다라니가 다양한 형태의 개념적 혼란과 통섭 과정을 겪으면서 음역되었다고 볼 수 있다. 또한, 이러한 음역은 경전 간의 비교와 證義를 통해 약간씩의 오류가 드러나기도 하는데 크게는 다르지 않다.

다만 句의 數가 늘어난 근본원인은 大乘經典에서 說하는 陀羅尼의 기

441) namo ratnatrayāya namo ārya Kṣitigarbhaya Bodhisattvaya mahāsatvaya mahākaruṇikāya tadyathā …… 以下梵語, 註437 참조. 차 다라니구(○○○)옹호령이포외 사바하(此陀羅尼句(某甲)擁護令離怖畏 莎波呵); 이 다라니의 呪文이 ○○○를 옹호하여 두려움을 여의게 하소서 사바하.

442) 장총 著, 김진무 譯, 『地藏』Ⅰ 동국대출판부, 2009, p.55.

본형식이 序文(歸敬文(句)Namoratna-trayāya……Samyaksambudhāya)+本文(tadyathā) ……)+結文(祈願文 Svāhā)로 經典의 構成 形式을 취하고 있기 때문이다. 이는 『大正藏』, 『高麗藏』 혹은 『契丹藏』에 근거한 것이라 말하는데 衍句가 삭제되었으며 일본 東大寺의 三密藏 古抄本의 『불설지장보살다라니경』은 바로 古本에 근거하여 연구에 序號를 표기하고 있다. 그러므로 이 다라니의 앞부분에 나타난 句의 형식은 17・18・19句라는 차이점이 있다. 『大方廣十輪經』 계통에서는 天藏大梵과 관련된 일종의 다라니주가 있는데 『대방광십륜경』卷4에는 '不退轉地陀羅尼心呪章句' 혹은 '不退轉地陀羅尼神呪'라는 명칭으로 되어 있다. 『대승대집지장십륜경』에는 '護國不退輪心陀羅尼'라는 명칭으로 되어 있고, 이들 모두는 같은 것으로 위 두 경전에 중복되어 있다는 것을 알 수 있다. 또 『一切經音義』卷18에는 현장본의 수정에 따라 같은 구성을 하고 있고, 따라서 이 세 경전에 사용된 한자의 어휘는 모두 구별이 되지만 梵語 文句의 수에는 큰 차이가 없으며 16句 혹은 17句로 이루어져 있다.443)

『大方等大集經』권57・58에 설해져 있는 지장보살 다라니는 총 4개로 作世水宅心陀羅尼・水風摩尼宮大陀羅尼・磨刀大陀羅尼・幢杖大陀羅尼이다. 이들 다라니는 지장보살이 관련돼있고 또는 직접 설한 것으로 지장보살의 원류적사상이 깃들어 있다고 보았다. 그런데 이들이 신앙 되지 않았던 데에는, 이 다라니들이 한역된 시기가 隋・唐 이전 남북조시대의 전쟁과 廢佛의 혼란양상도 한몫을 차지했으리라 추정한다. 또한, 비슷한 시기

443) 장총 著, 김진무 譯, 앞의 책, p.58.

에 찬술된 『점찰선악업보경』 등 위경과 도교의 十王신앙이 지장보살의 육도중생 구제력인 그의 大願과 친밀하게 결합한 시기이다. 결국, 이러한 정황들이 민중들의 현실적 고통과 死後의 불안한 心情들에 가려져 지장보살 초기적 신앙이라고 할 수 있는 陀羅尼의 난해함이 혼란 와중의 민중들에게 배타적일 수 있었음을 추정해 보았다.

무엇보다도 地藏菩薩陀羅尼들이 설해져 있는 최초 경전들의 공통된 특징은 특별히 지옥중생을 구제한다거나 極樂으로의 願往思想은 보이지 않는다. 오직 땅, 즉 下方의 모든 大地에서 생장하는 일체 생물을 관장하여 중생을 구제하고 風·雨·寒暑·가뭄·장마 등을 調節하는 등 철저한 현세이익증장의 공능으로 설해져 있다.

따라서 필자는 지장보살의 陀羅尼門을 드러내고 지장보살의례를 통하여 지장보살신앙 외연을 확장하고자 하는 것이다.

V. 地獄과 關聯된 地藏菩薩信仰

1. 地獄의 槪念과 性格

六道를 六趣라고도 하는데 특히 地獄, 餓鬼, 畜生道를 일컬어 三惡道라 하여 無間地獄과 함께 지금까지도 험한 惡口로 사용되면서 인간의 心性을 어둡게 하고 있다. 또한, 이 때문에 악업의 대가를 치르면서 악순환을 거듭하고 있는 곳이기도 하다. 자신이 지은 온갖 惡業의 대가를 치르기 위해서 극심한 고통을 겪는 곳이다. 그러나 이 모든 고통은 남이 주는 것이 아니라 因緣業果에 의해 自業自得으로 나타나는 果報를 豫斷한 가르침이 輪廻轉生思想이다. 즉 이러한 현상은 자신이 스스로 지은 죄업의 代價 때문인데, 이것이 곧 因果應報思想의 기본적 인식이다. 또한, 그 輪回轉生의 삶 터가 六道이며 여섯 단계의 최하층이 지옥이라 하여 그곳에 떨어지는 실상과 거기서 벗어나는 修懺을 제시하고 있는 것이 『地藏菩薩本願經』에서 강조하는 '지옥사상'이다.

지장보살은 이렇게 자신이 지은 果報로 인해 地獄苦의 고통을 받는 지옥중생마저 구제를 서원한 보살이다. 결국, 이 보살은 중생으로 하여금 因果의 理致를 깨우치게 하고 自業自得의 과보를 깨닫게 해서 다음 生에는 반드시 성불할 수 있도록 助力하는 보살이다. 그래서 지장보살은 幽冥

教主 地藏菩薩, 즉 '어두운 세계의 교주'로 信仰 되고 있다. 이처럼 지장보살을 幽冥教主로 上位에 두어 정례 하는 것도 육도 중생의 남김 없는 제도를 서원으로 한 대비천제의 보살로서 그중에서도 특히 지옥중생의 고통과 그들 有情을 성숙시켜 해탈에 이르게 함을 우선하는 大願行에 있다.

이 장에서는 지장보살의 특별한 願인 大悲闡提菩薩로서의 大願을 낳은 지장보살신앙의 震源地 格인 그의 地獄觀은 어떤 것인지 살펴보기로 한다.

지옥은 범어로 naraka, 또는 Niraya로 표기하고, 音寫로는 捺落迦, 那落迦, 奈落, 泥梨耶, 泥梨 등으로 표기한다. 그리고 五趣, 六趣, 五道, 六道, 七有, 十界의 하나로, 地獄趣, 地獄道, 地獄有, 地獄界 등으로 부른다. 『阿毘達磨順正理論』 卷21 「辯緣起品」에 '那落'은 사람이라는 뜻이고 '迦'는 惡이라는 뜻이다. 사람이 惡을 많이 지으면 그곳에 떨어지므로 那落迦趣라고 한다. 또한, 악을 지은 사람에게 아주 가까운 곳[近人]을 那落迦라고 한다. 중죄를 지은 사람은 신속히 그곳에 떨어지기 때문이다. 또는 '迦'는 樂의 다른 이름이고 '那'는 無를 말하며 '落'은 함께한다는 뜻이니 서로 더불어 즐길 것이 없는 것을 那落迦라 한다. 또는 '落迦'는 救濟의 뜻이고, '那'는 不可하다는 뜻으로 구제할 수 없는 것을 那落迦라고 한다. 또는 '落迦'는 愛樂이라는 뜻이므로 愛着을 지니고 즐거워할 수 없는 것을 那落迦라고 한다.444) 그래서 죄업을 짓고 極苦의 세계에 난 有情 그런

444) 『阿毘達磨順正理論』 卷21 「辯緣起品」, 『大正藏』29, p.461上. 那落名人 迦名爲惡 人多造惡 顚墜其中 由是故名那落迦趣 或近人故 名那落迦 造重罪人 速墮彼故 或復迦者是樂異名 那者言無 落是與義 無樂相與 名那落迦 或復落迦是救濟義 那名不可 不可救濟 名那落迦 或復落迦是愛樂義 不可愛樂 名那落迦

유정의 세계, 혹은 그런 生存을 일컫는다. 지옥의 세계는 地下에 있는 것으로 생각하였고, 다시 여러 종류의 지옥이 있는 것으로 분류되고 있다.[445]

특히 『俱舍論記』 卷11에서는 "捺落迦라고 하면 죄의 과보를 받는 곳을 나타내는 것이고 那落迦라고 하면 죄의 과보를 받는 사람을 나타내는 것이다."[446]라고 하여 捺落迦와 那落迦를 장소와 사람으로 구별하고 있지만, 일반적으로는 같은 의미로 사용된다. 『大毘婆娑論』 卷172에는 "어떤 사람은 말하기를 捺落(nara)은 사람을 말하는 것이고 迦(ka)는 惡을 말한다. 곧 악인이 그곳에 태어나므로 捺落迦라고 한다."[447]고 하였다. 또 『解深密經』 卷2 「無自性相品」에는 "三無自性의 실상을 깨닫지 못하여 온갖 번뇌에 물들며 생사 중에 길이 치달려 가서 오랜 세월 동안 流轉하기를 그치지 않으니 지옥[那落迦]의 중생으로 태어나거나, 傍生하거나, 餓鬼가 되거나, 天上에 태어나거나, 阿素樂에 태어나거나, 사람으로 태어나서 여러 가지 고뇌를 받는다."[448]고 설하고 있다.

『雜阿毘曇心論』 卷8에서는 '不可樂故說地獄'이라 하여 지옥의 譯義는 樂이 없는 時·空間的 의미를 말하는 것이라 하였다.[449] 또한, 오늘날까

---

445) 金正信, 『佛敎學大辭典』, 弘法院, 1988, p.1487.

446) 『俱舍論記』 卷11, 『大正藏』 41, p.186中. 若言捺落迦顯受罪處 若言那落迦 顯能受罪人 論曰至在無間傍者 阿名爲無 毘旨名間 此論兩釋 正理更有一說云 有說無隙立無間名.

447) 『大毘婆娑論』 卷172, 『大正藏』 27, p. 865中. 有說 捺落名人 迦名爲惡 惡人生彼處故 名捺落迦.

448) 『解深密經』 卷2, 「無自性相品」, 『大正藏』 16, p.694下. 或爲生雜染所染 於生死中長時馳騁 長時流轉無有休息 或在那落迦 或在傍生 或在餓鬼 或在天上 或在阿素洛 或在人中受諸苦惱.

지도 현실의 고통에서 벗어나기 어려운 절망적 상황에 직면하여 '천 길 奈落으로 떨어졌다.'고 하는데 이는 바로 naraka(那落迦)의 줄임말로 奈落·捺落으로도 音寫하고 苦器·苦具 등으로 意譯하고 있다. 泥梨耶(Niraya)는 『佛說入世阿毘曇論』에서

> 어찌하여 지옥을 泥梨耶라고 이름 하는가? 즐거움이 없기 때문이고, 기쁨이 없기 때문이고, 벗어날 수 없기 때문이고, 福德이 없기 때문이다. 業을 제거할 수 없어서 그 가운데 태어난다. 다시 설명하면 이 道는 欲界 중에서 가장 아래에 두어 이름을 非道라고 한다. 이러한 사연 때문에 지옥을 泥梨耶라고 이름 한다.[450]

불전에 나타나고 있는 지옥관은 앞서 말한 因緣業果, 즉 業思想의 체계 속에 지옥사상이 도입되어 自業自得에 의한 善因善果 惡因惡果의 범주에 지옥이 한 체계를 갖추고 있다고 보인다.

지옥에 관련된 佛典 문헌들을 살펴보면 『法句經』「地獄品」[451], 『俱舍論』 제11[452], 『涅槃經』 卷11[453], 『大智度論』[454], 『佛說立世阿毘曇論』 卷6~8, 「云何品」, 「地獄品」[455], 『十八泥梨經』[456], 「大毘婆沙論」[457], 『長阿含經』

---

449) 『雜阿毘曇心論』卷8, 『大正藏』32, p.197中. 不可樂故說地獄

450) 『佛說立世阿毗曇論』卷6, 「云何品」, 『大正藏』32, p.197下. 云何地獄名泥犁耶 無戱樂故無喜樂故 無行出故 無福德故 因不除離業故於中生 復說此道於欲界中最爲下劣 名曰非道 因是事故 故說地獄名泥犁耶.

451) 『大正藏』4, p.570. 妄語地獄近 作之言不作 二罪後俱受 自作自牽往 法衣在其身 僞惡不自禁 苟沒惡行者 終則墮地獄

452) 『大正藏』29, p.57.

453) 『大正藏』12, p.430.

454) 『大正藏』25, p.176.

卷19「地獄品」[458] 외에도 다수의 佛典上에 지옥관련 내용들이 보이고 있다. 그러나 이들 地獄說에는 서로 다른 설이 많고 복잡다단하여 정리 및 체계를 세우는데 한계가 있다. 그것은 이들 경전이 시대적·지역적·풍습에 따라 加減이 보이고, 그에 따른 異名들이 나타났을 것으로 짐작한다.

1) 冥府世界와 地獄

地藏菩薩과 지옥사상에는 閻羅王이 자주 등장하는데 지옥의 主神, 지옥의 지배자로 인도신화의 神인 yama에서 온 말이다. 閻羅王은 범어 Yama-rāja인 幽冥世界의 王으로 閻魔王, 閻羅大王, 焰摩, 琰摩, 閻摩, 閻邏라 쓰며, 縛, 雙, 雙世, 遮止, 靜息, 可怖畏, 平等이라 번역한다. 그래서 閻羅王은 命終 後 審判을 하는 夜摩天, 즉 염라의 왕으로서 중국의 도교사상과 결합하여 인간의 행위에 따라 그 生死를 지배하는 神으로 十王 중의 하나로 꼽고 있다.

이러한 염라왕의 住處는『長阿含經』卷19「地獄品」[459]에도 나타나며 그 處所와 지옥이 결정적으로 결합해 있지는 않지만 대부분「地獄品」에 언급함으로써 전혀 연관성이 없지 않음을 알 수 있다.

455)『大正藏』32, p.213.

456)『大正藏』17, pp.528~529.

457)『大正藏』27, pp.1~15.

458)『大正藏』1, p.121.

459)『長阿含經』卷19,「地獄品」,『大正藏』1, p.126中. 佛告 比丘 閻浮提南大金剛山內 有閻羅王宮 王所治處縱廣六千由旬 其城七重七重欄楯 亡重羅網七重行樹 乃至無數衆鳥相和和悲鳴 亦復如是.

한편, 唐代 후기에는 道家들의 지옥에 대한 개념을 불교의 지옥과 연결하는 十王信仰이 지장신앙에 소개된다. 지장과 十王의 결합은 幽冥界의 교주이며 시왕은 그 冥府의 判官이라는 점에서 당연하게 보이는데,[460] 『대방광십륜경』卷3, 「무의행품」과, 『지장십륜경』, 『지장보살본원경』의 「분신집회품」 以下 「觀衆生業緣品」, 「염부중생업감품」, 「지옥명호품」 등에 지장보살과 지옥의 관계를 볼 수 있다. 『대방광십륜경』[461], 『대승대집지장십륜경』[462], 『백천송대집경지장보살청문법신찬』[463]에 보이는 지장보살이 염라왕 등 平等王의 몸이 되기도 하는 것은 지장보살과 시왕의 결합을 보여주는 예라 하겠다.

圖Ⅴ-1. 十王經圖卷, 十齋具足生天圖(部分), 대영박물관소장, W・80본, (西域美術: 圖63)

460) 金廷禧, 「조선시대 명부전 도상의 연구」, 한국학대학원박사학위논문, 1992, p.41.

461) 『大方廣十輪經』「序品」, 『大正藏』13, p.684中. 惑作閻羅王身 惑作地獄卒身 惑作地獄身爲諸衆生種種說法

462) 『大乘大集地藏十輪經』「序品」, 『大正藏』13, p.726上. 或作焰魔王身 或作地獄諸有情身現作如是 等無量無數異類之身.

463) 『百千頌大集經地藏菩薩請問法身讚』1, 『大正藏』13, p.792中. 變爲平等王.

또한, 敦煌 千佛洞 莫高窟에는 중국의 여러 왕조를 거치며 수많은 석굴이 조성되었는데, 唐 則天武后代(698년)에 이회양이 세운『重修莫高窟佛龕碑』에 의하면 1천여 석굴이 만들어졌다고 하는데 현재까지 조사된 것은 492개이다.464) 이 가운데 제16호굴 안에 있는 제17굴 藏經洞에서는 대량의 書畵와 經卷이 발견되었다. 이들 중에서 10세기경에 제작된 것으로 추정하는 地藏十王圖와 十王經圖卷이 포함되어 있다. 이는 한 시대에 寫經, 또는 그려진 것이 아니라 여러 시대에 걸쳐 만들어진 것이 제17호굴에 보존되어 있던 것이다.465)

地藏十王圖와 十王經圖卷은 다음과 같은 몇 가지 점에서 주목된다. 첫째, 하나의 화면에 종교적인 면에서 서로 성격이 다른 지장보살과 시왕이 결합한 최초의 圖上이라는 것이다. 둘째, 두 가지 圖像들이 결합함으로써 지장보살의 성격이 六道衆生苦의 救濟者에서 死後世界 衆生苦의 구제력이 한층 더 강화되었다는 점이다. 셋째, 시왕도는 중국 고유의 토속신앙 및 도교의 冥府觀과 인도의 冥界를 다스리던 閻魔王이 결합하여 성립된 도상

464) 段文傑,「早期の莫高窟藝術」,『中國石窟: 敦煌莫高窟』2, 東京: 平凡社, 1991, p.182.

465) 제 17굴 藏經洞에서 발견된 회화는 絹繪, 麻繪, 紙繪가 대부분으로 외국의 박물관에 수장되어 있는 예가 많다; 李國, 高國祥,『敦煌石室寶藏』, 敦煌文藝出版社, 1993, p.2. 藏經洞이 만들어진 이유에 관해서 스타인은 갑작스런 침략에 대비한 은닉소일 가능성과 사원에서 더 이상 쓰지 않는 유물·문헌의 보관소일 가능성을 제시하고 있다. (Aurel Stein, Serindia Vol Ⅱ,(Oxford, 1921), pp.819～825, 대영박물관소장, W80본인 十王經圖卷, 十齋具足生天圖(部分)는 오른쪽 부분이 없지만 둘려져 있는 담장 내에는 평상에 누워있는 裸形의 亡者가 보이고 문 양쪽 끝의 기둥 위에는 각각 무릎을 세우고 앉은 개가 뚜렷하게 묘사되어 있다. 지옥의 火焰도 양쪽 기둥에만 圖式的으로 묘사하고 있다. 錫杖을 어깨에 步撥을 가진 地藏이 形具를 지닌 亡者 앞에 나타나고, 冥府의 구제자로 있는 지장의 입장을 잘 나타내고 있다; 李潤廷「敦煌 藏經洞 發見의 地藏十王圖 硏究」, 서울대 석사학위 논문, 1997, p.45.

을 보여주고 있다는 점이다. 넷째, 敦煌에 다수가 존재하고 있는 地藏十王圖는 같은 시기에 중국의 다른 지역에는 거의 존재하지 않는 圖上이라는 점이다.466)

일본학자들의 지장보살과 시왕에 관한 論書 중 禿氏祐祥, 小川貫貳의 「十王生七經讚圖卷の構造」는 『佛說預修十王生七經』에 대한 논문으로 이 經의 성립과정과 그 내용을 설명하였다.467) 그리고 高田修는 「地獄と地獄繪」에서 지옥의 用例를 표현하였는데, 敦煌 발견의 地藏十王圖과 十王經圖卷에 그려진 지옥 장면이 그동안 중국에 존재했던 地獄圖의 또 다른 측면을 보여주고 있다.468)

또한, '天寶十三載七月十四日第子孔舍光寫畢'이라고 기록되어 있는 『無量數觀經撰述』에 의하면 "生諸佛家者 佛家有二種 一老生家謂十王報 二者法家 謂眞如法身由行者念佛"이라고 하고 있는 것을 볼 때 적어도 唐 현종(천보13년~754) 이전으로 볼 수 있다. 그러므로 十王冥府 신앙은 중국의 唐 中期경 지장보살신앙에 결합하여 성립된 것으로 추정할 수 있다.469)

---

466) 河原由雄은 7세기의 龍門石窟 造像記를 참고해서 중국의 지장신앙을 세 시기로 나누어 설명하였다. 제 1기는 수행승으로서의 지장, 제 2기는 六道中 고통의 구제자로서의 지장, 제 3기는 사후세계의 구제자로서의 지장이다. 西義雄의 『地藏菩薩の源流思想の研究』, 京都: 平樂寺 書店, 昭和43, 라는 저서를 참고하였다고 기술하고 있다; 河原由雄, 「敦煌畵地藏圖資料」, 『佛敎藝術』97, 佛敎藝術學會, 1974, p.100.

467) 松本榮一, 「被帽地藏菩薩像の分布」, 『東方學報』3, 1932; 「地藏十王圖と引路菩薩」, 『國華』, 515(1933); 「被帽地藏圖」, 『敦煌畫の研究』, 圖像篇, 東方文化學院, 東京研究所, 1932, pp.368~401; 「十王經圖卷」, 『敦煌畫の研究』 圖像篇, pp.402~412; 「敦煌本十王經圖卷雜考」, 『國華』 621, 1942; 禿氏祐祥, 小川貫貳, 「十王生七經讚圖卷の構造」, 『西域文化研究』5, 1962, pp.255~296.

468) 高田修, 「地獄と地獄繪」, 『佛敎美術史論考』, 京都: 中央工論出版, 1969, pp.280~302.

469) 한보광, 「한국불교에 있어서 지장의례의 역할」, 『현대사회에 있어서 지장신앙의 재조

따라서 이러한 관념은 唐 末에 이르러 『佛說預修十王生七經』[470]이 편찬됨에 따라 더욱 구체화 되었으며,[471] 그 후 지장보살과 시왕은 권속의 관계로 지장보살은 지옥중생구제의 佛, 즉 幽冥界의 敎主로 신앙 되었다고 본다. 그렇다면 지장보살이 지옥에 머무는 緣由가 무엇인가.

『佛說地藏菩薩經』[472]에서 지장보살은 南方의 淨琉璃世界에서 天眼으로 地獄에서 온갖 참혹한 고통을 받는 중생을 보고는 곧 지옥으로 가서 閻羅王과 共同으로 한 곳에 자리하지만, 各各의 床에 앉아 철저한 검증을 통해 지옥에 온 중생들의 하나하나를 파악하게 된다.[473]

『佛說地藏菩薩經』에 다음과 같이 설해져 있다.

> (지장보살이) 이렇게 지옥으로 간 이유는 네 가지가 있다. 첫째, 염라왕이 확실한 근거에 依據하지 않고 斷罪할 것이 두렵고, 둘째, 죄를 기록한 文案에 착오가 있을까 하는 것이며, 셋째, 또 적합한 죽음인가를 확인하

명』, 운주사, 1991, p.105.

470) 唐 藏川 著, 『佛說預修十王生七經』, 『卍續藏經』150, pp.777~791, 『大正藏』 圖象部 7. p.645.

471) 金廷禧, 앞의 책, p.41.

472) 『佛說地藏菩薩經』은 全文이 280여字의 짧은 經文이다. 원본은 대영박물관에 소장되어 있고, 둔황본 S.197호이다. Zieme, *ausBazEin alttukisches Fragments des Ksitigarba sutras aus Bazaklik*, 『AoF17』,1990. S,379-384호; 楊富學, 『回鶻之佛敎』, 辛疆人民出版社, 1998, p.131; 장총 著, 김진무 譯, 『地藏』II, 동국대출판부, 2009, p.176. ; 이외에도 프랑스에 소장되어 있는 펠리오 둔황본과 북경도서관에 소장되어 있는 둔황본 중에 이 經이 소장되어 있다. 따라서 이 경전이 당시에 매우 유행하였다는 것을 알 수 있다; 장총 著, 김진무 譯, 『地藏』I, 동국대출판부, 2009, p.177.

473) 『佛說地藏菩薩經』, 『大正藏』85, p.1455中. 爾時地藏菩薩住在南方琉璃世界 以淨天眼觀地獄之中受苦衆生 鐵碓擣鐵磨磨鐵犁耕鐵鋸解 鑊湯湧沸猛火旦天 飢則呑熱鐵丸 渴飮銅汁受諸苦惱無有休息 地藏菩薩不忍見之 卽從南方來到地獄中 與閻羅王共同一處別床而座.

기 위한 것이고, 넷째, 이들을 지옥에서 구제하여 벗어나게 하기 위한 것이다.[474)]

이처럼 지장보살은 염라왕의 本地菩薩 형식으로 나타나는 것이 아니고, 염라왕 심판 내용에서 不公正한 부분이나 혹여 그의 불합리한 公務에 대해서 우려하고 있다. 따라서 지장보살은 閻羅王과 대등한 신분으로 한 處所에 나란히 하고 있지만, 다만 자리는 각기 따로 하여 審判의 公正을 꾀하고 있는 것이다. 이것은 혹 시왕의 중생과 관련된 위 네 가지 사안에 대한 잘못된 보고로 염라왕의 불합리한 판단을 우려한 지극히 지장보살다운 중생을 위한 체계라고 할 수 있다.

또한, 이 경전의 후반부에서는 지장보살의 功德에 대하여 說하고 있다. 만약 선남자와 선여인이 地藏菩薩像을 만들고 『地藏菩薩經』을 寫經하며 지장보살의 名號를 念誦하면 장차 이 사람은 서방 극락세계에 왕생하게 된다. 佛國에서 佛國으로, 天堂에서 天堂으로 往生하게 되는 것이다. 또한, 이 사람은 命이 다하는 날 지장보살이 와서 迎接하며 지장보살과 함께 한곳에 머무르게 된다.[475)]

이를 잘 묘사하고 있는 圖Ⅴ-2의 地藏十王圖는 지장보살의 左右에서 十王들이 冥簿를 검토하고 옆에서 冥官이 보조하는 장면을 묘사하고 있

474) 『佛說地藏菩薩經』, 앞과 같음. 有四種因緣 一者恐閻羅王斷罪不憑 二者恐文案交錯 三者未合死 四者受罪了出地獄池邊

475) 『佛說地藏菩薩經』, 『大正藏』85, p.1455下. 若有善男子善女人 造地藏菩薩像 寫地藏菩薩經 及念地藏菩薩名 此人定得往生西方極樂世界 從一佛國至一佛國 從一天堂至一天堂 若有人造地藏菩薩像 寫地藏菩薩經 及念地藏菩薩名 此人定得往生西方極樂世界 此人捨命之日 地藏菩薩親自來迎 常得與地藏菩薩共同一處 聞佛所說皆大歡喜信受奉行.

다. 冥簿를 살피는 十王들의 審判광경을 향해 지장보살이 눈동자를 정중앙으로 모은 모습이 뚜렷하다. 여기에 道明尊者가 고개를 들고 합장한 채로 지장보살을 향해 뭔가를 告하고 있고 金毛獅子는 앞발톱을 곧추세우고 앞다리를 치켜들려고 하는 자세이다. 이는 業鏡臺에 뚜렷하게 비친 죄인을 향한 것이 아니라, 다그치듯 하는 모습의 獄卒과 도명존자 바로 뒤편에서 뭔가 착오가 생겨 당황한 기색이 역력한 왕관을 쓴 염라대왕과 冥官들을 향해 금방이라도 덤빌 것 같이 포효하는 金毛獅子의 모습이 사실적이다. 그 외 다른 시왕과 冥官들의 표정 역시 이 광경을 다 같이 주시하는 표정이다. 따라서 지장보살이 冥府에 온 남염부제의 有情들에게 있어서 證明功德主와 幽冥敎主로서의 위치를 圖Ⅴ-2가 웅변해 주고 있다.

圖Ⅴ-2. 地藏十王圖(部分), 194×235㎝, 絹本着色, 대영박물관소장(敦煌石室寶藏: 圖77)

여기에 이 도상의 내용을 뒷받침해주는 地藏菩薩信仰儀禮로써 『釋門儀範』 '地藏請辭'篇에는 지장보살을 供養請하면서 威神力을 찬탄하고 있는데

> 일심으로 귀의하오며 받들어 청합니다. 자비와 수행으로 온갖 善을 쌓으셔서 서원으로 구제하시려고, 오른손에 錫杖[六環杖]들어 지옥문을 여시고, 왼손 위의 明珠[智慧]로는 三千大天世界를 비추십니다. 閻羅大王 궁전 안의 業鏡臺 앞에 서서 南閻浮提 중생들을 위하시사, 生前에 지은 모든 功德을 낱낱이 證明하여 주시는 그 크신 憐愍, 크신 誓願, 크신 聖人, 크신 사랑, 大願의 本尊이신 지장보살님을 請하오니 자비로써 이 道場에 降臨하여 이 供養을 받으소서.[476]

라고 하며 前述한 『佛說地藏菩薩經』의 지장보살이 지옥에 간 연유와 地藏請儀禮의 閻羅王 業鏡臺 앞에서 남염부제 중생들의 지은 業을 낱낱이 증명하고 있다. 따라서 이러한 지장보살의 大願行이 圖V-2의 畵面을 통하여 사실적인 含意가 한층 더해지고 있는 것이다.

이와 같은 사실에서 알 수 있는 것은 불교가 민간에 뚜렷한 신앙으로 정착되기까지 시왕 등의 민간 신앙적 요소와 지장보살이 혼융된 것을 볼 수 있다. 즉 시왕과 冥官, 그리고 閻羅大王까지도 지장보살의 휘하에 넣어 지장보살로 하여금 모든 司法的 판단의 최후의 조정자 역할을 스스로 부여한 민간신앙의 총합이라고 할 수 있을 것이다.

---

476) 安震湖, 「地藏請」『釋門儀範』, 卍商會, 1982, p.299. 南無一心奉請 慈因積善 誓救衆生 手中金錫 振開地獄之門 掌上明珠光攝大千之界 閻王殿上 業鏡臺前 爲南閻浮提衆生 作個證明功德主 大悲大願 大聖大慈 本尊 地藏菩薩摩訶薩 唯願慈悲 降臨道場 受此供養.

2) 末法時代와 地獄

地藏菩薩은 當來 미륵불이 下生할 때까지의 소위 無佛時代의 중생구제를 서원하여 부처님으로부터 수기와 부촉을 받은 바 있다. 이 무불 시대는 정법이 소멸하고 중생이 剛强하여 불법이 쇠퇴한 시대 즉, 末世·末代로 불리는 末法(saddharma-vipralopa)을 일컫는다. 이는 불교의 역사관 혹은 시대관의 含意로 석존 입멸 후 교법이 세상에 존재하는 모습을 시기별로 正法·像法·末法으로 분류하여 시대를 지날수록 교법에 대한 信行이 약해지고 얇아져서 法滅의 시기가 온다는 역사관적 용어이다.

正法·像法·末法의 용어는 『大乘同性經』 卷下[477]에 나오고 『雜阿含經』 卷33[478] 에서는 정법과 상법의 두 시기가 설해져 있으며 『大乘法苑義林章』 卷6에서는

> 부처님께서 열반에 드신 후 법의 유통 형태를 정법·상법·말법의 세 시기로 구별할 수 있다. 교법·수행·證果의 세 가지를 모두 갖추고 있으면 정법 시대이고, 단지 교법과 수행만 갖추고 있으면 상법 시대이며, 교법만 있고 나머지는 없으면 말법 시대이다.[479]

라고 하여 중생의 근기가 점차 약해져서 여래의 교법이 있어도 그것을 실행하고 증득하는 이가 없는 시기를 말법 시대로 규정하고 있다.

---

477) 『大乘同性經』卷下, 『大正藏』16, p.651下.

478) 『雜阿含經』卷33, 『大正藏』2, p.226下.

479) 『大乘法苑義林章』卷6, 「安樂行品」『大正藏』45, p.344中. 佛滅度後 法有三時 謂正像法 俱教行證三 名爲正法 但有教行 名爲像法 有教無餘 名爲末法.

여기에 구체적인 말법 현상의 시대적 상황을 파악하여 민중구원의 방편으로 昇華시킨 전례가 있는데 北周(556~580)의 武帝(560~578)가 北齊의 통합 전(574)과 통합 후(577) 두 차례에 걸쳐 단행한 廢佛毁釋으로 인하여 불교의 존립기반이 위협당할 때, 중국 종파불교의 일파로써 三階敎라는 교단을 唱導한 信行(540~594)이 대표적이라 할 것이다.

그는 유린당하여 疲斃해진 민중을 구원하는 것이 불교의 소임이라 생각하고 불교의 본질을 역사 속에 鎔解시키는 불교의 역사화를 도모한 것이다. 그의 方便觀 속에 변화해가는 시대적 조건이 이른바 '末法思想'이라 할 수 있는 時代觀이며, 폐불을 단순히 국가의 흥망성쇠 차원에서가 아니라 예고되어있는 기계적 절차에 따라 변화해 가는, 앞서 말한 불교의 독특한 역사관·시대관에 따른 말법 현상의 한 위기감에서 나왔다고 할 수 있을 것이다.

『地藏菩薩本願經』, 「地獄名號品」 第5에는 말법 시대 중생과 그들의 因緣業果에 의해 향하게 되는 지옥의 실상을 보현보살과 지장보살의 談論으로 보여주고 있다.

보현보살이 천룡팔부와 미래 현재의 일체중생 그리고 남염부제의 죄고중생과 말법 중생들의 과보에 대해 알게 해줄 것을 청원하고 있으며480) 본문481)에서 '未來世 말법 중생'이라는 표현이 지배적인 것으로 미루어

---

480) 『地藏菩薩本願經』, 「地獄名號品」 第5, 『大正藏』 13, pp.781下~782上. 爾時 普賢菩薩摩訶薩 白地藏菩薩言 仁者 願爲天龍四衆 及未來現在一切衆生 說娑婆世界 及閻浮提罪苦衆生 所受報處地獄名號 及惡報等事 使未來世末 法衆生知是果報

481) 『地藏菩薩本願經』, 「地獄名號品」, 上同, pp.781下~782中.

보면 그들의 墮地獄을 미리 경계하게 하려고 각종 지옥의 名號와 그에 대한 惡報를 설명해 주기를 거듭 청하고 있다.

이어 지장보살은 남염부제 악업 중생이 지은 바에 따라 그 業力이 매우 커서 수미산에 對敵되고 큰 바다보다도 깊어서 그 거룩한 道理마저 막히고 있다고 하였다.482) 이어서

> "그러므로 중생들은 비록 작은 악일지라도 가볍게 여겨서는 아니 됩니다. 죽은 뒤에 털끝만 한 것일지라도 報로 다 받게 됩니다. 어버이와 자식의 지극한 사이에도 그 길이 각각 다르고 혹 서로 만나더라도 대신하여 받을 수 없습니다. 나는 이제부터 부처님의 위신력을 받들어 지옥의 죄보에 대해 대략 말하리니 어진 이(보현보살)여 들으소서." 하였다. 보현보살이 바로 말하기를, "나는 오래전부터 삼악도의 죄보를 이미 알고 있지만 어진 이(지장)의 말을 듣고자 하는 것은 後世의 末法時代를 살아가는 악행중생들로 하여금 어진 이(지장)의 설법을 듣고 불법으로 돌아오게(귀의토록) 하는 데 있습니다."라고 하였다.483)

고 지장보살이 주장하듯 답변을 계속 이어가려 함에도 보현보살이 즉시 應對하는 형식을 취하여 답변하는 것처럼 보이지만 말법 시대의 중생들에게로 향한 지장보살의 威神力을 加一層 높이면서 동시에 對談者와의 共感帶를 보여주고 있는 것이다.

---

482) 『地藏菩薩本願經』, 「地獄名號品」, 上同, p.782上. 地藏菩薩告普賢菩薩言 仁者 此者皆是南閻浮提行惡衆生 業感如是業力甚大 能敵須彌能 深巨海能障聖道.

483) 『地藏菩薩本願經』,「地獄名號品」第5, 『大正藏』13, pp.782上~中. 是故衆生莫輕小惡以爲無罪 死後有報纖毫受之 父子至親岐路各別 縱然相逢無肯代受 我今承佛威力 略說地獄罪報之事 唯願仁者暫聽是言 普賢答言 吾以久知三惡道報 望仁者說令後世末法一切惡行衆生 聞仁者說使令歸佛.

앞서 『地藏菩薩本願經』의 「觀衆生業緣品」과 「地獄名號品」에는 지장보살신앙의 지옥관이 두드러지게 나타난다고 한 바 있듯이, 또한 여기에는 行願을 상징하는 보현보살의 등장이 가지고 있는 의미가 상당하다고 할 수 있다.

문수사리 보살은 이미 지장보살이 죄고 중생을 구제하는 실천력을 지켜보며 法王子[484]로서의 智慧心을 보인 바 있는데, 이 經에서 文殊의 智慧와 普賢의 行願力을 조화시키는 의도는 南閻浮提 말법 시대의 極苦衆生을 구제하는 지장보살의 大願行이 보현보살의 行願力에 더하여 有情들로 하여금 金剛 같은 信心을 有發하기 위함인 것으로 보인다.

따라서 보현보살은 지옥중생을 구원하려는 지장보살의 大願이 얼마나 견고한 것인지를 증명하고 찬탄하면서 그와 地獄의 談論에 임하고 있는 것이다.

3) 『地藏菩薩本願經』의 地獄思想

佛敎에서는 중생의 세계를 흔히 無明의 세계 또는 迷惑의 세계라 하고 六道・六趣라 하여 六道衆生이라고 했다. 그중에서도 三惡道의 세계와 전술한 바와 같이 지옥 중에서도 '無間地獄'에서 받는 極苦의 用語로써 상대를 危害하는 險口로 사용할 정도로 그 극단적 고통이 쉴 틈이 없다는 곳이다. 따라서 지장보살은 이러한 육도 중생을 성숙시켜 성불의 길로 이끄는 大願의 悲心을 몸으로 한 보살이다. 『지장본원경』에서는 일반적으로

484) 『地藏菩薩本願經』, 「忉利天宮神通品」 第1, 『大正藏』 13, pp.778上~中.

幽冥界를 지배하는 閻魔王은 지장보살의 變化應身 가운데 방편의 몸으로 化現하고 있다고 했다. 즉 중생의 千差萬別한 근기에 맞추어 分身度脫[485]로서 攝化하고 있는 것이다.

『지장보살본원경』에서는 지옥에 대하여 閻浮衆生들의 因緣業果에 의해 악취에 떨어지는 등 지옥을 상세하게 묘사하고 있다. 특히 「觀衆生業緣品」과 「地獄名號品」에는 지장보살신앙의 지옥관이 두드러지게 나타난다.

「觀衆生業緣品」은 문자 그대로 유정들의 果報가 어떠한 業緣으로 생겨나는지를 설하면서 그 罪報는 한결같지 않다고 하고 있다. '마야부인'의 질문에 지장보살이 答하는 형식으로 구성되어 있으며 극한 고통이 쉴 틈 없이 계속되는 '五無間地獄'에 대한 聖母의 질문에 지장보살은 無間地獄(avīci)의 장소와 위치 각 지옥의 名號와 極苦의 실상, 그리고 그 구체적 숫자와 규모를 사실적이고 시각적으로 묘사하고 있다.[486] 그러나 지옥의 숫자와 규모를 사실적으로 전하고 있지만, 지옥의 숫자가 다른 곳에서도 반드시 통일된 것은 아니다. 그런데 앞에서 그 죄보가 한결같지는 않다는 말은 무엇인가? '閻浮衆生造業差別 所受報應其事云何', 즉 閻浮提衆生이 業을 짓는 차별과 그에 따라 받게 되는 과보를 묻는 마야부인의 질문에

지장보살이 대답하였다. 오랜 세월과 모든 국토에 지옥이 있기도 하고

485) 『地藏菩薩本願經』, 「分身集會品」, 『大正藏』13, p.779中. 如是等輩衆生 各各差別分身度脫

486) 『地藏菩薩本願經』, 「觀衆生業緣品」3, 『大正藏』13, p.780上. 摩耶夫人重白地藏菩薩言 云何名爲無間地獄 地藏 白言 聖母 諸有地獄在大鐵圍山之內 其大地獄有一十八所 次有五百名號各別 次有千百名字亦別 無間獄者 其獄城周匝八萬餘里 其城純鐵高一萬里 城上火聚少有空缺 其獄城中諸獄相連名號各別獨有一獄名曰無間

> 없기도 하고, 또 여인이 있기도 하고 없기도 하고, 또 불법이 있기도 하고 없기도 합니다. 성문이나 벽지불이 역시 그러한 것처럼 지옥의 죄보도 한결같지 않습니다.[487]

라고 대답하였다. 閻浮提는 南贍部洲·南閻浮提와 동의어 범어 dakṣiṇ-jambu-dvīpa로 '州'는 dvīpa의 漢譯語[488]이다 閻浮란 원래 '염부나무가 번성한 나라'라는 이름으로 '인도'를 가리키는 말이었다. 그러나 후세에 와서 須彌山을 중심으로 四方중의 남쪽 인간세계, 우리가 사는 세계, 즉 裟婆世界(sabhā)를 의미한다. 忍土·堪忍土·忍界라 하여 고통을 감수하며 사는 세계이다.[489]

또한『지장보살본원경』에서는 악행의 결과로 어떤 지옥에 떨어지는지를 분명하고도 구체적으로 서술하고 있다.「관중생업연품」에는 다음과 같은 악행을 범하면 지옥에 떨어진다고 한다.

> 부모에게 불효하고 살생하면 지옥에 떨어지고, 부처님 몸에서 피를 내고 三寶를 비방하며, 經典을 존경하지 않으면 역시 마땅히 무간지옥에 떨어져 천 만억 겁이 지나도 벗어날 기약이 없습니다. 만약 어떤 중생이 상주물(사찰 소유의 물건이나 재산)을 침범하고 비구, 비구니를 더럽히거나 혹은 절 안에서 방자하게 음역을 하거나 죽이고 해친다면 마땅히 무간지옥에 떨어져 천 만억 겁이 지나도 벗어날 기약이 없습니다. 만약 어떤 중생이

487) 『地藏菩薩本願經』,「觀衆生業緣品」3,『大正藏』13, p.780上. 地藏答言 千萬世界乃及國土 或有地獄或無地獄 或有女人或無女人 或有佛法或無佛法 乃至聲聞辟支 佛亦復如是 非但地獄罪報一等.

488) 李智冠,『伽山佛教大辭林』卷3, 가산불교문화연구원, 2000, p.256.

489) 金吉祥,『佛敎學大辭典』, 弘法院, 2003, p.1073.

> 마음은 사문이 아니면서 거짓으로 사문이 되어 절 재산을 함부로 쓰고, 신도를 속이며 계율을 어겨 갖가지 나쁜 짓을 하면, 이 같은 무리도 마땅히 무간지옥에 떨어져 천 만억 겁으로 벗어날 기약이 없습니다. 만약 어떤 중생이 절 재산을 훔치되 재물·목식·음식·의복을 한 가지라도 주지 않는 것을 취한 자는 마땅히 무간지옥에 떨어져 천 만억 겁이 지나도 벗어날 기약이 없습니다.490)

이처럼 『지장본원경』은 중생이 이와 같은 악행의 결과로 지옥에 떨어질 것을 밝히고 있다. 이 經에서는 또 각양각색의 지옥의 참상을 殺風景하게 묘사하고 있으며 또한, 그 지옥에 대한 묘사가 추상적으로 되어있지 않고 매우 구체적이고 사실적이어서 직접 피부에 와 닿는 느낌이 들게 한다. 그리고 처벌받는 양태도 혀, 몸, 손, 발 등 신체 각 부위에 직접 연결되어 있고 立體畵를 대하는 것처럼 직감적이고 생생하게 다가온다. 그리고 無間地獄이라는 말이 내포하고 있듯이 그 극심한 고통이 쉴 사이 없이 무한하게 반복된다는 것을 보여줌으로써 지옥고통의 두려움을 극대화하고 있다. 이와 같은 지옥사상은 말법 시대의 중생들이 고통스러운 결과를 돌아보지 않고 악행으로 죄의 업보를 쌓는 이들에게 지옥고통의 두려움을 불러일으키기에 충분했을 것이다. 이는 악행의 결과로 중생이 받게 될 지옥의 가혹한 고통은 오히려 下根機의 중생이 지옥에 떨어지는 것을 경계하고 막으려는 지장보살의 큰 자비심의 發露를 역설적으로 드러낸 것이라고 보아도 무리가 없다. 또한, 이것은 처참한 고통 속에 빠진 지옥중생들을 구제한다는 측면에서 지장보살의 大願行이 얼마나 높고 수승한가를 말

490) 『地藏菩薩本願經』, 「觀衆生業緣品」 第3, 『大正藏』13, pp.779~780.

하는 것이기도 하다. 또한, 여기서 지장보살이 설하는 지옥을 보면 철저한 인과응보의 법칙에 근거해 있다. 중생이 지은 업에 의하여 과보를 갖게 되며 피할 수 없다는 것을 정확히 밝히고 있으며, 무엇보다도 중요한 것은 지옥의 고통이 큰 만큼 지옥중생의 제도 해탈을 위한 지장보살의 誓願도 지극하다는 것이다. 이는 지장보살의 持物이 지니고 있는 상징성에서도 명확히 드러나고 있다. 즉 지장은 그의 錫杖으로 지옥문을 열고 그의 寶珠에서 放射하는 빛으로 지옥의 어둠을 밝혀준다는 것이다.[491] 『지장본원경』에서 지옥의 극심한 고통의 모습이 끔찍하고 생생하게 묘사된 것과 냉엄하리만큼 분명한 악업의 과보를 받는다는 사실을 立證시키고 있다.

그리고 『地藏本願經』에서는 많은 지옥이 示設되어 있는데 지옥사상이 설해져 있는 경전들의 공통적인 특징은 모든 인간에게는 死後 심판이라는 과정을 거치고 있다. 그러므로 사후에 善果를 얻고자 한다면 그에 相應하는 善業을 쌓아야 한다는 것이다. 이렇게 본다면 사후 심판에서는 빈부의 차이나 신분의 고하를 가리지 않는 절대적 평등을 보장받게 되는 것이다. 즉 '법 앞에서 만인의 평등'과도 같은 것이다.

> 어진 이여, 이 여러 가지 지옥들은 모두 남염부제에서 악업을 행하는 중생들의 업력으로 생겨난 것입니다. 업의 힘은 매우 커서 능히 수미산과 같아 성스러운 진리의 길을 막습니다. 그러므로 중생들은 아무리 작은 악이라도 죄가 되지 않는다고 가벼이 여기지 말아야 합니다. 아무리 작은 악이라도 죽은 뒤에는 과보를 받아야 하며, 부모와 자식이 지극히 친

---

491) G. 프루너, 조흥윤 옮김, 『中國의 神靈』, 정음사, 1984 p.136 참조; 지장보살의 持物인 錫杖과 寶珠의 기능에 대한 이해는 지장신앙이 신행되는 지역에서 적용할 수 있다.

> 하더라도 가는 길이 각각 다르고 비록 서로 만날지라도 대신 받을 수가 없습니다.[492]

라고 설하며 懲罰의 세계인 지옥도 모두 개개인의 업력으로 만들어지며 사소한 악행이라도 그 과보는 분명하다는 것이다. 자신의 업력에 대해 성찰하고 참회하여 지옥이 존재할 만한 근거가 더는 생겨나지 않게 한다는 입장이 『지장보살본원경』의 지옥사상이다. 따라서 여기서 설하는 지옥사상은 인간의 행위에 대한 철저한 자기 성찰과 참회를 전제하고 있다. 비록 지옥이 他界觀念이기는 하지만 단순히 관념으로만 끝나지 않는 실존의 세계이다. 지옥과 극락이란 우리들의 마음속에 있는 업보가 구체적으로 표현된 세계이면서 동시에 현실적으로 존재하는 세계이기 때문이다.[493] 이를 뒷받침해주는 것으로 중생들의 업이 따로따로이므로 느끼는 고통도 각기 다를 수밖에 없다. 그리고 그 고통을 堪耐하는 개개인의 마음 상태에 따라서 고통의 强度가 천차만별일 수밖에 없다는 것으로 『地藏本願經』「觀衆生業緣品」에서

> 마야부인이 거듭 지장보살께 말씀드리기를 "또한 염부제에서 지은 죄보로 느끼는 악도에 대해서 듣고 싶습니다."[494]

492) 『地藏菩薩本願經』, 「地獄名號品」第5, 『大正藏』13, p.782上. 地藏菩薩告普賢菩薩言 仁者 此者皆是南閻浮提行惡衆生 業感如是業力甚大 能敵須彌能深巨海能障聖道 是故衆生莫輕小惡以爲無罪 死後有報纖毫受之 父子至親岐路各別 縱然相逢無肯代受.

493) 一指, 『佛敎經典』8, 『梵網經 · 地藏經』, 민족사, 1994, p.200.

494) 『地藏菩薩本願經』, 「觀衆生業緣品」3, 『大正藏』13, p.779下. 摩耶夫人 重白菩薩 且願聞於閻浮罪報 所感惡趣

라고 하면서 염부제에서 지은 죄보로 악취를 느끼는 것들에 대해 듣고자 하고 있다. 所感惡趣라는 것은 악으로 뒤덮인 세상을 느낀다는 말인데 악도에 떨어지는 것과 악의 갈래나 악한 상황 같은 것을 느낀다는 말이다.

이것은 곧 사람마다 악취를 느끼는 정도가 모두 다르다는 뜻과 악으로 뒤덮인 지옥이란 곧 자신이 느끼는 느낌으로 존재하는 세계라는 뜻이다. 사람은 똑같지만, 그 사람마다 받아들이는 것은 개인의 느낌에 달려 있다. 다시 말해서 所感惡趣가 지옥이나 극락이 어느 한 곳에 고정된 특정한 장소에 있는 것이 아니라 『地藏本願經』에서 지옥이란 결국 자기 스스로 느낌에 따라 있는 것이며 자신이 느끼는 정도에 따라 존재하는 악한 곳이 곧 所感地獄이라는 것이다.[495] 이는 極樂淨土는 각자가 만든다.[496]는 것처럼 죄를 지어서 지옥에 간다고 하는 것도 지옥이 기다리고 있는 것이 아니라 죄를 짓는 그 순간 지옥이 생기게 되고 지옥의 고통을 느끼게 되는 것이다. 또 所感惡趣에 이어 자신이 지은 業의 무게에 따라서 느끼고 報應을 얻는다는 重業所感에 대하여서는

> 지옥의 가운데는 평상이 있어 그 넓이가 萬里에 가득한데 한 사람이 죄를 받아도 스스로 그 몸이 평상 위에 가득 차게 누웠음을 보고, 천만인이 죄를 받아도 또한 각각 자기의 몸이 평상 위에 가득 차게 보이니 여

495) 무비, 『地藏經講義』, 불광출판사, 2001, p.112.

496) 산이나 강이 있는 세계가 먼저 있어서 그곳에 인간이 태어난다고 하는 것이 아니라, 그 사람이 존재할 때에 그 존재하는 세계가 나타난다. 주위에 아무리 볼거리가 많이 있어도 내가 볼 마음을 일으키지 않으면 아무것도 보이지 않는 것과 마찬가지로 有心淨土의 세계는 그 사람의 깨달은 정도에 따라 전개 되는 것이다. 깨달은 자의 눈에는 극락정토로 보이고, 중생의 눈에는 사바세계로, 동물의 눈에는 동물의 세계로 보이는 것과 같이 …… ; 장휘옥, 『정토불교의 세계』, 불교시대사, 1996, p.175 참조.

러 가지 業으로 느끼는 것에 報應을 얻음이 이와 같다.497)

라고 말하며 이는 결국 자신이 지은 무거운 업에서 느끼게 되는 重業에 의한 地獄이라는 말이다. 이는 곧 重業이라는 無明에 가려져 迷惑한 상태에서는 지옥일 수밖에 없지만 성숙하여 깨달은 세계에서는 지옥은 존재하지 않는다는 뜻이기도 하다.

附椽하면, 『維摩經』에서 心淸이 곧 佛土淸이라 하고 凡愚의 사람은 마음이 물들어 있기 때문에 이 세계를 가지고 不淨하다고 하지만 부처의 知見으로 본다면 이 세계는 청정 장엄의 정토, 즉 唯心淨土498)라고 하는

---

497) 『地藏菩薩本願經』, 「觀衆生業緣品」3, 『大正藏』13, p.780中~下. 獄中有床 遍滿萬理 一人受罪 自見其身 徧臥滿床 千萬人受罪 亦各自見身滿床上 衆業所感 獲報如是.

498) 『維摩經』卷上, 「佛國品」, 『大正藏』14, pp.538中~下에서 釋尊은 보살이 교화하는 중생에 따라서 정토의 補任을 설하고, "直心은 바로 보살의 정토이니 보살이 성불할 때 不諂의 중생은 그 나라에 來生한다. 深心은 바로 보살의 정토이니 보살이 성불할 때에 구족한 중생은 그 나라에 來生한다."; "直心是菩薩淨土 菩薩成佛時不諂衆生 來生其國 深心是菩薩淨土 菩薩成佛時具 足功德衆生來生其國" 라고 말하고 다음에 "만약 보살이 정토를 얻고자 하면 마땅히 그 마음을 청정히 하라. 그 마음의 청정에 따라 곧 佛土도 청정해진다."; "若菩薩欲得淨土當淨其心 隨其心淨則佛土淨" 라고 설했다; 이것은 『維摩經』「佛國品」의 뜻이며 "그 마음이 청정함에 따라 즉 佛土도 청정하다." 라고 생각하는 것에 의해 현세 정토를 설하는 것이다. 인간의 심성은 본래 청정한 것이기 때문에 이 마음이 본래 청정함을 깨달으려면 자신의 마음을 밝히려는 그것이 곧 정토라고 하는 것이다. 또한 "唯心의 佛土는 마음을 깨달으면 반드시 난다. 『如來不思議境界經』에서 말하기를, '三世 一切의 諸佛은 모두 가진 바 없이 오직 自心에 의하여 보살, 혹은 다음의 제불 및 一切法은 오로지 心量이라고 了知한다면 隨順忍을 얻고, 혹은 初地에 들어 몸을 버리고 속히 妙喜世界에 나며, 혹은 極樂淨佛土中에 난다.' 고 그렇게 알라. 마음을 알면 바로 唯心의 淨土에 나며 境界에 집착하면 오로지 所緣의 境界中에 떨어진다."; 永明 延壽, 『萬善同歸集』, 『大正藏』48, p.966中; "唯心佛土者 了心方生 『如來不思議境界經』云 三世一切諸佛 皆無所有 唯依自心 菩薩若能了知諸佛及一切法皆唯心量 得隨順忍 或入初地 捨身速生妙喜世界 或生極樂淨佛土中 故知識心方生唯心淨土 着境秖墮所緣境中." 라고 하고 自心이 본래 청정함을

것과 같이 지옥이란 일정한 장소에 정해져 있는 것이 아니라 스스로 지옥세계를 느낄 뿐이다. 또한, 누군가가 他方에 建設해 놓고 그 他方의 地獄에서 죄인이 오기를 기다리는 곳이 아니라 죄업을 느끼는 중생 자신의 業力에 의해서 만들어지고 重業所感의 마음이 만들어내는 唯心의 地獄이다. 따라서 그 악업이 있는 한 지옥 또한 영원한 것이라고 할 수 있다.

이러한 '六道 有情들의 惡業緣이 끊임없이 이어진다고 했을 때 지장보살은 항상 重生救濟의 새로운 誓願을 發해야 한다.'499)고 하고 있다. 이는 有情迷惑의 業이 계속되고 있으므로 지장보살은 成佛의 기약이 없는 闡提菩薩이 될 수밖에 없다는 것이고 이는 곧 凡夫에게는 性善이나 性知慧만 있는 것이 아니라 性惡과 타고난 無明業識인 性無明도 함께 있으므로 나타나는 현상이다. 이를 뒷받침하는 것으로 『地藏菩薩本願經』「閻浮衆生業感品」에서는 지장보살이 부처님 威神의 힘을 이었고 육도에 身形을 나투어서 일체중생의 업보를 뽑을 수 있으나 여래의 힘이 아니었다면 이런 能變을 짓지 못하는데 여기에 咐囑을 입었으니 當來 彌勒佛의 化生時까지 지옥중생 등 諸衆生의 解脫을 誓願하고 있다.

그때에 부처님이 지장보살에게 이르시기를 "일체중생이 해탈하지 못하는

깨달으면 일체의 諸法(現象)은 자심으로부터 나온다고 말하는 唯心의 도리를 이해한다면 唯心淨土에 날 수 있지만, 서방정토에 집착하면 그 정토에 날 수 있다고 한다. 이 생각은 중국 · 한국 · 일본에 있어서 禪宗諸家에서 통용되었던 생각으로 일본의 臨濟宗 向獄寺派의 祖師인 拔隊得勝은 이것에 대해 『和泥合水集』에서 상세히 論하고 있다; 坪井俊暎 著, 韓普光 譯, 『淨土敎槪論』, 如來藏, 1984, p.37 참조.

499) 『地藏菩薩本願經』 卷上, 「閻浮衆生業感品」, 『大正藏』13, p.781中. 復觀未來無量劫中因蔓不斷 以是之故又發重願

> 것은 性識이 정해짐이 없어서 악함을 행하면 업을 짓고 선함을 행하면 과를 맺어 그 경지를 따라서 태어나며, 오도를 돌고 돌아 잠깐도 쉬는 일이 없고 진겁을 지내도록 움직이게 된다. 의혹에 사로잡히고 어려움에 가로막히는 것이 마치 물고기가 그물 속에 노는 것과 같아서 이러한 긴 흐름을 잠시 벗어나는가 하면 또 들어가서 다시 그물에 걸리게 된다. 이와 같은 무리를 내 마땅히 근심하였는데 너는 지난날 이미 大願을 마치고 累劫동안 거듭 誓願하여 널리 죄지은 무리를 제도했는데 내 다시 무엇을 근심할까!"500)

이는 한량없는 세월 동안 衆生業의 原因이 계속 이어져 끊이지 않는 것을 지장보살이 보기 때문에 거듭 大願을 세운다고 하는 말이다.

위 經의 지옥구조를 보면 그물에 걸린 물고기들의 행동들과 다르지 않다고 했다. 물고기가 그물에 논다는 것은 결국 그물에 갇혀 있다는 말이다. 따라서 지옥이라는 그물은 자신이 느낄 때만 존재하는 것이고, 지옥이 없는데 지옥을 느끼는 것은 죄를 지었기 때문이다. 죄를 짓는 순간 지옥이 생겨 지옥을 느끼기 때문에 그물이라는 지옥이 존재하는 것이다. 敷衍 하자면 有情 개개인의 罪業力이 투영되어 존재하는 南閻浮提의 剛强한 衆生이 살아가는 현장이라고도 할 것이다. 또한, 無間地獄이라는 語意에서 보듯이 극심한 고통이 쉴 틈 없이 無限하게 이어지는 것을 내포함으로써 그 고통의 두려움을 극대화하여 일대 警鐘을 울리는 것이다.

여기에 이어서 지장보살이 한 세계마다 百千萬億의 몸으로 化現하여

500) 『地藏菩薩本願經』, 「閻浮衆生業感品」 第4, 『大正藏』13, p.780中. 爾時佛告地藏菩薩 一切衆生 未解脫者 性識無定 惡習結 善習結果 爲善爲惡 逐境而生 輪轉五道 暫無休息 動經塵劫 迷惑障難 如魚遊網 將是長流 脫入暫出 又復遭網 以是等輩 吾當憂念 汝旣畢是往願 累劫重誓 廣度罪輩 吾復何慮.

백천만 억의 중생을 제도하여 생사를 여의고 涅槃樂에 이르게 하되

> 다만 불법 가운데서 善한 일을 한 것이 터럭 한 개·물 한 방울·모래 한 알·티끌 한 개와 털끝만 한 것이라 하더라도 제가 점차 제도하여 그들로 하여금 큰 이로움을 얻도록 할 것입니다.[501)]

라고 하는 것처럼, 前述한 내용 중에서 지옥은 깨치지 못하고 미혹하여 무명의 고통바다에서 그물 속 고기처럼 살아가는 이상 지옥이라고 보는 것에 반하여 여기서는 그중에서 微微한 善根이라도 의지하여 지장보살의 助力으로 구제될 수 있다는 희망을 나타내고 있다. 이는 지장보살이 오랜 세월과 모든 국토에 지옥과 불법의 有·無를 전제하여 그곳의 出路까지를 열어놓는다는 크나큰 命題를 주고 있는 것이다.

따라서 지옥이란 자업자득으로 輪廻轉生하는 停留場에 비유해서 여기에서 머물고 떠남은 전적으로 자신에게 달려있고, 지옥은 어디까지나 자신 속에 있는 주체적 세계, 즉 迷妄이다. 그러므로 어떤 行業을 짓느냐에 따라 그 罪報는 차별이 있다고 본 것이다.

---

501) 『地藏菩薩本願經』, 「分身集會品」第2, 『大正藏』13, p.779下. 但於佛法中所爲善事 一毛一渧一沙一塵 或毫髮許 我漸度脫使獲大利 唯願世尊不以後世惡業衆生爲慮 如是三白佛言 唯願世尊不以後世惡業衆生爲慮.

2. 靈驗談을 通한 地獄

부처님의 가르침을 모아 놓은 佛典에는 진리에 다가서고자 하는 이들을 위하여 그 방법을 문자로 표현하고 다양한 비유까지 포함되어 있다. 여기에는 인간 삶의 群像에 대한 修飾도 있으며, 또한 그 속에는 佛典이 지니고 있는 특징상 위대한 지혜들이 들어 있다. 이 言語들 역시 修飾으로 확장되고, 이와 더불어 진리를 향해 설득력 있게 성장해가는 속성이 따른다. 또한, 그 修辭를 통하여 佛典文學이라는 이해가 생기고 이를 援用함으로써 인간의 心性을 정화하는 강렬한 메시지가 전달되고 있는 것이다. 이 외에 문학적 차원 外的인 형태가 있다면 이는 佛典을 의지하여 생겨나는 靈驗說話일 것이다.

그것은 삶의 현장에서 절망과 고통을 극복하는 과정에서 일어나는 인간의 경험을 표현하는 언어의 美學이다. 우리는 그 미학을 『地藏菩薩本願經』에 근거한 영험담에서 볼 수 있다. 지옥에서 받는 고통보다 더한 것은 지옥에 빠진 자신의 부모를 보는 고통일 것이다.

1) 地獄苦의 救濟談

여기에 한정섭 編의 『佛教說話大事典』 卷下에는 지옥에 있는 어머니를 구한 딸에 대한 영험담으로, 다음과 같이 묘사되고 있다.

> 唐나라 陳都督에게 귀한 딸이 있었다. 그런데 그가 어머니를 잃고 나서는 밤낮으로 식음을 전폐하고 울고만 있었다. 어머니가 보고 싶어 견딜

수가 없었던 것이다. 그대로 놓아두면 조만간 꼭 죽을 것만 같았다. 그의 아버지는 딸을 붙들고 백 가지로 위로하였다.
"나도 너의 어버이가 아니냐. 어머니가 비록 죽었기로서니 내가 살아 있는데 네가 그럴 수가 있느냐? 나를 생각하고 그만 슬픔을 거두어 마음을 잡아보아라." 하고 달래보았지만, 소용이 없었다. 음식이 넘어가지 않는 데는 어쩔 수 없다는 것이었다. 진도독은 이러다가 딸자식마저 잃게 되는구나 생각하니 가슴이 터질 것만 같았다. 여러 가지로 생각한 끝에 딸을 붙들고 또 달랬다. "네가 죽은 어머니를 생각하는 것도 당연하다. 그렇다고 음식을 먹지 않으면 너도 죽을 것이니 너의 어머니를 생각하는 도리가 아니지 않으냐. 네가 참된 효자라면 너의 어머니를 위하여 부처님께 정성을 들이는 것이 좋겠다. 이제 집에 지장보살님의 성상을 모실 터이니 네가 어머니를 위하여 기도를 드리도록 해라." 하고는 곧 畵工을 청하여 돈 5백 냥을 들여서 지장보살 성상을 조성하였다. 높이는 3자가 되었다. 성상이 완성되자 그의 딸이 아버지 앞에 나와 청하였다. "아버지, 이번에 모신 지장보살님은 어머님께서 계셨던 자리에 모시고 싶습니다. 그리고 어머니 생각이 날 때마다 지장보살님을 우러러보고자 합니다. 또한, 지장보살님의 念佛도 하겠습니다." 진도독은 딸이 마음을 돌린 것이 여간 기쁘지 않았다. 그래서 딸 말대로 딸에게 침실을 비워 거기에 존상을 모시게 해주었다. 그다음부터 지장보살님에 대한 딸의 정성은 대단하였다. 밤낮으로 예배 공양하며 염불을 쉬지 않고 어머니의 명복을 비는 기도를 쉬지 않았다. 그러는 사이 딸의 마음도 어느덧 안정되고 텅 비어 쓸쓸한 바람이 부는 듯했던 집안에도 차차 훈기가 도는 듯했다. 그러던 어느 날 밤 진도독의 효녀는 꿈을 꾸었다. 꿈속에서 한 스님이 말씀하는 것이었다.
"갸륵하다 효녀여, 너의 어머니는 焦熱지옥에 있느니라. 나도 옛날 너와 같은 딸이 되었을 때가 있었는데 그때 나의 아버지는 이름이 尸羅善見이었고 어머니의 이름은 悅帝利라고 하였었다. 나의 어머니가 돌아가시어 태어난 곳을 몰라 애태우다가 마침내 부처님의 자비하신 인도에 힘입어 어머니가 지옥에 빠져 한없는 고통을 받고 계시는 것을 알고는 그때에 다시 부처님께 발원하고 기도하여 어머니로 하여금 천상에 나게 하였느니라. 그때부터 내가 보리심을 발하여 일체중생의 고통을 없애주기로 맹세하였었다. 이제 너의 효심을 보니 옛날 생각이 나는구나. 너의 효성이 장하다. 내가 마땅히 초열지옥에 들어가 빛을 놓고 설법하여 너의 어머니를 죄고에서 건져내어 천상에 나게 하여주겠노라." 이 말씀을 마치자 스님은 갑자기 사라져 보이지 않았다. 잠시 후 스님이 다시 나타나서 밝으신 얼굴에 자비하신 웃음을 머금고 진도독의 딸에게 가까이 오셨다. 도독의 딸이 얼핏 보니 스님의 옷자락이 불에 타 있는 것이 보였다. 그래서 이유를 물으니 스님이 말씀하셨다. "내가 초열지옥에 들어갔을 때 불꽃에 탄 것이다." 하시며 스님의 모습이 다시 사라졌다. 순간 도독의 딸은 꿈에서 깨어났다.

꿈에서 깨어난 딸은 어머니가 천상에 태어난 것을 의심하지 않았다. 그리고 애달픈 마음, 그리운 마음, 안타까운 마음, 괴로운 마음, 가슴 터질 듯이 슬픈 마음, 그 모두가 단번에 사라지고 가슴 속이 환히 열리는 것 같았다.[502]

이 영험담은 지장보살의 前身인 바라문의 딸이 無間地獄苦를 받고 있는 어머니를 구해내는 『地藏菩薩本願經』의 내용에 의지하고 있다. 이것은 이미 앞에서 그 내용을 밝힌 바 있으며,[503] 여기에 다시 언급하는 것은 지장보살 영험에 관한 내용이 모두 경전의 說에 근거하고 있음을 말하기 위함이다.

2) 地獄의 僧侶와 地藏菩薩

아래의 영험담은 『地藏菩薩本願經』 卷上의 「觀衆生業緣品」을 근거로 하여 지옥의 종류와 참상을 소개하고 있다. 여기서는 중생들의 業緣을 관

502) 韓定燮, 「地藏靈驗說話」, 『佛敎說話大事典』, 불교정신문화원, 2001, pp.766~767.

503) II章 1節 1)項, 地藏菩薩의 由來, ①바라문의 딸 참조.

찰하여 살펴보는 내용을 담고 있는데 중생의 업연을 살핀다는 것은 결국 중생들이 한 행위를 살펴보는 것이다. 따라서 여기서 등장하는 '지옥 속의 스님과 開善寺'라는 배경에서 지장보살의 分身度脫과 지옥중생 구제의 표본이 전형적으로 나타나고 있다.

> 唐나라 鍾山 開善寺에 지장보살이 모셔져 있었다. 이 지장보살은 높이는 3척인데 그 둘레에서는 항상 큰 광명이 났으며 背光이 4척 5촌이 뻗쳐 있었다. 그 절에 모신 지가 여러 해 되었으나 누구의 조성인지는 알지 못하고 내려왔다. 그 뒤에 揚州 도독 鄧宗이 나이 61세 되던 해 가벼운 병으로 누웠다가 갑자기 죽고 말았다. 그의 가족들은 너무나 급히 당한 일이라 놀라고 두려워하면서도 몸을 만져보니 또한 가슴이 따뜻하므로 염하지 않고 그냥 놓아두었다. 그랬더니 하루를 지난 다음 날 밤중에 마치 잠에서 깨어나듯 다시 살아났다. 그리고 말없이 슬피 통곡하면서 자손들에게 말하였다. "나를 개선사에 데려다오." 할 뿐 다른 말을 하지 않았다. 개선사는 거기서 멀지 않은 곳에 있었다. 많은 사람이 부축하여 가마에 태워 개선사로 나아가니 鄧宗이 스님께 여쭈었다. "이 절에 높이가 3척쯤 되고 광명이 4척이 넘는 지장보살님이 계십니까? 제가 예배 공양코자 합니다."
> 이 말을 들은 여러 스님과 함께 갔던 사람들이 이상히 여기면서 鄧 도독을 지장보살을 모신 법당으로 인도하면서 그 까닭을 물었다. 등 도독은 말없이 지장보살 앞에 나아가더니 한 번 쳐다보고는 그만 엎드려 눈물을 흘리는 것이었다. 한참 동안 울고 나서 또한 여러 번을 우러러보며 예경하더니 이윽고 주위 사람에게 말하였다. "내가 죽을 때 4품 벼슬로 보이는 관인이 와서 나를 끌고 갔는데 마침내 당도한 곳이 염라대왕 앞이었습니다. 대왕이 나를 보더니 말씀하였습니다." "너는 아직 죽을 때가 멀었으니 다시 인간에 돌아가거라. 그리고 부처님 법을 받드는 것으로 너의 집 사업을 삼아라. 이곳 지옥이라는 데는 세상 사람들이 많이 오는 곳인데 세상 사람들은 전혀 알지 못하고 있으니 네가 지옥이라는 곳이 과연 얼마나 무서운 곳이라는 것을 세상 사람들에게 알려주어라." 하고

대왕은 綠衣를 입은 관인을 불러 몇 마디 분부하였다. "내가 관인을 따라 동북방 쪽으로 3~6 리가량 가니 거기에는 쇠로 만들어진 큰 성이 있는데 쇠문이 꽉 닫혀 있었고 성 안에 들어서니 맹렬한 불길이 솟아오르고 쇠 녹은 물이 강처럼 흐르고 있었습니다. 그 가운데를 자세히 살펴보니 수를 헤아릴 수 없는 사람들이 고초를 받고 있었습니다. 그런데 한쪽을 본즉 맹렬한 불길을 헤치며 고초 받는 사람들을 위로하며 교화하고 계시는 스님이 보였습니다. 이상하게도 그 스님이 가시는 곳은 금방 불꽃이 멎는 것이었습니다. 나는 앞으로 계속 나아가면서 지옥을 구경하였는데 한 성에 이르니 그 가운데는 또 무서운 지옥이 있어서 18이나 되는 큰 지옥에서 고통받는 모양은 도저히 형용할 수 없었습니다. 여기서도 또 바로 그 스님이 보였는데 불길을 멎게 하고 죄인을 교화하는 것은 앞에서와 같았습니다. 내가 차마 볼 수 없는 지옥의 여러 가지 광경들을 낱낱이 구경하고 돌아올 때에 그 스님도 지옥에서 나오시며 나에게 말을 하였습니다." "네가 나를 알겠느냐? 저는 사실대로 잘 알 수 없습니다." 하였더니 스님이 말씀하셨습니다. "나는 개선사에 있는 地藏菩薩이다. 옛날 智藏 法師의 제자인 智滿 법사가 지옥・아귀・축생 등 三惡道에서 고통받는 중생들을 구해내기 위하여 나의 형상을 만들어 모셨으므로 내가 智滿스님의 청을 받아들여 매일 한 번씩 18대 지옥과 그 밖의 무수한 작은 지옥에까지 다니면서 고통받는 중생들을 교화하고 있는 것이다. 내 자세히 살펴보니 지옥 속에서도 혹 선근이 남아 있어 착한 마음이 강한 자는 내 말 한 번에 곧 발심하여 地獄苦를 벗어나며 그다음에 착한 힘이 약한 자는 고통을 벗어날 인연만 심을 뿐이니라. 또 선근이 없고 邪見만 깊은 자에게도 고통을 벗어날 인연을 심게 되고 그중에도 사견만 많은 자는 고통을 벗어나기가 어려우니라. 그중 선근이 미약한 자는 오히려 교화하기 쉬우나 한 번 지옥에 들어가기만 하면 좀처럼 구제하기는 매우 힘드느니라. 그런데도 세간에서 악한 업력만 기른 사람은 자기 허물을 깨달을 줄 모르고 오직 고통받는 일과 빠져나올 것만 기다리니 이 어찌 슬프지 않겠느냐. 세상에 살면서 선근이 있는 사람은 자기의 허물을 뉘우치는 마음을 낼 것이니 너는 부처님의 법력을 받아 세상 사람들이 지옥고를 받지 않도록 일러주고 힘쓰도록 하라. 어서 인간에 나가 여러 사람에게 이 뜻을 전하여라."

이 말씀을 듣고 고개를 들어 스님을 쳐다보니 이제까지 스님의 몸은 어느덧 작아져서 키는 3척 정도로 보이고 이마에서는 환하게 광명이 났으며 눈이 유난히 빛났습니다. 내가 공손히 예배를 드리고 돌아서려 하니 스님께서는 이런 글귀를 일러 주셨습니다.

"若在人間可修道　闡提有心尙可發　若入惡道業已熟　心無分別不可救
如衰勞人亦行路　若動其足扶易進　常臥不動力不及　衆生業定亦復然"

"인간계에 있어도 도 닦을 수 있나니 모든 선근 끊긴 자도 발심하면 된다네. 악도에 떨어져서 죄업이 익어지면 깨달을 맘 못 내나니 구원하기 어려워라. 노쇠한 사람들이 길을 가고자 할 때 팔다리를 부축하면 나아갈 수 있어도 누워 움직이지 못하면 어찌할 수 없는 것 같이 중생들의 決定된 業도 이와 같으니라."

스님께서는 이 게송을 말씀하시고 어디론지 자취를 감추셨습니다. 나는 그때부터 그 스님이 일러주신 말씀을 잊을까 봐 그것만을 생각하느라고 아무에게도 말 못하고 지금까지 와서 이제 여기 지장보살의 존상을 우러러 뵈오니 지옥에서 보던 바와 똑같고 또한, 그때에 말씀하신 것이 생생히 되살아납니다.504)

라는 영험담에서 지장보살이 교주로 있는 冥府의 현장감이 느껴지는 대목이 돋보인다. 지장보살이 명부지옥에 머무르는 이유가 일체중생이 지은 功課를 낱낱이 증명해주는 공덕주로써 閻羅王으로 하여금 판결의 오류를 감독하고 항상 적합한 죽음인지를 확인하는 지장보살의 우려가 현실로 나타나고 있다. 거기에 부당한 죽음이 판명되어 다시 인간계로 돌아가는 이를 상대로

504) 韓定燮, 「地藏靈驗說話」, 『佛敎說話大事典』, 불교정신문화원, 2001, pp.762~764.

지옥의 참상을 알리라는 부촉을 하고 있는 것이다. 또한, 지장보살의 형상을 만들어 모신 공덕주의 청을 받아들여 『地藏本願經』의 대표적인 18대 지옥 외에 무수한 작은 地獄苦 중생을 교화하고 있음을 드러내고 있다.

「觀衆生業緣品」에서는 强剛衆生에게 지옥의 적나라한 모습을 자세히 소개하고 있다. 이렇게 지옥의 모습을 자세히 소개하는 것은 『地藏本願經』을 통해 궁극적으로 가르치고자 하는 것이 지장보살의 원력에 의해 善根이 조금만 있어도 충분히 해탈하고 교화시킬 수 있다는 것을 말하고자 함이다. 오히려 善根이 미약한 자는 교화하기 쉬우나 한번 지옥에 들어가기만 하면 좀처럼 구제하기 어렵고 세간에서 악한 業力만 기른 사람은 重業所感의 지옥에서 벗어날 수가 없다는 것을 영험담으로 강조하고 있다.

따라서 위 영험담에서 보여주고자 하는 것은 지장보살의 大誓願이 大願力行으로 실천되는 과정에서 그동안 지은 중생들의 결정된 業障도 다 녹일 수 있다는 희망을 품게 하는 것이다.

3) 地獄衆生 薦度

지옥을 구경하고 지옥중생을 천도한 것에 관한 영험담으로서 『佛說地藏菩薩經』의 지장보살이 지옥에 간 연유로 염라왕의 斷罪, 冥府文案의 착오, 죽음의 事由에 대한 可否 확인, 마지막으로 이들의 地獄苦 구제라고 전술하였다. 아래의 영험담에서는 위의 經에서 밝힌 것처럼 지장보살의 우려가 역시 圖Ⅴ-2의 화면처럼 현실로 나타나고 있으며, 따라서 冥府世界의 全貌와 지장보살의 중생 구제력이 실제 되고 있는 영험담이다.

송나라 장안에 살던 崔李係는 都督을 지냈으며 그의 아우 崔隆은 尙書를 지낸 사람이다. 開寶 2년(서기 96년)에 형 이계가 가벼운 병으로 며칠을 누웠는데 갑자기 죽었다가 이틀 만에 다시 살아났다.

이계가 누워 있는데 사령인 듯한 두 사람이 와서 양쪽 팔을 붙들고 "어서 가자" 하며 일으켜 세웠다. 그리고 어디론가 마냥 재촉하며 데리고 갔다. 얼마를 갔었는지 어떤 큰 성문 앞에 이르렀다. 그 안에는 덩그런 기와집들이 열 집 남짓 넘어 보였다. 집 앞에 이르니 그 안에는 검은 관을 쓴 관리가 보였고 그 앞에는 府君인가 하는 여러 官人들이 있었으며 그밖에 사령인 듯한 사람들이 퍽 많았다. 사자는 이계를 끌어다 어떤 부군 앞에 세웠다. 부군이 물었다. "너는 불법을 닦아왔는가? 착한 행을 하였는가? 스님들께 공양을 올렸던가?" 하며 한참 있더니, "보아하니 당신은 이미 큰 성인을 받들어 모신 적이 있으니 세상에 있으면서 큰 복을 지었구먼." 하였다. 그리고 옆에 있는 부군에게 물었다. "이 사람의 수명이 어찌 되었습니까?" 부군이 한 권의 책을 몇 장 넘기더니 이계를 보고 말하였다. "경의 수명은 다하지 않았습니다. 지장보살님의 救護를 받은 것이오." 하고는 사령들을 향하여 말하였다. "너희는 어찌하여 얼마 안 되는 사람의 수명을 경솔하게 다루느냐." 하고 꾸짖었다. 부군이 또 물었다. "그대는 집에 돌아가고 싶지 않은가?", "돌아가고 싶습니다." "여기에 왔으니 지옥을 한 번 보고 가지 않겠는가?", "보고 싶습니다."

이 말을 들은 부군은 말 한 필과 사자 두 사람을 시켜 함께 가게 하였다. 거기서 동북방으로 5~6 리가량 가니 쇠로 만들어진 큰 성에 당도하였다. 거기가 지옥이었다. 한쪽 귀퉁이에서 그 끝까지는 수십 리나 되었고 그 안에 쇠로 만들어진 구역이 있어서 쇠 끓는 물과 불꽃이 그 안에 꽉 차 있었다. 들어가면서 보니 어떤 집의 대문이 쇠로 되어 있었는데 문 사이로 그 안을 잠깐 엿볼 수 있었다. 그랬더니 놀랍게도 그 안에는 돌아가신 이계의 祖父母들이 있었고 목에 칼을 차고 수갑에 채이고 몸은 쇠줄에 묶여서 맹렬한 불에 끌리고 있었다. 이계는 깜짝 놀랐다. 그런데 그 죽은 조상은 그 고통 속에서도 이계를 알아보고 울부짖으며 말했다. "나를 구해달라." 이계는 정신을 바짝 차리고 말하였다. "지장보살님을 꼭 생각하십시오." 하고 소리치는 수밖에 도리가 없었다. 앞으로 더 나아가서 한 성에 이르니 그 안에는 쇠 평상이 놓여 있었고 생전에 알던 사람이 몸이 검은 숯과 같이 되어 맹렬한 불길 속에서 고초를 받고 있었다. 그에게도 합장하면서 "一心으로 地藏菩薩을 생각하십시오." 하고 일러주었다. 그다음에 赤砂지옥이라는 곳에 이르니 칼로 된 나무와 벌겋게 달은 구리 기둥이 몇천 개나 들어서 있는데 죄인들이 그 위에서 고초를 받고 있었다. 黃砂・白沙・焦思 등 일곱 지옥을 돌아보면서 지장보살을 생각하라고 소리치며 돌아 나왔다. 함께 가던 사자가 하는 말이, "불법을 불신하고 비방하는 자가 이곳에 떨어지게 됩니다." 하고 일러 주었다.

지옥에서 나와 다시 말을 타고 어디론가 한참을 가서 한 城 안에 이르니 거기는 환경이 前과는 딴판이었다. 어디서인지 '쨍그랑'하고 옥구슬 굴리는 듯한 소리와 함께 풍악 소리가 은은히 들려왔고 이름 모를 아름다운 나무가 줄지어 있었다. 성 한가운데 이르니 大寶殿이라 하는 큰 궁전이 있었다. 그 안에 들어가 보니 궁전이라기보다 오히려 큰 세계가 벌어져 있었다. 수많은 남녀가 즐겁고 한가롭게 아름다운 경치며 즐거운 악기며 기이한 꽃이며 새들은 즐기고, 혹은 담소하고 혹은 음식을 나누고 있었다. 이계는 이곳이 천당이라는 곳인가 하는 생각이 들었다. 그 안에 돌아다니다 보니 그의 조부모도 계셨으며 그밖에 돌아가신 육친들도 많이 보였다. 이계는 기쁘기도 하고 이상하기도 하였다. 그의 조부모와 조상이 분명히 지옥고를 받는 것을 조금 전에 보았는데 어느 새에 여기 와서 이런 복락을 누리고 있는 것일까에 대해 의심이 들었다. 거기에 있던 남녀들은 모두가 이계를 알아보며 말을 걸어왔다.

"우리가 지옥에 있을 때에 당신이 지장보살을 생각하라고 가르쳐 주었으므로 그 덕분에 지장보살을 염불하여 우리가 여기 오게 되었으니 참 고맙소." 하는 것이었다. 이계가 여기가 어디냐고 물었더니 다들 대답하기를, "여기는 福舍라 하는데, 말하자면 복 받는 집입니다. 이곳에 나면 수명도 길고 고통도 아주 없습니다. 여기서 즐겁게 살다가 장차 미륵불께서 출현하시어 3회 설법을 하실 때에 그때 법문을 듣고 모두 보리도를 성취하게 됩니다." 이계가 물었다. "미륵부처님은 어떻게 해서 만나게 됩니까?" 하니, 이번에는 함께 갔던 사자가 일러주었다. "옛날에 부처님께서 지장보살에게 업도중생을 제도하도록 부촉하셨습니다. 그때 지장보살이 부처님께 여쭈기를 "부처님의 사부대중이 결코 악도에는 떨어지지 않게 하겠습니다. 미륵불께서 出世하시기 전 56억 7천만 년 사이에 중생이 있어 정토 세계에 태어나거나 도솔천에 태어나기를 원하더라도 그 복이 미흡한 자는 복사에 나와서 복을 누리면서 부처님이 출세하실 때까지 그곳에서 기다리게 하겠습니다." 하고 말씀드렸기 때문에 이 福舍가 있습니다." 이계는 지옥과 복사를 두루 돌아보고 앞서 부군 앞에 다시 돌아갔더니 부군은 이계를 인간계에 보냈다는 것이다.[505]

라고 마무리되는 이 영험담에서는 지장보살이 冥府界에서 召命처럼 다하는 그의 중생 구제력이 마치 『地藏菩薩本願經』 전체를 요약해 놓은 것처럼 생생하게 전개돼 있다. 우선 죽음의 사유를 밝혀 바로잡아 놓았다. 즉, 佛法을 닦고 善을 받들어 행하고 스님들께 供養하며, 무엇보다 큰 聖人(地藏)을 侍奉하여 救護를 받은 공덕으로 지옥의 현장에서 지장보살의 원력을 홍포하고 있다. 그것은 佛法을 不信하고 비방한 과보로 떨어진 악도 중생들을 향하여 一心으로 지장보살을 念誦하면 無間地獄苦도 刹那에 滅할 수 있음을 역설하고 있는 것이다. 또 영험담에서 표현한 것처럼 '福舍'라는 중간지대를 두어 육도중생의 누구 한 사람도 놓치지 않고 구제하겠다는 지장보살의 大願이 잘 나타난 영험담이다.

지금까지 지장보살의 특별한 別願인 大悲闡提菩薩로서의 大願을 낳은 지장보살신앙의 震源地 格인 『지장본원경』의 지옥사상에 대하여 크게 세 가지로 나누어 고찰하였다. 먼저 閻羅王, 地藏菩薩, 十王의 결합에 의한 지옥관을 살펴보았다. 唐代 후기 道家들의 지옥에 대한 개념을 불교의 지

505) 韓定燮, 「地藏靈驗說話」, 『佛教說話大事典』, 불교정신문화원, 2001, pp.774~776.

옥과 연결하는 十王信仰이 지장신앙과 결합하며 圖上 등에서 변화가 생겨났으며, 두 가지 圖像들이 결합함으로써 지장보살 대원의 성격이 六道衆生苦의 救濟者에서 死後 世界의 구제자로 외연 확장의 변화가 있었다는 점을 확인할 수 있었다. 그것은 唐末에 이르러 『佛說預修十王生七經』이 편찬됨에 따라 더욱 구체화 되었으며 그 후 지장보살과 시왕은 권속의 관계로 지장보살은 지옥중생구제의 佛, 즉 幽冥界의 敎主로 신앙된 것으로 보인다. 특히 『佛說地藏菩薩經』은 지장보살이 지옥으로 간 이유를 밝히고 있으며, 주목할 것은 지장보살은 염라왕의 本地菩薩 형식으로 나타나는 것이 아니고 사후세계의 중생을 구제하기 위하여 염라왕과 대등한 신분으로 審判의 公正을 꾀하고 있음을 확인하였다. 두 번째로 말법 시대의 지옥관에서는 말법 시대 중생과 그들의 因緣業果에 의해 받게 되는 지옥의 실상을 보현보살과 지장보살의 談論으로 인용하여 밝혔다. 지장보살이 지옥에 대해 설명하려 하자 보현보살이 말을 막으며 자신은 이미 지옥의 실상을 알고 있지만, 중생들을 위해 다시 한 번 重言復言하는 것으로 공감대를 보이고 있다. 끝으로 지장보살의 지옥사상에서는 『지장보살본원경』의 「觀衆生業緣品」과 「地獄名號品」에 두드러지게 나타난 지장보살신앙의 지옥관을 중심으로 고찰하였다. 이 두 품은 지옥의 숫자와 규모, 악행에 따라 구체적으로 어떤 지옥에 떨어지는지, 과보는 피할 수 없다는 점 등을 구체적으로 상세히 서술하고 있다. 그러나 정확히 말하면, 자신의 업력에 대해 성찰하고 참회하여 지옥이 존재할 만한 근거가 더는 생겨나지 않는다는 견해가 『지장본원경』의 지옥사상이다. 따라서 여기서 설하는 지장보살의 지옥사상은 인간의 행위에 대한 철저한 자기 성찰과 참회를 전제하고 있음을 간과해서는 안 된다.

또한 『지장본원경』에서 지옥의 극심한 고통의 모습이 끔찍하고 생생하게 묘사된 것과 철저한 인과응보의 법칙에 따라 악업의 과보를 받는다는 사실은 오히려 하근기의 중생이 지옥에 떨어지는 것을 경계하고 막으려는 지장보살의 큰 자비심의 發露를 역설적으로 드러낸 것이라고 보아도 무방하다. 즉, 지장보살의 지옥사상은 말법 시대의 고통스러운 결과를 돌아보지 않고 악행으로 죄업을 쌓는 이들에게 지옥고통의 두려움을 불러일으키기에 충분했을 것이다.

필자는 앞서 대승불교의 본질을 한마디로 '모두 다 함께' 가는 것이라 하였다. 이에 지장보살은 말법 시대 到來에 대한 강한 의식에 고무되어 奈落에 떨어지는 惡報중생들의 근기에 따라 마치 召命을 받들 듯 大願의 실천행으로 화답하고 있다. 또한, 삶과 죽음에 대한 궁극적 의미를 부여하고 있다. 그것은 對 사회적 환경을 해석하는 신념을 제공하는 데 있어서 말법 시대의 현장에서 나타나는 필연에 가까운 惡報를 예단하여 유정들로 하여금 일체감을 갖게 하고 있는 것이다.

불안과 좌절과 공포와 소외에 직면했을 때, 위안과 말법 시대 공동의 생활을 영위하는 도덕적 원리로 善根을 증장하고 악행을 근절시켜 墮地獄을 경계하는 것이다.

따라서 지옥이란 일정한 장소에 있는 것이 아니라 스스로 지옥세계를 느낄 뿐이다. 누군가가 他方에 지옥을 建設해 놓고 그 他方地獄에서 죄인이 오기를 기다리는 것이 아니라, 결국 지옥은 자신이 느낄 때만 존재하는 것이고 지옥이 없는데 지옥을 느끼는 것은 죄를 지었기 때문이다. 죄를 짓는 순간 지옥이 생겨 지옥을 느끼기 때문에 지옥이 존재함은 물론, 자신의 罪業力이 만들어낸 것을 스스로 느끼는 重業所感에 의한, 즉 唯心地獄인 것이다.

VI. 地藏菩薩信仰과 關聯된 儀禮

儀禮란, 公事·佛事·神事·慶弔 등이 있을 때 그 禮法으로 定式·式典·式禮·儀全의 조건을 갖추어 法式을 俱現하고 作法을 口辭하는 구체적 행동이다.

儀禮라는 語意에 표현되어 있듯이 모든 인간은 종교인이든 아니든 어떤 類類가 집합된 양상의 독특한 흐름에 의해 그 나름의 틀 속에서 움직인다. 그것들은 끊임없는 進化를 반복하여 결국 同質의 문화로 인식되고 相從을 통해서 공동체의 자연적 질서로 이어진다고 할 수 있다. 이는 비단 인간뿐 아니라 畜生이나 微物들의 세계에서까지도 본능적 儀禮로 그 구성원들끼리 사회가 경영되고 있는 것을 볼 수 있다. 평범한 가정에서도 家庭儀禮가 準則으로 문화화 되어 있다. 따라서 종교가 성립하는데 있어서는 반드시 敎理·敎團·敎禮 즉, 교단의 의례가 있기 마련인 것이다. 그리고 이것들이 종교를 구성하고 있는 3대 요소라고 할 것이다.

불교의례의 일반적 특징을 보면 性格的으로는 종교의식의 外的 표출이라 할 수 있다. 또 機能的으로는 종교적 對象과 合一의 상징이라고 할 수 있는데 이를 祈願儀禮의 例에서 보면 범부 중생의 一方的 祈願으로서는 祈禱가 이루어지지 않는다고 할 수 있다.[506] 결국, 이 말은 지장보살의

506) 朴世敏 編著, 『韓國佛敎儀禮資料叢書』第1集, 保景文化社, 1993, p.18.

神通妙力한 大願力을 인식하고 그런 지장보살의 威德을 몰라서는 그의 悲願의 加被를 受取하는 方便이 遙遠하기 때문이다. 따라서 이 章에서는 그 방편을 표현하고자 하는 목적으로 그의 신앙적 가치를 부각하는 儀禮의 場을 열고자 한다. 이는 모든 地藏信仰 行者들이 敬畏心에 의한 지장보살만의 종교적 정서를 유지하고, 보편적인 日常도 地藏信仰的 수행이 되게 하며 또한 이러한 定型이 지장신앙의 信威를 세우는 儀禮로 성립될 것이기 때문이다. 우선 기본적으로 지장보살이 육도중생의 남김 없는 성불을 大誓願한 先覺의 表象으로 또한 信仰的 支柱로 奉安되어 있는 殿閣을 통한 지장보살의례의 면모를 밝힌다. 그 내용은 獨立尊으로 신앙 되던 모습에서 그의 化身的 萬行으로 重重無盡한 중생들과 다양하고 긴밀하게 結合되고 變容된 化現의 모습들을 드러내는 것이 된다.

1. 地藏菩薩奉安儀禮

1) 地藏殿

前述하였듯이 의례란 종교의식이 외적으로 표출된 것이다. 또한, 그것은 예경대상과 합일의 상징작용을 의미한다. 한편으로 행위적 작용으로서 의례의 모습은 그 신앙적 관념의 轉移에 따라 더불어 생성 변화한다고 볼 수 있다. 그 현장으로 지장보살 신행이 구체적으로 집합되어 修懺과 發願이 실천되는 곳이 地藏殿이라고 할 수 있다. 여기서 地藏殿 내부의 彫像

이나 圖上의 史的인 부분은 이 장에서는 생략하기로 한다. 그것은 전술한 부분을 다시 注視해보면 지장보살의 중국적 특징에서 일정 부분 드러나기도 했거니와 이 章에서는 지장보살신앙의 문화적 측면에서 地藏殿, 冥府殿, 地藏十王殿, 十王殿 등의 이해를 돕고자 한다.

신라는 고구려 백제와 비교하면 원광대사의 占察寶에 의지해서 지장신앙이 자리 잡았다고 볼 수 있다. 그러나 지장 신행의례의 구체적 예는 전하지 않고 점찰법회의 設施기록 등으로 보면 『占察經』을 중심으로 하여 점찰법회를 통해 지장신앙이 이루어진 것으로 보고 있다. 이어 8세기 중엽에는 지장보살의 現身에게서 정계를 받았다고 전하는 진표 율사(740년)가 금강산 鉢淵寺를 창건하여 7년간 머물면서 점찰법회를 열었다고 한다.[507] 아울러 통일신라시대에는 750년경에 조성된 石窟庵 龕室 안에 地藏菩薩坐像이 奉安되어 있는 것으로 보아 8세기 중엽에는 실제로 지장신앙에 의한 彫像활동이 이루어졌음을 反證하고 있다.

이는 石窟庵 龕室에 있는 地藏菩薩像인 圖14를 통해서도 알 수 있다. 석굴암 本尊佛 뒷면에 있는 11面 관음보살상을 마주 보고 왼쪽에서 두 번째 龕室에 奉安돼 있다. 따라서 石窟庵 龕室의 坐像이 원광대사의 점찰법회 이후 지장보살의 彫像으로서는 최초의 것으로 추정해 볼 수 있다.

또한, 고려 시대에 들어서는 태조 왕건이 세운 十大 寺刹 중 地藏寺가 창건[508]될 만큼 지장신앙이 독립적인 신앙형태를 이루었던 것으로 보인다. 흔히 殿閣의 懸板에 『地藏殿』이라고 銘記되어 있다면 지장보살 獨尊이

507) 宋 贊寧 等撰 『宋高僧傳』卷14, 『百濟國金山寺眞表傳』, 『大正藏』50, pp.793~794.
508) 『三國遺事』卷1, 王曆第1, 後高麗太祖條

거나 道明과 無毒을 挾侍로 地藏三尊이 奉安되어 있는 것으로 알고 있다.

圖Ⅵ-1. 慶州 石窟庵
龕室의 地藏菩薩坐像
출처; 문화재청

그런데 圖Ⅵ-1처럼 地藏殿이라고 懸板하여 地藏菩薩을 主尊으로 하고, 좌우 道明·無毒을 挾侍로, 그 양 옆으로 十王을 권속으로 배치하고 있다. 또한, 위 도상과 같이 1층에는 地藏殿, 2층은 納骨堂으로 구성하여 지장보살과 冥府의 一切判官 등 권속들과 死後 亡者를 한 곳에 결합하는 경우가 늘어나고 있다.

圖Ⅵ-2. 隱寂寺地藏殿

따라서 지장보살이 명부세계의 敎主로서 그곳에서 일어나는 일련의 상황과 일반 사찰에서 모든 의례를 한 장소에서 주관하는 측면에서 보면 가장 합리적인 현상이라고 할 수 있다.

2) 冥府殿

현대 한국불교의 신앙 형태는 大雄殿의 석가모니불을 귀의처로 삼고 있는 경우가 대부분이다. 다음으로 널리 행해지는 신앙은 관세음보살과 지장보살인데 각 사암의 달력에는 초하루, 보름과 더불어 반드시 음력 24일은 관음재일, 18일은 지장재일로 특별히 銘記한다. 또한, 대웅전과 요사채만 있는 작은 사찰은 법당의 主尊으로 석가모니불을 모시고 좌우 협시로 관세음보살과 지장보살을 모시는 경우를 자주 볼 수 있는데, 이 점은 불교 교리적 근거는 없으나 현대 한국불교의 새로운 신앙 형태를 보여주는 좋은 예라 할 수 있다.[509] 여기서는 冥府殿에 대해서 살펴보기로 한다.

圖Ⅵ-3. 德寺 冥府殿 石造地藏三尊像, 경상북도 유형문화재, 제400호, 출처: 문화재청

509) 권기현, 『가람의 美』, 해조음, 2010, p.195.

지장보살이 本尊으로 奉安된 殿閣을 地藏殿, 혹은 冥府殿, 十王殿이라고 한다. 그리고 전체적으로는 명부전의 중앙에 본존인 지장보살을 중심으로 왼쪽에 道明尊者를, 오른쪽에는 無毒鬼王을 봉안하여 三尊을 이루고 그 좌우에 冥府十王像을 奉安한 다음 侍奉을 드는 童子像(10위)과 判官 2인, 기록과 문서를 담당하는 錄事 2인, 문 입구를 지키는 將軍 2인을 마주 보게 배치하여 29體의 존상을 갖춘다. 그리고 지장보살상 뒤에는 地藏幀畵를 봉안하고 시왕의 뒤편으로는 시왕탱화를 봉안한다. 지장탱화의 圖說내용은 『地藏菩薩本願經』, 『地藏十輪經』, 『占察善惡業報經』에 의하며, 주로 중앙의 지장보살상을 중심으로 도명존자와 무독귀왕의 兩挾侍를 圖說하고 좌우에 명부시왕, 판관, 녹사, 사자, 장군, 졸사, 호법, 사천왕 등을 도설한다.[510]

圖VI-4. 冥府殿 外部(通度寺)

510) 권기현, 앞의 책, p.197.

圖Ⅵ-5. 冥府殿(通度寺)

冥府殿을 다른 말로는 地藏殿이라고 하는데 그것은 主尊으로 지장보살을 모시기 때문이다. 또한, 주존의 左右나 뒤쪽에 저승세계의 判官인 열 분의 十王을 奉安하고 있기 때문에 시왕전이라고도 불린다. 고려 말까지 사찰에 명부전은 따로 있지 않았다. 불교의 지장신앙에 근거한 지장전과 道敎에서 유래한 시왕을 모신 시왕전만 각각 독립된 전각으로 있었다. 그러나 조선 시대에 들어와서 불교를 말살하려는 抑佛政策 하에서 사찰의 규모도 축소 통폐합되었는데 그 과정에서 교리상으로 죽은 자를 심판하는 시왕과 亡人을 자비로써 인도하는 지장보살을 결합해 하나의 전각에 모시게 되었다. 이때 나타난 것이 명부전이며 이러한 변화는 대략 조선에서 이루어진 것으로 추정하고 있다. 따라서 전각의 현판도 地藏殿이라고 할 때는 十王을 모시지 못했을 때 주로 사용되며, 主尊이 없거나 지장보살을 모시고 있어도 十王을 특히 강조할 때 十王殿이라고 부른다. 그리고 전체가 다 갖추어졌을 때 冥府殿이 가장 잘 어울리는 殿閣名으로 볼 수 있다.[511)]

圖VI-6. 通度寺 冥府殿地藏幀, 朝鮮時代(1798), 絹本彩色, 194×235㎝ ; 통도사박물관.

511) 권기현, 앞의 책, pp.196~197.

따라서 이렇게 명부교주로 입지가 확보된 지장보살과 명부의 시왕들이 결합하여 만들어낸 의례가 預修十王齋, 生前預修齋, 地藏道場, 生前十王齋, 生前發願齋, 川邊十王齋, 王祝 등으로 변용되어 빈번히 施設되었다. 이에 다수의 預修齋 疏가 문헌에 남아 전하고 있음을 볼 수 있고,[512] 또한, 지장 및 시왕과 그 권속들에 대한 獻供과[513] 亡者를 위해 地藏菩薩 獻供 後[514] 十齋를 행한 기록[515]이 다수 보이고 있다.

512) ①1648년 간행된 奇巖法堅(1522~1634)의 『奇巖集』,「生前預修疏」에 "星羅十殿은 冥府聖君의 憲司"라는 표현이 등장하고 있다. ; (『韓佛全』8, p.167下). ②1710년 간행된 雪嵓秋鵬(1651~1706)의 『雪嵓雜著』에 「地藏道場疏」, (『韓佛全』9, p.311中) 및 「徐允暹預修上~中疏」, (『韓佛全』9, p.325上~中) 등이 실려 있다.
③1717년 간행된 月渚道安(1638~1715)의 『月渚堂大師集』에 「生前十王齋」, (『韓佛全』9, p.105上) 및 「生前發願齋」, (『韓佛全』9, p.108上)가 실려 있다. ④1799년 간행된 蓮潭有一(1720~1799)의 『蓮潭大禪師林下錄』, 「川邊十王疏」가 실려 있다. (嘉慶四年 全羅道 靈岩 美黃寺 開刊). ⑤1821년 간행된 涵月海源(1691~1770)의 『天鏡集』에 「預修齋疏」가 실려 있다. (『韓佛全』9, p.628上); 문상련(정각), 「지장신앙의 전개와 신앙의례」, 『지장사상과 신앙의 재조명』, 『淨土學研究』15, 한국정토학회, 2011, p.178.

513) 1724년 간행된 無用秀演(1651~1719)의 『無用堂遺稿』, 「開興寺水陸齋晝疏」에 "伏願地藏慈聖尊 與道明無毒二件以同降 閻羅大皇帝 供秦廣初江九王以齋臨 鑑我虔誠 受我供養" (『韓佛全』9, pp.362下~363上)이라 하여 지장 및 시왕, 그 권속에 대한 헌공의 예가 보인다; 문상련(정각), 앞의 논문, p.179.

514) 1888년 간행된 括虛取如(1720~1789)의 『括虛集』, 「祭弟子影虛文」중 "今當七七之辰 畧設香茶 先供亞聖地藏 次薦影虛靈英 ……" (『韓佛全』10, p.319下)이라 하여 齋를 행하기에 앞서 지장보살께 供養을 올림이 기록되어 있다; 문상련(정각), 「지장신앙의 전개와 신앙의례」, 『지장사상과 신앙의 재조명』, 한국정토학회 제14차 학술대회 자료집, p.161.

515) ①1801년 간행된 默庵最訥(1717~1774)의 『默庵集』「疏文卷後」의 「王祝疏」 중 "地藏菩薩께서 …… 掌上의 明珠를 보여 …… 亡師가 三途를 永脫하고 九品의 세계에 나고, 各各齋者의 先亡父母도 아울러 蓮池에 날 것을 발원"하는 내용이 실려 있다; (『韓佛全』10, p.18上). ②1827년 간행된 野雲時聖(1710~1776)의 『野雲大禪師文集』, 「祭舍第文」중 "今日은 너를 所管하는 第六 變成王의 齋日이니 …… 이에 一點燈 一炷香으로 地藏大聖께 敬禮하고 아울러 地藏聖號를 稱揚하니, 네가 만약 聖力을 입게 된 즉 必히 變苦成樂을 얻고 惡趣를 여의고 善地에 생하게 될 것이다."라는 내용을 기록하고 있다; (『韓佛全』9, p.758上). ③1850년경 편찬된 應雲空如(생몰년대미상)의

다시 말해서, 預修齋 및 十齋의 빈번한 실행은 시왕 신앙의 정착에 중요한 역할을 하였다. 역대 사찰의 중수기를 모아 편찬된 『朝鮮寺刹史料』에 의하면 조선 중·후기를 전후해서 기존 地藏殿은 十王殿 내지 冥府殿으로 다시 중수되는 사례가 보이고 있다. 고창 선운사는 1481년 重修時 地藏殿을 造營 했는데 丁酉災亂으로 소실되어 1618년 다시 재건되었고, 1657년에는 별도로 十王殿을 창건하였다. 그럼에도 현재 지장전과 시왕전은 없고 명부전만 남아 있음은 17세기 이후 지장전과 시왕전이 명부전으로 통합된 양상을 보여 준다.[516)]

따라서 이러한 冥府殿 건립 양상에 편승한 17~19세기에는 대부분 「地藏十王圖」와 「十王圖」로 결합한 圖上들을 통해서 지장보살의 원류 신앙보다는 명부시왕 신앙이 조선 후기를 기점으로 폭넓게 전개되어 신앙되었음을 보여주는 예라 할 수 있다.

『應雲空如大師遺忘錄』「奇嚴老四十九日疏」에 "이제 …… 雲集道場하여 地藏의 勝會를 여니 …… 伏願컨대 我師께서는 佛願力에 의지하여 法의 加持를 받들고 定業을 멸하고 千生 동안 蓮經 七軸을 받게끔 하소서."라는 내용을 기록하고 있다; (『韓佛全』10, p.733上); 문상련(정각), 앞의 논문, p.179.

516) 김정희, 『조선시대 지장시왕도 연구』, 일지사, 1996, p.166 참조; 평북 보광사의 경우 「宣川府菩提山普光寺蹟」에는 1735년 冥府殿을 창건했다고 적고 있음은 명부전과 시왕전이 동일한 의미로 사용되었음을 알려 준다. 이에 의하면 위 선운사의 경우 1657년 十王殿 창건이란 다름 아닌 명부전 창건을 말하는 것으로 이해될 수 있기도 하다.

2. 現行 地藏菩薩의 儀禮

1) 冥府殿 儀禮의 凡例

地藏菩薩의 典據에 의한 教意가 理念的 차원에서 地藏信仰體驗의 체계적인 이해를 구하는 것이었다면 儀禮儀式은 그 구체적 실천의 궁극으로서 지장신앙의 確信과 수행의 深化를 가져오고 이 같은 행위의 집합적인 應集으로 지장보살 신행만의 자율성이 이루어진다고 본다. 따라서 지장보살이 冥府世界에서 교주로서 召命을 다하는 과정으로 중생들의 諸業을 낱낱이 糾明하여 往生의 조건을 갖추도록 이끄는 證明功德主의 자리에서 중생들로부터 供養과 禮敬을 받고 있다고 할 것이다.

이에 『世宗實錄』에 기록되어 있는 地藏菩薩과 十王에 대한 獻供 준비 과정의 凡例가 있다. 1420년 太宗妃 元敬王后의 昇遐 후 행해진 四十九齋 儀式에 대한 것으로, 국가중추기관인 禮曹에서 직접 관장하여 준비한 獻供儀式이라는 점에서 주목해 볼 만한 내용이다.

> 禮曹에서 啓하기를 "大行厚德王大妃의 齋를 올리는 물품은 初齋로부터 三齋에 이르기까지, 佛前 第1行은 白米七盆·左右樽花·專柱牧丹·蜜潛이요, 둘째 줄에는 開花車食方機 아홉이요, 셋째 줄에는 各色實果方機 아홉과 花草油潛이요, 넷째 줄에는 靑紅紗火桶 열이요, 다섯째 줄에는 疏文布施生綃·白苧布 각 二匹이요, 여섯째 줄에는 畫大燭 두 가락과 同巾燭 두 가락이요, 地藏前에는 白米蒸飯 各 一盆·餠·實果·油果 각 一盤·布施白苧布一匹·小燭 두 가락이요, 十王前에는 蒸飯 각 一鉢·餠·油果·實果 각 一盤·正布 각 一匹·小燭 각 한 가락이며, 四齋로부터 六齋에 이르기까지는 佛前 첫째 줄에는 白米 열한 盆과 左右樽花요, 둘째 줄

에는 油蜜果方機 열둘이요, 셋째 줄에는 開花車食方機 열둘이요, 넷째 줄에는 各色實果方機 열둘과 花草蜜潛이요, 다섯째 줄에는 靑紅紗火桶 열넷이요, 여섯째 줄에는 布施紗羅中 一匹・緞子一匹이요, 일곱째 줄에는 大畵燭 두 가락, 同巾燭 두 가락이요, 地藏前에는 白米二盆・飯 一盆・茶・果・餠各一盤・布施白苧布 一匹・小燭 두 가락이요, 十王前에는 亏斤桂 각 一盤・實果・餠・飯各一盤, 布施正布 각 一匹, 小燭 각 한 가락이요, 僧侶 供僧用에 雜色茶果 三器床이며, 七齋는, 佛典 첫째 줄에는 白米 열다섯 盆과 左右樽花요, 둘째 줄에는 茶食方機 열일곱이요, 셋째 줄에는 油蜜果方機 열일곱이요, 넷째 줄에는 各色實果方機 열일곱과 花草蜜潛이요, 다섯째 줄에는 靑紅紗火桶 열여섯이요, 여섯째 줄에는 布施段子 二匹과, 生綃 二匹이요, 일곱째 줄에는 大畵燭 두 가락・同巾燭 여덟 가락・懸燭 두 가락이고, 地藏・十王殿 排設과 僧侶를 이바지하는 물품은 一切, 四・五齋의 例에 따라 한다."고 하여 그대로 좇았다.517)

위 내용으로 보면 四十九齋를 행함에 佛殿과 地藏殿, 十王殿 등 각 殿에서 체계적으로 獻供儀式이 이루어졌음을 볼 수 있다. 또한, 지장전과

517) 『世宗實錄』8卷, 『太白山寺古本』, 『影印本』2책, p.389, 世宗2年(1420, 明永樂 18) 7月 19日(乙酉); 禮曹啓 : 大行厚德王大妃齋物品, 自初齋至三齋 : 佛前第1行 白米七盆 左右樽花, 專柱牧丹蜜潛 第二行, 開花車食方機九 第三行, 各色實果方機九, 花草油潛 第4行, 靑紅紗火桶十 第五行, 疏文布施生綃' 白苧布各二匹 第六行, 畫大燭二丁, 同巾燭二丁 地藏前, 白米蒸飯各一盆, 餠' 實果' 油果各一盤, 布施白苧布一匹, 小燭二丁 十王前, 蒸飯各一鉢, 餠' 油果' 實果各一盤, 正布各一匹, 小燭各一丁 自四齋至六齋: 佛前第1行, 白米十一盆, 左右樽花 第二行, 油蜜果方機十二 第三行, 開花車食方機十二 第4行, 各色實果方機十二, 花草蜜潛 第五行, 靑紅紗火桶十四 第六行, 布施紗羅中一匹, 段子一匹 第七行, 大畵燭二丁, 同巾燭二丁 地藏前, 白米二盆, 飯一盆, 茶果' 餠各一盤, 布施白苧一匹, 小燭二丁 十王前, 亏斤桂各一盤, 實果' 餠' 飯各一盤, 布施正布各一匹, 小燭各一丁 供僧用雜色茶果' 實果三器床 七齋: 佛前第1行, 白米十五盆, 左右樽花 第二行, 茶食方機十七 第三行, 油蜜果方機十七 第4行, 各色實果方機十七, 花草蜜潛 第五行, 靑紅紗火桶十六 第六行, 布施段子二匹, 生綃二匹 第七行, 大畵燭二丁, 同巾燭八丁, 懸燭二丁 地藏' 十王前排及供僧物品, 一依四五齋之例 從之.

시왕전의 造成과 함께 조선 초 행해진 지장의례가 上·中·下 三壇 설치를 통하여 지장보살이 시왕과 결합하여 齋를 완성하고 佛前供養 및 스님들에게 공양을 올리는 飯僧儀禮에까지 모양을 갖춘 구조로 정착되었음을 알 수 있다.

2) 冥府殿 獻供과 禮敬儀

연산군 10년(1504) 인수대왕대비의 승하와 중종 2년(1507) 式年制 僧課의 중단은 불교의 민간 확산을 저해했던 계기임에도 16세기 이후, 핍박의 분위기 속에서 불교는 오히려 신앙적 정체성을 확고히 한 측면도 있다. 이는 山門 중심으로 진행된 조선전기 지장신앙이 이후 儀式集의 출간으로 체계화되기에 이르는데 당시 출간된 중요 의식집으로는 기존 전래의식을 집성한 『請文』을 들 수 있다. 1535년 최초의 판본이 간행된 이후 판본의 重刊에 따라 좀 더 다양한 의식과 의궤를 싣고 있는 『請文』에는 제반 의식의 전반을 구성하는 開啓와 각각의 헌공의례를 포함한 十王請, 略禮王請, 羅漢請, 使者請, 觀音請, 袈裟請, 帝釋請, 諸佛菩薩通請, 彌陀請, 地藏請 등이 소개되고 있음을 볼 수 있다.[518]

518) 문상련(정각), 앞의 논문, p.171; 『請文』의 판본으로는 ①嘉靖14년(1535) 靈覺寺, ②嘉靖19년(1540) 德周寺, ③萬曆38년(1610) 實相寺, ④崇德己卯(1639) 通度寺, ⑤順治4년(1647) 普賢寺, ⑥順治9년(1652) 開興寺, ⑦康熙9년(1670) 神興寺, ⑧康熙20년(1681) 龍興寺, ⑨강희58년(1719) 海印寺, ⑩乾隆34년(1769) 鳳停寺, ⑪雍正7년(1729) 普賢寺本 등 11종이 조사되었다. 한편 이와 유사한 내용을 보이고 있는 『諸般文』판본으로는 ①嘉靖19년(1540) 德周寺, ②嘉靖45년(1566) 普願寺, ③萬曆2년(1574) 釋王寺, ④萬曆8년(1580) 瑞峰寺, ⑤順治4년(1647) 普賢寺, ⑥順治9년(1652) 開興寺, ⑦順治15년(1658) 鳳岩寺, ⑧康熙20년(1691) 龍興寺, ⑨康熙33년(1694) 金山寺 ⑩康熙41년(1702) 甘露寺,

또, 『預修十王生七齋儀纂要』 중 「召請聖位」에는 是我本尊地藏大聖을 爲首로 地藏의 化身인 天曹, 地藏을 挾侍하는 道明尊者와 無毒鬼王 등을 主尊으로 모시고 있음이 발견된다.519) 한편, 「加持變供篇第」에서는 三身諸佛陀와 地藏大聖尊, 光菩薩衆, 化身六天曹, 道明無毒尊, 釋梵諸天衆, 護世四王衆 등에 加持變供을 올리는 절차가 소개된다. 여기서 지장보살은 三身佛과 함께 主尊으로서 위치에 있는 모습이 발견된다.520)

한편, 「預修十王儀文」의 '結壇分位' 항목에는 예수시왕생칠재를 행하기에 앞서 단을 설치하는 규범이 소개되어 상단에는 三身佛, 중단에는 地藏으로부터 無毒까지를, 하단에는 帝釋四天王 등을 證明壇으로 모시고, 이어 十王을 상단에 下判官부터 靈祇 等을 中壇에, 나머지를 下壇에 둔 채, 별도로 書官壇과 使者壇을 합해 8壇을 설치하는 규범을 두고 있기도 하다.521)

이렇듯 『예수시왕생칠재의찬요』에 근거한 十王齋儀式 형성시점과 더불어 그와 관련된 疏가 구성되기도 하는데 1573년 太均이 간행한 懶庵普雨(1509~1565)의 『懶庵雜著』에 「預修十王齋疏」가 실려 있다.522) 또한

⑪康熙58년(1719) 海印寺本 등 11種이 조사되었다.

519) 『韓佛全』11, p.429中~下. 是我本尊地藏大聖爲首 龍樹菩薩 觀世音菩薩 常悲菩薩 陀羅尼菩薩 金剛藏菩薩 一心奉請 地藏化身天曹 侍我地藏 助揚眞化 道明尊者 無毒鬼王 一心奉請.

520) 『韓佛全』11, p.435中~下. 供養三身諸佛陀 供養地藏大聖尊 供養六光菩薩衆 供養化身六天曺 供養道明無毒尊 供養釋梵諸天衆 供養護世四王衆 不捨慈悲受此供 是作佛事度衆生.

521) 『韓佛全』11, p.440中. 一三身佛爲上壇 二自地藏至無毒爲 中壇 三帝釋四天王爲下壇 此三皆爲證明壇也 次以十王爲上壇 自夏判官 至靈祇等爲中壇 其餘爲下壇也 又別置書官壇使者壇爲八壇也.

522) 『韓佛全』7, p.535上.

1574년(宣祖7·萬曆2 甲戌)에 安邊 釋王寺에서 開板한 목판본 地藏十王請에는 '南無幽冥敎主地藏王菩薩'을 主尊으로 道明과 無毒을 협시로 擧佛하고, 「召請冥府位」로 지장보살을 찬탄[523]하며, 청하여 모시고 있음을 볼 수 있다. 이어 「召請中位」에는 召請閻魔羅眞言을 시작으로 十王을 各請하고 있다.[524] 근래 들어서는 일반적인 冥府殿 禮敬文으로 上壇과 中壇으로 분리하여

上壇

至心歸命禮 地藏願讚 二十三尊[525] 諸位如來佛
至心歸命禮 幽冥教主 地藏菩薩摩訶薩
至心歸命禮 左右補處 道明尊者 無毒鬼王
地藏大聖威神力 恒河沙劫說難盡 見聞瞻禮一念間 利益人天無量事
故我一心歸命頂禮

中壇 [526]

至心歸命禮 酆都大帝 冥府十王衆
至心歸命禮 泰山府君 判官鬼王衆
至心歸命禮 將軍童子 使者卒吏阿旁等衆

---

523) 願此鈴聲透玄關 地藏大聖遙聽聞 陰府諸王共聞知 今夜今時來赴會.

524) 朴世敏 編著, 『韓國佛敎儀禮資料叢書』第1集, 保景文化社, 1993, pp.653~657.

525) 地藏菩薩의 大願을 讚嘆한 23尊의 佛名呼; ①獅子分身具足萬行如來佛 ②覺華定自在王如來佛 ③一切智成就如來佛 ④淸淨蓮華目如來佛 ⑤無邊身如來佛 ⑥寶勝如來佛 ⑦波頭摩勝如來佛 ⑧獅子吼如來佛 ⑨拘留孫如來佛 ⑩毗婆尸如來佛 ⑪多寶如來佛 ⑫寶相如來佛 ⑬袈裟幢如來佛 ⑭大通山王如來佛 ⑮淨月如來佛 ⑯山王如來佛 ⑰智勝如來佛 ⑱淨明王如來佛 ⑲智成就如來佛 ⑳無上如來佛 ㉑妙聲如來佛 ㉒滿月如來佛 ㉓月面如來佛.

526) 酆都大帝를 중심으로 十大明王과 그의 권속 일체를 모심.

諸聖慈風今誰不好 冥王願海最難窮 五通迅速尤難測 明察人間瞬息中
故阿一心歸命頂禮527)

라는 常用禮敬儀式으로 자리 잡고 있다.

3) 現行 地藏請 儀式

地藏請은 지장보살을 請하여 懺悔하고 供養드리기 위한 儀式이다. 그 때문에 亡者와 生者가 동시에 加被를 얻고 亡者는 지장보살이 낱낱의 罪業을 糾明하고 證明하여 往生極樂의 單初를 마련하고 生者는 지장보살의 大願力에 힘입어 일체 현세 이익의 增長을 통하여 善業을 쌓는 계기를 맞이하는 것이다. 따라서 여기서는 지장보살의 總願格 別願인 大願의 行으로 化現하는데 있어서 기존의 지장의례를 살펴보고, 지장보살의 本願力에 따라 불가피하게 변화하지 않으면 안 되는 문제를 살피며, 문헌에 근거하여 순수한 지장보살의 陀羅尼呪를 地藏請儀式에 배치했다.

불교의례가 생긴 이래로 의식 집전의 行間에는 執典者, 宗派, 地域, 時代에 따라 그 作法이 조금씩 다르고 紛紛함이 있는 것도 周知의 사실이다. 그러나 의식의 내용에는 전반에 걸쳐 부처님의 가르침을 함축하고 있음도 또한 사실이다. 다만 크게는 같고 작은 부분에서는 다르다는 점에서 儀式輯을 편찬하는데 어려움을 표현하고 있다.

사람이 있으면 일이 있고, 일이 있으면 禮가 있고, 禮가 있으면 儀式이

---

527) 安震湖, 『釋門儀範』, 法輪社, 1982, pp.219~220.

> 있기 마련이니, 크게는 禮樂形政과 작게는 損讓進退가 그것이다. 하물며 數千年 동안 數億의 대중을 교화해온 佛教가 儀軌가 없다면 어떻게 手足을 움직일 수 있겠는가. 그러나 어떤 것은 너무 광범하고 어떤 것은 너무 간략하고, 혹은 같고 혹은 다르고 또 옛날에 쓰이던 것이 오늘에는 폐지되고, 古文은 없어지고 현대 부분만 남게 되어 한결같지 못하므로 대중이 함께 病을 앓게 되었다.

이는 1931년 4월 佛誕日 四佛山人 退耕相老께서 安震湖 編, 韓定燮 註[528]의 序文이다.[529] 또한, 대부분의 佛教儀禮集에서는 이처럼 大同小異한 跋文을 전제하고 있다.

또 최근에 발간된 대한불교조계종 『통일법요집』[530] 머리말에는

> 종교의례는 종교가 성립하는 시기부터 이루어지기 시작하여 종교가 유지되는 동안 끊임없이 새롭게 생성되고, 지속하여오는 儀式을 말한다. 일반적으로 종교의식은 신앙의 대상과 신앙의 주체를 연결하는 고리인 동시에 教徒들이 서로의 동일성을 확인할 수 있는 전통적·형식적 행위로서, 신도들 사이에서 상징적 의미와 효력을 지니고 있다.[531]

---

528) 安震湖, 『釋門儀範』, 法輪社, 1982, pp.1~1081.

529) 이 序文의 末尾에 相老께서는 또 "震湖講伯(위 『釋門儀範』의 編者)께서 佛子必覽이라는 책을 발간하였으나 역시 廣搜增損을 다하지 못하여 甲病을 겨우 치료하면 乙病이 생기고, 다시 講伯이 病을 따라 方劑를 내서 중첩된 법문을 피하고 의식을 한꺼번에 모아 묶으니 可謂 禪教兩宗의 禮誦諸篇을 한 눈에 볼 수 있게 된 것이다. 그러나 衆生의 見解는 億不同이라 혹 이것을 보고도 望洋의 歎을 發하지 않는 자 없을 것이나, 만일 그렇다면 난들 어찌 하겠는가." 라고 하고 있다. 따라서 불교의례의 복잡성과 수행자들의 發願에 따라, 한편으로 편리하고, 한편으로 甲病·乙病 또한 감수해야 하는 것을 피력하고 있다; 안진호 앞의 책, p.1.

530) 대한불교조계종 포교원, 『통일법요집』, 조계종출판사, 2004, pp.1~805.

531) 『통일법요집』, 앞의 책, p.6.

라고 서술하고 있다. 이는 儀禮의 다양한 樣相을 인정하고, 한편으로 끊임없이 통일성을 指向하고자 하는 命題를 제시한 것이라고 본다. 여기에 필자는 동의하지 않을 여지가 없다. 그러나 천편일률적인 뼈대를 구성하여 동일성을 유지해야 하는 데는 異見이 있다. 예를 들어 모든 보살은 똑같은 總願이 있는가 하면 각자 보살들만의 독특한 別願이 있다. 그런데 크게는 중생을 구제한다는 입장에서는 서로 같다고 하더라도 보살 각각의 願의 性格을 배제하고, 다른 보살이 所禮로 모셔지는 儀禮에 一律的으로 配帶되는 것은 모순의 여지가 있다. 따라서 필자로서는 전술한 바와 같이 亡者와 生者가 동시에 지장보살의 加被를 받기 위해서는 지장보살의 願力에 의지해야 한다고 본다. 중생과 지장보살을 이어줄 수 있는 媒介의 역할을 하는 것이 地藏請儀式이며 일체 현세이익의 增長을 통하여 善業을 쌓는 계기를 마련해 준다.

우선 地藏禮文의 경우 1447~1450년경 太宗의 元敬王后, 昭憲王后의 冥福을 빌기 위해 간행된 『地藏菩薩本願經』에는 다음과 같은 지장보살 禮文이 실려 있다.

> 至心歸命禮(按藏經云 菩薩是七月三十日生 可宜修齋供養禮讚作福)
> 幽冥敎主 本尊地藏菩薩摩訶薩
> 稽首慈悲大敎主 地言堅厚廣含藏
> 南方世界涌香雲 香雨花雲及花雨
> 寶雨寶雲無數種 爲祥爲瑞徧莊嚴
> 天人問佛是何因 佛言□□□□□
> 三世如來同讚□ □□□□□□□
> 我今宿植善因緣 讚揚□□□□□□

慈因積善 誓救衆生 手中金錫 振開地獄之門 掌上明珠光攝 大千之界
閻王殿上業鏡臺前 爲南閻浮提衆生 作箇證明功德主
大悲大願大聖大慈 本尊地藏菩薩摩訶薩[532]

위 禮文에는 "按藏經云 菩薩是七月三十日生 可宜修齋供養禮讚作福"이라 하여 7월 30일 지장보살 誕日에 修齋供養할 것과 禮讚으로 作福할 것을 권하는 『按藏經』의 내용이 기재되어 있기도 하다. 또한, 위 『지장보살본원경』의 發願 가운데 "지장보살의 신통력이 손바닥의 여의주 放光으로 널리 地獄을 비추어 모두 成佛케 하고 六環宝杖의 미묘한 소리는 무간지옥에 들어가 지옥중생 모두를 해탈케 하네. 구원 겁 가운데 무궁한 願으로 중생을 제도해 다하시고, 이로써 널리 인간을 미묘케 하시며, 의당 나의 마음에 머물러 환히 꿰뚫어 보시니 ……"[533] 라는 내용을 적고 있다. 이는 『지장보살본원경』에 근거한 지장보살신앙 관념이 널리 확산한 가운데 생겨난 인식이라 하겠다.[534]

현행 地藏菩薩請儀式의 순서는 우선 擧佛을 통하여 幽冥界의 敎主[535]에게 歸依하고 남방으로 化現한 化主이며 總願格 別願인 大願의 本尊인 擧名地藏菩薩 儀式을 奉行할 때 行하는 것으로 地藏請 擧佛에서 보듯이

532) 『地藏菩薩本願經』, 보물 제933호, (리움박물관 소장).

533) 地藏菩薩神通力 掌中放光如意珠 普照地獄皆成佛 六環宝杖微妙聲 無問入人皆解脫 久遠劫中無窮願 衆生度盡訂菩提 以此廣人微妙 口當訂我心徹見知 ……

534) 문상련(정각), 앞의 논문, p.168.

535) 幽冥界는 十王의 거처인데 여기에서 敎主라 함은 十王과, 좌우에 道明과 無毒의 挾侍를 받고 있고, 본고의 여러 章에서 前述하였듯이 지장보살이 幽冥界 判官들의 공정한 판결을 유도하기 위해 有情들의 證明功德主로서 公信力을 확보하고, 敎主의 위치를 통해서 閻王의 判斷誤謬를 차단하고 있다.

忉利天에서 부처님의 咐囑으로 授記를 받고 진리의 빛이 없는 三惡道 특히 유명계의 교주로 남염부제의 화주 등 無佛世界의 六道에 分身度脫하여 그 大願悲心의 忍辱不動이 大地와 같고 靜慮深密하여 秘藏과 같으므로 地藏이라고 命名했음이 含意되는 부분이다. 現行 地藏請儀式文[536]은 다음과 같다.

擧 佛[537]

南無 幽冥教主地藏菩薩
南無 南方化主地藏菩薩
南無 大願本尊地藏菩薩

普召請眞言

『나무 보보제리 가리다리 다타 아다야』

由 致

仰唯 地藏大聖者 滿月眞容 澄江淨眼 掌摩尼而示圓果位 蹲菡萏而猶攝因門 普放慈光 常揮慧劍 照明陰路 斷滅罪根 倘切歸依 奚遲感應 是以[538]

536) 安震湖, 『釋門儀範』, 法輪社, 1982, pp.298~300; 대한불교조계종포교원, 『통일법요집』, 조계종출판사, 2004, pp.157~166.

537) 安震湖, 「地藏請」, 『釋門儀範』, 法輪社, 1982, p.299.

538) 연유를 밝힘에, 우러러 생각하건대 만월 같은 얼굴과 맑은 강물 같은 눈의 지장보살님은 마니 구슬을 손에 들어 원만한 과위를 보이시고, 연꽃 송이에 앉으사 인행의 문을 여의치 않으시며, 자비의 광명을 두루 놓으시고, 항상 지혜로운 검을 휘두르사 저승길을 밝히시고, 죄악의 뿌리를 끊으신다 하오니 귀의하는 정성 간절하면 感應이

(사찰의 주소와 명칭. 불공자의 주소 성명을 낱낱이 칭명함)[539] 以 娑婆世界 此四天下 南贍部洲 東洋 大韓民國 某道某郡 某山 某寺 청정之道場 今此至誠 第當○○ 之辰 薦魂齋者 某處居住 行孝子 某人 伏爲 所薦亡○○○ 靈駕 "往生極樂之發願[540] 以 今月今日 虔設法筵 淨饌供養 南方化主 地藏大聖 庶回慈鑑 曲照微誠 仰表一心 先陳三請[541]

請 詞

①南無 一心奉請 慈因積善 誓救衆生 手中金錫 振開地獄之門 掌上明珠 光攝大千之界 閻王殿上 業鏡臺前 爲 南閻浮提衆生 作個證明功德主 大悲大願 大聖大慈 本尊地藏王菩薩摩訶薩 唯願慈悲降臨道場 受此供養[542]

어찌 더디겠나이까? 그러므로 …… .

539) 安震湖, 『釋門儀範』, 法輪社, 1982, p.299에서는 薦魂齋者의 由致를 구체적으로 거론하지 않고, 生者와 亡者의 佛供 사유를 作文하여 取捨選擇 할 수 있도록 구성해 놓았다.

540) 대한불교조계종 포교원, 『통일법요집』, 조계종출판사, 2004, p.158의 亡者由致의 模本은 구체적으로 지장보살의 대원을 통해, 六道의 중생들에게, 특히 冥府의 유정들에게 합당한 通請의 사유라 할 수 있다. 여기에서 지장보살의 육도 化現을 加一層 확인 할 수 있는 것이다.

541) 某○○○영가의 왕생극락을 발원하고자, 또는 여러 가지 불공의 사유를 作文하여, 금월금일 경건히 법석을 마련하여 향긋한 진수를 남방화주 지장 큰 성인께 공양 하나이다. 밝은 지혜 거울로써 가냘픈 정성을 굽어 살펴 주옵소서. 우러러 일심으로 먼저 세 번 청하옵니다; 임기준, 성우 篇譯, 『佛敎儀式解說』, 정우서적, 2004. pp.293~294.

542) 지장보살님께 귀의하오며 일심으로 받들어 청하옵니다. 자비하신 인행으로 선을 쌓으시며 주생 구제를 서원하셨고, 손에 드신 석장을 흔들어 지옥의 문을 여시고, 바른 손위의 明珠는 그 빛이 삼천대천세계를 두루 하나이다. 염라왕의 궁전 업경대 앞에서 남염부제 중생들을 위하여 (그들의 諸行業)을 낱낱이 증명해 주시는 공덕의 주인이십니다. 그 큰 원, 크신 서원, 크신 어지심, 크신 자애의 본존이신 지장보살 마하살님이시여 오직 바라오니 자비로써 이 도량에 강림하시어 이 공양을 받으소서.

香化請543)　歌詠544)

掌上明珠一顆寒 自然隨色辯來端 幾回提起親分付 暗室兒孫向外看 故我一心 歸命頂禮545)

獻座眞言

妙菩提座勝莊嚴 諸佛坐已成正覺 我今獻座亦如是 自他一時成佛道

「옴 바아라 미나야 사바하」

淨法界眞言

「옴 남」

茶 偈

今將甘露茶 奉獻地藏前 鑑察虔懇心「願垂哀納受」願受哀納受 願受慈悲哀納受

543) 향과 꽃으로 청하옵니다. 즉 請詞를 밝힌 후 신앙의 대상에게 꽃을 뿌리며 법석으로 안내하는 의식이다.

544) 노래로 지장보살님을 영접하는 내용인데, 지장보살의 본원을 찬탄하고, 대원력에 귀의하는 讚佛歌이다.

545) 대부분의 지장청 歌詠은 이 내용을 채택하고 있다. 이 供養請의 所禮인 지장보살의 공덕을 찬탄하는 내용으로서 지장보살의 외견상 특징과 내면의 대원력을 노래하고 있다.; 안진호, 『석문의범』, 법륜사, 1982, pp. 299~300; 대한불교조계종 포교원, 『통일법요집』, 조계종출판사, 2004, p.160 외 대다수의 지장청 의례집에서 共히 持誦 되고 있다; 손에 쥐신 보주하나 보기에는 싸늘하나, 중생의 願 따를 때는 제 빛이 절로 나타나네, (중생들의) 문제 됨을 몸소 일러 일일이 當付함이 얼마런가, 어두운 곳 어린 중생 밝은 곳을 보게 하려 하옵기로 저희는 일심으로 귀명하오며 정례 하나이다.

眞言勸供

香羞羅列 齋者虔誠 欲求供養之周圓 須杖加持之變化 仰惟三寶 特賜加持
「南無十方佛 南無十方法 南無十方僧」無量威德 自在光明勝妙力

變食眞言

「나막 살바다타 아다 바로기제 옴 삼마라 삼마라 훔」

施甘路水眞言

「나무 소로바야 다타아다야 다냐타 옴 소로소로 바라소로 사라소로 사바하」

一字水輪觀眞言

「옴 밤 밤 밤밤」

乳海眞言

「나무사만다 못다남 옴 밤」

運心供養眞言

願此香供遍法界 普供無盡三寶海 慈悲受供增善根 令法住世報佛恩
「나막 살바다타 아제박미 새바모계 배약 살바다캄 오나아제 바라혜맘 옴 아아나캄 사바하」

禮 懺

至心頂禮供養 地藏願讚 二十三尊 諸位如來佛
至心頂禮供養 幽冥教主 地藏菩薩 摩訶薩
至心頂禮供養 左右補處 道明尊者 無毒鬼王
唯願地藏大聖 降臨道場 受此供養 願共法界諸衆生 自他一時成佛道

普供養眞言

「옴 아아나 삼바바 바아라 훔」

普回向眞言

「옴 삼마라 삼마라 미마나 사라마하 자가라바훔」

四大呪[546]

① 南無大佛頂如來密印修證了義諸菩薩萬行首楞嚴神呪[547]

「다냐타 옴 아나례 비사제 비사제 비라 바아라 다리 반다반다니 바아라 바니반 호옴 다로 옴박 사바하」

② 政本觀自在菩薩如意輪呪[548]

「나모 못다야 나모 달마야 나모 승가야 나무 아리야 바로기제 사라야 모지 사다야 마하사다야 사가라 마하가로니기야 하리다야 만다

546) 安震湖, 『釋門儀範』, 法輪社, 1982, p.25. 四大呪는 伽藍에서 행하는 아침송주(朝誦呪文)중의 하나로써, 道場釋 때 이 사대주와 여러 대승경전 가운데 택일하여 持誦하고 있고, 諸佛諸菩薩諸聖衆의 各壇請 奉行時 임의로 설정하여 염송하고 있다.

547) 위의 책, p.26. 부처님께서 魔事에 현혹된 자들을 위해 楞嚴三昧 가운데서 설한 진언.

548) 위의 책, p.27. 관세음보살이 伽栗斯山에서 중생의 소망성취를 위하여 설한 진언.

라 다냐타 가가나 바라지진다 마니마하무다레 루로루로 지따 하리다예 비사예 옴 부다니 야등」

③ 佛頂心觀世音菩薩姥陀羅尼549)

「나모라 다나다라 야야 나막 이리야 바로기제 사바라야 모지사다바야 마하사다바야 마하가로니가야 다냐타 아바다 아바다 바라바제 인혜혜 다냐타 살바다라니 만다라야 인혜혜 바리마수다 못다야 옴 살바작수가야 다라니 인지리야 다냐타 바로기제 새바라야 살바도따 오하야미 사바하」

④ 佛說消災吉祥陀羅尼550)

「나모 사만다 못다남 아바라지 하다사 사나남 다냐타 옴 카 카 카헤 훔훔 아바라 아바라 바라아바라 바라아바라 다따 디따 디리 디리 빠다빠다 선지가 시리예 사바하」

願成就眞言

「옴 아모카 살바다라 사다야 시베 훔」

補闕眞言

「옴 호로호로 사야목계 사바하」
地藏大聖誓願力 恒沙衆生出苦海 十殿照律地獄空
業盡衆生放人間551)

549) 위의 책, p.27. 관세음보살이 末世의 苦厄衆生을 위해서 설한 진언.
550) 위의 책, p.28. 모든 중생의 災厄을 消滅하여 주시기 위해서 부처님께서 설한 진언.
551) 대한불교조계종 포교원, 『통일법요집』, 조계종출판사, 2004, p.164.

精 勤

「南無南方化主世界 大願本尊 地藏菩薩」

地藏菩薩 滅定業眞言

「옴 바라 마니다니 사바하」

地藏大聖威神力 恒河沙劫說難盡 見聞瞻禮一念間 利益人天無量事 故我一心歸命頂禮

祝 願

4) 地藏請 儀禮에 대한 問題

지금까지 地藏請儀禮文을 살펴보았다. 지장청은 그 구성상 지장보살을 所禮로 모시고 亡者와 生者의 安寧을 동시에 구한다고 했다. 여기에서 필자가 주장하고자 하는 지장보살대원력의 실천적 의미가 있는 몇 가지 내용을 추가한다. 다시 말해서 지장보살의 최초경전에 따른 現世利益的 功能이 主流인 地藏陀羅尼와 지장보살이 육도로 화현하여 대원행을 실천하는 願力을 讚嘆하는 내용인 請詞와 歌詠을 통해 지장보살신앙의례를 정립하고 항목별로 提言한다.

(1) 請詞 추가

地藏儀禮集에서 지장보살을 청하는 禮文인 請詞는 보통 위 ①과 똑같은 내용으로 先陳三請 즉, 나열하여 세 번 청하는 것이 통례이다. 그런데 심상현의 各論[552]에서는 地藏請詞 ②·③을 추가하여 擇一할 수 있도록 지장보살의 위신력을 다양하게 찬탄하여 請하고 있으므로 필자는 이에 적극 동의한다. 또한, 1634년 조선 仁祖 12년(明末 崇禎7), 경기도 朔寧 水淸山 龍福寺에서 간행한 木版本에서는 '地藏單請'[553]이라는 儀禮集의 小題目으로 지장보살 大願의 四句偈頌 네 句와 道明과 無毒을 兩大 挾侍菩薩로 지칭하고 있는 차이를 보이고 있다. 그 외 내용은 일반 의례집과 같은 내용이다.

제②請은 ①請의 내용에 根據하여 冥界에서 활동하는 지장보살의 위신력을 구체적으로 표현하고 있다. "지장보살님께 귀의하오며 일심으로 받들어 청하옵니다. 閻羅王이 다스리는 곳 冥府세계에 계시며 毳衣를 수하시고 둥그신 이마로 나투신 상호는 沙門이십니다. 錫杖을 드시고 明珠를 쥐었는데, 얼굴은 맑은 가을 달 같으시며, 치아는 희디흰 눈을 배열한 듯하고, 눈썹의 아름다움은 수양버들 같습니다. 대비심으로 언제나 三惡道의 중생을 구제하시고 크신 원력으로 매양 六道에 머무시며, 중생을 남김없이 제도해야만 바야흐로 정각을 증득하시고 지옥이 없어지지 않는 한 誓願코 성불치 않으리라 하신 그 큰 원, 크신 서원, 크신 어지심, 크신 자애의 본존이신 지장보살 마하살님이시여 오직 바라옵건대 자비로써 이 도량에 강림하시어 이 공양을 받으소서."라고 찬탄하여 請하고 있다.

---

552) 심상현, 『佛敎儀式各論』 V, 한국불교출판부, 2001, p.187.

553) 朴世敏 編著, 『韓國佛敎儀禮資料叢書』, 第二集, 保景文化社, 1993, pp.149~150. 一心奉請 南方化主 '衆生度盡 方證菩提 地獄未除 誓不成佛' 大悲大願 大聖大慈 本尊 地藏王菩薩 道明尊者 無毒鬼王 兩大菩薩 摩訶薩 唯願慈悲 降臨道場 受此供養, 三請後 獻座 獻供 誦經念 地藏回向祝願으로 구성돼 있다.

또 심상현의 같은 책 各論[554]에서 제③請詞로, “지장보살님께 귀의하오며 일심으로 받들어 청하옵니다. 중생을 제도하시고자 짐짓, 자취를 보이시며 六道에 모습을 머무시어, 많은 중생 구제하시고 네 가지 크신 서원 원만히 하시는 그 큰 원, 크신 서원, 크신 어지심, 크신 자애의 본존이신 지장보살 마하살님이시여, 오직 바라옵건대 자비로써 이 도량에 강림하시어 이 공양을 받으소서.”라며 청사를 끝내고 있다.

따라서 이 청사의 내용으로 보아 唐代 중·후반부터 十王과 결합하여 지장보살이 지옥중생의 구제자로, 地藏請 儀禮에서 자리매김 되어 온 것으로 보인다. 또한, 현대 지장의식에서는 지옥과 현세를 비슷하게 배열하는 경향이 뚜렷하다. 이는 지장보살의 원래 모습이 어디까지나 禪定에서 六道를 分身度脫하는 것이 확인되는 것이다.

(2) 歌詠의 추가

지장청 歌詠역시 대부분 이 내용을 채택하고 있다. 이는 供養請의 所禮인 지장보살에게 請詞를 밝힌 후 신앙의 대상에게 꽃을 뿌리며 법석으로 안내하는 의식이다. 노래로 지장보살님을 영접하는 내용인데, 지장보살의 本願과 공덕을 찬탄하고, 대원력에 귀의하는 讚佛歌이다. 지장보살의 외견상 특징과 내면의 대원력을 노래하고 있다.[555] 대다수 地藏請儀禮集에서 共히 持誦되고 있다. ‘손에 쥐신 寶珠 하나 보기에는 싸늘하나 중생의

554) 심상현, 앞의 책, p.190.

555) 安震湖, 『釋門儀範』, 法輪社, 1982, pp. 299~300; 대한불교조계종 포교원, 『통일법요집』, 조계종출판사, 2004, p.160.

願 따를 때는 제 빛이 절로 나타나네, (중생들의) 문제 됨을 몸소 일러 일일이 當付함이 얼마든가, 어두운 곳 어린 중생 밝은 곳을 보게 하려, 하옵기로 저희는 일심으로 귀명하오며 정례 하나이다.' 또 『韓國佛敎儀禮資料叢書』第4集에 수록된 옛 筆寫本 歌詠에서는

十九生來爲善女 脫衣八地號地藏 冥間爲主度生願 地獄門前淚萬行 莫言地藏得閑遊 地獄門前淚不收 造惡人多修善少 南方敎化幾時休[556)]

라는 내용이 보이는데 卷末에 江原道 金化郡 福住庵 瓚華冊이라는 기록이 있고 筆寫年代와 書寫者失名의 지장의례집이다. '金煐泰'의 所藏本으로 半葉은 九行이고 字數不定하며 無郭이다. 七十五種의 각종 佛敎儀式 중 地藏菩薩을 請함에 지장보살의 威德을 찬탄하는 歌詠이다. 이 歌詠聲은 내용에서 보듯 지장보살이 지옥중생 위주의 구제력을 찬탄하는 내용으로 된 七言絶句 형식의 偈頌으로 지장보살 관련 경전들에서 자주 나오고 冥府殿 柱聯에 주로 새기는 지장보살 大願行의 모습이다. 書寫者는 不明하다. 이는 사찰의 法主가 개인적으로 필사하여 지송했을 수도 있겠지만, 지장보살신앙에 대한 깊은 이해력과 신심이 동반된 필사본으로 보인다. 따라서 이 歌詠의 지장청의례 內 내용 추가삽입 행태는 法主 개인의 信行力量이

556) 朴世敏 編著, 『韓國佛敎儀禮資料叢書』第4集, 保景文化社, 1993, pp.374~476;
十九生 동안 선녀로 태어나, 드디어 8地 보살의 옷을 벗어 地藏이라 불리네.
명간(冥間-명부와 사바세계)의 주인 되어 중생 제도 원할진대, 지옥문 앞에서 눈물 흘리며 만행을 닦네.
지장이 한가히 노닌다고 말하지 마라. 지옥문 앞에서 눈물 거두지 못하리.
악을 지은 사람 많고 선을 닦은 사람 적으니, 남방세계에서 교화하기를 몇 시기던가.

많이 작용한 것으로 생각한다.

새로운 『地藏儀禮集』[557]으로 최근에 발간된 『統合佛教儀式大典』 卷1·2에서는 비단 지장의례뿐 아니라 모든 불·보살을 請할 때 三請의 내용을 각기 달리하여 앞앞이 세 가지의 청사와 세 가지의 歌詠으로 청하고 있다. 이는 불보살 등 각종 點眼의식을 행할 때와 같은 형식을 취하고 있다. 이 책의 推薦辭에서 宗梵스님은

> 全國的으로 統合佛教儀式大典과 같은 冊子가 없다. 다른 의식에는 一請만 있는데 비하여 통합 불교의식대전에서는 三請까지 있다. 齋式에도 매번 재식마다 佛供의식이 있고 施食마다 각각 달리 되어 있다.[558]

라고 하였다. 또한, 韓國佛教太古宗 太古叢林 仙巖寺 方丈 釋慧草 宗正도 이 책의 다양한 불교의례 183가지를 들어, 불자들의 일상생활에 직접 연관된 自動車, 船舶, 事務室, 家庭安宅, 伽藍齋, 開基祭, 上樑式, 大雄殿 落成式 등의 새로운 儀式의 편리함을 들어 推薦辭하고 있다.

(3) 四大呪의 地藏陀羅尼 施設

이상 지장청 의례에서 청사와 가영의 새로이 추가할 내용을 보았다. 이어서 四大呪는 四陀羅尼라고도 하는데 ①「南無大佛頂如來密印修證了義諸菩薩萬行首楞嚴神呪」, ②「政本觀自在菩薩如意輪呪」, ③「佛頂心觀世音菩薩

557) 金春吉(法撤 三景) 著, 『統合佛教儀式大典』卷1, 大乘出版社, 2009, pp.206~222

558) 金春吉(法撤 三景), 앞의 책, p.5.

娑陀羅尼」, ④「佛說消災吉祥陀羅尼」이다. 이들 다라니는 밀교경전 중에 설해져 있는 내용을 禪宗家에서 援用한 것이다.

①은 釋尊이 魔事에 현혹된 자들을 위해 楞嚴三昧 가운데 說한 眞言으로, 제목 중의 首楞嚴은 Ⓢśūraṁgama이며, 이것을 音寫하여 '首楞伽摩'라고 한다.

意譯은 健相, 健行, 一切事竟의 三昧의 이름이며 만행의 총칭이다. 부처님이 증득하신 三昧의 이름으로 健相이란 幢旗가 견고한데 비유한 것이다. 이는 부처님의 德을 모든 魔軍들이 능히 깨지 못한 것에 비유한 것이며 一切事竟이란 佛德의 究竟을 말한 것이다. 『楞嚴經』 卷7에 있는 427句의 다라니를 楞嚴呪라 하며 갖추어 말하면 '大佛頂萬行首楞嚴陀羅尼'라고 한다. 이 가운데 처음은 여러 賢聖의 이름이며 끝 부분의 8句가 正呪이므로 이를 가리켜 心呪라고도 한다. 井幸 篇, 『僧伽日用食時默言作法』에서 『楞嚴經의 大旨를 '棄濁染 發妙明'이라 했듯 전체에 걸친 주안점은 攝心에 의하여 菩提心을 了得하고 妙心을 體得케 하는 데 있다. 그런데 진정한 妙心이란 禪家에서 體證·悟入하려고 하는 것이기 때문에 이러한 禪家의 要門에 密敎思想을 더한 것이 이 經이다. 즉 이와 같은 경의 목적이 성취될 수 있게 하는 것이 본 다라니이다. 이 외에도 釋尊은 본 呪의 功能으로 外道調伏, 拔濟群苦, 成正覺, 轉法輪, 授記, 除難, 息障, 福德求足, 求兒, 長命, 往生淨土, 五穀豊熟 등 갖가지 이익이 있음을 설하였다. ②의 「政本觀自在菩薩如意輪呪」는 이 呪와 완전히 일치되는 典據가 드러나지 않는 관계로 편의상 義淨三藏 譯, 『佛說觀自在菩薩如意心陀羅尼呪經』[559]의 發起序에 의지하여 그 개요를 본다면 본 呪는 관자재보살이 중생들의 원하는 것을 성취할 수 있는 '無障碍觀自在蓮華如意寶輪王陀羅尼心柱'가 있음을 밝히고 석존의 허락과 위신력에 힘입어 설한 것이다. 즉 석존이 증명하고 관자재보살이 대비심을 일으켜 설한만큼 그와 같은 목적으로 염송하는 呪이다.

③의 「佛頂心觀世音菩薩姥陀羅尼」는 『大藏經』類에서는 본 다라니의 소재를 발견하지 못하였고, 강무구 篇 『佛說父母恩重經』560)에 연대 및 譯者 미상인 목판본이 실려있다. 제목은 『佛頂心觀世音菩薩姥陀羅尼經』으로 상·중·하 3권으로 되어 있고, 본문은 모두 漢文으로 되어 있으며 眞言은 上卷에 梵·漢·國으로 올려있어 朝鮮 世宗祖 이후에 간행된 것이라 짐작할 수 있다. 본 목판본의 다라니는 총 30句로 說主는 관세음보살이다. 序分에서 관세음보살이 과거 무량겁 동안 쌓은 선근공덕을 모두 중생에게 회향하여 중생으로 하여금 병고에서 벗어나고, 악업을 소멸하며, 지혜를 밝혀 소원을 성취하고, 내지는 苦海에서 벗어나게 하기 위함이라고 發起因緣을 밝히고 있다.

④「佛說消災吉祥陀羅尼」는 不空三藏 譯, 『熾盛光大威德消災吉祥陀羅尼經』561)에서 석존이 본 呪의 공능에 대하여 '一切災難 悉皆消滅 不能危害 變災爲福 皆得吉祥', 즉 모든 재난은 소멸하여 오히려 변하여 길하고 상서로움을 이루게 하는 공능이 있다고 설하는바 이 같은 목적으로 염송하는 것이다.562)

559) 『大正藏』20, p.19中.

560) 姜无求 篇, 『佛說父母恩重經』, 운주사, 1989, p.69.

561) 『大正藏』19, p.337下.

이상 4呪의 說主를 보면 ①과 ④는 부처, ②와 ③은 관세음보살이며 모두 지장보살이 아니다. 지장청의례에서 지송되는 다라니의 說主가 지장보살이 아니라고 하는 것은 아무래도 문제가 있다. 여기에 근자에까지 널리 지송되고 있는 지장보살 다라니로 '具足水火吉祥光明大記明呪[異稱-츰부다라니]'[563]와 지장보살의 최초경전인 『大方廣十輪經』卷1 「序品」의 '衆德究竟記莂呪術陀羅尼神呪'[564]를 지장청의식의 사대주에 편입하고자 한다.

지장보살이 설한 이 다라니들은 전술했듯이 舊譯과 新譯으로 譯者간의 音寫가 약간 다르고 시작할 때의 歸敬句와 끝에 結文이 있고 없는 것의 차이일 뿐 같은 다라니이다. 따라서 오랜 세월을 두고 지송 되어온 소위 '츰부다라니'의 순기능 또한 간과할 수 없으므로 이 두 가지를 同視하게 하여 선택의 폭을 열어 두고자 한다.

따라서 위에서 논한 ②「政本觀自在菩薩如意輪呪」, ③「佛頂心觀世音菩薩姥陀羅尼」는 어디까지나 관세음보살의 威德이 主를 이루는 呪이므로 이 의례에서는 지장보살이 所禮인 만큼 지장보살이 설한 다라니주를 염송함이 마땅하다고 본다. 그러나 앞의 ①「南無大佛頂如來密印修證了義諸菩薩萬行首楞嚴神呪」는 法身佛이 직접 설한 다라니로써 이 지장의례가 추구하는 목적을 성취하고 지장보살이 증득한 '首楞嚴三昧'를 보더라도 부처님이 이 法席의 證明功德主가 될 것이다. 그러므로 부처님이 說한 陀羅尼呪

562) 심상현, 앞의 책 Ⅳ, pp.121~129, 같은 책, Ⅴ, pp. 184~189에서 請詞, 歌詠, 四大呪의 인용자료 참조.

563) 『大正藏』13, p.726中~下.

564) 『大方廣十輪經』卷1, 『大正藏』13, p.685中~下.

의 威德에 힘입어 ①呪는 그대로 두고 지장보살이 설한 呪는 地藏請 儀禮 속에 당연히 함께 있어야 한다고 본다.

따라서 지장청 의식에서만은 觀音威德의 다라니를 빼고 지장보살다라니를 추가하여야 한다고 본다.

3. 新編 地藏請儀禮

이상 請詞, 歌詠, 四大呪의 문제점에 근거하여 지장청 의식을 새롭게 구성하여 다음과 같이 제시해 본다.

擧 佛

普召請眞言 以上[565)]

由 致

仰惟 地藏大聖者 滿月眞容 澄江淨眼 掌摩尼而示圓果位 蹄菡萏而 猶攝因門 普放慈光 常揮慧劍 照明陰路 六道分形 斷滅罪根 倘切歸依 奚遲感應 是以 娑婆世界 此四天下 南贍部洲 東洋 大韓民國 某道 某市 某郡 某山 某寺 淸淨之道場 今此至誠 佛紀 ○년 ○월 ○일 第當 ○○○之辰 薦魂齋者 某處居住 行孝子 某人 伏爲 所薦亡 ○○○靈駕 往生極樂之大願

565)거불 및 보소청진언은 旣存儀式과 동일함.

今此至極至誠(사업·학업·시험·입시·건강 등) 發心大願 生祝齋者 某道 某市 某處居住 (某人○○○保體) 以此因緣功德 地藏菩薩 加被至妙力 各其 心中所求所願 如意圓滿 成就之大願 以 今月今日 虔設法筵 淨饌供養 南方化主 地藏大聖 庶回慈鑑 曲照薇誠 仰表一心 先陣 三請

第1請詞

❶ 南無 一心奉請 慈因積善 誓救衆生 手中金錫 振開地獄之門 掌上明珠 光攝大千之界 閻王殿上 業鏡臺前 爲 南閻浮提衆生 作個證明功德主 大悲大願 大聖大慈 本尊地藏王菩薩摩訶薩 唯願慈悲 降臨道場 受此供養

① 香化請　歌詠

掌上明珠一顆寒　自然隨色辯來端　幾回提起親分付　暗室兒孫向外看　故我一心　歸命頂禮566)

第2請詞

❷ 南無 一心奉請 閻魔羅 幽冥界 毳衣圓頂示相沙門 執錫持珠顔如秋月 齒排珂雪眉秀垂楊 悲心而長救三途 弘願而每遊六趣 衆生度盡方證菩提 地獄未除誓不成佛 大悲大願大聖大慈 本尊地藏王菩薩摩訶薩 唯願慈悲 降臨道場受此供養

566) 손에 쥐신 보주 하나 보기에는 싸늘하나, 중생의 원 따를 때는 제 빛이 절로 나타나네, (중생들의) 문제 됨을 몸소 일러 일일이 當付함이 얼마런가, 어두운 곳 어린 중생 밝은 곳을 보게 하려, 하옵기로 저희는 일심으로 귀명하오며 정례하나이다.

② 香化請　歌詠

十九生來爲善女　　脫衣八地號地藏
冥間爲主度生願　　地獄門前淚萬行

故我一心 歸命頂禮

第3請詞

❸ 南無 一心奉請悲增示跡 苦趣留形 救六途之群生 滿四弘之誓願 大悲大願大聖大慈 本尊地藏王菩薩摩訶薩 唯願慈悲 降臨道場受此供養

③ 香化請　歌詠

莫言地藏得閑遊　　地獄門前淚不收
造惡人多修善少　　南方敎化幾時休[567][568]

故我一心 歸命頂禮

獻座眞言 以下[569]

567) 朴世敏, 앞의 책과 같은 내용으로 八聯을 四聯으로 나누어 제③歌詠에 새롭게 삽입하였다.

568) 권기현, 앞의 책, p.207에서도 『석문의범』에 나오는 지장대성의 讚嘆偈로 흔히 冥府殿의 柱聯에 많이 새기는 내용으로 소개하고 있다.

569) 以下는 旣存儀禮와 如上.

四大呪

① 南無大佛頂如來密印修證了義諸菩薩萬行首楞嚴神呪

「다냐타 옴 아나례 비사제 비사제 비라 바아라 다리 반다반다니 바아라 바니반 호옴 다로 옴박 사바하」

② 衆德究竟記莂呪術陀羅尼神呪

「나모라 다나다라 야야 나막아리야 크시티카르바야 모지사다바야 마하사다바야 마하가로니가야 다냐타
촉부 촉부 촉촉부 아함촉부 바타가라촉부 암라촉부 비라촉부 바사라촉부 아로가촉부 달마촉부 바타마촉부 바제야니리가라촉부 비바노가차마촉부 우바사마촉부 나야나촉부 사나사모치라나 촉부 촉부촉부 비니리야나촉부 사다바촉부 사차수치 마혜리 타미 사미 자가라사 자가마사리 차리 혜례 가라사라사제 가리바라베 바자라 바타녜 나자타녜 바라자자자혜리 마리 이가타타선 타구루 다리 사리 미리 마차 다차 구리 미리 앙구지다비 알리 지리 바라지리 구타고바리 진지진 진구리 휴루휴루휴루 구류황미리 미리차 바다 바다 라규규리 노류노루류
바바사비 슈단녜 사바하 마하부다 루가사 비뉴녜사바하 가루사라 사비슈단녜사바하 가루사오사비 슈단녜사바하 살바아사파리 부라 단네사바하 살바사사 야삼바타니사바하 살바다타 가다아권디사바하 살바보리살타 아권디 아누무지디사바하」[570]

570) 本文, 結文: 『大方廣十輪經』卷1, 『大正藏』13, p.685中~下. 歸敬句: 慧琳, 『一切經音義』 卷18, 『大正藏』 54, p.418上~中. 참조.

具足水火吉祥光明大記明呪 – [츰부다라니]

「나모라 다나다라 야야 나막아리야 크시티카르바야 모지사다바야 마하사 다바야 마하가로니가야 다냐타 츰부 츰부 츰츰부 아가셔츰부 바결랍츰부 암벌랍츰부 비러츰부 발절랍츰부 아루가츰부 담뭐츰부 살더뭐츰부 살더일허머츰부 비바루가찰뭐츰부 우버셤뭐츰부 내여나츰부 발랄여삼무지랄나츰부 찰나츰부 비실바리여츰부 셔랄더랄바츰부 비어자수재 맘히리담미셤미 잡결랍시 잡결랍 믜 스리치리 시리결랄뷖 벌러 발날디 히리벌날비 벌랄저러니달니 헐 날달니 뷖러져져 져져 히리미리 이결타 탑기탑규루 탈리탈리 미리 뭐대 더대 구리미리 앙규즈 더비 얼리 기리 뷖러기리 규차섬뮈리 징기둔기 둔규리 후루 후루 후루규루 술두미리 미리디 미리대 뷘자더 허러히리 후루 후루루 바바사비 슈단녜 사바하 마하부다 루가사 비뉴녜사바하 가루사라사비 슈단녜사바하 가루사오사비 슈단녜사바하 살바아사파리 부라단네사바하 살바사사 야삼바타니사바하 살바다타 가다아권디사바하 살바보리살타 아권디 아누무지디사바하」 571)

③ 地藏菩薩 磨刀大陀羅尼

「나모라 다나다라 야야 나막아리야 크시티카르바야 모지사다바야 마하사 다바야 마하가로니가야 다냐타 나비 마하나비 조하라나비 아비구나비 싱수사나나비 미하자카비 아바라모니 다로나호로혜 나타 바뎨 리지바도미마라바뎨 뎨미라바뎨 리건다녜리아례 자초바사카나 비미기 뎨도상 사바하 앙구라기 사바하 베소바야미 사바하

571) 歸敬句, 結文; 慧琳, 『一切經音義』卷18, 『大正藏』 54, p.418上~中. 本文; 『大乘大集地藏十輪經』卷1, 『大正藏』13, p.726中~下. 발음; 安震湖, 『釋門儀範』, 法輪社, 1982, pp.92~93.

바라임비 사바하 살지야도혜 사바하 사리라 나바가라마비사 사바하」[572)]

④ 地藏菩薩 幢杖大陀羅尼

「나모라 다나다라 야야 나막아리야 크시티카르바야 모지사다바야 마하사다바야 마하가로니가야 다냐타 붕가바 마뎨아노바 마뎨기 다라부 혁바나건디 구나마기례 마차노례 교하라나디 나사바미 반타하라수미 비가라기리미 로혜다하라비 녕가라소 바가나 자리니 안타 자서리가라부서 계사로혜 사마디두바리 차 다라니구(某甲: ○○○) 옹호령이포외 사바하」[573)]

願成就眞言

「옴 아모카 살바다라 사다야 시베 훔」

補闕眞言

「옴 호로호로 사야목계 사바하」

---

572) 『大方等大集經』卷57, 「滅非時風雨品」, 『大正藏』13, p.387下.
namo ratnatrayāya namo ārya Kṣitigarbhaya Bodhisattvaya mahāsatvaya mahākaruṇikāya tadyathā nābi mahānābi kṣukṣaranābe api gu nābe saṃśoṣanabe nirājakhabhe aparamuni taruṇa ruhrenārapatre jabaprame masuratre timirabatre khaṇḍanirhare cakṣobhase gaṇabimekiti tvoye svāhā oṃ gurake svāhā puṣpamaye svāhā phalanimabhe svāhā namotoye svāhā śarī ranabakramabaśi svāhā.

573) 『大方等大集經』卷58, 「陀羅尼品」, 『大正藏』13, p.391中.
namo ratnatrayāya namo ārya Kṣitigarbhaya Bodhisattvaya mahāsatvaya mahākaruṇikāya tadyathā pūrvamarga amalomati kṣetra bhrubaiba naṣani guṇamakhilai matsadulai gorasaṃdhe na kṣuparama baddhyaraśmibiṅgaghrimelai lohitārabhe naṅgalasūrya bhagavaraṇahiliṇi andhara ba uragaṛhruja keśalohi samādha dhure svāhā. 此 陀羅尼句(某甲)擁護令離怖畏 莎波呵. 이 다라니의 주문이 ○○○를 옹호하여 두려움을 여의게 하소서 사바하.

地藏大聖誓願力 恒沙衆生出苦海 十殿照律地獄空 業盡衆生放人間[574]

精 勤

「南無南方化主世界 大願本尊 地藏菩薩」

地藏菩薩 滅定業眞言

「옴 바라 마니다니 사바하」

地藏大聖威神力 恒河沙劫說難盡 見聞瞻禮一念間

利益人天無量事 故我一心歸命頂禮

祝 願(亡祝)

仰告 幽冥教主 大願本尊 地藏菩薩 佛捨慈悲 許垂朗鑑 願我今此今日 上來所修 功德海 回向三處悉圓滿 裟婆世界 南贍部洲 東洋 大韓民國 某處 (住所 第當 百日之辰 薦魂齋者 行孝子 某生 某人伏爲 所薦先亡 某貫 某人靈駕) 以此因緣功德 地藏大聖 加護之妙力 不踏冥路 卽往極樂世界 上品上生之大願 靈駕 爲主 上世先亡 師尊父母 累世宗親 諸兄叔伯 姉妹姪孫 一切親族等 各 列位列名靈駕 此道場內外 洞上洞下 有主無主 沈魂滯魄 一切哀魂 諸佛子等 各 列位靈駕 至於鐵圍山間 五無間獄 一日一夜 萬死萬生 受苦含靈等衆 各 列位列名靈駕 兼及法界 四生七趣 三途八難 四恩三有 有情無情 一切孤魂諸佛子等 各 列位靈駕 咸脫三界之苦惱 超生九品之樂邦 獲蒙諸佛甘露灌頂 般若朗智 豁然開悟 得無上法 忍之大願[575]

574) 『통일법요집』, 대한불교조계종 포교원, 조계종출판사, 2004, p.164.

祝 願(生祝)

抑願 同共今日至誠發心生祝齋者 某等 各各 等 保體 (今日 某某 佛供・某某 齋後) 大願本尊地藏菩薩 加被之妙力 各己 東西四方 出入諸處 相逢吉慶 不逢災害 距離橫厄 永爲消滅 四大强健 六根淸淨 四百四病 一時消滅 各己 心中 所求所望 如意圓滿成就之大願 然後願恒沙法界 無量佛子等 同遊華藏莊嚴海 同入菩提大道場 相逢華嚴佛菩薩 恒蒙諸佛大光明 消滅無量重罪障 獲得無量大智慧 頓成無上最正覺 廣度法界諸衆生 以報諸佛莫大恩 世世常行菩薩道 究竟圓成薩婆若 摩訶般若波羅蜜.576)

地藏請은 지장보살을 請하여 懺悔하고 供養 올리기 위한 儀式이다. 여기서는 지장보살신앙의 구체적 展開와 樣相을 請詞나 歌詠聲의 다양함에서 확인하였다. 또한 주로 亡者追善으로만 집중되어 있는 기존의 儀式文을, 육도로 分形하여 몸을 나투는 지장보살의 本願에 근거하여 由致와 축원문도 生者祝願으로 불공할 수 있도록 고려하였다. 그리고 大願의 원천인 다라니를 地藏菩薩四大呪로 이름하여 새롭게 편입해 보았다. 전술한 바와 같이 기존의 四大呪는 관세음보살의 공능이 있는 다라니이므로, 지장보살을 청하는 의식에서 지장 다라니를 念誦하는 것이 하등의 모순이 아니라고 보았기 때문이다.

575) 亡者祝願文; 安震湖, 『釋門儀範』, 法輪社, 1982, pp.410~421, 대한불교조계종 포교원, 『통일법요집』, 조계종출판사, 2004, pp.164~166, 鄭大隱 編, 『釋門儀式』, 해동불교범음대학, 1992, pp.269~440에서 발췌 보충하였음.

576) 生者祝願文; 위의 『釋門儀範』, 『통일법요집』, 『釋門儀式』에서 발췌 보충.

Ⅶ. 結語

地藏菩薩信仰의 기존 연구는 지장신앙의 연원이나 전개 및 儀禮·人物의 행적 등에 치우친 단편적 연구 또는 巫俗信仰과의 混載로 여겨져 지장보살 전체신앙성에 중점을 둔 연구는 일천하다고 해도 과언이 아니다. 따라서 본 저술은 지장보살신앙의 다양한 전개와 그 양상을 전제로 하고, 특히 중국 지장신앙의 특징들이 그대로 한국의 지장신앙으로 이어지는 면모를 배경으로 삼았다. 또한, 疑僞經의 是非 속에 있는 『地藏菩薩本願經』, 『占察善惡業報經』, 『豫修十往生七經』 등을 통하여 지장보살신앙이 국가적, 사회적 혼란기와 末法의 無佛時代라는 명분 속에서 민중에게 긴밀하게 전개된 양상을 반박하기보다는 僞經의 대사회적 順機能에 穿鑿하였다.

오히려 이러한 상황을 토대로 僞經의 논란에서 벗어난 지장보살의 경전인 『대방광십륜경』, 『대방등대집경』, 『대승대집지장십륜경』에서 지장보살의 大願과 陀羅尼門을 구체적으로 동원하여 지장보살의 原流的 信仰性과 陀羅尼의 有用性을 드러내고자 하였다.

제Ⅱ장에서는 지장보살의 연원과 유래가 아직 명확한 근거를 확보하지 못하고 있는 아쉬움을 가지고 있음을 보았다. 따라서 주변경전의 유통과 그러한 경전상의 실마리에서 추정할 수밖에 없는 한계도 절감하였다. 그러나 漢譯 연대가 명확한 지장보살 관련 최초경전의 典據를 통해서는 그의 중요한 정체성의 하나인 大願의 本尊으로서 지장보살이 大悲闡提菩薩임을 밝혔다. 대승불교의 대표적 보살로 周知하고 있는 문수·보현·관음·대세지보살 역시 중생을 향한 大悲心이 至大하고, 그들 역시 大悲闡提的 誓願을 가지고 있다. 그러나 그들에게 있어 공통점이 있다. 이들에게는 究竟成佛이 예정돼 있고 當來에 성불하여 받을 如來名號를 부처님이 授記하였다는 것이다. 그러나 지장보살은 이러한 成佛이 예정된 수기는 보이지 않는다. 오히려 성불할 수는 있지만 一闡提와 같은 중생이 한 명이라도 존재하는 한 그는 성불하지 않겠다고 大誓願했기 때문에 菩薩闡提로서 지위가 명확해진 것이다. 전술된 정황으로 보아 이러한 것들이 지장보살만의 特出한 總願格 別願이라는 사실 또한 확인할 수 있다.

그리고 密敎 曼茶羅에 수용된 지장보살은 金剛界曼茶羅에서 寶生如來의 화신으로서 平等性智를 실체로 하고 복덕을 성취하는 방법을 가리키며, 胎藏曼茶羅에 있어서는 蓮華部에 속하며 아미타불의 화신으로 나타나 妙觀察智를 실체로 하여 怨親의 평등을 나타낸다. 이 때문에 후세에 와서 미타와 지장의 一體說이 나오게 되었으며 지장에 대한 칭호도 금강계만다라와 태장만다라에 있어서 지장을 합해서 부르기를 與願金剛, 悲願金剛, 願滿金剛이라고 하여 여기에서도 지장의 悲願을 말하고 있음을 알 수 있다.

특히 金剛幢菩薩은 그 이름처럼 오른손으로 竿의 끝에 旗를 단 幢을 가지고 허공 가득히 나부끼는 모습을 보여서, 幢을 보는 者 모두가 그 복덕을 입고 佛의 위신력을 입게 하는 보살임을 알 수 있다. 즉 叢林入口의 幢竿柱에 깃발을 올려 法을 드러내듯이 자신의 大願力[가치]을 십분 드러내어 모든 중생에게 또는 모든 사람에게 발휘하게 하는 것이 금강당보살 곧 지장보살이다. 따라서 金剛幢菩薩과 同體인 지장보살의 大願이 곧 중생 개개인의 대원이고 따라서 제각기 자신의 깃발을 힘써 올리고 살아갈 것을 강조하고 있는 것이다.

또한, 지장보살은 그의 前身을 통하여 지장이 말법 세계의 사회상에 對하여 信·解·行·證의 模本을 보이고 있음을 알 수 있었으며 포악한 왕이나 지배계층에게는 廢佛毁釋의 法難으로 불법의 소멸과 승단의 위기를 경고하여 각성을 촉구하고 있음을 볼 수 있다. 특히 중요한 것은 비록 파계한 비구일지라도 출가의 戒德과 威儀를 옹호하여 참회의 공간을 열어 놓았다는 사실이다. 이는 지장신앙에서 참회가 매우 중요한 포인트라는 것. 즉 非俗非僧의 法으로 化現시켜 일깨우고 있었다. 또 하나의 중요한 사실은 지장보살은 그의 本生에서 信仰과 布施와 念佛과 禪定의 威神力을 자재하게 펼쳐 보이는 한편, 새벽마다 恒河沙 數처럼 수능엄삼매 등 갖가지 禪定에 들어 그의 禪觀이 불가사의하고, 無量하고 수승한 공덕으로 增長하여 중생의 이익, 특히 현세의 안락과 이익을 도모하였음을 확인할 수 있다.

제III장에서는 지장보살신앙의 전개와 다양한 양상에 주목하였다.

인도를 始原으로 하는 地母神 신앙이 그 첫 場으로 大陸의 정서 속에서 格儀를 거쳐 4대보살 신앙의 하나인 중국 九華山을 聖地로 하고 있다. 지장신앙에서 지장보살상 자체가 언제 정확히 중국으로 전래하였는지 알 수 없지만, 중국인들의 지장신앙 전개양상은 石窟과 經圖卷, 壁畵, 佛畵 등의 地藏圖像을 통해 수명, 재물, 자식 등 현세이익과 死後의 安心을 추구하였음을 알 수 있었다. 특히 중국역사를 대비해 볼 때 불교와 정치는 밀접한 관계가 있었으며 이러한 영향은 중국인들의 신앙생활에 직접적인 영향을 미쳤다. 그중에서도 삼계교는 이러한 정치적 상황과 밀접한 관련이 있다. 신행信行이 창시한 삼계교는 그들의 교법에서 말세 중생구제를 표방하였으며, 지장 관련 경전인 『十輪經』 舊·新譯本은 삼계교의 교학 체계에 큰 비중을 차지하였음을 집필과정을 통하여 확인했다. 또한, 삼계교는 『占察善惡業報經』에서 木輪相을 만들어 전생의 宿業과 현재의 吉凶禍福의 占을 쳐서 그 결과에 따라 懺悔하는 의식으로 삼계교법의 실천법회 현장에서 布敎와 救濟를 추구하며 이루어졌다. 이처럼 말세 중생구제를 표방한 삼계교의 성행에 따라 지장관련 경전을 소의로 한 삼계교에 의해 지장신앙 또한, 매우 대중적인 성격을 가지게 되었음을 알 수 있다.

또한 구화산이 중국불교 4대 성지 중 지장신앙의 聖地로 이름 붙여진 이면에는, 신라왕자 출신인 金喬覺[金地藏] 스님이 唐 皇帝 숙종의 '地藏而生寶印'이라는 글을 새긴 金印을 하사한 이후 지장보살의 現身으로 '地藏王菩薩'로 추앙받고 있기 때문이라는 점도 다루었다.

우리나라 지장신앙은 『三國遺事』를 통해서 신라 眞平王代(579~632)에 원광대사에 의한 점찰법회의 시행이 곧 중국으로부터 지장신앙의 전래를 뜻하며 특히 원광대사의 占察寶는 삼국시대 지장신앙의 대중화로 전개되는 실마리였음을 확인할 수 있다. 그 후 통일신라대에는 지장신앙의 양상이 다양하게 전개된다. 8세기 중엽 이후 진표율사와 그의 제자들에 의해 시설된 점찰법회는 이론적인 탐구나 내세의 복을 빌기보다는 현세에서 자신이 지은 잘못을 참회하는 매우 현세적이고 실천적이며 대중적인 신앙형태라는 점을 확인할 수 있으며, 특히 주목할 점은 미타신앙과의 융합이다. 그리고 후삼국을 통일한 후 숭불정책을 펴온 고려 시대의 지장신앙이 교의적인 측면보다는 신앙의례를 통하여 널리 대중에게 유포되었음을 알 수 있다. 요약하면, 신라 시대의 지장신앙이 점찰경에 입각한 참회와 수행을 기본으로 하는 모습을 보이지만, 고려 시대의 지장신앙은 아미타신앙과 결합하여 정토왕생을 기원하는 신앙으로 바뀌게 된다는 사실이다. 여기에 지장신앙이 민간신앙과 긴밀하게 친화되어 꾸준한 점찰법회의 시행, 치병을 위한 지장신앙 및 망자 追善을 위한 시왕신앙 그리고 生者를 위한 豫修信仰의 등장, 지장보살의 圖·彫像 등의 양상으로 나타나게 되었음을 확인할 수 있다. 敷衍하면 고려 이전 신라 시대에는 주로 우매한 중생을 깨우치게 하는 방편으로, 소위 慈悲修懺 또는 망자의 명복을 빌기 위해 열렸던 점찰법회가 고려 시대에 미타신앙과 결합하여 救病不死의 기능을 함께한 정토왕생을 기원하는 신앙의 성격을 띤다. 지장신앙은 이처럼 각 시대의 상황에 따라 變容을 거듭하면서 그 명맥을 이어 나갔으며, 조선 시대에는 숭유억불 정책에도 死後 문제에는 결국 지장보살신앙이 자리하고 있음을 朝鮮王朝實錄을 통해 구체적으로 확인하였다. 더구나 여기서 지장보살은 항상 마지막으로 慈悲修懺을 상징하는 보살로 의지하고 있었음을 확인하였다. 이는 지장보살이 직접 정토왕생을 주관하는 것이 아니라 왕생의 조건을 성숙시켜주는, 즉 淨土와 穢土의 중간지대 대승보살임을 유추할 수 있다.

제Ⅳ장에서는 지장보살의 최초 원류신앙이라고 할 수 있는 陀羅尼信仰

의 유용성을 드러내고자 하였다. 이는 부처님의 威神力으로 지장보살의 大願力이 증명되고 大願行으로 地獄恒留는 물론 六度衆生의 현세이익증장이 陀羅尼門을 통하여 이루어짐을 확인할 수 있다. 또한『大方廣十輪經』,『大方等大集經』등 지장보살이 최초로 등장하는 經典에서 그가 說하고 연관된 地藏菩薩陀羅尼門을 밝혔으며 지장보살의 陀羅尼門을 드러내어 지장신앙영역의 폭을 넓히려는 목적과 名分을 上位에 두었다. 다음으로 지장보살이 관련된 陀羅尼門의 典據를 최초의 지장경전에서 동원하였고, 그것을 지장신앙원류로 우선하여 지목하였다. 그 결과 지장보살의 陀羅尼群이 집합된 典籍들에서 지장보살의 본래 모습, 즉 그의 原流的 信仰을 확인할 수 있다.

제Ⅴ장에서는 地獄과 관련된 지장보살신앙을 세 가지로 나누어 고찰하였다. 먼저 閻羅王, 地藏菩薩, 十王의 결합에 의한 지옥관을 살펴봄으로써 唐代 후기 道家에 의한 十王信仰의 유입으로 圖像의 변화가 일어나고, 地藏과 十王이 결합함으로 인하여 지장보살의 행동반경이 六道衆生苦의 救濟者에서 死後世界의 구제자로 그 大願의 균형이 一邊하여 전개되었다는 것을 확인할 수 있다. 또한, 晩唐에는 지장보살과 시왕이 권속의 관계로 발전하였음을 확인하였다. 즉 지장보살이 幽冥界의 敎主로 자리매김하면서 소위 大願의 쏠림현상으로 귀착되어 地獄衆生救濟菩薩로만 인식된 것으로 본다. 특히 사후문제로 귀착해서는 十王과 긴밀하게 결합하고, 민간신앙이 歡戴를 이어가는 현장을 볼 수 있다.『佛說地藏菩薩經』에서 地藏은 閻羅王과 대등한 신분으로 冥府判官들의 審判公正을 추구하였음을 알 수 있다.

그리고 말법 시대의 지옥관에서는 無佛時代 중생과 그들의 因緣業果에 의해 받게 되는 지옥의 실상을 통해, 중생들을 향한 警鐘을 論하는 보현보살과 지장보살의 談論을 인용하여 밝혔다. 끝으로『地藏菩薩本願經』의 지옥사상에서는「觀衆生業緣品」·「閻浮衆生業感品」·「地獄名號品」 등에 두드러지게 나타난『地藏菩薩本願經』의 지옥관을 所感惡趣와 重業所感 중심으로 고찰하였다. 이 品들에서는 지옥의 숫자와 규모, 악행에 따라 구체적으로 어떤 지옥에 떨어지는지 그리고 결국 果報는 피할 수 없다는 점 등을 구체적으로 서술하고 있다. 하지만 자신의 업력에 대해 성찰하고 참회하여 지옥이 존재할 만한 근거가 더는 생겨나지 않게 할 수 있다는 견해가『지장본원경』의 지옥사상이다. 특히 所感惡趣·重業所感은 자신이 느끼기에 따라 지옥이 있기도 하고 없기도 한다고 하고 있다. 다시 말해 죄를 짓는 순간 지옥이 생기고 업의 至重함에 따라 地獄苦가 차별한다는 것, 즉 重業所感地獄이라는 것이 곧 唯心地獄임을 드러내 보았다. 따라서 지옥과 그 과보에 대한 생생한 묘사와 철저한 인과응보의 법칙에 따라 악업의 과보를 받는다는 사실은 오히려 下根機의 중생이 지옥에 떨어지는 것을 경계하고 막으려는 지장보살의 大願行의 發露를 逆說的으로 드러낸 것이라고 보아도 무방하다. 따라서『地藏菩薩本願經』의 지옥사상은 말법 시대의 大勢인 고통스러운 결과를 돌아보지 않고 악행으로 죄의 업보를 쌓는 이들에게 지옥고통의 두려움을 불러일으키기에 충분했을 것이다.

그리고『地藏菩薩本願經』의 지옥과 연관된 지장보살 영험담과 지장보살의 전생담 중 지극한 孝를 실천하는 장면을 계속해서 볼 수 있다. 또 결정된 業, 즉 지장보살을 염송하여 滅定業하는 영험을 보았으며, 그가 지옥에 머무는 특별한 연유 중의 하나인 염라왕의 판결 오류를 바로잡아 중생구제를 성취하는 模本을 보여주고 있다. 따라서 大悲闡提=悲增菩薩이라고 하는 것은 이러한 중생들을 제도하여 究竟成佛이 이루어지기 전까지 成佛하지 않으려고 하는 의지만으로도 지장보살을 悲增菩薩로 규정짓고 있는 것이다. 즉 이것으로 지장보살은 悲와 智의 두 가지 門 가운데 특히 悲門을 상징한다고 전술한 것이다.

제VI장에서는 지장보살신앙과 관련된 諸儀禮로서 의례의 일반적 특징으로 性格的으로는 종교의식의 外的 표출이고, 機能的으로는 종교적 對象과 合一의 상징이라고 전제했다. 이는 모든 地藏信仰 行者들이 敬畏心에 의한 지장보살의 종교적 정서를 유지하여 보편적인 日常도 地藏信仰的 수행이 되게 하며, 이러한 定型이 지장신앙의 信威를 세우는 역할이고, 그 방편이 儀禮, 儀式을 통한 수행이라고 했다. 여기에 우선 信仰的 支柱로 奉安되어 있는 殿閣을 통한 地藏菩薩奉安儀禮의 면모를 밝혔다. 왜냐하면, 그것이 곧 지장보살신앙의 문화적 측면으로 地藏殿, 冥府殿, 地藏十王殿, 十王殿 등의 이해를 돕는 것이기 때문이다. 이에 지장보살 신행이 구체적으로 집합되어 修懺과 發願이 示顯되는 현장인 地藏殿 內의 의식으로 地藏請을 다루었다.

地藏請은 지장보살을 請하여 懺悔하고 供養올리기 위한 儀式이다. 여기서는 지장보살신앙의 구체적 展開와 樣相을 請詞나 歌詠聲의 다양함에서 확인하였다. 또한, 주로 亡者追善으로만 집중되어 있는 儀式文을 육도로 分形하여 몸을 나투는 지장보살의 行願에 근거하여 由致와 축원문도 生者

祝願으로 불공할 수 있도록 고려하였다. 그리고 그의 大願行의 원천인 다라니를 地藏菩薩四大呪로 새롭게 편입해 보았다. 전술한 바와 같이 기존의 四大呪는 관세음보살의 공능이 있는 다라니이므로, 지장보살을 청하는 의식에 지장다라니를 편입시키는 것이 하등의 모순이 아니라고 보았기 때문이다. 따라서 본 저술 地藏請儀禮의 節 序頭에서 인용했듯이 地藏請儀禮의 甲病・乙病에서 나타나는 多難한 指彈은 필자의 몫으로 돌린다.

또한, 여기서 추출해낸 결과를 地藏請儀禮에 새로이 배치하고자 한 필자의 소견으로 지장보살신앙의 正體性을 회복하고, 지장보살다라니의 유용성과 信仰性의 확보에 그 의의를 둘 수 있을 것으로 생각한다.

본 저술은 선행된 韓國密教研究를 통한 다라니의 신앙적・사상적 연구 등에 대한 논저들에 의지했고, 기존 지장보살신앙의 신행양상에 地藏菩薩陀羅尼群을 편입하여 그 신앙 영역의 폭이 넓혀진 모양을 갖추려고 하였다. 무엇보다 지장보살의 最初經典들에 의지해서 지장보살의 正體性을 규명하고자 하였으며, 이로 인하여 나타난 小結로써 지장보살과 관련된 다라니신앙에 관한 연구에 첫걸음을 내디뎠다고 본다.

參考文獻

1. 原典類

『長阿含經』, (『大正藏』 1).
『增壹阿含經』, (『大正藏』 1).
『雜阿含經』, (『大正藏』 2).
『增壹阿含經』, (『大正藏』 2).
『長阿含經』, (『大正藏』 2).
『悲華經』, (『大正藏』 3).
『法句經』, (『大正藏』 4).
『大般若經初會序』, (『大正藏』 5).
『大般若波羅蜜多經』, (『大正藏』 7).
『摩訶般若波羅蜜經』, (『大正藏』 8).
『放光般若經』, (『大正藏』 8).
『正法華經』, (『大正藏』 9).
『華嚴經』, (『大正藏』 9).
『華嚴經』80本, (『大正藏』 10).
『大般涅槃經』, (『大正藏』 12).
『大乘大集地藏十輪經』, (『大正藏』 13).
『大方等大集經』, (『大正藏』 13).
『大方廣十輪經』, (『大正藏』 13).
『地藏菩薩本願經』, (『大正藏』 13).
『百千頌大集經地藏菩薩請問法身讚』, (『大正藏』 13).
『大方等大集經』, (『大正藏』 13).
『維摩經』, (『大正藏』 14).
『首楞嚴三昧經』, (『大正藏』 15).
『菩薩瓔珞經』, (『大正藏』 16).

『楞伽經』, (『大正藏』 16).
『大乘同性經』, (『大正藏』 16).
『大乘入楞伽經』, (『大正藏』 16).
『解深密經』, (『大正藏』 16).
『佛說大乘不思議神通境界經』, (『大正藏』 17).
『占察善惡業報經』, (『大正藏』 17).
『十八泥梨經』, (『大正藏』 17).
『大毘盧遮那成佛神變加持經』, (『大正藏』 18).
『金剛頂一切如來眞實攝大乘現證大敎王經』, (『大正藏』 18).
『諸佛境界攝眞實經』, (『大正藏』 18).
『略述金剛頂瑜伽分別聖位修證法門』, (『大正藏』 18).
『熾盛光大威德消災吉祥陀羅尼經』, (『大正藏』 19).
『佛說觀自在菩薩如意心陀羅尼呪經』, (『大正藏』 20).
『地藏菩薩大道心驅策法』, (『大正藏』 20).
『金剛頂瑜伽金剛薩埵五祕密修行念誦儀軌』, (『大正藏』 20)
『地藏菩薩陀羅尼經』, (『大正藏』 20).
『地藏菩薩儀軌』, (『大正藏』 20).
『佛說灌頂隨願往生十方淨土經』, (『大正藏』 21).
『央掘魔羅經』, (『大正藏』 24).
『寂調音所問經』, (『大正藏』 24).
『大智度論』, (『大正藏』 25).
『十住毗婆沙論』, (『大正藏』 26).
『大毗婆沙論』, (『大正藏』 27).
『阿毘達磨順正理論』, (『大正藏』 29).
『佛說立世阿毘曇論』, (『大正藏』 32).
『雜阿毘曇心論』, (『大正藏』 32).
『金剛三昧經論』, (『大正藏』 34).
『大毘盧遮那成佛神變加持經疏』, (『大正藏』 39).
『俱舍論記』, (『大正藏』 41).
『成唯識論掌中樞要』, (『大正藏』 43).

『大乘法苑義林章』, (『大正藏』 45).
「大乘法苑義林章」, (『大正藏』 45).
『安樂集』, (『大正藏』 47).
『法華讚』, (『大正藏』 47).
『萬善同歸集』, (『大正藏』 48).
『歷代三寶記』, (『大正藏』 49).
『三國遺事』, (『大正藏』 49).
『大唐大慈恩寺三藏法師傳』, (『大正藏』 50).
『宋高僧傳』, (『大正藏』 50).
『海東高僧傳』, (『大正藏』 50).
『續高僧傳』, (『大正藏』 50).
『法苑珠林』, (『大正藏』 53).
『一切經音義』, (『大正藏』 54).
『地藏菩薩經』, (『大正藏』 55).
『開元釋教錄』, (『大正藏』 55).
『大周刊定衆經目錄』, (『大正藏』 55).
『佛說地藏菩薩經』, (『大正藏』 85).
『地藏菩薩靈驗記』, (『卍續藏』 149).
『相應部經』, (『南傳大藏經』 13).
『瑜伽論記』, (『韓佛全』 2).
『大方等大集經』, (『한글대장경』 51).
『大乘大集地藏十輪經』, (『한글대장경』 54).
『大方廣十輪經』, (『한글대장경』 194).
『三國史記』.
『高麗史』.
『世宗實錄』, 『太宗實錄』.
『陽村先生文集』33, 雜著類 哀冊, 『釋王寺 堂主 毗盧遮那 左右補處 文殊普賢腹藏發願文』.
劉 義, 「兜率院占察會疏」, 『東文選』110.
『東文選』103, 跋, 「諸經跋尾」[姜碩德] 條.

李　伯, 『全唐文』350.
費冠卿, 「九華山化城寺記」, 『全唐文』卷694, 元和8, 813.
『九華山誌』第七編, 「藝文」1章 「詩歌」, 「各道名僧」, 黃山書社, 1990.
贊　寧, 「唐池洲九華山化城寺地藏傳」, 『宋高僧傳』20; 宋 「太平興國」3, 978.
蘇普仁, 『佛敎文化與歷史』, 『佛敎傳記』2, 第2部分, 中央民族大學出版社, 1998.
李　國·高國祥, 『敦煌石室寶藏』, 敦煌文藝出版社, 1993.

2. 辭典類

金正信, 『佛敎學大辭典』, 弘法院, 1988.
李智冠, 『伽山佛敎大辭林』卷1~12, 가산불교문화연구원, 1998~2010.
中村元 外 編, 『岩波 佛敎辭典』, 東京: 岩波書店, 1989.
望月信亨, 『望月佛敎大辭典』, 東京:東京書籍, 1971.
八田辛雄, 『眞言辭田』, 東京: 平和出版社, 1985.
佐和隆硏, 『密敎辭典』, 東京: 法藏館, 1975.

3. 單行本

國內

강무구, 『佛說父母恩重經』, 운주사, 1989.
고익진, 『佛敎思想史』, 동국대학교출판부, 1989.
광　덕, 『地藏本願經』, 불광출판부, 1995.
권기현, 『가람의 美』, 해조음, 2010.
______, 『불교문화연구』, 해조음, 2010.
권상노, 『朝鮮佛敎史槪說』, 佛敎時報社, 1939.
김경집, 『역사로 읽는 한국불교』, 정우서적, 2008.
김두재, 『작법귀감』, 동국대출판부, 2010.
김무생, 『金剛頂瑜伽三十七尊 -지금어디로 가고 있는가』, 더북스, 2011.
김벽담, 『지장경 강화』1·2, 소산동, 1988.

김복순, 『韓國古代佛教史 研究』, 민족사, 2002.
김삼룡, 『韓國 彌勒信仰 研究』, 동화출판공사, 1983.
김영덕, 『金剛頂經』, 동국역경원, 2007.
_____, 『大毘盧遮那成佛經疏』, 소명출판, 2008.
_____, 『大毘盧遮那成佛經』, 동국역경원, 2007.
_____, 『화엄철학 이해』, 해조음, 2011.
_____, 『新羅佛教思想史研究』, 民族社, 1994,
김영태, 『三國時代 佛教信仰 研究』, 불광출판사, 1990.
_____, 『한국불교사상사연구』, 동국대출판부, 1983.
김정희, 『조선시대 지장시왕도 연구』, 一志社, 1996.
김춘길, 『統合佛教儀式大典』1・2, 大乘出版社, 2009.
김현준, 『地藏信仰祈禱法』, 효림, 2000.
대한불교조계종 포교원, 『통일법요집』, 조계종출판사, 2004.
대한불교조계종교육원, 『불교와 국가권력』, 조계종출판사, 2010.
목정배, 『佛教教理史』, 지양사, 1987.
무 비, 『일곱 번의 작별인사』, 불광출판사, 2009.
_____, 『地藏經講義』, 불광출판사, 2001.
박세민, 『韓國佛教儀禮資料叢書』第1・2・3・4集, 保景文化社, 1993.
불교문화연구소 篇, 『韓國佛教撰述文獻目錄』, 東國大佛教文化研究所, 1976.
서윤길, 『韓國密教思想史研究』, 불광출판사, 1994.
석법성, 『다음생을 바꾸는 49일간의 기도』, 운주사, 2010.
석영성, 『肉身菩薩 地藏法師』, 불교영상회보사, 1993.
선 진, 『지장성지를 찾아서』, 우리출판사, 1999.
신종원, 『新羅初期佛教史研究』, 民族社, 1992.
심상현, 『佛教儀式各論』Ⅳ・Ⅴ, 한국불교출판부, 2001.
안계현, 『新羅淨土思想史研究』, 亞細亞文化社, 1976.
_____, 「新羅佛教의國家觀과社會倫理」, 『韓國佛教史研究』, 同和出版公社, 1982.
_____, 「韓國史에 있어서의佛教의位置」, 『韓國佛教史研究』, 同和出版公社, 1996.

안진호, 韓定燮 註,『釋門儀範』, 法輪社, 1982.

오형근, 「新羅唯識思想의 特性과 그 歷史的 展開」,『韓國哲學史硏究』,『古代韓國佛敎敎學硏究』, 民族社, 1989.

이기영, 「統一新羅時代의 佛敎思想」,『韓國哲學史』上, 民族社, 1987.

_____,『다시 쓰는 한국불교 유신론』, 한국불교연구원, 1998.

이능화, 조선불교통사역주편찬위원회 譯,『朝鮮佛敎通史』, 동국대출판부, 2010.

이민수,『三國遺事』,「眞表傳簡」, 乙酉文化社, 1992.

이춘식,『中國史 序說』, 교보문고, 1994.

이태승,『을유불교산책』, 정우서적, 2006.

_____,『인도철학산책』, 정우서적, 2007.

이태원,『念佛의 源流와 展開史』, 운주사,1998.

이평래, 「心性論에 대한 小考」『新羅佛敎 如來藏思想에 대한硏究』, 民族社,1996.

_____,『新羅佛敎 如來藏思想 硏究』, 民族社, 1996.

일 지,『佛敎經典』8,『梵網經・地藏經』, 민족사, 1994.

장지훈,『한국고대미륵신앙연구』, 집문당, 1997.

정대은 編,『釋門儀式』, 해동불교범음대학, 1992,

정병조, 「圓光의 菩薩戒思想」,『古代韓國佛敎學硏究』, 민족사, 1989.

정승석,『佛典解說事典』, 民族社, 1989.

정태혁, 「首楞嚴三昧와 楞嚴呪의 不二性」,『인도의 철학과 불교의 실천사상』, 민족사, 1998.

조명기,『新羅佛敎의 理念과 歷史』, 經書院,1962.

최종남 외, 譯註,『阿彌陀經』(범본・한역본・티베트어본), 경서원, 2009.

_____ 외,『역경학 개론』, 운주사, 2011.

한정섭, 「地藏菩薩靈驗說話」,『佛敎說話大事典』下2卷, 불교정신문화원, 2001.

허남진 외,『삼국과 통일신라의 불교사상』, 서울대학교출판부, 2005.

홍윤식,『고려불화의 연구』, 동화출판공사, 1984.

_____, 「한국불교의식에 나타난 정토신앙」,『불교학보』13, 한국불교학회, 1976.

國外(譯本)

松長有慶 著, 張益 譯,『밀교경전성립사론』, 불광출판사, 1993.

楊惠男 著, 元弼聖 譯,『불교사상사』, 정우서적, 2008.

鎌田武雄 著, 鄭舜日 譯,『中國佛敎史』, 경서원, 1985.

__________, 장휘옥 譯,『中國佛敎史』1・2・3, 장승, 1993.

平川彰, 梶山雄一, 高崎直道 編, 정승석 譯,『大乘佛敎槪說』, 김영사, 1989.

坪井俊映 著, 韓普光 譯,『淨土敎槪論』, 如來藏, 1984.

張 總 著, 金鎭戊 譯,『地藏』Ⅰ·Ⅱ, 동국대출판부, 2009.

中村元・奈郞康明 著, 金知見 譯,『佛陀의世界』, 김영사, 1984.

K.S. 케네스 첸, 박해당 譯,『中國佛敎』, 민족사, 1994.

國外(原書)

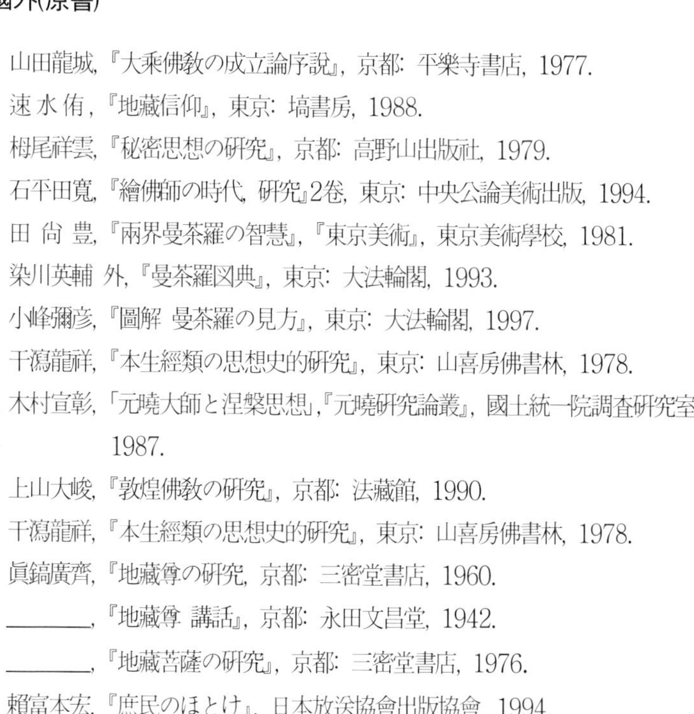

山田龍城,『大乘佛敎の成立論序說』, 京都: 平樂寺書店, 1977.

速水侑,『地藏信仰』, 東京: 塙書房, 1988.

栂尾祥雲,『秘密思想の硏究』, 京都: 高野山出版社, 1979.

石平田寛,『繪佛師の時代, 硏究』2卷, 東京: 中央公論美術出版, 1994.

田尚豊,『兩界曼荼羅の智慧』,『東京美術』, 東京美術學校, 1981.

染川英輔 外,『曼荼羅図典』, 東京: 大法輪閣, 1993.

小峰彌彦,『圖解 曼荼羅の見方』, 東京: 大法輪閣, 1997.

干瀉龍祥,『本生經類の思想史的硏究』, 東京: 山喜房佛書林, 1978.

木村宣彰,「元曉大師と涅槃思想」,『元曉硏究論叢』, 國土統一院調査硏究室, 1987.

上山大峻,『敦煌佛敎の硏究』, 京都: 法藏館, 1990.

干瀉龍祥,『本生經類の思想史的硏究』, 東京: 山喜房佛書林, 1978.

眞鍋廣齊,『地藏尊の硏究, 京都: 三密堂書店, 1960.

________,『地藏尊 講話』, 京都: 永田文昌堂, 1942.

________,『地藏菩薩の硏究』, 京都: 三密堂書店, 1976.

頼富本宏,『庶民のほとけ』, 日本放送協會出版協會, 1994.

西義雄,『大乘菩薩道の硏究』, 京都: 平樂寺書店, 1968.
______,『菩薩思想』, 東京: 大東出版社, 1981.
河原由雄,「敦煌地藏圖資料」,『佛敎藝術』97, 1974.
速水 侑,『地藏信仰』, 東京: 塙書房, 1988.
和歌三太郎,「地藏信仰について」,『地藏信仰』, 東京: 雄山閣, 1983.
澤田瑞穗,「泰山と東嶽大帝」,『地獄の世界』, 東京: 溪水社, 1990.
關口眞大 編,『佛敎の實踐原理』, 東京: 山喜房佛書林, 1977.
金剛秀友,『密敎, アシア佛敎史』インド編Ⅳ, 東京: 佼成出版社, 1977.
常靑,「龍文石窟地藏菩薩及其有關問題」,『中原文物』(第4期), 1993.

4. 硏究論文

國內

고익진,「新羅密敎의 思想內容과 展開樣相」,『韓國密敎思想』, 동국대불교문화연구원,1997.
김두진,「圓光의 戒懺悔信仰과 그 意味」,『新羅史學報』2, 신라사학회, 2004.
김무생,「眞言 修行의 目的에 대한 硏究」,『韓國密敎學論文集』, 대한불교진각종, 1986.
______,「진언다라니의 전개와 수행」,『밀교세계』, 창간호, 우리문화사, 2006.
______,「초기불교에 있어서 진언 수행의 수용과 전개」,『佛敎學報』38, 한국불교학회, 2001.
김문경,「儀式을 통한 佛敎의 大衆化運動 -唐・新羅 關係를 중심으로-」,『史學志』4, 檀國大史學會, 1970.
김방울,「月精寺所藏 高麗再彫大藏經 印經本에 대하여」,『書誌學報』31, 書誌學會, 2007. 김복순,「신라 중대의 불교」,『新羅文化』25, 2005.
김영덕,「만다라의 상징성」,『교불련논집』12, 한국교수불자연합회, 2006.
______,「密敎戒思想의 현대적조명」,『한국불교학』45, 한국불교학회, 2006.
______,「불정존승다라니경에 관한연구」,『한국불교학』25, 한국불교학회, 1999.

______, 「육자대명왕진언・천수다라니 수행과 깨달음」, 『大覺思想』, 대각회, 2009.

______, 「金剛界三十七尊의 硏究」, 동국대박사학위논문, 1996.

김영미, 「元曉의 如來藏思想과 衆生觀」, 『新羅佛敎思想史硏究』, 民族社, 1994.

김영태, 「金剛三昧經에 있어서 地藏의 위치」, 『佛敎學報』28, 1991.

______, 「唐 九華山의 地藏禪師 고찰」, 『한국불교학』23, 한국불교학회, 1997.

______, 「新羅에서 이룩된 金剛三昧經-그 成立史的 검토」,『佛敎學報』25, 1988.

______, 「신라점찰법회와 진표의 교법연구」, 『불교학보』9, 한국불교학회, 1972.

______, 「점찰법회와 진표의 교법사상」, 『한국불교사상사』, 1975.

______, 『현대사회에 있어서 지장신앙의 재조명』, 운주사, 1991.

김정희, 「고려말 조선전기 지장보살화의 고찰」, 『考古美術』157, 고고미술동인회, 1983.

______, 「조선시대 명부전 도상의 연구」, 한국학대학원박사학위논문, 1992.

______, 「조선시대의 명부신앙과 명부전 도상연구」, 『美術史學報』4,미술사학연구회,1991.

______, 「조선전기의 지장보살도」, 『講座美術』4, 한국불교미술사학회, 1992.

______, 「조선조 후기 지장보살화 연구」, 『韓國美術史論文集』1, 미술사학연구회, 1984.

______, 「중국 도교의 시왕신앙과 도상」, 『美術史學』6, 미술사학연구회, 1994.

김진무, 「중국 지장신앙의 淵源과 金地藏」, 『정토학연구』15, 정토학연구회, 2011

김철수, 「불교의 末法思想과 三階敎의 社會 活動性」, 『東洋社會思想』1, 東洋社會思想學會, 1998.

김태훈, 「地藏信仰의 韓國的 變容에 關한 硏究」, 원광대박사학위논문, 2010.

김혜원, 「地藏法師 金喬覺 硏究」, 仁荷大碩士論文, 1994.

라정숙, 「고려시대 지장신앙」, 『史學硏究』80, 한국사학회, 2005.

문명대, 「신라법상종(유가종)의 설립문제와 그 미술」, 『역사학보』62, 역사학회, 1974.

문상련, 「지장신앙의 전개와 신앙의례」, 『淨土學硏究』15, 한국정토학회, 2011.

민영규, 「신라불교의정립과삼계교」, 『東方學誌』77, 연세대국학연구원, 1993.
박광연, 「원광의 점찰법회 시행과 그 의미」, 『역사와 현실』43, 한국역사연구회, 2002.
박미선, 「新羅 圓光法師의 如來藏思想과 敎化活動」, 『韓國思想史學』11, 한국사상학회, 1998,
_____, 「圓光의 占察法會와 三階敎」, 『韓國思想史學』24, 한국사상학회, 2005.
_____, 『신라 점찰법회 연구』, 연세대박사학위논문, 2007.
변인석, 「佛祖統記에 나타난 金地藏에 관한 몇 가지 문제」, 『한국불교학』40, 한국불교학회, 2005.
선상균, 「다라니 의미의 체계화 과정」, 『밀교세계』창간호, 우리문화사, 2006.
_____, 「한국의 진언·다라니신앙 연구」, 『회당학보』6, 회당학회, 2001.
소진홍, 「중국불교의 지장신앙」, 『육신보살지장법사』, 불교영상회보사, 1993.
신종원, 「원광과 진평왕대의 점찰법회」, 『신라초기불교사연구』, 민족사, 1992.
신현숙, 「淨土敎와 圓光世俗五戒의 考察」, 『한국사연구』61, 한국사연구회, 1987.
양재오, 『지장신앙의 이해』, 서강대석사학위논문, 1993.
오형근, 「新羅唯識思想의 特性과 그歷史的 展開」, 『古代韓國佛敎學硏究』, 民族社, 1989.
원필성, 「미륵신앙 전개와 의의에 대한 一考」, 『밀교학보』11, 위덕밀교문화연구원, 2010.
유성열, 「地藏菩薩의 大願에 관한 硏究」, 『密敎學報』10, 위덕대밀교문화연구원, 2009.
이기백, 「미륵신앙연구」, 『신라사상사연구』, 일조각, 1986.
_____, 「圓光과 그의 思想」, 『新羅時代의 國家佛敎와 儒敎』, 韓國學硏究院, 1978.
이기영, 「統一新羅時代의 佛敎思想」, 『韓國哲學史』上, 民族社, 1987.
이봉순, 「菩薩思想 成立史의 硏究」, 동국대박사학위논문, 1997.
이윤정, 「敦煌 藏經洞 發見의 地藏十王圖 硏究」, 서울대석사학위논문, 1997.
이자평, 「僞經의 민중 교육적 의미」, 『불교학연구』29, 불교학연구회, 2011.

이종학, 「圓光法師와 世俗五戒에 대한 新考察」, 『신라문화』7, 신라문화연구소, 1990.

이평래, 「三階敎 運動의 現代的 照明」, 『韓國佛敎學』20, 韓國佛敎學會, 1995.

_____, 「心性論에 대한 小考」, 『新羅佛敎 如來藏思想에 대한研究』, 民族社, 1996.

이효걸, 「三階敎 : 危機時代의 民衆佛敎」, 『中國哲學』7, 中國哲學會, 2000.

장 익, 「密敎學의 範圍 設定 硏究」, 『한국불교학』24, 한국불교학회, 1998.

_____, 「초기 대승경전과 다라니」, 『밀교세계』창간호, 우리문화사, 2006.

_____, 「初期大乘經典에서 陀羅尼 機能의 變化」, 『印度哲學』23, 인도철학회, 2007.

_____, 「法華經의 陀羅尼에 대한 考察」, 『天台學硏究』, 천태불교문화연구원, 2003.

정병조, 「文殊菩薩硏究」, 동국대박사학위논문, 1987.

_____, 「新羅時代 地藏信行의 硏究」, 『佛敎學報』19, 한국불교학회, 1982.

정영호, 「圓光法師와 三岐山 金谷寺」, 『史學叢書』17, 고려대사학회, 1973.

정태혁, 「지장신앙의 근본 뜻과 지장보살 교각스님」, 『佛敎春秋』15, 佛敎春秋社,1999.

조민희, 「지장신앙에 나타난 불교사회복지 사상과 실천에 관한 연구」, 동국대석사학위논문, 2009.

조영록, 「九華山 地藏信仰과 吳越首都 杭州-江折海地域의 韓中佛敎交流의 실상」, 『東國史學』33, 東國史學會, 1999.

조용헌, 「馬韓・百濟文化와 彌勒思想」,『眞表律師 彌勒思想의 특징』, 圓光大出局, 1994.

조원영, 「新羅中古期 佛敎의 密敎的性格과 藥師經」, 『부대사학』23, 부산대사학회, 1999.

차차석, 「中國의 地藏信仰」, 『金剛』226, 月刊金剛社, 2003.

채인환, 「新羅 眞表律師 硏究」Ⅰ, 『佛敎學報』23, 한국불교학회, 1986.

_____, 「新羅 眞表律師 硏究」Ⅱ, 『佛敎學報』24, 한국불교학회, 1987.

_____, 「新羅 眞表律師 硏究」Ⅲ, 『佛敎學報』25, 한국불교학회, 1988.

_____, 「神昉과 新羅 地藏禮懺教法」, 『佛教學報』8, 한국불교학회, 1983.

_____, 「지장보살의 사상과 원력」, 『현대사회에 있어서 지장신앙의 재조명』, 운주사, 1991.

최석환, 「肉身菩薩 地藏法師」, 『韓國佛教史 人物研究』3, 불교전기문화연구소,1993.

_____, 「九華山은 地藏의 誓願으로 地藏聖地로 거듭났다」, 『佛教春秋』 16, 불교춘추사, 1999.

최성규, 「韓國形 金剛界 37尊 圖像의 形成에 對한 硏究」, 위덕대박사학위논문, 2009.

최연식, 「8세기 신라불교의 동향과 동아시아 불교계」, 『불교학연구』12, 불교학연구회, 2005.

_____, 「圓光의 생애와 사상」, 『韓國佛教研究叢書』40, 불함문화사, 2003.

최종남, 「瑜伽論記가 수록된 판본 대조연구」, 『密教學報』6, 위덕대밀교문화연구원, 2004.

혜 광, 「삼계교운동의 사회화과정에 대한 연구」, 『僧伽』11, 중앙승가대, 1994.

홍법공, 「삼계교와 지장신앙」, 『정토학 연구』5, 한국정토학회, 2002.

홍윤식, 「신라시대 진표의 지장신앙과 그 전개」, 『불교학보』34, 동국대불교문화연구원, 1997.

國外

禿氏祐祥段文傑, 「早期の莫高窟藝術」, 『中國石窟:敦煌莫高窟』2, 東京: 平凡社, 1991.

段文傑, 「早期の莫高窟藝術」, 『中國石窟: 敦煌莫高窟』2, 東京: 平凡社, 1991.

松本榮一, 「被帽地藏菩薩像の分布」, 『東方學報』3, 京都大學東方文化研究所, 1932.

松本榮一, 『燉煌畫の研究』(圖像篇), 東京朝日新聞, 1937.11.15.

木村宣彰, 「元曉大師と涅槃思想」, 『元曉研究論叢』, 國土統一院調査研究室, 1987.

宋本文三郎,「地藏三經에 就하여」,『無盡燈』21, 1916.
石川海淨,「菩薩思想の源流に就いて」,『印佛硏』卷1, 1號, 日本印度學佛敎學硏究學會, 1952,
山田龍城,「末法思想について」,『大集經の成立問題』,『印佛硏』卷4, 2號, 1956.
牧田諦亮,『疑經硏究』, 京都: 京都大學 人文科學硏究所, 1976.
和歌三太郎,「地藏信仰について」,『地藏信仰』, 櫻井德太郎編, 東京: 雄山閣, 1983.
澤田瑞穗,「泰山と東嶽大帝」,『地獄の世界』, 東京: 溪水社, 1990.
禿氏祐祥, 小川貫一,「十王生七經讚圖卷の構造」,『西域文化硏究』5, 京都: 法藏館, 1962.
段文傑,「早期の莫高窟藝術」,『中國石窟: 敦煌莫高窟』2, 東京: 平凡社, 1991.
河原由雄,「敦煌畵地藏圖資料」,『佛敎藝術』97, 佛敎藝術學會, 1974.
禿氏祐祥, 小川貫弌,「十王生七經讚圖卷の構造」,『西域文化硏究』5, 1962.
高田修,「地獄と地獄繪」,『佛敎美術史論考』, 中央工論出版, 1969.
橫超慧日,「中國南朝時代の佛敎學風」,『中國佛敎の硏究』, 京都: 法藏館, 1958.

Argüelles, José and Miriam Argüelles, *Mandala, Boulder and London*: Shambhala Publication, 1972.
Banerjea Jitendra Nath, *The Development of Hindu Iconography*, Mans Hiram Manohrlal, Calcutta, 1985.
Benjamin Rowland, *The Art and Architecture of India Buddhist/Hindu/jain*, Baltimore: Panguin Books Ltd, 1967.
Bharati Agehananda, *Tantric Tradition, Hindustan Publishing Corporation*, Delhi, 1993.
Bhattacharyya, N.N, *History of Tantric Religion*, Manohar, Delhi, 1992.
Bhattacharyya,B, *Obscure Religions Cults*, Firma KLM, Calcutta, 1976.
Dasgupta.S.B, *An Introduction to Tantric Buddshim*, University of Calcutta, Calcutla, 1974.

Eliade M., *Yoga, Rontledge Kegan Paul*, New York, 1958.

Fincher, Susanne F, *Creation Mandalas*, Boston, 1991.

Har Dayal, *The Bodhisattva Doctrine in Buddhist Sanskhist Literature*, London, 1932.

Harvey P. Alper, ed, *Understanding Mantras, Deli* : Motial, Banarsi Dass, 1991.

Joshi Lalmani, *Buddhist Culture of India*, Motilal Banarsidass, Delhi, 1987.

Joshi Lalmani, *Studies in the Buddhist Culture of India*, Motilal Banarsidass, 1987.

Jung, C. G. *Mandala Symbolism, Princeton,* NJ : Princeton University Press,1973.

Kalupahana David J. *The Buddhist Tantric Deconstruction and Their Contribution to the history of India*, Chatterji, S.K., The Indo-Mongoloids, 1974.

M. Monier. Williams, *A Sanskrit English Dictionary*, Motilal Banarsidass, 1995.

Moo Saeng Ghim, *The Evolution and Practical Foundation of the Mantra*, 인도, 델리대박사학위논문, 1996.

Susanne F. Fincher, *Coloring Mandalas*, Sambhala, Boston and london, 2000.

Tiwari, L.N. *Śramana Vidyā (Studies in Buddhism)*, Some Observations on Tantric Practice in Buddhist Canon, 1987.

Tucci, Giuseppe, *Theory and Practice of Mandala*, London: Rider and Company. Cornell, J. *Mandala*, Wheaton 1994.

Wayman Alex, *The Buddhist Tantras, Buddhist Tradition series*, vol 9, Motilal Banarsidass, Delhi, 1990.

Woodroffe John, *Śaki and Śākta, Ganesh & Co*, Madras 1994.

찾아보기

ㅇ

ㅈ

ㅌ

ㅍ

ㅎ

無通 스님

중앙승가대학교를 졸업하고, 위덕대학교에서 석사 및 철학(불교)박사 학위를 취득하였다.
논문으로 「불교장례의식 개선을 통한 포교연구 -수목장을 중심으로-」「지장보살 대원에 관한 연구」「중국 지장보살신앙의 전개」「한국 지장보살신앙의 전개」 수필 「어머님의 오도송」「스승별곡」「세한도에 기대어」 등이 있으며, 현재 경북 영천 육화사六和寺에서 지장보살신앙연구에 진력하고 있다.

지장보살신앙 연구

2012년 7월 23일 초판 인쇄
2012년 8월 07일 초판 발행

편저자 무통 스님
發行人 이 주 현
發行處 도서출판 해조음
등 록 2002. 3. 15. 제 2-3500호
서울시 중구 필동3가 39-17 리엔리하우스 203호
전화 (02)2279-2343
전송 (02)2279-2406
메일 haejoum@naver.com

값 18,000 원

ISBN 978-89-91107-65-6 94220
ISBN 978-89-91107-64-9 (전2권)